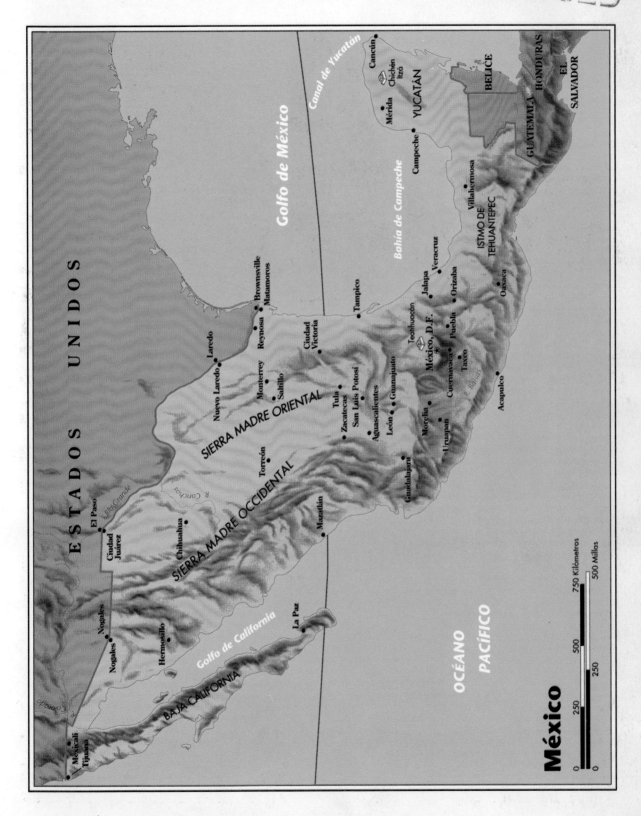

México

ESTADOS UNIDOS

Golfo de México

Canal de Yucatán

Bahía de Campeche

OCÉANO PACÍFICO

Golfo de California

BAJA CALIFORNIA

SIERRA MADRE OCCIDENTAL

SIERRA MADRE ORIENTAL

ISTMO DE TEHUANTEPEC

YUCATÁN

BELICE

GUATEMALA

HONDURAS

EL SALVADOR

Río Grande

R. Conchos

R. Colorado

R. Balsas

Mexicali
Tijuana
Nogales
Nogales
Hermosillo
El Paso
Ciudad Juárez
Chihuahua
La Paz
Mazatlán
Torreón
Nuevo Laredo
Laredo
Monterrey
Saltillo
Reynosa
Brownsville
Matamoros
Ciudad Victoria
Tampico
Zacatecas
Tula
San Luis Potosí
Aguascalientes
León
Guanajuato
Guadalajara
Morelia
Uruapan
Teotihuacán
México, D.F.
Cuernavaca
Taxco
Acapulco
Puebla
Orizaba
Jalapa
Veracruz
Oaxaca
Villahermosa
Campeche
Mérida
Chichén Itzá
Cancún

0   250   500   750 Kilómetros
0   250   500 Millas

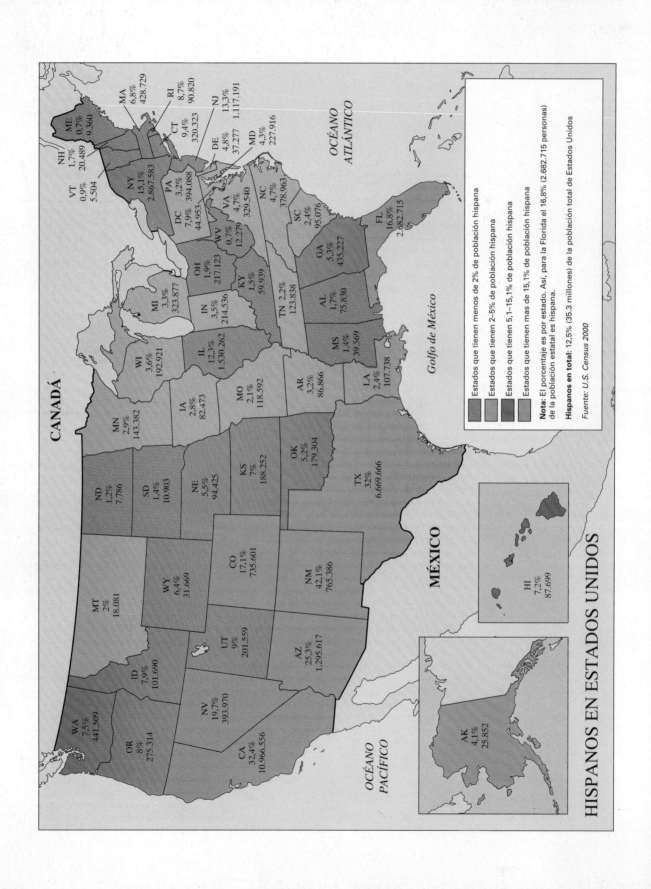

HISPANOS EN ESTADOS UNIDOS

Caminos

SECOND EDITION

Joy Renjilian-Burgy
WELLESLEY COLLEGE

Ana Beatriz Chiquito
MASSACHUSETTS INSTITUTE OF TECHNOLOGY

UNIVERSITY OF BERGEN, NORWAY

Susan M. Mraz
TUFTS UNIVERSITY

UNIVERSITY OF MASSACHUSETTS AT BOSTON

HOUGHTON MIFFLIN COMPANY   BOSTON   NEW YORK

Dedicatoria

Abrazos y besos a mi marido, Donísimo, el don de dones; a mis gemelos-hijos-jaguares-bostonianos Lucien y Sarkis; a Ángela y Mukhul; y a mis queridos padres, hermanas y suegros. Los quiero mucho. (JR-B)

Para mi querida familia con todo amor, en especial para mis padres, Lucio y Ofelia, mi marido, Ivar, y mi hijo, Edvard. (ABC)

Para mi familia con todo mi amor y cariño, especialmente mis padres, Margie y John Mraz, mi hermana, Mary Beth, y su familia, Terry, Angela, Malissa y P.J.; y a mi mejor amigo y compañero, Jesse. (SMM)

A special *abrazo* to our students from whom we learn so much.

Director, World Languages: Beth Kramer
Sponsoring Editor: Amy Baron
Editorial Assistant: Megan Amundson
Senior Project Editor: Florence Kilgo
Production Editorial Assistant: Marlowe Shaeffer
Senior Production/Design Coordinator: Jodi O'Rourke
Senior Manufacturing Coordinator: Marie Barnes
Marketing Manager: Tina Crowley Desprez
Associate Marketing Manager: Claudia Martínez

Cover Illustration: © Illustration by Tim Lewis

Library of Congress Catalog Card Number: 2001131545

Student Text ISBN: 0–618–11241–3

23456789–VH–05 04 03 02

Student Preface

There are a number of reasons for studying Spanish. Perhaps you wish to travel to learn more about other cultures; or possibly you will utilize the language in your chosen profession; or maybe you just need to fulfill a language requirement at your institution. Whatever your reason for studying Spanish now, one thing is certain: you will in the future most likely find yourself in a real-life situation where your knowledge of Spanish will help you to better communicate at work, at home, or in your community.

A few things to keep in mind: Spanish is spoken by a diverse population of over 400 million people worldwide and is second only to Mandarin Chinese. In the United States alone, 12.5% of the population is Spanish-speaking *(2000 census)*, making Hispanics the largest minority, numbering over 35 million. It also makes the United States the fifth largest Spanish-speaking country in the World.

By studying with *Caminos* you will no doubt learn how to speak Spanish. But more importantly, you will have the opportunity to explore the numerous cultures that make up the ethnic tapestry of the twenty-one Spanish-speaking countries of the world. Our hope is that by discovering their versatility and vitality you will make learning Spanish a passionate, life-long pursuit.

—The Authors

Table of Contents

Capítulo preliminar

Vocabulario

Saludos 9

Presentaciones 9

Nacionalidad 10

Estructura

El alfabeto español 12

Las vocales 12

Las consonantes 13

Acentuación 13

Capítulo 1

Chapter strategies

Reading Recognizing cognates 37

Identifying prefixes 38

Writing Creating a cluster diagram 59

Internet Using Internet addresses 58

Lección 1A   En el cuarto 16

Vocabulario

1A.1 Describing things in a room 16

1A.2 Identifying colors 18

1A.3 Counting from 0 to 199 24

Estructura

1A.1 Indefinite and definite articles; Masculine and feminine nouns; Plural of nouns; Stress and written accents 19

1A.2 Noun and adjective agreement 27

1A.3 **Ser;** Subject pronouns; Negation; Descriptive adjectives 28

Lección 1B   La vida universitaria 40

Vocabulario

1B.1 Discussing academic schedules: Days of the week; Months of the year; Academic subjects 40

1B.2 Expressing likes and dislikes 50

1B.3 Describing people: Adjectives of personality 52

Estructura

1B.1 Present indicative of regular **-ar, -er,** and **-ir** verbs; Asking and responding to questions 44

1B.2 Telling time 48

En resumen 58

Capítulo 2

Chapter strategies

Reading Asking questions 80

Writing Brainstorming ideas 99

Internet Searching for Spanish sites 98

Lección 2A   El apartamento contemporáneo 61

Vocabulario

2A.1 Describing an apartment 61

2A.2 Describing household furnishings and chores 67

Estructura

2A.1 Expressing location and emotion with **estar** 63

2A.2 Possessive adjectives; Phrases with **de; Tener** 69

2A.3 Present tense of irregular **yo** verbs; **Saber** and **conocer;** Personal **a** 73

Cultura

Hispanics in the United States   8

VIDEODRAMA

Myth and Mystery: *Caminos del jaguar*   2

Who's Who in *Caminos del jaguar*   4

Cultura

El teléfono   26

VIDEODRAMA   *¿Arqueóloga o criminal?*

Nayeli discovers she is suspected of criminal activity; meanwhile, Adriana and Felipe meet for the first time.   35

Videonota cultural: Los héroes gemelos

Lectura

Titulares   39

Cultura

El sistema universitario en el mundo hispano   49

VIDEODRAMA   *¿Arqueóloga o criminal?*

Unaware that Nayeli is fleeing Puebla, Adriana and Felipe are already on a bus to join her there.   54

Videonota cultural: Los mayas de México

Lectura

Tres estudiantes universitarios   57

Cultura

La cerámica: Adorno urbano y doméstico   66

VIDEODRAMA   *¿Dónde está Nayeli?*

As Adriana and Felipe search for Nayeli, they meet Armando. A mysterious man with a ringed finger carefully monitors Nayeli's activities.   78

Videonota cultural: La Universidad de las Américas

Lectura

Puebla: trazada por los ángeles   80

Lección 2B   ¿Qué tiempo hace?   82

Vocabulario

2B.1 Talking about the weather 82

2B.2 Talking about seasons and appropriate clothing   88

Estructura

2B.1 Expressions with **tener**   85

2B.2 Adjective placement   89

2B.3 Using **ir** and **venir**   91

En resumen   98

---

capítulo 3

Chapter strategies

Reading Skimming   118
Scanning   119

Writing Providing supporting details   142

Internet Keyword searches   141

Lección 3A   Por la ciudad   101

Vocabulario

3A.1 Describing places in a city 101

3A.2 Talking about large quantities: 200 to 2,000,000   102

3A.3 Discussing means of transportation   107

Estructura

3A.1 Present tense of stem-changing verbs   104

3A.2 Affirmative and negative expressions   110

3A.3 Discussing daily routines: Reflexive verbs and reflexive pronouns   112

Lección 3B   ¿Qué comida prefieres?   120

Vocabulario

3B.1 Ordering food   120

3B.2 Shopping for food   127

Estructura

3B.1 Demonstrative adjectives and pronouns; Adverbs of location   123

3B.2 Present progressive tense; **Llevar** + present participle 129

3B.3 Using **ser** and **estar**   133

En resumen   141

---

capítulo 4

Chapter strategies

Reading Making notes in the margin   161

Writing Creating a time line   181

Internet Identifying country domains   180

Lección 4A   De viaje   144

Vocabulario

4A.1 Talking about travel   144

4A.2 Expressing location   151

Estructura

4A.1 Indirect object pronouns; **Pedir** and **preguntar**   147

4A.2 **Gustar** and similar verbs   153

4A.3 Prepositions   156

Lección 4B   De vacaciones   164

Vocabulario

4B.1 Planning a vacation   164

4B.2 Using ordinal numbers 172

Estructura

4B.1 Preterite of regular verbs; Verbs with spelling changes; **Ir, ser,** and **dar**   167

4B.2 Direct object pronouns   173

En resumen   180

Cultura

Clima, temperatura y Latinoamérica 87

VIDEODRAMA *¿Dónde está Nayeli?*

Adriana deciphers Mayan hieroglyphs to determine Nayeli's whereabouts. 93

Videonota cultural: Los códices mayas

Lectura

¡Oaxaca maravillosa! 96

Cultura

Los trenes y metros: Medios de transporte público 109

VIDEODRAMA *¿Qué revela el sueño de la abuela?*

Nayeli's grandmother appears to her in a dream and delivers a message. • Gafasnegras continues to follow Adriana and Felipe. 116

Videonota cultural: Los terremotos en México

Lectura

La encantadora ciudad de Sevilla 118

Cultura

Las sabrosas tapas de Madrid 124

VIDEODRAMA *¿Qué revela el sueño de la abuela?*

Adriana and Felipe look for Nayeli throughout Madrid. • Nayeli discovers an unpleasant surprise upon returning to her hotel room. 137

Videonota cultural: España y el uso de **vosotros**

Lectura

El restaurante Plácido Domingo 140

Cultura

Don Quijote: Caballero andante 149

VIDEODRAMA *¿Está en peligro el jaguar?*

A truck driver from Sevilla experiences the supernatural powers of the jaguar. • Adriana and Felipe travel to Sevilla. 159

Videonota cultural: Atocha

Lectura

España, país multifacético 161

Cultura

Turistas y trabajadores 171

VIDEODRAMA *¿Está en peligro el jaguar?*

Adriana is pursued by a mysterious stranger. • Felipe and Adriana make plans to travel to San Juan, Puerto Rico. • Nayeli books a flight to Ecuador. 176

Videonota cultural: El Archivo General de Indias

Lectura

España abraza a los turistas 178

capítulo 5

Chapter strategies

Reading How to use the dictionary 198

Writing Using a dictionary 222

Internet Looking for personal homepages 221

Lección 5A   Un hotel en la playa   183

Vocabulario

5A.1 Checking into a hotel 183

5A.2 Talking about pastimes 189

Estructura

5A.1 Preterite of irregular verbs 186

5A.2 Preterite of stem-changing **-ir** verbs 192

5A.3 Narrating with the preterite: Adverbial expressions of time 194

Lección 5B   La familia trabaja   201

Vocabulario

5B.1 Talking about family members 201

5B.2 Describing professions 207

Estructura

5B.1 Double object pronouns 204

5B.2 Imperfect tense 211

5B.3 Narrating with the imperfect: Adverbial expressions of time 214

En resumen 221

capítulo 6

Chapter strategies

Reading Skimming for main ideas 242

Writing Freewriting 264

Internet Listening to music on the Internet 263

Lección 6A   El tiempo libre   224

Vocabulario

6A.1 Talking about music and dance 224

6A.2 Talking about sports and exercise 234

Estructura

6A.1 The imperfect and the preterite 227

6A.2 **Por** and **para** 236

6A.3 Adverbs ending in **-mente** 239

Lección 6B   La tecnología nos rodea   244

Vocabulario

6B.1 Discussing technology 244

6B.2 Talking about cars 253

Estructura

6B.1 Formal commands with **usted** and **ustedes** 249

6B.2 **Se** for unplanned occurrences 254

6B.3 Impersonal and passive **se** constructions 256

En resumen 263

capítulo 7

Chapter strategies

Reading Tapping background knowledge 282

Writing Paraphrasing 304

Internet Refining your Internet searches 303

Lección 7A   De compras   266

Vocabulario

7A.1 Talking about stores and shopping 266

7A.2 Shopping for clothes 272

Estructura

7A.1 Review of the preterite and the imperfect 268

7A.2 Verbs that change meaning in the preterite: **Conocer, poder, querer, saber, tener que** 275

7A.3 Past progressive 277

Cultura

Un pasatiempo del Caribe
191

VIDEODRAMA *¿Hay amor en la playa?*

Adriana and Felipe enjoy the scenery in San Juan. • Nayeli has another dream and receives a mysterious phone call. • She makes arrangements to fly to San Juan.   196

Videonota cultural: El turismo en el Caribe hispano

Lectura

Tres perlas del Caribe
(Puerto Rico, Cuba y la República Dominicana)
199

Cultura

Hispanos en el mundo del trabajo   210

VIDEODRAMA *¿Hay amor en la playa?*

Unaware that they are being followed by two shady characters, Felipe tells Adriana a Cuban legend. • Nayeli arrives in San Juan, pursued by Gafasnegras.   216

Videonota cultural: Los parques nacionales

Lectura

La creación del hombre y la mujer   219

Cultura

Los sabrosos ritmos del Caribe   226

VIDEODRAMA *¿Cuál es el plan de Gafasnegras?*

Adriana and Felipe are finally in touch with Nayeli and make plans to meet. • The jaguar arrives in Ecuador.   240

Videonota cultural: El Yunque

Lectura

Algunos deportes caribeños   242

Cultura

El observatorio de Arecibo
248

VIDEODRAMA *¿Cuál es el plan de Gafasnegras?*

Adriana, Felipe, and Nayeli face mortal danger.   258

Videonota cultural: El Centro Ceremonial Indígena de Tibes

Lectura

Internet para ti y para mí
260

Cultura

Fibras y textiles   271

VIDEODRAMA *¿Qué significa el sueño de Adriana?*

Safe in Quito, Felipe and Adriana tell don Gustavo about their miraculous escape from death. • The two heroes make plans to travel to Otavalo. • Nayeli travels to Costa Rica.   280

Videonota cultural: Quito, Ecuador

Lectura

Rumiaya   282

Lección 7B   Vamos al campo   285

Vocabulario

7B.1 Describing the countryside 285

7B.2 Asking for and giving directions 292

Estructura

7B.1 Unequal comparisons; Possessive pronouns; Superlatives 286

7B.2 Equal comparisons 294

7B.3 Lo + adjective 296

En resumen   303

Capítulo 8

Chapter strategies

Reading Comparing and contrasting 327

Writing Using visual organizers (Venn Diagrams) 347

Internet Formulating a query 347

Lección 8A   Salud y bienestar   306

Vocabulario

8A.1 Identifying parts of the body 306

8A.2 Making an appointment with a doctor 308

8A.3 Talking about health and exercise 319

Estructura

8A.1 The present subjunctive 311

8A.2 Expressing wishes, requests, needs, and desires: Present subjunctive 314

8A.3 Expressing emotions and subjective feelings: Present subjunctive 320

Lección 8B   El mercado   331

Vocabulario

8B.1 Talking about money 331

8B.2 Shopping in a marketplace 338

Estructura

8B.1 Expressing doubt or certainty: Contrasting the indicative and the subjunctive 334

8B.2 Uses of the definite article 339

En resumen   347

Capítulo 9

Chapter strategies

Reading Defining audience and purpose 364

Writing Creating a point of view 387

Internet Searching for images 386

Lección 9A   La cocina sana   350

Vocabulario

9A.1 Talking about healthy foods and nutrition 350

9A.2 Talking about the kitchen and setting the table 354

9A.3 Cooking favorite foods 356

Estructura

9A.1 The subjunctive with adjective clauses 352

9A.2 Familiar **tú** commands 358

Lección 9B   El medio ambiente   368

Vocabulario

9B.1 Talking about animals 368

9B.2 Discussing environmental issues 374

Estructura

9B.1 Indicative and subjunctive in adverbial clauses 371

9B.2 Present perfect indicative 375

9B.3 Present perfect subjunctive 379

En resumen   386

Cultura

Maravillas de la naturaleza 291

VIDEODRAMA   *¿Qué significa el sueño de Adriana?*

Adriana tells don Gustavo the history of the jaguar twins. • Felipe and Adriana visit the Equator on their way to Otavalo.   298

Videonota cultural: El nombre del Ecuador

Lectura

El norte andino (Bolivia, Colombia, Ecuador, Perú y Venezuela) 300

Cultura

Alimentos y remedios naturales 318

VIDEODRAMA   *¿Qué plan secreto tiene Zulaya?*

Adriana is not well and seeks the help of a curandera. • Gafasnegras continues her pursuit of the jaguar.   325

Videonota cultural: Curanderos

Lectura

La salud, la medicina y tú 328

Cultura

El cacao, una moneda valiosa 337

VIDEODRAMA   *¿Qué plan secreto tiene Zulaya?*

Adriana and Felipe meet Zulaya and leave Otavalo in a desperate rush. • Gafasnegras is deceived.   342

Videonota cultural: Los tejidos

Lectura

Los países del Cono Sur (Argentina, Chile, Paraguay y Uruguay) 344

Cultura

Utensilios tradicionales 361

VIDEODRAMA   *¿Tiene Armando la solución?*

Felipe and Adriana, happily reunite with Nayeli in Costa Rica. • They meet doña Carmen, Nayeli's beloved godmother. • The jaguar twins are reunited. 362

Videonota cultural: El padrino / la madrina

Lectura

Comidas ideales   364

Cultura

El Yunque, esplendor ecológico 370

VIDEODRAMA   *¿Tiene Armando la solución?*

Adriana confesses some misgivings and doubts to Felipe about doña Carmen. • At doña Carmen's ranch, a social evening ends unexpectedly.   382

Videonota cultural: Los parques nacionales de Costa Rica

Lectura

Ecología en Centroamérica (Costa Rica, Guatemala y Panamá) 384

Capítulo 10

Chapter strategies

Reading Taking notes in a chart   406

Writing Summarizing 425

Internet Using bookmarks 425

Lección 10A   Tradiciones y celebraciones   389

Vocabulario

10A.1 Learning about holidays and celebrations   389

10A.2 Talking about traditions and beliefs   397

Estructura

10A.1 The imperfect subjunctive   393

10A.2 Subjunctive with adverbial clauses   398

10A.3 Past perfect indicative and past perfect subjunctive   401

Lección 10B   Las artes   409

Vocabulario

10B.1 Talking about art and artists   409

10B.2 Talking about crafts and folk art   415

Estructura

10B.1 Relative pronouns   412

10B.2 Differentiating between **qué** and **cuál**   417

10B.3 **Pero, sino,** and **sino que**   419

En resumen   425

Capítulo 11

Chapter strategies

Reading Distinguishing facts from opinions   440

Writing Narrowing a topic 458

Internet Searching for related words   457

Lección 11A   La sociedad   428

Vocabulario

11A.1 Talking about contemporary society   428

11A.2 Reacting to societal issues 435

Estructura

11A.1 Future tense; Future of probability   431

11A.2 Si clauses using the present tense   436

Lección 11B   La pantalla grande   442

Vocabulario

11B.1 Discussing films   442

11B.2 Discussing television and the media   448

Estructura

11B.1 Conditional tense; Conditional of probability   444

11B.2 Hypothetical actions: Si clauses   450

En resumen   457

Cultura	VIDEODRAMA ¿Qué pasa con doña Carmen?	Lectura
El carnaval 396	In the wake of a catastrophe, accusations fly. • Adriana and Nayeli have a falling out. 404 **Videonota cultural:** El maíz	Fiestas centroamericanas: Honduras, Nicaragua y El Salvador 406
El muralismo 414	Nayeli, Adriana and Felipe overhear a telephone message confiming Adriana's suspicions. • They make peace and split up to continue their quest. 421 **Videonota cultural:** Cuauhtémoc	Arte y artesanía 423
El SIDA sigue matando 434	Adriana and Felipe are hot on the trail of Gafasnegras. • An antique dealer has important clues about the jaguar twins. 438 **Videonota cultural:** El Instituto de Culturas Texanas	¡Miedos de ayer y hoy! 441
El cine hispano 447	Adriana comes face to face with the ring-fingered man. • A plan is set to trap Gafasnegras. 452 **Videonota cultural:** El Paseo del Río en San Antonio	Ídolos mexicanos 455

Capítulo 12

Lección 12A   Culturas precolombinas   460

Chapter strategies

Reading Using a genealogical chart with notes   468

Writing Editing your own work   482

Internet Using synonyms and word combinations   481

Vocabulario

12A.1 Talking about Aztecs, Mayas, and Incas   460

Estructura

12A.1 Passive voice   464

Lección 12B   Los hispanos en los Estados Unidos   4

Vocabulario

12B.1 Talking about the Hispanic population in the United States   470

Estructura

12B.1 Time expressions with **hace**   471

En resumen   481

Reference Section

Appendix A: Verb charts   486

Appendix B: Suffixes and Prefixes   501

Appendix C: Classroom Expressions   503

Spanish-English Vocabulary   504

English-Spanish Vocabulary   524

Index   544

Permissions and Credits   548

Cultura

Artes y ciencias   463

VIDEODRAMA   *¿Qué es I.L.E.Y.A.N.?*

The villains get what they deserve and peace is restored.   466

Videonota cultural: El Zócalo

Lectura

Ecos del pasado: Héroes mayas   468

Cultura

Semblanzas latinas   473

VIDEODRAMA   *¿Qué es I.L.E.Y.A.N.?*

The heroes are rewarded and the full story of Adriana, Felipe, and Nayeli's adventures are reported to the media.   475

Videonota cultural: El Museo Nacional de Antropología

Lectura

Premios a los distinguidos hispanos   477

An Overview of Your Textbook's Main Features

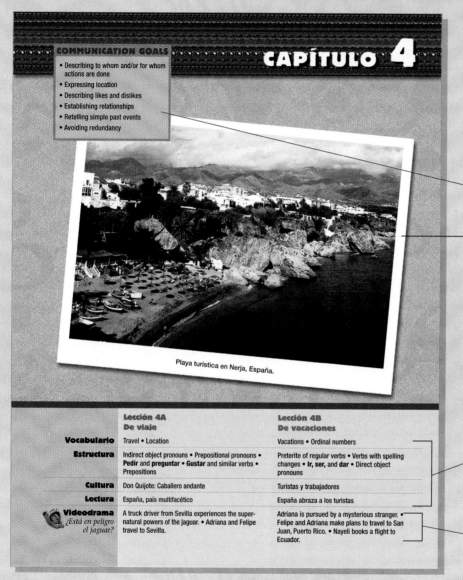

COMMUNICATION GOALS
- Describing to whom and/or for whom actions are done
- Expressing location
- Describing likes and dislikes
- Establishing relationships
- Retelling simple past events
- Avoiding redundancy

CAPÍTULO 4

Playa turística en Nerja, España.

	Lección 4A De viaje	Lección 4B De vacaciones
Vocabulario	Travel • Location	Vacations • Ordinal numbers
Estructura	Indirect object pronouns • Prepositional pronouns • **Pedir** and **preguntar** • **Gustar** and similar verbs • Prepositions	Preterite of regular verbs • Verbs with spelling changes • **Ir, ser,** and **dar** • Direct object pronouns
Cultura	Don Quijote: Caballero andante	Turistas y trabajadores
Lectura	España, país multifacético	España abraza a los turistas
Videodrama ¿Está en peligro el jaguar?	A truck driver from Sevilla experiences the supernatural powers of the jaguar. • Adriana and Felipe travel to Sevilla.	Adriana is pursued by a mysterious stranger. • Felipe and Adriana make plans to travel to San Juan, Puerto Rico. • Nayeli books a flight to Ecuador.

CHAPTER OPENER

Provides communicative objectives and an overview of chapter material.

The *Caminos* text consists of a preliminary lesson followed by 12 chapters. Each chapter begins with:

- Communication goals that establish clear chapter objectives;

- A compelling visual opener that helps prepare students for the lessons that follow;

- Clearly organized overview of the vocabulary, grammar, culture, and reading in each lesson;

- A brief synopsis of the video storyline.

Each lesson (A and B) features the sections and organization described in the following pages.

Lección 4B — De vacaciones

VOCABULARIO 4B.1
Planning a Vacation

Unas vacaciones maravillosas

BORINQUEN
CRUCERO CARIBEÑO
*Disfrute° de una fantástica aventura en Puerto Rico, a bordo°
de los espectaculares barcos° de la compañía Cruceros S.A.* — Enjoy / on board / ships
Duración: 9 días y 8 noches
Precio: 925 dólares americanos
Incluye desayuno continental. Otras comidas son adicionales.

ATRACCIONES
Comida Buffet • Bar a bordo
Discoteca nocturna° • Tiendas — nightly
Clases de baile con excelentes instructores
GIMNASIO COMPLETO CON:
Ejercicios aeróbicos en grupo
Médico especialista en medicina deportiva
Equipos de ejercicios con pesas° — weights
Masaje terapéutico° — therapeutic massage

¡VIAJE A COSTA RICA!
Excursión de ecoturismo

Aproveche esta oportunidad de viajar a una selva
tropical, de disfrutar los espectaculares volcanes
y las hermosas playas de Costa Rica.

Duración: 7 días y 6 noches
Precio: 750 dólares americanos

INCLUYE
Pasaje aéreo desde Miami hasta San José
Transporte local
Guías especializados
Comidas típicas
Alojamiento en campamento
o en casas particulares

VOCABULARY

Offers a solid foundation for building students' language skills.

- **Vocabulario** sections introduce the lesson's vocabulary using visuals such as maps, illustrations and realia, followed by a variety of exercises for practice. Active vocabulary is recycled throughout the chapter in cultural sections, grammar presentations, and readings.

Capítulo 4, Lección B **165**

MÁS PALABRAS Y EXPRESIONES

COGNADOS

la aerolínea	la confirmación	la limosina	el transporte
el/la agente	la excursión / tour	la reservación	las vacaciones

SUSTANTIVOS

el (des)embarque *(un)loading* — la isla *island*
la despedida *farewell* — el paquete *package (tour)*
el folleto *brochure* — el recreo *recreation*
el/la guía *tour guide* — el traslado *transfer*
la guía *guidebook*

VERBOS

alejar(se) (de) *to create distance (from, between)* — estar a punto de *to be on the verge of*
alquilar (un coche) *to rent (a car)* — estar de acuerdo *to agree*
averiguar *to find out* — estar/irse de vacaciones *to be/to go on vacation*
avisar *to advise, to warn* — gozar (de) *to enjoy*
descansar *to rest* — recoger *to pick up, get*
encontrarse (ue) (con) *to meet (with) someone* — reunirse (con) *to meet (with) someone*

EXPRESIONES DIVERSAS

bello/a *beautiful* — ni idea *haven't got a clue*
¡Buen viaje!/¡Feliz viaje! *Have a nice trip!* — ¡Oye! *Hey! Listen!*
espantoso/a *frightening* — ¡Qué gusto! *What a pleasure!*
libre *free (independent)* — ¡Qué susto! *What a scare!*

Vocabulario en acción

En este diálogo de **Videodrama 4B**, Felipe está leyendo su correo electrónico.

Felipe: Los pasajes están en Barajas. Sólo tenemos que recogerlos en la aerolínea Iberia.

- New **Vocabulario en acción** sections present key terms in context by highlighting the connection between the lesson vocabulary and the video narrative.

ESTRUCTURA 4B.1
Retelling Simple Events in the Past

A Preterite indicative of regular verbs

Un día fantástico

Q̲uerido Diario:

called me / invited me
I had / arrived
We went / we ate / told me
it seemed to me
we left / I asked him / again answered

El viernes, por primera vez, Oscar me **llamó°** por teléfono y me **invitó°** a salir. El sábado **pasé°** un día fantástico. Oscar **llegó°** a las ocho de la noche. **Fuimos°** a un restaurante, **comimos°** y él me **contó°** muchas cosas sobre su vida. A mí me **pareció°** todo muy interesante. Cuando **salimos°** del restaurante, yo le **pregunté°**: "¿Te voy a ver otra vez°?" Y él me **contestó°**: "¡Sí! Me vas a ver muchas, muchas veces más."

In the diary entry above, the words in **boldface** are the preterite forms of regular verbs. The preterite is used in Spanish to talk about actions that were completed in the past. The endings that are added to the stem of regular verbs to form the preterite are in the chart that follows.

Improves students' command of grammar through active involvement.

- **Estructura** presentations, in English, encourage students to infer grammatical form and meaning through many illustrations, dialogs, and examples. Varied activities ranging from controlled to open-ended, including pair and group work, illustration-based tasks, and role-plays, provide practice while recycling previously learned structures and vocabulary.

Preterite of regular verbs

	-ar **viajar** *(to travel)*	-er **comer** *(to eat)*	-ir **salir** *(to leave)*
yo	viaj**é**	com**í**	sal**í**
tú	viaj**aste**	com**iste**	sal**iste**
Ud., él/ella	viaj**ó**	com**ió**	sal**ió**
nosotros/as	viaj**amos**	com**imos**	sal**imos**
vosotros/as	viaj**asteis**	com**isteis**	sal**isteis**
Uds., ellos/as	viaj**aron**	com**ieron**	sal**ieron**

Note that the first and the third person singular forms have a written accent. Also, verbs that end in **–er** and **–ir** use the same set of endings in the preterite.

B Preterite indicative of verbs with spelling changes

Verbs ending in **–car**, **–gar**, and **–zar** are regular, but have a spelling change in the first person singular.

Te **expliqué** el itinerario del viaje.	*I explained the trip itinerary to you.*
Llegué a Costa Rica en un barco.	*I arrived by boat to Costa Rica.*
Empecé la excursión en San Juan.	*I started the tour in San Juan.*

Verbs with spelling changes in the first person

	c → qu **buscar** *(to look for)*	g → gu **jugar** *(to play)*	z → c **abrazar** *(to hug)*
yo	bus**qué**	ju**gué**	abra**cé**
tú	buscaste	jugaste	abrazaste
Ud., él/ella	buscó	jugó	abrazó
nosotros/as	buscamos	jugamos	abrazamos
vosotros/as	buscasteis	jugasteis	abrazasteis
Uds., ellos/as	buscaron	jugaron	abrazaron

Other verbs with spelling changes in the **yo** form include:

c → qu		g → gu		z → c	
explicar	expliqué	llegar	llegué	almorzar	almorcé
practicar	practiqué	pagar	pagué	comenzar	comencé
tocar	toqué			empezar	empecé

In the following verbs the **i** in the third person singular and plural becomes **y**.

creer		Other verbs with y in the third person ending			
yo	creí	caer	*to fall*	cayó	cayeron
tú	creíste	leer	*to read*	leyó	leyeron
Ud., él/ella	creyó	construir	*to build*	construyó	construyeron
nosotros/as	creímos	huir	*to flee*	huyó	huyeron
vosotros/as	creísteis	oír	*to hear*	oyó	oyeron
Uds., ellos/as	creyeron				

C. Ayer In pairs, discuss what you did yesterday using the preterite for the following settings. Choose two verbs from each of the lists in parentheses.

MODELO En casa (leer / despertarse / limpiar / descansar)   *At home (read / wake up / clean / rest)*
—Ayer, me desperté tarde y limpié la cocina.   —*Yesterday, I woke up late and I cleaned the kitchen.*

1. En casa (comer / despertarse / limpiar / tocar música)
2. En la escuela (estudiar / escribir / escuchar / discutir)
3. En el gimnasio (correr / practicar deportes / usar las máquinas / caminar rápido)
4. En el cine (mirar / beber / hablar / reunirse con amigos)
5. En la tienda (comprar / buscar / pagar / probarse)
6. En el parque (caminar / practicar / jugar / correr)

D. Un incidente en Sevilla. Adriana tells Felipe what she did in Sevilla. Read the passage. Then complete it with the correct preterite form of the verb in parentheses.

Adriana: Primero _____ (1. ir, yo) al Archivo General de Indias y le _____ (2. contar) la historia a varias personas, pero nadie me pudo (*couldn't*) decir nada. El guardia tampoco me pudo decir nada, pues no _____ (3. ver) a Nayeli. Creo que ella no _____ (4. hablar) con nadie. Nadie la _____ (5. ver). (*Nobody saw her.*)

Después, _____ (6. salir, yo) de la biblioteca para regresar al hotel, pero sentí que alguien me vigilaba (*was watching me*). _____ (7. Empezar, yo) a correr pero no pude deshacerme de (*get rid of*) la persona. (8. Parar, yo) _____ de correr por un segundo nada más, para recobrar la respiración y _____ (9. ver) a un hombre con un anillo (*ring*) raro. Creo que él no me _____ (10. ver) (*he didn't see me*). _____ (11. Correr, yo) y _____ (12. correr) hasta que lo _____ (13. perder) (*I lost him.*) Por fin _____ (14. llegar, yo) al hotel y aquí estoy.

E. Regalos. Work with a partner. Read the description of the gifts that were exchanged by the Rodríguez family during Christmas and ask each other questions about who gave which present to whom. Use what you have learned about indirect objects and prepositional pronouns and the preterite of **dar** and **regalar**.

La familia Rodríguez decidió celebrar con muchos regalos la Navidad pasada. El padre, Julián, le dio a su esposa Teresa un viaje de ida y vuelta a las Islas Canarias. Teresa le regaló a su marido ropa de playa para el viaje a las Canarias y un nuevo equipo para bucear (*diving*). El hijo mayor, Carlos, les dio a sus papás la enciclopedia Espasa en CD-ROM. Sus otros dos hijos, Mireya y Eduardo, les dieron a sus papás un equipo de estéreo nuevo. Eduardo le regaló a su hermana Mireya un juego nuevo para su Playstation, y Mireya le dio a él dos entradas para dos partidos del mundial de fútbol. Carlos no les dio nada a sus dos hermanos y ellos tampoco le dieron nada a él. A sus tres hijos los señores Rodríguez les dieron boletos para ir con ellos a las Islas Canarias.

MODELO —¿Qué le dio Julián a Teresa?
—Le dio un viaje a las Islas Canarias.

- New contextualized grammar practice can be used to illustrate how the video narrative relates to the lesson's grammar. Activities are highlighted in blue-colored boxes for Lección A, and purple for Lección B.

Capítulo 4, Lección B **171**

F. **Querido diario.** Write a journal entry of ten sentences in the preterite to describe what you did yesterday. Choose from the following verbs.

bailar	estudiar	ducharse	acostarse	buscar
practicar	trabajar	llegar	jugar	comer
caminar	despertarse	empezar	tocar la guitarra	
comprar	levantarse	ir	salir	

G. **Mi último viaje de vacaciones.** Write a paragraph describing your last vacation trip. Explain where you went and what you did.

CULTURA

España

Turistas y trabajadores (workers)

BARCELONA—El sector turístico catalán tiene un déficit de 2.500 trabajadores para afrontar el verano. En esta temporada se espera batir (expects to break) el récord de

Trabajadores en un restaurante de Barcelona.

visitantes del año pasado, cuando 20,4 millones de turistas extranjeros escogieron Cataluña para pasar sus vacaciones.

En la Costa Brava existen unos 1.500 puestos de trabajo vacantes, entre cocineros, camareros y personal de limpieza, según informa Europa Press. Más del 70 por ciento de las empresas (businesses) consultadas aseguran que necesitan encontrar gente de forma inmediata de cara (as they face) al verano.

La estacionalidad del turismo es una de las causas directas de la falta de mano de obra (lack of workers) en el sector, aunque también incide la situación económica en otras áreas de la economía, como la construcción, donde se paga mejor y no se trabaja los fines de semana.

Los puestos más solicitados son los de camarero, cocinero, personal de limpieza y recepcionista, aunque también se necesitan socorristas (lifeguards) y vigilantes nocturnos.

(El Mundo, 30 de diciembre de 2000)

DISCUSIÓN EN GRUPOS

A. Working in groups, read each sentence and write **V (verdadero)** if the statement about the reading is true o **F (falso)** if it is false. If the statement is false, correct it to make it true.

1. _____ Al sector turístico le faltan trabajadores para el verano.
2. _____ Pocos turistas extranjeros pasan sus vacaciones en España.
3. _____ Existen muchos puestos de trabajo vacantes para cocineros, camareros y personal de limpieza.
4. _____ Los puestos son permanentes.
5. _____ No tienen que trabajar los fines de semana en el sector turístico.

B. In groups, talk about the tourist industry in your own country, the types of jobs available, and whether they are desirable. Did you ever hold such a position yourself? What kind of summer work did you do last year?

POR INTERNET

Busca una página de turismo de un país hispano que te interese. Por ejemplo, usa la frase clave (key phrase) "turismo + Panamá / Ecuador / Argentina", etc. ¿Qué tipo de información ofrece el sitio en esa página? Describe lo que encuentras a un/a compañero/a. ¿Es interesante o aburrida la página? ¿Por qué?

VIDEODRAMA 4A   ¿Está en peligro el jaguar?

Preparémonos

A. **En el último episodio...** Review the scenes from *Videodrama 3B* by matching these actions with the appropriate character. Work in pairs.

1. Ellos comen en un café.
2. Desordena el cuarto de Nayeli.
3. Empaca y sale del hotel.
4. Recibe una rosa.
5. Deciden seguir a Nayeli a Sevilla.

a. Nayeli
b. Adriana y Felipe
c. Gafasnegras
d. los Covarrubias

Answers: 1. b; 2. c; 3. a; 4. a; 5. b

B. **Somos detectives.** In pairs, brainstorm about this video shot of Adriana and Felipe. What do you think Felipe and Adriana are saying about the jaguar, Nayeli, and each other?

Resumen del video

Sr. and Sra. Covarrubias experience the supernatural powers of the jaguar [...] demands that her husband remove it from their Sevilla house immediate[...] while, Adriana and Felipe are at Atocha Station in Madrid ready to conti[...] search for Nayeli, who confronts Sr. Covarrubias in Sevilla regarding the [...] abouts of the jaguar. Gafasnegras hears the whole conversation electroni[...]

Miremos y escuchemos

C. **¿Verdadero o falso?** While watching this episode, mark **V (ve[...]** for each true statement and **F (falso)** for each false one. Then, cor[...] false statements.

1. _____ El chofer y su esposa hablan de vender el jaguar.
2. _____ Adriana empieza a tener interés romántico en Felipe.
3. _____ Felipe y Adriana van a Sevilla en avión.
4. _____ El chofer le da un papelito a Nayeli.
5. _____ Nayeli le indica al chofer que es ilegal tener el jaguar.
6. _____ Desde la calle, Gafasnegras escucha la conversación d[...] la casa del chofer.
7. _____ El chofer espera tres semanas y después manda el jag[...] Ecuador.

Videonota cultural

Atocha. In this episode, notice the lush gardens and waterfalls which are a beautiful part of the modernized Atocha Train Station in Madrid where Adriana and Felipe depart for Sevilla. Compare the special feature of this station with other stations you have seen.

Comentemos

D. **Comprensión.** In groups, answer the following questions.

1. ¿Cómo se llama el chofer del camión?
2. ¿Qué tiene Gerardo Covarrubias en las manos?
3. ¿Por qué hace el chofer un negocio "sucio" con el jaguar?
4. ¿Cómo reacciona la esposa del chofer? ¿Qué coincidencias ocurren?
5. ¿Cómo se llama la estación de tren en Madrid?
6. ¿Adónde van Adriana y Felipe? ¿Cómo y en qué clase?
7. ¿Detrás de qué se esconden los señores Covarrubias?
8. ¿Cómo describe Nayeli el robo del jaguar? Según el chofer, ¿dónde está el jaguar?
9. ¿Cómo están los señores Covarrubias al final de esta escena?

E. **¿Estás de acuerdo?** Working in groups, read the following statements based on this episode and compare your opinions on these subjects. Tell if you agree (estoy de acuerdo) or disagree (no estoy de acuerdo), and give the reason (razón) or an example (ejemplo).

1. El crimen no paga.
2. El dinero es la seguridad más importante de la vida.
3. Unas personas tienen mala suerte; otras tienen buena suerte.
4. Está bien decir mentiras si la familia está en peligro.

CULTURE

Encourages cultural competency by exposing students to the Spanish-speaking world.

- **Cultura** sections celebrate the diversity of the Spanish-speaking world. Written completely in Spanish from Chapter 3 on, these sections give students a context in which to make cross-cultural comparisons. Follow-up questions check comprehension and encourage comparison and contrast.

- New **Por Internet** feature invites students to expand their cultural knowledge by exploring the Internet and presenting their findings to the class.

VIDEO

Engages students and reinforces language skills with easy-to-integrate video.

- The **Videodrama** section, dedicated to assisting students in anticipating and understanding the storyline of the award-winning *Caminos del jaguar* video, provides a wide variety of activities ideal for courses integrating the video. Each section opens with an exercise that reviews the previous episode.

- The new **Resumen del video** section summarizes the storyline of the episode and the new **Videonota cultural** notes highlight the video's cultural content.

España

LECTURA

Prelectura

As Felipe and Adriana travel in Spain, you will learn about the country's relation to Europe and Africa, its characteristics, and its multicultural composition.

A. Mi estado. Answer the following questions in pairs.

1. ¿En qué parte del país está tu estado? ¿Hay océano, montañas, desierto o lagos en el área?
2. ¿Cómo es el clima de tu ciudad?
3. ¿Qué grupos culturales viven en tu estado? ¿Qué idiomas hablan?

READING STRATEGY: Making Notes in the Margin

A useful reading strategy is to make notes in the margin of the text you are reading. This strategy allows you to react actively to the information (and in forthcoming readings, to the ideas) presented by an author. As you read the following presentation of basic facts about Spain, jot the following items in the margins:

1. The main topic of each paragraph.
2. Any questions you may have that stem logically from the information presented by the author.
3. Your own answers or hunches about the questions you have formulated.
4. Information you can provide to supplement the reading based on other written sources with which you are familiar.

España, país multifacético

Junto con Portugal, España forma la Península Ibérica. Es un país montañoso y tiene un clima muy variado. Al norte está el Mar Cantábrico; al oeste, el Océano Atlántico; al este, el Mar Mediterráneo y al sur, África del Norte, a casi 13 kilómetros de la costa española. Los montes Pirineos están al noreste y separan el país del resto del continente europeo.

España es un país multicultural y sus habitantes hablan varias lenguas: español, vasco°, catalán°, gallego° y mallorquín°. La historia española también tiene influencia de muchas culturas importantes: la cristiana, la judía° y la islámica (también llamada musulmana°). Por

Basque / Catalan / Galician / Mallorcan

Jewish / Muslim

ejemplo, en Granada está la Alhambra, un hermoso palacio de arquitectura musulmana. En sus jardines° está el famoso Patio de los leones.

La famosa Mezquita° de Córdoba también se encuentra en España. Su construcción empezó en el año 785 y terminó en el año 985; tiene 850 columnas de casi 4 metros de altura° y dentro de ella hay una iglesia cristiana del siglo XVI. En Córdoba hay también una sinagoga del siglo XIV, en honor al gran filósofo y médico judío Maimónides.

La llegada del rey Don Juan Carlos inicia la transición de una dictadura a una democracia en 1975, con una nueva Constitución. En 1986 ingresa° en la OTAN° y en 1989 se incorpora al Sistema Monetario Europeo. España es una fuerza vital contemporánea dentro de la Unión Europea. ■

gardens

Mosque

height

enters
NATO

Patio de los leones en la Alhambra.

La Mezquita de Córdoba.

READING
Strengthens students' reading skills through authentic materials and natural language.

- Representing different Spanish-speaking regions as well as a variety of genres, the majority of readings in the **Lectura** section are authentic, unadapted selections that expose students to natural language.
- Strategies focusing on critical approaches to reading are presented and practiced.

EN RESUMEN

Hablemos

A. ¿Cómo es el campus? How good are you at describing? Work with a partner to describe the location of five items or places on your campus. Partner A describes where the items or places are in relationship to one another while Partner B draws them. Use only Spanish and do not use any visual cues. Check the accuracy of the drawing and switch roles. Be sure to review the vocabulary for both **lecciones** before beginning.

B. ¿Adónde van los señores Covarrubias? After sending the jaguar twin off to Ecuador, Sr. Covarrubias decides to take a little trip with his wife with the money he was paid to transport the jaguar. With a partner create a conversation between them to plan the trip. Choose at least three different locations and three different means of transportation to get there. Also discuss what activities they will do while hiding out on "vacation."

Investiguemos por Internet

INTERNET STRATEGY: Identifying Country Domains

When you are looking for information originating in a specific country, it is useful to look at the country domain of the Internet address. The domain will tell you where the server is registered. For example, the address **http://www.renfe.es** is in Spain because the last part of the address, **es**, corresponds to **España**.

Cibervocabulario

Country domains for the Spanish-speaking world

Argentina	ar	Honduras	hn
Bolivia	bo	México	mx
Chile	cl	Nicaragua	ni
Colombia	co	Panamá	pa
Costa Rica	cr	Paraguay	py
Cuba	cu	Perú	pe
La República Dominicana	do	Puerto Rico	pr
Ecuador	ec	España	es
El Salvador	sv	Uruguay	uy
Guatemala	gt	Venezuela	ve

Note that these domains are more helpful in recognizing where the page is registered rather than helping you search for country-specific sites.

C. Viajes, viajes, viajes. Review the chart of Internet domains for Spanish-speaking nations. Then use a search engine and the keyword **turismo** to find Web pages about travel that are registered in a particular country. Examples: **turismo.mx** for Mexico, **turismo.cl** for Chile. Look carefully at three different pages from three different countries. Write as many sentences in Spanish as you can about the images and content of the most interesting page you find.

Escribamos

WRITING STRATEGY: Creating a Time Line

Another way to organize information visually is by use of a time line. This strategy is useful when writing about a sequence of events, whether over a brief or long period of time. A time line helps you to see connections between earlier and subsequent events.

Workshop

Primero me desperté a las 7.00 de la mañana. Asistí a todas mis clases ese día y luego fui a la cafetería para almorzar con mi novio Ricardo. Llegué media hora antes de nuestra cita y vi a Ricardo ¡besándose con otra chica! Ellos no me vieron. Fui a comprar un pastel de chocolate a la pastelería. Regresé a la cafetería y caminé a la mesa de Ricardo y su amiga. Le pregunté a su amiga: "¿Quieres compartir mi pastel también?" Ella me contestó: "¡Claro! Me encanta el chocolate". Ricardo nos miró espantado y salió. Ahora, su amiga Laura es mi mejor amiga.

Strategy in action

For additional practice with the strategy for writing a time line, turn to *Escribamos* in your Activities Manual.

D. Mi primer día de clase. Use a time line to record at least five things that happened on your first day of class. Then, write a brief paragraph to describe the events of that day.

E. El diario de Adriana. The evening after being followed by the mysterious ring-fingered man, Adriana sits down to write the sequence of events in her journal. Use a time line to order the events and record what happened to her.

END-OF-CHAPTER INTEGRATION

Motivates students with a sense of growth and accomplishment.

En resumen capstone activities reinforce and expand upon the chapter's vocabulary, functions, and culture through:

- Communicative practice;
- A strategy-based Internet activity;
- A strategy-based writing task.

Components of the *Caminos* Program

Student Audio Program

A **free** ninety-minute student audio program containing native-speaker recordings is packaged with the student text. These materials are necessary for completing the contextualized, audio-based exercises in the **Vocabulario** sections of the textbook. The program is available on cassette, audio CD, or as MP3 files on the *Caminos* Web site.

Caminos del jaguar Video Program

This award-winning video program consists of three and a half hours of footage filmed on location and features an exciting, action-packed mystery that incorporates myth, folklore, and local regional culture. The video was filmed in Mexico, Spain, Costa Rica, Puerto Rico, Ecuador, and the United States. The video program is divided into two 7 to 12-minute segments per chapter, for a total of twenty-four segments. It is available in two formats: 4 VHS cassettes or on DVD, with Spanish captions.

Activities Manual

This workbook/lab manual provides additional vocabulary, grammar, video and culture practice for each chapter. The workbook portion also contains writing practice that ties specifically into the writing strategy presented in the **En resumen** section of each chapter. Correlated to the Audio Program, the lab manual features listening activities (**Videodrama**) that recycle key audio portions from the video and listening exercises (**Vocabulario** and **Estructura**), recorded by native speakers, that practice vocabulary and grammar.

Expanded Audio Program

The Audio Program provides the listening input that corresponds to the **Actividades orales** of the *Activities Manual*. Each lesson is divided into two segments:

Vocabulario and **Estructura:** This new addition to the audio program is recorded by native speakers and provides reinforcement of the lesson structures and vocabulary.

Videodrama: This section contains audio clips taken from the video soundtrack as well as native speaker recordings. Students can listen to key scenes from the *Caminos del jaguar* video program on their own and at their own pace, in order to reinforce their understanding of the story. The program is available on cassettes, audio CDs, or as MP3 files. See the *Caminos* Web site for details.

Caminos Multimedia CD-ROM 3.0

This new interactive multimedia CD-ROM features a truly interactive environment for students. Utilizing full-motion video clips from the *Caminos del jaguar* Video Program, it contains interactive transcripts, dynamic links to pages and glossaries, an interactive grammar reference, as well as hypermedia containing text, audio, and video. This CD-ROM provides a variety of exercises that address the various learning needs of students.

COMING SOON! An Enhanced, Interactive Version of the *Caminos* Textbook

Ideal for courses conducted in conventional classrooms, smart classrooms, or via distance-learning channels, this interactive textbook engages students in learning Spanish through content and language practice presented in a media-rich environment.

Caminos Web Site

This multifaceted, text-specific component features: video-based activities related to the ***Caminos del jaguar*** video program; self-tests for practice of vocabulary and grammar; electronic flashcards; web search activities that require students to explore the World Wide Web; and MP3 files corresponding to the Student Audio Program.

Acknowledgments

We would like to thank the World Languages group of Houghton Mifflin's College Division for supporting us throughout the different stages of development and production of *Caminos:* Beth Kramer, Director of World Languages; Amy Baron, Sponsoring Editor; and Megan Amundson, Editorial Assistant. Special thanks to our Production Editor, Florence Kilgo, for her helpful insights. To Mary-Anne Vetterling, Nancy Abraham Hall, Ellen Haynes, and Ana Oscoz we express our deepest thanks for all their contributions to this project.

I would like to express my gratitude to Wellesley College and the Spanish Department for your enduring love and professional support on all my caminos; to the Knapp Media and Technology Center, for providing a spacious, state-of-the-art multimedia environment in which to develop interactive teaching and learning materials; to the Education Department, for your partnership in so many educational endeavors; to the Mellon Minority Fellows for your sisterhood and help; and to Nicole Barraza, Natalie Drorbaugh, María García, Norma Huizar, and Patricia Sciaraffa, for your constant contributions and assistance.

—*Joy Renjilian-Burgy*

Special thanks to Professor Steven Lerman and to my colleagues at MIT for their inspiration and for providing such a wonderful and creative working environment, to Deputy Director Sverre Spildo of the University of Bergen for his crucial support, and to all my colleagues at the MIT and Bergen Spanish Departments for their encouragement and help.

—*Ana Beatriz Chiquito*

At the University of Massachusetts, Boston, I would like to thank the members of the Department of Hispanic Studies for creating such a collegial atmosphere in which to teach and learn. A special thanks to Reyes Coll-Tellechea, Clara Estow, Cindy Schuster, Peggy Fitzpatrick, and Henry Santiago for their support. At Tufts University, I would like to thank the members of the Department of Romance Languages for their inspiration and encouragement in all my endeavors.

—*Susan M. Mraz*

We would like to gratefully acknowledge our reviewers and special contributors:

Estíbaliz Alonso, *University of Iowa*
Francisco Álvarez, *Miracosta Community College – Oceanside Campus*
María Amores
Brenda Barceló, *University of California – Santa Cruz*
Rebeca Bataller, *University of Iowa*
Robert Baum, *Arkansas State University*
Rosamel S. Benavides, *Humboldt State University*
Raquel Blázquez-Domingo, *University of South Carolina – Columbia*
Christine Bridges-Esser, *Lamar University*
Alan Bruflat
Obdulia Castro, *Georgetown University*
Clara Chávez Burchardt, *Rose State College*
Susan Cheuvront, *University of Iowa*
Guillermo "Memo" Cisco, *Oakland Community College – Auburn Hills Campus*
Felice Coles, *University of Mississippi*

Purificación Crowe, *University of South Carolina – Columbia*
José Cruz, *Fayetteville Technical Community College*
Lee Daniel, *Texas Christian University*
Mary Doerrfeld, *University of Iowa*
María Dorantes, *University of Michigan*
Gene DuBois, *University of North Dakota*
Héctor Enríquez, *University of Texas – El Paso*
Toni Esposito, *University of Pennsylvania*
Ana Esther Fernández, *University of Iowa*
Ken Fleak, *University of South Carolina – Columbia*
Yolanda Flores, *University of Vermont*
Mark Goldin, *George Mason University*
Ana González, *University of North Carolina – Charlotte*
Yolanda L. González, *Valencia Community College – East Campus*
María Grana, *Houston Community College*
Lisa Hall López, *Trident Technical College*
Nancy A. Hall, *Wellesley College*
D. Carlton Hawley
Nancy Hayes, *University of Iowa*
Ellen Haynes, *University of Colorado – Boulder*
Margarita Hodge, *Northern Virginia Community College – Alexandria Campus*
Cathy House, *Miracosta Community College – San Elijo Campus*
April Howell, *Coastal Carolina Community College*
Paloma Lapuerta, *Central Connecticut State University*
Susan Larson
Luis E. Latoja, *Columbus State Community College*
Miguel Lechuga
Roxana Levin, *St. Petersburg Jr. College – Tarpon Campus*
Margarita Lezcano
Judith Liskin Gasparro, *University of Iowa*
Rosa M. López Cañete, *The College of William and Mary*
Constance Marina, *Regis College*
William Martínez, Jr, *California Polytechnic State University*
James C. Michnowicz, *The University of Virginia's College at Wise*
Montserrat Mir, *Illinois State University*
Stephen C. Mohler, *University of Tennessee at Martin*
Holly Monheimer, *University of Pennsylvania*
Paula Moore, *North Arkansas College*
Rachelle Morea, *Norfork State University*
Glen Morocco, *La Salle University*
Janet B. Norden, *Baylor University*
Ana Oscoz, *University of Iowa*
Inmaculada Pertusa, *University of Kentucky*
Margarita Pillado-Miller, *Grinnell College*
Anne Pomerantz, *University of Pennsylvania*
Gunther F. Puschendorf, *College of Alameda*
Celia Ramírez, *Big Bend Community College*
Herlinda Ramírez Barradas, *Purdue University Calumet*
Cheryl Reagan, *Sussex County Community College*
Victoria Robertson, *California State University – Hayward*
Karen L. Robinson, *University of Nebraska at Omaha*
Beatriz Rosado, *Virginia State University*

Benita Sampedro, *Hofstra University*
Amanda Samuelson, *University of Iowa*
Joy Saunders, *Texas Tech University*
Cindy Schuster, *University of Massachusetts at Boston*
Virginia Shen, *Chicago State University*
Wayne Steely
Suzanne Stewart, *Daytona Beach Community College*
Octavio de la Suaree, *William Paterson University*
Nancy Taylor Mínguez, *Old Dominion University*
George Thatcher, *Treasure Valley Community College*
Dulce Tienda-Martagón, *University of South Carolina – Columbia*
Jacquelyn Torres, *University of Iowa*
Vicky L. Trylong, *Olivet Nazarene University*
Beverly Turner, *Truckee Meadows Community College*
John H. Turner, *Bowdoin College*
Mayela Vallejos-Ramírez
Joseph Weyers, *College of Charleston*
Helen Wilson, *Towson University*

Adriana y Felipe, estudiantes de arqueología.

Myth and Mystery: *Caminos del jaguar*

Who's Who in *Caminos del jaguar*

Nacionalidad (Nationality)

Saludos (Greetings)

Presentaciones (Introductions)

El alfabeto español (The Spanish Alphabet)

Las vocales (Vowels)

Las consonantes (Consonants)

Acentuación (Stress)

Cultura: Hispanics in the United States

Capítulo preliminar

Myth and Mystery: *Caminos del jaguar*

The *Popol Vuh,* the sacred book of the Mayas, reveals the story of the Mayan Hero Twins (*Los héroes gemelos*) **Yax-Balam** (YASH-BA-LAM) and **Hun-Ahau** (U-NA-HOW). They are twin figures from Mayan lore who symbolize the triumph of good over evil. The Jaguar Twins have mythical powers and are the central figures in this exciting mystery.

According to the Mayans, the universe is divided into three worlds: the sky (*el cielo*), the earth (*la tierra*), and the underworld (*Xibalbá*)—a parallel world beneath the earth, full of plants, animals, and people. In the *Popol Vuh,* the Jaguar Hero Twins overpowered the Lords of Xibalbá.

The Mayans played a ball game similar to modern-day soccer. The hero twins Yax-Balam and Hun-Ahau were the best ball players on earth, but the noise they made while playing the game infuriated the Lords of Xibalbá. The Lords invited the Jaguar Twins to play ball in Xibalbá and designed a series of challenges to make the twins fail. However, the Hero Twins won the game as well as the challenges and became gods themselves.

The story in **Caminos del jaguar** is based on this myth of the Jaguar Twins. In our video, archaeology professor Nayeli Paz Ocotlán, of the University of Puebla, has just published her book, *Los héroes gemelos de Xibalbá,* which narrates the history of Yax-Balam and Hun-Ahau.

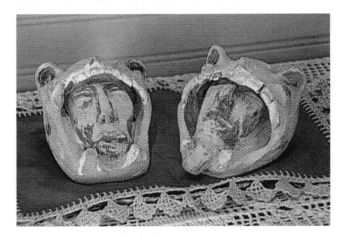

These representations of the Jaguar Twins were created to accompany the great Mayan King Pacal to Xibalbá when he died on August 31. Centuries later, thieves stole these artifacts from the grave site and sold them for riches.

Join us and two archaeology students, Adriana and Felipe, who take a journey down an unexpected path where the forces of good and evil (*los buenos y los malos*) battle over the fate of the Jaguar Hero Twins. Will the missing Jaguar Twins find their way back to Mexico or will they fall into the wrong hands forever?

Who's Who in *Caminos del jaguar*

NAYELI PAZ OCOTLÁN

Born of a Mexican mother and a Spanish father, Nayeli was raised in New York City and later studied at the Universidad Autónoma de México (UNAM). She is now a well-known professor of archaeology at the Universidad de Puebla, where she is dedicated to locating and preserving missing Mexican artifacts. She is an expert on the story of the Jaguar Twins and has recently published the book *Los héroes gemelos de Xibalbá*. Hernán, her husband, died in the Mexican earthquake of 1985. Nayeli feels responsible for his death.

GAFASNEGRAS

Born and raised in Mexico City, she was one of Nayeli's first archaeology students in Puebla and has always been jealous of her. Her real name is Mariluz Gorrostiaga Hinojosa.

ADRIANA REYES TEPOLE

Born in San Antonio, Adriana Reyes Tepole grew up in Guayaquil, Ecuador, where her father worked in a United Nations project. When she was twelve, the family then returned to Texas, the birthplace of her father. Her mother is from Puebla, Mexico. Adriana recently studied at the Universidad de Puebla and lived with her maternal grandparents. Currently a graduate student in archaeology at the University of Texas at San Antonio, she won a summer fellowship to go on an excavation with Nayeli.

FELIPE LUNA VELILLA

For many years, Felipe lived with his Venezuelan father in Caracas before returning to Miami to live with his Cuban mother and stepfather. He did his undergraduate studies in archaeology at the University of Miami and is doing graduate work at the University of Texas at San Antonio. He also has been awarded a summer fellowship to go on a dig with Nayeli.

ARMANDO DE LANDA CHÁVEZ

Armando is a Mexican entrepreneur who helps to fund Adriana and Felipe's summer travels.

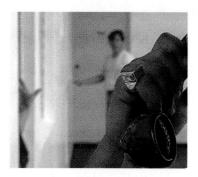

LA ABUELITA (*GRANDMOTHER*)

Nayeli's grandmother lived in Puebla all her life and Nayeli was her favorite grandchild. She has passed away but visits Nayeli often through her vivid dreams. Nayeli adores her grandmother.

MYSTERIOUS RING-FINGERED MAN

Friend or foe? You decide.

DOÑA CARMEN QUESADA ARAYA

Doña Carmen, an art collector, lives on a ranch outside of San José, Costa Rica. Nayeli is her godchild, and has been very close to her for years. Nayeli's mother and doña Carmen were art history majors and best friends in college. After Nayeli's mother died, doña Carmen funded Nayeli's college studies.

Nacionalidad (*Nationality*)

Me llamo Adriana Reyes Tepole.
Soy de San Antonio.
Soy mexicanoamericana.

Me llamo Nayeli Paz Ocotlán.
Soy de Nueva York.
Soy estadounidense.

Me llamo Luis Ortiz López.
Soy de Puerto Rico.
Soy puertorriqueño.

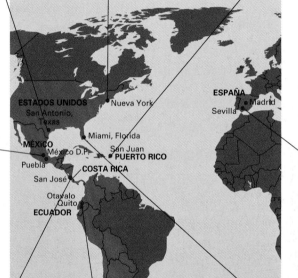

ESPAÑA
Madrid
Sevilla

ESTADOS UNIDOS
Nueva York
San Antonio, Texas

Miami, Florida

MÉXICO
México D.F.
Puebla
San Juan
PUERTO RICO

COSTA RICA
San José

Otavalo
Quito
ECUADOR

Me llamo Mariluz Gorrostiaga Hinojosa.
Soy de México.
Soy mexicana.

Me llamo Gerardo Covarrubias.
Soy de España.
Soy español.

Me llamo Carmen Quesada Araya.
Soy de Costa Rica.
Soy costarricense.

Me llamo Zulaya Piscomayo Curihual.
Soy de Ecuador.
Soy ecuatoriana.

Me llamo Felipe Luna Velilla.
Soy de Miami.
Soy cubanoamericano.

Nacionalidades

Country / island	For females	For males	English
África + Estados Unidos	afroamericana	afroamericano	*African American*
Alemania	alemana	alemán	*German*
Argentina	argentina	argentino	*Argentine*
Asia + Estados Unidos	asiáticoamericana	asiáticoamericano	*Asian American*
Bolivia	boliviana	boliviano	*Bolivian*
Brasil	brasileña	brasileño	*Brazilian*
Canadá	canadiense	canadiense	*Canadian*
Chile	chilena	chileno	*Chilean*
China	china	chino	*Chinese*
Colombia	colombiana	colombiano	*Colombian*
Corea	coreana	coreano	*Korean*
Corea + Estados Unidos	coreanoamericana	coreanoamericano	*Korean American*
Costa Rica	costarricense	costarricense	*Costa Rican*
Cuba	cubana	cubano	*Cuban*
Cuba + Estados Unidos	cubanoamericana	cubanoamericano	*Cuban American*
Ecuador	ecuatoriana	ecuatoriano	*Ecuadorian*
El Salvador	salvadoreña	salvadoreño	*Salvadoran*
España	española	español	*Spanish*
Estados Unidos	estadounidense	estadounidense	*from the U.S.A.*
Europa	europea	europeo	*European*
Francia	francesa	francés	*French*
Guatemala	guatemalteca	guatemalteco	*Guatemalan*
Haití	haitiana	haitiano	*Haitian*
Honduras	hondureña	hondureño	*Honduran*
Inglaterra	inglesa	inglés	*English*
Irlanda	irlandesa	irlandés	*Irish*
Italia	italiana	italiano	*Italian*
Japón	japonesa	japonés	*Japanese*
México	mexicana	mexicano	*Mexican*
México + Estados Unidos	mexicanoamericana	mexicanoamericano	*Mexican American*
Nicaragua	nicaragüense	nicaragüense	*Nicaraguan*
Panamá	panameña	panameño	*Panamanian*
Paraguay	paraguaya	paraguayo	*Paraguayan*
Perú	peruana	peruano	*Peruvian*
Portugal	portuguesa	portugués	*Portuguese*
Puerto Rico	puertorriqueña	puertorriqueño	*Puerto Rican*
República Dominicana	dominicana	dominicano	*Dominican*
Rusia	rusa	ruso	*Russian*
Uruguay	uruguaya	uruguayo	*Uruguayan*
Venezuela	venezolana	venezolano	*Venezuelan*

CULTURA

Estados Unidos

Hispanics in the United States

Spanish is spoken as a first language by over 408 million people worldwide and is second only to Mandarin Chinese (885 million). In the United States alone, Hispanics constitute 12.5% of the total population (35.3 million), making them the largest minority group. It also makes the United States the fifth largest Spanish-speaking country in the World. It is no surprise that more students study Spanish than any other language.

Hispanics contribute to all aspects of life in the United States; from the foods we eat, to the music we enjoy; they are political leaders, athletes, news anchors, entertainers, scientists, teachers, and students. Their ethnic diversity is also noteworthy and reflects the cultural richness of the Spanish-speaking world.

In *Caminos del jaguar,* the main protagonists (Adriana, Felipe, and Nayeli) come from different cultural backgrounds, but they all share one cultural reality: they are Hispanics living and working in the United States.

DISCUSIÓN EN GRUPOS

1. Why are you studying Spanish? How do you think this course will be useful for you in the near or distant future?

2. Is there a large Hispanic population in your community? If so, where are they from? If not, what are the ethnic backgrounds of the people in your community?

3. Look at the map of Hispanics in the United States on the end pages of your textbook. Which states have the largest Hispanic population? Which states have the smallest? How does your state compare to other states on the map? Why do you think certain states have larger Hispanic populations than others?

4. Read the cultural backgrounds of Adriana, Felipe, and Nayeli and compare the Hispanic populations of their states of origin.

5. Discuss which states might have a large percentage of people from these countries: México, Puerto Rico, Cuba, and Guatemala. Why do you think this is so?

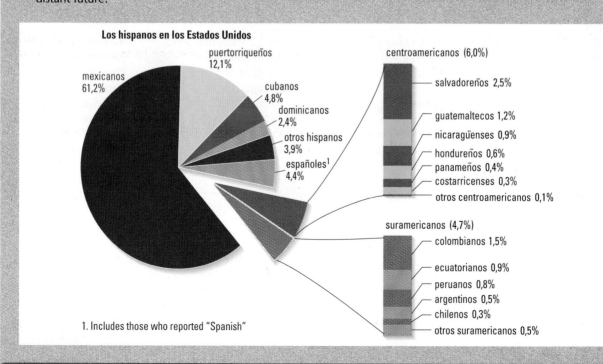

Los hispanos en los Estados Unidos

- mexicanos 61,2%
- puertorriqueños 12,1%
- cubanos 4,8%
- dominicanos 2,4%
- otros hispanos 3,9%
- españoles[1] 4,4%

centroamericanos (6,0%)
- salvadoreños 2,5%
- guatemaltecos 1,2%
- nicaragüenses 0,9%
- hondureños 0,6%
- panameños 0,4%
- costarricenses 0,3%
- otros centroamericanos 0,1%

suramericanos (4,7%)
- colombianos 1,5%
- ecuatorianos 0,9%
- peruanos 0,8%
- argentinos 0,5%
- chilenos 0,3%
- otros suramericanos 0,5%

1. Includes those who reported "Spanish"

Saludos (*Greetings*)

◼ Buenos días

—Buenos días. ¿Qué tal?   —*Good morning. How's it going?*
—Muy bien, gracias, ¿y tú?   —*Very well, thank you, and you?*
—Bastante bien, gracias.   —*Quite fine, thanks.*

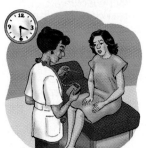

◼ Buenas tardes

PACIENTE:	Buenas tardes, doctora.	*Good afternoon, doctor.*
	¿Qué hay de nuevo?	*What's new?*
DOCTORA:	Nada en particular.	*Nothing special.*
	¿Qué tal usted?	*How's everything with you?*
PACIENTE:	Muy mal, bastante mal.	*Very bad, quite bad.*
DOCTORA:	¿Verdad? Lo siento.	*Really? I'm sorry.*

◼ Buenas noches

—Buenas noches.   —*Good night.*
—Buenas noches. Hasta mañana.   —*Good night. See you tomorrow.*
—Adiós. Hasta pronto.   —*Good-bye. See you soon.*
—Chao.   —*Bye-bye.*

- Note that **buenos días** is normally used from sunrise to noon; **buenas tardes** from noon through approximately suppertime; and **buenas noches** after the evening meal.

◊ACTIVIDAD

Saludos.   Recombine expressions from the three conversations above to create a conversation around the theme of greetings. Work with a partner.

Presentaciones (*Introductions*)

◼ En la cafetería

SARA:	Hola. ¿Cómo te llamas?	*Hello. What's your name?*
PABLO:	Me llamo Pablo. ¿Y tú?	*My name is Pablo. And you?*
SARA:	Me llamo Sara.	*My name is Sara.*
PABLO:	Mucho gusto.	*Pleased to meet you.*
SARA:	Igualmente.	*Likewise.*

En la oficina

RAFAEL: Hola. ¿Cómo se llama usted?	*Hello. What's your name?*
MIRTA: Me llamo Mirta Pérez. ¿Y usted?	*My name is Mirta Pérez. And you?*
RAFAEL: Me llamo Rafael Ramírez.	*My name is Rafael Ramírez.*
MIRTA: Mucho gusto.	*Pleased to meet you.*
RAFAEL: Igualmente.	*Likewise.*

En la sala de clase

—Buenos días, profesora.	*—Good morning, professor.*
—Buenos días. ¿Cómo te llamas?	*—Good morning. What is your name?*
—Me llamo David Romero Solar. ¿Y usted?	*—My name is David Romero Solar. And you?*
—Me llamo Susana Alegría Ramírez.	*—My name is Susana Alegría Ramírez.*
—Mucho gusto, profesora.	*—It's a pleasure, professor.*
—El gusto es mío. ¡Bienvenido, David!	*—The pleasure is mine. Welcome, David!*

◑ ACTIVIDADES

A. El gusto es mío. Look at the conversations above. With whom would you use the following phrases?

¿Cómo te llamas? / ¿Y tú? _____

¿Cómo se llama usted? / ¿Y usted? _____

B. ¿Cómo te llamas? Practice introducing yourself to three classmates. Follow the model of the conversation between Pablo and Sara.

C. ¿Cómo se llama usted? Using the conversation above as a model, role-play with different classmates three formal introductions as though you were: (a) head of your school, (b) president of your country, and (c) a famous celebrity.

Nacionalidad (*Nationality*)

CAELA: ¿De dónde eres?	*Where are you from?*
AIDA: Soy de La Paz. Soy boliviana. ¿Y tú?	*I am from La Paz. I am Bolivian. And you?*
CAELA: Soy hondureña. Soy de Tegucigalpa.	*I'm Honduran. I am from Tegucigalpa.*
AIDA: Mucho gusto.	*It's a pleasure.*
CAELA: El gusto es mío.	*The pleasure is mine.*

⟨⟩ACTIVIDADES

A. ¿De dónde eres?   Go around the room asking four classmates where they are from and what their nationality is. Follow the model of the conversation above.

B. Nacionalidades.   How many of these people do you recognize? Identify their nationalities. Refer to the nationality chart and the map on pages 6–7. Be sure to use the nationality that corresponds to a female or a male.

1. Penélope Cruz
2. Claudia Schiffer
3. Sammy Sosa
4. Gloria Estefan
5. Luciano Pavarotti
6. Jennifer López
7. Jim Carrey
8. Frida Kahlo
9. Tony Blair
10. Vicente Fox

C. ¡Hola!   In pairs, role-play the video characters from the opening presentation on pages 4–5. Use the information about their names and nationalities to create a conversation in which you practice greetings, introductions, and expressions of courtesy.

MÁS PALABRAS Y EXPRESIONES

¿Cómo se dice...? *How do you say . . .?*
con permiso *excuse me*
de nada *you're welcome*
don (D.) *(Sr., Mr.) with first name*
doña (Dña.) *(Mrs., Ms.) with first name*
en grupos *in groups*
en parejas *in pairs*
hasta la vista *until we meet again*
no sé *I don't know*
perdón *pardon*
por favor *please*
¿Qué quiere decir...? *What does . . . mean?*
regular *OK*
señor (Sr.) *Mr.*
señora (Sra.) *Mrs.*
señorita (Srta.) *Miss*
Sí, cómo no. *Of course.*
también *also*

El alfabeto español *(The Spanish Alphabet)*

As your instructor pronounces the 27 letters of the Spanish alphabet, with their corresponding names, repeat each one, noting some of the differences compared with the alphabet in English (which only has 26 letters).

La letra	El nombre	La letra	El nombre	La letra	El nombre
a	*a*	j	*jota*	r	*ere*
b	*be, be grande*	k	*ka*	s	*ese*
c	*ce*	l	*ele*	t	*te*
d	*de*	m	*eme*	u	*u*
e	*e*	n	*ene*	v	*uve, ve chica*
f	*efe*	ñ	*eñe*	w	*doble u, doble ve*
g	*ge*	o	*o*	x	*equis*
h	*hache*	p	*pe*	y	*i griega*
i	*i*	q	*cu*	z	*zeta*

Note: in older dictionaries you will find the letters **ch** (*che*) and **ll** (*elle, doble ele*); these were removed from the Spanish alphabet in 1994. Also, **rr** (*erre*) is now considered a sound, not a letter.

Las vocales *(Vowels)*

Because vowels are critical in Spanish pronuncation, it is important to master their sounds. Repeat the following words after your instructor. Be sure to pay close attention to her/his face as s/he models them.

La vocal	La pronunciación	El vocabulario	El inglés
a	*as in the word "palm"*	casa	*house*
		fama	*fame*
		cama	*bed*
e	*as in the word "very"*	lento	*slow*
		verde	*green*
		mes	*month*
i	*as in the word "elite"*	mitad	*half*
		primo	*cousin*
		vino	*wine*
o	*as in the word "oh"*	no	*no*
		oso	*bear*
		todo	*all*
u	*as in the word "lunar"*	luna	*moon*
		uno	*one*
		cuna	*crib*

Las consonantes (*Consonants*)

The letters **b** and **v** have the same pronunciation as *b*.	bien, victoria
The **c** of **ca**, **co**, **cu** is pronounced like the *c* in *cot*.	cama, coco, cubo
The **c** of **ce**, **ci** is pronounced like the *c* in *center* in Latin America; and with a *th* sound in Spain.	cerebro, cierto
The **g** of **ga**, **go**, **gu** is pronounced like *go*.	gato, gorro, guante
The **g** of **ge**, **gi** is pronounced like *helium*.	gente, gira
The letter **h** is always silent.	hotel, hospital
The letter **j** is pronounced like the *h* in *heavy*.	jaguar
The letters **k** and **w** are usually found in words borrowed from other languages.	kilogramo, windsurf
The letter combination **ll** is pronounced like the *y* in the word *you* or like the *s* in the word *measure*.	lluvia, calle
The letter combination **que** is always pronounced like the word *kay*.	queso, quetzal
The letter combination **qui** is always pronounced like the word *key*.	Quijote, arquitecto
The letter **r** at the beginning of a word is pronounced as a *rr*, trilled.	Rita, rosa
The letter **z** is pronounced like *s* in Latin America and like *th* in Spain.	lápiz, zona

Acentuación (*Stress*)

There are a few basic guidelines to follow in order to learn what syllable to stress when pronouncing words in Spanish. By carefully studying these rules, you will listen, speak, read, and write with greater ease.

1. If a word ends in a *vowel* or *n* or *s*, the natural stress occurs on the next-to-last syllable (**la penúltima sílaba**). In this case, no written accent is necessary.

   finca *ranch*   **pa**dre *father*   **blu**sa *blouse*   dis**tri**to *district*

2. If a word ends in any other letter of the alphabet, the natural stress occurs on the last syllable (**la última sílaba**). In this case, no written accent is necessary.

   profe**sor** *teacher*   re**loj** *watch*   pa**pel** *paper*   escri**bir** *to write*

3. Words which are exceptions to the above two rules carry written accents to indicate what syllable carries the stress.

   in**glés** *English*   sim**pá**tico *nice*   **pá**gina *page*   **rá**pido *rapidly*

4. The following words, when used as *interrogatives,* always carry accents:

¿cómo?	*how?*	¿qué?	*what?*
¿cuándo?	*when?*	¿quién/es?	*who?*
¿dónde?	*where?*	¿por qué?	*why?*
¿cuánto/a/s?	*how much?, how many?*	¿cuál/es?	*which?, what?*

5. Although their pronunciation remains the same, certain words carry accents to distinguish their meaning:

él *he*	¿cómo? *how?*	tú *you*	sí *yes*
el *the*	como *as, like*	tu *your*	si *if*

⟨⟩ACTIVIDAD

Pronunciemos.   With a classmate, pronounce the following words. Then ask each other how to spell each one in Spanish. Use the charts above for reference. Note that if a word carries an accent, you spell the letter and add the phrase **con acento.** Follow the model.

MODELO   —*¿Cómo se deletrea* **lápiz** *en español?*   —*ele, a con acento, pe, i, zeta*

amigo	bien	gusto	lápiz
igualmente	gemelo	español	profesora
rápido	códice	sí	universidad
página	televisión	jaguar	hola

COMMUNICATION GOALS

- Describing people and things
- Discussing actions in the present
- Asking and responding to questions
- Expressing likes and dislikes

CAPÍTULO 1

Los impresionantes murales de Juan O'Gorman en la Universidad Autónoma de México, D.F.

	Lección 1A En el cuarto	Lección 1B La vida universitaria
Vocabulario	Things in a room • Colors • Numbers from 0–199	Schedules: days, months • Academic subjects • Likes and dislikes • Adjectives of personality
Estructura	Articles • Gender • Plural nouns • Accents • Adjective agreement • Subject pronouns • **Ser** • Negation	Regular verbs • Yes-No / Information questions • Telling time
Cultura	El teléfono	El sistema universitario en el mundo hispano
Lectura	Titulares	Tres estudiantes de la universidad
Videodrama *¿Arqueóloga o criminal?*	Nayeli discovers she is suspected of criminal activity; meanwhile, Adriana and Felipe meet for the first time.	Unaware that Nayeli is fleeing Puebla, Adriana and Felipe are already on a bus to join her there.

Lección 1A   En el cuarto

VOCABULARIO   1A.1

Describing Things in a Room

■ **¿Qué hay en el cuarto?** *(What is there in the room?)*

Cognates (**cognados**) are words that have similar spellings and meanings in both Spanish and English. How many of these cognates can you match with items in the drawing below?

un teléfono	una televisión	un calendario	una lámpara
una calculadora	un/a computador/a	un mapa	una rosa
una oficina	una universidad	un/a radio	

1. un cartel
2. una pared
3. unos libros
4. un estante
5. un basurero
6. un reloj
7. una ventana
8. una mochila
9. un cuaderno
10. una cama
11. un bolígrafo / una pluma
12. una impresora
13. un lápiz
14. un escritorio
15. unos papeles
16. una silla

MÁS PALABRAS Y EXPRESIONES

SUSTANTIVOS

un borrador *a blackboard eraser*
una carpeta *a folder*
un dormitorio *a bedroom*
una mesa *a table*
una pizarra *a blackboard*

un pupitre *a writing desk*
una residencia *a dormitory*
una sala de clase *a classroom*
una tiza *a piece of chalk*

EXPRESIONES DIVERSAS

hay *there is; there are*
no hay *there isn't; there aren't*
en *in, on, at*

⟲ ACTIVIDADES

MP3 files available. See text Web site.

A.   ¿Qué hay en el cuarto?   Listen to the description of Ernesto's room. Number the items in the order that you hear them. Not all items will be mentioned.

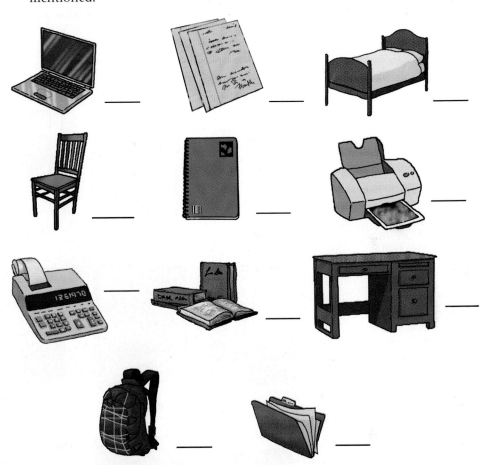

B.   ¿Qué hay?   Review the drawing of the bedroom on the preceding page and practice the vocabulary words with a partner. Be sure to also identify the cognates that are in the picture. How many items can you name?

C.   En la sala de clase.   Work with a partner to list as many things in your classroom as you can.

> **MODELO**   —¿Qué hay en la sala de clase?   —*What is in the classroom?*
> —Hay una pizarra.   —*There is a chalkboard.*

D.   En el cuarto.   List three things in your bedroom and three things *not* in your bedroom. Play "twenty questions" with your partner to guess what is on each other's lists. Follow the model.

> **MODELO**   —¿Hay una computadora?   —*Is there a computer?*
> —Sí, hay una computadora. *or*   —*Yes, there is a computer.* or
> —No, no hay una computadora.   —*No, there isn't a computer.*

VOCABULARIO   1A.2
Identifying Colors

■ **¿De qué color es?** *(What color is it?)*

LOS PAÍSES DEL CARIBE Y DE SURAMÉRICA

rojo   café   blanco   gris

morado   caqui   verde   anaranjado

amarillo   negro   rosado   azul

◗ ACTIVIDADES

A. Los colores.   Name the colors of the books pictured above. Work with a
partner. Follow the model.

> **MODELO**   —¿De qué color es el libro de   —*What color is the book on*
> Bolivia?   *Bolivia?*
> —Es negro.   —*It is black.*

B. ¡Colores, colores, colores!   What colors do you associate with the following products?

1. Coca-Cola
2. Irish Spring soap
3. The Energizer Bunny
4. Apple iMacs
5. Ivory Snow
6. Pepsi
7. Burger King
8. M&M's

ESTRUCTURA   1A.1
Talking About People and Things

A Indefinite articles *(a, an, some)*

un alumno

unos alumnos

una alumna

unos alumnos

unas alumnas

The indefinite article has four forms.

	Masculine	Feminine
Singular	un	una
Plural	unos	unas

B Definite articles *(the)*

el libro

los libros

la silla

las sillas

The definite article has four forms.

	Masculine	Feminine
Singular	el	la
Plural	los	las

C Masculine and feminine nouns

Nouns in Spanish are either masculine or feminine. Usually, nouns that refer to males are masculine and nouns that refer to females are feminine.

Masculine	Feminine	
el alumno	**la** alumna	*student*
el amigo	**la** amiga	*friend*
el chico	**la** chica	*boy, girl*
el compañero de clase	**la** compañera de clase	*classmate*
el profesor	**la** profesora	*teacher*
el señor	**la** señora	*Mr., Mrs.*

Nouns that refer to people and end in **-ista** or **-e** are either masculine or feminine. The context or the article will indicate the gender.

Masculine	Feminine	
el artista	**la** artista	*artist*
el dentista	**la** dentista	*dentist*
el estudiante	**la** estudiante	*student*
el paciente	**la** paciente	*patient*

Most nouns that refer to things and end in **-o** are masculine while most feminine nouns end in **-a**.

Masculine		Feminine	
el calendario	*calendar*	la bolsa	*bag*
el florero	*vase*	la calculadora	*calculator*
el libro	*book*	la impresora	*printer*

Some nouns have different words for masculine and feminine.

Masculine		Feminine	
el hombre	*man*	la mujer	*woman*
el padre	*father*	la madre	*mother*

There are nouns whose gender is not obvious just by looking at the endings. But certain endings may give a clue about a noun's gender.

- Nouns ending in **-ión**, **-dad**, **-tad** are usually feminine.

la lecc**ión**	*lesson*	**la** activi**dad**	*activity*	**la** tempes**tad**	*storm*
la televis**ión**	*television*	**la** canti**dad**	*quantity*	**la** liber**tad**	*liberty*
la composic**ión**	*composition*	**la** ciu**dad**	*city*	**la** mi**tad**	*half*

- Certain nouns ending in **-ma** are masculine. You have to learn them as exceptions. Here are some that are used frequently.

el cli**ma**	*climate*	**el** idio**ma**	*language*
el siste**ma**	*system*	**el** proble**ma**	*problem*
el te**ma**	*theme*	**el** progra**ma**	*program*

- Nouns ending in **-e** may be masculine or feminine.

la clase	*class*	**el** puente	*bridge*
la gente	*people*	**el** cine	*movie theater*

Whenever a feminine word begins with a stressed **a** (with or without a written accent), the definite article **el** is used (to avoid combining two stressed sounds).

el agua	*water*	**el** águila	*eagle*	**el** alma	*soul*

Common exceptions to the rules above:

el día	*day*	**la** mano	*hand*	**el** mapa	*map*
el/la sartén	*frying pan*	**el/la** radio	*radio*		

When talking about people with titles such as **señor**, **señora**, **señorita** and **doctor/a**, the definite article is used. When talking to them directly, the definite article is not used.

El señor Medina es doctor. *Mr. Medina is a doctor.*
Doctor Medina, ¿cómo está usted? *Doctor Medina, how are you?*

◊ACTIVIDADES

A. Práctica. Work with a partner. Replace the indefinite article **un** or **una** with the definite article **el** or **la.** Follow the model.

MODELO Student one: *un libro*
Student two: *el libro*

1. un señor
2. una estudiante
3. una calculadora
4. un florero
5. una composición
6. un tema
7. una compañera de clase
8. una mano

B. ¿Qué es?   Work with a partner. Indicate whether each noun is masculine, feminine, or both, by writing the definite article **el**, **la**, or both articles in front of each noun. Then say the words aloud.

_el_ puente	_la_ clase	_la_ oportunidad
_el/la_ artista	_el_ día	_el_ papel
_la_ bolsa	_el_ idioma	_el_ profesor
_el_ calendario	_la_ impresora	_la_ señora
_el/la_ dentista	_el/la_ estudiante	
_el_ cine	_el_ mapa	

C. Hombres y mujeres.   Work with a partner. State a word from the list and your partner will give its equivalent in the opposite gender. Be careful to use the correct definite or indefinite article.

MODELO   Student 1: *un hombre* Student 2: *una mujer*

1. un profesor
2. el chico
3. un señor
4. una estudiante
5. la mujer
6. una alumna
7. un amigo
8. el artista

D Plural of nouns

Nouns ending in a vowel generally add **-s** to form the plural.

Singular		Plural	
la casa	*house*	las casas	*houses*
el niño	*child*	los niños	*children*
la noche	*night*	las noches	*nights*

Nouns ending in a consonant add **-es**.

Singular		Plural	
la actividad	*activity*	las actividades	*activities*
el papel	*paper*	los papeles	*papers*
el color	*color*	los colores	*colors*

When adding **-es** to nouns ending in **z**, the **z** changes to **c**.

Singular		Plural	
el lápiz	*pencil*	los lápices	*pencils*
la luz	*light*	las luces	*lights*

Nouns typically keep their gender in both singular and plural forms. One common exception is:

el arte	*art*	**las** artes	*the arts*

E Stress and written accents

Spanish words ending in a vowel (**a, e, i, o, u**), **n** or **s** carry the stress on the second to last syllable.

> oficina   chicos   **hablan** *(you/they speak)*
> clase   programa   monitores

If the stress falls elsewhere, a written accent marks the stressed syllable.

> águila   televi**sión**   inte**rés**

Note that written accents in words ending in **-ión** are not needed in the plural:

> com-po-si-**ción**   com-po-si-cio-nes   lec-**ción**   lec-cio-nes

Words ending in a consonant other than **n** or **s** carry the stress on the last syllable.

> liber**tad**   pa**pel**   ha**blar**

If the stress falls elsewhere, a written accent marks the stressed syllable.

> **lá**piz   di**fí**cil   **fá**cil

⟨⟩ACTIVIDADES

A. ¿Masculino o femenino?   Identify the correct indefinite article for these words.

1. _____ actividades
2. _____ ciudades
3. _____ carteles
4. _____ cuartos
5. _____ compañeras
6. _____ estudiantes
7. _____ impresoras
8. _____ televisiones

B. Los artículos definidos.   For each noun, give the correct definite article. Then, give the plural form of the noun and article.

1. _____ cuaderno _____
2. _____ día _____
3. _____ lápiz _____
4. _____ mano _____
5. _____ papel _____
6. _____ reloj _____
7. _____ silla _____
8. _____ teléfono _____

C. Los acentos.   For each word, write in the accent, if necessary.

1. señora
2. programas
3. aguila
4. lapices
5. papel
6. luz
7. television
8. dificil

VOCABULARIO 1A.3
Counting from 0 to 199

▌ Los números de 0–199

0 cero	10 diez	20 veinte	30 treinta
1 uno	11 once	21 veintiuno	40 cuarenta
2 dos	12 doce	22 veintidós	50 cincuenta
3 tres	13 trece	23 veintitrés	60 sesenta
4 cuatro	14 catorce	24 veinticuatro	70 setenta
5 cinco	15 quince	25 veinticinco	80 ochenta
6 seis	16 dieciséis	26 veintiséis	90 noventa
7 siete	17 diecisiete	27 veintisiete	100 cien
8 ocho	18 dieciocho	28 veintiocho	101 ciento uno
9 nueve	19 diecinueve	29 veintinueve	199 ciento noventa y nueve

Number notes	
uno/una	**Uno** changes to **una** in front of a feminine noun: *41 computers* = cuarenta y **una** computadoras **Uno** changes to **un** in front of a masculine noun: *31 telephones* = treinta y **un** teléfonos
veinte +	**Veinte** + is usually written as one word: *23* = **veintitrés** *25* = **veinticinco**
treinta + *to* noventa +	These numbers always appear as three words: *37* = **treinta y siete** *98* = **noventa y ocho** Note that "**y**" appears only between the "tens" and "ones" place.
cien	**Cien** is used when the number is *exactly* 100: *100 students* = **cien alumnos** *100 books* = **cien libros**
ciento	**Ciento** is used from **101** to **199**; it doesn't change its form: *103 computers* = En la universidad hay **ciento tres** computadoras.

⟨⟩ ACTIVIDADES

A. En grupos. In groups, review the following table to determine how many students live in dormitories at a university in Spain. Find out how many are international students and how many are Spanish. Then determine the total number of students in each dormitory.

> **MODELO** —¿Cuántos estudiantes internacionales hay en la Residencia Omega?
> —Hay cincuenta y cinco.
>
> —*How many international students are there in the "Residencia Omega"?*
> —*There are fifty-five.*

	Residencia Flores	Residencia Rosales	Residencia Moderna	Residencia Omega
Estudiantes internacionales	89	75	14	55
Estudiantes españoles	43	42	8	24
Total:				

B. Números importantes.   You need to make up a class list of phone numbers for five of your classmates. Complete the following chart with this information. Follow the model.

MODELO   —¿Cómo te llamas?   —*What's your name?*
—Me llamo Marcos.   —*My name is Marcos.*
—¿Cuál es tu número de   —*What is your phone number?*
   teléfono?
—Es el cinco, veinticuatro,   —*It's five, twenty-four, forty-nine,*
   cuarenta y nueve, setenta   *seventy-six.*
   y seis.

Nombre	Teléfono
1. Marcos	524-4976
2.	
3.	
4.	
5.	

Vocabulario en acción

In this exchange, taken from Videodrama 1A, Adriana and Felipe are planning to go on an archaeological excavation.

Adriana: ¿Cuál es tu número de teléfono?

Felipe: Es el ocho, sesenta y siete, sesenta y cuatro, treinta y nueve.

CULTURA

Latinoamérica y España

El teléfono

In Spanish-speaking countries, there are several ways to answer the telephone. **¿Aló?** is used in many places. In Mexico, it is typical to say **¿Bueno?**, whereas in Spain, people answer with **¿Dígame?** In certain Colombian locations, people answer with **¿A la orden?**

Telephone numbers can have between five to nine digits, depending on the size of the city. Today, most large and medium-sized cities have seven digits (Mexico City now uses eight); smaller ones may have five or six digits. In Spain, phone numbers now have eight to nine digits. In Santiago, the capital of Chile, the number for the American Embassy is 232-2600, and would be read aloud as **dos, treinta y dos, veintiséis, cero, cero.** In San Luis Potosí, Mexico, the number of the American Consulate is 2-1528 and would be read aloud: **dos, quince, veintiocho.**

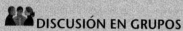 **DISCUSIÓN EN GRUPOS**

1. How do members of your family answer the telephone?
2. How many digits are there in phone numbers in your region?
3. How many digits do you use to make local and long-distance calls on a cell phone?
4. How do we say phone numbers in English differently from the way they are said in Spanish?
5. Say these telephone numbers in Spanish:
   a. your parents' phone number
   b. the phone number of your university
   c. the number you call in an emergency
   d. your best friend's phone number

Internet

POR INTERNET

You are interested in doing business abroad. Using your favorite search engine, look up the homepages of various capital cities in the Spanish-speaking world (use the map on the inside cover of your book as a guide) and bring to class the names and phone numbers of at least three interesting companies. With your classmates, practice brief telephone conversations between company presidents, employees, and international clients.

Palabras claves páginas amarillas *(yellow pages)* páginas blancas *(white pages)*

Sugerencias You may wish to search for the name of a particular U.S. company to find their offices abroad.

ESTRUCTURA 1A.2
Describing Things with Adjectives

■ Noun and adjective agreement

Adjectives modify nouns. In Spanish, an adjective must agree in *gender* (masculine or feminine) and *number* (singular or plural) with the noun it modifies. Adjectives that end in **-o** or **-a** have corresponding plural forms ending in **-os** and **-as**. The ending needed depends on the gender of the noun.

	Singular		Plural	
Masculine	el libro blanco	*the white book*	los libros blancos	*the white books*
Feminine	la silla blanca	*the white chair*	las sillas blancas	*the white chairs*

Adjectives that end in any letter other than **-o** or **-a** have only two forms, singular and plural.

	Singular		Plural	
Masculine	el libro interesante	*the interesting book*	los libros interesantes	*the interesting books*
Feminine	la clase interesante	*the interesting class*	las clases interesantes	*the interesting classes*

◇ ACTIVIDADES

A. Adjetivos. Add the correct definite article to each noun from Column A. Ask your partner to select an adjective from Column B and make it agree with that noun. Take turns. Follow the model.

MODELO Student A   Student B
los libros   *verdes*

A	B
1. libros	a. blanco
2. silla	b. rojo
3. alfombras	c. interesante
4. mochila	d. gris
5. papel	e. amarillo
6. lápices	f. verde
7. foto	g. azul
8. mapa	h. negro

B. Cosas y colores.   Work in pairs to describe the objects and their colors in the drawing.

MODELO —¿Qué hay en la oficina?   —*What is there in the office?*
        —Hay cuatro lápices amarillos.   —*There are four yellow pencils.*

ESTRUCTURA   1A.3

Describing People and Things with *ser*

A Subject pronouns

In Spanish, subject pronouns are used to clarify or emphasize a subject. In most cases they are optional because you can tell what the subject is by looking at the verb ending.

Subject pronouns			
Singular		**Plural**	
yo	*I*	nosotros/nosotras	*we*
tú	*you (fam.)*	vosotros/vosotras	*you (Sp.)*
usted (Ud.)	*you (formal)*	ustedes (Uds.)	*you*
él/ella	*he/she*	ellos/ellas	*they*

Tú
Used when addressing familiar people in an informal, friendly situation. (Normally used with friends, family, co-workers)

Usted (Ud.)
Used when speaking in formal situations with unfamiliar people or when you need to show respect for someone (grandparents, colleagues, certain professionals).

Ustedes (Uds.)
Latin America only distinguishes between formal and informal situations in the singular form. This distinction does not exist when speaking to more than one person; therefore **ustedes** is the form used in the plural in both formal and informal situations.

Vosotros/as
Spain distinguishes between informal and formal forms in the plural. In an informal situation, **vosotros/as** is used. For formal situations, **ustedes** is used in Spain.

Nosotras, vosotras, ellas
Used only when referring to all-female groups.

B The verb *ser* (to be)

Verbs fall into two general categories: regular and irregular. Regular verbs are all conjugated in a similar fashion *(see p. 44 for a detailed explanation)*. **Ser** is an irregular verb and, as such, has unique conjugation forms.

ser (to be)					
Singular			**Plural**		
yo	soy	*I am*	nosotros/nosotras	somos	*we are*
tú	eres	*you are*	vosotros/vosotras	sois	*you are*
usted	es	*you are*	ustedes	son	*you are*
él/ella		*he/she is*	ellos/ellas		*they are*

Ser has many uses. This list summarizes some of them. (Note that the first letter of each usage spells POTIONS. This mnemonic device can help you remember the uses of the verb.)

Ser is used to describe:

P eople	Felipe **es** inteligente.	*Felipe is intelligent.*
O ccupations	Ellos **son** estudiantes.	*They are students.*
T hings / Time*	La silla **es** negra.	*The chair is black.*
	Son las tres.	*It's three o'clock.*
I dentity	**Soy** Roberto.	*I am Roberto.*
O rigin	**Somos** de México.	*We are from Mexico.*
N ationality	Ellos **son** mexicanos.	*They are Mexican.*
S ubstance: What things are made of	El libro **es** de papel.	*The book is made of paper.*

When describing someone's occupation or nationality with **ser**, the indefinite article is not used unless an adjective follows the description.

Felipe es futbolista.	*Felipe is a soccer player.*
Felipe es cubanoamericano.	*Felipe is Cuban-American.*
Felipe es **un** futbolista **cubanoamericano.**	*Felipe is a Cuban-American soccer player.*
Felipe es **un** cubanoamericano **guapo.**	*Felipe is a handsome Cuban-American.*

When describing someone or something with more than one adjective, the adjectives are connected with **y** *(and)*.

Felipe es alto **y** guapo.   *Felipe is tall and handsome.*

The word **y** changes to **e** when used before a word that starts with **i-** or **hi-**.

Adriana es simpática **e** inteligente.	*Adriana is friendly and intelligent.*
Hay clases de inglés **e** historia.	*There are English and history classes.*

To place emphasis on an adjective, use **muy** + *adjective.*

El libro es **muy** interesante.	*The book is very interesting.*
Los estudiantes son **muy** inteligentes.	*The students are very intelligent.*

C Negation

Simple negation is formed by adding **no** before the verb.

Marcela **no** es de México.	*Marcela is not from Mexico.*
El libro **no** es amarillo.	*The book is not yellow.*

To answer a question negatively, start the sentence with **no**, in addition to adding **no** before the verb.

—¿La ventana es grande?	—*Is the window large?*
—**No**, la ventana **no** es grande.	—*No, the window is not large.*

---

*Later in this chapter, on page 48, you will learn how **ser** is used to express time.

✎ ACTIVIDADES

A. ¿Quién eres?   Work with a partner to complete the dialog with the correct forms of **ser.** Take turns answering the questions affirmatively or negatively.

1. ¿Tú _____ estudiante de arqueología? Sí/No, yo _____ estudiante de arqueología.
2. ¿Tú _____ de los Estados Unidos? Sí/No, yo _____ de los Estados Unidos.
3. ¿La profesora _____ de México? Sí/No, ella _____ de México.
4. ¿La mochila _____ azul? Sí/No, la mochila _____ azul.
5. ¿Nosotros/as _____ amigos/as? Sí/No, nosotros/as _____ amigos/as.

B. Isabel.   Complete Isabel's description of her classroom and life at school with the correct forms of **ser.**

Me llamo Isabel. Yo (**1**)_____ estudiante de español. Mis compañeros de clase también (*also*) (**2**)_____ estudiantes de español. La profesora (**3**)_____ muy inteligente y simpática. ¡La clase de español (**4**)_____ muy interesante! En la sala de clase hay mesas, sillas, computadoras y libros. Las computadoras (**5**)_____ excelentes y modernas y las mesas (**6**)_____ de Puerto Rico. En las mochilas de los estudiantes hay libros, calculadoras y papeles. Los libros (**7**)_____ interesantes y las calculadoras (**8**)_____ muy prácticas. Las actividades de deportes (*sports*) (**9**)_____ muy divertidas (*fun*). Hay golf, volibol y básquetbol. Nosotros (**10**)_____ estudiantes muy afortunados.

C. ¿De dónde son?   Working with a partner, state where these people are from and their nationalities. Be sure to review the vocabulary for nationalities on page 7.

Modelo   Gabriela Sabatini
Gabriela Sabatini **es** de   *Gabriela Sabatini is from Buenos*
Buenos Aires. **Es argentina.**   *Aires. She's Argentinean.*

1. Juan Luis Guerra _____ de Santo Domingo. _____.
2. Cameron Díaz y su familia _____ de California. _____.
3. Arantxa Sánchez _____ de Barcelona. _____.
4. Rigoberta Menchú _____ de Chimel, Guatemala. _____.
5. Laura Esquivel _____ de México. _____.
6. Isabel Allende _____ de Santiago. _____.
7. Yo _____ de _____. _____.
8. Mi compañero/a de cuarto _____ de _____. _____.

D Descriptive adjectives

I. GENTE (*PEOPLE*)

> Yo soy alta y tú eres bajo.

> Beto es pelirrojo, nosotras somos morenas y ustedes son rubios.

> Graciela es joven y nosotros somos viejos.

Roberta   Simón

Luisa y Laura

Daniel y David

Beto

> Ellos son gordos y nosotras somos delgadas.

Graciela   Elvira y Bruno

> Supermán es guapo y Frankenstein es feo.

Lalo y Lolo

Rosa y Rosaura

In some countries it is more polite to say **mayor** (*older*) or **grande** instead of **viejo/a** (*old*) to describe someone's age.

Also, the term **gordo/a**, **gordito/a** (*fat*) is often used as a term of affection.

⟨⟩ACTIVIDADES

A. El circo.   Working with a partner, ask and answer questions about the circus artists in the drawing above. Follow the model.

> **MODELO**   Roberta
> —¿Cómo es Roberta?   —*What is Roberta like?*
> —Roberta es alta.   —*Roberta is tall.*

1. Daniel y David
2. Rosa y Rosaura
3. Beto
4. Luisa
5. Elvira
6. Bruno
7. Lalo y Lolo
8. Frankenstein
9. David
10. Luisa y Laura
11. Graciela
12. Simón
13. Elvira y Bruno
14. Daniel
15. Superman

B. Así somos.   Using the adjectives that you have learned so far, write at least four sentences describing yourself. Then describe your best friend. Give your descriptions to your instructor who will read a few of them out loud as the class guesses who is being described.

C. ¿Es guapo? Adriana is looking for Felipe. She describes him to a soccer player. Read the dialog.

ADRIANA:	Buenas tardes.
PLAYER:	¡Buenas tardes!
ADRIANA:	Estás° en el equipo de fútbol, ¿verdad?
PLAYER:	Pues°, sí...
ADRIANA:	Ay, ¡qué bueno! Es muy importante; tengo que hablar con° Felipe Luna.
PLAYER:	Ay, pues, somos muchos en el equipo°. ¿Cómo es?
ADRIANA:	Pues, no es muy alto.
PLAYER:	¿Es rubio?
ADRIANA:	No, tiene el pelo castaño°.
PLAYER:	Es gordo, ¿verdad?
ADRIANA:	No, no, es delgado.
PLAYER:	Y los ojos, ¿de qué color tiene los ojos?
ADRIANA:	Cafés.
PLAYER:	¿Es guapo?
ADRIANA:	Pues...
FELIPE:	Di que sí, di que sí.° ¡Di que soy guapo!
ADRIANA:	Ay, Felipe, ¡mira cómo eres!°

You are
Well

I have to talk with

there are many of us on the team

light brown hair

Say yes, say yes!
exclamation similar to: Oh, come on, don't be like that!

Now, complete the sentences that describe Felipe.
1. Felipe no es muy alto. Felipe es _____.
2. Los ojos de Felipe son _____.
3. El pelo de Felipe no es _____. Es _____.
4. ¿Es guapo Felipe?
5. ¿Es Felipe futbolista?

II. Cosas (*Things*)

La computadora es nueva.

La computadora es vieja.

La mesa es grande.

La mesa es pequeña.

El coche es rápido.

El coche es lento.

El lápiz es largo.

El lápiz es corto.

La ecuación es difícil.

La ecuación es fácil.

La casa es bonita.

La casa es fea.

()ACTIVIDADES

A.   La oficina.   Here is a list of items in Alberto's design office. Find the objects, tell how many there are, and describe their appearance.

> **MODELO**
> —¿Cuantos basureros hay en la oficina?
> —Hay un basurero.
> —¿Cómo es?
> —Es grande y anaranjado.
>
> —*How many trash cans are there in the office?*
> —*There is one trash can.*
> —*What is it like?*
> —*It's big and orange.*

radio	basurero
carpeta	cartel
reloj	teléfono
estante	silla
papel	computadora
lápiz	mesa
ventana	lámpara
escritorio	libro

B.   ¿Cómo son?   Complete the following sentences to describe various people and things.

1. Las clases...
2. Los profesores...
3. La universidad...
4. El libro de español...
5. Mi compañero/a de cuarto...
6. Mi mamá...
7. El presidente...
8. La pluma...
9. Yo...

C.   Así es.   Write a brief description of one of your classmates on a piece of paper. Be sure to include details like clothing or hair color, etc. Your instructor will collect these descriptions and hand them out at random for students to read. Try to guess each person being described.

Preparémonos

A. Caminos del jaguar... Refer to Preliminary Chapter's pages 4–5. Match the video characters to the following descriptions. Work in pairs.

1. She was a student of Nayeli's in Puebla and is from Mexico City. She was always jealous of Nayeli.
2. They are mythical Mayan jaguar twins who symbolize the triumph of good over evil. They disappear.
3. She is an archaeology professor at the University of Puebla and is dedicated to locating and preserving Mexican artefacts.
4. She was born in San Antonio and grew up in Ecuador. Her dream is to be an archaeologist.
5. Awarded a fellowship to go on a dig with Nayeli, his mother is Cuban and his father is Venezuelan.
6. Although she is not alive, she appears to Nayeli in her dreams. Nayeli adored her.

   a. Nayeli
   b. Adriana
   c. La abuelita
   d. Gafasnegras
   e. Hun-Ahau y Yax-Balam
   f. Felipe

Answers: 1. d; 2. e; 3. a; 4. b; 5. f; 6. c

B. Somos detectives. In groups of three, brainstorm about this photo. Nayeli is at her computer. Is she reading a message or writing a memo? Who is it from or for? What does it say? What roles will the characters in **Actividad A** play? Who is good and who is evil? Predict what you think is going to happen to the Jaguar Twins.

Resumen del video

Being pursued by the police as a criminal, Professor Nayeli Ocotlán makes plans to flee from her office in Puebla, Mexico, while being spied on by a mysterious woman in dark sunglasses. Nayeli leaves a note on her office door for Adriana and Felipe, two students who plan to spend their summer helping her on an important archaeological excavation.

Miremos y escuchemos

C. Videoacción. As you watch the video, place a checkmark next to the colors that these people wear. Not all of the colors are used.

	Nayeli	Adriana	Felipe	Gafasnegras
amarillo				
anaranjado				
azul				
blanco				
café				
morado				
negro				
rojo				
rosado				
verde				

What additional colors did you see other characters wearing in this episode?

> ### Videonota cultural
> **Los héroes gemelos.** With a few notable exceptions, soccer (**el fútbol**) is the most popular sport in Spanish-speaking countries. It is no accident since an early form of the game has its roots in the ancient Mayan civilization of Mesoamerica. According to the Popol Vuh, the Mayan bible, the Jaguar Twins were famous ball players who defeated the evil gods in the Mayan Underworld, called "Xibalbá", and thus became gods themselves. You will hear the story of the Jaguar Twins many times during the course of the semester. Watch how the adventures of Adriana and Felipe mirror those of these brave warrior twins.

Comentemos

 D. Asociación. Working in groups, match each character with an associated item or items: 1) Nayeli; 2) Felipe; 3) Adriana; 4) Gafasnegras.

el fútbol · la rosa · el libro · las gafas oscuras (negras) · los ojos cafés · la computadora portátil (*laptop*) · la foto · la universidad · la nota · la mochila

 E. Frases. Working in groups, indicate who says the following.

1. "Tengo que hablar con Felipe Luna."
2. "Mi sueño es ser arqueóloga."
3. "Qué organizada eres, Adriana, qué organizada eres."
4. "Arqueóloga... ¡Ja!"

 Latinoamérica y España

LECTURA

Prelectura

In the newspaper headlines (**titulares**) that follow, you will practice recognizing *cognates*, a valuable skill to have as you learn Spanish. **Cognados**, as you learned, are words that in both languages have similar spelling and meaning. The strategies that follow will help you identify them in a text.

> 🔑 **READING STRATEGY: Recognizing Cognates**
>
> Knowing cognates can help you increase your vocabulary tremendously! The following is a list of adjectives that can be used to describe things, people, or places. Listen to your instructor and pronounce these words to hear how they compare to similar words in English.

arrogante	importante	popular
egoísta	interesante	profesional
elegante	internacional	realista
emocional	nacional	sentimental
evidente	natural	terrible
excelente	optimista	tradicional
final	original	transparente
horrible	persistente	tropical
idealista	pesimista	

A. ¿Qué quiere decir? What do the words in the preceding list mean?

 B. Categorías. The cognates you've learned fall into four categories according to their endings. List them in the following chart. The first one is done for you.

Ending = **nte**	Ending = **ista**	Ending = **al**	Ending = **ible**
arrogante			

What are the comparable endings for these groups of words in English?

READING STRATEGY: Identifying Prefixes

By adding prefixes to some cognates you can greatly expand your vocabulary. The prefix **in-** means "not", and is very common in both languages. Note that in Spanish **in-** is spelled **im-** before **b** and **p**.

C. Opuestos.　Take turns saying out loud the opposites of the given words.

> **MODELO**　conveniente　*inconveniente*
> 　　　　　　perfecto　　*imperfecto*

in-		im-
dependiente	probable	
estable	personal	
flexible	posible	
formal	paciente	
tolerante	popular	

D. ¿Positivo o negativo?　From the cognates you've learned, which adjectives are positive in meaning? Which are negative? Which can be both? Work in pairs and write down the adjectives that fit into each of these categories.

Positivo	Negativo	Positivo y negativo

Now, describe yourself to a classmate, using one positive and one negative characteristic. Begin with **Soy...** *(I am...).*

Titulares

e. **Cinema espectacular: Misión imposible**

a. *¡Bacterias resistentes en hospitales!*

f. **ASESINADO IMPORTANTE ARTISTA DE TELEVISIÓN**

b. Estudiantes de universidad: ¿optimistas o pesimistas?

c. **LA FAMILIA MODERNA: UNA INSTITUCIÓN EN CRISIS**

g. **Clima inestable en el trópico**

d. *Los héroes mayas: ¿leyenda o realidad?*

h. **Mafias internacionales son un problema enorme**

i. *Importante arqueóloga visita el Museo Nacional*

Postlectura

E. Crónicas. What kind of text is behind the headlines? Work with a partner to match the Spanish headlines above to the following English sentences by writing down the corresponding letter in the blank.

_____ 1. "American agents will be cooperating with Interpol . . ."
_____ 2. "Heavy winds are expected in the whole region . . ."
_____ 3. "His performance in this movie is very convincing . . ."
_____ 4. "Interpretation of history is a matter of our social and cultural context . . ."
_____ 5. "Not all teachers agree on the causes of this problem among young people . . ."
_____ 6. "The number of divorces and one-person households has increased dramatically . . ."
_____ 7. "The author of this terrible crime is still at large . . ."
_____ 8. "This important institution is honored by the scientist's presence . . ."
_____ 9. "Modern antibiotics are useless against these new strains . . ."

F. Titulares. Write your own headlines using vocabulary from this **lección** and as many cognates as possible.

Lección 1B   La vida universitaria

A Una semana típica *(A typical week)*

chemistry

all MISTO sábados and domingo for plural

In many Spanish-speaking countries, the calendar week begins on Monday. Some countries, however, use calendars that start with Sunday, as in the United States. In Spanish, the days of the week are masculine and are not capitalized.

el lunes	*(on) Monday*
los lunes	*(on) Mondays*

To talk about the day, use the following models.

¿Qué día es hoy?	*What day is today?*
Hoy es martes.	*Today is Tuesday.*
¿Qué día es mañana?	*What day is tomorrow?*
Mañana es miércoles.	*Tomorrow is Wednesday.*

To talk about what day someone studies, use the following models.

Adela estudia música los jueves.	*Adela studies music on Thursdays.*
Adela no estudia los domingos.	*Adela doesn't study on Sundays.*

◆ACTIVIDADES

A. ¿Qué estudia? *(What does she study?)*   Answer these questions according to Adela's schedule above.

1. ¿Qué estudia los lunes?
2. ¿Estudia historia? ¿Cuándo?
3. ¿Qué estudia los jueves?
4. ¿Cuándo estudia música?

5. ¿Qué estudia los viernes?
6. ¿Qué estudia los martes?
7. ¿Estudia los sábados y los domingos?

B. El horario de Luis. *(Luis's schedule.)* Work with a partner to complete Luis's schedule with the information given.

1. Estudia música los martes y jueves.
2. Estudia historia los lunes.
3. Estudia español los jueves.
4. Estudia arqueología los viernes.
5. Estudia química los lunes, miércoles y viernes.
6. No estudia los sábados.

B **¿En qué mes estamos?** *(What month is it?)*

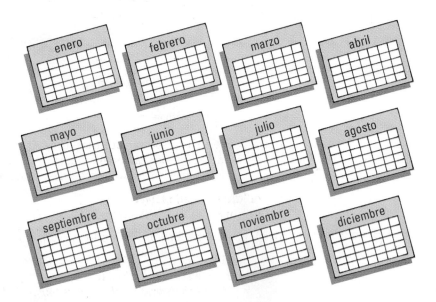

Just like days, months are not capitalized in Spanish. To say the day and date, use these models.

¿Qué fecha es hoy?	*What is today's date?*
¿Cuál es la fecha de hoy?	*What is today's date?*
Hoy es el veintitrés de septiembre.	*Today is September 23.*

In Latin America, the first day of the month is **el primero**. In Spain, **uno** is also used.

Hoy es el **primero** de abril.	*Today is April first.*
Hoy es el **uno** de mayo.	*Today is May first.*

For dates in Spanish, the day of the month always comes first: **9/12 = el nueve de diciembre.** This is different from the United States where the name of the month precedes the day.

⟨⟩ACTIVIDADES

A. ¿Qué fecha es? Say the following dates in Spanish.

1. December 9
2. October 15
3. July 4
4. April 19
5. January 1
6. March 13
7. May 31
8. February 22

B. Fechas importantes. Write the dates for these occasions. Then practice them with a classmate.

> **MODELO** Independence Day, USA
> el cuatro de julio   *the fourth of July*

1. Valentine's Day
2. Thanksgiving Day this year
3. April Fool's Day
4. New Year's Eve
5. Your birthday
6. Your sister or brother's birthday
7. The first day of classes this term
8. The last day of classes this term

C En la universidad *(At the university)*

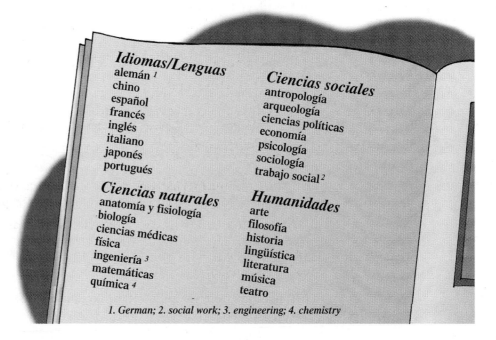

Idiomas/Lenguas
alemán [1]
chino
español
francés
inglés
italiano
japonés
portugués

Ciencias sociales
antropología
arqueología
ciencias políticas
economía
psicología
sociología
trabajo social [2]

Ciencias naturales
anatomía y fisiología
biología
ciencias médicas
física
ingeniería [3]
matemáticas
química [4]

Humanidades
arte
filosofía
historia
lingüística
literatura
música
teatro

1. German; 2. social work; 3. engineering; 4. chemistry

A false cognate (**cognado falso**), sometimes called **falso amigo,** is a word in Spanish that looks like a word in English but has a different meaning. Some examples are found when talking about academic subjects.

- To ask what someone's *major* is, you say **¿Cuál es tu** *(your)* **especialización?** The word **mayor** means *older.*

- The *faculty* of a university is **el profesorado. La facultad** means the *School,* as in **La facultad de humanidades,** *The School of Humanities.*

- An academic *subject matter* is **la materia. El sujeto** often refers to the grammatical subject of a sentence.

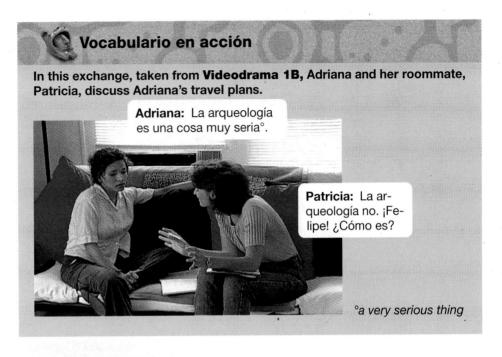

Vocabulario en acción

In this exchange, taken from **Videodrama 1B**, Adriana and her roommate, Patricia, discuss Adriana's travel plans.

Adriana: La arqueología es una cosa muy seria°.

Patricia: La arqueología no. ¡Felipe! ¿Cómo es?

°*a very serious thing*

⟡ACTIVIDADES

A. Asociaciones. What subject areas do you associate with these words?

Use your knowledge of cognates.

1. el átomo
2. el cadáver
3. el laboratorio
4. el oxígeno
5. la composición
6. las elecciones
7. la fórmula
8. la infección
9. los números
10. la psicosis
11. la sociedad
12. la trompeta

B. ¿Qué enseña? *(What does s/he teach?)* Work with a partner to determine in which department you would find the following people.

1. Sigmund Freud
2. Isaac Newton
3. Isabel Allende
4. Abraham Lincoln
5. Florence Nightingale
6. Jane Goodall
7. Aristotle
8. Malcolm X
9. Salvador Dalí
10. Gloria Estefan

C. ¿Qué estudias? Ask three of your classmates to tell you two subjects they are studying (other than Spanish). Write the subjects next to the **materia** categories. Conduct your interview according to the model.

MODELO —¿Qué estudias?
—Estudio matemáticas.
—¿Estudias sociología?
—No, no estudio sociología, estudio psicología.

—*What do you study?*
—*I study mathematics.*
—*Do you study sociology?*
—*No, I don't study sociology, I study psychology.*

	Estudiante 1	Estudiante 2	Estudiante 3
Materia 1			
Materia 2			

ESTRUCTURA 1B.1

Discussing Actions in the Present

A Present indicative of regular -ar, -er, and -ir verbs

Él canta.   Ellos corren.   Ella sube la escalera.

A verb is made up of two parts: the *stem* and the *ending*. The stem defines the word's meaning. The ending indicates the subject and tense.

estudiar (to study)		
estudi- stem	-o ending (1st person, singular = I)	*I study*
estudi- stem	-an ending (3rd person, plural = they)	*they study*

Spanish verbs are categorized by their infinitive form *(to sing, to run, to climb,* etc.). There are three main categories: infinitives ending in **-ar** (cant**ar**), **-er** (corr**er**), or **-ir** (sub**ir**).

Regular verbs are conjugated by replacing the **-ar**, **-er**, or **-ir** infinitive ending with one that reflects both tense and person. The present indicative tense of regular verbs is formed as follows.

ignore vosotros form

Present indicative tense of regular verbs							
		-ar verbs		**-er verbs**		**-ir verbs**	
		cant**ar**	*to sing*	corr**er**	*to run*	sub**ir**	*to climb*
Singular							
1st	yo	cant**o**	*I sing*	corr**o**	*I run*	sub**o**	*I climb*
2nd	tú	cant**as**	*you sing*	corr**es**	*you run*	sub**es**	*you climb*
3rd	usted él/ella	cant**a**	*you sing* *he/she sings*	corr**e**	*you run* *he/she runs*	sub**e**	*you climb* *he/she climbs*
Plural							
1st	nosotros/ nosotras	cant**amos**	*we sing*	corr**emos**	*we run*	sub**imos**	*we climb*
2nd	vosotros/ vosotras	cant**áis**	*you sing*	corr**éis**	*you run*	sub**ís**	*you climb*
3rd	ustedes ellos/ellas	cant**an**	*you sing* *they sing*	corr**en**	*you run* *they run*	sub**en**	*you climb* *they climb*

The present indicative tense describes actions that happen in the present.

Yo **estudio** arqueología.	*I study / am studying / do study archaeology.*
Celina **habla** inglés.	*Celina speaks / does speak English.*
Nosotros **bebemos** leche.	*We drink / are drinking / do drink milk.*

Here is a list of common regular verbs.

Common regular verbs					
-ar verbs					
acabar	*to finish*	investigar	*to research*	pasar	*to happen; to pass*
bailar	*to dance*	lavar	*to wash*	practicar	*to practice*
buscar	*to look for*	llamar	*to call*	tomar	*to take*
caminar	*to walk*	llegar	*to arrive*	trabajar	*to work*
comprar	*to buy*	llevar	*to bring*	terminar	*to finish*
desear	*to wish*	mandar	*to send*	usar	*to use*
empacar	*to pack*	mirar	*to look at*	viajar	*to travel*
escuchar	*to listen*	necesitar	*to need*	visitar	*to visit*

-er verbs		*-ir* verbs	
aprender	*to learn*	abrir	*to open*
comer	*to eat*	decidir	*to decide*
comprender	*to understand*	describir	*to describe*
creer	*to believe*	escribir	*to write*
leer	*to read*	recibir	*to receive*
		vivir	*to live*

To express actions that have just happened, use **acabar de** + infinitive.

—¿**Acabas de** llegar?	*—Have you just arrived?*
—Sí, **acabo de** llegar.	*—Yes, I have just arrived.*

⟨⟩ACTIVIDADES

A. Actividades estudiantiles. Complete the following sentences using the present tense of the infinitives in parentheses.

1. Yo _____ (comprar) una mochila.
2. Elena _____ (hablar) tres idiomas.
3. Juan y Pepe _____ (trabajar) en la biblioteca.
4. Isabel _____ (viajar) a México.
5. Carmen y yo _____ (estudiar) arqueología.
6. Nosotros _____ (comer) en la cafetería todos los días.
7. Alicia _____ (escribir) cartas a su familia en la computadora.
8. Muchos estudiantes _____ (vivir) en residencias.

B. Cosas personales. In pairs, ask each other the following questions. Afterward, share three interesting pieces of information you have learned about each other with another group.

1. ¿Aprendes español aquí?
2. ¿Comes en la cafetería?
3. ¿Lees libros en la biblioteca (*library*)?
4. ¿Cantas?
5. ¿Necesitas dinero (*money*)?
6. ¿Usas bolígrafo? ¿lápiz?
7. ¿Miras televisión?

C. Actividades recientes. You are talking with your roommate about the activities that your friends do. Use the appropriate form of the verb to describe them.

> **MODELO** Enrique _____ (comer) mucho.
> Enrique come mucho.   *Enrique eats a lot.*

1. Patricio _____ (escuchar) música clásica.
2. Paco y Graciela _____ (comprar) pizza.
3. Elvira _____ (escribir) una composición.
4. Alicia y su compañera de cuarto _____ (mirar) un video.
5. Rodrigo y yo _____ (terminar) un experimento de física.
6. Mario _____ (recibir) un cheque.
7. Yo _____ (visitar) a amigos.

D. Querido/a amigo/a. Write a postcard to a friend and tell him/her about university life. Include at least two sentences about each of the following: the university, the professors, your classes, and new friends. Use as many different verbs as possible.

B Asking and Responding to Questions

1. Question formation: Yes/No questions
When **sí** or **no** is expected as an answer, use one of these three strategies:

a. Raise your voice at the end of the statement, thus making it a question.

> —¿Manuel estudia ruso?   —*Does Manuel study Russian?*

b. Place the verb in a statement before the subject, thus making it a question.

> —¿**Es el libro** interesante?   —*Is the book interesting?*

c. Add a tag word after the statement, such as **¿no?, ¿verdad?, ¿no es cierto/verdad?**

> —Adriana es fascinante, ¿no es cierto?   —*Adriana is fascinating, isn't she?*

2. Question formation: Information questions
Interrogative words are used for questions that require an informative response, rather than a simple **sí** or **no**. In the following conversation, note how the interrogative words in **boldface** are used. Interrogative words always carry an accent.

> — Hola, ¿**Cómo** estás?
> —¿**Qué** pasa hoy?
> —¿Y **por qué** hay una celebración?
> —¿Y **cuál** es la excavación? ¿La excavación maya o la excavación azteca?
> —¿Y **quién** es el director de la excavación?
> —Bueno, y ¿**cómo** se llama la directora?
> —Ah, y ¿**de dónde** es la profesora Paz?
> —¿**Quiénes** son los asistentes de la profesora?
> —¿**Cuándo** termina la celebración?

> —*Hi, **how** are you?*
> —***What** is going on today?*
> —*And **why** is there a celebration?*
> —*And **which** excavation is it? The Mayan or the Aztec excavation?*
> —*And **who** (singular) is the director of the excavation?*
> —*Well, **what** is the director's name?*
> —*Ah, and **from where** is Professor Paz?*
> —***Who** (plural) are the professor's assistants?*
> —***When** does the celebration end?*

Cuánto/a (*how much*) and cuántos/as (*how many*) agree in gender and number with the noun they modify.

¿Cuánta leche bebes? *How much milk do you drink?*
¿Cuántos alumnos hay? *How many students are there?*

Cuál/es (*which, what*) and quién/es (*who, whom*) agree in number with the noun they modify.

¿Cuál es tu número de teléfono? *What is your phone number?*
¿Cuáles son las clases interesantes? *Which classes are interesting?*
¿Quién es tu compañero de cuarto? *Who is your roommate?*
¿Quiénes son tus amigas? *Who are your friends?*

⟨⟩ACTIVIDADES

A. La vida universitaria. Choose from the three infinitives provided in each item and ask a classmate one question about the academic and social life of his or her roommate.

MODELO viajar / estudiar / comer *travel / study / eat*
   —¿Dónde estudia tu —*Where does your roommate study?*
    compañero/a de cuarto?
   —Mi compañero/a de cuarto —*My roommate studies in the room.*
    estudia en el cuarto.

1. vivir / correr / trabajar
2. desear / mirar / describir
3. escribir / hablar / leer
4. comer / beber / llevar
5. comprender / recibir / abrir
6. cantar / practicar / bailar
7. escuchar / usar / comprar
8. lavar / visitar / viajar
9. hablar / estudiar / aprender
10. llegar / necesitar / mandar

B. Compañeros de clase. Form a question to complete the dialog between Celina and another student about their first day of classes.

1. ¿...? Me llamo Celina Rojas.
2. ¿...? Soy de Bolivia.
3. ¿...? Estudio inglés.
4. ¿...? El profesor de inglés es el señor Smith.
5. ¿...? Las clases son interesantes.

C. Actividades diarias. Write down five questions to ask a classmate about his or her daily activities at home or at the university. Then work in pairs asking and answering each other's questions.

ESTRUCTURA 1B.2
Telling Time

■ **¿Qué hora es?** *(What time is it?)*

Es mediodía.

Son las once menos cuarto de la mañana.

Es la una y media de la mañana.

Son las cuatro y veinte de la tarde.

Son las dos en punto de la tarde.

Es medianoche.

Time is expressed with the verb **ser**. Use **¿Qué hora es?** to ask what time it is. (In some countries **¿Qué *horas son*?** is also used.) When giving the time, **es** is used only with times that begin with **una** (from 12:31 to 1:29 A.M. or P.M.); otherwise use **son**.

Son las once (de la mañana).	*It's eleven (in the morning).*
Son las tres (de la tarde).	*It's three (in the afternoon).*
Es la una (en punto).	*It's one (exactly).*

Time *after* the hour is expressed using **y** + *minutes* (or + **cuarto** / **media**).

Son las siete **y** veinte (de la noche).	*It's seven twenty (at night).*
Es la una **y cuarto.**	*It's quarter past one (one fifteen).*
Son las seis **y media.**	*It's half past six (six thirty).*

Time *before* the hour is expressed using **menos** + *minutes* (or + **cuarto**).

Son las cinco **menos** veinte.	*It's twenty minutes before five.*
Es la una **menos cuarto.**	*It's quarter to one.*

To express "at" what time an event occurs, use **a** + **la/s** + *hour*.

—¿Es la clase **a las** dos de la tarde?	—*Is the class at two P.M.?*
—No, es **a la** una de la tarde.	—*No, it's at one P.M.*

When using a 12-hour clock, the exact time of day can be expressed by adding **de la mañana/tarde/noche**.

Son las cinco **de la mañana**.	*It's five A.M. (in the morning)*
Es la una **de la tarde**.	*It's one P.M. (in the afternoon)*
Son las ocho **de la noche**.	*It's eight P.M. (in the evening)*

General time periods are expressed using **por la mañana/tarde/noche**.

—¿Estudias **por la mañana**?	—*Do you study in the morning?*
—No, estudio **por la tarde**.	—*No, I study in the afternoon. But Juan*
Pero Juan estudia **por la noche**.	*studies in the evening (at night).*

The 24-hour clock is normally used with timetables, such as transportation schedules, movie listings, government events, and plane schedules.

La conferencia es a las **21:30** (*veintiuna y media*) horas.

The lecture is at 9:30 P.M.

La ceremonia es a las **15** (*quince*) horas.

The ceremony is at 3 P.M.

◑ ACTIVIDADES

A. ¿Qué hora es? With a partner take turns telling the time on each clock below. Use the 24-hour clock.

CULTURA

España y Latinoamérica

El sistema universitario en el mundo hispano

When students enter the university in Hispanic countries, they are usually accepted for specialized undergraduate programs (**pregrado**), such as humanities, law, medicine, engineering or agronomy, in which they receive a professional degree. Generally student work is assessed on a scale of 1 to 10, with 7 as a passing grade or on a scale of 1 to 5, with 3 as a passing grade.

Normally, students in Spanish-speaking countries live at home while they pursue higher education. If they attend a university far from home, they may live in a **residencia estudiantil**, in a **pensión** (boarding house), in shared apartments, or with family relatives. In Spain, they may also live in large dormitories called **colegios mayores**.

👥 DISCUSIÓN EN GRUPOS

1. What is your major? Why have you chosen this field of study? How does our approach to declaring a major differ from the approach in Spanish-speaking countries?

2. Approximately how many students attend your university or college?

3. Where do you live? What are your roommates/brothers and sisters like? Do you prefer to live at home or away from home?

4. What grade system do they use at your school? Do you prefer our system of grading or the system used in Spanish-speaking countries?

POR INTERNET

You have decided to spend next semester at a university in a Spanish-speaking country. Using a search engine, type in the words **Universidad de** followed by the name of a city or a country in the Spanish-speaking world. Find out as much as you can about this university and answer the following questions:

1. ¿Cómo se llama el país de la universidad?

2. ¿Cómo se llama la ciudad?

3. ¿Cómo es la universidad?

4. ¿Qué estudian en la universidad?

5. ¿Qué materias interesantes hay?

B. **¿Cuál es la rutina?**   In pairs, ask each other these questions.

1. ¿A qué hora estudias tú, por la noche o por la mañana?
2. ¿A qué hora comes?
3. ¿A qué hora terminas las clases de español?
4. ¿A qué hora llegas a la universidad?
5. ¿Miras televisión por la mañana?
6. ¿A qué hora hablas con los compañeros de clase?
7. ¿Trabajas? ¿A qué hora?
8. ¿Cuándo practicas el español?

VOCABULARIO   1B.2

Expressing Likes And Dislikes

A ¿Qué te gusta hacer? *(What do you like to do?)*

1. caminar	5. pintar
2. escribir cartas	6. jugar al volibol
3. tocar la guitarra	7. leer libros
4. escuchar música	8. hablar con amigos

MÁS PALABRAS Y EXPRESIONES

VERBOS

alquilar videos *to rent videos*	mirar (la) televisión *to watch television*
dar un paseo *to take a walk*	navegar por Internet *to surf the Web*
hacer ejercicio *to exercise*	practicar deportes *to play sports*

EXPRESIONES DIVERSAS

mucho *a lot, very much* (un) poco *(a) little*
pero *but* también *also, too*

B Expressing likes and dislikes with *gustar (to like)*

To say that you . . .	use this structure:	
like to do one activity or a series of activities,	**me / te gusta** + *infinitive* Me gusta pintar. Te gusta estudiar y comer.	*I like to paint.* *You like to study and to eat.*
like one specific thing,	**me / te gusta** + *singular noun* Me gusta mucho la clase de español. Te gusta el fútbol.	*I like Spanish class a lot.* *You like soccer.*
like many things or a series of things,	**me / te gustan** + *plural noun* Me gustan las clases de idiomas. Te gustan el fútbol y el volibol.	*I like language classes.* *You like soccer and volleyball.*
do not like any of the above,	Add **no** before the structure. No me gusta pintar. No te gusta el fútbol.	*I don't like to paint.* *You don't like soccer.*

◁)ACTIVIDADES

A. **¿Qué te gusta?** With a partner, ask each other what you like to do. If you answer in the affirmative, add an additional thing that you like to do. If you answer in the negative, add something that you *do* like to do. Follow the model.

MODELO —¿Te gusta leer libros? — *Do you like to read books?*
—Sí, me gusta leer libros. También me gusta escribir cartas. — *Yes, I like to read books. I also like to write letters.*
or
—No, no me gusta leer libros, pero me gusta escribir cartas. — *No, I don't like to read books, but I do like to write letters.*

1. ¿Te gusta el arte?
2. ¿Te gustan las clases de ciencias?
3. ¿Te gusta navegar por Internet?
4. ¿Te gusta el fútbol?
5. ¿Te gustan los deportes?
6. ¿Te gusta caminar?
7. ¿Te gusta la música jazz?
8. ¿Te gusta hablar con amigos?

B. ¿Qué te gusta hacer?   In pairs, find out which activities your partner likes and doesn't like to do during the week. Follow the model.

MODELO   —¿Qué te gusta hacer los lunes?   —*What do you like to do on Mondays?*

—Me gusta estudiar y escuchar   —*I like to study and to listen*
  música.   *to music.*
—¿Qué no te gusta hacer?   —*What don't you like to do?*
—No me gusta hacer ejercicio.   —*I don't like to exercise.*

	Te gusta	No te gusta
lunes	*estudiar, escuchar música*	*hacer ejercicio*
martes		
miércoles		
jueves		
viernes		
sábado		
domingo		

VOCABULARIO 1B.3
Describing People: Adjectives of Personality

¿Cómo son? *(What are they like?)*

El diablo es malo.   **Sara es trabajadora.**   **Pedro es amable.**
    El ángel es bueno.   **Carlos es perezoso.**   **Raquel es tímida.**

COGNADOS

atractivo/a	fascinante	organizado/a	serio/a
cómico/a	inteligente	pesimista	tímido/a
excepcional	optimista	romántico/a	

for f. or. m.

ADJETIVOS

agradable *pleasant*   envidioso/a *envious*   perezoso/a, flojo/a *lazy*
amable *friendly*   hermoso/a, bonito/a,   simpático/a *nice,*
antipático/a *unfriendly*   lindo/a *pretty, lovely*   *friendly*
bueno/a *good*   listo/a *smart, clever*   trabajador/a *hard-*
desagradable *unpleasant*   malo/a *bad*   *working*

⟨⟩ACTIVIDADES

MP3 files available. See text Web site.

A. Futuros arqueólogos. Listen to the description and fill in the blanks with the missing words.

Adriana y Felipe son (1)_____ de arqueología en los Estados Unidos. (2)_____ es morena. Ella es (3)_____ , amable y atractiva. Felipe es (4)_____ . Es (5)_____ , muy simpático y (6)_____ .

B. ¿Cómo son? Describe the following people. Include both physical and personality traits (see pages 18 to 38).

1. Sammy Sosa
2. Carlos Santana
3. Penélope Cruz
4. Andy García
5. Rosie Pérez
6. Christina Aguilera
7. Enrique Iglesias
8. ¿?

C. Encuesta. Choose three of the characteristics listed on page 38 that describe you. Then circulate among classmates to find three other people with the same characteristics.

MODELO	—Soy organizada, ¿y tú?	*—I'm organized. And you?*
	—No, no soy organizada.	*—No, I'm not organized.*
	—Soy optimista, ¿y tú?	*—I'm optimistic. And you?*
	—Sí, soy optimista también.	*—Yes, I'm optimistic too.*

D. Video cita. You have decided to join a new video dating service. Prepare a self-portrait of yourself for your video. Include the following information.

nombre   de dónde eres   tres materias que estudias
nacionalidad   tres pasatiempos   tres características físicas y personales

Preparémonos

A. En el último episodio... Review the events from the last episode by matching the ideas with the corresponding character. Work in pairs.

1. Es profesora de arqueología.
2. Habla con Adriana en la estación de autobús.
3. Es futbolista.
4. Ella estudia arqueología.
5. Usa la computadora en la oficina.

a. Felipe
b. Adriana
c. Nayeli

Answers: 1. c; 2. a; 3. a; 4. b; 5. c

B. Somos detectives.
In groups of three, brainstorm about this video shot of Adriana and Felipe at the bus station. Why are they looking in different directions? Have they had a fight? Are they looking for somebody to join them? Where are they going?

Resumen del video
Adriana and Felipe talk with their roommates about each other and archaeology. Later the two graduate students chat at the bus station: Adriana mentions Nayeli's book on the hero twins; Felipe reveals his feelings for Cuba. Meanwhile, Nayeli takes a cab to the airport.

Miremos y escuchemos

C. ¿Quién/es?   While watching and hearing this episode, check off the words that are used to describe Adriana or Felipe. Compare your answers with a classmate's.

	Adriana	Felipe
agradable		
profesional		
inteligente		
romántico/a		
amable		
simpático/a		
fascinante		

Videonota cultural

Los mayas de México. Mexico is a country of great diversity: vast deserts, snow-capped volcanoes, majestic mountains, beautiful beaches, impressive archaeological sites, large cities, and small villages. The first people to inhabit Mexico may have arrived over 20,000 years before Columbus. From 1500 BC to 1500 AD, their descendants established great cultures and flourishing empires, among them, the Mayan civilization. The legend of the warrior jaguar twins, Yax Balam and Hun-Ahau, has been handed down to us from Mayan folklore.

Comentemos

D. Frases.   Working in groups, read each statement and indicate who says each one.

1. "Adriana es muy agradable, ...muy simpática."
2. "Eres optimista, Arturo. Esta chica sólo vive para trabajar..."
3. "Voy a México a aprender, a investigar, a trabajar. No voy para empezar un romance sin importancia."
4. "El libro de Nayeli acaba de salir: *Los héroes gemelos de Xibalbá.*"
5. "Estoy listo para la aventura de mi vida."

E. Una pregunta más.   Discuss the question: *¿Es Nayeli criminal?*

Latinoamérica y España

LECTURA

Prelectura

In this reading you will meet three university students from different parts of the Spanish-speaking world.

A. El mapa.   With a classmate, review the names and locations of Spanish-speaking countries (see the inside cover of the book). Then, complete each of the following sentences orally.

1. Las tres islas de habla española en el Mar Caribe son Puerto Rico, la República Dominicana y _____ .
2. Venezuela es un país al _____ del continente suramericano.
3. En Centroamérica, hay seis naciones de habla española: Guatemala, Honduras, El Salvador, Costa Rica, _____ y _____ .
4. A, B y C son las primeras letras de tres países de Suramérica. ¿Qué países son? A_____ , B_____ y C_____ .
5. España y Portugal forman parte del continente de _____ .

B. Persona a persona.   Working in pairs, ask each other these questions.

1. ¿De dónde eres?
2. ¿Qué idioma hablas?
3. ¿Cuántas materias estudias? ¿Cuáles son?
4. En tu opinión, ¿qué especialización es difícil?
5. ¿Qué días trabajas?
6. ¿Qué deseas ser en el futuro?

C. Palabras internacionales.   Create meaningful sentences by adding one of the words provided below to each incomplete sentence.

especialización emocionales   la universidad literatura
familia   inteligente   puertorriqueño optimistas

1. Los estudiantes estudian en _____ .
2. Soy un estudiante muy _____ .
3. Me llamo Ricky Martin y soy _____ .
4. Mis amigos y yo somos muy _____ .
5. Vivo con mi _____ .
6. ¿Estudias _____ ?
7. El español es mi _____ .
8. Ella tiene problemas _____ .

Tres estudiantes universitarios

Ph.D. / I have

to have

Me llamo Luis González. Soy mexicano, de la ciudad de Chihuahua. Soy estudiante de doctorado° y estudio psicología clínica. Tengo° clases los lunes, miércoles y viernes. Los martes y jueves, trabajo en un laboratorio de biología. Deseo ser psicólogo en el futuro, tener° una práctica en la capital y ayudar a las personas con problemas emocionales. Me gusta practicar el fútbol. Soy una persona flexible y optimista. Mi vida es fantástica.

soap operas

Mi nombre es Janet Quesada y soy dominicana. Hablo inglés y español. Vivo con mi familia en un apartamento, en la ciudad de Nueva York. Estudio italiano; es mi especialización en la universidad. Soy poeta bilingüe y actriz. Me gusta ir al teatro y ver telenovelas° en la televisión. También bailo danzas afrocaribeñas. Es difícil tener auto en la ciudad y yo uso transporte público. En el futuro deseo ser profesora de lengua, literatura y cultura.

¡Hola! Me llamo Beatriz Iraeta y soy española. Soy alta y rubia. Soy de Granada, pero vivo en Madrid, una ciudad enorme con millones de personas. Ando en motocicleta. Me gusta escribir música original contemporánea y los sábados toco la guitarra y canto en discotecas con un grupo de amigos universitarios. Estudio antropología en la Universidad Complutense de Madrid. En el futuro, deseo ser antropóloga y viajar a Asia, a África y a las Américas para trabajar. ■

Postlectura

D. Preguntas. Answer the following questions with a classmate.

1. ¿De dónde es Luis? ¿Cómo es?
2. ¿Dónde vive Janet? ¿Cómo es? ¿Qué desea ser en el futuro?
3. ¿Cómo es Beatriz? ¿De dónde es? ¿En qué universidad estudia?
4. ¿Cuál es la especialización de Luis?
5. ¿Quién desea trabajar en África?
6. ¿Qué materia estudia Janet?
7. ¿Dónde canta Beatriz los sábados?
8. ¿Qué deporte practica Luis?
9. ¿Quién escribe música contemporánea?

E. Retratos. Write a description in Spanish of three famous people. Read your description and have your classmates guess who is being described. Work in groups of three.

Hablemos

A. ¡Personas con...! Arrange the class with all seats in a circle. There should be one chair for each student except for one volunteer. The volunteer starts this activity by standing in the middle of the class and calling out a descriptive phrase such as: **Personas con mochilas verdes.** All students with green backpacks must stand up and search for a seat that is *different* from the one they were sitting in. At this time, the volunteer must also find a seat, leaving one student without a seat. This student calls out the next description. The game continues for at least five rounds.

B. Una entrevista con Cristina. Some of the main characters from the video have been invited to appear on the *Show de Cristina* (a popular Latino talk show). In groups of three or four, prepare an interview for the class. One member plays the role of Cristina and the others choose one of the main characters from the video. Choose from Adriana, Felipe, Gafasnegras, and Nayeli.

Investiguemos por Internet

🔑 **INTERNET STRATEGY: Using Internet Addresses**

The World Wide Web is an important means of communication and reference source. In this section, you will learn vocabulary and strategies to find and use available information in Spanish.

Cibervocabulario

buscar	*to search*	la página principal /	
la búsqueda	*search*	la página inicial	*home page*
el enlace	*link*	la red	*the Net / Internet /*
el navegador	*browser*		*Web*
navegar por Internet	*to surf the Internet*	el sitio Web de...	*the web site of . . .*

C. El sitio Web. Your first activity will be to find the Web site of Houghton Mifflin Company. Once there, go to the College Division and find the World Language titles. Then search for the title of this book to access its home page. You may want to bookmark the *Caminos* homepage for future use. Browse the site to answer the following questions:

- How is the Web site integrated with the text?
- What kinds of activities are there?
- How can you best utilize this site to maximize your learning?

Answer the following questions in Spanish:

1. ¿Quiénes son las autoras (*authors*) de *Caminos*?
2. ¿Dónde trabajan?
3. ¿Cuál es el número de teléfono de la compañía Houghton Mifflin?
4. ¿Qué te gusta del sitio?

Escribamos

Writing strategies

When beginning to write in a new language, it is a good idea to use strategies that help you organize your thoughts. Although you might be tempted to write in English and then translate your writing into Spanish, you can become a better writer if you apply some of the suggestions provided in this textbook. At the end of each segment in your Activities Manual, you will also practice these strategies in a section called *Escribamos*.

 WRITING STRATEGY: Creating a Cluster Diagram

A cluster diagram is a commonly used visual organizer. It allows you to see the connection between main topics and details and helps you find the words that you need to write in Spanish.

Workshop

1. Choose your topic and write it in the center of a piece of paper. Circle it.

2. Focus on the main ideas for your topic. Write them down, circle them, and connect them to your topic.

3. Think about these main ideas and write any related words around them until you have a diagram that looks like this one.

Strategy in action

(For additional practice with the strategy of creating a cluster diagram, turn to *Escribamos* in your Activities Manual.)

D. La vida universitaria. You have been chosen by the university to write an article (in Spanish) on university life for incoming freshmen from Mexico. Use a cluster diagram to organize your thoughts before writing your article.

CAPÍTULO 2

- Expressing location and emotion
- Expressing possession
- Describing actions in the present
- Expressing physical conditions and obligations
- Describing people and places

Una sala típica, Tepoztlán, México.

	Lección 2A **El apartamento contemporáneo**	Lección 2B **¿Qué tiempo hace?**
Vocabulario	Things in an apartment • Furnishings • Chores	Weather • Seasons • Seasonal clothing
Estructura	**Estar** • Possessive adjectives • Phrases with **de** • **Tener** • Irregular **yo** verbs • **Saber** and **conocer** • Personal **a**	Expressions with **tener** • Adjective placement • **Ir** and **venir**
Cultura	La cerámica: adorno urbano y doméstico	Clima, temperatura y Latinoamérica
Lectura	Puebla: trazada por los ángeles	¡Oaxaca maravillosa!
Videodrama *¿Dónde está Nayeli?*	As Adriana and Felipe search for Nayeli, they meet Armando. • A mysterious man wearing an unusual ring carefully monitors Nayeli's activities.	Adriana deciphers Mayan hieroglyphs to determine Nayeli's whereabouts.

Lección 2A   El apartamento contemporáneo

■ Un apartamento en la Colonia* Villareal

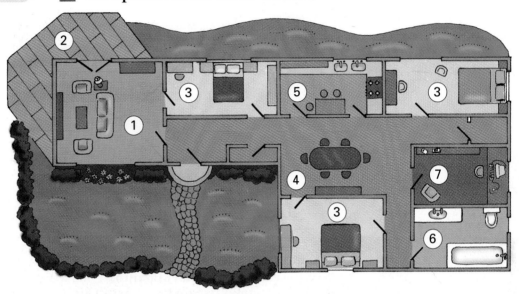

1. la sala
2. la terraza
3. el dormitorio
4. el comedor
5. la cocina
6. el (cuarto de) baño
7. la oficina

MÁS PALABRAS Y EXPRESIONES

COGNADOS

el balcón   el clóset   completo/a   moderno/a   privado/a

SUSTANTIVOS

el alquiler, la renta *rent*
la bañera, tina *bathtub*
la casa *house*
la ducha *shower*
el/la dueño/a *owner*

el/la inquilino/a *tenant*
el jardín *garden, yard*
la piscina, la alberca *swimming pool*
el piso *floor, apartment (Spain)*

EXPRESIONES DIVERSAS

amplio/a *spacious*
barato/a *inexpensive*

caro/a *expensive*
con *with*

*In Mexico, a **colonia** is similar to a town district.

()ACTIVIDADES

A. El apartamento ideal. You have found the perfect apartment. Work with a partner to discuss the floor plan. Follow the model.

MODELO —¿Cuántos dormitorios hay?   —*How many bedrooms are there?*
—Hay tres dormitorios.   —*There are three bedrooms.*
—¿Hay jardín?   —*Is there a garden?*
—No, no hay jardín, pero sí hay balcón.   —*No, there isn't a garden, but there is a balcony.*

B. ¿Qué necesito en un apartamento? You want to rent an apartment. Before you go to the rental agency, make a list of five things that you need in an apartment and five things that you want, but are not essential.

Necesito

1.
2.
3.
4.
5.

Deseo

1.
2.
3.
4.
5.

 C. Necesito compañero/a. You decide that it would be more economical to live with a roommate. Compare your list with a classmate's and come up with a final list of things you both need or want in your apartment.

ESTRUCTURA 2A.1
Expressing Location and Emotion with *estar*

A Location

The verb **estar** indicates the location of people or objects.

Las frutas están en el plato.

Los niños están en la escuela.

El auto está en el garaje.

Las chicas están en la cafetería.

Isabel y su bebé están en el hospital.

estar *(to be)*			
Singular		**Plural**	
yo	est**oy**	nosotros/nosotras	est**amos**
tú	est**ás**	vosotros/vosotras	est**áis**
Ud./él/ella	est**á**	Uds./ellos/ellas	est**án**

Note that the first person singular is irregular, and the second and third persons singular and plural carry written accents.

⟨⟩ACTIVIDADES

A. Memoria perfecta. You are constantly misplacing things, but luckily you have a roommate who remembers where you put them. You call him/her to ask for help. With your partner, take turns asking each other questions.

Modelo llaves / estante
—*¿Dónde están las llaves?*
—*Están en el estante.*

1. cuadernos / cama
2. radio / cuarto de baño
3. mi libro de español / mochila
4. reloj / escritorio
5. papeles / silla
6. teléfono / mesa

B. ¿Dónde están?   Make a list of all the things and people in the house pictured below. Then, ask your partner where each one can be found. Take turns.

> MODELO   televisión
> —¿Dónde está la televisión?
> —La televisión está en la cocina.

B Emotion

¿Cómo estás?

Está enferma. Está enojado. Está cansada. Está triste. Están contentos.

USEFUL ADJECTIVES

aburrido/a *bored*	enamorado/a *in love*
alegre *happy*	entusiasmado/a *enthusiastic*
alterado/a *upset*	fascinado/a *fascinated*
borracho/a *drunk*	listo/a *ready*
calmado/a *calm*	nervioso/a *nervous*
deprimido/a *depressed*	preocupado/a *worried*
desilusionado/a *disappointed*	seguro/a *sure*

◁)ACTIVIDADES

A. Reacciones.   How would you feel in the following situations? Write your reactions and then share them with a classmate.

> **MODELO**   Your paycheck is late.
> —Estoy preocupado/a.   *I'm worried.*

1. You have an exam tomorrow.
2. You just found your true love.
3. You have the flu.
4. Your favorite aunt or uncle died.
5. You passed your most difficult class.
6. Your roommate stole some money.

B. Entrevista.   Interview six of your classmates to find out how they're doing today. Report your findings to the class.

> **MODELO**   —¿Cómo estás?   —*How are you?*
> —Estoy muy contento/a.   —*I am very happy.*
> —¿Por qué?   —*Why?*
> —Porque mañana hay fiesta.   —*Because there is a party tomorrow.*

C. Emociones.   Complete these ideas.

1. Estoy contento/a cuando...
2. Estoy triste cuando...
3. Estoy enojado/a porque...
4. Estoy cansado/a porque...
5. Estoy desilusionado/a porque...
6. Estoy entusiasmado/a porque...

 D. ¿Cómo están?   Use **estar** and adjectives from the list below to guess how Nayeli, Adriana, or Felipe feels in each situation.

entusiasmado/a	enamorado/a	enojado/a	fascinado/a
cansado/a	preocupado/a	calmado/a	nervioso/a
desilusionado/a	triste	contento/a	alterado/a

> **MODELO**   Nayeli lee el artículo "¿Arqueóloga o criminal?" en Internet. Nayeli...
> *Nayeli está alterada.*

1. Felipe canta en el cuarto. Felipe...
2. Adriana llama la compañía de autobuses. Adriana...
3. El viaje de San Antonio a Puebla es muy largo. Adriana y Felipe...
4. Nayeli toma un taxi al aeropuerto. Nayeli...
5. Adriana lee el libro de Nayeli. Adriana...
6. Felipe habla de Cuba. Felipe...

CULTURA

Puebla, México

La cerámica: adorno urbano y doméstico

The city of Puebla is well known for its Talavera ceramic pottery and tiles (**azulejos**). Beautiful Talavera tiles adorn today's homes, fountains, and buildings in Puebla. Artists continue to create ceramic pottery in many colors and forms, such as plates, cups, and vases. In addition, Talavera tiles with numbers and patterns may be used as nameplates to identify a particular residence. Talavera ceramics were influenced by Spanish-Arabic and Chinese artisans. Even though silver, as well as Chinese porcelain, were valued more than the local Talavera tiles by wealthy Mexicans during Colonial times, today these tiles are considered works of art and are very valuable.

Dos hermosos jaguares en cerámica de Talavera.

DISCUSIÓN EN GRUPOS

1. Do you have any ceramic items in your house or apartment? Are they decorative or utilitarian? What colors are they?

2. What kinds of ceramic objects are typical to your region? How do they compare with the photos of Mexican ceramics shown here?

3. Describe ceramics that you have seen in museums. Are they antique or modern? What countries are they from? Are they valuable?

Internet

POR INTERNET

Use the keyword "**cerámica**" to search the Internet. Restrict your search by choosing Spanish in the language box. Look at three different pages. Can you identify each page's country of origin? Is the page educational or commercial in nature? Supply page addresses for the following statements:

1. Hay una/s fotografía/s excelente/s en la página...

2. Hay mucha información interesante en la página...

3. Hay cerámica de (*name of country or artist*) en la página...

Share your findings with classmates when you next meet. Look up a page recommended by someone else, and write as many sentences in Spanish as you can about that page.

VOCABULARIO   2A.2

Describing Household Furnishings and Chores

■ **Los muebles y quehaceres de la casa** *(Furniture and household chores)*

LOS MUEBLES

1. el espejo
2. la cómoda
3. el ropero, armario
4. la alfombra
5. el sillón
6. la mesita de noche
7. el lavabo, lavamanos
8. el/la secador/a de pelo
9. la escoba
10. el inodoro
11. las escaleras
12. la mesita
13. el sofá
14. la aspiradora
15. el/la refrigerador/a
16. la estufa

LOS QUEHACERES

a. aspirar, pasar la aspiradora (por la alfombra)
b. barrer (el piso)
c. hacer (la cama)
d. lavar (los platos)
e. sacar la basura
f. sacudir (los muebles), sacar el polvo de (los muebles) *(Spain)*

OTROS QUEHACERES

cocinar *to cook*
ordenar (el cuarto) *to clean (the room)*
planchar (la ropa) *to iron (clothes)*
secar (los platos, la ropa, etc.) *to dry (the plates, clothes, etc.)*

MP3 files available. See text Web site.

◑ACTIVIDADES

A. ¿Cómo es?   Make a diagram of Elena's apartment as she describes it to you. Begin by drawing a large rectangle; then add the following rooms, labeled in Spanish: a bedroom, living room, small bathroom, and kitchen with a dining area.

B. Asociaciones.   What pieces of furniture or parts of the house do you associate with these words or actions?

1. agua
2. piso
3. libro
4. ropa
5. dormir
6. mirar (la)televisión
7. leer
8. platos
9. cocinar
10. sacudir

C. ¿Recuerdas?   Work with a partner to review the names of the rooms and furniture that appear in the drawing of the house on page 61. Take turns pointing to items and naming each one. Try to also use as much vocabulary from **Capítulo 1** as you can.

D. Los quehaceres.   Work with a partner to describe the household chores that the people are doing in the drawing on page 67. Then ask each other the following questions about your own household.

1. ¿Quiénes hacen los quehaceres en la casa o apartamento donde vives?
2. ¿Cuáles son las responsabilidades del padre? ¿de la madre? ¿de los hijos? ¿de los/las compañeros/as?

E. ¿Cómo es su casa?   You are a famous architect and interior designer. Part of your job is to know the likes and dislikes of your clients so as to build them the house of their dreams. What layout would you suggest for the following clients? In your description, be sure to include the number of rooms and the furniture for each space. Work in groups.

Nombre	Número de personas	Necesidades y gustos
1. La profesora de francés	1	Lee mucho. No necesita mucho espacio. Gana (she earns) muy poco dinero.
2. La familia Suárez	6	Los cuatro hijos (children) son muy activos. La familia necesita mucho espacio. Todos necesitan tomar una ducha antes de las 7:00 a.m.
3. La familia Burgos	5	Los dos adolescentes miran mucha televisión y leen muchos libros. La madre del señor Burgos vive con ellos y cocina todos los días.
4. Niki y Patricio	2	Niki es escritora (writer) y trabaja en casa. Patricio practica muchos deportes. Es una pareja (couple) con mucho dinero.
5. El señor Martín	1	El señor Martín vive con dos perros (dogs) y un gato (cat). Él trabaja en el jardín los fines de semana y lee en la cama por la noche.

ESTRUCTURA 2A.2
Expressing Possession

A Possessive adjectives

¡Me gusta el auto de Álvaro! Es grande, moderno y bonito.

Sí, pero su casa es pequeña y vieja.

La casa de María y Benito es grande, moderna y bonita, pero yo tengo un auto fantástico.

Es cierto, nuestra casa es elegante.

¡Y tu perro es maravilloso también!

There are many ways to express possession. Look at the conversation above and find these expressions in Spanish.

Álvaro's car	María and Benito's house
his house	I have a fantastic car
our house	your dog

In English, words such as *my, your, his, her, their,* and *our* are called possessive adjectives.

Possessive adjectives			
	Singular	**Plural**	**English**
yo	mi	mis	*my*
tú	tu	tus	*your*
Ud., él, ella	su	sus	*your, his, her, its*
nosotros, nosotras	nuestro, nuestra	nuestros, nuestras	*our*
vosotros, vosotras	vuestro, vuestra	vuestros, vuestras	*your*
Uds., ellos, ellas	su	sus	*your, their*

Ud., él, ella, Uds., ellos, and **ellas** all use the same possessive adjective in the singular, **su,** and in the plural, **sus.**

In Spanish, a possessive adjective must agree in number (singular/plural) with the noun it modifies.

mi auto	*my car*	su perro	*(his, her, their, your) dog*
tus autos	*your cars*	sus perros	*(his, her, their, your) dogs*

In addition to agreeing in number, **nuestro/a** and **vuestro/a** also agree in gender.

nuestro apartamento	*our apartment*	nuestra casa	*our house*
nuestros apartamentos	*our apartments*	nuestras casas	*our houses*

◑ACTIVIDADES

A. Práctica. Replace the English word in parentheses with the appropriate Spanish possessive adjective. Then create a sentence with the phrase.

> **MODELO** mochila *(my)*
> *mi mochila*
> *Mi mochila es verde y negra.*

1. computadoras *(his)*
2. auto *(our)*
3. ducha *(their)*
4. compañera de cuarto *(my)*
5. jardín *(our)*
6. apartamento *(her)*
7. balcón *(your, familiar)*
8. clases *(our)*
9. oficina *(their)*
10. dormitorio *(your, formal)*

B. Posesión. Create sentences using **ser** and the correct possessive adjective.

> **MODELO** el libro / Paco
> *Es su libro.*

1. la clase / nosotros
2. las llaves / Uds.
3. la televisión / yo
4. el apartamento / los Gómez
5. el estéreo / ellos
6. los cuadernos / tú
7. el teléfono / papá
8. la computadora / ella

B Phrases with *de*

The preposition **de** is used in several phrases expressing possession.

1. **de** + noun / pronoun

El auto **de Álvaro** es grande, moderno y bonito.	—*Álvaro's car (the car of Álvaro) is big, modern, and beautiful.*
¡El perro **de él** es maravilloso también!	—*His dog is marvelous too!*

2. **ser** + **de** + noun / pronoun

—¿**Es de María y Benito** la casa amarilla?	—*Does the yellow house belong to María and Benito?*
— Sí, **es de ellos.**	—*Yes, it is theirs.*

Because **su/sus** refers to many people *(see chart on p. 69)*, it is common to use the phrases **de Ud./Uds.**, **de él/ella**, and **de ellos/ellas** to clarify ownership.

—¿**Es** Adriana amiga **de** Arturo o **de** Patricia?	—*Is Adriana a friend of Arturo or of Patricia?*
—**Es amiga de ella.** (Es su amiga.)	—*She's her friend.*
—¿**Es** la casa grande **de ellos**?	—*Is the big house theirs?*
—Sí, la casa grande **es de ellos.** (Sí, es su casa.)	—*Yes, the big house is theirs. (Yes, it's their house.)*
—¿**Son** los libros **de Uds.**?	—*Are the books yours?*
—No, los libros **son de él.** (No, son sus libros.)	—*No, they are his books.*

Contraction: de + el = del

Note that when the preposition **de** precedes the article **el**, they contract to form **del**. There is no contraction with the pronoun **él**.

—¿Es Juan Pablo estudiante **del** profesor Martínez?	—*Is Juan Pablo a student of Professor Martínez?*
—Sí, es estudiante **de él.**	—*Yes, he is his student.*

3. de + quién / quiénes + ser

Use **de quién** to ask who owns something. (Note that the verb **ser** agrees with the item possessed, not with **quién.**)

—¿**De quién es** la casa grande? —*Whose large house is it?*
—Es de Pablo. —*It belongs to Pablo. (singular)*
—Es de María y Benito. —*It belongs to María and Benito. (plural)*

—¿**De quién son** las plumas? —*Whose pens are they?*
—Son del estudiante. —*They belong to the student. (singular)*
—Son de los estudiantes. —*They belong to the students. (plural)*

When asking ownership of more than one thing, and you suspect that there is *more than one owner,* use **de quiénes.**

—¿**De quiénes** son las plumas? —*Whose pens are they?*
—Son de los estudiantes. —*They belong to the students.*
—¿**De quiénes** son los libros? —*Whose books are they?*
—Son de la profesora. —*They belong to the profesor.*

⟨⟩ACTIVIDADES

A. Preguntas.   Answer the questions.

MODELO —¿De quién es la televisión? (la señora Pérez)
—*La televisión es de la señora Pérez.*

1. ¿De quién es el auto? (nosotros)
2. ¿De quién es el estéreo? (mi compañero/a de cuarto)
3. ¿De quiénes son las impresoras? (él y ella)
4. ¿De quién es el teléfono celular? (los señores Vera)
5. ¿De quién son los papeles? (la estudiante de español)
6. ¿De quiénes son las mochilas? (ellos)

B. ¿De quién es?   Column A has a list of items, and column B has a list of possible owners. Work with a partner and take turns asking each other who owns what item(s).

MODELO *A:¿Es la mochila del señor Chávez?*
B:Sí es su mochila. / Sí, es de él. (or)
  No, no es su mochila. / No, no es de él.

A:¿Son los libros de las estudiantes?
B:Sí, son sus libros. / Sí, son de ellas. (or)
  No, no son sus libros. / No, no son de ellas.

A	B
1. mochila	el profesor Luna
2. libros	las estudiantes
3. teléfonos	él
4. estéreos	los papás de Adriana
5. calculadora	unos turistas ingleses
6. apartamento	el señor Chávez
7. radio	ellos
8. llave	Marina
9. silla	un profesor
10. dormitorio	el estudiante

C. ¿Qué hay aquí?   Working in pairs, make a list of six things seen in the classroom or at home. Then ask your partner who owns them. Take turns.

> **MODELO**   —*En la clase hay muchos cuadernos.*
> —*¿De quiénes son?*
> —*Son de los estudiantes.*

C The verb *tener*

The verb **tener** is used to express possession in the same way the verb *to have* is used in English.

—¿**Tienen** Uds. la clase de sociología al mediodía?	—*Do you have sociology class at noon?*
—No, al mediodía **tenemos** álgebra.	—*No, at noon, we have algebra.*
—¿**Tienes** buenas amigas?	—*Do you have good friends?*
—Sí **tengo** muchas buenas amigas.	—*Yes, I have many good friends.*

The verb **tener** is irregular because the first person singular form ends in **-go** and there is a vowel change in the stem of the second person singular and third person forms.

Notice that except for the first person singular, **yo**, the endings are the same as for regular –**er** verbs.

tener *(to have)*			
Singular		**Plural**	
yo	tengo	nosotros/nosotras	tenemos
tú	tienes	vosotros/vosotras	tenéis
Ud./él/ella	tiene	Uds./ellos/ellas	tienen

◖ACTIVIDADES

A. ¿ Qué tiene?   Using the correct form of the verb **tener**, take turns with a partner answering the questions.

1. ¿Qué tiene el profesor?
2. ¿Qué tienen las dos chicas?
3. ¿Qué tiene la señora?
4. ¿Qué tiene el hombre?
5. ¿Qué tienen las muchachas?
6. ¿Qué tienen los novios en la mano?

B. Posesiones.   Some students are in the cafeteria eating and talking. Answer the questions they ask each other. Use the correct form of **tener.**

1. ¿Tiene tu familia un auto? ¿De qué color es?
2. ¿La universidad de tu amigo/a tiene televisión de cable?
3. ¿Cuántos cursos tiene tu compañero/a de cuarto? ¿Cuáles son?
4. ¿Tienes un apartamento o una casa? ¿Cuántos cuartos tiene?
5. ¿Quién tiene un calendario con las fechas de las vacaciones?

ESTRUCTURA   2A.3
Describing Actions in the Present

A Irregular *yo* verbs in the present tense

La cocina de Daniel

I know how to prepare
I make dishes (food) / I set the table
Then, I go out
cooking

Yo **sé** preparar° comidas deliciosas. Los domingos, invito a mis amigos y **hago** platos° exquisitos. **Pongo** la mesa° y comemos en el jardín o en la terraza. Después, **salgo°** con ellos al cine o a una discoteca. Son buenos amigos y todos tienen la misma opinión: "¡La cocina° de Daniel es excelente!"

1. Some verbs are irregular only in the first person singular (**yo**), while the endings of the other forms remain the same as for regular verbs.

For some verbs, the first person singular ends in **-go** or in **-zco.** Verbs that end in **-cer** and **-cir** normally have **–zco** endings in the **yo** form.

Verbs with irregular *yo* forms		
	-go verbs **hacer** *(to make; to do)*	**-zco** verbs **conducir** *(to drive)*
yo	hago	conduzco
tú	haces	conduces
Ud./él/ella	hace	conduce
nosotros/nosotras	hacemos	conducimos
vosotros/vosotras	hacéis	conducís
Uds./ellos/ellas	hacen	conducen

Common verbs that follow these patterns:

-go verbs		**-zco** verbs	
poner (pongo)	*to put, to place*	conocer (conozco)	*to know, to be familiar with*
salir (salgo)	*to go out, to leave*		
traer (traigo)	*to bring*	producir (produzco)	*to produce*
		traducir (traduzco)	*to translate*

The verb **salir** *(to go out, to leave)* is useful for expressing many actions. Here are just a few.

Common expressions with *salir*			
salir a + **infinitive**	*to go out to + verb* Yo salgo a bailar los sábados.	**salir de**	*to leave from a place* Salimos de la biblioteca a las diez.
salir con	*to leave or go out with* Ramiro quiere salir con Yolanda.	**salir para**	*to leave for a place* ¿Cuándo sales para Europa?

2. Dar *(to give)*, **saber** *(to know)*, and **ver** *(to see)* are irregular in the **yo** form, but don't follow any particular pattern. The endings of the other forms remain the same as those for regular verbs.

	dar	saber	ver
yo	doy	sé	veo
tú	das	sabes	ves
Ud./él/ella	da	sabe	ve
nosotros/nosotras	damos	sabemos	vemos
vosotros/vosotras	dais	sabéis	veis
Uds./ellos/ellas	dan	saben	ven

Common expressions with *dar*			
dar un paseo	*to take a walk*	dar una conferencia	*to give a talk*
dar una clase	*to teach a class*	dar una fiesta	*to give a party*

⟨⟩ACTIVIDADES

A. Una invitación.   Linda runs into her friend Pablo and they talk about going to the movies. Complete their conversation with the correct form of the present tense of the verb in parentheses.

LINDA: ¡Hola, Pablo! ¿ _____ (saber) tú si hay películas (*movies*) buenas hoy?

PABLO: Sí, hay muchas. Yo _____ (conocer) un teatro muy bueno. Allí presentan películas francesas.

LINDA: ¿Francesas? ¡Yo no _____ (saber) francés! ¿Tienen subtítulos?

PABLO: No, no tienen, pero yo _____ (traducir) muy bien el francés.

LINDA: ¡Pablo, qué tonto eres! Es una broma (*joke*), ¿verdad?

PABLO: ¡Claro que es una broma! Las películas tienen subtítulos. ¡Vamos al cine; yo _____ (conducir)!

LINDA: ¡Y yo pago, vamos!

B. ¡Yo también!   Read what the following people do; then say whether or not you do these activities as well. With a classmate, take turns answering the questions.

MODELO   —Nosotros salimos de casa a las siete, ¿y tú?
—*Yo también salgo de casa a las siete.* [or]
—*No, no salgo de casa a las siete. Salgo a las siete y media.*

1. Ricardo sale para México, ¿y tú?
2. Nosotros conducimos autobuses grandes, ¿y tú?
3. Los estudiantes dan fiestas fantásticas, ¿y tú?
4. El profesor sale temprano, ¿y tú?
5. Ella pone la mesa antes de comer, ¿y tú?
6. El señor Rulfo conoce a mucha gente, ¿y tú?
7. Tu compañera traduce la tarea al inglés, ¿y tú?
8. Liliana ve televisión los domingos, ¿y tú?

C. ¿Quién hace qué?   Make a list of the activities you and your classmates do after school and ask each other questions about them.

MODELO   hacer la tarea *(to do homework)*
—*¿Cuándo haces la tarea?*
—*Hago la tarea por la noche / a las 4 de la tarde / a las 9 de la noche.*
—*¿Dónde haces la tarea?*
—*Hago la tarea en casa / en la biblioteca / en mi cuarto.*

Actividades posibles :

dar un paseo	ver televisión	salir para clase
salir con los amigos	estudiar	navegar por Internet
conocer a gente	hacer ejercicio	leer libros

D. Actividades.   Using at least four of the verbs in the list, write a short e-mail to your best friend about things you do in a typical week.

hacer	conducir	ver	dar
salir	poner	escribir	estudiar

B Using *saber* and *conocer*

Although these two verbs have a general meaning of *to know,* each is used to express different things in Spanish.

Uses of saber / conocer	
saber *to know how to do something*	**conocer** *to be familiar with things, places, events, and circumstances*
saber + *infinitive*	**conocer + *noun***
¿**Sabes** conducir? *Do you know how to drive?* **Sabemos** hablar español. *We know how to speak Spanish.*	¿**Conoces** Puerto Rico? *Do you know Puerto Rico?* **Conozco** la situación de Nayeli. *I am familiar with Nayeli's situation.*
saber *to know facts, such as time, dates, places, names, and pieces of information*	**conocer** *to know someone personally; used when introducing someone for the first time*
saber + *information*	**conocer a + *person/s***
Sabemos el día y el lugar de la fiesta. *We know the day and site of the party.* No **sé** dónde están mis libros. *I don't know where my books are.*	¿**Conoces** a mi amigo Luis? *Do you know / Have you met my friend Luis?* **Conozco** a mis compañeros de clase muy bien. *I know my classmates very well.*

The personal *a*

A direct object is a word that receives the action of the verb. If the direct object is a person or implies a person, it must be preceded by the personal **a.** If the direct object is a thing, then **a** is not used.

Veo la casa.	*I see **the house.** (thing)*
Veo **a** Marcos.	*I see **Marcos.** (person)*
Conozco la ciudad.	*I know **the city.** (thing)*
Conozco **a** la profesora.	*I know **the teacher.** (person)*

Contraction: a + el = al

Just like **de + el = del,** when the preposition **a** precedes the article **el,** they contract to form **al.** There is no contraction with the pronoun **él.**

Conozco **al** profesor Manso.	*I know professor Manso.*
¿Conoces a Pedro y a María?	*Do you know Pedro and Maria?*
Conozco a María, pero **a** él no.	*I know Maria, but not him.*

◆ACTIVIDADES

A. Práctica. Write the personal **a** where needed and make any other necessary changes.

1. No conozco _____ el apartamento de ella.
2. Veo _____ Leonarda.
3. ¿Sabes _____ las respuestas del examen?
4. ¿Ves _____ la casa grande?
5. ¿Conoces _____ el profesor de español?
6. Escucho _____ música contemporánea.

B. ¿Quién sabe qué?   Say what these people know or know how to do. Use **saber** or **conocer**. Follow the model and use the personal **a** if needed.

Modelo   Elena / inglés
Elena sabe inglés.

1. Berta / muchos secretos
2. nosotros / Madrid
3. Verónica / bailar
4. ellos / la profesora Paz
5. Ud. / la hora

6. el chico / un buen restaurante mexicano
7. yo / planchar la ropa
8. el profesor / los nombres de los estudiantes
9. yo / Adriana
10. Gil y yo / traducir al inglés

C. Información.   With a partner, you each make a list of five people or places that you know personally in your university or city. Then, ask each other questions about them. Follow the model.

Modelo   Your list:

Conozco a la novia de Roberto.
Conozco la cafetería.

Questions you can
ask your partner:

—¿Conoces a la novia de Roberto?
—Sí (No, no) conozco a la novia de Roberto.
—¿Conoces la cafetería?
—Sí, conozco la cafetería.

D. ¿Qué sabe Esperanza?   Nayeli is missing. Felipe and Adriana are looking for her with the help of Armando (a colleague of Nayeli's). They ask Esperanza, Nayeli's housekeeper, about Nayeli's whereabouts. Read their conversation.

Esperanza:	La conozco (a Nayeli) desde pequeñita°. No es capaz° de hacer nada malo. Es la mujer más honesta que existe. No sé por qué la prensa° dice esas cosas.
Adriana:	Nayeli, ¿dónde está Nayeli?
Esperanza:	Pues, no lo sé, pero sé que...
Armando:	¿Qué? ¿Qué sabe?
Adriana:	Con permiso. Voy a la cocina por° el café.
Armando:	Sabe más de lo que aparenta°. Ella sabe dónde está Nayeli.
Adriana:	¿No ve que tiene miedo°?
Armando:	¿Y qué sugiere entonces?° Ella tiene información importante.

since childhood / She's not capable

the press

to get

more than she let's on.

she's afraid

And what do you suggest then?

Now, match the phrase in column A with the phrase in column B that completes the sentence.

A	B
1. Esperanza conoce a	a. dónde está Nayeli.
2. Esperanza tiene	b. Nayeli desde pequeñita.
3. Esperanza no sabe	c. honesta.
4. Esperanza hace	d. información importante.
5. Esperanza sabe	e. alterada.
6. Nayeli es	f. muchas cosas.
7. Adriana está	g. café en la cocina.

Preparémonos

A. En el último episodio... Review the events from the last episode by matching the descriptions with the corresponding character/s. Work in pairs.

1. Habla de la arqueología.
2. Tiene el libro de Nayeli.
3. Está en un taxi.
4. Habla de Cuba.
5. Están en el autobús.

a. Nayeli
b. Adriana
c. Felipe

Answers: 1. b; 2. b; 3. a; 4. c; 5. b, c

B. Somos detectives. In groups of three, brainstorm about this photo of Adriana and Felipe with Armando (a colleague of Nayeli's) and Esperanza (Nayeli's housekeeper). What will the characters talk about over coffee? What roles will Armando and Esperanza play in solving the mysterious disappearance of Nayeli and the Jaguar Twin Yax-Balam? Predict what you think is going to happen next.

Resumen del video

In Puebla, Mexico, Adriana and Felipe learn that Nayeli is being sought by the police for the robbery of one of the Jaguar Twins. Armando de Landa, a colleague of Nayeli's, takes the note she has left for Adriana and Felipe, then introduces himself to the young travelers. He drives them to Nayeli's house, where they meet the housekeeper, Esperanza. Meanwhile, in Sevilla, Spain, Mr. Covarrubias, a truck driver, has an unforgettable experience with the stolen jaguar.

Miremos y escuchemos

C. Videoacción. Circle the items you see in this video segment. Compare your answers with those of a classmate.

autobús	camión *(truck)*	jaguar	plantas
bolsa *(purse)*	computadora	muebles	taxi
borrador	flores	nota	televisión
café	fútbol	periódico	universidad

> ### Videonota cultural
> **La Universidad de las Américas.** This university is located in San Andrés de Cholula, five kilometers outside of the city of Puebla and 120 kilometers (about 1 hour by car) from Mexico City, in an area where pre-Hispanic, colonial, and modern Mexico converge. On a clear day the university offers a magnificent view of four of the tallest volcanoes in Mexico: Orizaba, Popocatépetl, Iztaccíhuatl, and La Malinche.

Comentemos

D. Comprensión. Answer these questions in groups.

1. ¿Cómo se llama la universidad?
2. ¿Quiénes llegan a la universidad?
3. ¿Cómo se llama el señor?
4. ¿De quién es la foto en el periódico?
5. ¿Cómo se llama la señora que está en la casa de Nayeli?
6. ¿Cómo es el jaguar? ¿grande? ¿pequeño?

E. Frases. Working in groups, indicate who says the following.

1. "Yo también busco a Nayeli. Soy un colega de ella."
2. "¿Qué quieren ustedes? ¿Son de la prensa?"
3. "Nayeli es mi profesora. ... por favor, quiero ayudarla."
4. "Veo la televisión. Sé lo que está pasando."
5. "Nayeli Paz Ocotlán es nuestra criminal. ¡Tenemos que encontrarla!"

 Puebla, México

LECTURA

Prelectura

 READING STRATEGY: Asking Questions

Preparing yourself to read in another language is an important step to achieving strong reading skills. One way to understand and remember ideas is to ask yourself questions *before* you read, *while* you are reading, and *after* you read.

A. Antes de leer. Ask yourself these questions before you read.

1. What does the title tell me about the topic of the reading?
2. Do I already know something about the topic?
3. What information do the pictures and captions reveal about the article?
4. What else is important before I begin reading?

B. Al leer. Ask yourself these questions while you are reading.

1. What is the topic of the article? After reading the title of the article, have I guessed correctly?
2. Which vocabulary words that relate to the topic do I already know?
3. Can I get the gist of the reading without looking up words in a dictionary?
4. Which words are essential for me to know in order to understand the passage?
5. Which words can I skim over and still understand the reading?
6. Do I understand what this paragraph is telling me?
7. What else is important to know as I read?

Puebla: trazada° por los ángeles

Una leyenda mexicana dice que los ángeles llegaron° a Puebla y trazaron° las calles rectas° para° usarlas más fácilmente. Por eso, se llama Puebla de los Ángeles. Es la capital del estado de Puebla y está en el altiplano° central de México. Está a noventa minutos de la ciudad de México en automóvil, a tres horas de la ciudad de Oaxaca, a tres horas y media del Puerto de Veracruz y a seis horas de Acapulco. La temperatura media° varía entre 20°C y 30°C.

designed

arrived
designed / straight
in order to

high plain

average

La casa de las muñecas, Puebla, México.

baroque / brick
stone / stucco

onyx / marble / gold / designed

valuable / Some
Chapel
eighth wonder

advances

Puebla es famosa por sus estructuras barrocas° de ladrillo° rojo, piedra° gris, estuco° blanco y por los espectaculares azulejos de Talavera. La Catedral de Puebla tiene altas torres y un hermoso altar con adornos de ónice°, mármol° y oro°, diseñado° por Manuel Tolsá, el famosísimo arquitecto de origen español.

La Biblioteca Palafoxiana es un hermoso edificio de la época colonial. Tiene más de 40.000 libros, todos muy valiosos°. Algunos° especialistas consideran la Capilla° de la Virgen del Rosario como la octava maravilla° del mundo por los impresionantes adornos interiores. El Convento

La Capilla de la Virgen del Rosario.

Colonial de Santa Rosa es hoy un museo de cerámica. El Museo Amparo, con muchos adelantos° tecnológicos, es uno de los más modernos de América Latina. ■

La cocina en el Convento de Santa Rosa.

Postlectura

C. Después de leer. After you read, ask yourself these questions.

1. What is the main idea of the reading?
2. What themes or topics does the reading contain?
3. Which words do I need to look up to help me better understand the reading?
4. What other information is important?

D. Bella ciudad. With a partner, complete these ideas based on the reading.

1. ¿Dónde está Puebla?
2. ¿A cuántas horas en automóvil está Puebla de Oaxaca? ¿de la capital? ¿del Puerto de Veracruz? ¿de Acapulco?
3. ¿Cuál es la temperatura media de la ciudad?
4. Menciona tres edificios importantes de Puebla.
5. ¿De dónde es el arquitecto de la Catedral de Puebla? ¿Cómo se llama?
6. Según (according to) los especialistas, ¿qué tipo de maravilla es la Capilla del Rosario?
7. ¿De qué color son los edificios del centro de la ciudad?
8. ¿Hay un museo de cerámica en Puebla?
9. En Puebla hay un museo tecnológico muy moderno. ¿Cómo se llama?
10. ¿Qué biblioteca menciona la lectura? ¿Cuántos libros hay allí?

Lección 2B   ¿Qué tiempo hace?

VOCABULARIO   2B.1

Talking About the Weather

■ ¿Qué tiempo hace? *(What's the weather like?)*

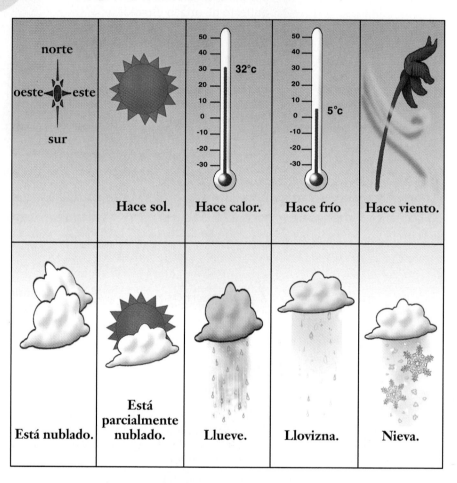

norte oeste◄►este sur	Hace sol.	32°c Hace calor.	5°c Hace frío.	Hace viento.
Está nublado.	Está parcialmente nublado.	Llueve.	Llovizna.	Nieva.

el aguacero	la lluvia	la brisa	el cielo	la nube	la tormenta/ tronada	la nieve

Temperatures in most Hispanic countries are expressed in degrees Celsius (°C) using the centigrade scale.

La temperatura está a 32 grados centígrados.   *The temperature is 32°C.*

The freezing point is 0°C, while the boiling point is 100°C. Use the following formulas to convert from Fahrenheit to centigrade and vice versa:

$$°C = (°F - 32) ÷ 1.8 \qquad °F = (°C × 1.8) + 32$$

°C	0	10	20	30	40	50	60	70	80	90	100
°F	32	50	68	86	104	122	140	158	176	194	212

MÁS PALABRAS Y EXPRESIONES

COGNADOS

húmedo/a
el huracán
los kilómetros (por hora)
el/la meteorólogo/a

las millas (por hora)
la probabilidad
la temperatura (mínima / máxima)
el tornado

SUSTANTIVOS

los grados centígrados /
  celsius / Fahrenheit
  degrees centigrade /
  Celsius / Fahrenheit

el porcentaje *percentage*
el promedio *average*
el pronóstico del tiempo *weather forecast*

EXPRESIONES DIVERSAS

¿A cuánto está la temperatura? *What is the temperature?*
fuerte *strong*
hace buen / mal tiempo *it's good / bad weather*
hace fresco *it's cool*
por ciento *percent*
seco/a *dry*

Vocabulario en acción

En este diálogo de **Videodrama 2A,** Adriana y Felipe se despiden de *(say goodbye to)* Esperanza en la casa de Nayeli.

Felipe: Oye[1], ¿qué tiempo hace en junio en Madrid? En verano hace buen tiempo en Madrid. Estoy casi[2] seguro.

[1]*Hey /* [2]*almost*

MP3 files available. See text Web site.

◑ACTIVIDADES

A. El tiempo. Listen to the weather reports for various cities and indicate the order in which each city is mentioned on the lines below.

El tiempo de hoy 27 de septiembre

BUENOS AIRES	SAN JUAN	CIUDAD DE MÉXICO	MADRID	BOGOTÁ	CARACAS
9°C/48°F	24°C/75°F	17°C/63°F	20°C/68°F	14°C/57°F	29°C/84°F

_____ _____ _____ _____ _____ _____

B. ¿Qué tiempo hace? Work with a partner asking questions about weather conditions in the cities listed in this weather report. Follow the model.

MODELO
—¿Hace buen tiempo en Asunción?
—No, no hace buen tiempo.
—¿Por qué no?
—Porque llovizna un poco.

—¿A cuánto está la temperatura máxima?
—La temperatura máxima está a 30 grados centígrados.

—Is the weather nice in Asunción?
—No, the weather isn't nice.
—Why not?
—Because it's drizzling a bit.

—What is the high temperature (for today)?
—The high (temperature) is 30 degrees centigrade.

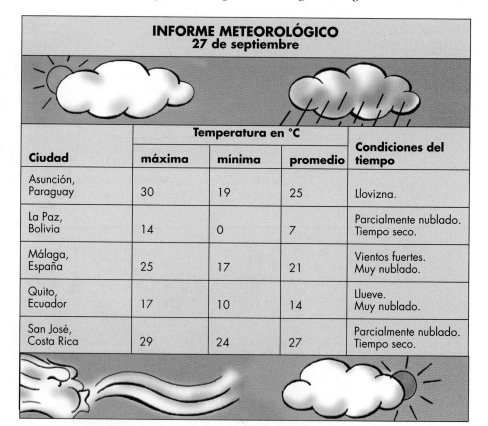

INFORME METEOROLÓGICO
27 de septiembre

Ciudad	Temperatura en °C			Condiciones del tiempo
	máxima	**mínima**	**promedio**	
Asunción, Paraguay	30	19	25	Llovizna.
La Paz, Bolivia	14	0	7	Parcialmente nublado. Tiempo seco.
Málaga, España	25	17	21	Vientos fuertes. Muy nublado.
Quito, Ecuador	17	10	14	Llueve. Muy nublado.
San José, Costa Rica	29	24	27	Parcialmente nublado. Tiempo seco.

ESTRUCTURA 2B.1

Expressing Physical Conditions and Obligations

■ Expressions with *tener*

¿Qué tienen?

Tiene frío.   Tiene calor.   Tiene hambre.   Tiene sed.

Tiene sueño.   Tiene miedo.   Tiene prisa.   Tiene cinco años.

Additional expressions with *tener*		
tener ganas de + *infinitive* to want to (do something) to feel like (doing something)	Adriana **tiene ganas de** ir a Madrid.	*Adriana wants to go to Madrid.*
tener razón to be right	—Nayeli está en peligro. De eso estamos seguros. —**Tienes razón.**	*—Nayeli is in danger. Of that we are sure.* *—You're right.*
tener sentido to make sense	—¡Nayeli es culpable! —¡No, eso no **tiene sentido**!	*—Nayeli is guilty.* *—No, that doesn't make sense!*
tener prisa to be in a hurry	—¿Tienes tiempo para hablar? —No, **tengo prisa.**	*—Do you have time to talk?* *—No, I am in a hurry.*

Expressing Obligation		
tener que + *infinitive* to have to	**Tengo que** confiar en él. **Tenemos que** ir a Madrid. **Tienen que** buscar a Nayeli.	*I have to trust him.* *We have to go to Madrid.* *They have to look for Nayeli.*
deber + *infinitive* should	**Debo** estudiar mucho. No **debemos** salir muy tarde. ¡**Debes** ver esa película!	*I should study a lot.* *We shouldn't leave too late.* *You should see that movie!*

◑ACTIVIDADES

A. Responsabilidades. You and your friends have a lot to do before you can relax during the weekend. Create sentences describing everybody's obligations.

MODELO yo / escribir / las composiciones
Yo tengo que escribir las composiciones.

1. nosotros / terminar la lección
2. Cristián / hacer la tarea
3. tú / dar una conferencia el viernes
4. Miguel / practicar español
5. Isabel / estudiar mucho
6. Teresa / lavar el auto de mamá
7. yo / preparar las clases del lunes
8. Eduardo y Daniel / leer una novela
9. Juana y Pedro / alquilar videos
10. Rosa / barrer el piso

B. ¿Qué tengo? Use the word **si** (*if*) to create complete sentences by matching a situation (column A) with an expression with **tener** (column B). Follow the model.

MODELO Hay poco tiempo. / tener prisa
Si hay poco tiempo, tengo prisa.

A	B
1. Veo un tigre (*tiger*).	a. tener hambre *hunger*
2. Hay una tronada fuerte.	b. tener miedo *afraid*
3. No hay agua.	c. tener pánico *panic*
4. Hace mucho sol.	d. tener ganas de leer
5. Es invierno.	e. tener sueño *dream*
6. Tengo muy poco tiempo.	f. tener frío
7. Es medianoche.	g. tener calor
8. No hay comida.	h. tener prisa *haste*
9. Estoy seguro/a.	i. tener razón *reson, right*
10. Compro un buen libro.	j. tener sed

C. Mis obligaciones. Make a list of six things that you have to do at home, at school, or at work. Compare your list with your friends' and ask each other questions about your obligations. (Some useful expressions: *to write papers* = **escribir trabajos**, *take notes* = **tomar apuntes**.)

MODELO *En casa tengo que limpiar el baño y sacar el polvo de los muebles.*
En la universidad tengo que ir a mis clases y estudiar mucho.
En el trabajo tengo que preparar y servir comida.

CULTURA

Latinoamérica

Clima, temperatura y Latinoamérica

In Latin America, weather conditions in any given area vary according to how high (altitude) that place may be in relation to sea level and its distance from the Equator. High regions located close to the Equator tend to be less humid and cooler than the corresponding lowlands. This is why one can see snow-capped mountains, such as el Pico de Orizaba, in tropical regions. Major cities in the Americas, such as Mexico City, San José, Costa

El Pico de Orizaba, en los estados de Puebla y Veracruz, México.

Rica, and La Paz, Bolivia, are located on high plateaus or in mountain valleys. During the winter months in the United States, countries located south of the Equator, such as Argentina and Chile, experience summer.

For centuries, hurricanes that occurred in the Caribbean were named for the saint on whose day the storm occurred. After 1950, however, the National Hurricane Center began to name

El Huracán Hugo, en Puerto Rico

tropical storms by alternating masculine and feminine names in alphabetical order. Occasionally, names are retired from this list if the storm associated with it is particularly destructive, such as Hurricane Andrew or Elena.

DISCUSIÓN EN GRUPOS

1. ¿A cuánto está la temperatura hoy?
2. ¿Es un buen día para dar un paseo? ¿Ir a la piscina? ¿Leer? ¿Tomar una siesta (*to take a nap*)?
3. ¿Qué tiempo hace hoy donde vive tu familia?
4. ¿Dónde tienes ganas de vivir en el futuro? ¿Qué tiempo hace allí (*there*) normalmente?
5. ¿Tienes miedo de las tormentas? ¿De los huracanes? ¿Por qué?

POR INTERNET

Use one of the following two words to search the Internet: **huracán, terremoto** (*earthquake*). Restrict your search to sites in Spanish. Look at three different pages. Can you identify each page's country of origin and the individual or organization that posted it? Jot down the name, place, and date of the hurricane, or the location and date of the earthquake. (For example: *El Huracán Mitch, Centroamérica, octubre-noviembre de 1998; el terremoto en El Salvador, enero de 2001.*) Supply Internet addresses for the following statements:

1. Hay mapas del área afectada por (nombre del huracán o lugar y fecha del terremoto) en...
2. Hay unas fotos de la destrucción causada por (*caused by*) (nombre del huracán o lugar y fecha del terremoto) en...
3. Una página con mucha información sobre (*about*) (nombre del huracán o lugar y fecha del terremoto) es...

VOCABULARIO   2B.2

Talking About Seasons and Appropriate Clothing

A ¿En qué estación estamos? *(What season is it?)*

la primavera

el verano

el otoño

el invierno

B ¿Qué llevo? *(What do I wear?)*

el abrigo

el sombrero

el paraguas

el impermeable

la bufanda

los guantes

la gorra

la chaqueta

las botas

el traje de baño

las gafas de sol

el suéter

los pantalones cortos

⬤ACTIVIDADES

A. ¿Qué llevo?   Working in small groups, determine the items you need to have for different weather conditions and seasons. Follow the model.

> **MODELO**   —¿En qué estación hace sol?   —*In which season is it sunny?*
> —Hace sol en verano.   —*It's sunny in summer.*
> —¿Qué llevas cuando hace sol?   —*What do you wear when it's sunny?*
> —Cuando hace sol, llevo unos pantalones cortos.   —*When it's sunny, I wear shorts.*

B. ¿Cuál es la estación?   Work with a partner and imagine that you live in these cities and countries around the world. Determine what season you are in according to the month listed and describe the weather at that time of year. (Remember, the seasons are reversed in the Northern and Southern hemispheres.) Follow the model.

> **MODELO**   Nueva York, NY / julio
> —Vivimos en Nueva York. ¿En qué estación estamos en julio?   —*We live in New York. What season is it in July?*
> —Estamos en verano.   —*It's summer.*
> —¿Qué tiempo hace?   —*What's the weather like?*
> —Hace mucho calor.   —*It's very hot.*

¿Qué llevas

1. Santiago, Chile / enero
2. Boston, MA / agosto
3. Buenos Aires, Argentina / junio
4. Los Ángeles, CA / abril
5. México, D.F. / noviembre

6. San Antonio, TX / mayo
7. La Habana, Cuba / septiembre
8. Burlington, VT / febrero
9. Asunción, Paraguay / diciembre
10. Miami, FL / octubre

ESTRUCTURA   2B.2
Describing People and Places

◼ Adjective placement

1. Descriptive adjectives normally follow the nouns they modify.

el apartamento **moderno**	*the modern apartment*
la casa **elegante**	*the elegant house*
las chicas **españolas**	*the Spanish girls*

2. Possessive adjectives, definite and indefinite articles, and adjectives of quantity always precede the noun they modify.

sus papeles	*their/your papers*	*(possessive adjective)*
una estudiante	*a student*	*(indefinite article)*
las clases	*the classes*	*(definite article)*
cuarenta alumnos	*forty students*	*(adjective of quantity)*
muchas tiendas	*many stores*	
poco dinero	*little money*	

3. The adjectives **grande** (*big*), **bueno/a** (*good*), and **malo/a** (*bad, evil*) can appear either before or after the noun they describe. Placed before all singular nouns, **grande** becomes **gran** and its meaning changes to *great*. **Bueno** and **malo** change to **buen** and **mal** before a *masculine* singular noun, and their meanings do not change.

México, D.F. es una ciudad **grande**.	*Mexico City is a big (large) city.*
Puebla es **una gran** ciudad.	*Puebla is a great city.*

Antonio Banderas es **un gran** actor.	*Antonio Banderas is a great actor.*
El presidente es **un gran** hombre.	*The president is a great man.*
Mi padre es un hombre muy **grande**.	*My father is a very big man.*

¿Es Armando un hombre **bueno**?	
¿Es Armando **un buen** hombre?	*Is Armando a good man?*
Adriana es **una buena** estudiante.	*Adriana is a good student.*

¿Es Esperanza una mujer **mala**?	
¿Es Esperanza **una mala** mujer?	*Is Esperanza an evil woman?*
¿Es Armando **un mal** hombre?	*Is Armando an evil man?*

4. When two adjectives modify the noun, they are joined by **y**.

las iglesias viejas **y** magníficas	*the old and magnificent churches*
la plaza grande **y** hermosa	*the large and beautiful plaza*

(Note that **y** changes to **e** before words that start with **i** and **hi: el libro nuevo e interesante**.)

⏍ACTIVIDADES

A.   Repaso.   Make the necessary changes in gender and number to the text that follows. Work in pairs.

Nayeli es una arqueóloga _____ (1. importante) y _____ (2. famoso). Ella es también una _____ (3. grande) profesora. Felipe y Adriana son dos estudiantes muy _____ (4. trabajador). Son _____ (5. joven) y muy _____ (6. bueno) investigadores de arqueología. Ellos viajan a _____ (7. diferente) partes del mundo _____ (8. hispano) para buscar a Nayeli.

B.   Tu opinión.   Use **buen/o/a**, **mal/o/a**, and **gran/de** to express your opinions about the following persons and things. Add any other adjectives that you prefer. Then, orally compare your answers with a partner.

Nueva York / ciudad
Toyota / coche *(car)*
Christina Aguilera / cantante
Motorola / teléfono digital
Tráfico / película
CNN / canal de televisión
USA Today / periódico
Andy García / actor
Isabel Allende / escritora
El tráfico de drogas / problema social

ESTRUCTURA   2B.3
Using *ir* and *venir*

■ ¿Vienes o vas?

*Hey, Juan, are you **coming** to today's party? / No, I won't be **going** to the party because I don't have a car and there are no buses today. / I have an idea: I'll **go** to your house in my car and you **come** to the party with me! / Fine, thanks. / Perfect! **I'll pick** you up soon.*

LETICIA: Oye, Juan, ¿**vienes** a la fiesta de hoy?
JUAN: No, no **voy** a la fiesta porque no tengo auto y no hay autobuses hoy.
LETICIA: Tengo una idea: ¡**Voy** a tu casa en mi auto y **vienes** a la fiesta conmigo!
JUAN: De acuerdo, gracias.
LETICIA: ¡Perfecto! Pronto **voy por** ti.

Ir (*to go*) is used to describe the action of going from where you are to a different place. **Venir** (*to come*) is used when talking about coming from somewhere else to where you are. These verbs are irregular.

	ir (*to go*)	venir (*to come*)
yo	voy	vengo
tú	vas	vienes
Ud./él/ella	va	viene
nosotros/nosotras	vamos	venimos
vosotros/vosotras	vais	venís
Uds./ellos/ellas	van	vienen

The verb **ir** has many uses. The following table illustrates some of them.

Common uses of *ir*		
To talk about future actions **ir + a +** *infinitive*	No sé cómo **voy a pagar** el viaje.	*I don't know how I am going to pay for the trip.*
To express destination **ir + a +** *location*	Uds. **van a** la universidad.	*You go to the university.*
To say *let's go!* **¡Vamos!**	Yo sé dónde está el jaguar. ¡**Vamos!**	*I know where the jaguar is. Let's go!*
To say *let's go* + action **vamos a +** *infinitive*	**Vamos a buscar** el jaguar.	*Let's go find the jaguar.*
To get, to pick up **ir + por**	Ella **va por** el café.	*She goes to get the coffee.*

⟨⟩ACTIVIDADES

A. ¿Adónde van?   The following people are going to different places. Create sentences indicating their destinations.

> **MODELO**   las mamás y sus hijos / parque
> *Las mamás y sus hijos van al parque.*

1. Gonzalo / el centro comercial
2. nosotros / las clases de español
3. ellas / el estadio
4. Liliana / la tienda
5. Uds. / el mercado
6. tú / la discoteca
7. el doctor / el hospital
8. los chicos / el museo
9. yo / la universidad
10. Adriana y Felipe / Madrid

B. Itinerario de buses.   You and your partner are at the bus station in Puebla. One of you is saying goodbye to a friend. The other is waiting for a friend to arrive. Take turns asking each other where the buses are headed and where they are coming from using the information in the **salidas** (*departures*) and **llegadas** (*arrivals*) schedule. Follow the model.

> **MODELO**   —*¿Adónde va el autobús de las 9.50 a.m.?*
> —*El autobús de las 9.50 a.m. va a Toluca.*
> —*¿De dónde viene el autobús de las 6.30 p.m.?*
> —*El autobús de las 6.30 p.m. viene de Veracruz.*

Estación de Puebla

Salidas (Departures)		Llegadas (Arrivals)	
Va a:	**Hora:**	**Viene de:**	**Hora:**
Toluca	9.50 A.M.	México D.F.	6.30 A.M.
Veracruz	12.15 P.M.	Toluca	8.30 A.M.
México D.F.	12.45 P.M.	Cuernavaca	9.50 A.M.
Acapulco	2.15 P.M.	Taxco	11.05 A.M.
Cuernavaca	3.05 P.M.	Acapulco	1.10 P.M.
Taxco	5.55 P.M.	Veracruz	6.30 P.M.
Saltillo	10.30 P.M.	Oaxaca	9.45 P.M.

C. ¿Qué vas a hacer?   With a partner, ask each other what you will be doing (column B) based on the circumstances in column A. Follow the model.

> **MODELO**   hay programas interesantes   mirar televisión
> —*¿Qué vas a hacer si hay programas interesantes?*
> —*Voy a mirar televisión.*

A	B
1. hace buen tiempo	a. bailar en la discoteca
2. hay un tornado	b. comprar una computadora
3. los tacos son buenos	c. salir al parque
4. el examen es mañana	d. estudiar hoy
5. tus amigos vienen hoy	e. llamar al teléfono de emergencias
6. es sábado	f. comer mucho
7. hoy llueve todo el día	g. no salir de casa
8. tienes dinero	h. ir al aeropuerto

D. Fin de semana (*Weekend*).   Write an e-mail to a friend describing what you are going to do this weekend. Use **ir a** + infinitive.

Preparémonos

 A. En el último episodio... Review the events from the last episode by matching the following ideas with the corresponding characters. Work in pairs.

1. Toma una nota de la puerta de Nayeli.
2. Viajan a Puebla en autobús.
3. Trabaja en la casa de Nayeli.
4. Van a la casa de Nayeli con Armando.
5. Es chofer de camión de Sevilla

a. Nayeli
b. el Sr. Covarrubias
c. Adriana y Felipe
d. Armando
e. Esperanza

Answers: 1. d; 2. c; 3. e; 4. c; 5. b

 B. Somos detectives. In groups of three, brainstorm about this photo. What are Felipe and Adriana doing? Why are they so serious? What do you think is going to happen next?

Resumen del video

Adriana examines the note from Nayeli and decyphers the message in Mayan hieroglyphics as follows: the bird represents an airplane flight; 949 represents the flight number; and the five letters represent **D**resden, **P**aris, **M**adrid, and the **D**istrito **F**ederal. She deduces that Nayeli has flown to Madrid. Armando offers to finance Adriana and Felipe's search for Nayeli. Later Esperanza is seen giving Nayeli's note to a mysterious man with a strange ring. We also hear Armando informing a woman by phone of all the details. This woman, doña Carmen, will play an important role in our story.

Miremos y escuchemos

C. ¿Verdadero o falso?   As you watch the video, place a checkmark next to the phrases that are true.

1. _____ Adriana estudia el jeroglífico.
2. _____ Armando escucha la conversación de Adriana y Felipe.
3. _____ Felipe y Adriana tienen mucho dinero.
4. _____ Armando es amigo de Esperanza.
5. _____ La nota es para Adriana.
6. _____ Nayeli llama a Armando por teléfono.
7. _____ Una reportera habla de Nayeli por televisión.

Videonota cultural

Los códices mayas. The Maya lived in what is today the Yucatán Peninsula (southeastern Mexico), and parts of Central America. They employed a writing system of hieroglyphs (similar to the Aztecs of Central Mexico), and left engraved symbols and pictures on animal skin, papyrus (paper made from tree bark), or stone. The greatest examples of Mayan writing can be found in four documents (**códices**), located today in Dresden (Germany), Paris, Madrid, and the **Distrito Federal** (Mexico City). The **códices** describe ceremonies for the new year, and contain prophecies, astronomical data, and agricultural records. The Madrid **códice** describes daily activities such as bee keeping and hunting. It is thought to be a kind of manual used by Mayan priests to counsel the public.

Comentemos

D. Comprensión.   Answer these questions in groups.

1. ¿Cómo están Adriana y Felipe? ¿Contentos o preocupados? ¿Por qué?
2. ¿Qué revela el códice a Adriana sobre dónde está Nayeli?
3. ¿Qué desea hacer Armando para (*for*) Adriana y Felipe?
4. Armando habla con una señora por teléfono. ¿Cómo es ella? ¿Es buena o mala?
5. ¿Qué mira Armando?
6. En tu opinión, ¿es bueno o malo Armando?

E. Frases.   Working in groups, indicate who says the following.

1. "Cuatro códices, en cuatro ciudades: Dresden, París, Madrid, Distrito Federal."
2. "¡Madrid! ¡Nayeli está en Madrid!"
3. "Los boletos aéreos, una tarjeta de crédito, un poco de efectivo, una computadora para facilitar la comunicación."
4. "Aquí está la nota para el señor Raúl Guzmán."
5. "Oye, ¿qué tiempo hace en junio en Madrid?"
6. "Todo está bajo control."
7. "Si los gemelos no están juntos, no tendremos (*we will not have*) paz ni armonía económica en México."

Oaxaca, México

LECTURA

Prelectura

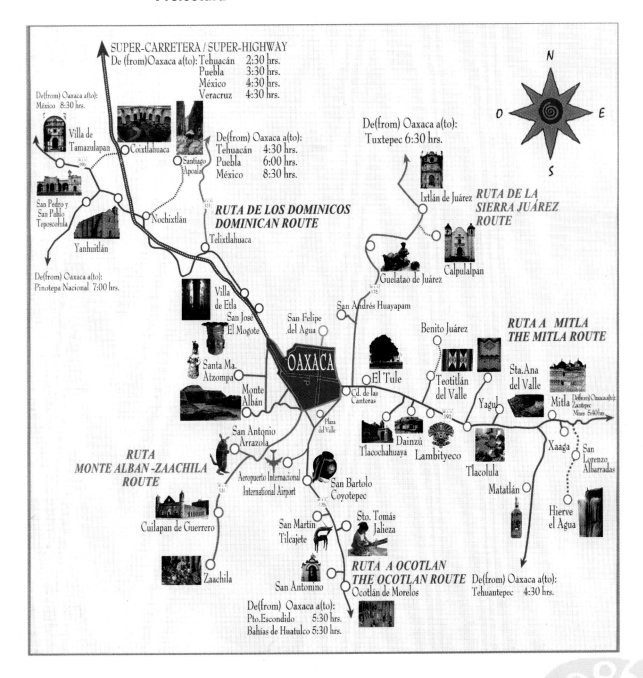

SUPER-CARRETERA / SUPER-HIGHWAY
De (from) Oaxaca a(to): Tehuacán 2:30 hrs.
Puebla 3:30 hrs.
México 4:30 hrs.
Veracruz 4:30 hrs.

De(from) Oaxaca a(to):
México 8:30 hrs.

Villa de Tamazulapan

Coixtlahuaca

Santiago Apoala

De(from) Oaxaca a(to):
Tehuacán 4:30 hrs.
Puebla 6:00 hrs.
México 8:30 hrs.

De(from) Oaxaca a(to):
Tuxtepec 6:30 hrs.

San Pedro y San Pablo Teposcolula

Nochixtlán

Yanhuitlán

Telixtlahuaca

RUTA DE LOS DOMINICOS
DOMINICAN ROUTE

Ixtlán de Juárez

RUTA DE LA SIERRA JUÁREZ ROUTE

Guelatao de Juárez

Calpulalpan

De(from) Oaxaca a(to):
Pinotepa Nacional 7:00 hrs.

Villa de Etla

San José El Mogote

San Felipe del Agua

San Andrés Huayapam

Benito Juárez

RUTA A MITLA
THE MITLA ROUTE

Santa Ma. Atzompa

OAXACA

El Tule

Teotitlán del Valle

Sta. Ana del Valle

Mitla

De(from) Oaxaca a(to):
Zaachepec Mixes 5:40 hrs.

Monte Albán

Cd. de las Canteras

Yagul

Plaza del Valle

Tlacochahuaya

Dainzú

Lambityeco

Xaaga

San Lorenzo Albarradas

San Antonio Arrazola

Tlacolula

RUTA MONTE ALBAN -ZAACHILA ROUTE

Aeropuerto Internacional
International Airport

San Bartolo Coyotepec

Matatlán

Hierve el Agua

Cuilapan de Guerrero

San Martín Tilcajete

Sto. Tomás Jalieza

Zaachila

San Antonino

RUTA A OCOTLAN
THE OCOTLAN ROUTE
Ocotlán de Morelos

De(from) Oaxaca a(to):
Tehuantepec 4:30 hrs.

De(from) Oaxaca a(to):
Pto. Escondido 5:30 hrs.
Bahías de Huatulco 5:30 hrs.

A. Ciudades imaginarias. Which of the following cities would you like to visit? Number them in order of personal preference. Compare your selections with those of a classmate.

#	Ciudades	Temperatura promedio	Mes	Atracciones
___	Ciudad A	30°C	junio	Tiene buen clima y hace mucho sol. Tiene parques y plazas muy bonitos y museos interesantes.
___	Ciudad B	4°C	diciembre	Su comida (*food*) es deliciosa y su gente es muy simpática. Su clima es frío.
___	Ciudad C	12°C	agosto	Hay enormes tiendas (*stores*) y mercados típicos.
___	Ciudad D	28°C	septiembre	Hay monumentos históricos y ruinas arqueológicas muy famosas.
___	Ciudad E	21°C	abril	No hace frío, pero llueve mucho. Sus restaurantes y discotecas son fenomenales.

¡Oaxaca maravillosa!

La región. Durante tres días vamos a viajar por el estado° de Oaxaca. Van a ser días inolvidables° en una hermosa región mexicana. El estado limita° al norte con los estados de Veracruz y Puebla, al este con Chiapas y al sur con el Océano Pacífico.

El clima del estado depende° de la altura. En la costa el clima es caliente, en las montañas altas el clima es frío. En las regiones intermedias, el clima es templado°. En primavera la temperatura promedio es de 25°C, en verano y en otoño es de 22°C, y en invierno es de 16°C.

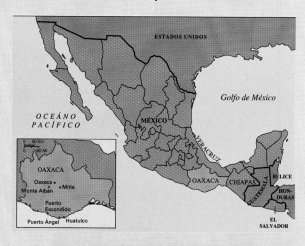

Martes. Hoy vamos a visitar la capital del estado; lleva el mismo° nombre: la ciudad de Oaxaca. Por la mañana, vamos al centro histórico de la ciudad; allí está el famoso mercado° donde hay cerámica de barro° negro. También vamos a visitar el impresionante Templo de Santo Domingo.

state
unforgettable
borders

depends

temperate

same

market

clay

El centro histórico, Oaxaca, México.

Por la tarde, vamos al Museo Regional de Antropología e Historia. De allí caminamos al zócalo (plaza principal), que existe desde el año 1529.

Miércoles. Hoy salimos temprano para ver las bellas pirámides zapotecas° de Monte Albán y de Mitla. Por la tarde hay tiempo para comprar artículos típicos de Oaxaca en el mercado o cenar° en uno de los muchos restaurantes en el zócalo.

Zapotec (indigenous group)

dine

Jueves, viernes y sábado. El jueves, salimos en avión para las playas de Huatulco; están en la costa Pacífico de México. Huatulco es un paraíso y el centro turístico más famoso de la región. Tiene playas° de arena° blanca y ex- quisitos restaurantes. ■

beaches / sand

La zona arqueológica de Monte Albán, Oaxaca, México.

Una playa en Puerto Escondido, México.

Postlectura

B. Viaje turístico. Answer (in writing) the following questions on this read- ing about your visit to Oaxaca.

1. ¿Dónde está el estado de Oaxaca?
2. ¿Cómo son las temperaturas en las diferentes estaciones? ¿Dónde hace frío? ¿Y dónde hace calor?
3. ¿Qué van a visitar los turistas en el centro de Oaxaca?
4 ¿Cuántos años tiene el zócalo de Oaxaca?
5. ¿Qué son Monte Albán y Mitla?
6. ¿Dónde cenan los turistas el miércoles?
7. ¿Cómo es el clima de Huatulco? ¿Cómo son las playas?

C. Me gusta, no me gusta. List five sites mentioned in the reading and say whether you like them or not and why. Work in pairs.

MODELO Me gusta Huatulco porque   *I like Huatulco because it has good* tiene buenos restaurantes.   *restaurants.*
No me gusta la costa porque   *I do not like the coast because it is* hace mucho calor.   *very hot.*

D. Mi sitio turístico favorito. Write a paragraph to describe one of your favorite places to visit. Be sure to use some of the adjectives and expressions that you have learned.

Hablemos

A. La casa de mis sueños.   Draw and label an original floor plan for your dream house. Then present your plan to the class.

B. El canal del tiempo.   You have just landed a new job with the weather channel. You are expected to give an updated weather report for your home town. Use the information provided in this chapter to prepare a weather report.

Investiguemos por Internet

INTERNET STRATEGY: Searching for Spanish Sites

Most English-language search engines will yield a variety of sites from throughout the Spanish-speaking world when you specify a topic in Spanish and select Spanish from the language box. In addition, many English-language engines offer links to their counterparts in Spanish. (You can also find links to Spanish search engines on the Houghton Mifflin Web site.)

Use quotation marks when you type more than one word (i.e., "Universidad de las Américas," "Monte Albán"); this way, the search engine will read them as one phrase and not word-for-word. You may also want to glance at your browser's instructions on how to refine your search. Using these strategies, you can access more relevant and useful sites for your topic.

Cibervocabulario

la guía, el directorio Internet	*Internet guide*	la palabra clave	*keyword*
el motor de búsqueda, el buscador Internet	*search engine*		

C. Tengo ganas de conocer Monte Albán.   Congratulations! You have just been chosen as a finalist for a grant that will allow you to travel anywhere in the world next summer. The selection committee is interested in learning why you want to travel to Monte Albán in the southern state of Oaxaca. Use the Internet to create a brief presentation for the committee (your classmates). Show plenty of images as you introduce them to the area, its climate, and offer at least five reasons why it is a truly educational destination. Impress them with your command of Spanish, and convince them that you deserve the money for the trip. *Clue*: They also speak Spanish and may ask you several questions!

D. ¿Cómo es la Universidad de las Américas?   Use the Internet to find information about Nayeli's home institution, la **Universidad de las Américas**. Jot down three pairs of sentences that compare and contrast Nayeli's university with your own. Share your notes with a classmate.

MODELO   *La Universidad de las Américas está en el estado de Puebla.*
Mi universidad está en el estado de Massachusetts.

Escribamos

 WRITING STRATEGY: Brainstorming Ideas

Before writing an essay or a report, it is often useful to brainstorm your ideas, especially with a partner or in a group. In order to do this effectively, write only in Spanish.

Workshop

1. Write down your ideas on paper as they occur to you. They can be single words, phrases, or questions.

2. Write quickly and in no particular order. Do not stop to evaluate which ideas are good.

3. Once the ideas are written, read the list and circle the ideas that you will use in your writing.

The following is a possible brainstorm for an essay that describes your apartment.

grande	*me gusta*
cocina fea	*azul*
comedor	*un compañero arrogante*
no hay sofá	*jardín bonito*
dos dormitorios	*hace frío*
una buena compañera	*un dormitorio pequeño*

Strategy in action

(For additional practice with the strategy of brainstorming ideas, turn to *Escribamos* in your Activities Manual.)

E. Tu casa. Create a diagram of your place. Include the rooms and the furniture in each room. Then write a description of it to match the diagram.

COMMUNICATION GOALS

- Describing actions in the present
- Expressing negation
- Discussing daily routines
- Pointing out people, things, and places
- Describing actions in progress

CAPÍTULO 3

Fuente de Cibeles en Madrid

	Lección 3A **Por la ciudad**	Lección 3B **¿Qué comida prefieres?**
Vocabulario	Places in a city • Numbers: 200–2,000,000 • Transportation	Ordering / Shopping for food
Estructura	Stem-changing verbs • Negation • Reflexive actions	Demonstrative adjectives and pronouns • Adverbs of location • Present progressive forms • Using **ser** and **estar**
Cultura	Los trenes y metros: Medios de transporte público	Las sabrosas tapas de Madrid
Lectura	La encantadora ciudad de Sevilla	El restaurante Plácido Domingo
Videodrama ¿Qué revela el sueño de la abuela?	Nayeli's grandmother appears to her in a dream and delivers a message. • Gafasnegras continues to follow Adriana and Felipe.	Adriana and Felipe look for Nayeli throughout Madrid. • Nayeli discovers an unpleasant surprise upon returning to her hotel room.

Lección 3A Por la ciudad

Describing Places in a City

◼ ¿Qué hay en la ciudad?

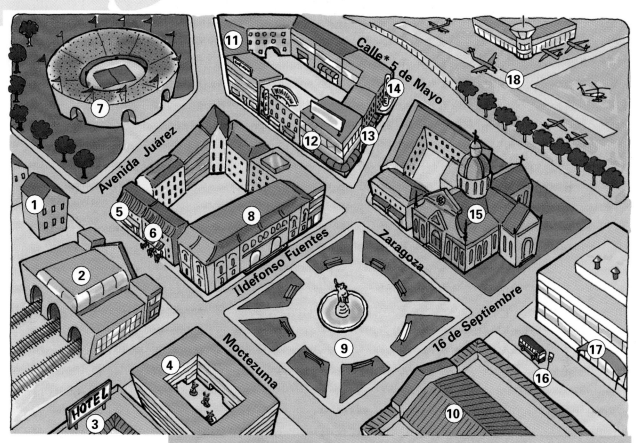

1. el edificio *(building)*
2. la estación de tren *(train station)*
3. el hotel
4. el museo
5. la librería *(bookstore)*
6. el café
7. el estadio
8. el correo *(post office)*
9. la plaza

10. la biblioteca *(library)*
11. el centro comercial *(shopping center)*
12. la tienda *(store)*
13. el restaurante
14. el cine *(movie theater)*
15. la iglesia *(church)*
16. la parada de autobús *(bus stop)*
17. el hospital
18. el aeropuerto

*la calle = *street*

◑ACTIVIDADES

A. ¿Adónde van?   Ángela and her mother are discussing Ángela's plans for the afternoon. Listen to the conversation and, on a separate sheet of paper, write down the names of the nine places that they mention in the order in which they mention them. You may need to write the same location more than once.

B. ¿Dónde está?   Work with a partner to identify and locate the buildings in the city map on page 101. Follow the model.

> **MODELO**   —¿Dónde está la tienda?   —*Where is the store?*
> —Está en la calle Zaragoza.   —*It's on Zaragoza Street.*

C. Una ciudad ideal.   Create your own city by drawing and labeling an original city plan. Include at least seven buildings and places from the city map on page 101.

D. Los planes.   Now work with a partner and compare your city plans. Follow the model.

> **MODELO**   —¿Hay un restaurante en la   —*Is there a restaurant in the city?*
> ciudad?
> —Sí, hay un restaurante.   —*Yes, there is a restaurant.*
> (No, no hay un restaurante.)   *(No, there isn't a restaurant.)*
> —¿Dónde está el restaurante?   —*Where is the restaurant?*
> —Está en la calle Carolina.   —*It's on Carolina Street.*

E. ¿Qué haces? *(What do you do?)*   Now work in pairs and state where you do the following activities. Follow the model.

> **MODELO**   —¿Dónde lees libros?   —*Where do you read books?*
> —Leo libros en la biblioteca.   —*I read books in the library.*

beber café	esperar el autobús	mirar una película
caminar	estudiar	pagar mucho dinero
comer	hablar con amigos	tomar el tren
comprar	mirar arte	tomar un avión

VOCABULARIO   3A.2
Talking About Large Quantities

■ ¿Cómo contamos los números en español?

LOS NÚMEROS DE 200 A 2.000.000

200	doscientos	600	seiscientos	1.999	mil novecientos noventa y nueve
201	doscientos uno	700	setecientos	2.000	dos mil
300	trescientos	800	ochocientos	2.001	dos mil uno
400	cuatrocientos	900	novecientos	1.000.000	un millón
500	quinientos	1.000	mil	2.000.000	dos millones

Note: In most Spanish-speaking countries, numbers are punctuated with a period and not with a comma.

USING NUMBERS AS ADJECTIVES

doscientos a novecientos	The numbers from 200 to 900 agree in gender with the nouns they modify. These words are always plural. *200 stores* = **doscientas** tiendas *300 rooms* = **trescientos** cuartos
mil	**Mil** remains unchanged and does not agree in gender or number with the noun it modifies. *one thousand pesos* = **mil** pesos *two thousand trains* = **dos mil** trenes Note that **mil** means *one thousand* or *a thousand*.
millón	**Millón** (singular) is used with **un**; in all other instances use **millones** (plural). *1.005.093 pesos* = **un millón, cinco mil, noventa y tres** pesos *2.400.671 dollars* = **dos millones, cuatrocientos mil, seiscientos setenta y* un** dólares
un millón de/ millones de	**Un millón de/millones de** is used only when the number is rounded out in millions. Otherwise **millones** follows the other rules above. *1.000.000 pesos* = **un millón de** pesos *5.000.000 dollars* = **cinco millones de** dólares *but* *5.100.401 girls* = **cinco millones, cien mil, cuatrocientas una** niñas

*Remember that **y** is used between the "tens" and "ones" place in numbers.

()ACTIVIDADES

A. Eventos históricos.   Write out the following dates in Spanish. Then work with a partner to see if you can match the events in column A with the dates in column B.

A	B
1. Cristóbal Colón llega a las Américas.	**a.** 2001
2. Los moros (*Moors*) llegan a España.	**b.** 1964
3. La segunda guerra mundial (*WWII*) termina *(ends)*.	**c.** 1977
4. Terroristas atacan el Pentágono y Nueva York.	**d.** 711
5. La película *Saturday Night Fever* es muy popular.	**e.** 1492
6. Declaran la independencia de los Estados Unidos.	**f.** 1776
7. La disolución de la Unión Soviética ocurre.	**g.** 1945
8. Los Beatles cantan en el *Ed Sullivan Show*.	**h.** 1992

B. ¿Cuántos jóvenes hay en Centroamérica? You work for the United Nations and are doing research on population trends in Central America. Work with a partner and discuss how many young people live in the region, comparing the population figures for each country. Remember to make the numbers agree in gender with the nouns that they modify, when appropriate.

MODELO —¿Cuántas niñas hay en El Salvador?
—Hay un millón, cuarenta y cuatro mil, seiscientas cincuenta y ocho niñas en El Salvador.

—*How many young girls are there in El Salvador?*
—*There are one million, forty four thousand, six hundred fifty eight young girls in El Salvador.*

Los jóvenes de Centroamérica		
País	**Niños 0–14 años de edad**	**Niñas 0–14 años de edad**
El Salvador	1.091.500	1.044.658
Costa Rica	622.260	593.720
Guatemala	2.688.402	2.578.934
Honduras	1.262.190	1.217.752
Nicaragua	1.037.269	1.018.909
Panamá	446.792	429.811

ESTRUCTURA   3A.1

Describing Actions in the Present

■ **Present indicative of stem-changing verbs**

Esta tarde

MAURO: Aquí está el Hotel Prisma. ¡Por fin (*At last*) **encontramos** nuestro hotel!
ROSALÍA: Sí, ¡por fin! Yo **pienso** dormir toda la tarde.
MAURO: Pues yo no voy a dormir. Esta tarde **prefiero** ir a un buen restaurante.
ROSALÍA: ¡Ah! Buena idea. Me **muero** de hambre. Vamos al restaurante Plácido Domingo.
MAURO: ¿Entonces no **duermes** esta tarde?
ROSALÍA: No, yo **pido** la habitación (*room*) y tú **consigues** la dirección del restaurante. ¿De acuerdo?
MAURO: ¡Sí, de acuerdo! → *he says OK*

Stem-changing verbs have the same present tense endings as the regular **–ar**, **–er**, and **–ir** verbs, but have a vowel change in the stem of certain forms.

	Stem-changing verbs			
	e → ie: **empezar** *to start, begin*	**e → i:** **servir** *to serve*	**o → ue:** **volver** *to return, come back*	**u → ue:** **jugar*** *to play (games, sports)*
yo	empiezo	sirvo	vuelvo	juego
tú	empiezas	sirves	vuelves	juegas
Ud./él/ella	empieza	sirve	vuelve	juega
nosotros/as	empezamos	servimos	volvemos	jugamos
vosotros/as	empezáis	servís	volvéis	jugáis
Uds./ellos/as	empiezan	sirven	vuelven	juegan

Notice that the **nosotros** and **vosotros** forms do not have a stem change.
*Jugar is the only verb whose stem changes from **u** to **ue**.

Common stem-changing verbs					
e → ie		**e → i**		**o → ue**	
cerrar	*to close*	conseguir	*to get, obtain*	almorzar	*to have lunch*
comenzar	*to start, begin*	decir	*to say, tell*	contar	*to count*
concernir	*to concern*	pedir	*to ask for*	costar	*to cost*
entender	*to understand*	perseguir	*to follow, pursue*	dormir	*to sleep*
pensar	*to think*	repetir	*to repeat*	encontrar	*to find*
perder	*to lose*	seguir	*to follow, continue*	morir	*to die*
preferir	*to prefer*			poder	*to be able*
querer	*to want*			probar	*to try, taste*
recomendar	*to recommend*			recordar	*to remember*
				soñar (con)	*to dream (about)*

Decir also has an irregular form in the first person singular: **yo digo.**

> ¡Yo siempre **digo** *no*!   *I always say "no"!*

Remember that the weather terms **nieva** (*nevar*) and **llueve** (*llover*) that you learned in *Capítulo 2* are stem-changing verbs.

The verb **costar** (*to cost*) is usually used, as in English, in the third person singular or plural.

> Las computadoras **cuestan** mucho dinero.   *Computers cost a lot of money.*
> El autobús no **cuesta** mucho.   *The bus doesn't cost a lot.*

The verbs **empezar a** and **pensar** are frequently used with infinitives.

> empezar a + *infinitive*   *to begin doing something*
> El chofer y su esposa **empiezan a correr.**   *The driver and his wife begin running.*
>
> Nayeli **empieza a buscar** al chofer.   *Nayeli begins to look for the driver.*
>
> pensar + *infinitive*   *to plan, to intend*
> Adriana y Felipe **piensan viajar** a Sevilla.   *Adriana and Felipe plan to travel to Sevilla.*

◐ACTIVIDADES

A. Los planes de Vicente. Fill in the correct forms of the verbs in the following passage. Then answer the questions that follow.

Yo _____ (1. pensar) viajar por España. Voy a empezar mi viaje en Madrid y después yo _____ (2. querer) visitar Granada, Málaga y Jerez en la provincia de Andalucía. Yo _____ (3. preferir) ir en verano porque no _____ (4. llover) mucho. Luis Fernando, mi amigo andaluz, _____ (5. decir) que yo _____ (6. poder) dormir y comer en su casa. Es fantástico porque yo sé que su familia _____ (7. servir) comidas deliciosas todos los días.

Now answer the following questions about Vicente's plans.
1. ¿Dónde piensa Vicente empezar su viaje?
2. ¿Dónde puede dormir Vicente?
3. ¿Qué lugares piensa visitar él?
4. ¿Llueve mucho en Andalucía en verano?
5. ¿Cuándo prefiere ir Vicente a Andalucía?

B. Recomendaciones del portero *(doorman).* Manuel is a doorman in a large downtown hotel in Madrid. Work with a partner to complete the dialog. Use the present tense.

MANUEL: Me llamo Manuel Gascón y soy portero en el hotel Prisma.
TÚ: ¿Qué restaurante _____ (1. recomendar) Ud. en Madrid?
MANUEL: _____ (2. poder, yo) recomendar muchos, ¿ _____ (3. preferir) Ud. comida española?
TÚ: ¡Por supuesto! Estamos en Madrid.
MANUEL: Entonces, _____ (4. recomendar) el restaurante Casa de la Paella.
TÚ: ¿ _____ (5. costar) mucho dinero la comida alli?
MANUEL: No, no. Allí _____ (6. servir, ellos) platos de varios precios.
TÚ: _____ (7. querer, yo) probar la paella.
MANUEL: ¡Buena idea! La gente _____ (8. decir) que es magnífica.
TÚ: Pues entonces, necesito un taxi de inmediato para ir allí.
MANUEL: No, no. Yo _____ (9. pedir) el taxi para Ud. ¡Buen provecho!

C. ¿Qué piensan hacer tú y tu compañero/a? With a partner, ask each other questions to find out what activity each of you would like to do next weekend. Discuss whether you can do some activities together. Try your best to persuade your friend to join you in your planned activities. One of you prefers the activities in column A, while the other prefers those in column B.

MODELO
A: ¿Qué piensas hacer el viernes por la noche?
B: Quiero cenar en un buen restaurante.

A: What are you planning to do on Friday night?
B: I want to have dinner in a good restaurant.

A	B
El viernes por la noche quiero cenar en el restaurante Tapas.	El viernes por la noche quiero cenar en un buen restaurante.
El sábado por la mañana pienso ir a jugar básquetbol en el estadio.	El sábado quiero ir a jugar golf.
El domingo por la tarde, pienso ir al centro comercial.	El domingo por la tarde, quiero ir a comprar unos libros.
El domingo por la noche, pienso ir al cine.	El domingo por la noche voy a mirar televisión en casa.

VOCABULARIO 3A.3

Discussing Means of Transportation

■ El viaje de una tarjeta postal

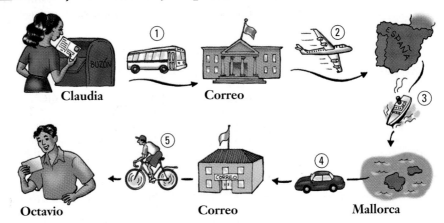

Claudia · Correo · España · Mallorca · Octavio · Correo

1. el autobús, el camión *(Mex.)*
2. el avión
3. el barco
4. el coche, carro, auto
5. la bicicleta

OTROS MEDIOS DE TRANSPORTE

el metro   la motocicleta   la camioneta / el camión   el taxi   el tren / el ferrocarril

To say *by*, **en** is frequently used with means of transportation.

Voy **en** tren / coche / barco. *I am going by train / car / boat.*

To say *on foot*, use **a pie.**

Voy al trabajo **a pie.** *I go to work on foot.*

MÁS PALABRAS Y EXPRESIONES

COGNADOS

el chofer *(L. Am.)* / chófer *(Sp.)*   la ruta   el/la turista

---

SUSTANTIVOS

la dirección *address*   el viaje *trip*

VERBOS

alcanzar *to reach, catch up with*   manejar / conducir *to drive*
estar cerca / lejos *to be close / far away*   quedar *to be (located)*

◇ACTIVIDADES

A. La ruta de la tarjeta.   Trace the route of the postcard from Claudia to Octavio *(see p. 107)*. Follow the model.

> **MODELO**   La tarjeta va al correo en   *The postcard goes to the post office*
>   autobús.   *by bus.*

1. La tarjeta va a España...
2. La tarjeta va a Mallorca...
3. La tarjeta va al correo...
4. La tarjeta va a la casa de Octavio...

B. Asociaciones.   What are the means of transportation you associate with these names?

1. Harley	3. Schwinn	5. US Air	7. Checker
2. Greyhound	4. Toyota	6. Amtrak	8. USS Constitution

C. ¿Qué medio de transporte usan?   How do the following people and things reach their destination? Use your imagination! Follow the model.

> **MODELO**   los estudiantes / a la universidad   *the students / to the university*
>   Los estudiantes van a la   *The students go to the university*
>   universidad en metro.   *by subway.*

1. el presidente / a la Casa Blanca
2. mis amigos / al apartamento
3. mi profesor/a de español / a la clase
4. los empleados / al trabajo
5. una carta / a los amigos en México
6. Katie Couric / al canal de NBC
7. yo / al cine
8. la doctora / al hospital

D. ¿Cómo se va?   Working in pairs, ask each other these questions about the transportation used by family and friends.

1. ¿Van tus padres al trabajo en transporte público?
2. Si vives en la universidad, ¿cómo viajas a casa en tus vacaciones?
3. Si vives en casa o en un apartamento, ¿cómo vas a la escuela?
4. ¿Te gusta viajar en motocicleta? ¿Por qué?
5. ¿Cómo vas al centro de tu ciudad?
6. Si vas a Europa, ¿vas en barco o en avión?
7. ¿Adónde vas en taxi? ¿Cuándo?
8. ¿Cómo va tu compañero/a de cuarto a la biblioteca?
9. Cuando vas al centro comercial, ¿cómo llegas a las tiendas?

CULTURA

Latinoamérica y España

Los trenes y metros: Medios de transporte público

Durante la primera mitad del siglo XX, en varios *(several)* países de habla hispana, el tren era *(was)* el medio de transporte más cómodo *(comfortable)* y eficiente para transportar mercancía *(merchandise)*. Los países con grandes ciudades, tales como Argentina, México y España, pronto desarrollaron *(developed)* extensos sistemas de ferrocarriles. En muchos casos, esa era la única manera de unir *(unite)* la ciudad con el interior del país.

Hoy día se pueden ver vestigios *(remnants)* de esa Época de Oro *(Golden Age)* de los ferrocarriles en países como Perú, donde el tren que va a Machu Picchu, en los Andes, sube poco a poco hasta la cima *(to the top)* de la gran montaña. Hay otras rutas viejas que todavía *(still)* funcionan, como el tren de Chihuahua en México y una que otra en Argentina.

En España, la RENFE (Red Nacional de Ferrocarriles Españoles) administra El AVE, un tren ultramoderno de

Pasajeros en el metro de Caracas, Venezuela.

Buenos Aires (Argentina), Medellín (Colombia) y Madrid, el metro es en realidad la manera más rápida de viajar.

DISCUSIÓN EN GRUPOS

1. ¿Cuál es el medio de transporte más popular en tu país y en tu ciudad? ¿Cuál usas tú? ¿Cuándo?

2. ¿Qué medios de transporte usa tu familia?

3. ¿Dónde hay en los Estados Unidos trenes de alta velocidad y metros modernos? ¿Cómo funcionan?

4. ¿Qué tiendas hay en las estaciones?

5. Discutan las ventajas y desventajas de viajar en tren, metro, avión, autobús, auto, moto y bicicleta.

El tren que va de Cuzco a Machu Picchu, Perú.

alta velocidad con todas las comodidades. Funciona desde 1992 y hace el viaje de Madrid a Sevilla en 2 horas y 45 minutos.

Quizás *(Perhaps)* el medio de transporte público más importante hoy día en las principales ciudades hispanas es el metro. En Santiago de Chile, Ciudad de México, Caracas (Venezuela),

El AVE.

Internet

POR INTERNET

You and two of your classmates have just won an all-expenses paid ten-day trip to a Hispanic country. You must use three different modes of transportation within that country. Surf the Internet to find out how to get there and where and how you wish to travel within the country. Report to the class on your findings and print out the most interesting sites you have found in your cyber-travels.

Palabras claves Transporte público, precios, trenes, ferrocarriles, aviones, autobuses, metro, taxis, viajes aéreos.

Preguntas Be prepared to answer the following questions in class:

1. ¿Adónde van?

2. ¿En qué viajan?

3. ¿En qué clase viajan?

4. ¿Cuánto cuestan los viajes?

5. ¿Cuándo salen y cuándo vuelven?

ESTRUCTURA 3A.2

Expressing Negation

Affirmative and negative expressions

Affirmative expressions		Negative expressions	
algo	*something, anything*	**nada**	*nothing*
todo	*everything*		
todo el mundo	*everybody, everyone*	**nadie**	*no one, nobody*
alguien	*someone, somebody*		
algún	*some, any*	**ningún**	*none, not any*
alguno/a/os/as		**ninguno/a**	
siempre	*always*	**nunca, jamás**	*never*
todos los días	*every day*		
también	*also, too*	**tampoco**	*neither, either*
(o) ... o	*(either) ... or*	**(ni) ... ni**	*(neither) ... nor*

Affirmative expressions can be placed before or after the verb.

> Yo **siempre** viajo en avión.
> Yo viajo **siempre** en avión. *I always travel by plane.*
> Nosotros **también** viajamos en avión. *We also travel by plane.*

Nadie and **nunca** are often used preceding the verb. **Nada** is not usually placed before the verb.

> **Nunca** practico deportes solo. *I never practice sports alone.*
> **Nadie** dice la verdad. *No one tells the truth.*
> No tengo **nada**. *I don't have anything.*

When the negative expressions **nada**, **nadie**, or **nunca** follow the verb, Spanish uses a double negative.

no + *verb* + *negative expression.*

Los domingos **no** voy **nunca** al cine. *I never go to the movies on Sundays.*
No viene **nadie.** *No one is coming.*

Nadie and **alguien** refer to people and require the personal **a** when used as direct objects.

—¿Nayeli ve **a alguien** sospechoso? *—Does Nayeli see someone suspicious?*
—No, **no** ve **a nadie** sospechoso. *—No, she doesn't see anyone suspicious.*

All forms of **alguno** and **ninguno** agree in gender with the noun they modify. Notice that they drop the **-o** before the noun in the masculine singular form. **Ninguno** is mostly used in the singular and does not usually have a plural form.

—¿Hay **algunos** edificios altos en tu ciudad? *—Are there any tall buildings in your city?*
—No, no hay **ningún** edificio alto. *—No, there aren't any tall buildings.*

—¿Tienen Felipe y Adriana **algún** problema con el portero? *—Do Felipe and Adriana have any problems with the doorman?*
—No, no tienen **ninguno.** *—No, they don't have any.*

⟨⟩ACTIVIDADES

A. Los contrarios. Change the following affirmative statements to make them negative. Some statements require two changes.

MODELO Necesito comer algo antes de la reunión. *I need to eat something before the meeting.*
No necesito comer nada antes de la reunión. *I don't need to eat anything before the meeting.*

1. Quiero conocer a alguien interesante.
2. Ellos siempre viajan en tren.
3. Algunas postales tienen la dirección correcta.
4. Tengo todo listo para el viaje en tren.
5. Elena siempre toma taxi para ir a la universidad.
6. Tengo que decirte algo.
7. Voy al cine mañana. También voy a la biblioteca.
8. Todo el mundo quiere vivir en Sevilla.

B. Sucede todos los días. You have just returned from a vacation. It was not a very good trip and you have some bad things to say about it. Follow the model and create a dialog with a partner.

MODELO —¿Hay muchos hoteles buenos? *—Are there many good hotels?*
—No, no hay ningún hotel bueno. *—No, there aren't any good hotels.*

1. ¿Siempre sirven buena comida en los restaurantes?
2. ¿Siempre hay actividades divertidas?
3. ¿Hay algunos viajes interesantes?
4. ¿Hay alguna discoteca buena?
5. ¿Hay algunos centros comerciales?
6. ¿Siempre encuentras transporte en la ciudad?

ESTRUCTURA 3A.3

Discussing Daily Routines

■ Reflexive verbs and reflexive pronouns

To discuss many daily routines in Spanish, you use a class of verbs commonly called reflexives. Identify who performs and who receives the action of the verbs in these illustrations.

Susana lava al perro. Miranda se baña. Roberto se lava los dientes.

When the subject both performs and receives the action of the verb, as in **B** and **C** above, the action is called reflexive.

To make a verb reflexive, Spanish uses the pronouns in boldface.

lavarse *(to wash oneself)*			
Subject Pronoun	**Reflexive Pronouns**	**Conjugated Verb**	
yo	**me**	lavo	*I wash (myself)*
tú	**te**	lavas	*you wash (yourself)*
Ud.	**se**	lava	*you wash (yourself)*
él/ella	**se**	lava	*he washes (himself) she washes (herself)*
nosotros/as	**nos**	lavamos	*we wash (ourselves)*
vosotros/as	**os**	laváis	*you wash (yourselves)*
Uds.	**se**	lavan	*you wash (yourselves)*
ellos/as	**se**	lavan	*they wash (themselves)*

To indicate that a verb is reflexive, the infinitive is usually listed with "**se**" attached at the end of the word. Otherwise the verb is not reflexive.

levantarse = *to get (oneself) up*
levantar = *to lift (something up)*

A verb is reflexive when the subject does action to itself. When the recipient of an action is different from the subject, the verb is not reflexive. Compare these examples.

Acuesto al niño.   *I put the child to bed.*
Me acuesto a las once.   *I go to bed at eleven o'clock.*

> **Despiertas** a tu amigo.   *You wake up your friend.*
> Tu amigo **se despierta** a las ocho.   *Your friend wakes up at eight o'clock.*

Reflexive pronouns are placed before a conjugated verb. When reflexive verbs are used together with an infinitive, the reflexive pronouns may be attached to the end of the infinitive or may precede the conjugated verb.

> Los chicos van a vestir**se**.
> Los chicos **se** van a vestir.   *The boys are going to get dressed.*

Reflexive verbs can sometimes be translated into English as *to get.*

> Yo **me** visto.   *I get dressed.*
> Ella **se** levanta.   *She gets up.*

When talking about parts of the body, use the definite article in Spanish and not the possessive adjective, as in English.

> Nos lavamos **las** manos.   *We wash our hands.*
> Tienes que cepillarte **los** dientes.   *You have to brush your teeth.*

Some common parts of the body that are used with these reflexive verbs are:

la cara	*face*	las manos	*hands*
los dientes	*teeth*	el pelo	*hair*

Common reflexive verbs			
acostarse (ue)	*to go to bed, to lie down*	maquillarse	*to put on makeup*
		peinarse	*to comb one's hair*
afeitarse	*to shave*	ponerse (la ropa)	*to put on (one's clothes)*
bañarse	*to take a bath*		
cepillarse	*to brush*	preocuparse	*to worry*
despertarse (ie)	*to wake up*	quedarse	*to stay*
divertirse (ie)	*to have a good time, to enjoy oneself*	quitarse (la ropa)	*to take off (one's clothes)*
dormirse (ue)	*to fall asleep*	secarse	*to dry off*
ducharse	*to take a shower*	sentarse (ie)	*to sit down*
irse	*to go away, leave*	sentirse (ie)	*to feel*
levantarse	*to get up*	vestirse (i)	*to get dressed*

To express the sequence of the things you do, use words such as:

primero *first*	luego *later, then, next*	por fin *finally*
entonces *then, at that time*	después *afterwards*	

> **Primero** me despierto a las seis de la mañana, **luego** me baño, y **por fin** me visto.   *First, I wake up at six in the morning, then I take a bath, and finally, I get dressed.*

⚙ACTIVIDADES

A. Nuestras rutinas. You are describing the routines of several people. Follow the model to complete your descriptions. Remember to change the reflexive pronouns to agree with the subjects.

> **MODELO** tú / despertarse temprano todos los días
> Tú te despiertas temprano *You wake up early every day.*
> todos los días.

1. yo / ducharse con agua caliente
2. Ud. / levantarse tarde
3. los chicos / ponerse el sombrero
4. el señor / afeitarse por la mañana
5. tú / vestirse con ropa moderna
6. las niñas / dormirse a las ocho y media
7. Marina / secarse el pelo

B. ¿Qué vas a hacer? Work with a partner and ask each other questions following the model.

> **MODELO** —¿Te vas a afeitar mañana? —*Are you going to shave tomorrow?*
> or
> —¿Vas a afeitarte mañana?
> —Sí, me voy a afeitar mañana. —*Yes, I am going to shave tomorrow.*
> or
> —Sí, voy a afeitarme mañana.

1. despertarse / a las 6.00 a.m.
2. bañarse / temprano
3. secarse el pelo / por la mañana
4. acostarse / tarde
5. quitarse los zapatos (*shoes*) / antes de dormir
6. divertirse en la discoteca / los sábados
7. cepillarse los dientes / por la mañana
8. divertirse / los fines de semana

C. Día típico. What does Felipe do on a typical day? Look at the pictures and decide in which order Felipe would do the following activities. Number the activities in a logical order, then write a sentence to describe each action shown in the pictures. Use reflexive verbs.

D. La rutina de Nayeli en Sevilla. The doorman at Nayeli's hotel explains to Adriana and Felipe what Nayeli usually does when she is in Sevilla. He wonders why she didn't quite follow her regular routine today. Complete the conversation using the present tense of the verbs in parentheses. Note that not all verbs are reflexive.

ADRIANA: Generalmente, Nayeli _____ (1. dormir) hasta las ocho o nueve. Ella _____ (2. despertarse), _____ (3. ducharse) y _____ (4. vestirse).

PORTERO: Sí, sí, y entonces _____ (5. bajar) en el ascensor *(elevator)* y _____ (6. desayunar). Luego _____ (7. irse) a la biblioteca o _____ (8. hacer) el papel de turista.

FELIPE: ¿Y hoy?

PORTERO: Pues, primero, ... muy raro: no _____ (9. desayunar, ella), aunque *(although)* su habitación _____ (10. venir) con media pensión.
En vez de desayunar, _____ (11. ir, ella) al teléfono, _____ (12. buscar) un número, _____ (13. escribir) algo en un papelito y luego _____ (14. hacer) una llamada. _____ (15. Salir) del hotel.

E. Mi rutina diaria. Write a short paragraph describing your daily activities. Include the order in which you do them and at what time you do them.

MODELO Primero, me despierto a las seis y media de la mañana. *First, I wake up at six thirty in the morning.*

¿Qué revela el sueño de la abuela?

Preparémonos

A. En el último episodio... Review the scenes from the Videodrama in *Capítulo 2, Lección B*. Complete the following information by matching the situation with the appropriate video character. Work in pairs.

1. _____ examina una nota de Nayeli en código *(code)*.
2. La nota indica que _____ está en Madrid, España.
3. Felipe y Adriana aceptan boletos, dinero y una computadora de _____.
4. Adriana deja *(leaves)* la nota con _____.
5. Un _____ misterioso con un anillo raro recibe la nota de Esperanza.

a. Nayeli
b. Adriana
c. Armando
d. hombre
e. Esperanza

Answers: 1. b; 2. a; 3. c; 4. e; 5. d

B. Somos detectives. In groups of three, brainstorm about the conversation between Felipe and Adriana and the man in the suit. Who is he? What does he possibly know about Nayeli's whereabouts? Is he a friend or an enemy? What will Adriana and Felipe's next move be?

Resumen del video

In a dream she has at her hotel in Madrid, Nayeli hears advice from her grandmother **(abuela)**. In Sevilla, truck driver Gerardo Covarrubias and his wife discuss the jaguar while Nayeli investigates its disappearance at the trucking company. Adriana and Felipe arrive at Nayeli's hotel to track her down.

Miremos y escuchemos

C. Videoacción. While watching the video, number the following events in the order in which they occur.

____5____ Adriana y Felipe hablan con el portero.

____3____ Gafasnegras pone un microfonito en la agenda de Nayeli.

____(10)____ El empleado de la compañía de transporte no quiere ayudar a Nayeli.

____4____ Adriana y Felipe van al Hotel Prisma.

____2____ Hay problemas en la casa de los señores Covarrubias.

____(7)____ Gafasnegras espía por la ventana con una videocámara.

_(11)_	Nayeli escribe el nombre y la dirección del chofer en un papelito.
_(7)_	La abuela le habla a Nayeli en un sueño.
_(6)_	El portero habla de la rutina de Nayeli.
_(9)_	Nayeli busca el nombre del chofer.
_(8)_	Nayeli va a la compañía de transporte.

> ## Videonota cultural
> **Los terremotos _(earthquakes)_ en México.** At 7:17 a.m., on September 19, 1985, Mexico suffered two consecutive earthquakes that devastated the capital, Mexico City. Ten thousand Mexicans died, 50,000 were injured, and 250,000 lost their homes as a result of this natural disaster. The psychological effects of these quakes still haunt many "capitalinos" to this day.

Comentemos

D. Comprensión. Answer the following questions in groups.

1. ¿Cómo es la abuelita de Nayeli? ¿Quién es Hernán?
2. En este episodio, ¿de qué desastre natural habla la abuela en el sueño?
3. ¿Quién tiene el jaguar? ¿En dónde? ¿Cómo reacciona la señora?
4. ¿Dónde está la agenda de Nayeli? ¿Qué hace Gafasnegras?
5. ¿Cómo es el portero del Hotel Prisma?
6. ¿Cuál es la rutina normal de Nayeli cuando está en el Hotel Prisma?
7. ¿Cómo es el empleado de la compañía de transporte?

E. Observaciones. Describe, in Spanish, an action, emotion, or opinion of the following characters in this episode.

1. el chofer
2. la esposa del chofer
3. Felipe y Adriana
4. Gafasnegras
5. el portero
6. Nayeli

F. ¿Qué pasa en nuestra ciudad? Working in pairs, create a conversation in the present tense between Nayeli and the employee of the trucking company about the missing jaguar. Then act out the role-play.

G. Filosofía de la vida. Relating it to the videodrama and your own experience, explain the meaning of the following popular saying spoken by señora Covarrubias to her husband.

—Ver para creer. —_Seeing is believing._

Sevilla, España

LECTURA

Prelectura

A. Una ciudad que conozco. Working in groups of three, take turns describing a city to which you have traveled with family or friends, or describe the city in which you currently live. Then compare your answers with those of other groups.

1. ¿Cómo se llama la ciudad? ¿Dónde está? ¿Cuántos habitantes hay?
2. ¿Es una ciudad muy vieja o es muy nueva?
3. ¿Hay iglesias y edificios importantes? ¿Cómo son?
4. ¿Qué tipos de restaurantes tiene? ¿Hay muchas tiendas allí?
5. ¿Cuáles son los principales sitios turísticos de interés?
6. ¿Hay alguna persona famosa de la ciudad?
7. ¿Es famosa la ciudad por algún evento o día importante?

READING STRATEGY: Skimming

When you want to learn information quickly from written materials, skimming and scanning are two reading strategies that you can apply. Skimming is the technique of quickly eliciting the general idea or main focus of the text or article. Quickly look at any headings, titles, and obvious cognates (presented in Chapter 1), as well as any visuals that your instructor may give you. Skimming is very useful when reading in Spanish. Skim this selection and then do the activities that follow.

La encantadora° ciudad de Sevilla

charming

fourth

Sevilla es la cuarta° ciudad de España. Tiene 704.857 habitantes y es la capital de la provincia de Andalucía. Hay parques bonitos y sus edificios tienen muy variados estilos de arquitectura.

La Catedral

size

London / King and Queen
chose
wedding

La Catedral de Sevilla, de estilo gótico, es una de las más famosas del mundo; es la tercera en tamaño° después de la Catedral de San Pedro en Roma y la de San Pablo en Londres°. Los Reyes° de España eligieron° la Catedral de Sevilla para la gran boda° de su hija Elena en 1996.

La Catedral de Sevilla, España.

La Giralda

Next to
tower
was begun

Junto a° la Catedral de Sevilla está La Giralda, que es una alta torre° rectangular de casi 117.5 metros de altura. En 1184 se empezó° su construcción de arquitectura musulmana y en

1555 el arquitecto Hernán Ruiz adicionó° el campanario°, como el de una iglesia cristiana, con una gran figura de bronce como veleta°. Desde la torre hay una magnífica vista° panorámica de la ciudad de Sevilla.

added
bell tower
weather vane
view

El Archivo General de Indias

El Archivo General de Indias, de estilo barroco-renacentista°, tiene muchos documentos sobre el comercio° con las Américas durante la época de la colonización y la colonia.

Renaissance Barroque / trade

Las tapas° al aire libre°

appetizers / outdoors

En Sevilla hay bares al aire libre donde la gente come tapas. La hora más animada para disfrutar de las tapas es de la una a las cuatro de la tarde, cerca de la orilla° del río Guadalquivir. ■

shore

La Giralda, Sevilla, España.

El Archivo General de Indias, Sevilla, España.

Unos jóvenes gozan de las tapas al aire libre.

Postlectura

B. Información general. In the selection above, skim the headings of the text for the different characteristics that make Sevilla a charming Spanish city. In pairs, ask each other, **Menciona cuatro características interesantes de Sevilla.** Then, examine the photos, taking turns reading the captions under each one to gather further information rapidly about the content of the selection. Ask each other, **¿Qué cognados hay y qué significan?**

READING STRATEGY: Scanning

Scanning is a reading strategy that is often used in conjunction with skimming, especially if there is an abundance of new vocabulary. In scanning, you look for specific details that support the general information learned.

C. Características. After scanning this selection, jot down one basic characteristic of each of the following attractions in Sevilla.

1. La Catedral
2. La Giralda
3. El Archivo General de Indias
4. Las tapas al aire libre

Lección 3B   ¿Qué comida prefieres?

VOCABULARIO   3B.1

Ordering Food

■ ¿Qué van a tomar?

Restaurante Dalí

Precio en Euros

Entremeses	Tortilla española	2,1	**Appetizers**	Spanish omelette with potatoes and onions
	Chorizo y pan	2,7		Sausage and bread
	Queso manchego	3,0		Manchego (goat) cheese
Sopas	Gazpacho	2,4	**Soups**	Gazpacho (cold vegetable soup)
	Sopa de pescado	3,6		Fish soup
	Sopa del día	2,7		Soup of the day
Ensaladas	Ensalada mixta	3,6	**Salads**	Mixed salad
	Ensalada rusa	2,4		Potato salad
Entradas	Especialidad de la casa:		**Entrées**	Specialty of the house:
	Paella valenciana	8,4		Paella valenciana (rice dish usually with meat, fish and vegetables)
	Gambas al ajillo	5,4		Shrimp in garlic Sauce
	Bistec asado con patatas fritas	6,6		Steak with French fries
Postres	Helado de chocolate, vainilla o fresa	1,8	**Desserts**	Chocolate, vanilla, or strawberry ice cream
	Fruta del día	1,2		Fruit of the day
	Flan	1,8		Baked egg custard
Bebidas	Sangría- 1 litro	5,4	**Drinks**	Beverage of wine, soda, or juice, and fruit pieces
	Agua mineral con/sin gas	1,5		Mineral water (carbonated/uncarbonated)
	Té o café	1,2		Tea or coffee
	Refrescos variados	1,5		Assorted soft drinks
	Zumo/Jugo de naranja	3,0		Orange juice
	Cerveza	1,5		Beer
	Vino tinto/blanco	1,2		Red/white wine

MÁS PALABRAS Y EXPRESIONES

SUSTANTIVOS

el almuerzo *lunch*
el/la camarero/a, mesero/a *waiter, waitress*
la carne *meat*
la carta, el menú *menu*
la cena *dinner*
la comida *food, dinner in some places, lunch in others*
la cuenta *bill*
el desayuno *breakfast*

el hambre *(f.) hunger (feminine word using masculine article)*
las legumbres *vegetables*
los mariscos *shellfish*
el pedido *order*
la pimienta *(black) pepper*
la propina *tip*
la sal *salt*
las tapas *(Sp.),* los aperitivos *appetizers*

VERBOS

almorzar (ue) *to have lunch*
cenar *to have dinner*
dejar *to leave (something behind)*

desayunar *to have breakfast*
disfrutar *to enjoy*

ADJETIVOS

caliente *hot (temperature)*
dulce *sweet*
fuerte (una comida) *heavy (food)*
ligero/a *light*

picante *hot (spicy)*
preparado/a *prepared*
rico/a *rich, delicious*
sabroso/a *delicious, tasty*

EXPRESIONES DIVERSAS

¡A sus órdenes! *At your service!*
Estoy muerto/a de hambre. *I'm starving, famished.*
La cuenta, por favor. *The check, please.*
Me gustaría/Quisiera (pedir)... *I would like (to order) . . .*
¿Qué nos recomienda? *What do you recommend?*
¿Qué desean comer/beber? *What do you want to eat/drink?*
¡Tengo mucha hambre! *I am very hungry!*

Vocabulario en acción

En este diálogo, de Videodrama 3B, Felipe y Adriana están en un restaurante.

Waiter: ¿Queréis* algo ligero o algo más fuerte?

Felipe: Bueno, en realidad[1], yo estoy muerto de hambre.

Adriana: Queremos algo rápido.

Waiter: ¿Rápido? Los entremeses, las sopas y las ensaladas, que ya[2] están preparadas, son lo más rápido[3].

[1]*Well, actually*
[2]*already /* [3]*are the fastest items*
*Remember that **vosotros** is the plural form of "you" in Spain.

◁ ACTIVIDADES

A. Una cena importante. You are dining with a friend in a nice restaurant. With a partner, talk about the foods each of you likes and dislikes.

MODELO el bistec

—¿Te gusta el bistec?   —*Do you like steak?*
—No, no me gusta.   —*No, I don't like it.*
  or
—Sí, me gusta.   —*Yes, I like it.*

1. el helado de chocolate
2. el flan
3. la ensalada rusa
4. sopa de pescado
5. la tortilla española
6. el jugo de naranja
7. las tapas
8. el café

B. En el café. Help your partner decide what to order. Complete this chart by asking, then recording your partner's food choice for each category on the menu. (Refer to the menu from Restaurante Dalí.) After deciding on what to order, calculate the total cost of each meal. Remember to add a good tip: 15%–20%, depending on the service. Follow the model.

MODELO —¿Qué vas a pedir de entremés?   —*What are you going to order for an appetizer?*

—Voy a pedir queso manchego.   —*I am going to order Manchego cheese.*

	El pedido	El precio
Entremés		
Sopa		
Ensalada		
Entrada		
Postre		
Bebida		
Propina		
Precio total:		

C. Entre nosotros. Role-play the following situation with a partner.

Turista	Camarero/a
You have just spent the whole day in Sevilla sightseeing. You have been enjoying yourself so much that you haven't had time to eat. The concierge has recommended a restaurant called "Los Arcos." You are very hungry and you want to eat everything on the menu. You especially want to try *sangría, tapas, paella,* and dessert.	Today has been a difficult day. The cook is sick and the only person who knows anything about cooking is the dishwasher. In addition, there are no desserts, shrimp, or wine. Try to make the best of the situation.

ESTRUCTURA 3B.1
Pointing Out People, Things, and Places

A Demonstrative adjectives and pronouns

Look at the following drawing and try to identify which objects the people are talking about.

¿De qué hablan?

Cecilia, esas flores rojas me gustan mucho.

Sí, son muy bonitas, pero prefiero aquellas flores amarillas.

No, aquellas flores no me gustan. Prefiero éstas.

Demonstrative adjectives are used to point out people or objects. They modify a noun, are placed right before it, and have three main forms: **este** (*here, close to me*); **ese** (*there, close to you*); or **aquel** (*over there, away from both of us*). These adjectives agree in gender and number with the noun they modify.

Esta tortilla me gusta.   *I like this tortilla.*
Esa ensalada parece deliciosa. *That salad looks delicious.*

Demonstrative adjectives	Demonstrative pronouns	Neuter demonstrative pronouns	
este, esta	éste, ésta	esto	*this (one)*
estos, estas	éstos, éstas		*these*
ese, esa	ése, ésa	eso	*that (one)*
esos, esas	ésos, ésas		*those*
aquel, aquella	aquél, aquélla	aquello	*that (one) (over there)*
aquellos/as	aquéllos/as		*those (over there)*

Demonstrative pronouns are used to replace the noun. These pronouns have the same forms as the adjectives, but carry a written accent over the stressed vowel. Demonstrative pronouns agree with the gender and number of the nouns they replace.

Me gusta mucho este vino, **aquél** no.   *I like this wine very much, not that one.*
Prefiero esta sopa. **Ésa** está muy salada. *I prefer this soup. That one is very salty.*

CULTURA

Madrid, España

Las sabrosas tapas de Madrid

Las deliciosas tapas de Madrid.

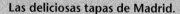 **DISCUSIÓN EN GRUPOS**

1. ¿Qué son las tapas madrileñas? ¿Qué tipos de tapas sirven los bares?

2. ¿De qué hablan frecuentemente los madrileños mientras *(while)* comen tapas?

3. Y ustedes, ¿de qué hablan mientras comen en un restaurante?

4. Ustedes van a preparar tapas esta noche para los/las amigos/as. ¿Qué van a servir para comer y para beber? ¿De qué van a hablar?

¡Comer tapas es una costumbre muy española! Las tapas son pequeñas porciones de comida que las tabernas y los bares de la ciudad sirven con vino o cerveza. En platos grandes y pequeños, ponen jamón, queso, pescado, aceitunas *(olives)*, mariscos y carne. Los madrileños toman las tapas especialmente como entremeses antes del almuerzo, a las tres de la tarde o antes de la cena, a las diez de la noche. Muchas veces, las familias o los amigos van de bar en bar en Madrid para comer tapas y hablar de la política, de la economía, del trabajo, de los estudios y de la vida en general.

Internet

POR INTERNET

Today you are going to investigate the subject of **tapas** on the Internet. Use your favorite search engine to find four different **tapas** restaurants in different parts of the world. Use the keyword **tapas** or **restaurantes** in your search. Bring the printouts to class to describe your sites.

1. ¿Dónde están los restaurantes?

2. ¿Cómo se llaman los restaurantes?

3. ¿Qué sirven en los restaurantes?

4. ¿Cómo son los precios?

5. ¿Cuál es tu restaurante favorito?

The neuter demonstrative pronouns are used to refer to something indefinite or abstract: an object, an event, or an idea. Note that neuter pronouns don't have written accents.

Esto representa un problema enorme.   *This represents an enormous problem.*
Eso no me parece bien.   *That doesn't seem fine to me.*

B Adverbs of location

When using demonstrative adjectives and pronouns, the following adverbs of place are useful to describe the relative location of things: **aquí** *(here);* **allí** *(ahí) (there);* and **allá** *(over there).*

—Por favor, necesito **esos** libros.   —*Please, I need those books.*
—¿Cuáles libros? ¿**Éstos** que están **aquí**?   —*Which books? These here?*
—Sí, **ésos** que están **allí**.   —*Yes, those over there.*

◁)ACTIVIDADES

A. ¿Qué galletitas?   Two friends are planning to buy a dessert for dinner. Complete their conversation using demonstrative adjectives or demonstrative pronouns. Look closely at the drawing to establish which are the most appropriate demonstrative adjectives or pronouns to use, based on where the people are standing.

ROMEO: ¡Mira, Julieta, (**1**)＿＿＿＿＿ galletas María parecen muy ricas!
JULIETA: No, Romeo, no me gustan, quiero (**2**)＿＿＿＿＿ galletitas con piña.
ROMEO: De acuerdo, pero ¿ves alguna galletita de chocolate?
JULIETA: Claro, mira, (**3**)＿＿＿＿＿ son de chocolate.
ROMEO: ¡Qué bien! Voy a comprar (**4**)＿＿＿＿＿ galletas de chocolate y (**5**)＿＿＿＿＿ mazapanes.
JULIETA: Y yo quiero comprar también (**6**)＿＿＿＿＿ pastelitos de coco y (**7**)＿＿＿＿＿ galletas de almendra. ¿Quieres probar (**8**)＿＿＿＿＿ pastelitos de coco?
ROMEO: Por supuesto, quiero probar de todo. ¡Nuestra cena va a ser estupenda!

B. ¿Preferencias?   Below are two groups of food, but some items look more appetizing than others. Your items are in drawing A and your partner's are in drawing B. Using demonstratives, ask each other about food preferences. Follow the model.

> **Modelo**   —¿Prefieres este refresco o ése?   —*Do you prefer this drink or that one?*
>
> —Prefiero este/ese refresco.   —*I prefer this/that drink.*

C. Restaurante Delicias.   Using the vocabulary you have learned in this chapter, do a role-play in a restaurant. Ask each other and the waiter questions about the different foods and dishes for each course. Work in groups.

VOCABULARIO 3B.2
Shopping for Food

■ De compras

las hamburguesas
el aceite de oliva
la chuleta de cerdo
la leche
la piña
el bizcocho (el pastel)
los huevos
la lechuga
el pollo
el pepino
las zanahorias
el pescado
las uvas
las gambas (los camarones)
el queso
la pera
el pan
el tomate
la cebolla
la langosta
la patata (la papa)
la naranja
la manzana
el pimiento verde
el plátano (la banana)

⟨⟩ACTIVIDADES

A. ¿Qué es? Listen to the following descriptions of food in a store. Then circle the food you hear being described. There may be more than one correct answer per description.

1. naranja   zanahoria   piña
2. lechuga   langosta   tomate
3. gambas   cebolla   langosta
4. pera   uva   plátano
5. leche   queso   huevo
6. manzana   bizcocho   pan
7. patata   gambas   huevos
8. pera   pollo   queso
9. piñas   plátanos   peras

B. ¿Qué son? Work with a partner to identify the items in the picture.

C. ¿Qué comes? Work with a partner and answer these questions about your eating habits.

1. ¿Comes desayuno? ¿Qué te gusta comer?
2. ¿Dónde comes el almuerzo? ¿Qué comes?
3. ¿Qué te gusta comer para la cena?
4. ¿Hay comidas que nunca comes? ¿Cuáles son?
5. ¿Tienes un postre favorito? ¿Qué es?
6. ¿Es buena la cafetería de tu universidad? ¿Por qué?
7. ¿Cuál es tu restaurante favorito? ¿Qué sirven allí?
8. ¿Sabes cocinar? ¿Cuál es tu mejor comida? ¿Qué ingredientes tiene?

D. ¿Qué necesitas comprar? With a friend, you are preparing dinner for some important guests. First, read the descriptions of your guests. Decide what you need to buy for the dinner. Then create a shopping list.
El señor Martín: Es un hombre muy tradicional. Todos los días come carne, papas y pan. Nunca come legumbres, siempre come ensalada y jamás come postre. No toma vino y bebe agua con todas las comidas.
La señora López: No come nada de carne roja. A veces come pescado o mariscos, pero no le gustan las gambas. Le encantan las frutas y los postres. A veces bebe agua mineral y otras veces bebe jugo de naranja o limonada.
La señorita Morales: Sus platos favoritos son las sopas y las ensaladas, todo con mucho chile, pero sin sal. Solamente come pollo y no le gustan las carnes rojas ni el pescado ni los mariscos. Bebe agua o vino blanco con sus comidas. No le gustan las cosas dulces.

E. De compras. You need to go shopping for the ingredients to prepare the meal you planned in **Actividad D.** With a partner, create a conversation between the store clerk (**el/la dependiente**) and the shopper (**el/la cliente**).

ESTRUCTURA 3B.2
Describing Actions in Progress

A Present progressive tense

¿Qué están haciendo?

1.   2.   3.

1. Ernesto **está hablando** por teléfono.   *Ernesto is talking on the telephone.*
2. Mis amigos **están comiendo** pizza.   *My friends are eating pizza.*
3. Mucha gente **está saliendo** del cine.   *Many people are leaving the movie theater.*

The present progressive tense describes actions in progress. It is formed with the verb **estar** and the *present participle*. The present participle is formed by dropping the **–ar, –er,** or **–ir** ending of the verb and adding **–ando** for **–ar** verbs and **–iendo** for **–er** and **–ir** verbs.

Present participle of regular verbs		
–ar	**–er**	**–ir**
hablar: habl**ando**	comer: com**iendo**	salir: sal**iendo**
to speak – speaking	*to eat – eating*	*to leave – leaving*

Reflexive pronouns

Reflexive verbs in a progessive tense can have two forms: 1) the pronouns can be attached to the end of the present participle, or 2) the pronouns can precede the conjugated verb **estar.**

Notice that a written accent is needed when the pronoun is attached to the end of the participle. All words in Spanish have a written accent when the stress falls on the third syllable from the end.

Present progressive tense of reflexive verbs		
Estoy **lavándome** el pelo.	**Me** estoy **lavando** el pelo.	*I am washing my hair.*
Roberto está **poniéndose** la ropa.	Roberto **se** está **poniendo** la ropa.	*Robert is putting on his clothes.*

Irregular present participles

Some verbs like **leer** and **construir** have irregular present participles (le**y**endo, constru**y**endo). Other verbs that follow this model are: **traer** *(to bring)*, **oír** *(to hear)*, **creer** *(to believe)*, **caer** *(to fall)*, and most verbs ending in **–uir** (**incluir**, **destruir**, etc.). Note that in these cases, the present participle has a **–y–** in the stem.

> Liliana **está leyendo** el menú.   *Liliana is reading the menu.*
> Lorenzo **está oyendo** música.   *Lorenzo is listening to music.*

Stem-changing verbs

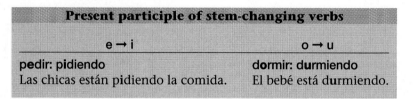
no stem change

Stem-changing verbs ending in **–ar** and **–er** have regular present participle forms. Stem-changing verbs ending in **–ir** have irregular forms.

memorize don't worry about knowing

Present participle of stem-changing verbs	
e → i	**o → u**
pedir: **p**idiendo	**d**ormir: **d**urmiendo
Las chicas están pidiendo la comida.	El bebé está durmiendo.

Other verbs that follow this pattern are:

e → i		o → u	
decir:	diciendo	morir:	muriendo
divertirse:	divirtiéndose		
repetir:	repitiendo		
preferir:	prefiriendo		
seguir:	siguiendo		
servir:	sirviendo		

Adverbial phrases used with participles

Adverbs of manner or time are frequently used with the present progressive tense.

en este momento	*at this moment*
ahora	*now*
ahora mismo	*at this very moment, right now*

> —**En este momento**, las tiendas están vendiendo mariscos frescos.
> —*At this moment stores are selling fresh shellfish.*
>
> —Y **ahora**, ¿qué está haciendo la gente?
> —*And now, what are people doing?*
>
> —Todos están comprando mariscos **ahora mismo**.
> —*Everyone is buying shellfish right now.*

B Expressing ongoing actions with periods of time: **llevar** + *present participle*

In English, the present perfect continuous tense is used to express an ongoing action and, in addition, tell for how long it has been taking place.

> I **have been studying** Spanish for three years.

This same idea in Spanish is expressed by using:

> **llevar** + *period of time* + *present participle*

—¿Cuánto tiempo **llevas estudiando** español?

—**Llevo** tres años **estudiando** español.

—*How long have you been studying Spanish?*

—*I have been studying Spanish for three years.*

⟨⟩ACTIVIDADES

A. ¿Qué están haciendo?   Use the present progressive tense to describe what the following people are doing.

B. En este momento...   What do you think the following people are doing right now? Work with a partner.

MODELO   —¿Qué están haciendo tus padres en este momento?

—Creo que están trabajando.

—*What are your parents doing right now?*

—*I think that they are working.*

1. tus padres
2. tus compañeros/as de cuarto
3. tus amigos/as
4. tu profesor/a de español
5. el presidente de los Estados Unidos
6. los camareros de una cafetería
7. las personas en un restaurante
8. la policía de tu ciudad
9. los turistas en tu región
10. los choferes de los autobuses

C. **¿Por cuánto tiempo?**   Work with a partner and ask each other questions to find out how long you each have been doing these activities. Use **llevar** + *present participle* in your questions and answers. Follow the model.

> **MODELO**   practicar deportes
> —¿Cuánto tiempo llevas practicando deportes? | —*How long have you been playing sports?*
> —Llevo tres años practicando deportes. | —*I have been playing sports for three years.*

1. asistir a esta universidad
2. navegar por Internet
3. estudiar español
4. leer libros

5. viajar los veranos
6. manejar un coche
7. vivir con tu compañero/a de cuarto
8. comer en la cafetería

D. **Reunión familiar.**   Work with a partner to ask and answer questions about what these family members are doing at home. Follow the model.

> **MODELO**   —¿Qué está haciendo el gato? | —*What is the cat doing?*
> —El gato está jugando en la cocina. | —*The cat is playing in the kitchen.*

La familia

el bebé	el padre	la madre	la niña
el niño	los niños	el abuelo (*grandfather*)	la abuela (*grandmother*)

Las acciones

lavarse	dormir	comer	llorar
jugar	poner	hablar	construir

ESTRUCTURA 3B.3

Using *ser* and *estar*

Mini historia de amor

You have already learned some basic uses of **ser** and **estar** (*to be*). The following short story summarizes the different ways these two verbs are used.

Son novios y están enamorados

A. Uses of *ser*

1. States identity.

La novia **es** Juliana Castro; el novio **es** Luis Orozco.   *The fiancée is Juliana Castro; the fiancé is Luis Orozco.*

2. Describes origin of things and people.

Luis **es** de Buenos Aires y Juliana **es** de Quito.   *Luis is from Buenos Aires and Juliana is from Quito.*

3. States occupation or profession of people.

Juliana **es** médica y Luis **es** arquitecto.   *Juliana is a doctor and Luis is an architect.*

4. Describes nationality.

Él **es** argentino y ella **es** ecuatoriana.   *He is Argentinean and she is Ecuadorian.*

5. Describes inherent characteristics of things and people.

Juliana **es** muy bonita y Luis **es** encantador.   *Juliana is very pretty and Luis is charming.*

6. Describes the material of which things are made.

El anillo de Juliana **es** de oro y tiene un diamante enorme.   *Juliana's ring is made of gold and has an enormous diamond.*

7. States where events take place.

La boda **es** en la iglesia de San Felipe.   *The wedding is in the church of San Felipe.*

B. Uses of *estar*

8. Describes location of places, buildings, and things.

La iglesia de San Felipe **está** en el centro de la ciudad, cerca del parque.   *The church of San Felipe is downtown, close to the park.*

9. Describes location of people.

Cuando la novia llega, algunos invitados **están** en el parque, pero Luis ya **está** en la iglesia.   *When the bride arrives, some guests are in the park, but Luis is already at the church.*

10. Describes how things look or appear at a certain moment.

La novia **está** muy hermosa hoy, con su vestido blanco y largo. Luis también **está** guapísimo, con su traje negro.   *The bride is (looks) very beautiful today, in her long, white dress. Luis is (looks) also very handsome, in his black suit.*

11. Describes mental or emotional states.

Todos **están** contentos: la novia, el novio y los invitados; pero una amiga de Juliana, Berta, **está** muy emocionada.

Everyone is happy: the bride, the groom, and the guests; but a friend of Juliana's, Berta, is very moved.

12. Describes ongoing actions with a progressive tense.

Pero cerca, un hombre guapo **está** mirando a Berta intensamente...
¡Cupido **está** preparando un nuevo romance!
FIN

But, close by, a handsome man is gazing intensely at Berta . . .
Cupid is preparing a new romance!

THE END

◑ACTIVIDADES

A. ¿Cuánto sabes?   Answer the following questions about the mini-story.

1. ¿Quién es la novia?
2. ¿De dónde es la novia?
3. ¿De dónde es el novio?
4. ¿Cuál es la profesión de Juliana? ¿y la profesión de Luis?
5. ¿Dónde están los invitados cuando llega la novia?
6. ¿Cómo está la novia ese día? ¿y el novio?
7. ¿Cómo están todos los invitados?
8. ¿Dónde es la boda?
9. ¿Dónde está la iglesia?
10. ¿Qué está haciendo Cupido?

B. ¡Adivina!   Guess what these riddles are describing.

1. Es presidente de un país grande e importante. Su casa es blanca y está en la capital del país. ¿Quién es?
2. Son prácticos. Pueden ser grandes, pequeños, viejos, nuevos, bonitos y feos, buenos y malos, caros y baratos. Están generalmente en las calles contaminando el aire. Otras veces están en el garaje de la casa. ¿Qué son?
3. Son hermosas. Son de muchos colores y formas. Tienen perfume. Generalmente están en los jardines, pero a veces están adornando las casas. ¿Qué son?
4. Es clara y transparente. Está en el mar (*ocean*) y en los ríos (*rivers*), en el aire y en las nubes. En invierno es nieve y en verano puede ser vapor (*mist*). ¿Qué es?

C. Ahora, ¡adivina tú!   Now, create a riddle and ask a partner to guess what it is.

D. Mi historia.   Now create your own mini-story about two people who meet on your campus, demonstrating at least three uses of **ser** and three uses of **estar**. Some possible ideas are:

a. amor en la cafetería
b. de compras en la tienda
c. los novios en la fiesta
d. el romance en el laboratorio de ciencia
e. ¿?

E. Las reglas son las reglas.   Adriana is very worried and the clerk at the trucking company is losing his patience. To find out why they are feeling this way, read the dialog and then complete the activity that follows.

EMPLEADO: Mire, señorita, yo estoy perfectamente calmado. Es usted y su amiga, la profesora, quienes están alteradas.

FELIPE: Adriana, por favor, el señor sólo está haciendo su trabajo.

ADRIANA: Lo sé°, lo sé, pero si puede ayudarnos...   *I know*

EMPLEADO: Tiene que seguir las reglas. Si algún paquete está perdido, tiene que llenar este formulario.
Ni usted ni su amiga quieren seguir los pasos normales en este tipo de situación. No sé qué más decirle°.   *to tell you*

ADRIANA: Esta situación es muy seria. ¡No hay tiempo para las reglas!

EMPLEADO: Señorita, ¡las reglas son las reglas!

ADRIANA: ¡Es usted un insoportable°!   *You're unbearable!*

EMPLEADO: Está equivocada, señorita. Llevo diez años trabajando en esta compañía y nunca, le digo, nunca se me ha acusado de nada semejante°.   *I have never been accused of such a thing*

Complete these sentences with the correct form of **ser** or **estar**.

1. El empleado dice que él _____ calmado.
2. El empleado dice que Adriana y su amiga, la profesora _____ alteradas.
3. Nadie sabe dónde _____ el paquete.
4. El trabajo del empleado no _____ fácil.
5. Las reglas de la compañía _____ importantes.
6. La situación _____ muy seria.
7. Adriana _____ muy preocupada.

Now, select the sentence or sentences from the dialog that best illustrate each one of these statements.

1. Adriana está segura de que el empleado no quiere ayudar.
2. Felipe trata de calmar a Adriana.
3. El empleado se siente muy irritado con Adriana.
4. El empleado piensa que las relgas son necesarias.
5. Adriana acusa al empleado de ser insoportable.
6. El empleado piensa que Adriana es una cliente insoportable.
7. Adriana piensa que Nayeli está en peligro.
8. El empleado explica que no está irritado.

VIDEODRAMA 3B ¿Qué revela el sueño de la abuela?

Preparémonos

A. En el último episodio...   Review the scenes from Videodrama 3A by matching these situations with the corresponding characters. Work in pairs.

1. Ella le habla a Nayeli en un sueño. Es muy simpática.
2. Cosas muy raras pasan en su casa.
3. Se presenta al empleado como profesora de arqueología.
4. Ellos llegan al Hotel Prisma para buscar a Nayeli.
5. Ella pone un microfonito en la agenda de Nayeli.

a. Nayeli
b. Adriana y Felipe
c. Gafasnegras
d. la abuela
e. los señores Covarrubias

Answers: 1. d; 2. e; 3. a; 4. b; 5. c

B. Somos detectives.   In groups of three, brainstorm about this restaurant scene with Felipe, Adriana, and the waiter. What kind of restaurant is it and what do you think they will order? Have they found Nayeli? Where is she? Is she safe? Is the jaguar in her possession?

Resumen del video

Adriana and Felipe go to the trucking company where Adriana has a difficult encounter with the stubborn shipping clerk. Meanwhile, Felipe manages to discover the information Nayeli had requested. Nayeli returns to her hotel and finds her room a mess. Frightened, she packs her suitcase. As she leaves the hotel, a stranger gives her a rose. Adriana and Felipe miss her departure and decide to follow her to Sevilla.

Miremos y escuchemos

C. ¿Quién es?   While watching and hearing this episode, check off the emotions or conditions associated with each of these characters. Compare your answers with those of a classmate.

	El portero	Nayeli	Adriana	Felipe	El empleado
1. Tiene miedo.					
2. Está preocupado/a.					
3. Está alterado/a.					
4. Está calmado/a.					
5. Tiene hambre.					
6. Está en peligro.					
7. Tiene mala suerte.					
8. Está frustrado/a.					

Comentemos

D. Frases. In groups, read each statement, then identify which character is speaking and where.

La frase	¿Quién habla y dónde?
—¿Por qué no nos traes dos entremeses, los más populares de la casa? Y también un gazpacho para mí.	Adriana en el café
—Mire, señorita, yo estoy perfectamente calmado. Es usted y su amiga, la profesora, quienes están alteradas.	
—Esta situación es muy seria. No hay tiempo para las reglas.	
—¡Dos clientes impertinentes en un solo día!	
—Tengo la información que necesitamos.	
—¡Qué horror! Voy a llamar a la policía.	
—Nayeli está en mucho peligro, eso sí que está claro.	

E. Comprensión. In groups, answer these questions about the video.

1. ¿Qué comen Adriana y Felipe en el café? ¿Qué bebe Adriana?
2. ¿Adónde van los dos después de comer allí?
3. ¿Qué tiempo hace?
4. ¿De quién es la fotografía que tiene Adriana?
5. ¿Por qué está alterada Adriana con el empleado?
6. ¿Cómo reacciona Felipe? ¿Cómo consigue la información que él y Adriana necesitan?
7. ¿Cómo encuentra Nayeli su habitación en el hotel, ordenada o desordenada?
8. ¿De qué color es la rosa que recibe Nayeli?

F. Filosofía de la vida. Write a dialog, based on your own experience, in which you, or someone you know, says the following phrases.

1. —Las reglas son las reglas. *(Rules are rules!)*
   Spoken by the shippping clerk to Adriana.
2. —Estás causando una tormenta en un vaso de agua. (literally—*You're causing a storm in a glass of water;* or, *You're making a tempest in a teapot.*)
   Spoken by Felipe to Adriana.

Cocina *(cuisine)* hispana en Estados Unidos

LECTURA

Prelectura

A. Asociaciones. What food category in column B do you associate with each item in column A?

A	B
1. paella	**a.** postre
2. tortilla española	**b.** bebida
3. sangría	**c.** sopa
4. flan	**d.** entremés
5. gazpacho	**e.** entrada

B. ¿Te gusta o no te gusta? Working in pairs, inquire about each other's preferences, asking the following question: **¿Te gusta o no te gusta?**

1. la ensalada
2. la ópera
3. comer en restaurantes
4. Mel Gibson
5. cocinar para amigos/as
6. Nueva York

C. Información necesaria. Read the following background information on Plácido Domingo before you go on to the reading.

Plácido Domingo es un tenor de Madrid. Tiene mucho éxito en la ópera. En el mundo hispano, Plácido Domingo es muy importante porque también interpreta las canciones populares de México, Chile, Argentina y otros países latinos. Es el padre de tres hijos: José, el mayor, Plácido y Álvaro. Su hijo Plácido escribe canciones para su padre. "Tres tenores" es el nombre de un concierto de Plácido con otro gran cantante español, José Carreras, y con el distinguido tenor italiano Luciano Pavarotti. *Mis primeros cuarenta años* es el título del libro de memorias de Plácido Domingo. El siguiente artículo de la revista *Cristina* dice que Plácido, además de *(besides)* ser un cantante extraordinario, tiene en Nueva York un restaurante español que sirve tapas, paella y mucho más.

superstar
answer / simple
I thought
was not

opened

have visited

one can see him
nightowls

El restaurante Plácido Domingo

¿**P**or qué un restaurante de comida española... y por qué en Nueva York? Para el superastro° de la ópera, Plácido Domingo, la respuesta° es muy sencilla°: "Porque amo esta ciudad, pero siempre pensé° que la comida de mi país no estaba° bien representada", dice. "Y, francamente, para tener un lugar donde cenar a las 12 de la noche, después de terminar mi actuación en la Ópera Metropolitana"...

Por estas razones, el 27 de octubre de 1996, Domingo abrió° sus puertas al público... y hay una larga lista de luminarias que almuerzan en el elegante salón... Algunas de las celebridades que han visitado° Domingo: la diva Beverly Sills, El Rey Juan Carlos de España y su esposa, la Reina Sofía... y el actor australiano Mel Gibson.

Siempre que Domingo está en Nueva York, se le puede ver° cenando en su propio restaurante, acompañado por su querida Marta... y otros noctámbulos° como él. ■

El famoso tenor Plácido Domingo.

La deliciosa paella española.

Postlectura

D. Quiero saber.   Scan the reading selection for details to complete the following information about Plácido Domingo, his family, and his restaurant.

1. Plácido Domingo es un superastro de
   a. rock and roll.   **b.** ópera.   **c.** música jazz.
2. Domingo abrió un restaurante español en
   a. Nuevo México.   **b.** Madrid.   **c.** Nueva York.
3. ¿Dónde canta Plácido cuando está en Nueva York?
   a. en la Ópera de Milán   **b.** en la Ópera Metropolitana   **c.** en la Ópera de México
4. ¿A qué hora cena Plácido generalmente?
   a. al mediodía   **b.** a medianoche   **c.** a las dos de la tarde
5. ¿Qué celebridades cenan con él y su familia?
   a. los reyes de España   **b.** los reyes de Inglaterra   **c.** los reyes de Dinamarca

E. Resumen.   Write a summary of three sentences about Plácido Domingo. Read your work aloud to a classmate. Then, studying his photo, answer the question, *¿Cómo es Plácido?*

F. Los cognados.   Using five cognates from the reading selection, write original sentences in Spanish. Then, read them aloud to the other members of your group.

Hablemos

A. De viaje. You and a friend are planning to spend the summer in Spain. You each have limited resources ($750). Negotiate an itinerary of cities and sites to visit, where to stay, and what to eat. Plan to travel to a minimum of four places and use at least three different means of transportation. Use the map in the front of the book for reference. Before beginning, be sure to review the vocabulary for both **Lecciones 3A** and **3B** with your partner.

B. El cuarto de Nayeli. After Adriana and Felipe leave for Sevilla, the doorman calls the police to report the break-in of Nayeli's room. Create a telephone conversation between the police and the doorman to describe Nayeli and the condition of the room. Be sure to use the present tense and **ser** and **estar** for your descriptions.

Investiguemos por Internet

INTERNET STRATEGY: Keyword Searches

The Internet is vast and finding the information you want is often very frustrating and confusing. By using **keyword** (important words and phrases) searches, however, you can bypass much unnecessary information and quickly get what you need. By practicing with different search engines you will quicky become an expert at using keywords.

Hint: For faster searches, set your browser language to Spanish (if available).

Cibervocabulario

el/la cibernauta, internauta	*Internet surfer*
el enlace, nexo	*link*
la página	*Web page*
el sitio	*Web site*

C. Comida virtual. You have just invited the Latino/a Student Organization on your campus to a party at your best friend's house. You need to put together a menu and must serve authentic dishes from the Spanish-speaking world. Find the names of different dishes and their countries of origin, then find one recipe to share with the class. Be prepared to put together a special menu in class with your classmates that includes foods in the following categories:

Entremeses   Entradas   Postres   Bebidas   Ensaladas

Keywords: You may wish to start your Web search using names of various Spanish-speaking countries and then refine your search using keywords such as: *restaurantes, platos típicos, recetas.*

Escribamos

WRITING STRATEGY: Providing Supporting Details

One way of making your writing interesting for the reader is to provide details about your topic that support or explain your main idea. The result is more vivid and convincing prose.

Workshop

Main idea	Gafasnegras es mala.
Supporting details	Ella siempre lleva gafas de sol. Piensa robar el jaguar. Ella persigue a Nayeli. Pone un microfonito en la agenda de Nayeli.
Sample passage	No sabemos quién es, pero sabemos que lleva sus famosas gafas de sol. Desde el primer capítulo de la historia, ella persigue a Nayeli porque piensa robar el jaguar. Desordena la habitación de Nayeli y pone un microfonito en su agenda para saber dónde está Nayeli.

Strategy In Action

For additional practice with the strategy of providing supporting details, turn to *Escribamos* in your Activities Manual.

D. Mi viaje. Choose one of the places you selected to visit in **Actividad A** and write a postcard to a close friend describing either the city or a specific place in the city. Write a main idea, with supporting details.

E. Querido/a compañero/a. Imagine yourself in the place of Felipe or Adriana. Select one of the themes below and write an e-mail of at least six sentences. Use **ser**, **estar**, and other present-tense verbs.

Temas

1. Felipe escribe a su compañero de cuarto Arturo y describe cómo es Adriana y cómo es España.

2. Adriana escribe a su compañera de cuarto Patricia y describe cómo es Felipe y cómo es España.

CAPÍTULO 4

COMMUNICATION GOALS

- Describing to whom and/or for whom actions are done
- Expressing location
- Describing likes and dislikes
- Establishing relationships
- Retelling simple past events
- Avoiding redundancy

Playa turística en Nerja, España.

	Lección 4A De viaje	Lección 4B De vacaciones
Vocabulario	Travel • Location	Vacations • Ordinal numbers
Estructura	Indirect object pronouns • Prepositional pronouns • **Pedir** and **preguntar** • **Gustar** and similar verbs • Prepositions	Preterite of regular verbs • Verbs with spelling changes • **Ir, ser,** and **dar** • Direct object pronouns
Cultura	Don Quijote: Caballero andante	Turistas y trabajadores
Lectura	España, país multifacético	España abraza a los turistas
Videodrama *¿Está en peligro el jaguar?*	A truck driver from Sevilla experiences the supernatural powers of the jaguar. • Adriana and Felipe travel to Sevilla.	Adriana is pursued by a mysterious stranger. • Felipe and Adriana make plans to travel to San Juan, Puerto Rico. • Nayeli books a flight to Ecuador.

Lección 4A De viaje

■ **En la taquilla** *(ticket window)*

Spend	Dos amigas, Patricia y Amalia, hacen un viaje a España. **Pasan**° una semana en Madrid, y piensan ir a Sevilla para ver La Giralda y para hacer investigaciones en el Archivo de Indias. Van a la estación de tren en Madrid, que se llama Atocha, para comprar pasajes para su viaje. Amalia habla con el empleado.
How can I help you?	—**¿En qué les puedo servir?**°
tickets	—Queremos comprar dos **pasajes**° de Madrid a Sevilla.
	—¿En qué tren prefieren viajar?
	—¿Cuál es el tren más **económico**?
intercity / it takes a long time	—El **interurbano**° es el más económico, pero **tarda**° en llegar.
	—No, nosotras tenemos prisa. ¿Cuál es el más rápido?
	—El AVE. Solamente tarda dos horas y cuarenta y cinco minutos.
	—¡Eso está muy bien! ¿Cuánto cuesta el pasaje en el próximo AVE?
round trip	—**¿De ida y vuelta**°?
one way	—No, solamente el pasaje **de ida**°.
	—¿En qué clase?
second class	—En **segunda clase**°, por favor.
Each	—**Cada**° pasaje cuesta 53,5 euros. Son 107 euros por los dos.
	—Está bien, entonces dos pasajes, por favor.
seats / car (on a train)	—Aquí tienen ustedes sus pasajes. Los **asientos**° son el A1 y el A2 en el **vagón**°
train platform	número 4. El tren sale del **andén**° número 2.
	—¿Dónde está el andén?
on the left	—Está allí, **a la izquierda**°.
	—Muchas gracias, señor.
Have a good trip!	—**¡Qué tengan un buen viaje!**°

Note: Words in boldface are active vocabulary words.

MÁS PALABRAS Y EXPRESIONES

COGNADOS

el itinerario   el pasaporte   urgente

SUSTANTIVOS

el billete, boleto, tiquete *ticket*
el/la empleado/a *employee*
el/la extranjero/a *foreigner*
el horario *schedule*
la llegada *arrival*
el maletero *porter*

el/la pasajero/a *passenger*
la plaza *place / seat*
la primera clase *first class*
la salida *departure*
el/la viajero/a *traveller*
el vuelo *flight*

VERBOS

bajar(se) (del tren) *to get off (the train)*
cuidar *to watch, to take care of*
enviar *to send*
estar/llegar a tiempo *to be/arrive on time*
estar/llegar atrasado/a *to be late/arrive late*
hacer cola *to wait in line*

ir/salir con destino a *to leave/depart with destination to*
no fumar *no smoking*
quejarse (de) *to complain (about)*
recorrer *to travel across, to tour*
regresar *to return*
subir(se) (al tren) *to board (the train)*
volar (ue) *to fly*

EXPRESIONES DIVERSAS

afortunadamente *fortunately*
de todos modos *anyhow*
desgraciadamente *unfortunately*
en seguida *right away*
lo siento *I'm sorry*
más pronto *sooner*

mientras *while*
por si acaso *just in case*
pronto *soon*
(no) vale la pena *it's (not) worth it*
¡Vámonos! *Let's go!*

Vocabulario en acción

En este diálogo del **Videodrama 4A**, Felipe y Adriana están en la estación de Atocha, en Madrid.

Felipe: ¿Por qué no me esperas aquí, mientras yo compro los pasajes?

Adriana: Debemos tomar el AVE para llegar más pronto.

Felipe: Sí, señorita Reyes, dos pasajes a Sevilla, de ida y vuelta, en el AVE.

❮❯ ACTIVIDADES

A. Comprensión. Read the previous conversation between Amalia and the ticket agent and answer the questions you hear based on their conversation.

1.
2.
3.
4.
5.
6.
7.

B. ¡Todos a bordo! Working with a partner, complete the following sentences based on Amalia's conversation in the train station by matching the phrases in column A with those in column B. Then put the completed sentences in a logical order.

A	B
1. El empleado de la taquilla les dice:	a. es un tren muy rápido.
2. El tren sale del	b. de ida.
3. Hay	c. vagón número 4, asientos A1 y A2.
4. En la taquilla,	d. andén número 2.
5. El AVE	e. "¡Qué tengan un buen viaje!"
6. Los pasajes son	f. muchos pasajeros en el tren.
7. Patricia y Amalia se suben al	g. Amalia compra dos pasajes para Sevilla en el AVE.

C. Hablando de viajes. Working with a partner, create complete sentences in the present tense with the words provided in the columns. Use each subject and verb at least once. Then read your sentences aloud to another classmate to compare answers.

A	B	C
La empleada	escribir	de Toledo
Nosotros	llegar	el equipaje
Tú	llevar	a Madrid
El maletero	no tener	un mensaje
Yo	salir	atrasado/a
El tren	subir(se)	a tiempo
Los pasajeros	viajar	la reservación
	volver	a las 9.00
	estar	al tren

ESTRUCTURA   4A.1

Describing to, for, or from Whom Actions Are Done

A   Indirect object pronouns

Mis padres **me** *compran* un estéreo.

Las Girl Scouts **nos** venden galletitas.

*My parents buy a stereo **for me**.*   *The Girl Scouts sell cookies **to us**.*

Indirect objects indicate *to, for,* or *from* whom an action is done. The highlighted pronouns in the dialog indicate the indirect objects: they buy the stereo *for me* and they sell cookies *to us*.

Indirect object pronouns			
me	*(to, for, from) me*	**nos**	*(to, for, from) us*
te	*(to, for, from) you*	**os**	*(to, for, from) you*
le	*(to, for, from) you, him, her*	**les**	*(to, for, from) you, them*

Indirect object pronouns can precede the conjugated verb or can be attached to the end of the infinitive or the present participle.

Te voy a comprar el pasaje.	*I am going to buy you the ticket.*
Voy a decir**te** una cosa.	*I am going to tell you something.*
Nayeli **le** está haciendo preguntas.	*Nayeli is asking him/her/you questions.*
Nayeli está haciéndo**le** preguntas.	
Paco **me** quiere comprar el coche a un buen precio.	*Paco wants to buy the car for/from me at a good price.*
Paco quiere comprar**me** el coche a un buen precio.	

Common verbs used with indirect object pronouns					
agradecer	*to thank*	enviar	*to send*	pagar	*to pay*
comprar	*to buy*	escribir	*to write*	pedir (i)	*to ask for, to request*
contar (ue)	*to tell*	explicar	*to explain*	preguntar	*to ask a question*
contestar	*to answer*	hablar	*to speak*	regalar	*to give (gifts)*
dar	*to give*	mandar	*to send*	servir (i)	*to serve*
decir (i)	*to tell*	ofrecer	*to offer*	vender	*to sell*

B Redundant use of the indirect-object pronoun for specificity, emphasis, or clarity.

Spanish often uses *both* the indirect object pronoun *and* the preposition **a** + a noun or prepositional pronoun to specify to, for, or from whom an action is done. This common practice provides a way to emphasize and/or clarify the indirect object pronoun.

Nadie **le** explica las reglas **a usted.**	*Nobody explains the rules to you.*
Nadie **le** explica las reglas **a ella.**	*Nobody explains the rules to her.*
Les mandan el paquete **a ellas.**	*They send the package to them.*
Les mandan el paquete **a los chicos.**	*They send the package to the boys.*
Nos escriben **a nosotros.**	*They write to us.*
Nos escriben **a Yolanda y a mí.**	*They write to Yolanda and me.*

a + prepositional pronoun

Prepositional pronouns follow prepositions (**a, de, para, en**, etc.; see page 156). They have the same forms as the subject pronouns except for the first person (**mí**) and second person singular (**ti**).

Prepositional pronouns							
mí	*me*	**usted**	*you*	**nosotros/as**	*us*	**ustedes**	*you (plural)*
ti	*you*	**él/ella**	*him/her*	**vosotros/as**	*you*	**ellos/as**	*them*

Me invitas **a mí,** ¿no?	*You'll invite me, right?*
Te voy a contar el secreto **a ti.**	*I'm going to tell the secret to you.*
Siempre **les** compro algo **a ellos.**	*I always buy them something.*

While the prepositional phrase is optional, the indirect object pronoun must always be used.

El chofer **le** da un papelito.		*The driver gives **her** a piece of paper.*
El chofer **le** da un papelito **a ella.**	*or*	*The driver gives a piece of paper **to her.***

C Questioning and requesting: *pedir* and *preguntar*

In Spanish there are two verbs that mean *to ask:* **pedir** and **preguntar.**

Pedir is used to order food or drink. It also means to ask for, or to request something from someone.

El profesor les **pide** los papeles a los estudiantes.	*The teacher asks the students for their papers.*

Preguntar is used to obtain information about someone or something. **Preguntar por** means *to inquire* about someone or something.

El turista le **pregunta** la hora al policía.	*The tourist asks the policeman for the time.*
Javier me **pregunta** si tengo hambre.	*Javier asks me if I'm hungry.*
Tía Amalia te quiere mucho y siempre **pregunta por** ti.	*Aunt Amalia loves you very much, and always asks about you.*

CULTURA

España

Don Quijote: Caballero andante (*Knight errant*)

Mosaico de don Quijote y Sancho Panza en la Plaza de España, en Sevilla.

Miguel de Cervantes escribió la novela, *El ingenioso hidalgo don Quijote de la Mancha* en dos partes: la primera en 1605 y la segunda en 1615. Es la historia de un hombre de unos cincuenta años que lee muchos libros de caballería. Los libros le sirven de inspiración para su misión en la vida: viajar de pueblo en pueblo para ayudar con acciones heroicas a los desamparados (*helpless*), especialmente a las doncellas (*damsels*).

Después de hacerse caballero andante, don Quijote viaja a caballo con su escudero Sancho Panza. Éste viaja en asno. Sancho es bajo y gordito, es muy realista y le gusta comer. Don Quijote es un hombre alto, delgado y muy idealista. Cree que los molinos de viento (*windmills*) son gigantes y trata de luchar con ellos. La

EL INGENIOSO HIDALGO DON QVI-XOTE DE LA MANCHA,
Compuesto por Miguel de Cervantes Saavedra.
DIRIGIDO AL DVQVE DE BEIAR, Marqués de Gibraleon, Conde de Benalcaçar, y Bañares, Vizconde de la Puebla de Alcozer, Señor de las villas de Capilla, Curiel, y Burguillos.
Año, 1605.
CON PRIVILEGIO, EN MADRID, Por Iuan de la Cuesta.
Vendese en casa de Francisco de Robles, librero del Rey nřo señor.

Titel der ersten Auflage des „Don Quijote" von Miguel de Cervantes Saavedra, Madrid 1605
Title Page of the First Edition of „Don Quijote", Madrid 1605

Primera edición de *El ingenioso hidalgo don Quijote de la Mancha*.

novela nos enseña muchas cosas, entre ellas, los altibajos de la vida.

DISCUSIÓN EN GRUPOS

1. ¿En qué siglo (*century*) escribe Cervantes *Don Quijote*? En la novela, ¿cuántos años tiene don Quijote? ¿Es viejo?
2. ¿Cuál es su misión en la vida? ¿Quién le ayuda en sus viajes?
3. ¿Cómo son don Quijote y Sancho? ¿Altos? ¿Realistas?
4. ¿Qué aprendemos de la novela?
5. ¿Quiénes son tus héroes en la literatura y en el cine? ¿Cómo son y qué acciones heroicas hacen?

Internet

POR INTERNET

1. Busca en Internet información en español sobre don Quijote. Describe brevemente una de las páginas. ¿Quién o quiénes son los creadores de la página? ¿Hay imágenes y/o texto? ¿Hay textos o citas de la novela de Cervantes? ¿Es fácil o difícil leer la página y entenderla? ¿Por qué?

2. *Don Quijote de la Mancha* es uno de los libros más conocidos del mundo hispano, y Miguel de Cervantes es un autor muy admirado. También son muy respetados los siguientes autores de libros importantes en español:

Sor Juana Inés de la Cruz	Jorge Luis Borges
	Octavio Paz
Rubén Darío	Gabriel García Márquez
Gabriela Mistral	Javier Marías
Pablo Neruda	Federico García Lorca
Rosa Montero	Isabel Allende

Investiga uno de estos escritores por Internet, y anota información básica sobre él o ella. ¿De qué país es? ¿En qué siglo nace y/o muere? ¿Cuál es el título de una de sus obras importantes? ¿Escribe novela, poesía, ensayo (*essay*), teatro o cuentos? ¿Hay una foto de él o ella?

✪ACTIVIDADES

A. ¿A quién?   Provide the correct form of the indirect object pronoun that corresponds to the noun(s) or pronoun(s) in **boldface** in each sentence.

1. Mis amigos _____ dicen **a mí** que están preocupados por la economía.
2. Yo siempre _____ contesto **a ti** todos los mensajes electrónicos.
3. Algunas personas nunca _____ pagan las facturas **al banco**.
4. Mi compañero de apartamento _____ va a vender su estéreo **a mí**.
5. _____ voy a contar **a usted** toda la historia de mi viaje a Madrid.
6. Tino _____ va a regalar **a nosotros** boletos para el cine, ¿verdad?
7. Cuando estoy de vacaciones, nadie _____ escribe **a mí**.
8. La profesora _____ habla **a los estudiantes** sobre Puerto Rico.

B. Preguntas personales.   Ask a classmate the following questions.

> **MODELO**   ¿Quién te da regalos? (mi amigo Juan)
> —¿Quién te da regalos?   —Who gives you gifts?
> —Mi amigo Juan me da regalos.   —My friend Juan gives me gifts.

1. ¿Quiénes te hablan por teléfono? (mis amigos)
2. ¿Quién te escribe cartas? (la familia)
3. ¿Quién nos prepara la comida? (el cocinero)
4. ¿Quién les enseña español a ellos? (la profesora)
5. ¿Quién te debe *(owes)* dinero? (Ramiro y Rafael)
6. ¿Quién les pide su opinión a ustedes? (nadie)
7. ¿Quiénes te dicen la verdad? (algunas personas)
8. ¿Quién te paga el alquiler de tu casa? (mis padres)

C. ¿De quién hablas?   Combine the words to form complete sentences. Follow the model.

> **MODELO**   la profesora / preguntar (a los estudiantes)
> La profesora les pregunta a los   *The professor asks the students.*
> estudiantes.

1. ellos / contestar las preguntas (a la profesora)
2. los médicos / ofrecer ayuda (a nosotros)
3. ustedes / pedir el horario del tren (al empleado)
4. Armando / escribir correo electrónico (a Adriana y Felipe)
5. el empleado siempre / desear feliz viaje (a los pasajeros)
6. mi mamá / pedir un favor (a mí)
7. el chico / hablar cordialmente (a la policía)

D. Pedir, preguntar, preguntar por.   Read the situations and complete the sentences with the present tense of **pedir** or **preguntar (por)**. Follow the model.

> **MODELO**   Estás en un restaurante y   *You are in a restaurant and want*
> quieres el menú. ¿Qué haces?   *the menu. What do you do?*
> Yo le **pido** el menú al mesero.   *I ask the waiter for the menu.*

1. Tu amigo le debe dinero al banco. ¿Qué hace el banco?
   El banco le _____ el dinero a tu amigo.
2. Estoy en la playa y necesito hacer una llamada importante. ¿Qué hago?
   Tú le _____ a alguien un teléfono celular.
3. Conoces a alguien muy interesante en una fiesta. ¿Qué haces?
   Yo le _____ cómo se llama.

4. Estás enfermo/a y necesitas medicinas. ¿Qué haces?
   Yo le _____ las medicinas al médico.
5. Quieres invitar a alguien al cine. ¿Qué haces?
   Yo le _____ si quiere ir al cine conmigo.
6. No sabes cómo está tu amiga María Rosa. ¿Qué haces?
   Yo _____ ella.

VOCABULARIO   4A.2
Expressing Location

◼ ¿Quién está delante de la profesora Jaramillo?

1C: Sra. Coronado
1B: Carlitos Coronado
1A: Sr. Coronado

2C: Profesora Jaramillo

3C: Paula Peña
3B: Ricardo Ríos

4B: Federica Fuentes
4A: Manuel Mendoza

Carlitos está **entre** el Sr. y la Sra. Coronado.	*Carlitos is between Mr. and Mrs. Coronado.*
La profesora Jaramillo está **delante de** la Sra. Coronado.	*Professor Jaramillo is in front of Mrs. Coronado.*
Ricardo está **detrás de** Federica.	*Ricardo is behind Federica.*
Paula está **al lado de** Ricardo.	*Paula is next to Ricardo.*
Las bolsas están **debajo de** los asientos.	*The bags are beneath the seats.*
Las maletas están **encima del** portaequipajes.	*The suitcases are on top of the luggage rack.*
El Sr. Coronado está **lejos de** Federica.	*Mr. Coronado is far from Federica.*
La profesora Jaramillo está **cerca de** la Sra. Coronado.	*Professor Jaramillo is close to Mrs. Coronado.*

◀ ACTIVIDADES

A. ¿Dónde están? Refer back to the illustration of the passengers in the train. Tell where the following people are located. Follow the model.

> **MODELO** Carlitos / el Sr. Coronado
> Carlitos está al lado del Sr.   *Carlitos is next to Mr. Coronado.*
> Coronado.

1. la Sra. Coronado / Carlitos
2. Manuel / Federica
3. la profesora Jaramillo / Paula / la Sra. Coronado

4. Ricardo / Federica
5. Manuel / Ricardo
6. Carlitos / Ricardo

B. ¡Colas para todo! Working with a partner, describe where the people are in the line to buy bus tickets.

> **MODELO** —El señor anciano está detrás de la señora alta, ¿verdad?   —*The elderly man is behind the tall lady, isn't he?*
> —No, el señor anciano está delante de ella.   —*No, the elderly man is in front of her.*

C. ¿Dónde están? Have your partner use the questions below to ask where objects are in your room. While you tell their location, your partner will make a rough sketch placing the objects according to your instructions. Switch roles. When done, check each other's drawings.

1. ¿Dónde está tu cama, tu lámpara, tu silla?
2. ¿En qué lugar está tu computadora?
3. ¿Qué cosas hay al lado de tu computadora?
4. ¿Tienes un teléfono en tu cuarto? ¿Dónde está?
5. ¿Qué tienes en la pared?
6. ¿Dónde están la puerta y la ventana? ¿Hay balcón?
7. ¿Qué otros objetos hay en tu cuarto? ¿Dónde están?

D. Descripción. Sketch a map of your campus. Include at least six buildings, streets, monuments, or other landmarks. Exchange maps with a partner and describe the locations of the items on your maps using prepositions.

> **MODELO** El edificio de administración   *The administration building is far*
> está lejos del gimnasio.   *from the gym.*

ESTRUCTURA 4A.2
Describing Likes and Dislikes

The verb *gustar* and similar verbs

As you have learned, the verb **gustar** is used to express likes and dislikes.

Me gustan los trenes rápidos.   *I like fast trains.*
Te gusta viajar en tren.   *You like to travel by train.*

In Spanish, this verb is used differently from the way it is used in English, and literally means "is pleasing to." Indirect object pronouns are used to show "to whom" something is pleasing. Notice how the structure works.

Indirect Object Pronoun	Verb	Subject	
Me	gustan	los trenes rápidos.	*I like fast trains. (Literally: Fast trains are pleasing to me.)*
Te	gusta	viajar en tren.	*You like to travel by train. (Literally: Travelling by train is pleasing to you.)*

Use **gusta** when the subject is a singular noun, an infinitive, or a series of infinitives. Use **gustan** when the subject is a plural noun or a series of nouns.

¿Te **gusta** el AVE?   *Do you like the AVE?*
No, no me **gustan** los trenes.   *No, I don't like trains.*
Me **gusta** viajar en avión.   *I like to travel by plane.*

Gustar can be used with all of the indirect object pronouns in the same way.

Gustar			
me gusta(n)	*I like it/them*	**nos** gusta(n)	*we like it/them*
te gusta(n)	*you like it/them*	**os** gusta(n)	*you (plural) like it/them*
le gusta(n)	*you like it/them he/she likes it/them*	**les** gusta(n)	*you/they like it/them*

There are many other verbs that use the same structure as **gustar**, such as:

Verbs like **gustar**			
caer bien/mal	*to like/dislike (a person)*	**interesar**	*to interest, be of interest*
encantar	*to delight, like very much (love)*	**molestar**	*to bother, annoy*
faltar	*to lack, need; to be left (to do)*	**parecer**	*to seem, appear to be*
fascinar	*to fascinate*	**preocupar**	*to worry*
importar	*to matter, be important, be of concern*		

As with all indirect object pronouns, the preposition **a** + noun or prepositional pronoun can be used to emphasize or clarify the recipient of the action.

A mí me fascina viajar.   *Travelling fascinates me.*
Al dependiente le molestan los   *Impertinent clients annoy the clerk.*
clientes impertinentes.

When verbs like **gustar** are used with a reflexive verb, the corresponding reflexive pronoun is attached to the infinitive, and agrees with the indirect object.

Nos gusta **divertirnos** mucho.   *We really like to have fun.*
A Nayeli le gusta **alojarse** en el   *Nayeli likes to stay at the Prisma Hotel.*
Hotel Prisma.

◑ACTIVIDADES

A. Gustos.   Working with a partner, ask each other for the following information.

> **MODELO**   gustar / las ensaladas
> —¿Te gustan las ensaladas?   —*Do you like salads?*
> —Sí, me gustan las ensaladas.   —*Yes, I do like salads.*
> —No, no me gustan las ensaladas.   —*No, I don't like salads.*

1. fascinar / los restaurantes españoles
2. encantar / las canciones románticas
3. interesar / las novelas de misterio
4. gustar / los libros para jóvenes
5. molestar / el problema del tráfico
6. preocupar / los problemas ecológicos
7. fascinar / las nuevas tecnologías
8. gustar / el cine mexicano
9. caer mal / las personas que fuman

B. ¿Te importa?   You have to prepare a report for your sociology class. Following the model, ask four to six students questions about the survey topics below. Write their answers in the chart. Write **M** for **mucho**, **P** for **poco**, and **N** for **nada**.

> **MODELO**   la ecología   *ecology*
> —Marcela, ¿te importa la   —*Marcela, is ecology important to you?*
>   ecología?
> —Sí, me importa mucho. *(or)*   —*Yes, it is important to me.* (or)
> —No, me importa poco.   —*No, it's not very important to me.*
> —No, no me importa nada.   —*No, it's not important to me at all.*

Nombre del / de la estudiante	La ecología	El dinero	Los amigos	Las clases
Marcela	M			

C. Mi informe. Write a summary, using the information from your survey results in **Actividad B**. Follow the model.

> **MODELO** A X estudiantes les importa mucho la ecología.
>
> *Ecology is very important to X students.*
>
> A X estudiantes no les importa nada la ecología.
>
> *Ecology is not important at all to X students.*

D. ¿Te caen bien o mal? Work in pairs. Make a list of people you know or of fictional characters from TV, film, or literature. Then ask each other whether you like or dislike the people you've listed. Follow the model.

> **MODELO** Jennifer López
> —¿Te cae bien Jennifer López?
> —Sí, me cae bien porque...
> *(or)*
> —No, me cae mal porque...
>
> —*Do you like Jennifer López?*
> —*Yes, I like her because . . .*
> *(or)*
> —*No, I don't like her because . . .*

E. El crimen no paga. Read the conversation below, then work with a partner to answer the questions about what Sr. and Sra. Covarrubias say (or imply) to one another. Pay close attention to the use of the verbs with indirect object pronouns.

SR. COVARRUBIAS: Es mucho dinero y poco trabajo.
SRA. COVARRUBIAS: ¿No te parece peligroso?
SR. COVARRUBIAS: ¿No te interesa el dinero?
SRA. COVARRUBIAS: ¡Ay, Gerardo, qué lío (*problem*)! Voy a decirte una cosa: el crimen no paga o si paga, paga mal.

> **MODELO:** ¿A quién le parece peligroso el problema del jaguar?
> *El problema del jaguar le parece peligroso a la Sra. Covarrubias.*

1. Según el Sr. Covarrubias, ¿a quién no le interesa el dinero?
2. La Sra. Covarrubias le dice una cosa a su marido. ¿Qué es?
3. ¿A quién le preocupa más el problema del jaguar, a la Sra. Covarrubias o a su marido?
4. ¿Qué te interesa más a ti, el problema del Sr. Covarrubias o el misterio del jaguar?
5. ¿Te interesa el dinero? ¿Les interesa el dinero a tus amigos?
6. ¿Qué crees que significa "el crimen no paga o si paga, paga mal"? ¿A quién le paga el crimen?

ESTRUCTURA 4A.3

Establishing Relationships Through Prepositions

Perspectivas

> ¿Puedes vivir **sin mi**?

> No, no puedo vivir **sin ti**...

> ...Y creo que tampoco puedo vivir **contigo**... ¡Mira qué desorden! Los libros están **en** la silla...las revistas están **en** el piso, la ropa está **fuera del** armario. Y mira, ¡hay comida **entre** tus papeles!

> ¡Y **entre** tú y yo, hay amor!

As you learned on page 151, prepositions can be used to describe the location of people and things. In addition prepositions can state direction, position in space, sequence in time or abstract relationships between objects, events, and people.

Common prepositions					
a	to, for	después de	after	hasta	until
antes de	before	durante	during	para*	for, to, in order to
bajo	under	en	in, on, at	por*	for, by means of
con	with	enfrente de	in front of, facing	según	according to
de	from, of	entre	between, among	sin	without
dentro de	inside of	fuera de	outside of	sobre	about, over, on top of
desde	from, since	hacia	toward		

* You will learn more about the uses of **por** and **para** in Chapter 6, pages 236–237.

Remember that the first and second person singular forms of prepositional pronouns are **mí** and **ti**. All the others retain the form of the subject pronoun.

The preposition **con** has its own forms for the first and second persons singular: **conmigo** (*with me*), **contigo** (*with you*).

Manuel va **conmigo** a la estación. *Manuel goes to the station with me.*
Me gusta viajar **contigo**. *I like traveling with you.*

Entre (*between, among*) is used differently than the other prepositions because subject pronouns are always used with it.

¡**Entre tú y yo** no hay secretos! *There are no secrets between you and me!*
Esta información es un secreto **entre nosotros**. *This information is a secret between us.*
No entiendo lo que sucede **entre ellos**. *I don't understand what is going on between them.*
Estás **entre** amigos. *You are among friends.*

The preposition pairs **de / a** and **desde / hasta** are often used to express a time period or a distance covered from one place to another.

Trabajo **desde** las 3 p.m. **hasta** las 4 p.m. *I work from 3 to 4 P.M.*
Estudio **desde** la mañana **hasta** la tarde. *I work from morning to evening.*
El AVE viaja **de** Madrid **a** Sevilla. *The AVE train travels from Madrid to Sevilla.*

◑ACTIVIDADES

A. Conversaciones. You are in a discotheque and overhear the following exchanges and questions. Complete each dialog with a preposition from the list below. You can use some prepositions more than once.

con   conmigo   contigo   de   en   para   sin

1. —¡Estas flores son _____ ti, mi amor!
   —¿Son _____ mí las flores? ¡Qué cariñoso eres!
2. —¿Quién está _____ Mariana?
   —Francisco, su primo, está _____ ella.
3. —¿Quieres ir _____ al cine mañana?
   —No gracias, no puedo ir _____.
4. —¿Eres la hermana _____ Jorge Vázquez?
   —Sí, soy la hermana mayor _____ él.
5. —Tú sabes que no puedes vivir _____ mí, ¿verdad?
   —Sí, yo sé muy bien que no puedo vivir _____ ti.
6. —¿Dónde está mi billete de tren?
   —Está _____ tu mochila.

B. La habitación. Review the prepositions of place at the beginning of this chapter and the ones you have learned in this section. Use them to describe the location of the couple and at least five items in the introductory drawing "Perspectivas" on page 156.

MODELO *La silla está enfrente del escritorio.*

C. En la estación de autobuses.   Study the drawing below, and identify the items listed beneath it. Then, work with a classmate to talk about the location of these items. Use as many of the prepositions that you have learned as possible. Follow the model.

los periódicos	la calle	el auto
el autobús 95	las revistas	el autobús 173
la mochila de la niña	la maleta gris	la mochila verde
el niño	la mochila del niño	la niña
la señora de pelo corto	el señor	el kiosko
el perrito (*puppy*)	la señora de pelo largo	la estación de autobuses

MODELO   —¿Dónde están los periódicos —*Where are the newspapers and*
y las revistas?   *the magazines?*
— Los periódicos y las revistas —*The newspapers and the magazines*
están fuera del kiosko.   *are outside the kiosk.*
—¿Y el perrito, dónde está? —*And where is the puppy?*
— El perrito está...   —*The puppy is ...*

D. Secuencia.   Select the sentence that best describes the sequence in which you do these things.

1. Por la noche...
 a. me duermo antes de acostarme.   **b.** me acuesto antes de dormirme.
2. Por la mañana...
 a. me ducho después de levantarme. **b.** me ducho antes de levantarme.
3. En la universidad...
 a. pienso antes de hablar.   **b.** hablo antes de pensar.
4. En casa...
 a. estudio después de ver televisión. **b.** veo televisión después de estudiar.
5. En mi auto...
 a. conduzco después de beber   **b.** no conduzco después de beber
  cerveza.   cerveza.
6. Cuando viajo...
 a. llego antes de la salida del tren. **b.** llego después de la salida del tren.

VIDEODRAMA 4A *¿Está en peligro el jaguar?*

Preparémonos

A. En el último episodio... Review the scenes from *Videodrama 3B* by matching these actions with the appropriate character. Work in pairs.

1. Ellos comen en un café.
2. Desordena el cuarto de Nayeli.
3. Empaca y sale del hotel.
4. Recibe una rosa.
5. Deciden seguir a Nayeli a Sevilla.

a. Nayeli
b. Adriana y Felipe
c. Gafasnegras
d. los Covarrubias

Answers: 1. b; 2. c; 3. a; 4. a; 5. b

B. Somos detectives. In pairs, brainstorm about this video shot of Adriana and Felipe. What do you think Felipe and Adriana are saying about the jaguar, Nayeli, and each other?

Resumen del video

Sr. and Sra. Covarrubias experience the supernatural powers of the jaguar and she demands that her husband remove it from their Sevilla house immediately. Meanwhile, Adriana and Felipe are at Atocha Station in Madrid ready to continue their search for Nayeli, who confronts Sr. Covarrubias in Sevilla regarding the whereabouts of the jaguar. Gafasnegras hears the whole conversation electronically.

Miremos y escuchemos

C. ¿Verdadero o falso? While watching this episode, mark **V** (**verdadero**) for each true statement and **F** (**falso**) for each false one. Then, correct the false statements.

1. _____ El chofer y su esposa hablan de vender el jaguar.
2. _____ Adriana empieza a tener interés romántico en Felipe.
3. _____ Felipe y Adriana van a Sevilla en avión.
4. _____ El chofer le da un papelito a Nayeli.
5. _____ Nayeli le indica al chofer que es ilegal tener el jaguar.
6. _____ Desde la calle, Gafasnegras escucha la conversación de Nayeli en la casa del chofer.
7. _____ El chofer espera tres semanas y después manda el jaguar al Ecuador.

Videonota cultural

Atocha. In this episode, notice the lush gardens and waterfalls which are a beautiful part of the modernized Atocha Train Station in Madrid where Adriana and Felipe depart for Sevilla. Compare the special feature of this station with other stations you have seen.

Comentemos

D. Comprensión. In groups, answer the following questions.

1. ¿Cómo se llama el chofer del camión?
2. ¿Qué tiene Gerardo Covarrubias en las manos?
3. ¿Por qué hace el chofer un negocio "sucio" con el jaguar?
4. ¿Cómo reacciona la esposa del chofer? ¿Qué coincidencias ocurren?
5. ¿Cómo se llama la estación de tren en Madrid?
6. ¿Adónde van Adriana y Felipe? ¿Cómo y en qué clase?
7. ¿Detrás de qué se esconden los señores Covarrubias?
8. ¿Cómo describe Nayeli el robo del jaguar? Según el chofer, ¿dónde está el jaguar?
9. ¿Cómo están los señores Covarrubias al final de esta escena?

E. ¿Estás de acuerdo? Working in groups, read the following statements based on this episode and compare your opinions on these subjects. Tell if you agree (**estoy de acuerdo**) or disagree (**no estoy de acuerdo**), and give the reason (**razón**) or an example (**ejemplo**).

1. El crimen no paga.
2. El dinero es la seguridad más importante de la vida.
3. Unas personas tienen mala suerte; otras tienen buena suerte.
4. Está bien decir mentiras si la familia está en peligro.

España

LECTURA

Prelectura

As Felipe and Adriana travel in Spain, you will learn about the country's relation to Europe and Africa, its characteristics, and its multicultural composition.

A. Mi estado. Answer the following questions in pairs.

1. ¿En qué parte del país está tu estado? ¿Hay océano, montañas, desierto o lagos en el área?
2. ¿Cómo es el clima de tu ciudad?
3. ¿Qué grupos culturales viven en tu estado? ¿Qué idiomas hablan?

READING STRATEGY: Making Notes in the Margin

A useful reading strategy is to make notes in the margin of the text you are reading. This strategy allows you to react actively to the information (and in forthcoming readings, to the ideas) presented by an author. As you read the following presentation of basic facts about Spain, jot the following items in the margins:

1. The main topic of each paragraph.

2. Any questions you may have that stem logically from the information presented by the author.

3. Your own answers or hunches about the questions you have formulated.

4. Information you can provide to supplement the reading based on other written sources with which you are familiar.

España, país multifacético

Junto con Portugal, España forma la Península Ibérica. Es un país montañoso y tiene un clima muy variado. Al norte está el Mar Cantábrico; al oeste, el Océano Atlántico; al este, el Mar Mediterráneo y al sur, África del Norte, a casi 13 kilómetros de la costa española. Los montes Pirineos están al noreste y separan el país del resto del continente europeo.

España es un país multicultural y sus habitantes hablan varias lenguas: español, vasco°, catalán°, gallego° y mallorquín°. La historia española también tiene influencia de muchas culturas importantes: la cristiana, la judía° y la islámica (también llamada musulmana°). Por

Basque / Catalan / Galician / Mallorcan

Jewish / Muslim

ejemplo, en Granada está la Alhambra, un hermoso palacio de arquitectura musulmana. En sus jardines° está el famoso Patio de los leones.

gardens

La famosa Mezquita° de Córdoba también se encuentra en España. Su construcción empezó en el año 785 y terminó en el año 985; tiene 850 columnas de casi 4 metros de altura° y dentro de ella hay una iglesia cristiana del siglo XVI. En Córdoba hay también una sinagoga del siglo XIV, en honor al gran filósofo y médico judío Maimónides.

Mosque

height

La llegada del rey Don Juan Carlos inicia la transición de una dictadura a una democracia en 1975, con una nueva Constitución. En 1986 ingresa° en la OTAN° y en 1989 se incorpora al Sistema Monetario Europeo. España es una fuerza vital contemporánea dentro de la Unión Europea. ■

enters
NATO

Patio de los leones en la Alhambra.

La Mezquita de Córdoba.

Postlectura

B. España en Europa.   Write **V** (**verdadero**) for each true statement and **F** (**falso**) for each false one. Work in pairs.

1. _____ España es un país montañoso, con un clima variado.
2. _____ África está muy cerca.
3. _____ Hablan solamente un idioma en España.
4. _____ Hay varias culturas representadas en el país.
5. _____ La Mezquita de Córdoba es antigua.
6. _____ Hay una sinagoga del siglo catorce en Córdoba.
7. _____ España no es parte de la Unión Europea.

C. ¡Ay, números!   With a classmate, orally practice the numbers and dates from the reading.

D. Nuestras reacciones.   In groups of four, make a chart of your group's reactions to the reading by comparing the notes you each made in the margin. Follow these steps:

1. Jot down the main topics that you identified in the reading.
2. Write your own questions in the chart.
3. Write down your ideas regarding each question.
4. Add any references to other information that you may already know from other sources.

	Preguntas	Mi idea	Otra referencia
Tema 1 La geografía de España	¿Qué impacto tiene la proximidad de África en España?		
Tema 2			
Tema 3			
Tema 4			

E. Comparando España y tu país.   Discuss the following questions in groups of four.

1. ¿Cómo es el clima de tu país? ¿Cómo es la geografía? ¿Hay montañas?
2. ¿Con qué otros países forman los Estados Unidos el continente de Norteamérica?
3. Además del inglés, ¿qué idiomas hablan los habitantes de los Estados Unidos? ¿Qué idiomas hablan tus compañeros/as de clase?
4. Describan un edificio religioso, un monumento o un lugar representativo de una cultura de tu país o de tu región.

VOCABULARIO   4B.1
Planning a Vacation

■ Unas vacaciones maravillosas

BORINQUEN
CRUCERO CARIBEÑO

Disfrute° de una fantástica aventura en Puerto Rico, a bordo°
de los espectaculares barcos° de la compañía Cruceros S.A.

Enjoy / on board / ships

Duración: 9 días y 8 noches
Precio: 925 dólares americanos
Incluye desayuno continental. Otras comidas son adicionales.

ATRACCIONES
Comida Buffet   •   Bar a bordo
Discoteca nocturna°   •   Tiendas
Clases de baile con excelentes instructores

nightly

GIMNASIO COMPLETO CON:
Ejercicios aeróbicos en grupo
Médico especialista en medicina deportiva
Equipos de ejercicios con pesas°
Masaje terapéutico°

weights
therapeutic massage

¡VIAJE A COSTA RICA!
Excursión de ecoturismo

Aproveche esta oportunidad de viajar a una selva
tropical, de disfrutar los espectaculares volcanes
y las hermosas playas de Costa Rica.

Duración: 7 días y 6 noches
Precio: 750 dólares americanos

INCLUYE
Pasaje aéreo desde Miami hasta San José
Transporte local
Guías especializados
Comidas típicas
Alojamiento en campamento
o en casas particulares

MÁS PALABRAS Y EXPRESIONES

COGNADOS

la aerolínea	la confirmación	la limosina	el transporte
el/la agente	la excursión / tour	la reservación	las vacaciones

SUSTANTIVOS

el (des)embarque *(un)loading*
la despedida *farewell*
el folleto *brochure*
el/la guía *tour guide*
la guía *guidebook*

la isla *island*
el paquete *package (tour)*
el recreo *recreation*
el traslado *transfer*

VERBOS

alejar(se) (de) *to create distance (from, between)*
alquilar (un coche) *to rent (a car)*
averiguar *to find out*
avisar *to advise, to warn*
descansar *to rest*
encontrarse (ue) (con) *to meet (with) someone*

estar a punto de *to be on the verge of*
estar de acuerdo *to agree*
estar/irse de vacaciones *to be/to go on vacation*
gozar (de) *to enjoy*
recoger *to pick up, get*
reunirse (con) *to meet (with) someone*

EXPRESIONES DIVERSAS

bello/a *beautiful*
¡Buen viaje!/¡Feliz viaje! *Have a nice trip!*
espantoso/a *frightening*
libre *free (independent)*

ni idea *haven't got a clue*
¡Oye! *Hey! Listen!*
¡Qué gusto! *What a pleasure!*
¡Qué susto! *What a scare!*

 ## Vocabulario en acción

En este diálogo de Videodrama 4B, Felipe está leyendo su correo electrónico.

Felipe: Los pasajes están en Barajas. Sólo tenemos que recogerlos en la aerolínea Iberia.

⊙ACTIVIDADES

A. Un viaje a Chiapas. Listen to the advertisement about taking a vacation in Chiapas, México and fill in the missing words.

¿Sueña Ud. con tener una (1)_____, repleta de (2)_____, (3)_____ y (4)_____? Nosotros tenemos el (5)_____, que Ud. busca.

Venga a Chiapas, uno de los estados más bellos de la república (6)_____. Es un mosaico que combina la (7)_____ histórica de la región con una inmensa riqueza natural, marcando así en su gente un estilo de vida lleno de tradiciones y de admiración por su medio.

En Chiapas se mezcla el (8)_____ clima de la (9)_____ montaña con el calor de la selva (10)_____; es un lugar siempre (11)_____ con una gran diversidad de fauna.

Paseando por el río Grijalva se puede ver el impresionante Cañón del Sumidero. Se pueden admirar las (12)_____ de Agua Azul, unas de las más bellas de México, o (13)_____ las Lagunas de Montebello.

La región de Chiapas es escenario de una de las más (14)_____ culturas prehispánicas, los mayas, con sus misteriosas ciudades, como Palenque, Yaxchilán y Bonampak, entre otras.

Nuestras (15)_____ duran entre cinco y ocho días con (16)_____, (17)_____, visitas y alimentación.

Todo esto cuesta solamente $5.700 hasta $6.900 pesos, dependiendo del (18)_____ y del tipo de alojamiento.

Hacemos (19)_____ todo el año con excursiones diarias.

No pierda esta (20)_____. Llámenos hoy para pedir más información.

B. ¿Cuál viaje prefieres? With a partner, compare the two posters on page 164 and tell which of the trips you associate with the items in the list below. Then tell your partner which tour you prefer and why.

animales	agua	nadar	ecoturismo
caminar mucho	insectos	volcanes	aventura
bailes	comer mucho	comidas típicas	comprar cosas
plantas y flores	hacer ejercicio	sol y calor	

C. Unas vacaciones increíbles. Working in groups of three, create a brochure for a vacation to a place where everyone in your group would want to go. Be sure to include the destination, price, what the package includes, and special offers. Share your brochure with your classmates.

D. ¿Adónde vamos? You and a friend are planning a trip together for summer break. Discuss a vacation with your friend that will suit both of your needs.

Student A	Student B
You are a biology major who wants to learn more about tropical plants and animals. You have a two-week vacation coming up and money is not a problem.	You want to get away to a relaxing and fun vacation spot in the Caribbean or in Central America. You love sports and swimming. You have a one-week vacation and are able to spend around $800 to go with your friend.

ESTRUCTURA 4B.1
Retelling Simple Events in the Past

A Preterite indicative of regular verbs

Un día fantástico

Querido Diario:

El viernes, por primera vez, Oscar me **llamó**° por teléfono y me **invitó**° a salir. El sábado **pasé**° un día fantástico. Oscar **llegó**° a las ocho de la noche. **Fuimos**° a un restaurante, **comimos**° y él me **contó**° muchas cosas sobre su vida. A mí me **pareció**° todo muy interesante. Cuando **salimos**° del restaurante, yo le **pregunté**°: "¿Te voy a ver otra vez°?" Y él me **contestó**°: "¡Sí! Me vas a ver muchas, muchas veces más."

called me / invited me
I had / arrived
We went / we ate / told me
it seemed to me
we left / I asked him / again
answered

In the diary entry above, the words in **boldface** are the preterite forms of regular verbs. The preterite is used in Spanish to talk about actions that were completed in the past. The endings that are added to the stem of regular verbs to form the preterite are in the chart that follows.

Preterite of regular verbs			
	-ar	**-er**	**-ir**
	viajar *(to travel)*	**comer** *(to eat)*	**salir** *(to leave)*
yo	viajé	comí	salí
tú	viajaste	comiste	saliste
Ud., él/ella	viajó	comió	salió
nosotros/as	viajamos	comimos	salimos
vosotros/as	viajasteis	comisteis	salisteis
Uds., ellos/as	viajaron	comieron	salieron

Note that the first and the third person singular forms have a written accent. Also, verbs that end in –**er** and –**ir** use the same set of endings in the preterite.

B Preterite indicative of verbs with spelling changes

Verbs ending in –**car**, –**gar**, and –**zar** are regular, but have a spelling change in the first person singular.

Te **expliqué** el itinerario del viaje.   *I explained the trip itinerary to you.*
Llegué a Costa Rica en un barco.   *I arrived by boat to Costa Rica.*
Empecé la excursión en San Juan.   *I started the tour in San Juan.*

Verbs with spelling changes in the first person			
	c → qu	**g → gu**	**z → c**
	buscar *(to look for)*	**jugar** *(to play)*	**abrazar** *(to hug)*
yo	**busqué**	**jugué**	**abracé**
tú	buscaste	jugaste	abrazaste
Ud., él/ella	buscó	jugó	abrazó
nosotros/as	buscamos	jugamos	abrazamos
vosotros/as	buscasteis	jugasteis	abrazasteis
Uds., ellos/as	buscaron	jugaron	abrazaron

Other verbs with spelling changes in the **yo** form include:

c → qu		**g → gu**		**z → c**	
explicar	**expliqué**	llegar	**llegué**	almorzar	**almorcé**
practicar	**practiqué**	pagar	**pagué**	comenzar	**comencé**
tocar	**toqué**			empezar	**empecé**

In the following verbs the **i** in the third person singular and plural becomes **y**.

creer		Other verbs with **y** in the third person ending			
yo	creí	caer	*to fall*	cayó	cayeron
tú	creíste	leer	*to read*	leyó	leyeron
Ud., él/ella	creyó	construir	*to build*	construyó	construyeron
nosotros/as	creímos	huir	*to flee*	huyó	huyeron
vosotros/as	creísteis	oír	*to hear*	oyó	oyeron
Uds., ellos/as	creyeron				

C Preterite indicative of *ir, ser,* and *dar*

The verbs **ir, ser,** and **dar** are irregular in the preterite. Notice that **ir** and **ser** have the same forms.

Preterite indicative of **ir, ser** and **dar**		
	ir *(to go)* / **ser** *(to be)*	**dar** *(to give)*
yo	fui	di
tú	fuiste	diste
Ud., él/ella	fue	dio
nosotros/as	fuimos	dimos
vosotros/as	fuisteis	disteis
Uds., ellos/as	fueron	dieron

◖ ACTIVIDADES

A. Mi primer día de práctica. Mario's internship at the travel agency started yesterday, and he describes what he did to his friend Lupe. Change all the verbs to the preterite to tell Mario's story in the past. Follow the model.

MODELO Me levanté a las siete... *I got up at seven . . .*

Me levanto (1) a las siete. **Me ducho (2), desayuno (3)** y **tomo (4)** el autobús número setenta y tres para el trabajo. **Llego (5)** a la agencia a las ocho y media. **Bebo (6)** un café con leche con mi jefa y **converso (7)** con ella sobre mis responsabilidades en el trabajo. Después **llegan (8)** muchos clientes y me **preguntan (9)** por ofertas de viajes a diferentes lugares. A mediodía, **almuerzo (10)** con mi jefa y con otro de los empleados en un pequeño café cerca de la agencia. Por la tarde, **empieza (11)** a llegar la gente después de las cuatro. Algunas personas **buscan (12)** información sobre viajes, otras **confirman (13)** y **pagan (14)** sus pasajes. A las seis de la tarde, **salgo (15)** para casa, pero antes **ceno (16)** en el restaurante La Buena Mesa con Ricardo, otro de los chicos de la agencia. ¡Qué día tan interesante y productivo!

B. Un fin de semana maravilloso. Nela describes her weekend in Boston. Use the preterite of each of the verbs in parentheses to complete her paragraph.

El fin de semana pasado _____ (1. ser) muy divertido. Mis amigas Rosa, Marta y yo _____ (2. ir) de vacaciones a Boston porque _____ (3. comprar) un viaje muy barato en la agencia de viajes "Viajes Boston". _____ (4. Nosotras, salir) de Nueva York muy tarde el viernes por la noche y _____ (5. llegar) a la medianoche a la ciudad. El sábado, Rosa y Marta _____ (6. visitar) primero a su abuela que vive allí. Después, _____ (7. entrar, nosotras) a la tienda Filene's y _____ (8. probarse) unos zapatos y unas chaquetas. El domingo, _____ (9. ir, nosotras) a comer a un restaurante elegante en la calle Newbury. Marta y Rosa _____ (10. comer) arroz con pollo pero yo solamente _____ (11. beber) un jugo de frutas. Por la tarde, _____ (12. visitar, nosotras) el Museo de Ciencias y por la noche _____ (13. ir, nosotras) a una discoteca. Allí _____ (14. conocer, nosotras) a unos chicos muy simpáticos y con ellos, _____ (15. escuchar, nosotras) música y _____ (16. bailar) toda la noche. _____ (17. salir, Nosotras) de Boston el lunes a las 6.00 de la mañana. ¡Queremos regresar muy pronto a Boston!

C. Ayer In pairs, discuss what you did yesterday using the preterite for the following settings. Choose two verbs from each of the lists in parentheses.

> **MODELO** En casa (leer / despertarse /   *At home (read / wake up / clean*
> limpiar / descansar)   */ rest)*
> —Ayer, me desperté tarde y limpié   —*Yesterday, I woke up late and I*
> la cocina.   *cleaned the kitchen.*

1. En casa (comer / despertarse / limpiar / tocar música)
2. En la escuela (estudiar / escribir / escuchar / discutir)
3. En el gimnasio (correr / practicar deportes / usar las máquinas / caminar rápido)
4. En el cine (mirar / beber / hablar / reunirse con amigos)
5. En la tienda (comprar / buscar / pagar / probarse)
6. En el parque (caminar / practicar / jugar / correr)

D. Un incidente en Sevilla. Adriana tells Felipe what she did in Sevilla. Read the passage. Then complete it with the correct preterite form of the verb in parentheses.

Adriana: Primero _____ (1. ir, yo) al Archivo General de Indias y le _____ (2. contar) la historia a varias personas, pero nadie me pudo (*couldn't*) decir nada. El guardia tampoco me pudo decir nada, pues no _____ (3. ver) a Nayeli. Creo que ella no _____ (4. hablar) con nadie. Nadie la _____ (5. ver). (*Nobody saw her.*)

Después, _____ (6. salir, yo) de la biblioteca para regresar al hotel, pero sentí que alguien me vigilaba (*was watching me*). _____ (7. Empezar, yo) a correr pero no pude deshacerme de (*get rid of*) la persona. (8. Parar, yo) _____ de correr por un segundo nada más, para recobrar la respiración y _____ (9. ver) a un hombre con un anillo (*ring*) raro. Creo que él no me _____ (10. ver) *(he didn't see me).* _____ (11. Correr, yo) y _____ (12. correr) hasta que lo _____ (13. perder) *(I lost him.)* Por fin _____ (14. llegar, yo) al hotel y aquí estoy.

E. Regalos. Work with a partner. Read the description of the gifts that were exchanged by the Rodríguez family during Christmas and ask each other questions about who gave which present to whom. Use what you have learned about indirect objects and prepositional pronouns and the preterite of **dar** and **regalar.**

     La familia Rodríguez decidió celebrar con muchos regalos la Navidad pasada. El padre, Julián, le dio a su esposa Teresa un viaje de ida y vuelta a las Islas Canarias. Teresa le regaló a su marido ropa de playa para el viaje a las Canarias y un nuevo equipo para bucear (*diving*). El hijo mayor, Carlos, les dio a sus papás la enciclopedia Espasa en CD-ROM. Sus otros dos hijos, Mireya y Eduardo, les dieron a sus papás un equipo de estéreo nuevo. Eduardo le regaló a su hermana Mireya un juego nuevo para su Playstation, y Mireya le dio a él dos entradas para dos partidos del mundial de fútbol. Carlos no les dio nada a sus dos hermanos y ellos tampoco le dieron nada a él. A sus tres hijos los señores Rodríguez les dieron boletos para ir con ellos a las Islas Canarias.

> **MODELO** —¿Qué le dio Julián a Teresa?
> —Le dio un viaje a las Islas Canarias.

F. Querido diario. Write a journal entry of ten sentences in the preterite to describe what you did yesterday. Choose from the following verbs.

bailar	estudiar	ducharse	acostarse	buscar
practicar	trabajar	llegar	jugar	comer
caminar	despertarse	empezar	tocar la guitarra	
comprar	levantarse	ir	salir	

G. Mi último viaje de vacaciones. Write a paragraph describing your last vacation trip. Explain where you went and what you did.

CULTURA

España

Turistas y trabajadores (*workers*)

BARCELONA—El sector turístico catalán tiene un déficit de 2.500 trabajadores para afrontar el verano. En esta temporada se espera batir (*expects to break*) el récord de

Trabajadores en un restaurante de Barcelona.

visitantes del año pasado, cuando 20,4 millones de turistas extranjeros escogieron Cataluña para pasar sus vacaciones.

En la Costa Brava existen unos 1.500 puestos de trabajo vacantes, entre cocineros, camareros y personal de limpieza, según informa Europa Press. Más del 70 por ciento de las empresas (*businesses*) consultadas aseguran que necesitan encontrar gente de forma inmediata de cara (*as they face*) al verano.

La estacionalidad del turismo es una de las causas directas de la falta de mano de obra (*lack of workers*) en el sector, aunque también incide la situación económica en otras áreas de la economía, como la construcción, donde se paga mejor y no se trabaja los fines de semana.

Los puestos más solicitados son los de camarero, cocinero, personal de limpieza y recepcionista, aunque también se necesitan socorristas (*lifeguards*) y vigilantes nocturnos.
(*El Mundo, 30 de diciembre de 2000*)

👥 DISCUSIÓN EN GRUPOS

A. Working in groups, read each sentence and write **V (verdadero)** if the statement about the reading is true o **F (falso)** if it is false. If the statement is false, correct it to make it true.

1. _____ Al sector turístico le faltan trabajadores para el verano.

2. _____ Pocos turistas extranjeros pasan sus vacaciones en España.

3. _____ Existen muchos puestos de trabajo vacantes para cocineros, camareros y personal de limpieza.

4. _____ Los puestos son permanentes.

5. _____ No tienen que trabajar los fines de semana en el sector turístico.

B. In groups, talk about the tourist industry in your own country, the types of jobs available, and whether they are desirable. Did you ever hold such a position yourself? What kind of summer work did you do last year?

Internet

POR INTERNET

Busca una página de turismo de un país hispano que te interese. Por ejemplo, usa la frase clave (*key phrase*) "turismo + Panamá / Ecuador / Argentina", etc. ¿Qué tipo de información ofrece el sitio en esa página? Describe lo que encuentras a un/a compañero/a. ¿Es interesante o aburrida la página? ¿Por qué?

VOCABULARIO 4B.2
Using Ordinal Numbers

■ Itinerario: Borinquen, crucero caribeño

Primer día	Por la mañana	Llegada de los pasajeros a Miami desde diferentes ciudades.
		Una limosina espera a cada uno de los pasajeros en el aeropuerto. Por favor, avísenos su hora de llegada a Miami. (El precio de la excursión no incluye propinas.)
	13.30	Almuerzo en el hotel con los guías del crucero y todos los participantes de la excursión. El precio del hotel incluye impuestos.
Segundo día	7.30	Transporte desde el hotel al puerto en autobús. Los pasajeros deben estar listos en la recepción del hotel a las 7.25 de la mañana.
	8.30	Salida del crucero para San Juan.
	14.00	Llegada a San Juan.
Tercer día	8.00–15.00	Excursión y tour de la isla. (Opcional)
Cuarto día		Día libre para recreo o compras.
Quinto día	8.30	Paseo a la Isla Vieques.
	19.30	Cena y baile a bordo. Todas las noches hay un espectáculo diferente con las mejores orquestas y los mejores artistas del país.
Sexto día	8.45	Excursión en barco para pescar en nuestras aguas cristalinas. (Opcional)
Séptimo día		Día libre para descansar.
Octavo día	8.30	Paseo a la Isla de Culebra.
	22.30	Excursión a las mejores discotecas para gozar de las actividades nocturnas de la ciudad.
Noveno día	8.30	Salida del crucero para Miami.
	14.00	Llegada a Miami.
		Salida de Miami a sus países de residencia.

Ordinal numbers in Spanish (**primero, segundo, tercero**...) generally appear in front of the noun they modify and agree in gender and number.*

> **segundo** viaje   *second trip*   **cuarta** excursión   *fourth excursion*

Notice in the itinerary above that **primero** and **tercero** drop the **–o** in front of a masculine noun.

> **tercer** mes   *third month*   ***BUT***   **tercera** vez   *third time*

Normally, after **décimo** (*tenth*), the cardinal numbers are used.

> el día **once**   *the eleventh day*

---

* Notable exceptions are names of monarchs: Carlos V (Quinto), *Charles V (the 5th)*.

⟨⟩ACTIVIDADES

A. Comprensión.   Answer these questions using the information found in the poster for the **Crucero caribeño** on page 164 and the itinerary for this cruise on page 172.

1. ¿A qué país va el crucero?
2. ¿Cómo se llama la excursión?
3. ¿De qué ciudad sale y a qué hora?
4. ¿Qué atracciones ofrece el crucero a Puerto Rico?
5. ¿Cuánto cuesta el viaje? ¿Qué cosas no incluye el precio de la excursión?
6. ¿En qué van los pasajeros del aeropuerto al hotel en Miami?
7. ¿Qué excursiones opcionales hay para los pasajeros?
8. ¿Qué ofrece el gimnasio del barco?
9. ¿Qué días libres tienen los turistas?

B. Mis vacaciones.   Create your own itinerary for a nine-day vacation.

MODELO

Mi viaje a Costa Rica	
Primer día	Voy a despertarme temprano para llegar al aeropuerto a tiempo. Salgo a las 7.00...

ESTRUCTURA   4B.2
Direct Object Pronouns

▮ Preparando el viaje

AMANDA: No encuentro mi bolsa azul. **La** necesito para empacar mis cosas.
ARTURO: Yo **la** tengo. Aquí está la bolsa. También tengo los boletos de avión.
AMANDA: **Los** tienes también, ¡qué bien! Mil gracias.
AMANDA: ¿Y el dinero?
ARTURO: También **lo** tengo aquí. Supongo que fuiste a la embajada norte-americana y sacaste las visas, ¿verdad?
AMANDA: ¿Las visas? Claro, fui ayer a la embajada para pedir**las**.
ARTURO: Es importante tener**las**.
AMANDA: Sí, lo sé. Sin visas no podemos viajar.

A direct object is the person or thing that directly receives the action of the verb. In the sentences above, **mi bolsa azul** is a direct object. Once the object is stated, it is often replaced by a direct object pronoun to avoid redundancy: *La* necesito **para empacar mis cosas.**

In the selection above, identify the remaining direct object nouns that correspond to the pronouns in boldface.

Direct object pronouns			
me	*me*	nos	*us*
te	*you*	os	*you*
lo, la	*him, her, you, it*	los, las	*them, you*

Direct object pronouns precede the conjugated verb.

—¿Y **los boletos?**   —*And the tickets?*
—**Los** recogemos en Barajas.   —*We'll pick them up in Barajas.*

When the direct object is used together with a conjugated verb and an infinitive (**tengo que comprar, voy a hacer, acabo de escribir**, etc.) the pronoun can go either before the conjugated verb or attached to the end of the infinitive.

Tenemos que encontrar al chofer que se llevó el jaguar.	*We have to find the driver who took the jaguar.*
Lo tenemos que encontrar.	*We have to find him.*
Tenemos que encontrar**lo.**	
Quiero pedir una habitación más grande.	*I want to ask for a larger room.*
La quiero pedir.	*I want to ask for it.*
Quiero pedir**la.**	

Direct object pronouns are attached to the end of the infinitive when the infinitive is used with expressions such as **es importante / bueno / necesario**, etc., or in prepositional expressions such as **para recibir*las*, de visitar*la*.**

—Me gusta tener un buen mapa.	—*I like to have a good map.*
—Sí, es bueno tener**lo.**	—*Yes, it's good to have it.*
—¿Vas a visitar a tu prima en Barajas?	—*Are you going to visit your cousin in Barajas?*
—Sí, en este momento salgo para visitar**la.**	—*Yes, I am leaving right now to visit her.*

◆ACTIVIDADES

A. Sin repeticiones. Write sentences replacing the direct object nouns with direct object pronouns. Follow the model.

MODELO   Miranda compra los pasajes.   *Miranda buys the tickets*
               Miranda los compra.   *Miranda buys them.*

1. Quiero mucho a Manuela.
2. Compré unas gafas.
3. Miro los balcones de Sevilla.
4. Los turistas escuchan música.
5. Acuesto al niño en su cama.

6. Desperté a mi hermano temprano.
7. Usted llamó al médico.
8. Podemos tomar el autobús.
9. Llamamos a nuestra profesora.

B. **Preguntas personales.**   You and your friend are getting ready for a trip to Uruguay. You check with each other to see if everything is ready. Follow the model and use direct object pronouns

MODELO   reservar el hotel   *reserve the hotel*
          —¿Reservaste el hotel?   *—Did you reserve the hotel?*
          —Sí, lo reservé.   *—Yes, I reserved it.*

1. sacar la visa
2. escribir las cartas
3. comprar los pasajes
4. recibir la confirmación del hotel
5. comprar las nuevas maletas
6. pagar las cuentas

C. **Acción inmediata.**   Armando sent an e-mail to Felipe. Read the message. Then answer the questions replacing the highlighted words with the corresponding direct object pronoun.

Queridos Adriana y Felipe:
  ¡Buenas noticias! Nayeli está bien. Los está esperando en San Juan, Puerto Rico. Todo está arreglado. Sus boletos están en Barajas, en la aerolínea Iberia. Sólo tienen que volver a Madrid dentro de dos días para tomar el avión desde allí. ¡Buena suerte!

1. ¿Espera Nayeli **a Felipe y Adriana**? Sí, Nayeli _____ espera.
2. ¿Arregló Armando **el viaje**? Sí, él _____ arregló.
3. ¿Dejó Armando **los boletos** en Barajas? Sí, él _____ dejó en Barajas.
4. ¿Tomaron Adriana y Felipe **el avión** en Madrid? Sí, _____ tomaron allí.
5. ¿Van Adriana y Felipe a ver **a Nayeli** en Puerto Rico? Sí, van a ver_____.

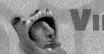

VIDEODRAMA 4B *¿Está en peligro el jaguar?*

Preparémonos

A. En el último episodio... Review the scenes from *Videodrama 4A* by providing the following information. Work in pairs.

1. Cosas raras pasan en la casa de _____.
2. _____ explica que robar el jaguar es un asunto ilegal.
3. Adriana y _____ están en la estación de trenes en Madrid.
4. _____ dice que el crimen no paga.
5. _____ escucha la conversación entre los Covarrubias y Nayeli.

    a. La Sra. Covarrubias
    b. Gafasnegras
    c. Adriana
    d. los Sres. Covarrubias
    e. Felipe
    f. Nayeli

Answers: 1. d; 2. f; 3. e; 4. a; 5. b

B. Somos detectives. In pairs, brainstorm about this street scene. What is happening between Adriana and Felipe? Where are they? Is she whispering something or kissing him?

Resumen del video

Upon arriving at the Covarrubias' house, Adriana and Felipe learn that Gerardo has already left for parts unknown. Adriana goes to the Archivo General de Indias to find Nayeli. Felipe, meanwhile, reads an e-mail message from Armando indicating that he and Adriana should go to Puerto Rico to meet Nayeli who is safe and sound. Adriana realizes that a mysterious man with an unusual ring is following her. When she tells this to Felipe, he calms her down and announces that there are two plane tickets waiting at Barajas Airport in Madrid for their trip to Puerto Rico. Meanwhile, Gafasnegras uses an electronic device to eavesdrop on Nayeli as she visits a travel agency to buy a ticket to South America.

Miremos y escuchemos

C. Observaciones. While watching this episode, review the questions below and circle the letter of the correct answer.

1. En el hotel, Felipe y Adriana reciben un mensaje de correo electrónico de esta persona. ¿Cómo se llama?
    a. Nayeli Paz Ocotlán   b. Armando de Landa
    c. Gerardo Covarrubias

2. Alguien está contentísimo de saber que los boletos para Puerto Rico están en el aeropuerto de Barajas en Madrid. ¿Quién es?
   a. el chofer del camión   b. el agente de viajes   c. Felipe
3. En el hotel, Adriana mira el libro de Nayeli. ¿Cuál es el título del libro?
   a. *El camino del jaguar*   b. *Los héroes gemelos de Xibalbá*
   c. *La tumba de Pacal*
4. Nayeli sale de la agencia de viajes después de comprar un boleto de avión. ¿Adónde va?
   a. a Puerto Rico   b. al Ecuador   c. a Costa Rica
5. Los eventos de este episodio ocurren en la ciudad de
   a. Sevilla.   b. San Juan.   c. Quito.

> ### Videonota cultural
> **El Archivo General de Indias.** El Archivo General de Indias is the library in which documents and records from three centuries of Spanish colonial rule in the Americas (or Indies) are stored. Among the documents contained in the Archivo is a letter written in 1590 by Miguel de Cervantes, author of the *Quijote,* requesting employment in the New World. What famous letters or documents are in the national archives of your country?

Comentemos

D. Comprensión.   In groups, answer the following questions.

1. ¿Entran Adriana y Felipe a la casa de los Covarrubias?
2. ¿Sabe la señora Covarrubias dónde está su esposo? ¿Cómo está ella?
3. Adriana va al Archivo General de Indias. ¿La acompaña Felipe?
4. ¿De quién recibe Felipe un correo electrónico? ¿Qué dice su mensaje?
5. ¿Quién persigue a Adriana? ¿Cómo está ella al regresar al hotel?
6. ¿De quién es la foto en el libro que Adriana está leyendo en la habitación del hotel?
7. ¿Qué le cuenta Adriana a Felipe?
8. ¿Qué le cuenta Felipe a Adriana?
9. ¿Para dónde es el boleto de avión que compra Nayeli?
10. ¿Parece Nayeli triste, alegre o preocupada cuando recibe la rosa?

E. Yo creo que...   In pairs, discuss the following question: *¿Qué crees que van a hacer estas personas?*

1. Nayeli: ¿Va a encontrarse con Felipe y Adriana? ¿Va a hablar con la policía?
2. Adriana y Felipe: ¿Van a hablar con el señor del anillo raro? ¿Van a tener una relación romántica?
3. El chofer del camión: ¿Va a volver a su casa? ¿Va a hablar con Nayeli otra vez? ¿Le va a pasar algo malo?
4. El hombre del anillo raro: ¿Va a perseguir a Adriana en Puerto Rico? ¿Va a capturar a Adriana?

F. ¡Qué gusto!   In groups of three, describe Sevilla by answering the following question: *¿Qué cosas, sitios, personas y actividades observas en Sevilla en este episodio?*

G. Una pregunta más.   Contesta la pregunta: *¿Está en peligro el jaguar?* Explica.

España

LECTURA

Prelectura

A. Un sitio que yo conozco. In groups of three, take turns describing a city or country to which you have traveled with family or friends here or abroad. Answer these questions.

1. ¿Cómo se llama el lugar? ¿Dónde está? ¿Cuántos habitantes tiene?
2. ¿Qué tipo de restaurantes tiene? ¿Cuál es tu favorito? ¿Hay muchas tiendas?
3. ¿Cuáles son los principales sitios turísticos de interés?
4. ¿Quién es una persona famosa de ese lugar?

España abraza° a los turistas

¿**S**abes que cada año el número de turistas que visitan España es mayor que° el número de habitantes del país? ¡Pues así es! La población° del país suma unos 40 millones, mientras que recibe a unos 60 millones de visitantes. Es un país muy popular porque ofrece no solamente mar y montañas, comidas ricas, y museos y castillos°, sino° también un agradable espíritu de bienvenida°.

embraces

greater than
population

castles / but
welcome

Barcelona

Barcelona es una ciudad de mucho prestigio, sofisticada y contemporánea. Se encuentra en Cataluña y allí hablan catalán y español. Tiene importantes museos de arte, restaurantes y la famosa catedral, del

El Parque Güell de Barcelona.

Estadio olímpico de Barcelona.

arquitecto Antonio Gaudí, llamada La Sagrada Familia. La ciudad da al° mar y hay una playa muy popular con muchas diversiones para turistas y residentes.

faces

Las playas de Sitges, cerca de Barcelona.

Estadio para las Olimpiadas

El inmenso estadio fue construido° para los juegos olímpicos de 1992. También construyeron una villa para atletas. Para esa ocasión, se hicieron muchos nuevos espacios deportivos que permanecen hoy en día°.

was built

today

Las Ramblas

Las Ramblas es el lugar favorito de la ciudad donde se pasean° muchos jóvenes y familias. Hay cafeterías y terrazas al aire libre°, tiendas, kioskos, pintores y artistas. ¡Hay tanto que ver, comer y escuchar!

stroll
outdoor

Artistas en las Ramblas, Barcelona.

"Puppy"

La famosa escultura "Puppy", símbolo del Museo Guggenheim.

De Barcelona, vale la pena° hacer una excursión a Bilbao, en el País Vasco, ciudad famosa por la construcción del nuevo Museo Guggenheim, concebido por el arquitecto Frank O. Gehry. El notable edificio de titanio, caliza° y vidrio° es enorme. También es impresionante la escultura del perrito, "Puppy", símbolo del museo, que se compone de 60.000 plantas y flores y es casi tan alto como° el museo. ∎

it's worth

limestone / glass

as tall as

Postlectura

B. Comprensión. In pairs, answer the following questions based on the reading.

1. ¿Cuántos turistas visitan España cada año? ¿Por qué?
2. ¿Cómo es Barcelona?
3. ¿Desde cuándo tiene Barcelona un estadio olímpico?
4. ¿Cuál es la atracción de las Ramblas?
5. ¿Dónde está el Museo Guggenheim? ¿Quién es "Puppy" y cómo es?

C. Dos ciudades interesantes. You and a classmate have been invited to give a short presentation to a Spanish class about traveling to Spain. You have to do research on the Internet and design a brochure with appealing visuals. The title of your two-paragraph talk is *"Dos ciudades fascinantes de España."*

Hablemos

A. ¿Cómo es el campus?   How good are you at describing? Work with a partner to describe the location of five items or places on your campus. Partner A describes where the items or places are in relationship to one another while Partner B draws them. Use only Spanish and do not use any visual cues. Check the accuracy of the drawing and switch roles. Be sure to review the vocabulary for both **lecciones** before beginning.

B. ¿Adónde van los señores Covarrubias?   After sending the jaguar twin off to Ecuador, Sr. Covarrubias decides to take a little trip with his wife with the money he was paid to transport the jaguar. With a partner create a conversation between them to plan the trip. Choose at least three different locations and three different means of transportation to get there. Also discuss what activities they will do while hiding out on "vacation."

Investiguemos por Internet

INTERNET STRATEGY: Identifying Country Domains

When you are looking for information originating in a specific country, it is useful to look at the country domain of the Internet address. The domain will tell you where the server is registered. For example, the address **http://www.renfe.es** is in Spain because the last part of the address, **es**, corresponds to **España**.

Cibervocabulario
Country domains for the Spanish-speaking world

Argentina	ar	Honduras	hn
Bolivia	bo	México	mx
Chile	cl	Nicaragua	ni
Colombia	co	Panamá	pa
Costa Rica	cr	Paraguay	py
Cuba	cu	Perú	pe
La República Dominicana	do	Puerto Rico	pr
Ecuador	ec	España	es
El Salvador	sv	Uruguay	uy
Guatemala	gt	Venezuela	ve

Note that these domains are more helpful in recognizing where the page is registered rather than helping you search for country-specific sites.

C. Viajes, viajes, viajes.   Review the chart of Internet domains for Spanish-speaking nations. Then use a search engine and the keyword **turismo** to find Web pages about travel that are registered in a particular country. Examples: **turismo.mx** for Mexico, **turismo.cl** for Chile. Look carefully at three different pages from three different countries. Write as many sentences in Spanish as you can about the images and content of the most interesting page you find.

Escribamos

Another way to organize information visually is by use of a time line. This strategy is useful when writing about a sequence of events, whether over a brief or long period of time. A time line helps you to see connections between earlier and subsequent events.

Workshop

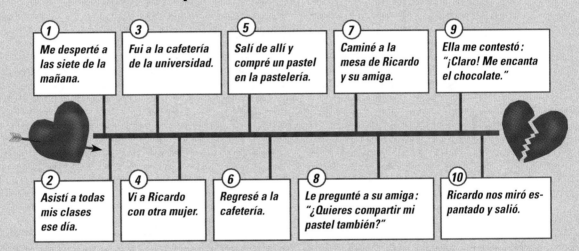

1. Me desperté a las siete de la mañana.
3. Fui a la cafetería de la universidad.
5. Salí de allí y compré un pastel en la pastelería.
7. Caminé a la mesa de Ricardo y su amiga.
9. Ella me contestó: "¡Claro! Me encanta el chocolate."

2. Asistí a todas mis clases ese día.
4. Vi a Ricardo con otra mujer.
6. Regresé a la cafetería.
8. Le pregunté a su amiga: "¿Quieres compartir mi pastel también?"
10. Ricardo nos miró espantado y salió.

Primero me desperté a las 7.00 de la mañana. Asistí a todas mis clases ese día y luego fui a la cafetería para almorzar con mi novio Ricardo. Llegué media hora antes de nuestra cita y vi a Ricardo ¡besándose con otra chica! Ellos no me vieron. Fui a comprar un pastel de chocolate a la pastelería. Regresé a la cafetería y caminé a la mesa de Ricardo y su amiga. Le pregunté a su amiga: "¿Quieres compartir mi pastel también?" Ella me contestó: "¡Claro! Me encanta el chocolate". Ricardo nos miró espantado y salió. Ahora, su amiga Laura es mi mejor amiga.

Strategy in action

For additional practice with the strategy for writing a time line, turn to *Escribamos* in your Activities Manual.

D. Mi primer día de clase. Use a time line to record at least five things that happened on your first day of class. Then, write a brief paragraph to describe the events of that day.

E. El diario de Adriana. The evening after being followed by the mysterious ring-fingered man, Adriana sits down to write the sequence of events in her journal. Use a time line to order the events and record what happened to her.

COMMUNICATION GOALS

- Avoiding redundancy
- Describing ongoing actions and events in the past
- Narrating with the imperfect

CAPÍTULO 5

Los turistas gozan de los pasatiempos en una playa en Montevideo, Uruguay.

	Lección 5A **Un hotel en la playa**	**Lección 5B** **La familia trabaja**
Vocabulario	Hotels • Pastimes	Family • Professions
Estructura	Preterite of irregular verbs • Preterite of stem-changing –ir verbs • Adverbial expressions of time	Double object pronouns • Imperfect tense • Adverbial expressions of time
Cultura	Un pasatiempo del Caribe	Hispanos en el mundo del trabajo
Lectura	Tres perlas del Caribe	La creación del hombre y la mujer
Videodrama *¿Hay amor* *en la playa?*	Adriana and Felipe enjoy the scenery in San Juan. • Nayeli has another dream and receives a mysterious phone call. • She makes arrangements to fly to San Juan.	Unaware that they are being followed by two shady characters, Felipe tells Adriana a Cuban legend. • Nayeli arrives in San Juan, pursued by Gafasnegras.

Un hotel en la playa

VOCABULARIO 5A.1

Checking into a Hotel

■ **Necesitamos una habitación.** *(We need a room.)*

1. el huésped
2. la huésped
3. el ascensor
4. el botones
5. el buzón
6. la conserje
7. la llave
8. la maleta
9. la recepción
10. el recepcionista

MÁS PALABRAS Y EXPRESIONES

COGNADOS

el (mini) bar   la reservación   reservar

VERBOS

atender (ie) *to attend to, wait on*

hacer una llamada (de larga distancia / por cobrar) *to make a (long distance / collect) phone call*

SUSTANTIVOS

el cajero automático *automated teller machine*

el cambio de dinero / moneda *money exchange*

el cheque de viajero *traveler's check*

el (dinero en) efectivo *cash*

el estacionamiento *parking lot*

la habitación *room*

el piso *floor*

el salón de conferencias *conference room*

la tarjeta de crédito *credit card*

Vocabulario en acción

En este diálogo, de **Videodrama 5A**, Felipe y Adriana están en un hotel en San Juan, Puerto Rico.

Adriana: Queremos registrarnos, por favor.
Recepcionista: ¿Tienen reservación?
Adriana: Por supuesto.
Recepcionista: ¿A nombre de quién?
Adriana: Reyes, Adriana Reyes.
Recepcionista: Su habitación tiene una bellísima vista a la playa. Es la habitación número ciento tres.
Adriana: Gracias.
Recepcionista ¡Qué disfruten de su estadía!

◑ACTIVIDADES

A. Hotel Real de Minas.   Listen to the description of a hotel in Guanajuato, México, then determine whether the statements are **verdadero (V)** or **falso (F)**. Correct the false statements.

1. _____ Guanajuato es una ciudad bonita.
2. _____ El Hotel Real de Minas es un hotel económico.
3. _____ Hay 12 restaurantes en el hotel.
4. _____ Hay 175 habitaciones en el hotel.
5. _____ Veinte suites tienen aire acondicionado.
6. _____ No hay estacionamiento.
7. _____ Hay un bar cerca de la alberca.
8. _____ Su número de teléfono es el 63-215-80.

B. ¿Qué es?   Write the correct word that matches each definition.

1. Cuando viajas, pones mucha ropa (*clothing*) allí.
2. Es dinero plástico para pagar la habitación del hotel.
3. Es una cosa para abrir la puerta.
4. Allí descansas en el hotel.
5. Allí los turistas reciben la llave de la habitación.
6. Allí pagas para mandar una tarjeta postal.
7. Es un aparato para ir al piso doce.

C. Símbolos internacionales.   Match the international hotel symbols on the right with their meanings on the left.

_____ piscina (alberca)
_____ dos camas sencillas
_____ tarjetas de crédito
_____ cama sencilla
_____ cambio de moneda
_____ restaurante
_____ salón de conferencias
_____ teléfono
_____ ascensor
_____ bar
_____ estacionamiento
_____ cama doble
_____ televisión
_____ perros no (*no dogs*)
_____ minibar

D. ¿Qué necesitas?   What hotel amenities will you need in the following situations?

MODELO   Tienes hambre.
Necesito ir al restaurante.

1. No tienes dinero.
2. Debes llamar a tu madre.
3. Tus maletas son muy grandes.
4. Tu habitación está en el piso veinticuatro.
5. Tienes sed.
6. Quieres hacer ejercicio.
7. Tienes hambre a medianoche y el restaurante está cerrado (*closed*).
8. Llegas al hotel en coche.

E. Querido amigo/Querida amiga.   You are on vacation. Write a postcard to your best friend, telling where you are staying. Describe the hotel, its amenities, and tell what there is to do that you like and don't like. Include any special information about your vacation.

ESTRUCTURA 5A.1
Talking about the Past

Preterite of irregular verbs

Queremos un hotel

We had to
I wasn't able
did (he) say
made

drove

GLORIA: ¡Por fin llegaste! **Tuvimos°** que esperar aquí mucho tiempo.
FERNANDO: Lo siento, pero **no pude°** conseguir habitación en este hotel.
GLORIA: ¿Qué **dijo°** el recepcionista?
FERNANDO: Dijo que todo está ocupado, pero él **hizo°** una llamada al Hotel Playa Blanca y allí hay habitaciones.
GLORIA: Vamos allí. ¿Puedes conducir tú, por favor? Yo **conduje°** todo el día.
FERNANDO: Claro, yo conduzco.

There are three main groups of irregular verbs in the preterite. They can be grouped by the common changes they share in their stem.

Group 1: Verbs with **u** in the stem.
Group 2: Verbs with **i** in the stem.
Group 3: Verbs with **j** in the stem.

- Notice that these verbs have a unique set of endings.

- Unlike regular verbs, there are no written accents on these forms.

Group 1: Verbs with **u** in the stem		
	tener → u	**Other verbs with the same pattern**
yo	tuve	andar *(to walk; to go)*	anduv-
tú	tuviste	estar	estuv-
Ud., él/ella	tuvo	haber	hubo
nosotros/as	tuvimos	poder	pud-
vosotros/as	tuvisteis	poner	pus-
Uds., ellos/as	tuvieron	saber	sup-

- **Hubo** (*there was, there were*) is the preterite of **haber.** Like **hay** (*there is, there are*), there is only one form for singular and plural meanings.

  No **hubo** problemas con la reservación.   *There were no problems with the reservation.*

  Ayer **hubo** un accidente.   *There was an accident yesterday.*

- **Saber** in the preterite means *to find out; to learn.*

Group 2: Verbs with **i** in the stem		
	venir → i	Other verbs with the same pattern
yo	vine	querer quis-
tú	viniste	hacer hic-
Ud., él/ella	vino	
nosotros/as	vinimos	
vosotros/as	vinisteis	
Uds., ellos/as	vinieron	

- In **hacer,** the **c** becomes **z** before the vowel **o**: usted/él/ella *hizo.* This change keeps the pronunciation of all forms consistent.

Group 3: Verbs with **j** in the stem		
	decir → j	Other verbs with the same pattern
yo	dije	traer traj-
tú	dijiste	conducir conduj-
Ud., él/ella	dijo	traducir traduj-
nosotros/as	dijimos	producir produj-
vosotros/as	dijisteis	
Uds., ellos/as	dijeron	

- The endings of these verbs are the same as the endings in Groups 1 and 2, except in the third person plural where the ending is –**eron**: **producir → produjeron.**

- Note the vowel change in **decir** from **e** to **i** in the verb stem.

⟨⟩ACTIVIDADES

A. Cosas. Work in pairs. Create sentences with elements from each of the columns below. Follow the model.

   Modelo   Los huéspedes dijeron cosas muy buenas sobre el hotel.   *The guests said very good things about the hotel.*

A	B	C
Yo	decir	viajar a Cancún
Los huéspedes	hacer	paella para la cena
El botones del hotel	conducir	cosas muy buenas sobre el hotel
El cocinero del hotel	poner	la maleta en la habitación
Los turistas	querer	los cheques de viajero
Tú	traer	el auto hasta el hotel

B. Rutina en el aeropuerto. Your friend has a summer job at the airport. Work with a partner, asking and answering questions about what happened today at the airport. Use the preterite and follow the model.

MODELO algunos pasajeros / traer muchos regalos al país
—¿Qué hicieron algunos —*What did some passengers do?*
pasajeros?
—Ellos trajeron muchos regalos —*They brought many presents*
al país. *into the country.*

1. los empleados / poner las revistas en el avión
2. el piloto / hacer llamadas por el altavoz (*speaker*)
3. nosotros / tener que conseguir los pasajes
4. el profesor / estar en tres reuniones
5. tú / poder descansar
6. una pasajera / poner el teléfono en la bolsa
7. el conserje / decirnos "Buenos días."
8. la profesora / poder viajar al Perú

C. En la playa. Felipe and Adriana are at the beach in Puerto Rico and talking about beach activities. Imagine that the next day, you tell your friends what Felipe and Adriana did at the beach and what they said about their day. Read the dialog.

FELIPE: ¡Esta isla es bellísima!
ADRIANA: ¡Hay tanto que hacer! Se puede hacer surfing, montar a caballo o navegar en velero.
FELIPE: O podemos hacer castillos en la arena, o buscar conchas o nada más broncearnos.
Ay, Adriana, hay momentos perfectos... como éste... ah... y hay momentos que sólo existen en la imaginación.
ADRIANA: ¿Como el de tu Cuba, tu Cuba desconocida?
FELIPE: Sí, la Cuba que probablemente nunca voy a conocer.
ADRIANA: ¿Crees que las playas son iguales?
FELIPE: Me imagino que sí, pero, pero no sé...
ADRIANA: ¿En qué pensabas?
FELIPE: ¿Cómo te puedo explicar? Es como tener un padre o una madre a quien nunca tuviste la oportunidad de conocer. El dolor, la curiosidad, nunca desaparecen. Cada vez que pongo un pie en la playa, mis pensamientos huyen de mí y vuelan a esa isla misteriosa, desconocida.
ADRIANA: Es importante vivir en el presente. No vale la pena pensar en lo que pudo ser y no fue.

Now, complete the activity with the preterite.

1. Felipe _____ (decir): "¡Esta isla es bellísima!"
2. Adriana y Felipe no _____ (hacer) surfing y tampoco _____ (montar) a caballo ni _____ (buscar) conchas en la playa.
3. Durante ese día, Felipe _____ (pensar) mucho en la isla de Cuba.
4. Felipe no _____ (saber) decir nada sobre cómo son las playas de Cuba.
5. Felipe _____ (decir): "_____ (poner) un pie en la playa de Puerto Rico y mis pensamientos _____ (huir) de mí, _____ (volar) a esa isla misteriosa."
6. Adriana _____ (decir): "No vale la pena pensar en las cosas que _____ (poder) suceder y después no _____ (suceder)."

D. **Experiencia propia.** Write a dialog of four or five sentences describing an experience you had when checking into a hotel. What happened? What did you do? What did the receptionist say? What happened next?

VOCABULARIO 5A.2

Talking about Pastimes

■ **Vamos a la playa.** *(Let's go to the beach.)*

1. jugar (al) volibol
2. las gafas de sol
3. la novela
4. tomar el sol
5. el traje de baño
6. el/la radio
7. la toalla
8. el protector / bronceador solar
9. el balón
10. buscar conchas
11. pasearse / dar un paseo
12. el sombrero
13. las sandalias
14. el picnic
15. la sombrilla
16. hacer castillos de arena
17. hacer esquí acuático
18. nadar

MÁS PALABRAS Y EXPRESIONES

VERBOS

bailar en una discoteca (un club)
 to dance in a disco (club)
broncearse *to get a tan*
bucear *to go skindiving, snorkeling*
hacer surfing *to go surfing*
ir de pesca (pescar) *to go fishing
 (to fish)*

montar a caballo *to go horseback
 riding*
montar en bicicleta *to go bicycling*
navegar en velero *to go sailing*
protegerse *to protect oneself*
quemarse *to get a sunburn*

Vocabulario en acción

En este diálogo de Videodrama 5A, Felipe y Adriana están en la playa en San Juan, Puerto Rico.

Felipe: ¡Esta isla es bellísima!

Adriana: ¡Hay tanto que hacer! Se puede hacer surfing, montar a caballo o navegar en velero.

Felipe: O podemos hacer castillos en la arena, o buscar conchas o nada más broncearnos.

◆ ACTIVIDADES

A. ¿Qué es?   Choose the best vocabulary word(s) for each definition. There may be more than one answer.

1. una actividad que haces en el agua
2. algo que usas para protegerte del sol
3. algo que puedes leer
4. es un buen ejercicio
5. algo que buscas en la playa para una colección
6. algo que te pones en los pies *(feet)*
7. la comida que llevas a la playa
8. algo que usas cuando quieres escuchar música

B. Me toca a mí.   Now write three of your own definitions similar to those in **Actividad A**. Read them to a classmate and have him or her guess the vocabulary word being defined.

C. Memoria.   As a class, create a chain sentence that describes what you all like to do at the beach. One person starts by stating what he or she likes to do. The next person repeats the idea, then adds on his or her own. Take turns and try to remember what each of your classmates has said before you. Follow the model.

> **MODELO**   Student A: *Cuando voy a la playa yo juego al volibol.*
> Student B: *Cuando voy a la playa yo juego al volibol y monto en bicicleta.*
> Student C: *Cuando voy a la playa yo juego al volibol, monto en bicicleta y...*

D. Necesito llevar... Work with a partner to make a list of the things you need to pack on your trip in order to do your favorite activities.

MODELO *Para ir a la playa necesitamos llevar bronceador, la bicicleta...*

CULTURA

El Caribe

Un pasatiempo del Caribe

En las islas caribeñas de habla española hay un pasatiempo que despierta mucho interés entre sus habitantes: el dominó. Lo juegan usualmente los hombres en los bares de las islas o al aire libre. Este juego tiene veintiocho fichas *(pieces)* rectangulares,

Un juego de dominó,
La Habana, Cuba.

generalmente blancas y con puntos negros, que representan los números del uno al seis. Los jugadores ponen las fichas con mucha gracia, dando un golpe fuerte *(hard hit)* en la mesa y pasan horas jugando y a veces también haciendo apuestas *(bets)*. Mucha gente juega al dominó y uno de los grandes aficionados *(fans)* a este juego es el presidente de Cuba, Fidel Castro.

DISCUSIÓN EN GRUPOS

1. ¿En qué región juegan mucho al dominó?
2. ¿Dónde juegan los hombres?

3. ¿Cuántas fichas hay?
4. ¿Qué números aparecen en las fichas de los dominós?
5. ¿Qué pasatiempos populares hay en tu región?
6. ¿Qué pasatiempos prefieren los miembros de tu familia?
7. Describe un pasatiempo favorito que practicas con tus amigos.
8. ¿Cuál es el pasatiempo favorito en tu universidad?

Internet

POR INTERNET

Usa Internet para buscar información sobre otros pasatiempos en un país hispano a donde quieras viajar. Aquí hay unas palabras claves y sugerencias para ayudarte en tu búsqueda.

Palabras claves
pasatiempos, entretenimiento, ocio, juegos, playa, deportes

Sugerencias
Los sitios de turismo dan información cultural y sobre entretenimiento. Sitios importantes como *CNN en español* tienen una sección sobre entretenimiento y cultura popular. Muchas veces los **buscadores** en español se organizan por categoría.

Contesta las siguientes preguntas.

1. ¿En qué país se practica el pasatiempo? ¿Se practica afuera o adentro?
2. ¿En qué estación se practica?
3. ¿Cuántas personas lo juegan?
4. ¿Se necesita dinero para jugar?
5. ¿Cuántas horas por día necesitas para este pasatiempo?

ESTRUCTURA 5A.2
Talking about the Past

■ Preterite of stem-changing *–ir* verbs

Roberto toma sol.

El domingo pasado, Roberto y su esposa Ana fueron a la playa con su perro. Llevaron sombreros, gafas de sol, un radio y libros para leer. La pareja caminó sonriendo° a la playa y su perrito los **siguió**° con mucha alegría.

smiling / followed

En el kiosko, Roberto **pidió**° refrescos y su esposa **se sirvió**° una porción grande de fruta.

asked for / served herself

La esposa de Roberto se acostó debajo de una gran sombrilla y se puso a escuchar la radio. Roberto **prefirió**° estar en la arena leyendo su novela, pero **se durmió**° y no leyó nada.

preferred
fell asleep

Todos **se divirtieron**° mucho.

had fun

Stem-changing –**ir** verbs in the present are also stem-changing in the preterite. In the present, these verbs have three kinds of stem changes: **e→ie**, **e→i**, and **o→ue**. In the preterite, there are two kinds of stem changes: **e→i** and **o→u**. These changes occur in the third person singular and plural of the preterite forms.

Stem-changing preterites of –**ir** verbs: **e → i**		
	preferir	**Other verbs with the same pattern**
yo	preferí	divertirse
tú	preferiste	pedir, despedirse *(to say good-bye)*
Ud., él/ella	**prefirió**	repetir
nosotros/as	preferimos	seguir, perseguir
vosotros/as	preferisteis	sentirse
Uds., ellos/as	**prefirieron**	servir; reír *(to laugh)*, sonreír *(to smile)*

Stem-changing preterites of –ir verbs: o → u		
	dormir	Another verb with the same pattern
yo	dormí	morir
tú	dormiste	
Ud., él/ella	**durmió**	
nosotros/as	dormimos	
vosotros/as	dormisteis	
Uds., ellos/as	**durmieron**	

- The first and third person singular preterite forms carry the stress on the last syllable and have written accents.

- Stem-changing –ir verbs have the same vowel change in the preterite as in their progressive forms.

El mesero **está sirviendo** la cena.	*The waiter is serving dinner.*
Ella no se **sintió** bien ayer.	*She didn't feel well yesterday.*
Los huéspedes del hotel **están durmiendo**.	*The hotel guests are sleeping.*
Ellos no **durmieron** bien anoche.	*They did not sleep well last night.*

○›ACTIVIDADES

A. Un día en la arena.   Imagine that you and your friends spend a day on the beach. Use the questions and phrases below to talk about what you did. Follow the model.

> **MODELO**   ¿Qué hicieron Ana y Tomás? (divertirse en la playa)
> —*¿Qué hicieron Ana y Tomás?*
> —*Se divirtieron en la playa.*

1. ¿Qué hizo Carmen? (repetir su porción de refresco)
2. ¿Qué hicieron tus mejores amigos? (pedir una sombrilla grande)
3. ¿Qué hiciste tú? (dormir todo el día en la arena)
4. ¿Qué hicieron todos? (divertirse muchísimo)
5. ¿Qué hizo tu novio/a? (sentirse muy bien, después de un día maravilloso)
6. ¿Qué hizo tu perrito? (perseguir a los niños durante todo el día)

B. Pasatiempos de verano.   Interview a friend about his/her last vacation trip, asking questions with the phrases below. After the interview, report your findings to the class.

> **MODELO**   preferir / bailar en la discoteca o bucear en el mar
> —*¿Preferiste bailar en la discoteca o bucear en el mar?*
> —*Preferí bucear en el mar.*
> (To the class:)   *Sandra prefirió bucear en el mar.*

1. sentirse contento/a / en la piscina o en la playa
2. dormir bien / todas las noches
3. usar / protector solar todos los días
4. ir de pesca / con tus compañeros/as de viaje
5. pedir / un pasaje de primera clase o de clase económica
6. hacer surfing / en la playa
7. nadar / en el mar
8. divertirse / en la ciudad o en el campo (*countryside*)

C. El sueño de Nayeli. Nayeli's grandmother *(abuelita)* visits her in a dream to give her advice. Complete the passage with the correct form of the verbs in parentheses using the preterite tense.

NAYELI: La suerte me volvió la espalda *(turned against me)* de nuevo. ¿Qué debo hacer?

ABUELITA: Separa las cosas: es el único modo de encontrar la tranquilidad. Lo que _____ (1. hacer, tú), lo _____ (2. tener) que hacer. _____ (3. descubrir, Tú) el jaguar y _____ (4. volver) a México con él. Además, los terremotos son parte de la naturaleza. No tienes por qué creer que tú eres la causa de ese desastre natural que arrasó *(destroyed)* la ciudad de México.

Hernán sabe que lo amas. No _____ (5. despedirse, tú) de él, por eso no duermes, pero él no te culpa *(doesn't blame you)*, sabe que lo que _____ (6. hacer, tú) fue lo que tenías *(had)* que hacer.

D. Actividades en la playa. Look at the illustration on pg. 189 and describe which of these activities you did or didn't do during your last trip to the beach or during a vacation. Be sure to also indicate whether you liked the activity or not.

ESTRUCTURA 5A.3
Narrating a Sequence of Events with the Preterite

■ Adverbial expressions of time

Adverbial expressions of time can be used to link a sequence of events in time. When actions are expressed in the preterite, these adverbial expressions can emphasize that one action is completed before the next one is started.

Viaje a las playas de Acapulco

1. **Primero que todo** *(First of all)*, el 15 de abril, un mes antes de viajar, Julia miró los folletos turísticos y preparó un plan de vacaciones.

2. **Cuando** *(When)* terminó, a las 3 de la tarde, llamó a la agencia de viajes para reservar el pasaje de avión.

3. El sábado 15 de mayo, el día antes de viajar, Julia compró **primero** el pasaje de avión.

4. **Después** fue a comprar un nuevo traje de baño.

Luego por la tarde, compró sandalias y protector solar.

Por último *(Finally)* empacó la maleta y preparó sus documentos de viaje.

¡Ya *(Now)* está todo listo!, dijo Julia mirándolo todo.

Finalmente *(Finally)*, el domingo 16 de mayo, por la mañana, tomó el avión para Acapulco.

⟲ ACTIVIDADES

 A. Los planes de Julia. Using the words in boldface in the drawing captions, work in pairs asking and answering questions about what Julia did. Look at the model below to get started.

> **MODELO** *¿Qué hizo Julia primero que todo, un mes antes de viajar? ¿A qué hora? ¿Por la mañana o por la tarde?*

B. Un día en Acapulco. Work with a partner. Imagine that you and your friends are in Acapulco and just had a busy day enjoying the attractions. Look at the drawings and number them according to the sequence in which you both prefer to have done the activities. Then, write a caption for each one using the suggested verbs and linking words in the two lists below.

bailar	comer	comprar	descansar	llegar
nadar	pasear	pedir	tomar el sol	tomar un taxi

ya	primero	finalmente / por último	cuando
todo el día	después / luego	toda la noche	toda la tarde

C. Mi propia historia. Using the adverbial expressions of time, write, in a mixed-up order, everything you had to do to prepare for a trip to the beach, camping or any similar vacation. Then, exchange descriptions with a partner. Each of you should order the other's activities in a logical sequence.

VIDEODRAMA 5A *¿Hay amor en la playa?*

Preparémonos

A. En el último episodio... Review the scenes from *Videodrama 4B* by matching the character that is associated with the following information. Work in pairs.

1. Adriana y Felipe van a su casa en Sevilla.
2. Lee un mensaje de Armando en el hotel.
3. Va al Archivo General de las Indias.
4. Un hombre con un anillo raro la persigue.
5. Está en una agencia de viajes porque quiere comprar un billete para ir a Quito, Ecuador.

a. Nayeli
b. Adriana
c. El Sr. Covarrubias
d. Felipe

Answers: 1.c.; 2.d.; 3.b.; 4.b.; 5.a

B. Somos detectives. In groups of three, brainstorm about the photo and answer the following questions: *¿Dónde están Adriana y Felipe y qué hacen? ¿Qué pasa entre estos dos jóvenes? ¿Van a ser novios? ¿Por qué crees que sí o que no? ¿Quiénes son los otros jóvenes en la playa y qué saben de Nayeli y el jaguar robado?*

Resumen del video

Adriana and Felipe check into a hotel in Puerto Rico. Nayeli, meanwhile, receives a cryptic phone message from an unknown man who informs her that Adriana and Felipe are in Puerto Rico. Nayeli remembers the wisdom of her grandmother, **Abuelita,** who tells her that people are more important than things and that her family and friends are always there for her and support her. Nayeli decides to go to Puerto Rico instead of Quito. Gafasnegras continues to monitor Nayeli's every move.

Miremos y escuchemos

C. Videoacción. As you watch the video, number the sentences to reflect the correct order of events in the video. Then, review the sentences in their correct sequence.

_____ Adriana y Felipe deciden qué hacer en la playa.
_____ Adriana y Felipe se registran en un hotel.
_____ Felipe piensa en Cuba.
_____ Gafasnegras dice que el juego se acaba en Puerto Rico.
_____ La abuelita le dice a Nayeli que la muerte *(death)* de su esposo Hernán no fue culpa suya *(it wasn't her fault).*
_____ Nayeli decide ir a Puerto Rico a buscar a Adriana y Felipe.

Comentemos

D. ¿Qué hacen?   After you view the video, put an X next to the activities that
people do in this episode.

1. nadar _____
2. caminar por la playa_____
3. leer el periódico _____
4. hablar por teléfono _____
5. jugar al volibol _____

6. comer pan y queso _____
7. registrarse en el hotel _____
8. mirar una película _____
9. tener un sueño _____
10. hacer esquí acuático _____

E. Identificación.   Now, write who does each of the different activities that
you marked with an X.

F. Comprensión.   Answer these questions based on the video.

1. ¿En qué ciudad están Adriana y Felipe?
2. ¿Qué piensa el empleado del hotel sobre la relación entre Adriana y Felipe?
3. ¿Cuáles son los números de las habitaciones de Adriana y Felipe? ¿Qué tipo
   de vista tienen?
4. ¿Qué tiempo hace en Sevilla? ¿Qué usan las señoras para protegerse?
5. ¿Con qué saludo contesta Nayeli el teléfono? ¿Qué malas noticias le da el
   señor y cómo reacciona ella?
6. ¿Qué hacen los muchachos que están en la playa? ¿Cómo describe Felipe la
   isla de Puerto Rico? ¿y ese momento en la playa con Adriana?
7. ¿De qué isla misteriosa habla Felipe con Adriana cuando están en la playa?
   ¿Qué dice él? ¿Cómo se siente él? ¿Qué hacen los dos después de hablar?
8. ¿Qué pájaro aparece? ¿De qué color? ¿Con quién sueña Nayeli? ¿Cómo es?
9. ¿A quién llama Nayeli? ¿Qué le dice? ¿Quién escucha la conversación telefónica? ¿Por qué no va a perder de vista a Nayeli?

G. Consejos de la abuela.   Nayeli has a dream in which her grandmother
speaks to her about her husband Hernán's death during the earthquake in
Mexico. What are two things that Abuelita says to Nayeli?

H. Filosofía de la vida.   Identify who says these phrases and indicate if you
agree with them or not.

¿Quién?	¿Estás de acuerdo?	¿Sí o no?
_____	1. "Es importante vivir en el presente."	_____
_____	2. "Los recuerdos tristes nos hacen crecer (*grow*)."	_____
_____	3. "Los seres humanos importan más que las cosas."	_____

 El Caribe hispano

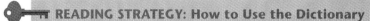

LECTURA

Prelectura

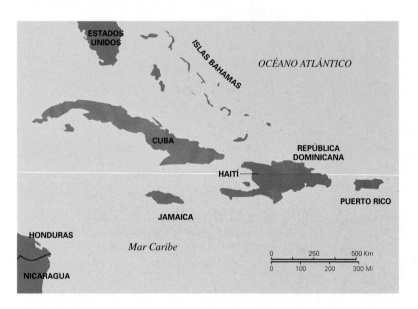

⚷ READING STRATEGY: How to Use the Dictionary

When reading a text in Spanish, go through it several times, checking for words you already know as well as cognates, which you have studied in earlier chapters. You should also try to guess the meaning of words you do not know through the context of the sentence and the text. Once you have followed these steps, then you can add the strategy of using the dictionary to confirm your guess. The dictionary will give you several meanings of a word. It is important to determine the grammatical form of the word because that may affect its meaning. Note the following facts about Spanish dictionaries.

- Verbs (**verbos**) appear in the infinitive form. If you are looking at a conjugated form, you will have to find the infinitive form before you start your search.

- The masculine and the feminine forms of nouns (**sustantivos**) are listed and marked *m.* and *f.*

- The masculine singular form of the adjective (**adjetivo**) is listed and marked *adj.*

- Idiomatic expressions (**expresiones idiomáticas**) are listed by their most important word. Sometimes you need several attempts to determine the main word.

- The letter **ñ** is listed as a separate letter after **n.** In older dictionaries, the letter **ll** (as in **llover**) and the letter combination **ch** used to be listed as separate letters, after **l** and **c** respectively.

Tres perlas del Caribe

Las tres islas caribeñas de habla española, Cuba, la República Dominicana y Puerto Rico, tienen una herencia° tricultural común: la indígena° de cada región, la española y la africana. Esta mezcla° étnica les da gran riqueza a sus tradiciones, a su música, a su literatura y a su vida diaria, pero cada isla tiene también su identidad propia. Las islas tienen bellas playas y hermosa arquitectura colonial. Estas perlas del Caribe comparten aspectos de su cultura, herencia y tradiciones con otras regiones hispanas como las costas caribeñas de Costa Rica, Panamá, Colombia y Venezuela.

heritage / indigenous
mix

La Playa de Varadero, La Habana, Cuba.

Cuba

Cuba es la más grande de las tres islas caribeñas. Fue el segundo lugar° al que llegó Cristóbal Colón°. Los españoles llevaron esclavos africanos para trabajar en las plantaciones de azúcar°. Al

place/Christopher Columbus
sugar

Pareja dominicana en la playa.

azúcar lo llamaban "el oro blanco" por su valor económico en esa época. Con el tiempo, se mezclaron los africanos con los españoles para producir la rica mezcla racial que hoy existe en la isla. En 1959 Fidel Castro instigó una revolución en Cuba y por más de treinta años, hasta 1990, Cuba estuvo bajo el socialismo de la Unión Soviética. Actualmente° la isla está en transición económica. Tiene más de once millones de habitantes.

Today

La República Dominicana

La República Dominicana comparte° la misma isla que la República de Haití. Este país fue el primer centro administrativo español en América y sus habitantes indígenas, los taínos, la llamaban "Quisqueya". La población de la isla tiene también herencia europea y africana debido a° los esclavos que llevaron a trabajar allí. Actualmente es un gran centro turístico en la región caribeña, aunque también sufre de mucha pobreza económica y desigualdad social. Tiene casi° ocho millones de habitantes.

shares

because of

almost

Un arrecife de coral en el Mar Caribe.

Puerto Rico

Puerto Rico es la más pequeña de las tres islas hispanas y es un Estado Libre Asociado° de los Estados Unidos. Los puertorriqueños pueden viajar libremente entre la isla y los EE. UU.° La población indígena de la isla de Puerto Rico, los taínos o arauacos, tenía° una sociedad bastante avanzada en esta isla de 175 kilómetros de largo° y 56 kilómetros de ancho°. La población hoy en día° es de casi cuatro millones de habitantes. ■

free associated state.
U.S.
had
in length
in width / today

A. **¿Verdadero o falso?**   Write **V** if the following ideas are **verdaderas** or **F** if they are **falsas**. Correct the false sentences.

1. _____ El azúcar fue importante para la economía de Cuba.
2. _____ Cuba es la más pequeña de las islas de habla española.
3. _____ Los taínos llamaban *(called)* "Quisqueya" a Puerto Rico.
4. _____ En las islas caribeñas de habla española hay una mezcla étnica de influencia indígena, española y africana.
5. _____ Puerto Rico es un Estado Libre Asociado de los Estados Unidos.
6. _____ Haití y Cuba comparten la misma isla.
7. _____ Puerto Rico tiene ocho millones de habitantes.

B. **Cómo buscar palabras en el diccionario.**   Keep a list of the words that you needed to look up in the dictionary for this reading and compare them with that of a friend. Are there any that you could have guessed without looking them up? Which ones?

C. **Compara y contrasta.**   Compare and contrast these different characteristics of Cuba, the Dominican Republic, and Puerto Rico. Which island do you find the most interesting? Why? Work with a partner.

	Cuba	La República Dominicana	Puerto Rico
Población			
Etnicidad			
Sistema político			
Productos económicos			
Otros aspectos			

D. **Conversaciones cortas.**   Work with a partner to answer the following questions.

1. ¿Qué islas hay en tu región? ¿Cómo son? ¿Tienen playas?
2. ¿A qué isla del mundo quieres viajar? ¿Dónde está? ¿Cómo es?
3. ¿Qué influencia étnica hay en tu región o estado?
4. ¿Cuál es la etnicidad de los padres y de los abuelos de tu compañero/a de cuarto?
5. ¿Qué idiomas hablan en tu país actualmente? ¿Y en tu familia?

Lección 5B   La familia trabaja

Pablo Rosas González
padre / papá

Marinela Suárez de Rosas
madre / mamá

Micifús
gata

Sultán
perro

Julio Ramón
Iglesias
novio

Rosaura
hermana

Maricarmen
hermana

Me llamo Velia
Rosas Suárez

Roberto
hermano

Aniela Gómez de Rosas
cuñada

Conchita
tortuga

Beto
canario

Orejón
conejo

Leticia
sobrina

Pedro
sobrino

When talking about the number of people in a family, Spanish speakers often use **somos** and not **son** to indicate how many people are in the family. This form includes themselves in the family portrait.

Somos cinco en mi familia.   *There are five in our family.*

MÁS PALABRAS Y EXPRESIONES

SUSTANTIVOS

el/la abuelo/a *grandfather / grandmother*
el/la bebé *baby*
el/la bisabuelo/a *great grandfather / great grandmother*
el/la chico/a *boy / girl*
el/la esposo/a *husband / wife*
el/la hermanastro/a *stepbrother / stepsister*
el/la hijastro/a *stepson / stepdaughter*
la madrastra *stepmother*

la mascota *pet*
el/la nieto/a *grandson / granddaughter*
el/la niño/a *little boy/girl (child)*
la nuera *daughter-in-law*
el padrastro *stepfather*
el/la pariente *family member, relative*
el/la primo/a *cousin*
el/la suegro/a *father / mother-in-law*
el/la tío/a *uncle / aunt*
el yerno *son-in-law*

VERBOS

casarse (con) *to get married (to)*	estar separado/a *to be separated*
enamorarse (de) *to fall in love (with)*	nacer *to be born*
estar casado/a *to be married*	ser mayor *to be older*
estar divorciado/a *to be divorced*	ser menor *to be younger*
estar enamorado/a *to be in love*	ser soltero/a *to be single*

Vocabulario en acción

En este diálogo, tomado de Videodrama 5B, Felipe le cuenta una leyenda a Adriana.

Adriana: ¿Y cómo era[1] lmao?

Felipe: Era un niño muy hermoso y su mamá lo quería muchísimo.

Felipe: Guanaroca fue la madre de los primeros hombres y Jagua fue la madre de las primeras mujeres.

Adriana: ¡Qué linda historia! El principio de la humanidad.

[1]*What was he like*

◖◗ACTIVIDADES

A. La familia de Velia.   Listen to the story of Velia's family and fill in the missing words.

La familia de Velia

Me llamo Velia Rosas Suárez y tengo una (1)_____ muy grande. Mi (2)_____ se llama Pablo y mi (3)_____ se llama Marinela. Mis (4)_____ son muy simpáticos. Somos cuatro (5)_____. Mi (6)_____ Roberto tiene treinta y cinco años y es alto y guapo. Su (7)_____ se llama Aniela. Aniela es mi (8)_____. Ellos tienen dos (9)_____: el (10)_____ se llama Pedro y la (11)_____ se llama Leticia. Leticia tiene tres mascotas, un (12)_____ que se llama Orejón, un (13)_____ que se llama Beto y una (14)_____, Conchita. ¡Ella quiere ser veterinaria! Quiero mucho a mis (15)_____. ¡Soy su (16)_____ favorita!

Mi (17)_____ mayor Rosaura tiene un (18)_____ que se llama Julio. Ellos están muy enamorados y van a casarse este verano. Mi hermana

Maricarmen es (19)_____ y es estudiante. Ella tiene una (20)_____ que se llama Micifús.

     ¿Y yo? Yo estoy (21)_____, no tengo (22)_____ y vivo con mi (23)_____ Sultán.

B. La familia de Marinela.   If Marinela were telling the story about her family, the family relationships would change. Look at the family tree and describe the relationships between the following people from Marinela's point of view.

1. Me llamo Marinela y mi _____ se llama Pablo.
2. Tengo cuatro _____ .
3. Mi _____ se llama Roberto.
4. Su _____ se llama Aniela.
5. Mis _____ son Pedro y Leticia.
6. Mi _____ mayor se llama Rosaura.
7. Rosaura tiene un _____ muy guapo.

C. ¿Quién es?   Decide which family member is being described. Work with a partner.

    MODELO   la esposa de mi hermano
                —¿Quién es la esposa de mi hermano?
                —*Es tu cuñada.*

1. el esposo de mi madre
2. el padre de mi madre
3. los hijos de mis hijos
4. la hija de mi tía
5. el hermano de mi prima
6. el esposo de mi hija
7. la hermana de mi padre
8. la madre de mi abuelo
9. las hijas de mi hermana
10. la única *(only)* hija de mi abuela

D. Entre nosotros.   Interview a partner about his or her family. Use questions as provided in the model. Then draw a family tree that represents the family members, including their names and ages.

    MODELO   *¿Cuántos hermanos tienes?*
                ¿Cómo se llaman?
                ¿Cuántos años tienen?

E. Mi familia.   Write a paragraph about your family. Include a description of each family member, his or her relationship to you, name, age, and other interesting facts.

ESTRUCTURA 5B.1

Avoiding Redundancy

■ Double object pronouns

Fiesta sorpresa

PEDRO: ¡La fiesta sorpresa de Maricarmen va a ser fenomenal!
MARISA: ¿Y ya sabes cuál es el precio de todo esto?
PEDRO: No, Rosaura **nos lo** está calculando.
MARISA: ¿Ya les mandaste las invitaciones a todos?
PEDRO: **Se las** mandé a casi todos. Falta Rosaura. Voy a enviár**sela** mañana.
MARISA: ¿Ya pediste las flores?
PEDRO: Sí, la tienda **me las** va a enviar aquí. Y la torta, ¿quién **nos la** trae?
MARISA: **Nos la** trae Sofía.
PEDRO: Muy bien. Creo que a Maricarmen le va a gustar la fiesta.

- The indirect object pronoun always precedes the direct object pronoun when both are in the same sentence.

  La tienda **me** manda <u>las flores.</u>   *The store sends me the flowers.*
  La tienda **me las** manda.   *The store sends them to me.*

- The indirect object pronouns **le** or **les** change to **se** when they are in the same sentence as the direct object pronouns **lo/s** or **la/s**. When this happens, the direct object pronoun follows **se**.

  —¿**Les** mandaste <u>las invitaciones</u> <u>a los niños?</u>   —*Did you send the invitations to the children?*
  —Sí, hoy <u>**se las**</u> mandé.   —*Yes, I sent them today to them.*

—¿**Le** mandaste <u>la invitación</u> a Susana?　　—*Did you send the invitation to Susana?*

—Sí, <u>se</u> <u>la</u> mandé.　　—*Yes, I sent it to her.*

- In verbal expressions with an infinitive or a progressive form, the two pronouns can be attached to the end of the infinitive or the present participle. Generally, a written accent needs to be added.

—¿Vas a mandar**le** <u>los documentos a Adriana</u>?　　—*Are you going to send the documents to Adriana?*

—Sí, voy a mandár**selos**.　　—*Yes, I'm going to send them to her.*

—¿**Les** estás calculando <u>el precio</u>?　　—*Are you calculating the price quote for them?*

—Sí, estoy calculándo**selo**.　　—*Yes, I'm calculating it for them.*

- The pronoun **se** can refer to many people. Use a prepositional pronoun, a noun, or a proper name to clarify its meaning.

—¿Cuándo **les** mandaste las invitaciones a Rosana, Jorge y Teresa?　　—*When did you send the invitations to Rosana, Jorge and Teresa?*

—**Se las** mandé a todos anteayer.　　—*I sent them to everyone the day before yesterday.*

- Reflexive verbs follow the same rules for the position of the pronouns. Note that the reflexive pronoun always precedes the direct object pronoun.

—¿No (te) vas a lavar <u>las manos</u>?　　—*Aren't you going to wash your hands?*

—Sí, voy a lavár(me)(las) / (me) (las) voy a lavar.　　—*Yes, I am going to wash them.*

—¿(Te) lavaste <u>el pelo</u>?　　—*Did you wash your hair?*

—Sí, (me) (lo) lavé.　　—*Yes, I washed it.*

◖❯ACTIVIDADES

A. Una fiesta para los padres.　Nora is planning a surprise anniversary party for her parents, and her Aunt Teresa offers to help her. Fill in the correct form of the direct and/or indirect object pronouns in the passage. Some phrases require two object pronouns.

Tía: Nora, ¿es cierto que tú estás preparando la fiesta de aniversario de tus papás?

Nora: Sí, tía, yo (1)_____ _____ estoy preparando. Va a ser el seis de mayo.

Tía: ¿Con quién (2)_____ estás preparando? ¿Con Emilita?

Nora: Sí, Emilita (3)_____ está ayudando a preparar todo.

Tía: ¿Quién (4)_____ está comprando los refrescos?

Nora: Mi hermano Jorge (5)_____ _____ está comprando. Vamos a servir vino, también.

Tía: Necesitan música, ¿no? Nosotros podemos ayudar (6)_____ también.

Nora: Sí, tía, ¿puedes comprar (7)_____ el último CD de Celia Cruz?

Tía: Claro, (8)_____ _____ voy a comprar mañana mismo.

Nora: Gracias. ¡Eres la tía más maravillosa del mundo!

B. ¿Para quién es?   You are going shopping for gifts and review your list with your aunt. She's going to help you wrap up and mark all the gifts. Following the model, work with a partner to create a dialog.

MODELO   estas medias / a mi abuelita
—*¿A quién le compraste estas medias?*
—*Se las compré a mi abuelita Adela.*

1. este traje de baño / a mi sobrina Mercedes
2. este sombrero de playa / a mi madrastra René
3. esta toalla de colores / a mi hermana mayor
4. este protector solar / a mi mamá
5. estos pantalones deportivos / a mi novio/a
6. estas fotos del verano / a todos

C. ¿Qué haces si...?   You would like to find out what your friends would do if you or another person needed help. Work with a partner and ask each other the following questions, answering with direct and indirect object pronouns.

MODELO   —*Si tus amigos se casan, ¿les regalas muchas flores?*
—*Sí, se las regalo.*

1. Si tengo frío y necesito un suéter, ¿me lo prestas?
2. Si vamos a un restaurante, ¿me pides un plato delicioso?
3. Si un/a amigo/a está enfermo/a, ¿le compras las medicinas?
4. Si necesitamos una sombrilla de playa, ¿nos la traes?
5. Si tus amigos/as están de vacaciones, ¿te escriben muchas tarjetas postales?
6. Si necesitamos un protector solar, ¿nos lo traes?
7. Si la policía te pide decir la verdad, ¿se la dices?
8. Si necesito tu juego de dominó, ¿me lo prestas?

D. ¿Y tú qué haces?   Work in pairs. Discuss the following activities with your partner, asking each other which things you do and for whom. Follow the model.

MODELO   escribir tarjetas de cumpleaños
—*¿Escribes tarjetas de cumpleaños? ¿A quiénes les escribes las tarjetas?*
—*Se las escribo a mis amigos y a mis hermanos.*

1. preparar la cena
2. reservar las habitaciones en el Hotel Prisma
3. servir buena comida
4. dar dinero para ir de compras
5. escribir muchas cartas
6. comprar regalos
7. hablar español
8. mandar una postal

VOCABULARIO 5B.2

Describing Profesions

■ **Somos vecinos** *(neighbors).*

Laura Guzmán piensa ser *abogada* y su compañera Lourdes Vardi es *música*.

Los *artistas* trabajan intensamente. La *escultora* trabaja con madera (*wood*), mientras que el *fotógrafo* saca fotos (*takes pictures*).

Los hijos de los señores Terranova piensan ser *médicos*.

El *plomero* arregla el baño de la *farmacéutica* Aída Sosa.

El *cocinero* le sirve la comida a la familia Lara.

Una *pintora* pinta la sala de Eduardo Calasa, un *hombre de negocios*.

Los *jardineros* trabajan en el jardín del Dr. Martín.

Pablo es *peluquero* y trabaja en la Peluquería Pablo.

PROFESIONES Y OFICIOS

For many professions, the masculine nouns end in –**o** and the feminine nouns end in –**a**:

el/la arqueólogo/a *archaeologist*
el/la arquitecto/a *architect*
el/la criado/a *servant, maid*
el/la médico/a *doctor*

el/la psicólogo/a *psychologist*
el/la secretario/a *secretary*
el/la veterinario/a *veterinarian*

For other professions, the masculine nouns end in –**ero** and the feminine nouns end in –**era**:

el/la bombero/a *firefighter*
el/la enfermero/a *nurse*
el/la carpintero/a *carpenter*

el/la ingeniero/a *engineer*
el/la cartero/a *mail carrier*
el/la consejero/a *counselor*

Masculine nouns ending in –**or** are made feminine by adding an –**a**:

el/la contador/a *accountant*
el/la profesor/a *professor*
el/la programador/a de computadoras
  computer programmer

el/la trabajador/a *worker*
el/la vendedor/a *salesperson*

Nouns for professions ending in –**ista** or in –**e** have the same form for both masculine and feminine professions:

el/la agente de viajes *travel agent*
el/la dentista *dentist*
el/la electricista *electrician*

el/la gerente *manager*
el/la periodista *journalist*
el/la recepcionista *receptionist*

- Other occupations that have only one form are: **el/la atleta** *(athlete)* and **el/la policía** *(police officer)*.

- Modern exceptions are **el jefe** *(male boss)* and **la jefa** *(female boss)*, **el presidente** and **la presidenta**.

⟨⟩ACTIVIDADES

A. Asociaciones. What profession/s do you associate with the following words?

1. las aspirinas
2. la pintura
3. las rosas
4. la bañera
5. el cepillo
6. el piano
7. el bistec
8. la justicia
9. el teléfono
10. el dinero
11. los animales
12. el edificio

Vocabulario en acción

En este diálogo de **Videodrama 5B**, los primos están vigilando a Felipe y a Adriana.

Luis: Oye, no me vas a creer pero **estoy a punto de**[1] recibir mi título en Ingeniería de sistemas. ¡Programador! ¿Te lo puedes creer? Tu primito va a **hacerse**[2] programador.

[1] *I am about to*
[2] *to become*

B. Querido amiguito. Laura, the law student in apartment 4A is writing a letter to her friend Mauro. Refer to the drawing on page 207 and complete the letter with vocabulary from the list provided below.

artistas	pintora	música	hijos
farmacéutica	cocinero	plomero	peluquero
jardineros	guitarra	criada	médico

Querido Mauro:

Saludos desde Puerto Rico. Aquí me estoy divirtiendo muchísimo, aunque (although) estudio demasiado. Mi compañera de cuarto se llama Lourdes y es (1) _____. Toca la (2) _____ y le gustan mucho el jazz y la música clásica. Me cae muy bien. Mis vecinos, los señores Lara, son muy simpáticos. Son muy ricos y tienen un (3) _____ que prepara la comida y una (4) _____ que limpia la casa.

Ayer, todos mis vecinos estuvieron muy ocupados. El Dr. Martín empleó a dos (5) _____ para trabajar toda la tarde en el jardín. Pablo, el (6) _____ tuvo quince clientes ayer. ¡Eso es mucho trabajo en un día! Una (7) _____ vino a pintar el apartamento del vecino del 2B. Los dos (8) _____ de los vecinos de abajo jugaron al "(9) _____ y paciente" durante toda la mañana. La vecina del 3B es (10) _____ y ayer, antes de salir para el trabajo, la llave (faucet) del agua se descompuso (broke) y ella tuvo que llamar al (11) _____ para arreglarla. En el apartamento de al lado (next door), los (12) _____ trabajaron toda la tarde. ¡Qué ruido! (What noise!) Fue muy difícil para mí concentrarme en los estudios.

Bueno, tengo mucho sueño y necesito descansar un rato (a little bit). ¡Me voy a acostar! Escríbeme pronto.

Abrazos de
Laura

CULTURA

España, Latinoamérica y Estados Unidos

Hispanos en el mundo del trabajo

En los países de habla española, los hispanos tienen diferentes trabajos para ganarse la vida. Muchos hacen trabajo manual; otros trabajan en el campo profesional de la medicina, el derecho, los negocios, la educación, las ciencias, las humanidades, las artes, las ciencias sociales, el periodismo o en el campo de los deportes. Otros tienen puestos en el gobierno local, regional o federal.

Si tú compras algún libro por Internet, es posible que lo hagas a través de la empresa de **Jeff Bezos** que se llama *Amazon.com*. Es hijo de padres cubanos y tiene casi cuarenta años. Su compañía es la mayor tienda de libros de la red.

Jeff Bezos, fundador de Amazon.com.

Roberto Álvarez hace su contribución a través de la gastronomía con los dos restaurantes que tiene en la capital estadounidense de Washington desde hace tiempo, *Jaleo* y *Café Atlántico.* Es de origen dominicano.

Roberto Álvarez enfrente de su restaurante Café Atlántico.

DISCUSIÓN EN GRUPOS

1. Resume el trabajo de los tres hispanos de la lectura.

2. De los tres hispanos mencionados, ¿cuál te impresiona más? ¿Por qué?

3. En tu opinión, ¿qué campos o profesiones te parecen más útiles para la sociedad?

4. De la lista de campos profesionales de este capítulo, describe dos trabajos interesantes y dos aburridos.

Loretta Sánchez trabaja en el mundo de la política como congresista por el Partido Demócrata, representando al estado de California donde ella nació.

Loretta Sánchez, representante del Congreso en los Estados Unidos.

También fue copresidenta del comité nacional de su partido.

POR INTERNET

Usa Internet para buscar información sobre tres hispanos famosos en diferentes profesiones. Aquí hay unas palabras claves y unas **sugerencias** para ayudarte en tu **búsqueda**.

Palabras claves

hispanos/latinos/chicanos famosos, profesiones

Sugerencias

Si buscas a una persona en particular, busca su nombre (Paloma Picasso, Nomar Garcíaparra). Si buscas a una persona nueva, usa sitios hispanos como *Latinolink* o *Hispanic Online.*

Contesta las preguntas siguientes sobre las tres personas que encontraste.

1. ¿Cómo se llaman?

2. ¿De dónde son?

3. ¿Qué profesiones tienen?

4. ¿Te gustan estas personas? ¿Por qué?

5. Describe algunos de sus logros (*achievements*).

C. Una nueva civilización.   NASA has discovered a new uninhabited planet (**un planeta deshabitado**) that is very similar to Earth. They have enough money to send one spaceship (**nave espacial**) to the planet to start a new civilization. The spaceship can hold only six people. You must decide who gets to go and why. Here are the finalists. Work in groups.

María Hernández (56), ingeniera	Esteban Rosas (24), enfermero
Efraín Jaramillo (48), médico	Clara Cabañas (30), programadora de computadoras
Raúl Ramírez (18), estudiante	Pedro Martín (36), periodista y esposo de Carmen
Jaime Pérez (23), policía	Carmen Martín (23), consejera y esposa de Pedro
Luisa Ortiz (31), carpintera	Alicia Vázquez (26), psicóloga

D. En mi barrio (*neighborhood*).   Write a description of five people with different professions in your neighborhood. Describe who they are, what they do, and what they are like.

ESTRUCTURA   5B.2
Describing Ongoing Actions and Events in the Past

■ The imperfect

You have learned the preterite to talk about completed actions in the past. In addition to this form, Spanish uses a second past form called the imperfect. Read the following passage and note the highlighted verbs in the imperfect. Which verbs describe how people or things looked in the past? Which ones describe things that people used to do? Which verbs describe feelings in the past? Which ones are used to talk about someone's age or the weather in the past?

Éste es Eduardo cuando tenía tres años. Ese día hacía sol.

En esta foto la abuelita tenía 25 años. Llovía cuando tomamos la foto.

Invierno de 1995. Pablito cuando tenía cinco años. Hacía muchísimo frío.

Álbum familiar

was / we used to live
there was / we used to go
we used to swim / we sunbathed
was / tended to
I liked / worked
took
was
I was / it was very sunny / I felt

Me llamo Eduardo y cuando yo **era°** pequeño, **vivíamos°** en el sur de Chile. Allí **había°** mucha nieve en invierno e **íbamos°** siempre a esquiar en las montañas de Puerto Montt. En verano **nadábamos°** en la piscina y **tomábamos el sol°** en el jardín. Mi abuelita Marcela **era°** veterinaria y **atendía°** a los animalitos en su casa. A mí **me gustaba°** mucho visitarla. Su esposo, mi abuelo, **trabajaba°** como fotógrafo y ¡siempre **tomaba°** fotos de todo! En el álbum familiar hay una foto muy interesante. Mi abuelo me la tomó cuando yo **tenía°** tres años. Ese día, yo estaba° en el jardín y **hacía mucho sol°**. ¡Me sentía° feliz!

The imperfect may have several meanings in English, for example:
trabajaba = *I was working, I used to work, I would work, I worked.*

In Spanish, the focus of the imperfect is to convey that the actions were taking place in the past. When the actions and events started or ended is not important.

In general, the imperfect is used:

- to describe how people and places looked and how things used to be.
  La abuelita Marcela **tenía** el pelo negro y **usaba** gafas.   *Grandmother Marcela had black hair and used to wear glasses.*

- to describe what people normally used to do, their habits, and routines.
  En invierno, **íbamos** a esquiar.   *We used to go skiing in the winter.*

- to describe past states of mind, feelings, likes, and dislikes.
  Yo **adoraba** a mi abuelita Marcela.   *I adored my Grandma Marcela.*

- to talk about one's age, the time, and weather in the past.
  En 1960, la abuelita **tenía** 25 años.   *In 1960 my grandmother was 25.*
  Hacía mucho sol el día de la foto.   *It was very sunny the day of the photo.*

Regular verbs in the imperfect		
	–ar estar *(to be)*	**–er** tener *(to have)*	**–ir** sentir *(to feel, to regret)*
yo	estaba	tenía	sentía
tú	estabas	tenías	sentías
Ud., él/ella	estaba	tenía	sentía
nosotros/as	estábamos	teníamos	sentíamos
vosotros/as	estabais	teníais	sentíais
Uds., ellos/as	estaban	tenían	sentían

- Note that **–er** and **–ir** verbs have the same endings. Note also that **–er** and **–ir** verbs have written accents in all forms, while **–ar** verbs have an accent only on the **nosotros** form.

- All verbs that have stem changes in the present or the preterite are regular in the imperfect.

- **Había** (*there was, there were*) is the imperfect of **haber.** Like **hay** (*there is, there are*), there is only one form for singular and plural meanings.
  Había un enfermero con el paciente.   *There was a nurse with the patient.*
  Había muchos enfermeros allí.   *There were many nurses there.*

There are only three irregular verbs in the imperfect.

	ser *(to be)*	**ir** *(to go)*	**ver** *(to see)*
yo	era	iba	veía
tú	eras	ibas	veías
Ud., él/ella	era	iba	veía
nosotros/as	éramos	íbamos	veíamos
vosotros/as	erais	ibais	veíais
Uds., ellos/as	eran	iban	veían

()ACTIVIDADES

A. Mi pasado. Fill in the blanks with the imperfect form of the verb in parentheses.

Cuando yo _____(1. ser) joven siempre _____(2. comer) mucho.
Yo _____(3. ir) a restaurantes y _____(4. pedir) hamburguesas, leche
y muchos postres. En verano mis hermanos y yo _____(5. ir) de vacaciones y
_____ (6. divertirse) muchísimo. Yo siempre _____(7. jugar) con mis
amigos y no _____(8. tener) que trabajar. También mis amigos y yo
_____(9. hablar) mucho por teléfono cuando nuestros padres _____
(10. trabajar).

B. El vecindario (*the neighborhood*). A friend of yours visited relatives in
another city. Ask your friend questions about their neighborhood. Then,
present the description of the neighborhood to your class.

1. ¿Estaba cerca del centro de la ciudad?
2. ¿Cómo era? ¿grande? ¿pequeño?
3. ¿Había discoteca?
4. ¿Tenía muchas tiendas?
5. ¿Cómo eran las tiendas?
6. ¿Estaba cerca de la playa?
7. ¿Tenía buenos supermercados?
8. ¿Era deliciosa la comida en los restaurantes?
9. ¿La gente podía jugar al tenis? ¿al golf? ¿al básquetbol?
10. ¿...?

C. ¿Qué hora era? Work in pairs. Ask your partner what time he or she did
the following activities and what the weather was like. Use the imperfect for
the time or weather expressions and the preterite for the activities.

MODELO salir esta mañana
—*¿Qué hora era cuando saliste esta mañana?*
—*Eran las seis de la mañana cuando salí.*
—*¿Qué tiempo hacía?*
—*Llovía cuando salí.*

1. tomar el desayuno
2. preparar las tareas ayer
3. ayudar a tu amigo/a anoche
4. salir a cenar anoche
5. llamar a tus padres
6. acostarse anoche

D. ¿Cuántos años tenías?   Talk with a partner about when different events happened in your life.

¿Cuántos años tenías...

1. cuando comenzaste la escuela primaria?
2. cuando leíste tu primer libro?
3. cuando recibiste tu licencia de conducir?
4. cuando te enamoraste por primera vez?
5. cuando viajaste a otro estado?
6. cuando empezaste los estudios en la universidad?

E. Así era yo.   Describe yourself and your life when you were a child. Answer questions such as: What did you look like? What was your family like? Who were your friends? What did you like to do? What was your school like?

F. Pasado.   Select an object, an event, a person, a place, or an activity that you liked very much when you were a child and another one that you didn't like. Describe it and explain why you liked it or not.

ESTRUCTURA   5B.3
Narrating with the Imperfect

■ Adverbial expressions of time

The imperfect can be used to express habitual actions in the past. Adverbial expressions of time like the ones highlighted in the drawings are often used with the imperfect.

Las mascotas de Fernando y sus hermanos

Yo *siempre* (*always*) coleccionaba insectos y los buscaba en el parque *con frecuencia* (*frequently*).

Generalmente (*Generally*), Tomás prefería los canarios, pero *a veces* (*sometimes*) también tenía gatos.

A menudo (*Often*), el perro de Felicia saltaba en los muebles de la sala. ¡Y Felicia tenía perros *todo el tiempo* (*all the time*)!

Unas veces (*Sometimes*), **las mascotas vivían en paz. *Otras veces* (*Other times*), había caos total.**

Todos los veranos (*Every summer*) **pasábamos unas semanas en el campo y jugábamos juntos.**

Todos los días (*Every day*) **nos acostábamos cansados y satisfechos.**

◖◗**ACTIVIDADES**

A. Un trabajo de verano. You are describing a previous summer job, talking about what you used to do and how often you did it. Complete the text with one of the following adverbial expressions of time. Then, compare your answers with those of your partner.

con frecuencia   todos los días   siempre   a veces
unas veces   a menudo   otras veces

El verano pasado trabajé como recepcionista en un canal de televisión de la ciudad. Cuando sucedía algo muy interesante, (1)_____ salían varios periodistas a cubrir la noticia. (2)_____ iban en un auto, (3)_____ iban en dos autos, con especialistas en cámaras y luces. (4)_____, yo atendía a muchas personas y (5)_____ llegaba gente muy importante para hablar por televisión. (6)_____ conversaban conmigo y (7)_____ yo les pedía su autógrafo.

B. Mi infancia. Use the adverbial expressions of time to write a description of what you used to do when you were ten years old.

C. Mi primer año de estudios. Describe your first year of studies, either when you were a child in elementary school or when you were in high school. Use the imperfect.

VIDEODRAMA 5B   *¿Hay amor en la playa?*

Preparémonos

A. En el último episodio... Review the scenes from *Videodrama 5A* by matching the characters that are associated with the following information. Work in pairs.

1. Sabe todos los movimientos de Nayeli.
2. Le dice a Nayeli que las personas son muy importantes.
3. Juegan al volibol en la playa.
4. Llegan al hotel en Puerto Rico.
5. Decide viajar a San Juan y no a Quito, Ecuador.

a. Adriana y Felipe
b. Nayeli
c. La abuelita
d. Gafasnegras

Answers: 1. d; 2. c; 3. a; 4. a; 5. b

B. Somos detectives. In groups of three, brainstorm about who these two men in yellow raincoats are. For whom do they work? What are they planning to do? Are Adriana and Felipe in danger? Predict what you think is going to happen next.

Resumen del video

Just as Gafasnegras has instructed, two Puerto Rican cousins are following Adriana and Felipe and taking photos of them enjoying El Yunque National Park. Luis, one of the cousins, is a computer science major; he talks about his goals and dreams. Felipe tells Adriana a Cuban legend. Meanwhile, Nayeli receives a red rose and is kidnapped by Gafasnegras outside of the terminal of the San Juan airport. Gafasnegras questions her regarding the whereabouts of the jaguar.

Miremos y escuchemos

C. Videoacción. As you watch the video, number the following sentences to reflect the correct order of events as they happen in the story. Then, read the sentences in their correct sequence.

____ Adriana y Felipe hablan de la belleza del Yunque.
____ Felipe le cuenta a Adriana una leyenda cubana.
____ Gafasnegras le dice a Nayeli que busca el jaguar Yax-Balam.
____ Gafasnegras secuestra *(kidnaps)* a Nayeli en el aeropuerto.
____ Los primos vigilan a Adriana y a Felipe.
____ Luis, uno de los primos, tiene dificultades en sacar fotos.
____ Nayeli quiere saber por qué Gafasnegras la busca.

Comentemos

D. Observaciones. Review the following list of items from the video. In the chart below it, write the character, that you see or hear in this episode, that is associated with each item, by answering the question: **¿Con quién/es se asocian estas cosas o elementos?**

videocámara	impermeable	naturaleza
maleta	pantalones	árboles
puente	reloj	plantas
avión	gafas	lluvia
coche	paraguas	sol
cámara	ave	arena

Personaje	Las cosas
Adriana	
Felipe	
El primo de pelo largo	
El primo de pelo corto	
Gafasnegras	
Nayeli	

E. Comprensión. Answer the following questions in groups.

1. ¿Dónde están los primos? ¿Qué hacen allí?
2. ¿Cuál es la otra profesión de uno de ellos? ¿Cómo describe Luis a su primo?
3. ¿De qué hablan Felipe y Adriana mientras están en el puente? ¿Con qué elementos comparan al hombre y a la mujer?
4. ¿Cómo llega Nayeli a Puerto Rico? ¿Qué flor recibe? ¿Qué simboliza la flor?
5. ¿Quién está en el coche con Nayeli? ¿Qué le dice esa persona a Nayeli?
6. ¿Cómo reacciona Nayeli?

F. Opinión: yo creo que... In pairs, discuss the following questions. Then, share your answers with the class.

1. ¿Qué crees que va a pasar con el jaguar en el próximo episodio?
2. ¿Dónde va a estar el jaguar?
3. ¿Quién lo va a tener?

Cuba

LECTURA

Prelectura

Legends are an important part of the Spanish-speaking world. Here is the legend that Felipe tells Adriana in the video episode about the creation of the first man and the first woman.

A. Términos. Working in pairs, match the terms in column A associated with the terms in column B.

A	B
sol	alegría
madre	hombre
mujer	tristeza
lágrimas *(tears)*	hijo
risa	luna

B. Yo prefiero leer... On the following list, number what you like to read in order of preference. Then, compare your preferences to a classmate's and explain who are your favorite authors (books, magazines), and why you like to read them.

MODELO *Me gusta leer la poesía de Maya Angelou porque su lenguaje es hermoso y porque su poesía siempre tiene un mensaje importante.*

_____ novelas   _____ cuentos *(stories)*
_____ revistas *(magazines)*   _____ cartas
_____ poesía   _____ ensayos *(essays)*
_____ leyendas   _____ periódicos

Introducción a una leyenda cubana

The reading that follows is a Ciboney legend from Cuba. The Ciboneys were indigenous people who lived in Cuba before the 15th century, along with other extinct cultures, like the Tainos. This legend is about the creation of man and woman. It was collected through oral tradition and later in written form around the 15th–16th centuries. Do not worry if you do not understand the meaning of every line. With a classmate, read the legend

aloud and work through it together. Then, do the activities that follow.

The following expressions will be helpful for you to know before you read the legend: **de oro** = *gold;* **tener celos** = *to be jealous;* **se arrepintió** = *was sorry;* **el principio** = *the beginning;* **rayos lunares** = *moonbeams.*

La creación del hombre y la mujer

La leyenda dice que Huión, el dios sol, creó a Hamao, el primer hombre. Hamao era muy feliz, ...

...pero de pronto, empezó a sentirse muy solo...

...no la creó Huión. A la primera mujer la creó la Luna.

Después de un tiempo, ella y Hamao tuvieron a Imao, su primer hijo.

Por todo eso, su papá sentía muchos celos de él.

Pues, como era natural, Hamao se arrepintió mucho cuando se dio cuenta de la tristeza tan profunda de Guanaroca. Y entonces, ...

...y entonces, ella le perdonó y tuvieron otro hijo. Se llamaba Caonao.

No, no lo mató, por el contrario, Hamao quería mucho a Caonao.

Pero cuando él creció, empezó también a sentirse muy solo.

Tampoco adivinaste esta vez..., pues a Jagua, la mujer de Caonao, también la creó la luna, Maroya, la diosa de la noche, con uno de sus rayos lunares. ¡Zas!

¡Ahhh, ya entiendo! Primero, Huión creó a Hamao, el primer hombre. Luego, la luna, la Diosa de la Noche, creó a las mujeres, ¡Qué interesante! ¿Y finalmente, qué sucedió con Caonao y Jagua? Fueron muy felices.

Bueno, pero ¿sabes cuál es el verdadero final de la historia? Guanaroca fue la madre de los primeros hombres y Jagua fue la madre de las primeras mujeres. ■

Postlectura

C. Comprensión. Complete the following statements about the legend.

1. La leyenda es originalmente de la isla de
   a. la República Dominicana.   **b.** Cuba.   **c.** Puerto Rico.
2. Huión creó a Hamao, el primer hombre, y Huión era el dios
   a. de la sombra.   **b.** del sol.   **c.** de la tierra.
3. La luna creó a la primera mujer que se llamaba
   a. Guadalupe.   **b.** Guanaroca.   **c.** Georgina.
4. Guanaroca era muy
   a. fea.   **b.** alta.   **c.** bella.
5. El primer hijo de Guanaroca y Hamao se llamaba
   a. Ignacio.   **b.** Imao.   **c.** Isaac.
6. Hamao, el padre de Imao, lo mató porque un día tuvo
   a. cuidado.   **b.** miedo.   **c.** celos.
7. Guanaroca y Hamao tuvieron otro hijo que se llamaba
   a. Caonao.   **b.** Carlos.   **c.** Camilo.
8. La luna, creó a ____, la mujer de Caonao.
   a. Jorge   **b.** Jagua   **c.** Julia
9. La leyenda se trata
   a. del principio de la humanidad.   **b.** de la soledad.
   c. de la muerte del sol y de la luna.
10. En tu opinión, esta leyenda es
    a. bonita.   **b.** interesante.   **c.** fascinante.

D. Un árbol genealógico. Working with a classmate, draw and label a family tree based on the legend you have just read.

E. Leyendas del mundo. Working with a classmate, make up a story to describe a family tree you create. Present your story to the class.

F. Mi leyenda. Write a short legend of ten lines, in Spanish, about one of the following topics: **la familia, la escuela, el país, la luna, el sol, el agua, la tierra.** Then, read your legend to a classmate, comparing your creations.

Hablemos

A. Entre nosotros. Role-play the following situation with a partner.

Turista:

You are traveling through Spain by bicycle. After a difficult day, you arrive at your hotel very tired. When you arrive, the receptionist tells you that he or she doesn't have your reservation. You have a copy of your confirmation. Do whatever you can to get a room for the night.

Recepcionista:

A young bicyclist arrives at your hotel, but you can't find his or her reservation in the computer. There's a medical conference (**congreso**) in the hotel and there are no rooms left. Do your best to resolve this dilemma.

B. Entre enemigas. When Gafasnegras kidnaps Nayeli, they drive off to a secluded place. On the ride there, Nayeli tries to find out more about her kidnapper—who she is and why she is following her. With a partner, role-play the part of Nayeli and Gafasnegras to complete the following conversation. Add four more lines to the conversation.

> NAYELI: ¿Por qué me persigue? ¿Cómo me encontró?
> GAFASNEGRAS: Es muy sencillo, señora arqueóloga. Puse un microfonito en la agenda y...

Investiguemos por Internet

INTERNET STRATEGY: Looking for Personal Homepages

Many people have their own Web pages on the Internet with personal information and family pictures for anyone to see. Some of these pages also include a résumé and professional information for potential employers or clients.

Cibervocabulario	
Guía Internet	*Internet Guide*
Páginas amarillas	*Yellow Pages*
Páginas blancas	*White Pages*

C. Las páginas personales. In groups, surf the net in order to find interesting personal homepages and report your findings to the class. Helpful tools are the White and Yellow pages on the Internet and Internet Guides. You can bookmark your favorite links as you find them and copy the URLs directly into a text file that you can email to your instructor. Then create your own homepage about your family, in Spanish, with pictures, a family tree, and information about the professions of your relatives. Use the technology available at your school to scan in photos and create links.

Escribamos

 WRITING STRATEGY: Using a Dictionary

Review *Reading Strategy, Capítulo 5A*, p. 198 prior to reading this strategy.

To use a dictionary effectively, be sure to keep the following in mind.

There are many translations for some words. Do not use the first entry, but look for the translation that best suits your needs. Once you have selected a word in the English-Spanish section, cross check its meaning in the Spanish-English section of the dictionary to assure accuracy, and be sure to read any grammar notes that will tell you about irregular forms, different translations, and so on. Always review the guide to using the dictionary to understand important symbols and abbreviations. Some common abbreviations are:

f.	femenino	*adj.*	adjetivo
m.	masculino	*s.*	sustantivo *(noun)*
adv.	adverbio		

Workshop

support (se-port') **I.** *tr.* (*weight*) aguantar, sostener, corroborar; (*a spouse, child*) mantener; (*a cause, theory*) sostener, respaldar; (*with money*) ayudar • **to s. onself** (*to earn one's living*) ganarse la vida; (*to learn*) apoyarse **II.** *s.* (*act*) apoyo; (*maintenance*) mantenimiento; ARQ., TEC. soporte *m.*

 D. Usando el diccionario.   Use the dictionary entries to decide which Spanish word to use to translate the italicized words. Be sure to use the appropriate form of the word or phrase. Work in groups.

1. Can I count on your *support*?
2. I can't *support* myself on this salary.
3. My psychology instructor *supports* the Freudian school of thought.
4. The house has good *support* beams.

Strategy in action

For additional practice with the strategy of using a dictionary, turn to *Escribamos* in your Activities Manual.

E. Un/a pariente fascinante.   Write a description of your most or least favorite relative. Describe where this person was born, where s/he lives and what s/he does for a living. Then tell an interesting story about something that has happened to him or her or to the both of you.

F. Querida Adriana.   Nayeli has a dream in which she talks with Adriana. Write a conversation between the two of them where they discuss what happened to them in the two episodes in *Capítulo 5*.

CAPÍTULO 6

COMMUNICATION GOALS

- Narrating in the past
- Indicating reason, duration, purpose, and destination
- Describing how actions are done
- Giving instructions and making requests
- Describing unplanned and unintentional occurrences
- Stressing the action and not the subject

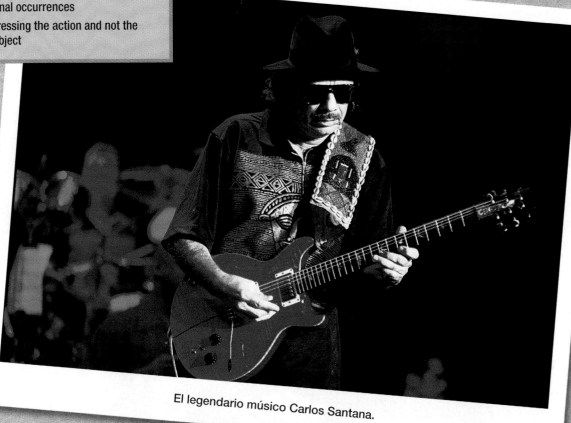

El legendario músico Carlos Santana.

	Lección 6A El tiempo libre	Lección 6B La tecnología nos rodea
Vocabulario	Music and dance • Sports and exercise	Technology • Cars
Estructura	Preterite and imperfect • **Por** and **para** • Adverbs ending in **-mente**	Formal commands • **Se** for unplanned occurrences • Impersonal and passive **se**
Cultura	Los sabrosos ritmos del Caribe	El observatorio de Arecibo
Lectura	Algunos deportes caribeños	Internet para ti y para mí
Videodrama ¿Cuál es el plan de Gafasnegras?	Adriana and Felipe are finally in touch with Nayeli and make plans to meet. • The jaguar arrives in Ecuador.	Adriana, Felipe, and Nayeli face mortal danger.

Lección 6A El tiempo libre

■ Baile y canto *(Dance and song)*

En 1996 Ry Cooder viajó a Cuba en busca de la historia de la música cubana. Encontró a diez famosos músicos y produjo un disco que se llama el "Buena Vista Social Club". El disco ganó el premio Grammy y fue la inspiración para una película documental del mismo nombre, producida por el director alemán Wim Wenders. La película cuenta la historia personal de los músicos y también los sigue, de concierto en concierto, hasta llegar al Carnegie Hall, en Nueva York.

Ibrahim Ferrer es cantante.

Omara Portuondo es cantante.

Compay Segundo toca la guitarra.

Orlando "Cachaíto" López toca el bajo.

Buena Vista Social Club.

Barbarito Torres toca el laúd, un instrumento de doce cuerdas.

Manuel "Puntillita" Licea toca las maracas y canta.

Eliades Ochoa toca la guitarra.

Rubén González toca el piano.

Music from the United States is usually referred to by its name in English: **el rock, el jazz, el hip-hop, los blues.**

The ending **–ista** is often used to refer to the person who plays a particular instrument: **guitarrista** (*guitarist*), **pianista** (*pianist*).

MÁS PALABRAS Y EXPRESIONES

COGNADOS

la balada	la música salsa	el trombón
el clarinete	la percusión	la trompeta
el disco compacto	producir	el violín
la flauta	el ritmo	
el grupo	el saxofón	

VERBOS

aparecer *to appear*	gritar *to scream, to yell*
bailar *to dance*	tener éxito *to be successful*
cantar *to sing*	tocar (un instrumento) *to play (an instrument)*
grabar *to tape*	

SUSTANTIVOS

los audífonos *headphones*

el bailarín/la bailarina *dancer*

la batería *drum set*

el conjunto *band*

la grabadora, videograbadora

tape recorder (player), video recorder (player)

la letra *lyrics*

el tambor *drum*

◖◗ ACTIVIDADES

A. Rubén González. Listen to a brief description of the life of one of the members of the Buena Vista Social Club and complete the following statements with the correct answer.

1. Rubén González nació en _____.
   a. 1929   **b.** 1919   **c.** 1909
2. Se graduó como pianista cuando tenía _____ años.
   a. 15   **b.** 25   **c.** 50
3. Pensaba hacerse _____.
   a. doctor   **b.** enfermero   **c.** contador
4. El trabajo de músico pagaba _____.
   a. bien   **b.** mal   **c.** mucho
5. Se retiró (*retired*) _____.
   a. en los años 90   **b.** cuando tenía 80 años   **c.** en los años 80
6. Empezó a tocar de nuevo porque _____.
   a. quería viajar   **b.** su memoria no funcionaba muy bien
   c. quería grabar con el Buena Vista Social Club
7. Según Rubén, lo mejor de la vida es _____.
   a. lavarse las manos   **b.** tocar el piano   **c.** retirarse

B. Asociaciones. What instruments do/did the following people play? Compare your answers with a partner.

1. Elton John
2. Midori
3. Louis Armstrong
4. Carlos Santana
5. Kenny G.
6. Tito Puente
7. Benny Goodman
8. Ringo Starr

CULTURA

El Caribe

Los sabrosos ritmos del Caribe

Una pareja disfrutando del sabroso ritmo caribeño.

El Caribe es famoso por su música y por sus bailes de origen africano. La música es un elemento omnipresente en la vida diaria de la gente, en los clubes, los bares, las casas, los carnavales y los festivales. Los ritmos tienen gran vitalidad, son muy expresivos e invitan al baile. Muchos de estos ritmos son populares internacionalmente, especialmente entre los países de habla española. La rumba y el cha-cha-chá son de Cuba, el merengue es de la República Dominicana y la cumbia tiene su origen en el Caribe colombiano. La salsa tiene su origen en los ritmos de varios países caribeños y también recibió influencia de músicos latinos en los Estados Unidos.

Cuando las parejas bailan ritmos caribeños, el hombre y la mujer bailan juntos con movimientos de caderas rítmicos y sensuales y muchas veces con pasos complejos como los pasos de la salsa. Estos ritmos pegajosos los producen los músicos con varios instrumentos de percusión como el tambor, la conga y las maracas.

DISCUSIÓN EN GRUPOS

1. ¿Cuál es el origen de los famosos ritmos del Caribe?

2. ¿En dónde escuchan la música en el Caribe? ¿Cómo es?

3. ¿Cuáles son algunos de los ritmos caribeños y de dónde son? Nombra algunos instrumentos que usan.

4. ¿Qué música y bailes típicos del mundo hispano conoces?

5. ¿Qué tipo de música escuchan en tu universidad? ¿Adónde vas con tus amigos/as para bailar?

www Internet

POR INTERNET

La vida de los músicos. Escribe una biografía breve sobre uno de los artistas de la lista u otro cantante o músico latino. Usa Internet para tu investigación. Incluye la siguiente información en la biografía:

Nombre
Nacionalidad
Estilo de música
Historia personal
Canciones más populares

Sugerencias Andrés Segovia, Mercedes Sosa, Tito Puente, Selena, Elvis Crespo, Linda Rondstadt, Victor Jara, Violeta Parra, Luis Miguel, Cristina Aguilera, Carlos Vives, Shakira, Ricky Martin, Celia Cruz, Enrique Iglesias, Thalía, Carlos Santana, Gloria Estefan, Marc Anthony, Rubén Blades, Albita, Juan Luis Guerra, Ritchie Valens

C. ¿De dónde es?   Many countries have national dances and forms of music. Work with a partner to see how many dances you can match to their countries of origin.

Baile	País
1. ____ el flamenco	**a.** Chile
2. ____ el joropo	**b.** Cuba
3. ____ el merengue	**c.** España
4. ____ el tango	**d.** La Argentina
5. ____ la cueca	**e.** La República Dominicana
6. ____ la plena	**f.** Puerto Rico
7. ____ la rumba	**g.** Venezuela

Answers: 1. c; 2. g; 3. e; 4. d; 5. a; 6. f; 7. b

D. Preguntas personales.   With a partner, answer these questions.

1. ¿Qué tipo de música te gusta?
2. ¿Te gusta bailar? ¿Cantar? ¿Dónde? ¿Cuándo?
3. ¿Cuál es tu conjunto musical favorito? ¿Por qué?
4. ¿Quién es tu cantante favorito/a? ¿Por qué?
5. ¿Quién era tu cantante favorito/a cuando tenías diez años? ¿Y cuando tenías dieciséis años? ¿Por qué?
6. ¿Toca un instrumento algún miembro de tu familia? ¿Cuál?
7. ¿Tocabas algún instrumento cuando eras niño/a? ¿Qué instrumento?
8. ¿Te gustaba practicar? ¿Por qué sí o por qué no?

ESTRUCTURA   6A.1
Narrating in the Past

One of the most important uses of the imperfect in Spanish is to narrate in the past. In narration, the imperfect establishes the context of the story by describing the background of what happened, the physical and mental states of the characters, what things looked like, and how they used to be. In contrast, the preterite moves the story forward, building up the plot with an account of what happened: what people said or did and the events that took place.

A   The imperfect

The story below is about what happened to Lorenzo and his beloved Adelaida. It is written in two separate parts. In the first part, the *imperfect* describes the *background* or *scenario* of a happy day at the beach and the expectations Lorenzo had for his relationship with Adelaida. This first part reviews most of the uses of the imperfect. Read the story and then answer the questions.

Mi primer amor

Parte 1: Adelaida y yo éramos felices

Me llamo Lorenzo Villarreal y ésta es la historia de mi amor por Adelaida y de nuestro primer día en la playa.

Ese día **era** un día de sol, como todos los días de verano. El cielo **estaba** azul y brillante. No **había** nadie más en la playa.

Me sentía completamente feliz por primera vez. **Estábamos** juntos por fin. ¡**Éramos** tan felices!

Adelaida **tenía** solamente veintitrés años y yo **tenía** veinticuatro.

Adelaida me **quería** mucho. ¡Y yo la **adoraba** a ella!

Para mí, ella **era** la mujer más hermosa del mundo, la más dulce, la más buena.

Desde ese primer día juntos, **íbamos** a esa playa con frecuencia y **tomábamos** el sol mientras **escuchábamos** música y **soñábamos** con el futuro, nuestro futuro.

Yo **creía** que mi Adelaida **era** perfecta y al mismo tiempo **pensaba** que ella no **podía** engañarme (*betray me*) jamás.

¡Pero las cosas no **iban a ser** como yo **quería**!

The imperfect is used:

- to set up a continuous background or a scenario in which events or actions evolve or occur in the past.

- to describe ongoing mental, emotional, or physical states in the past.

- to describe age in the past.

- to describe actions and events that were in progress in the past without emphasis on when they started or ended.

- to describe how people and things were or looked in the past.

- to describe repetitive or habitual past actions—what one used to do.

- to describe opinions, attitudes, and beliefs in the past using verbs like **creer, pensar,** and so on.

- with **ir a** + *infinitive* to anticipate what was going to (would) happen.

◑ACTIVIDADES

A. ¿Cómo era todo antes?   Work with a partner and answer the following
questions about the story.

1. ¿Qué tiempo hacía ese primer día juntos?
2. ¿De qué color estaba el cielo ese día?
3. ¿Con quiénes estaban Lorenzo y Adelaida en la playa?
4. ¿Cómo se sentía Lorenzo? ¿Por qué?
5. ¿Qué edad tenía Adelaida? ¿Qué edad tenía Lorenzo?
6. ¿Cómo era Adelaida, según Lorenzo?
7. ¿Adónde iban Lorenzo y Adelaida con frecuencia?
8. ¿De qué hablaban mientras tomaban el sol?
9. ¿Pensaba Lorenzo que Adelaida podía engañarlo?
10. ¿Crees que la *Parte 2* de la historia va a tener un final feliz?

B. Mi propia historia.   You are going to write a story in two parts. Start by
selecting the topic of your story. Then, write just the first part, that is, the
background or opening scenario, using the imperfect. Keep in mind a possible resolution that you will write later, in the next section. Invent your own
topic or select one of the following.

Mi primer día en la universidad
Mi primer amor
Una fiesta de cumpleaños terrible
La ilusión de mi vida
Un viaje desastroso
Una lección de baile
Mi carrera como atleta
Tragedia en el concierto de rock

▣ The preterite

In the second part, the plot of the story is told by Lorenzo and reviews most of
the uses of the preterite. Read the story and then answer the questions.

Mi primer amor

Parte 2: Todo terminó

Me llamo Lorenzo Villarreal y ésta es la historia de lo que me sucedió con Adelaida, mi primer amor, un año después de mi primer día con ella en la playa.

Llovió mucho el día de la mala noticia. **Fue** el día más terrible de mi vida.

A las ocho de la mañana, el teléfono **empezó** a sonar (*ring*) y **sentí** miedo.

El teléfono **sonó** muchas veces más.

Finalmente, lo **contesté**. Adelaida me **dio** la noticia calmadamente: "Estoy enamorada de otro; lo siento mucho, Lorenzo." Cuando **escuché** estas palabras, **colgué** (*hung up*) el teléfono y le **dije** a mi perro Baxter:

"Esto es injusto (*unfair*) ... ¡**fuimos** novios durante un año!"

Ahora solamente me queda su recuerdo. Ella **fue** el gran amor de mi vida; yo la **quise** y ella también me **quiso**... alguna vez.

¡**Fui** tan feliz con ella!

The preterite is used:

• to state facts in the past or to sum up a condition or state.

• to indicate the start or the end of an action, an event, or a mental or physical state.

• to narrate completed actions that were repeated a number of times.

• to narrate a sequence of completed past actions.

• to narrate actions that happened within a delimited period of time.

• to state or sum up opinions, attitudes, and beliefs as past completed actions, events, or facts.

◈ ACTIVIDADES

A. ¿Qué sucedió?   Answer the following comprehension questions about Lorenzo's story.

1. ¿Cómo fue ese día para Lorenzo?
2. ¿Hizo sol el día de la mala noticia?
3. ¿Qué le pasó a Lorenzo cuando sonó el teléfono?
4. ¿Cuántas veces sonó el teléfono?
5. ¿Qué hizo Lorenzo cuando escuchó las palabras de Adelaida?
6. ¿Durante cuánto tiempo fueron novios?
7. ¿Quiso Lorenzo mucho a Adelaida? ¿Y ella a él?
8. ¿Fue feliz Lorenzo con Adelaida? ¿Y ella con él?
9. ¿Qué fue Adelaida para Lorenzo?

B. Mi propia historia.   Review *Parte 1* and *Parte 2* of Lorenzo's story and use them as models to structure the second part of your own story, in which events move forward and come to a resolution.

c Contrasting the preterite and the imperfect

When you are talking about the past in Spanish, the imperfect and the preterite often appear together. In this way, interest and suspense are added to the narration. When two or more actions, events, or states are in contrast, the imperfect is used to describe the background, the scenario, or the atmosphere, while the preterite is used to indicate each completed action that happened in that context.

1. Background / scenario

The imperfect describes the scene or provides background information while the preterite narrates the events that happened at that moment.

1. Adelaida **tenía** 23 años cuando la <u>conocí</u>.

   Adelaida was 23 years old when I met her.

2. Cuando **éramos** novios, Adelaida y yo <u>fuimos</u> al cine solamente una vez.

   When we were sweethearts, Adelaida and I went only once to the movies.

3. **Estaba** lloviendo cuando <u>salimos</u> del cine.

   It was raining when we left the movie theater.

2. Interrupted actions

In this case, the ongoing action doesn't continue because it is interrupted by what happens.

1. Lorenzo **miraba** sus telenovelas cuando el teléfono <u>sonó</u>.

   Lorenzo was watching his soap operas when the phone rang.

2. Adelaida **hablaba** con Lorenzo cuando <u>llegó</u> su nuevo amor.

   Adelaida was speaking to Lorenzo when her new love arrived.

3. Lorenzo **lloraba** cuando su perro fiel, Baxter, <u>entró</u> en el cuarto.

   Lorenzo was crying when his faithful dog, Baxter, entered the room.

3. Retelling: Indirect speech

Use the preterite to introduce indirect speech. The imperfect is used when
retelling what someone said, thought, believed, wanted to do, or knew.

1. Adelaida le **dijo** a Lorenzo que no
   lo **quería**.
2. Lorenzo le **contestó** que la **adoraba**.
3. Adelaida le **respondió** que **iban** a
   ser amigos para siempre.

*Adelaida told Lorenzo that she didn't
love him.*
Lorenzo answered that he adored her.
*Adelaida responded that they would be
(were going to be) friends forever.*

☺ACTIVIDADES

A. ¿Pretérito o imperfecto?   Decide whether each situation needs the
preterite or imperfect, then supply the appropriate form of the verb.

1. Cuando Delmira _____ (tener) diez años, todas las noches _____
   (escuchar) los cuentos *(stories)* de su abuela.
2. Los jóvenes del conjunto Maná _____ (tocar) continuamente. Ellos
   _____ (ir) a ser ricos y famosos algún día. Y en efecto, en los años 80 y
   90 el grupo _____ (vender) millones de discos.
3. Hoy yo _____ (levantarse), _____ (hacer) la cama, _____
   (lavar) la ropa, y _____ (pasar) la aspiradora por la alfombra.
   _____ (Ser) una mañana muy productiva.
4. La noche _____ (estar) muy oscura cuando un hombre misterioso
   _____ (salir) a la calle.

B. Fractura.   Complete the story about Yolanda's rollerblading accident with
the correct form of the preterite or imperfect.

Siempre _____ (1. hacer) deportes cuando _____ (2. ser) pequeña.
A veces me _____ (3. gustar) mucho patinar *(to rollerblade)*. Una vez, cuando
yo _____ (4. tener) diez años, patinaba con unos amigos, y de pronto, yo
_____ (5. caerse). Ellos me _____ (6. llevar) al hospital. Mientras yo
_____ (7. estar) en mi cama con mucho dolor, _____ (8. llegar) el
médico y me _____ (9. decir): "Tú no _____ (10. llevar) casco cuando
tú _____ (11. caerse), ¿verdad?" Yo le _____ (12. preguntar) al doctor:
"¿Cómo sabe usted que yo no _____ (13. llevar) el casco?" Y el doctor
_____ (14. contestar), "No es difícil saberlo. ¡Me lo _____ (15. decir) la
fractura que tienes en la cabeza *(head)*!"

C. Yolanda.   Iris and Lilia are talking about what happened to Yolanda.
Create their dialog using the imperfect and the preterite. Useful words and

phrases: patinar *(to skate, rollerblade)*, (no) aceptar, (no) ponerse el casco, chocarse contra un poste *(to crash into a post)*, tener un accidente, terminar en el hospital *(to end up in the hospital)*.

D. Sorpresa desagradable.   Felipe and Adriana are enjoying their stay in San Juan, thinking that they are out of danger. Suddenly, Adriana discovers that someone is following her. Read the conversation between Adriana and Felipe.

FELIPE: ¿Qué pasa? Pero, ¿qué te pasa? Adriana, ¿qué te pasa? ¡Estás más pálida que una pared!

ADRIANA: El hombre, el hombre del anillo.

FELIPE: ¿Cuál hombre? Yo no vi a nadie. ¿De qué hablas?

ADRIANA: El hombre que estaba hablando por teléfono.

FELIPE: Pues, no, no lo vi.

ADRIANA: ¡Era el mismo° hombre!   *the same*

FELIPE: ¿El mismo? ¿El mismo qué?

ADRIANA: El mismo hombre de Sevilla, el que me persiguió hasta el hotel, el hombre del anillo raro.

FELIPE: ¿Estás segura, Adriana?

ADRIANA: Cien por ciento, te lo juro, llevaba el mismo anillo. Ese diseño es muy particular.

Now, complete the sentences about what they said with the imperfect or the preterite of the verb in parentheses.

1. Cuando Felipe le _____ (preguntar) a Adriana "¿Qué te pasa?", ella _____ (estar) más pálida que una pared.
2. Cuando Adriana _____ (ver) al hombre del anillo raro, él _____ (hablar) por teléfono.
3. Ese mismo hombre _____ (perseguir) a Adriana hasta el hotel, cuando ella _____ (estar) en Sevilla.
4. Adriana le _____ (decir) a Felipe que ella _____ (estar) segura de que él era el hombre del anillo raro.
5. Adriana le _____ (decir) a Felipe que el hombre _____ (llevar) el mismo anillo.
6. Adriana le _____ (decir) a Felipe que el diseño del anillo _____ (ser) muy particular.
7. Felipe y Adriana _____ (estar) muy tranquilos hasta que Adriana _____ (ver) al hombre misterioso.

VOCABULARIO 6A.2

Talking About Sports and Exercise

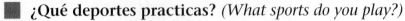

¿Qué deportes practicas? *(What sports do you play?)*

jogging trotar treadmill la trotadora

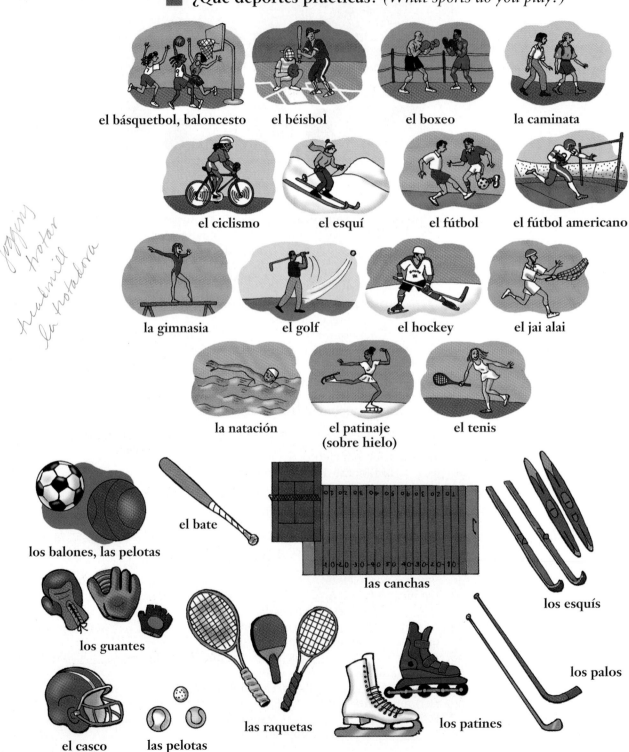

el básquetbol, baloncesto

el béisbol

el boxeo

la caminata

el ciclismo

el esquí

el fútbol

el fútbol americano

la gimnasia

el golf

el hockey

el jai alai

la natación

el patinaje (sobre hielo)

el tenis

los balones, las pelotas

el bate

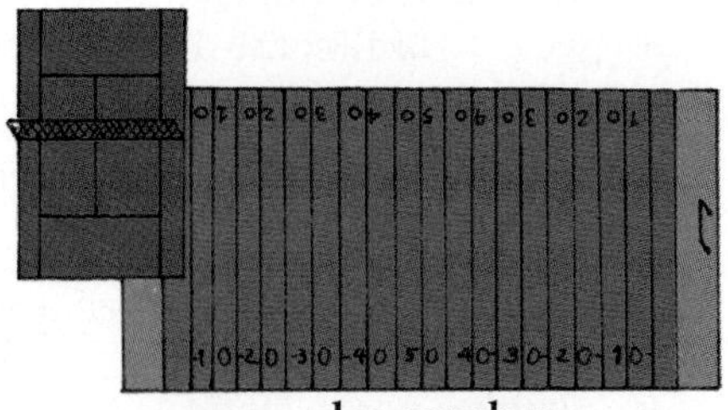
las canchas

los esquís

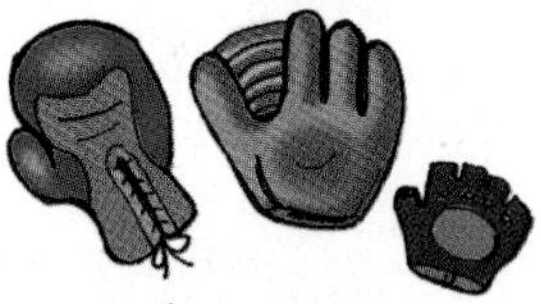
los guantes

el casco

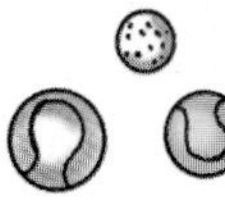
las pelotas

las raquetas

los patines

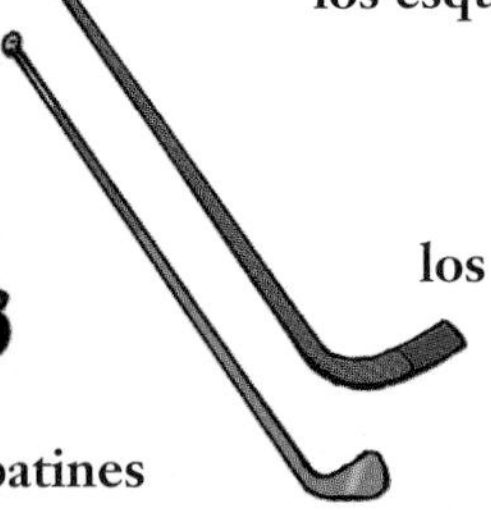
los palos

MÁS PALABRAS Y EXPRESIONES

COGNADOS

entrenar	esquiar	practicar
el/la espectador/a	el gimnasio	el uniforme

SUSTANTIVOS

el/la aficionado/a, fanático/a *fan*   el partido *game*
el equipo *team; equipment*   la pista *ice rink; running track*
el/la jugador/a *player*   el/la deportista *athlete; sports enthusiast*

VERBOS

ganar *to win*   patear *to kick*
jugar al (ue) *to play (a sport or game)*   perder (ie) *to lose*

⟡ACTIVIDADES

A. ¿Qué necesitamos?   What equipment do we need to play the sports shown on page 234? Refer to the vocabulary lists and illustrations or use the words that you already know. Follow the model.

MODELO   *Para jugar al béisbol, necesitamos una pelota, unos guantes y un bate.*

B. ¿Cómo son los deportes?   Work with a partner to decide which sport(s) you associate with each of these words. Explain the reasons for your choices.

violento/a	caro/a	rápido/a	barato/a
entretenido/a	aburrido/a	interesante	peligroso/a

C. Encuesta.   Ask four classmates the following questions about sports. Write down their answers and present your findings to the class.

¿Cuál es tu deporte favorito? ¿Por qué?
¿Quién es tu jugador/a favorito/a? ¿Por qué? ¿Qué deporte juega?
¿Cuál es tu equipo favorito? ¿Por qué?

Persona	Deporte favorito	Equipo favorito	Jugador/a favorito/a
1.			
2.			
3.			
4.			

ESTRUCTURA 6A.2

Indicating Reason, Duration, Purpose, and Destination

Por and para

Por and **para** correspond in general to the English preposition *for*, but they are not interchangeable in Spanish. These are their main uses.

POR

Trabajo **por** mi equipo... y el equipo es famoso **por** mí.
I work for my team's sake... and my team is famous because of me.

Tomás jugó fútbol **por** todos los Estados Unidos.
Tomás played soccer all around the United States.

Ayer jugué **por** Luis.
Yesterday, I played in Luis's place.

Entrené **por** tres horas sin pausa.
I trained for three hours without a break.

Tomás habla **por** televisión.
Tomás talks on TV.

Las cartas de sus aficionados le llegan a Tomás **por** aire, **por** tierra y **por** mar.
Tomás receives his fan mail by air, land, and sea.

PARA

¡Jugamos **para** ganar la copa!
We play to win the cup!

Salí temprano **para** el estadio.
I left early for the stadium.

Esta copa es **para** mi novia.
This cup is for my girlfriend.

Tengo que entrenar **para** el cinco de mayo.
I have to train for May fifth.

Para ser tan joven, Tomás es un excelente jugador de fútbol.
For one so young, Tomás is an excellent soccer player.

Uses of *por*	Uses of *para*
1A • To state the cause or motive of an action. (*because, on account of, for the sake of*)	**1B** • To state the purpose of actions, things, and tools. (*in order to, for*)
2A • To describe spatial motion. (*by, around, through, along, via*)	**2B** • To specify destination. (*to, headed to*)
3A • To indicate acting in someone's place, on his/her behalf.	**3B** • To indicate the recipient of an action or an object.
4A • To describe the period of time of an action, period of time in a day, percentages, and units of measure. (*for, during, in, per*)	**4B** • To indicate a future deadline to meet.
5A • To indicate the physical media used to send messages or things: radio, TV, Internet, fax, mail, telephone. (*on, by, through*)	**5B** • To explain that something or someone falls short or exceeds your expectations.

Common expressions with **por**	
ir **por** + *person / thing* *to go for; to pick up*	**por** fin *finally*
pagar **por** *to pay for*	**por** lo menos *at least*
por ejemplo *for example*	**por** lo tanto *therefore*
por favor *please*	**por** supuesto *of course*

Common expressions with **para**	
para mí / ti / etc. *in my / your opinion (for me / you)*	**para** nada *no way, not at all*
para siempre *forever*	estar **para** + *verb* *to be about to + verb*

◑ACTIVIDADES

A. ¿Por o para?   Without translating the following sentences, discuss which preposition (**por / para**) would be the best to use in each situation. Then, exchange your selections with another group and evaluate their answers.

Situación

1. Nayeli is still alive *because of* you, Adriana and Felipe!
2. I am always doing things *on your behalf*.
3. Mr. de Landa, here is a letter *for* you.
4. You have to be done with the project *by* tomorrow morning.
5. Will you miss me, honey? I am going to be away *for* a whole month!
6. Adriana and Felipe are working hard *in order to* find Nayeli.
7. Would you please teach this class *for* me? I can't make it tomorrow.
8. Where are you *headed for* at this hour, Adriana?
9. Our teacher likes to shop at Pepe's *because of* their low prices.
10. *For* whom are all those gifts that you bought, Felipe?

B. ¿Por o para?   Work with a partner and fill in the correct preposition in the following sentences.

1. Compramos el auto _____ su bajo precio.
2. Mis papás compraron un estéreo _____ mí.
3. Vamos a estar en Cuba _____ una semana.
4. La discoteca me gustó mucho _____ su música moderna.
5. Voy a imprimir el documento _____ ellos.
6. Si te sientes mal, yo puedo ir _____ ti.
7. El jefe necesita el trabajo _____ mañana a las ocho de la mañana.
8. Ud. tiene que terminar _____ las cuatro. A esa hora cerramos la tienda.
9. Estuvimos en Santo Domingo y ¡viajamos _____ todas partes!

C. Música.   Create sentences for the situations depicted based on the following drawings. Use **por** and/or **para**. Use the text that applies to each drawing as a hint.

D. El palacio deportivo.
This is an ad for a sporting goods store. Using the same format, create your own ad for a boutique, an event, or a product. Use **por** to describe why your specific event, boutique, or product is so attractive. Use **para** to describe your target audience: who is this event, product, or boutique for?

ESTRUCTURA 6A.3
Describing How Actions Are Done

■ Adverbs ending in *-mente*

Adverbs of manner describe how an action is done. These adverbs are usually formed in Spanish by adding **–mente** to the singular form of the adjective. If the adjective has **–a** and **–o** endings, **–mente** is added to the feminine form. No changes are necessary when the adjective ends in another vowel or in a consonant. The **–mente** ending in Spanish corresponds to the *–ly* ending of many English adverbs (*easy* → *easily*). Note that written accents on the adjectives are retained when the **–mente** ending is added.

generoso/a	genero**samente**	*generously*
impaciente	impaciente**mente**	*impatiently*
difícil	difícil**mente**	*with difficulty*
Adriana y Felipe hablan con Nayeli **continuamente**.		*Adriana and Felipe speak with Nayeli continuously.*
Soy **inmensamente** feliz.		*I am enormously happy.*

- These very commonly used adverbs may be used with or without **–mente**: **fácil / fácilmente; difícil / difícilmente; rápido / rápidamente.**

◄»ACTIVIDADES

A. ¿Cómo se hace? Give the correct adverb for the following adjectives.

1. serio
2. elegante
3. frecuente
4. fuerte
5. lento
6. moderno
7. normal
8. perezoso
9. profesional
10. claro
11. regular
12. tímido

B. ¿De qué manera? Use adverbs to tell how the following people do these activities.

> **MODELO** *El examen es fácil. Yo hago el examen fácilmente.*

1. La explicación de Julia es muy clara. Julia explica las cosas muy _____.
2. Mis conversaciones con Luis son agradables. Luis y yo conversamos _____.
3. Mi trabajo es muy duro. Yo trabajo _____.
4. Ese tren es muy lento. Ese tren anda muy _____.
5. La ropa de Verónica es elegante. Verónica se viste _____.
6. Carlos es un escritor profesional. Carlos escribe _____.

C. Estilo personal. Ask each other the following questions about how you, your family, or friends usually do things. Then, create five new questions with different adverbs about your life at the university.

1. ¿Viajas en el coche de la familia rápidamente? ¿lentamente?
2. ¿Llegan a clase puntualmente los estudiantes de tu universidad?
3. ¿Hablas con tus amigos/as por teléfono frecuentemente? ¿infrecuentemente?
4. ¿Trabaja tu compañero/a pacientemente? ¿impacientemente?
5. ¿Los estudiantes de tu escuela se visten elegantemente los sábados por la noche?
6. ¿Te duchas inmediatamente después de levantarte todos los días?

VIDEODRAMA 6A ¿Cuál es el plan de Gafasnegras?

Preparémonos

A. En el último episodio... Review the scenes from *Videodrama 5B* by matching the characters that are associated with the following information. Work in pairs.

1. Se divierten en el Yunque, pero no discuten (*argue*).
2. Ella secuestra a Nayeli.
3. Al salir del aeropuerto, ella recibe una rosa roja.
4. Sacan fotos de Adriana y Felipe en el Yunque.
5. Le cuenta a Adriana una leyenda cubana.

a. Nayeli
b. Los primos puertorriqueños
c. Felipe
d. Gafasnegras
e. Adriana y Felipe

Answers: 1. e; 2. d; 3. a; 4. b; 5. c

B. Somos detectives. In groups of three, brainstorm about this episode, and answer the following questions, ¿De qué hablan Adriana y Felipe? ¿Saben dónde están Nayeli y el jaguar robado?

Resumen del video

Back at their hotel, Adriana sees the man with the strange ring talking on the phone, and she rushes Felipe into her room. Then, Nayeli calls and tells them to rent a car, get a map of the island and meet her at the Tibes Ceremonial Center Park in Ponce. Adriana notices that Nayeli sounds strange, but she does not know why. Nayeli pleads with her kidnapper, Gafasnegras, not to involve Adriana and Felipe, but to no avail. Meanwhile, in Quito, Ecuador, Zulaya Piscomayo Curihual, an indigeneous Ecuadoran woman, goes to the post office to pick up the package from Sr. Covarrubias.

Miremos y escuchemos

C. ¿Verdadero o falso? While watching this episode, mark **V (verdadero)** for each true statement and **F (falso)** for each false one. Then, correct the false sentences.

1. _____ Adriana y Felipe regresan al hotel.
2. _____ Adriana le dice a Felipe que ella vio al hombre del anillo en el hotel.
3. _____ El hombre del anillo entra a la habitación de Felipe.
4. _____ Adriana habla por teléfono con Nayeli.
5. _____ Adriana dice que tienen que alquilar un carro para buscar a Nayeli.

6. _____ Adriana no está preocupada.
7. _____ Nayeli comenta que los dos jóvenes van a necesitar un mapa de la isla.
8. _____ En Ecuador, Zulaya recoge el paquete con el jaguar gemelo.
9. _____ Felipe maneja al centro ceremonial indígena de Tibes cerca de Ponce.
10. _____ Adriana y Felipe se encuentran con los primos en el puente (*bridge*).

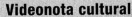

Videonota cultural

El Yunque. Adriana y Felipe visitan El Yunque, un bosque pluvial extraordinario. Tiene más de 240 especies de árboles y cientos de especies de animales diferentes, entre las que se incluyen la boa puertorriqueña, el papagayo *(parrot)* y el coquí. El coquí es una ranita *(small frog)* nativa de la isla de Puerto Rico.

Comentemos

D. Comprensión.   Answer these questions in groups.

1. ¿Qué tiempo hace cuando Adriana y Felipe caminan al hotel?
2. ¿A quién ve Adriana al entrar *(upon entering)* a su habitación? ¿y Felipe?
3. ¿Quién llama a Adriana? ¿Qué tono de voz tiene esa persona?
4. ¿Con quiénes está Nayeli?
5. ¿Está prisionera Nayeli o está entre amigos?
6. ¿Por qué necesitan un coche y un mapa Adriana y Felipe?
7. ¿Adónde tienen que ir Adriana y Felipe?
8. ¿Dónde tiene Felipe los mapas?
9. ¿Qué cosas se muevan solas en la oficina en el Ecuador?
10. ¿Cuándo llegó el paquete de Sevilla a Ecuador? ¿Qué encuentra Zulaya en el paquete?
11. ¿Qué coche sospechoso está en el parque ceremonial de Tibes en Ponce?
12. ¿Cómo es Gafasnegras? ¿arrogante o humilde?

E. Mi personaje.   Work in groups of four to invent a brand new character for the next episode of *Caminos del jaguar*. To shape this character, each student should answer one of the questions below. Then, compare your creation with those of other groups.

ESTUDIANTE # 1: ¿Cómo se llama? ¿De dónde es?
ESTUDIANTE # 2: ¿Cuál es su profesión? ¿Está casado/a?
ESTUDIANTE # 3: ¿Cuántos años tiene? ¿Cómo es físicamente?
ESTUDIANTE # 4: ¿Es bueno o malo? ¿Qué va a hacer y a quién?

F. Filosofía de la vida.   In this episode, Gafasnegras expresses very strong opinions. Work in pairs to analyze her statements and then answer the questions that follow. Share your ideas with other groups and give examples.

1. "Yo hago lo que me dé la gana." *(I do whatever I want.)*
   ¿Es posible hacer lo que te dé la gana en la vida? ¿Por qué?
2. "Ya no te necesito ni a ti ni a nadie."*(I no longer need you nor anybody.)*
   ¿A quién necesitas tú en la vida? Explica.

 Deportes
caribeños

LECTURA

Prelectura

 READING STRATEGY: Skimming for Main Ideas

By skimming titles and the first sentence of every paragraph, you can get a good idea about the content of the reading. There are usually three important parts to each paragraph:

1. **Topic:** The topic or theme can often be found by skimming the subtitles.

2. **Topic sentence:** The topic sentence states the main idea of a paragraph.

3. **Supporting details:** You must read the selection more closely to identify the details that support the main ideas. These can be facts about the topic or anecdotes to make the subject more interesting.

A. Sin diccionario. Without using a dictionary, quickly read the following selection about Caribbean sports. For each paragraph, identify and write the topic and topic sentence. Do not worry about the details.

MODELO   Topic: *el béisbol*
Topic sentence: *En los países de Cuba, Puerto Rico y la República Dominicana, el deporte nacional es el béisbol.*

Algunos deportes caribeños

El béisbol

En los países de Cuba, Puerto Rico y la República Dominicana, el deporte nacional es el béisbol. Muchos caribeños lo practican desde la llegada de los estadounidenses a las islas. Los chicos jóvenes juegan en las calles y en los parques y los partidos despiertan° gran interés en la población. Muchos jugadores dominicanos, cubanoamericanos y puertorriqueños juegan en las ligas profesionales de los Estados Unidos y varios de ellos han tenido grandes éxitos°. Cuba es el único país que por ahora prohibe la participación de cubanos en las ligas norteamericanas. Este deporte es popular también en las regiones caribeñas de Panamá y Colombia, donde también hay exitosos equipos femeninos.

Jóvenes cubanos jugando al béisbol.

awaken

have been very successful

Jugador dominicano de baloncesto.

El baloncesto

Otro de los deportes populares en el Caribe y en gran parte de las regiones hispanas es el baloncesto. La televisión de los Estados Unidos tuvo mucha influencia en su introducción en las islas del Caribe.

El fútbol americano

Los caribeños no juegan mucho este deporte, pero los partidos norteamericanos tienen espectadores en todo el mundo hispano porque se transmiten por los canales hispanos de televisión desde Miami. La gente de muchos países sabe los nombres de los equipos más populares de los Estados Unidos y es común encontrar a jóvenes que usan camisetas° y gorras con los emblemas de equipos populares de fútbol americano.

Niños hispanos jugando al fútbol americano.

T-shirts

El fútbol

Los juegos ceremoniales de los indígenas mayas de Centro y Norteamérica y de los arauacos° de la zona caribeña practicaban el fútbol. Jugaban con una pesada° pelota de caucho° y usaban la cintura° para mantener la pelota en el aire sin tocar el suelo°. Este juego fue un precursor del juego moderno que conocemos hoy, con millones de aficionados en todo el mundo. ■

Los Juegos Panamericanos: Rey Martínez (Cuba) y Evan Whitfield (EE.UU.).

Arawak Indians
heavy
rubber / waist
ground

Postlectura

B. ¿Qué más?   Read the selection again in order to obtain additional information. Then, working in pairs, discuss the following questions.

1. ¿Cuál es la importancia en el Caribe de cada deporte mencionado en la lectura?
2. ¿Cuál es el deporte más popular en tu región? ¿Quiénes lo practican? ¿Cuál es tu equipo preferido?
3. Compara tus preferencias deportivas con las de tus compañeros/as.

C. Mis deportes favoritos.   Write a paragraph about your favorite sports. Include answers to the following questions.

1. ¿Qué deportes practicas en las diferentes estaciones: en invierno, primavera, verano y otoño?
2. ¿Qué deportes prefieres solamente como espectador/a?

Lección 6B La tecnología nos rodea

■ **El mundo digital** *(The Digital World)*

Hotel moderno con alta tecnología.

Habitación 2025

has changed
computers (Sp.) / access the
Internet / screens / hung

plays an important role

Los días en los que un teléfono y un televisor eran lo más avanzado tecnológicamente dentro de una habitación están en el pasado. El aspecto de estos lugares ha cambiado° por completo, ya que casi todas las habitaciones están equipadas con **ordenadores**° para **acceder a Internet**°, enormes **pantallas**° para videoconferencias colgadas° de la pared o consolas con cualquier tipo de juegos para mantener entretenidos a los niños. De momento, la tecnología tiene un importante papel° en los servicios del hotel. Aquí hay algunos de los cambios.

PÁGINAS ELECTRÓNICAS

touch screens
saved

En las estanterías de la habitación hay libros electrónicos con **pantallas táctiles**° y numerosos textos **almanacenados**°.

CARA A CARA

waits on us

El teléfono tiene una pantalla a través de la que vemos a la persona que nos **atiende**° en recepción.

Un buen despertar

soundwave machine
long distance
tray

Las mesitas tienen un sistema emisor de ondas° que favorece el sueño. En algunos casos integran teléfono, fax, **mando a distancia**°, televisor y ordenador. Y, si queremos desayunar en la cama, podemos hacerlo en una bandeja° equipada con una pantalla en la que se pueden ver las noticias o chequear el correo electrónico.

Ver, oír y hablar

keyboard / wireless

Los televisores estan colgados o insertados en la pared. Tienen pantallas de plasma, son interactivos, a través de ellos se pueden acceder a Internet con un **teclado**° **inalámbrico**°, mantener videoconferencias y ver quién llama a la puerta. Además, hay videoconsolas con cientos de juegos y aparatos de **realidad virtual**.

Más palabras y expresiones

Cognados

el aparato	copiar	la función
la aplicación	el directorio	el icono
el botón	el documento	(el/la) Internet*
el CD-ROM	en línea	el módem
compacto/a	entrar	multimedia
el control remoto	el fax	el programa

Sustantivos

el archivo *computer file*	el entretenimiento *entertainment*
la ayuda *help*	la impresora *printer*
la computadora portátil *laptop*	el mensaje *message*
la contraseña *password*	el parlante *speaker*
el correo electrónico *e-mail*	el ratón *mouse*
el disco duro *hard drive*	la red *network*

el archivo - placement files are laptop

Verbos

abrir *to open*	enviar, mandar *to send*
apagar *to turn off*	imprimir *to print*
apuntar *to point*	iniciar *to begin*
archivar, guardar *to save, to file*	mover (ue) *to move or shift*
cerrar (ie) *to close*	prender, encender (ie) *to turn on*
colgar (ue) *to hang (up)*	presionar, hacer clic, pulsar, oprimir
contestar *to answer*	*to click (with the mouse), to push a button*
desempeñar *to carry out*	recibir *to receive*

Adjectivos

disponible *available*

---

* **Internet** is usually used without an article, but can be either **el Internet** or to a lesser degree **la Internet**.

Vocabulario en acción

En este diálogo de *Videodrama 6B,* Luis se interesa por la computadora.

Luis: Mira, tienen una computadora portátil. Quiero ver cuántas funciones desempeña.
Primo: Luis, ¿qué pasa, chico? ¡Contrólate! Éste no es precisamente el momento más oportuno para satisfacer tu curiosidad.

Luis: Pero, mira, mira, ¡tiene de todo! Mira, tiene fax/módem, tiene CD-ROM super rápido, eh..., parlantes, eh...
Gafasnegras: ¿Puedes ver si tiene correo electrónico?
Luis: ¡Ay, claro que sí! Déjeme enseñarle, mire: apunte al icono del programa en la pantalla, haga doble clic y... ¡ah, claro, pero no tenemos la contraseña!

 ACTIVIDADES

A. ¿Qué describe? Listen to the descriptions of these technological gadgets and number their pictures in the order in which they are described.

a. _____ b. _____ c. _____ d. _____ e. _____

B. Habitación 2025. Reread the introduction about hotel rooms in the year 2025 (pages 244–245) and, in the list below, place an X in front of each service they will offer.

- ___X___ computadora
- _____ desayuno virtual
- ___X___ juegos electrónicos
- ___X___ libros electrónicos
- ___X___ máquina fax
- _____ procesador automático de comidas
- _____ robot personal
- ___X___ teléfono con pantalla
- _____ teclado inalámbrico ⬅
- _____ teléfonos táctiles
- ___X___ televisor con acceso a Internet
- ___X___ televisor interactivo

C. Combinaciones.　Work with a partner to create as many sentences as possible by combining words from columns A, B, and C. Be sure to add any additional words you may need to create complete sentences about technology. Follow the model.

MODELO　*Yo prendo mi computadora por la mañana para leer mi correo electrónico.*

A	B	C
Yo	prender	archivo
Tú	mandar	párrafo — *paragraph*
Mis amigos	abrir	computadora
Los profesores	cerrar	palabras — *words*
Ud.	buscar	mensaje
Tú y yo	imprimir	programa
Mi mamá	escribir	documento

D. ¡Qué buena es la tecnología!　Sometimes technology makes us work more than ever. You have just received a message from a friend, but you can't read the whole message. Complete the e-mail with the words provided.

mensaje　　computadora　　ayuda　　　impresora
programa　　teléfono　　　tecnología

Tema:
Fecha:
Para:

¡Hola!

Hoy compré una nueva _*_. Traté de instalar el *$_ < para
mandarte un mensaje electrónico, pero dice que hay errores.
La *$* tampoco funciona y no puedo imprimir este *$<*.
Yo sé que soy nueva con la *&$v**_, pero esto es ridículo.
Por favor, necesito tu $*&_*. ¡Llámame, porque sé que por
lo menos funciona mi *&_!_.

Tu amiga,
Leticia

E. La respuesta　You cannot get in touch with Leticia because her telephone is busy. Write her an e-mail to answer her message (**Actividad D**).

CULTURA

Puerto Rico

El observatorio de Arecibo

Hay mucho interés en usar las nuevas tecnologías para aprender más sobre el mundo en que vivimos: las galaxias, las estrellas, el sol, el agua, la tierra. Para conocer más sobre el espacio, muchos astrónomos de todas partes del mundo van a Puerto Rico para utilizar el observatorio que está en Arecibo. Su radiotelescopio es enorme; tiene un diámetro de 400 metros, una superficie (*surface*) de 16 hectáreas y se eleva a 185 metros sobre su plataforma. Con su ayuda, los científicos pueden medir las radiaciones y determinar la composición química de los objetos estelares.

La ciencia también ayuda a descubrir las causas de fenómenos que están cerca de la superficie terrestre, más cerca de nosotros que las galaxias. Por ejemplo, en la

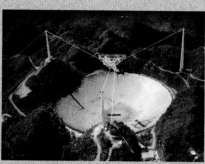

El observatorio de Arecibo.

Bahía Fosforescente de Vieques, en Puerto Rico, ocurre un fenómeno nocturno muy dramático y hermoso: por la noche, aparecen luces muy bonitas sobre el agua. Los científicos concluyeron que esta luz la emiten billones de criaturas microscópicas que viven en las aguas de la bahía.

DISCUSIÓN EN GRUPOS

1. ¿Qué aparato usan los científicos de Arecibo, Puerto Rico, para medir las radiaciones y determinar la composición química de las estrellas? ¿Cómo es?

2. ¿Qué explicación hay para las luces sobre el agua en la Bahía Fosforescente de Vieques, Puerto Rico?

3. ¿Tiene tu región un observatorio astronómico? ¿Cómo se llama y dónde está? ¿Lo conoces?

4. ¿Qué universidades o industrias investigan temas científicos interesantes? ¿Por qué?

5. ¿Estudias astronomía este semestre? ¿Qué materia científica estudiaste el año pasado?

6. ¿Tienes interés en visitar otro planeta algún día? ¿Por qué?

POR INTERNET

Usa Internet para encontrar información en español sobre dos observatorios importantes de las Américas: **El Centro Nacional de Astronomía e Ionósfera de Arecibo, Puerto Rico** y el **Observatorio Astronómico de La Plata, Argentina**. Después, escribe un diálogo entre dos científicos/as. Uno/a trabaja en el observatorio de Arecibo, y el/la otro/a trabaja en el observatorio de La Plata. Se conocen en una reunión profesional en Chile, y conversan e intercambian información profesional y personal. Toma la información que necesitas de las páginas que encontraste en Internet.

ESTRUCTURA 6B.1
Giving Instructions and Making Requests

■ Formal commands with *usted* and *ustedes*

¿Cómo funciona este programa?

You are learning how a new program works and follow the instructions to do it.

Instrucciones
1. Primero, **busque** el icono del programa en la pantalla.
2. Para abrir el programa, **haga** doble clic en el icono.
3. **Seleccione** "Archivos" en el menú principal.
4. **Abra** "Escribir nuevo mensaje".
5. En esta nueva pantalla, **ponga** la dirección de la persona y el tema del mensaje.
6. **Escriba** su mensaje y **envíelo** haciendo clic en "Mandar".

NO COMER
NO BEBER
NO FUMAR

No fume ni beba mientras trabaja en la máquina.

Commands, or imperative forms, are used to request something from people.

A. Regular verbs

- To create the formal imperative (**Ud.** and **Uds.** commands), drop the –o of the first person singular **yo** form in the present tense and add the opposite ending. Add –**e** or –**en** to –**ar** verbs and –**a** or –**an** to –**er** and –**ir** verbs to create the **Ud.** or **Uds.** commands respectively. To make a command negative, add **no** before the verb.

–ar verbs	–er and –ir verbs		
seleccionar	**comer**	**escribir**	
seleccione	coma	escriba	usted
no seleccione	no coma	no escriba	
seleccionen	coman	escriban	ustedes
no seleccionen	no coman	no escriban	

- If a verb has a stem change in the **yo** form of the present (**pienso, sirvo, duermo**), it maintains that change in the formal command forms: **piense(n), sirva(n), duerma(n)**.

- If a verb is irregular in the **yo** form of the present (**salgo, conduzco, veo**), it maintains that change in the formal command forms: **salga(n), conduzca(n), vea(n)**.

B. Verbs with spelling changes

If an infinitive ends in –**car**, –**gar**, or –**zar**, it undergoes a spelling change in order to maintain the same sound as in the infinitive.

	infinitive	**yo** present indicative	**usted / ustedes** command
-car	buscar	busco	bus**que** / bus**quen**
	sacar	saco	sa**que** / sa**quen**
-gar	apagar	apago	apa**gue** / apa**guen**
	pagar	pago	pa**gue** / pa**guen**
-zar	empezar	empiezo	empie**ce** / empie**cen**
	comenzar	comienzo	comien**ce** / comien**cen**

C. Irregular verbs

dar	estar	ir	saber	ser	
dé	esté	vaya	sepa	sea	usted
den	estén	vayan	sepan	sean	ustedes

D. Position of pronouns with commands

- Direct, indirect, and reflexive pronouns are attached to an affirmative command and precede a negative command. When a pronoun is added to an affirmative command, a written accent is generally needed.

Escriba su mensaje y **env*íelo*** pulsando el botón. — *Write your message and send it by clicking on the button.*

No *se* **duerma** usted mientras trabaja aquí. — *Do not fall asleep while you work here.*

Escr*íbanos* hoy mismo, pero **no *nos* pague** todavía. — *Write to us today, but don't pay us yet.*

- The subject pronoun is not used frequently and is only used to emphasize the request. Subject pronouns always follow the verb in both negative and affirmative commands.

Vaya usted al doctor a las tres de la tarde, por favor. — *Go to the doctor at three P.M., please.*

Por favor, chicos, **no sean ustedes** groseros. — *Please, boys, don't be rude.*

Remember: When speaking about someone with a title (**señor/a, señorita, profesor/a, doctor/a**, etc.), Spanish uses the definite article: **La doctora Beatriz Pinzón trabaja en la compañía EcoModa.** The article is omitted when the person is addressed directly: **Doctora Pinzón, pase a mi oficina, por favor.**

ACTIVIDADES

A. Profesores. Imagine that you are giving a computer course. Work with a partner reading aloud the to-do list, converting each one of the instructions below to formal commands for the group (**Uds.**).

Lista

1. Abrir el manual del estudiante.
2. Leer las instrucciones para encender la computadora.
3. Encender la computadora.
4. Escribir la contraseña.
5. Iniciar el programa de dibujo (drawing).
6. Pintar una ilustración para la composición de español.
7. Imprimir la ilustración en la impresora "Letras".
8. Terminar el programa.

B. Está prohibido. You have been asked to write rules and instructions for the employees in a company. Use the list below to tell the employees what they are not allowed to do. Use **Uds.** commands. Work with a partner.

1. No / beber junto a la computadora.
2. No / montar en bicicleta.
3. No / enviar mensajes ofensivos por correo electrónico.
4. No / hablar en la biblioteca.
5. No / consumir drogas.
6. No / dejar el auto en la calle.
7. No / correr en el edificio.

C. Para nuestros visitantes. You are preparing a brochure for a hotel and need to tell visitors what attractions and services the hotel has to offer. Use the formal command form of the verbs in the list below to write the brochure. Use each verb only once.

visitar	comenzar	comprar	enviar	nadar
sentarse	cenar	pagar	salir	divertirse

1. _____ en nuestro restaurante Ricascosas, en la terraza.
2. _____ todas sus cuentas con cualquier tarjeta de crédito.
3. _____ en la piscina desde las ocho de la mañana hasta las nueve de la noche.
4. _____ los periódicos del día a un buen precio en nuestra recepción.
5. _____ en nuestras cómodas sillas y sofás a leer tranquilamente.
6. _____ las cartas en la oficina de correos del hotel.
7. _____ el día con un desayuno continental en su habitación.
8. _____ la ciudad en nuestros buses turísticos.
9. _____ en nuestra discoteca, la mejor de la ciudad.
10. _____ de su habitación a las tres de la tarde.

D. Ayudante ocupado.   Your boss is about to leave for a business trip. Role-play with a partner asking your boss whether you should do the tasks on your list. Follow the model, using formal commands and object pronouns.

MODELO   —¿Le envío las instrucciones al señor Morales?
—*Sí, envíeselas.*   or
—*No, no se las envíe.*

1. ¿Le doy la información al director?
2. ¿Les mando los mensajes electrónicos a los clientes?
3. ¿Les reservo a ustedes la sala de conferencias para las 3 p.m.?
4. ¿Le reservo a usted los pasajes para el Ecuador?
5. ¿Le vendo los discos de la computadora a doña Rita?
6. ¿Les pago las cuentas a las tiendas?
7. ¿Les mando a ustedes el auto a la oficina central?
8. ¿Le pido a Miguel los nuevos libros de programación?

E. Consejero.   Choose one of the situations described below and tell your friend or friends what to do or what not to do in each case. Use as many verbs as you can.

1. You sell computers in a store and are showing a client how to start using a computer program. Give your client all the instructions.
2. You are organizing a sports tournament. Tell various people which sports are allowed and what they have to do regarding invitations, food for the visitors, selling the tickets, transportation, and so on.
3. You are taking care of your neighbor's big, mischievous dog. You usually address him with the **usted** form for fun because the dog looks so impressive. Tell him what to do and what not to do while you are taking care of him.
4. Explain to prospective students how to succeed at your college or university.

F. Por favor.   Based on the dialog between Nayeli and Gafasnegras, create commands for the following people in each situation, using the verbs in parentheses.

1. Nayeli le dice a Gafasnegras: ¡ _Díganos_ (decir, a nosotros) qué va a hacer con la bomba!
2. Nayeli les dice a Adriana y Felipe: No _se preocupen_ (preocuparse), todo va a salir bien.
3. Gafasnegras les dice a Adriana, Felipe y Nayeli: ¡ _Miren_ (mirar) ese aparato: es una bomba!
4. Nayeli le dice a Gafasnegras: ¡Por favor, no _detone_ (detonar) la bomba!
5. Adriana les dice a Nayeli y Felipe: ¡No le _crean_ (creer) nada a esa señora!
6. Gafasnegras les dice a Adriana, Felipe y Nayeli: ¡No _sean_ (ser) tan predecibles!
7. Gafasnegras les dice a Nayeli, Adriana y Felipe: No _pidan_ (pedir) nada. Es demasiado tarde. ¡Los voy a borrar de este planeta sin piedad!

VOCABULARIO 6B.2

Talking About Cars

■ **Necesitamos comprar un coche.** *(We need to buy a car.)*

—**Mire mamá, el limpiaparabrisas funciona muy bien. ¡Chas! ¡Chas!**

1. el baúl, maletero	6. el parabrisas
2. el espejo retrovisor	7. el pito, claxon
3. el limpiaparabrisas	8. la placa
4. la llanta, rueda	9. la puerta
5. las luces	10. el tanque de gasolina

MÁS PALABRAS Y EXPRESIONES

COGNADOS

el acelerador   la gasolina   el/la radio   el chofer   el motor

SUSTANTIVOS

el aire acondicionado *air conditioner*
el asiento *seat*
el auto, automóvil, carro, coche *car*
la batería, pila *battery*
la bolsa de aire, el airbag *airbag*
el camión *truck; bus (Mex.)*
la camioneta *minivan*
el choque *crash*

el cinturón de seguridad *seatbelt*
el/la conductor/a *driver*
el deportivo *sports utility vehicle*
los frenos *brakes*
la licencia de manejar *driver's license*
la llanta pinchada *flat tire*
el volante *steering wheel*

VERBOS

abrocharse (el cinturón) *to buckle up (seatbelt)*
apagar *to shut off*
arrancar *to start (a car, a race)*
chocar *to collide*
conducir, manejar *to drive*

dañar *to injure; to damage*
frenar *to brake*
parar *to stop*
pitar *to beep the horn*

⟨⟩ACTIVIDADES

A. ¿Qué es? Identify the part of the car being described in each sentence.

1. El chofer se sienta allí.
2. Son absolutamente necesarios cuando llueve.
3. Se necesita para llamar la atención, ¡no para hacer ruido!
4. El coche no puede parar sin ellos.
5. Protege a los pasajeros en los accidentes.
6. Si tu coche no lo tiene, te va a dar mucho calor en el verano.
7. Allí pones tu pie y ¡el coche anda!
8. Se vende por litros en España y en muchas ciudades por galones.
9. Si dejas las luces encendidas *(on)* muchas horas, se acaba.

B. ¡Quiero comprar un Jaguar! Write your answers to these questions to decide what kind of car you would like to buy.

1. ¿Qué clase de auto te gusta? ¿deportivo? ¿compacto? ¿económico? ¿de lujo? ¿camioneta? ¿camión? ¿Por qué?
2. ¿Qué color prefieres? ¿Por qué?
3. ¿Cuál es tu presupuesto *(budget)*?
4. ¿Qué características son esenciales en tu coche?
5. ¿Qué características son deseables pero no esenciales?

 C. ¿Qué auto compramos? You decide to buy a car with your best friend. Compare your answers to **Actividad B** with a partner's and decide which of the two cars you intend to buy and why.

D. Presentación. Bring a photograph of the car of your dreams (or draw it yourself!) and describe it to the class.

ESTRUCTURA   6B.2

Describing Unplanned and Unintentional Occurrences

■ *Se* for unplanned occurrences

Tragedia en cinco actos

A Mario **se le cayó** un papelito cuando salía de casa.
Pasó por la estación de gasolina, pero **se le olvidó** echarle gasolina al auto.
A Mario **se le acabó** la gasolina del coche y tuvo que ir a pie a comprarla.
Se le quedaron las llaves dentro del auto y tuvo que pedir ayuda.
Cuando llegó a su destino, **no se le ocurrió** llamar a información para pedir la dirección otra vez.

- English uses expressions such as: *it slipped my mind, it got late, it took on a life of its own,* and so on, to refer to unintentional or unplanned occurrences. To express the same in Spanish, use this structure:

> **se** + indirect-object pronoun + verb in the third person + subject

- These verbs are commonly used to indicate unplanned or unintentional occurrences:

acabar *to finish, drain, run out of*	olvidar *to forget*
caer *to fall*	perder *to lose, misplace*
dañar *to damage*	quedar *to remain, be left over*
ocurrir *to occur*	romper *to break*

Se te cayeron las llaves.	*You dropped your keys (by accident).*
Se nos perdió la dirección.	*We lost the address (by mistake).*
Se les olvidó la fecha a los alumnos.	*The students forgot the date (unintentionally).*

◯ ACTIVIDADES

A. ¿Qué hizo Josefa?   Work with a partner to describe the things that Josefa did. Match the information in columns **A** and **B**.

MODELO   A: *Josefa no pudo comprar nada en la tienda porque...*
B: *se le olvidó el dinero en casa.*

A	B
1. Decidió ir a México porque... C	a. se le olvidó el horario.
2. No tomó el tren a tiempo para llegar al trabajo porque... A	b. se le perdió el pasaporte.
3. Tenía los ojos muy rojos porque... E	c. se le ocurrió la idea de viajar a un país de habla española.
4. No pudo subirse al avión para ir a España porque... B	d. se le perdieron las llaves de la casa.
5. No pudo entrar a su casa porque... D	e. se le rompieron las gafas de sol.

B. ¡Qué mala suerte!   Complete the following sentences using the correct form of the verb in the preterite.

MODELO   Se nos _____ (caer) las flores.
Se nos cayeron las flores.

1. A Alberto se le _____ (perder) la mochila en la universidad.
2. Se me _____ (romper) la blusa de algodón.
3. A Leticia y a Rafa se les _____ (olvidar) el impermeable.
4. ¡Se me _____ (ocurrir) una idea maravillosa!
5. Se nos _____ (acabar) las bebidas.
6. A Yayo se le _____ (romper) los calcetines favoritos.
7. Se me _____ (perder) las llaves de mi cuarto.
8. A María Luisa se le _____ (olvidar) ir al examen de biología.
9. Se me _____ (caer) un vaso de cristal.
10. Se nos _____ (dañar) la computadora.

C. ¿Qué te pasó?   Following the model in **Actividad A**, create a list of unplanned or unintentional things that happened to you, to a relative, or to friends sometime in the past. Explain also if any of these events had consequences for the person or people involved.

ESTRUCTURA   6B.3
Stressing the Action and Not the Subject

■ Impersonal and passive *se* constructions

Objetos Voladores No Identificados **Los OVNIs°**

VERÓNICA:	¡Qué cometa más hermoso!	*What a beautiful comet!*
RÓMULO:	¿Un cometa? ¿O un OVNI tal vez?	*A comet? Or a UFO perhaps?*
VERÓNICA:	¡Qué tontería! Los OVNIs no existen.	*What nonsense! UFOs don't exist.*
RÓMULO:	Ah, ¿no? **Se dice** que los OVNIs aparecen por toda la tierra.	*Oh, they don't? People say that UFOs show up all over the world.*
VERÓNICA:	¡Eso **se explica** muy fácilmente! Cuando **se ven** luces extrañas en el cielo, **se opina** que son OVNIs, pero no es verdad.	*That's easily explained! When one sees strange lights in the sky, one thinks they are UFOs, but it's not true.*
RÓMULO:	Ay, Verónica. Eres tan seria. ¿**Se prohibe** usar la imaginación?	*Oh, Veronica. You are so serious. Is it forbidden to use one's imagination?*
VERÓNICA:	Claro que no, pero la imaginación es una cosa, y las alucinaciones son otra.	*Of course not, but imagination is one thing, and hallucinations another.*

To express an action without regard to who or what performs it, Spanish uses **se** + *verb* preceeded or followed by a subject in the third-person singular or plural. This is called the passive **se**.

Se necesita imaginación.	*Imagination is needed.*
Anoche **se vio un** OVNI, pero anteanoche **se vieron dos** OVNIs.	*A UFO was spotted last night, but two were seen the night before.*
Las luces **se explican** fácilmente.	*The lights are easily explained.*

If no subject is expressed, the third-person singular of the verb is used. This is called the impersonal **se**.

Se dice que existen los OVNIs.	*People say UFOs exist.*
	They say that UFOs exist.
Se estudia mucho aquí.	*One studies a lot here.*
	People study a lot here.

This form is often used in signs or advertisements.

Se vende	*For sale*
Se habla español	*Spanish is spoken*
Se prohíbe estacionar	*No parking*

◁》ACTIVIDADES

A. ¿Dónde?   Work with a partner asking each other where people do the following things.

> **MODELO**   hablar español / Colombia
> —¿Dónde se habla español?   —*Where do they speak Spanish?*
> —Se habla español en Colombia.   —*Spanish is spoken in Colombia.*

1. fabricar computadoras / el Japón
2. jugar al fútbol / el estadio
3. tocar la flauta andina / el Ecuador
4. esquiar / el lago
5. vender los bates / la tienda de deportes
6. bailar el tango / la Argentina
7. visitar a los pacientes / el hospital
8. bailar salsa / Nueva York

B. ¡Trabajos seguros!   You are the manager of a company and are making a list of the personnel needed and of things that need to be done. Write complete sentences using the words provided.

> **MODELO**   necesitar / dos recepcionistas
> Se necesitan dos recepcionistas.   *Two receptionists are needed.*

1. vender / dos escritorios
2. arreglar / computadoras
3. comprar / sofá para la sala de espera
4. buscar / escritor técnico
5. necesitar / lámpara de escritorio
6. conseguir / impresoras de color

C. ¡Se dice que... !   People love to talk! There are so many rumors about people and events, but no way to prove them. Make a list of some of these and decide whether you believe them or not.

> **MODELO**   —*Se dice que Enrique Iglesias tiene problemas sentimentales y económicos.*
> —*(No) lo creo.*

D. Últimas noticias.   A newspaper has been able to get information about Nayeli and her students. Though the facts have yet to be confirmed, create questions and answers based on the article below.

> **MODELO**   *¿Qué se sabe de la profesora Paz?*
> *Se sabe que la profesora Paz está secuestrada* (kidnapped).

Profesora secuestrada

Según fuentes seguras (*reliable sources*), se sabe que la profesora Paz Ocotlán está secuestrada en algún lugar de Puerto Rico con dos de sus estudiantes, Adriana Reyes y Felipe Luna. Se dice que los tres están vivos, pero no hay confirmación sobre este hecho. Se rumorea que ella no sabía que sus estudiantes estaban en la isla y que estaba segura de que ellos se encontraban trabajando en la famosa excavación maya que dirige la profesora Paz. No se sabe nada todavía sobre la suerte del jaguar perdido Yax-Balam, pero se cree que la profesora Paz es la responsable del robo. Sin embargo, con los hechos de los últimos días, no se sabe si esta suposición tiene fundamento. Un periodista afirma que en algún momento, los secuestradores le dijeron a la profesora Paz Ocotlán: "La vida es una ruleta: a veces se gana y a veces se pierde. ¡Ustedes acaban de perder!" Esta información no nos da muchas esperanzas de encontrar a los tres con vida.

VIDEODRAMA 6B *¿Cuál es el plan de Gafasnegras?*

Preparémonos

A. En el último episodio... Review the scenes from *Videodrama 6A* by matching characters that are associated with the following information. Work in pairs.

1. Da instrucciones por teléfono.
2. Llega al correo en Ecuador para recibir el paquete del Sr. Covarrubias.
3. Regresan del Yunque al hotel. *(rainforest) (Nat'l Park)*
4. Secuestra a Nayeli.
5. Tienen que ir en coche al Parque Ceremonial de Tibes, cerca de Ponce.

a. Adriana y Felipe
b. Nayeli
c. Zulaya
d. Gafasnegras

Answers: 1.b; 2.c; 3.a; 4.d; 5.a.

B. Somos detectives. In groups of three, brainstorm about why cousin Luis is looking so happy. Has he just read a revealing e-mail on the computer? What does he intend to do? Where are Adriana and Felipe? Predict what you think is going to happen next.

Resumen del video

In an isolated shack, Nayeli, Felipe, and Adriana are tied up next to a remote-controlled bomb. To no avail, Nayeli pleads with Gafasnegras to release the two students. Gafasnegras then taunts her prisoners, telling them she no longer needs them because she has figured out the jaguar's location. To Cousin Luis's dismay, Adriana and Felipe are allowed to keep their laptop, as Gafasnegras is confident it will do them no good in such a remote location.

Miremos y escuchemos

C. Videoacción. As you watch the video, number the sentences to reflect the correct order of events in the video. Then, review the sentences in their correct sequence.

   2   Luis juega con la computadora de Felipe y Adriana. *plays w/*

   8   Gafasnegras detona la bomba. *Detonates the bomb*

   3   Felipe le grita al secuestrador Luis. *screams at*

   6   Nayeli defiende a Adriana y Felipe diciendo que son inocentes. *Nayeli says they're innocent*

   5   Gafasnegras les deja la computadora a Adriana, Felipe y Nayeli. *leaves*

_4_ Luis le pregunta a Gafasnegras si puede quedarse con la computadora.

_1_ Nayeli, Adriana y Felipe son prisioneros de Gafasnegras y los secuestradores.

_7_ Gafasnegras describe a Nayeli como una mártir.

> ## Videonota cultural
> **El Centro Ceremonial Indígena de Tibes.** Cuando Nayeli llama a Adriana y a Felipe a su hotel, ella está cerca de la ciudad de Ponce, Puerto Rico. Allí está El Centro Ceremonial Indígena de Tibes, el depósito arqueológico más importante del Caribe. Fue de los indios taínos que vivieron en Puerto Rico. Ahora, más de 80.000 visitantes llegan allí cada año para ver las casas de los indios taínos, llamadas bohíos; para ver dónde practicaban su religión y dónde jugaban deportes como el fútbol.

Comentemos

D. ¿Cómo están los personajes? Describe the reactions or emotions of the different characters in this episode: el primo Luis, Nayeli, Gafasnegras, Felipe.

 E. Comprensión. Answer the following questions in groups.

1. ¿Quiénes están en el coche?
2. ¿Qué piensa Gafasnegras de Nayeli?
3. ¿Qué dice Nayeli de Felipe y Adriana? ¿Cómo se siente ella?
4. ¿Cómo se portan (*behave*) los secuestradores? ¿Qué piensas de ellos?
5. ¿Qué pasa al final de este episodio?

 F. Yo creo que... In pairs, discuss the fate of the jaguar twin by answering the following questions: *¿Dónde está el jaguar Yax-Balam en este momento? ¿Qué crees tú que le va a pasar al jaguar gemelo en el próximo episodio? ¿Lo va a conseguir Gafasnegras?*

 G. Análisis. Analyze the critical role of the computer by answering the following questions: *¿Qué importancia tiene la computadora en este episodio y durante los otros episodios del drama? ¿Cuáles son sus diferentes funciones?* Work in groups of three.

 H. Estoy/No estoy de acuerdo. Working in groups, compare your ideas with respect to the following statements made by Gafasnegras in this episode. Tell whether you are or are not in agreement, and the reasons. Then, where possible, give examples.

1. "...qué maravilla es la tecnología..."
2. "...a los intelectuales les gusta saberlo todo... nunca están cómodos (*comfortable*) con las incertidumbres de la vida (*uncertainties of life*)..."
3. "...La vida es una ruleta (*roulette wheel*): a veces se gana y a veces se pierde..."

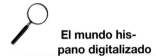

El mundo hispano digitalizado

LECTURA

Prelectura

Today, computers and networks play a major role in the professional and personal lives of millions of people, including students. In this selection we will learn some characteristics and functions of computers and the Internet, and observe examples of diverse Hispanic sites. Remember that sometimes sites change; use your knowledge of Internet navegation to access similar sites, if you cannot connect with those listed here.

A. Preguntas. Working with a partner, answer the following questions.

1. ¿Es importante usar una computadora actualmente (*nowadays*)? ¿Por qué?
2. En tu opinión, ¿cuál es la mejor computadora? Si tienes tu propia computadora, ¿de qué marca es? ¿Es portátil? ¿Cuánto te costó?
3. ¿Te gusta hacer la tarea en la computadora? ¿Por qué?

Internet para ti y para mí

En el mundo de las comunicaciones, la red Internet y el sistema *World Wide Web* (el Web), son dos recursos tecnológicos usados cada día más en casi todas partes del mundo. Millones de computadoras están conectadas a Internet y los usuarios° pueden transmitir y recibir correo electrónico e información muy rápidamente. A los usuarios les gusta mucho el sistema Web porque presenta la información con textos atractivos, gráficos, animaciones, videos y sonidos. También es posible conversar por teléfono y tener videoconferencias con personas que están en otras partes del mundo. Las guías, los motores de búsqueda° y los catálogos de Internet facilitan el acceso a la información.

users

search engines

Actualmente°, la red Internet y el sistema Web tienen gran importancia económica para la venta y la compra de productos y servicios mundialmente. Con el uso de las redes y con la gran variedad de programas para niños y adultos, la venta de computadoras aumenta continuamente. Hay muchos sitios de interés o en español o asociados con el mundo hispano. Estos recursos incluyen Yahoo, AltaVista, Hot Bot, Excite, las Páginas Amarillas y las Páginas Blancas.

Nowadays

Estos anuncios nos dan una idea de la variedad de sitios sobre temas hispanos con los que podemos conectar en Internet. Después de leer la información de los siguientes sitios Web, contesta las preguntas.

1. El portal de la radio

Contiene el directorio más grande y completo de estaciones de radios en español. Hay para todos los gustos... para los rockeros de corazón, para los románticos, para los fanáticos del pop, para los sabrosos de la salsa y el merengue, o para los que simplemente quieren estar al día con las

radiodifusion.com

noticias del mundo. En www.radiodifusion.com las emisoras están a su alcance las 24 horas.

2. ¡Que viva el *deporte*!

Si es fanático del deporte, le encanta el baloncesto, muere por ver un partido de fútbol,... tiene que estar conectado a www.sportsya.com

Aquí encontrará al instante los resultados de los partidos de su deporte favorito, entrevistas, estadísticas y las más sorprendentes fotos.

3. Un banco virtual

¿Se cansó de hacer filas° en el banco? Entre al mundo cibernético bancario donde el dinero virtual está a la orden del día. ¿Otros beneficios? Prometen procesar sus pagos y transferencias de dinero más rápida y eficientemente: www.westernetbank.com

lines

4. ¡Vamos a jugar!

Ya llegó el primer sitio en español de la red dedicado a juegos educativos e interactivos para los niños de todo el mundo. En www.jugamos.com niños de habla hispana pueden divertirse con personajes tan populares como Gasparín, el fantasma amistoso, mientras aprenden de una forma segura y entretenida. ¡A divertirse niños!

5. Para comprar y vender

Aquí usted es el que pone el precio. Si quiere comprar, en www.mercadolibre.com hay miles de artículos y de servicios para escoger. Y si quiere vender, puede hacer tremendo negocio en uno de los espacios virtuales de subastas° más grandes de Internet.

auctions

6. Nuestro mundo latino

Conéctese con uno de los directorios comerciales e informativos en español más grande de la red. En www.mundolatino.com encontrará todo lo que necesita saber de las Américas y España, desde noticias y datos financieros hasta entretenimiento, cultura y deportes.

7. De chat con las estrellas

Durante 30 minutos, los fanáticos, de todo el mundo, del actor venezolano Carlos Mata pudieron hablar y verlo en vivo a través de UOL en Español, uno de los lugares favoritos de la red en la lengua de Cervantes. Por medio del popular videochat, tanto las grandes estrellas como sus fanáticos disfrutan de una increíble experiencia virtual. Vaya a www.uole.com, quizás su artista favorito sea el próximo. ■

Postlectura

B. Tengo conexiones.   Working in pairs, match the information described with the appropriate Internet site. Refer back to the descriptions of what each site offers, if necessary.

La información	Sitios de Internet
¿Con qué sitio de Internet te conectas?,...	**a.** radiodifusion.com
1. _____ si quieres buscar buenos juegos educativos e interactivos para niños.	**b.** sportsya.com
	c. westernetbank.com
2. _____ si tienes algo que vender por Internet.	**d.** jugamos.com
	e. mercadolibre.com
3. _____ si deseas hacer pagos y transferencias de dinero más rápida y eficientemente.	**f.** mundolatino.com
	g. uole.com
4. _____ si prefieres escuchar música salsa y merengue.	
5. _____ si tienes interés en los deportes.	
6. _____ si deseas usar el videochat para saber más sobre las grandes estrellas.	
7. _____ si quieres noticias y más sobre las naciones hispanas.	

C. Comparaciones.   Con una pareja, lee dos sitios en voz alta y compáralos. ¿Qué información tienen y para qué usuarios existen?

D. Análisis.   De los sitios que observaste en esta lectura, ¿cuál te parece el sitio más atractivo? ¿más impresionante? ¿más divertido? ¿más conveniente? ¿más interesante?

E. Opiniones.   Working with a partner, answer these questions.

1. ¿Qué tipo de juegos de computadora son divertidos? ¿Los juegas tú? ¿y tus amigos/as?
2. ¿Con qué sitios te conectas en Internet? ¿Qué información encontraste el semestre pasado?

F. Nuestro sitio.   After studying the Internet sites in this reading, invent a new site in Spanish that would attract other students. Include an appealing visual, as well. Possible content: music, dance, sports, pastimes, technology. Present your group's creation to the rest of the class.

Hablemos

A. Una entrevista por radio. You work as a news correspondent and have been asked to interview your favorite music celebrity. Ask at least ten questions about her or his achievements and background. Use some of the following questions to guide your interview. Work with a partner. Be sure to use **usted** with the interviewee.

¿De dónde es Ud.?
¿Tocaba un instrumento (Cantaba) cuando era joven?
¿Cuándo supo Ud. que quería ser cantante (músico/a) profesional?
¿Cuándo fue su primer concierto?
¿...?

B. ¿Qué va a pasar? In groups of three, brainstorm about what will happen in the *Videodrama* and act out your ideas for the next scene. What happens to Adriana, Felipe, and Nayeli after Gafasnegras leaves them? What do they say? What do they do?

Investiguemos por Internet

STRATEGY: Listening to Music on the Internet

You can listen to many Hispanic performers by clicking on the Music, Audio and/or MP3 (music files) link on the home page of a search engine. At the MP3 page, type in the name of the artist you would like to hear, and choose from the audio clips listed.

Cibervocabulario

audio digital	*digital audio*	sonido digital	*digital sound*
efectos especiales	*special effects (F/X)*	video digital	*digital video,*
efectos de sonido	*sound effects*		*movies*

C. ¿Cómo va la canción? Use the strategy described above to find and listen to three songs by three different Hispanic performers on the Internet (For a list of suggested artists, see page 226.) Remember to choose songs with titles in Spanish; many singers record in more than one language. Which of the songs were you best able to understand? Listen to that song several more times, and write down as many of the lyrics as you can.

Escribamos

Workshop

1. Choose a topic that you are going to write about in Spanish—one of your own or one that has been assigned. Write it at the top of the page.

2. You may either sit in front of the computer or write in longhand. A good strategy for working with the computer is to work with the computer screen turned off. This will avoid the temptation you may have to correct errors while writing.

3. Write about the idea in Spanish for five to ten minutes without stopping. For now, don't correct grammar, spelling, accents, or punctuation.

4. If you do not know the conjugation of a verb, write the infinitive.

5. If you do not know the Spanish word, write the word in English so you don't lose your train of thought.

6. If you can't think of the next word, write the last word over and over again until you have an idea.

7. After you are finished, read over your writing. Underline or highlight the important ideas and organize them as part of your outline.

8. Now you can begin to write your composition using these ideas.

Strategy in action

For additional practice with the strategy of freewriting, turn to *Escribamos* in your Activities Manual.

D. La sala de clase 2025.   What do you think the classroom will be like in the year 2025? You have traveled to the future and need to write a brief description of a typical classroom to send back to the present.

E. En resumen.   Luis is upset that Gafasnegras didn't give him the computer. While he is in school, he uses his own computer to write down his thoughts in an electronic diary. Recount the events of the last episode from his point of view.

CAPÍTULO 7

COMMUNICATION GOALS

- Describing past actions
- Using verbs that change meaning in the preterite
- Describing ongoing actions in the past
- Making comparisons of people and things
- Talking about abstract ideas

Un arco precolombino en la isla de Taquile, Lago Titicaca, Bolivia.

	Lección 7A **De compras**	**Lección 7B** **Vamos al campo**
Vocabulario	Stores • Shopping • Clothes	Countryside • Directions
Estructura	Contrasting the preterite and imperfect • Verbs that change meaning in the preterite • Past progressive	Comparisons • Possessive Pronouns • Superlatives • **lo** + adjective
Cultura	Fibras y textiles	Maravillas de la naturaleza: El Salto Ángel, Venezuela y El Salto de Colima, México
Lectura	Rumiaya	El norte andino: Bolivia, Colombia, Ecuador, Perú y Venezuela
Videodrama *¿Qué significa el sueño de Adriana?*	Safe in Quito, Felipe and Adriana tell don Gustavo about their miraculous escape from death. • The two heroes make plans to travel to Otavalo. • Nayeli travels to Costa Rica.	Adriana tells don Gustavo the history of the jaguar twins. • Felipe and Adriana visit the Equator on their way to Otavalo.

Lección 7A De compras

Talking About Stores and Shopping

■ **En el centro comercial** *(At the mall)*

Note that many store names are formed by adding **-ería** to the name of the product or service they sell.

⟨⟩ACTIVIDADES

A. ¿Dónde se compra?   ¿En qué tipo de tienda puedes comprar estos artículos?

1. aspirina
2. un traje de baño
3. perfume
4. maquillaje
5. una novela de amor
6. un cuaderno
7. una docena de rosas
8. un reloj

B. Regalos.   Tienes que comprar regalos para tu familia y para tus amigos. Haz una lista de tres miembros de tu familia y de dos amigos/as. ¿Qué piensas comprar para cada persona? ¿A qué tienda vas? ¿Por qué? Trabaja con una pareja para describir tu lista.

Nombre	Regalo	Tienda	Por qué
1.			
2.			
3.			
4.			
5.			

■ En el almacén *(At the department store)*

Store clerk	DEPENDIENTE°: Buenos días señor, en qué le puedo servir?
	SEBASTIÁN: Es el cumpleaños de mi novia Raquel, y necesito un regalo especial para ella. ¿Tiene Ud. alguna sugerencia?
Of course!	DEPENDIENTE: **¡Claro que sí!**° Tenemos muchas cosas bonitas... joyas, perfumes, ropa.
shop window / size	SEBASTIÁN: Vi unos suéteres en el **escaparate**°, pero no sé su **talla**°.
	DEPENDIENTE: ¿Quizás un reloj o un perfume?
	SEBASTIÁN: **¿Cuánto cuestan** los relojes?
	DEPENDIENTE: Tenemos una selección amplia desde 475 soles.
to spend *at a lower price*	SEBASTIÁN: Uf, realmente no puedo **gastar**° tanto, ¿tiene algo **a un precio más bajo**°?
display case	DEPENDIENTE: Pues, aquí en el **mostrador**° tenemos muchos perfumes finos desde 176 soles.
on sale	SEBASTIÁN: ¿Hay alguna fragancia **en oferta**°?
	DEPENDIENTE: Bueno, en oferta tenemos la fragancia "Pasión". Si la compra, Ud. recibe una bufanda **gratis**°.
free *deal / I'll take it!*	SEBASTIÁN: **¡Qué ganga**°! **¡Me la llevo!**°
register / receipt *to return*	DEPENDIENTE: Bueno, puede pagar en la **caja**°. Aquí tiene el **recibo**° si la quiere **devolver**°.
	SEBASTIÁN: Gracias.

✑ ACTIVIDADES

A. Quiero devolver el perfume.   Raquel decide devolver el perfume al almacén porque no le gusta la fragancia. Escucha su conversación con el dependiente y completa las frases.

1. Raquel habló con...
   - **a.** Sebastián.
   - **b.** el dependiente.
   - **c.** Patricia.
2. Raquel no tenía el recibo porque...
   - **a.** se le perdió.
   - **b.** el perfume fue un regalo.
   - **c.** compró el perfume en otra tienda.

3. El dependiente le podía ofrecer...
   a. el dinero.   **b.** otra fragancia.   **c.** crédito.
4. El dependiente le dijo a Raquel que...
   a. el perfume estaba   **b.** el perfume era caro.   **c.** el perfume era
   en oferta.   verde y azul.
5. El perfume incluía...
   a. un pastel de   **b.** una bufanda verde   **c.** una bufanda azul
   cumpleaños.   y azul.   y roja.
6. La mujer en la joyería...
   a. compraba un reloj.   **b.** compraba perfume.   **c.** llevaba una bufanda.
7. Raquel estaba sorprendida porque...
   a. la mujer con la   **b.** no le gustaba la   **c.** la bufanda era
   bufanda era su amiga.   bufanda.   bonita.

B. En la tienda.   Estás en una tienda comprando algo para tus vacaciones. Completa la conversación entre el/la cliente y el/la dependiente. Trabaja en parejas.

DEPENDIENTE: Buenas tardes. ¿_____ servir?
CLIENTE: Buenas tardes. Voy de vacaciones este fin de semana y necesito
(CUSTOMER) _____.
DEPENDIENTE: ¿Adónde va?
CLIENTE: _____.
DEPENDIENTE: ¡Ah, qué bien, es un lugar maravilloso y además lo que *(what)* Ud. busca está en _____!
CLIENTE: ¡Qué suerte! También necesito _____ porque allí hace mucho sol.
DEPENDIENTE: Pues tenemos una gran variedad. Hay en todos los colores.
CLIENTE: ¿Dónde están?
DEPENDIENTE: Aquí en el _____.
CLIENTE: ¿_____?
DEPENDIENTE: Sí, lo tenemos en rojo.
CLIENTE: ¿_____?
DEPENDIENTE: Todo le cuesta $25. Puede Ud. pagar en la _____.
CLIENTE: Gracias.

C. El triángulo amoroso.   Raquel decide hablar con Sebastián y Patricia para decirles lo que pasó cuando ella fue a la tienda para devolver el perfume. Inventa su conversación. Trabaja en grupos de tres.

ESTRUCTURA   7A.1
Describing Past Actions

Review of the preterite and the imperfect

In previous chapters, you learned the various uses of the preterite and imperfect to narrate in the past. Review *Capítulos 4, 5,* and *6* for the formation and usage of these commonly used past tenses before you read the following narration. First, read it aloud. Then, underline the preterite, circle the imperfect, and do the activities.

¡De perezoso a heroico! El dramático día de Diego

Era muy tarde.

Perdí el tren.

El jefe no tenía ningún interés.

Vimos a dos personas
que salían del almacén.

Me llamo Diego y trabajo en el Almacén Rodríguez, de las cuatro de la tarde hasta las once de la noche. El jueves pasado fue un día horrible. Era muy tarde cuando me desperté, entonces salí corriendo de casa y se me olvidó el horario del tren. Por supuesto, perdí el tren de las tres y diez de la tarde y tuve que tomar el siguiente tren, una hora después. Cuando llegué, el jefe se puso furioso porque yo estaba atrasado°. Traté de explicarle mi problema, pero él no tenía ningún interés en escuchar mis excusas. Me dijo que yo era un irresponsable; me criticó por ser perezoso y me hizo sentir muy mal.

Mi amiga Julia trabaja en el departamento de computadoras de la misma tienda, y yo soy dependiente en el departamento de música. Ese jueves por la tarde estuve muy ocupado con muchos clientes, y vendí bastantes artículos caros. Luego, a las nueve, Julia y yo salimos a cenar. Fuimos a nuestro restaurante ecuatoriano favorito. Comimos en una hora porque teníamos que regresar al trabajo.

Cuando regresamos al almacén, no había ni una estrella en el cielo. Eran las diez de la noche y todo estaba oscuro. Al acercarnos, vimos a dos personas que salían del almacén cargando máquinas pequeñas: eran una mujer alta, rubia, bien vestida y un hombre grande, de pelo oscuro y también muy elegante. A pesar de° las apariencias, yo estaba seguro de que eran dos ladrones°. De inmediato corrí hacia ellos y Julia llamó a los detectives de la tienda. Los guardias llegaron junto con la policía y se llevaron a los ladrones. ¡Fue un día muy dramático!

late

Despite / thieves

◆◎ACTIVIDADES

A. Así narramos una historia.   En la columna A hay algunas oraciones de la historia de Diego. En la columna B hay algunas reglas sobre el uso del pretérito y del imperfecto. Busca en la columna B la regla que corresponda a cada oración de la columna A.

A	B
1. El jueves pasado **fue** un día horrible.	a. The preterite is used to introduce indirect speech. The imperfect is used when retelling what someone said, thought, believed, or knew.
2. **Salí** corriendo de la casa y **se me olvidó** el horario del tren.	
3. **Era** muy tarde cuando **me desperté.**	b. When the preterite and the imperfect occur in the same text, the imperfect is used to describe the background, the scenario, or the atmosphere, while the preterite is used to indicate each completed action that happened in that context.
4. (El jefe) **Me dijo** que yo **era** un irresponsable.	
5. No **había** ni una estrella en el cielo.	c. The imperfect describes a scenario in which events or actions evolve or occur in the past.
6. (los ladrones)... **eran** una mujer alta, rubia, bien vestida y un hombre grande, de pelo oscuro	d. The imperfect is used to describe how people and things looked in the past.
	e. The preterite is used to state facts in the past or to sum up a condition or state.
	f. The preterite is used to narrate a sequence of completed past actions.

B. ¿Qué pasó el jueves pasado?   Con una pareja, inventen y contesten preguntas en el pasado sobre la historia de Diego y Julia. Pongan atención al uso del pretérito y del imperfecto.

> **MODELO**   *¿Por qué llegó tarde al trabajo Diego?*
> *Era muy tarde cuando Diego se despertó, y por eso perdió el tren.*

C. Ofertas.   Completa la siguiente narración con las formas apropiadas del pretérito y del imperfecto.

Manolo _____ (1. necesitar) varios libros y algunos discos, y una tarde, _____ (2. ir) a la ciudad para comprarlos. Primero, _____ (3. ir) a la librería y _____ (4. comprar) los libros que _____ (5. necesitar). Después _____ (6. caminar) a la tienda de discos. Allí _____ (7. seleccionar) un disco de salsa y otro de música mexicana. Al salir de la tienda de discos _____ (8. ver) las ofertas de ropa que _____ (9. haber) en el Almacén Márquez y _____ (10. entrar) allí inmediatamente. La ropa le gustó mucho y _____ (11. gastar) todo su dinero. Finalmente, después de gastar todo su dinero, _____ (12. decidir) irse a casa. Cuando _____ (13. llegar), _____ (14. estar) bastante cansado y muy contento, pero en bancarrota.

D. Un héroe. Felipe hace un resumen de cómo Adriana le ayudó cuando estaban secuestrados. Completa el diálogo con el pretérito o el imperfecto del verbo entre paréntesis.

FELIPE: Mmm, empecemos desde el principio. Primero, después de que _____ (1. irse) los asesinos, Adriana _____ (2. comenzar) a desatarme°. Por fin lo _____ (3. lograr / ella) y _____ (4. ponerse / yo) de pie. Yo _____ (5. saber) que _____ (6. tener / yo) que cubrir el detonador porque así no le _____ (7. poder) llegar la señal del control remoto. _____ (8. Ver / yo) una cubeta° vieja que _____ (9. estar) allí y usando mis pies, _____ (10. lograr) cubrir el detonador con ella.

untie me

bucket

fighting

DON GUSTAVO: ¿No _____ (11. estar / Uds.) paralizados del susto?

FELIPE: ¡Ah!

ADRIANA: Pues, sí, ahora que lo pienso bien, yo _____ (12. tener) muchísimo miedo, pero ¡Felipe es más bravo que un león!

CULTURA

Latinoamérica

Fibras y textiles

En la época de los incas, la gente de las regiones frías de los Andes fabricaba su ropa de algodón o de lana de alpaca, de llama o de guanaco*. La lana de vicuña* era la más fina y estaba reservada para los monarcas incas, quienes usaban cada prenda solamente una vez.

Unas alpacas en Bolivia.

En nuestra época moderna, después de la invención de las fibras sintéticas derivadas del petróleo como el nilón, el poliéster y el rayón, la importancia práctica de las fibras naturales es mucho menor. Actualmente, las fibras naturales como el algodón, la seda y la lana fina tienen un toque de lujo y muchas veces, un alto precio.

DISCUSIÓN EN GRUPOS

1. ¿Cuáles son algunos textiles que se usaban en la época de los incas?

*guanaco and vicuña: animals similar to the alpaca

2. ¿Por qué no tienen importancia práctica las fibras naturales en nuestra época moderna?

3. ¿De qué material es la ropa que llevan hoy tú y tus compañeros/as? ¿Qué materiales se usan para hacer la ropa de invierno? ¿Y la ropa de verano?

4. ¿Cuál es el material que prefieres para tu ropa? Describe la ropa que usabas cuando eras pequeño/a.

5. ¿Qué tipo de materiales naturales se venden en la región donde vives? ¿Qué diferencia de precio hay entre los materiales naturales y los materiales sintéticos?

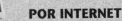
Internet

POR INTERNET

Usa la expresión clave "ropa para niños" para una búsqueda por Internet. Limítate a sitios en español. Mira tres páginas diferentes. ¿Cuál es el país de origen de cada página? Completa las siguientes frases con una dirección electrónica apropiada:

Un sitio con muchas imágenes atractivas es...
Hay ropa de textiles naturales en...
Se puede ver ropa no muy usual en...
Mi página favorita es...

En la próxima clase, comparte tus direcciones con un/a compañero/a. Visita una de las páginas de tu compañero/a y descríbela por escrito en un párrafo.

VOCABULARIO 7A.2

Shopping For Clothes

Comprando ropa *(Buying clothes)*

1. la chaqueta
2. el traje —men
3. la camisa
4. la ropa interior
5. los pantalones
6. el abrigo
7. el impermeable
8. el saco
9. el vestido
10. la blusa
11. la falda
12. las botas
13. los zapatos
14. los calcetines
15. las medias
16. el cinturón
17. la bolsa
18. los guantes
19. el sombrero
20. la gorra

el traje de
chaqueta—
women's
suit

- also
el bolso (mex)
la cartera

blue jeans
los mahones

necktie
la corbata

tacones
high heels

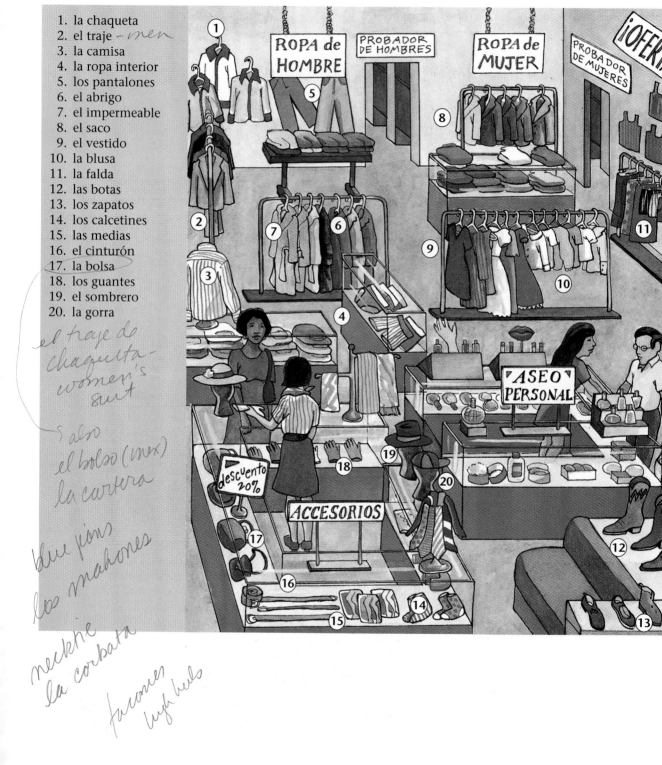

de puntos

de rayas

de cuadros

La ropa del golfista
le queda floja/grande.
(fits him loosely)

de manga larga   de manga corta

de tacón alto   de tenis

La ropa de la muchacha
le queda estrecha/pequeña.
(fits her tightly)

SUSTANTIVOS

el algodón *cotton*
la camiseta *tee-shirt*
el/la cliente *customer*

el/la dependiente *store clerk*
la lana *wool*
la mancha *stain*

el par *pair*
la seda *silk*
la sudadera *sweat suit*

VERBOS

estar roto/a, sucio/a,
  manchado/a, de moda
  to be ripped, dirty, stained, in style
ir de compras *to go shopping*

llevar *to wear*
probarse (ue) *to try on*
quedarle (a alguien) *to fit (someone)*

 Vocabulario en acción

En este diálogo, de Videodrama 7A, don Gustavo les describe a Adriana
y a Felipe la ropa típica del Ecuador.

Don Gustavo: Las otavaleñas
se visten de una forma muy
llamativa y tradicional.
Adriana: ¿Ah, sí? ¿Cómo se
visten?
Don Gustavo: Bueno, usan
una falda que se llama anaco y
un chal que le dicen chalina.
Tienen unas blusas blancas
con unos bordados muy com-
plicados. Cada comunidad
tiene su traje típico.

Note: Be sure to review clothes vocabulary in Chapter 2, p. 88.

ACTIVIDADES

A. ¿Qué piensas comprar? ¿Qué ropa piensas comprar para estas ocasiones? Haz una lista para cada una. Compárala con la de un/a compañero/a.

1. asistir a un partido de fútbol americano
2. ir a una discoteca nueva
3. ir a la fiesta de cumpleaños de tu novio/a
4. presentarte a tu primera entrevista (*interview*) de trabajo
5. ir a la playa
6. ir a esquiar
7. asistir a una boda muy elegante
8. ir a la clase de español

B. ¿Qué está de moda? Describe lo que llevan estas personas.

C. ¿Qué lleva? Trae una foto de un/a amigo/a o de una persona famosa a la clase y describe lo que lleva.

D. Entre nosotros. Trabaja con un/a compañero/a para crear un diálogo entre un/a dependiente de una tienda de ropa y un/a cliente que llega a última hora.

Cliente
Hoy estuviste de compras en una tienda de ropa. Cuando llegas a casa, te das cuenta de que la ropa tiene una mancha y no la puedes usar en la fiesta de esta noche. Decides regresar a la tienda para devolver las cosas o comprar algo diferente. Estás de muy mal humor y tienes mucha prisa porque ya es bastante tarde. ¿Qué haces?

Dependiente
Trabajas en una tienda de ropa relativamente pequeña. Estás muy cansado/a porque hoy fue un día muy largo. Faltan quince minutos para cerrar y en ese momento llega un/a cliente para cambiar una ropa que está manchada. Tu jefe/a se llevó las llaves de la caja y no puedes abrirla para atender al/a la cliente. Soluciona el dilema.

ESTRUCTURA 7A.2
Using Verbs That Change Meaning in the Preterite

███ *Conocer, poder, querer, saber, tener que*

Fiesta de graduación

El lunes pasé por una tienda que no **conocía** y vi un vestido espectacular en el escaparate.

Quise comprarlo para el baile, pero...

...no **pude** porque ¡mi tarjeta de crédito estaba en casa!

Tuve que ir por la tarjeta para poder comprarlo.

Cuando Teresa **supo** que yo había encontrado el vestido perfecto, me acompañó a comprarlo.

Fui sola al baile, pero allí **conocí** a Eduardo y bailé con él toda la noche.

The preterite expresses a completed action or its start and end points. Because of this characteristic, some Spanish verbs have different English meanings when used in the preterite. The meaning of these verbs in the imperfect parallels their meaning in the simple present or the infinitive form. These are the most common verbs:

Infinitive	Preterite	Imperfect
conocer	*met a person or visited a place for the first time*	*knew, was familiar with, used to know*
poder	*was able to/managed to do something*	*was (being) able to, was allowed to, could (unknown outcome)*
no poder	*was not able to do it and didn't do it, didn't manage to*	*was not able to do it, could not do it*
querer	*intended to; wanted to but didn't do it*	*wanted to (unknown outcome)*
no querer	*refused to do something*	*didn't want to, wasn't feeling up to it (unknown outcome)*
saber	*found out; realized*	*used to know, knew, was familiar with*
tener que	*had to do (and did)*	*had to do, was supposed to do (unknown outcome)*

Conocí a Pablo en la fiesta.	*I met Pablo at the party.*
Conocimos París en la primavera.	*We visited Paris in the spring. (for the first time)*
Pude terminar la novela.	*I managed to finish the novel.*
No **pudieron** venir a la fiesta.	*They weren't able to come to the party.*
Quise llamarte, pero mi teléfono no funcionó.	*I intended to call you, but my phone didn't work.*
Supe la verdad ayer.	*I found out the truth yesterday.*
Tuve que tomar el examen.	*I had to (and did) take the exam.*

◖◗ACTIVIDADES

A. Mis experiencias.   Estás hablando con un/a amigo/a sobre la fiesta de ayer. Conversa sobre a quién conociste, las cosas interesantes que hiciste, y lo que te contaron. Trabaja con una pareja.

MODELO   conocer / a personas interesantes
—*¿Conociste a muchas personas interesantes?*
—*Sí, conocí a un/a chico/a...* or
—*No, no conocí a nadie interesante.*

1. saber / algún chisme (*gossip*) sobre mi exnovio/a
2. conocer / a la esposa del profesor de español
3. poder / bailar salsa y tango
4. conocer / a algún hispanohablante
5. saber / cómo se llama el/la novio/a de tu mejor amigo/a
6. poder / tomar fotos de los invitados

B. Un viaje por América.   Olga and Rubén hicieron un viaje por el Caribe. Completa la historia de su viaje con los verbos **conocer, querer, poder,** and **saber** en el pretérito o el imperfecto, según el contexto.

Olga y Rubén hicieron hace poco un viaje por el Caribe. Fueron a la República Dominicana porque ellos _____ (1. querer) conocerla. En este viaje Olga y Rubén _____ (2. conocer) Santo Domingo y otras ciudades dominicanas. Ellos no _____ (3. poder) ir a Puerto Rico porque Rubén no _____ (4. querer = *refused*); él prefirió ir a Cuba, el país de sus antepasados (*ancestors*). Cuando llegaron a Cuba, Olga _____ (5. saber) que los bisabuelos de Rubén eran de Aragón, España. Esto le pareció interesantísimo y ella _____ (6. querer) saber más sobre la familia de Rubén. Una señora cubana que _____ (7. saber) mucho sobre genealogía la ayudó. De esta manera, ellos _____ (8. saber) que un bisabuelo de Rubén ¡era puertorriqueño! Por esta razón van a buscar sus raíces (*roots*) en la isla de Puerto Rico el año que viene.

C. Tecnología para todo.   Don Gustavo admira la creatividad de Adriana y Felipe para encontrar soluciones en una situación peligrosa. Lee el diálogo y complétalo con el pretérito o el imperfecto de los verbos entre paréntesis.

ADRIANA: *tuve* (1. Tener / nosotros) que quebrar° la   *to break* única ventanita que *había* (2. haber) en la cabaña, ¿eh?, para poder escapar.

DON GUSTAVO: ¿Cómo fue eso? ¿Cómo la <u>quebraron</u> (3. quebrar°, Uds.)? — *to break*

FELIPE: Parece mentira, pero fue ¡con la computadora!

DON GUSTAVO: ¿Con una computadora? ¡Ja, ja, ja! A ver, expliquen eso.

ADRIANA: Pues, muy sencillo, <u>quebramos</u> (4. quebrar, nosotros) la ventanita con ella.

DON GUSTAVO: Un uso muy especial de la tecnología moderna, ¿no es así?

FELIPE: La señora Arrogante no <u>quisio</u> (5. querer°) creer que la computadora nos — *to refuse* <u>podíamos</u> (6. poder) salvar. Ella <u>se burló</u> (7. burlarse°) mucho de nosotros porque, en — *to laugh at* nuestros momentos de desesperación, <u>estábamos</u> (8. estar, nosotros) convencidos de que la computadora <u>representó</u> (9. representar) una esperanza, según ella, una falsa esperanza.

ESTRUCTURA 7A.3
Describing Actions in the Past

▪ Past Progressive

Robo en la joyería

The past progressive corresponds to the English *we were running, they were watching television, I was talking*. It describes what people were doing during a given period or at a specific moment in the past. Its use in Spanish is often accompanied by a time expression such as: **en aquella época, en esos días, en ese momento.**

Past Progressive
Imperfect of **estar** + present participle

Review the formation of the present participle in *Capítulo 3*, page 129.

Cuando me encontré con Luis, yo **estaba comprando** un perfume. | When I ran into Luis, I was buying a perfume.

Estaba pensando en ti y en ese momento, ¡tú te apareciste! | I was thinking about you and at that moment you appeared!

Reflexive, direct, and indirect object pronouns may precede **estar** or may be attached to the end of the participle. In the latter case, a written accent normally needs to be added.

A las siete, **me** estaba bañado.
A las siete, estaba bañando**me**. | At seven, I was taking a bath.

Nos estaban llamando.
Estaban llamándo**nos**. | They were calling us.

Le estábamos escribiendo una carta.
Estábamos escribiéndo**le** una carta. | We were writing a letter to him.

⟨⟩ACTIVIDADES

A. Comprensión. Selecciona la expresión más lógica para describir lo que *(what)* estaban haciendo las personas en estas situaciones. Trabaja con una pareja.

1. En la perfumería, Margarita...
   a. estaban haciendo compras.
   b. estaba comiendo pan y queso.
   c. estaba comprando perfumes.
2. En la tienda de discos, Etelvina...
   a. estaba escribiendo cartas.
   b. estaban escuchando música.
   c. estaba comprando billetes para un concierto de música hip hop.
3. En el departamento de accesorios del Almacén Márquez, Felipe y Jorge...
   a. estaban mirando corbatas y camisas de algodón.
   b. estaba probándose botas de vaquero.
   c. estaban planeando un viaje al Perú.
4. En la florería, la dependiente...
   a. estábamos vendiendo papel.
   b. estaba arreglando flores.
   c. estaba comprando antibióticos.
5. En la farmacia, Carolina y yo...
   a. estábamos comparando los precios de diferentes marcas de aspirinas.
   b. estaban tomando un café.
   c. estábamos comprando frutas y verduras.

6. En la tintorería, Feliciano y su hermano Toño...
   a. estaban llevando a lavar los impermeables.
   b. estaba recogiendo los abrigos.
   c. estaba llevando a lavar los zapatos de tenis.

B. ¡Qué gente tan ocupada! ¿Qué estaban haciendo ayer las siguientes personas cuando las llamaste por el celular? Sigue el modelo.

MODELO mi prima Estela / tomarse dos aspirinas
Mi prima Estela estaba tomándose dos aspirinas.

1. mi abuelo / comprar libros en la librería
2. la dependiente de la perfumería / arreglar los nuevos perfumes
3. el hombre que trabaja en la florería / vender flores para un funeral
4. mi novia / llevar la ropa a la tintorería
5. la doctora Vera / escribir una receta
6. mis amigos Paco y Juana / oír los nuevos discos en la tienda de discos.

 C. Ayer por la tarde. Inventa una conversación con preguntas y respuestas sobre qué estaban haciendo ayer por la tarde las personas de los dibujos. Trabaja con una pareja.

1. Yo, Mónica   2. Mamá   3. Papá

4. Abuela   5. El gatito   6. Guillermo

 D. ¿Qué estabas haciendo...? En parejas, conversen sobre las actividades de cada uno/a de ustedes en los días y horas descritas.

MODELO ayer, a las tres de la tarde
—*¿Qué estabas haciendo ayer, a las tres de la tarde?*
—*Estaba comiendo con amigos en la cafetería de la universidad.*

1. ayer, a las once de la mañana
2. esta mañana, a las seis
3. el pasado 4 de julio, por la noche
4. el sábado, a las once de la noche
5. anoche, a las siete de la noche
6. ayer, antes de la clase de español
7. el 31 de diciembre del año pasado
8. el jueves, al mediodía

VIDEODRAMA 7A ¿Qué significa el sueño de Adriana?

Preparémonos

A. En el último episodio... Repasa las escenas de *Videodrama 6B*. Elige al personaje que corresponde a cada descripción. Trabaja con una pareja.

1. Le fascina la computadora de Adriana y Felipe.
2. Son prisioneros de Gafasnegras.
3. Rompe la ventana con la computadora.
4. Detona una bomba.
5. Le grita a Luis, el secuestrador.

a. Nayeli
b. Adriana
c. Gafasnegras
d. Felipe
e. Luis

Answers: 1. e; 2. a, b, d; 3. d; 4. c; 5. d

B. Somos detectives. En parejas, hablen sobre la foto del hombre que lleva impermeable. *¿Es amigo o enemigo de Adriana y Felipe? ¿Con quién habla por teléfono? Según ustedes, ¿qué papel* (role) *va a tener este hombre en el videodrama?*

Resumen del video

In Quito, Adriana and Felipe tell don Gustavo (a friend of Nayeli) the harrowing story of their escape from the kidnappers in Puerto Rico. Gafasnegras' assistant, Miguel, eavesdrops on their conversation and calls his boss. She is shocked to learn that the prisoners were not in the cabin when she blew it up. Meanwhile, don Gustavo tells the students that Nayeli has called from Costa Rica. She is hiding from authorities at the home of her godmother doña Carmen, to whom Nayeli entrusted the jaguar twin Hun-Ahau. If and when they recover Yax-Balam, Adriana and Felipe plan to travel to Costa Rica to unite the jaguars. Don Gustavo also tells Adriana and Felipe that the package sent by Sr. Covarrubias to Quito was picked up by a woman from Otavalo. Hoping to find Yax-Balam in that town north of the capital, Adriana and Felipe hire a taxi to take them there. Finally, Adriana has a dream in which Nayeli tells her to beware of danger, to follow her heart, to not be deceived by her intellect, and to trust family and friends.

Miremos y escuchemos

C. Videoacción. Mientras miras y escuchas el episodio, escribe el nombre del personaje o de los personajes relacionado/s con los siguientes eventos.

1. Llamó a don Gustavo por teléfono.
2. Escuchó la historia del secuestro de Felipe y Adriana. *don Gustavo*
3. Quebró la ventanita con la computadora.
4. Llamó a Gafasnegras mientras vigilaba la casa de don Gustavo.
5. Se fue a Costa Rica.
6. Negociaron con un taxista para ir a Otavalo.
7. Se asustó mucho con el sueño que tuvo.

> ### Videonota cultural
> **Quito, Ecuador.** Quito, la capital del Ecuador, está a 2.580 metros de altura. Entre las capitales latinoamericanas, es la segunda en altura, después de La Paz, Bolivia. Tiene una población de más de un millón de habitantes y está al pie del volcán Pichincha. Su población comparte las herencias inca y española. El centro antiguo de la ciudad conserva su arquitectura colonial, con calles estrechas y empinadas (*steep*), casas blancas y hermosas iglesias con altares de oro. Al norte se encuentra el Quito moderno, con anchas avenidas, parques y modernos edificios y casas.

Comentemos

D. ¡Peligro! En su opinión, ¿quién va a estar en más peligro? ¿Cómo?

E. Comprensión. Contesta las siguientes preguntas.

1. ¿A quién le cuentan Felipe y Adriana la historia del secuestro? ¿Dónde?
2. ¿Quién desató a Felipe? ¿Qué hizo Felipe con el detonador?
3. ¿Cómo se escaparon Nayeli, Adriana y Felipe de la cabaña?
4. Según Adriana, ¿quién inspiró a Nayeli a estudiar arqueología?
5. ¿Quién tiene el jaguar Hun-Ahau en su poder? ¿Dónde?
6. Don Gustavo fue a la oficina de correo expreso. ¿Por qué? ¿Cómo se llama la persona que recogió el paquete? ¿De dónde es ella?
7. ¿Cuánto les va a cobrar el taxista a Felipe y Adriana por el viaje a Otavalo? ¿En dónde van a hacer una parada? ¿Cuántos días van a quedarse allí?

F. Miguel. Trabajando en parejas, discutan las siguientes preguntas: ¿Quién es Miguel? ¿Cómo es? ¿Cuántos años crees que tiene? ¿Qué está haciendo en este episodio? ¿Qué malas noticias le da él a Gafasnegras?

G. Yo creo que... En grupos de tres, comenten el significado de dos afirmaciones que Nayeli hace en el sueño de: "La fama no hace la felicidad" (*Fame can't buy happiness*), "Lo que verdaderamente importa son tus amigos y tu familia" (*What really matters are your family and friends*).

Ecuador

LECTURA

Prelectura

The Ecuadorian legend that you are about to read tells the story of a shepherd boy who tends llamas and whose soul becomes entrapped in a rock. Known as Rumiaya, the rock watches over a small lake in the Limpiopungo plains at the foot of the Cotopaxi, a majestic snow-covered volcano in Ecuador. The God of the Cotopaxi allows Rumiaya to change back into a human and tell his story whenever travelers show interest in the isolated stone.

In **quechua**, the Inca language spoken in Bolivia, Ecuador, and Perú, **rumi** means *stone* or *rock*, **aya** means *spirit* or *soul*. Limpiopungo is the combination of the Spanish adjective **limpio**, *clean*, and the quechua noun **pungo**, *plains*.

 READING STRATEGY: Tapping Background Knowledge

When we read a text, our experiences and any previous knowledge of the reading topic influence our interpretation and understanding of the text. The following activities will help activate background knowledge you have about legends.

 A. Información importante.   Antes de leer, trabajen en grupos para repasar sus conocimientos sobre los siguientes temas:

1. ¿Qué leyendas conoces? ¿Se combinan elementos verdaderos con elementos fantásticos o mágicos en esa leyenda? Explica.
2. Un/a pastor/a cuida ovejas *(watches over sheep)* que pastan *(graze)* en los campos. ¿Dónde hay pastores en el mundo de hoy? ¿Había más en el pasado? ¿Por qué?

Rumiaya

Limpiopungo es una planicie° junto al Cotopaxi, el gran volcán nevado° del Ecuador. En este valle hay un hermoso lago de aguas limpias y cristalinas. Junto a este hermoso lago hay una piedra° que parece un vigía°. Las personas que van a este lugar dicen que, a veces, el alma° de esta piedra, Rumiaya, sale de ella para contar su historia.

Esto solamente sucede° cuando los viajeros° tienen mucho interés en la gran piedra, como los viajeros que llegan a la planicie esta noche. Ellos miran la piedra intensamente. De pronto, Rumiaya sale de la piedra; lleva un grueso° poncho de lana de llama, zamarros° y un gorro muy abrigado° para protegerse del frío. Los ojos negros le brillan como cristales. Deslumbra° con su mirada° a los viajeros y empieza a hablar:

—Me llamo Rumiaya, el alma de la piedra. Vivo en la roca. Esta noche es especial y puedo contar mi historia. Hace mucho tiempo, solamente las llamas y los nativos del Cotopaxi vivíamos aquí. Yo era un pastorcito° de llamas y cuando amanecía°, sacaba° las llamas a pastar° por la

plain
snow-capped
stone
watchman
soul
occurs / travelers

heavy / chaps covering pants
warm
Dazzles / glance

humble shepherd / at dawn / I took out / graze

El gran volcán Cotopaxi, cubierto de nieve.

mañana. Me sentaba en la orilla° de la laguna y me ponía a mirar sus tranquilas y hermosas aguas durante muchas horas sin cansarme. Un día, cuando miraba embelesado° la laguna, una de las pequeñas llamas se acercó mucho y cayó al agua.

Sin dudarlo ni un momento, entré a la laguna para salvarla, pero empecé a hundirme°. No pude salir y me hundí hasta que todo se volvió° oscuro°. Un terrible frío me llenó el cuerpo°. Yo ya no era de esta vida.

De pronto, el gran dios de la montaña vino hacia mí y yo le dije:

—¡Gran dios de la montaña, creo que voy a morir! ¿Qué va a hacer mi alma sin mi amada° laguna? Si muero, ¡déjame junto a ella!

Con voz° de viento, el gran dios de la montaña me dijo:

—Voy a concederte° tu deseo. Vas a estar eternamente junto al agua en forma de roca, pero como quieres tanto a la laguna, tú mereces° que tu historia se conozca. Desde ahora° vas a ser Rumiaya, el alma de la piedra. Cuando alguien demuestre° interés por ti, puedes tomar la forma humana y contar tu historia.

Misteriosamente, como viene, Rumiaya desaparece en la noche, dejando un aire de melancolía. ■

edge

spellbound

to sink / became
dark / body

beloved
voice
grant you
deserve
From now on
shows

Postlectura

B. Personajes y eventos.   Trabajen en grupos y discutan las siguientes preguntas.

1. Identifica a los personajes de la leyenda. ¿Quiénes son? Descríbelos.
2. ¿Quién narra la historia?
3. ¿Cómo era la ropa del pastorcito cuando salió de la piedra?
4. Según la ropa que lleva, ¿cómo es el clima en la planicie? ¿Quién vive allí?
5. ¿Por qué se cayó a la laguna una de las pequeñas llamas?
6. ¿Encontró el pastorcito la llama?
7. ¿Cómo era la voz del gran dios de la montaña?
8. ¿En qué convirtió el dios de la montaña al pastorcito?
9. ¿Cuándo puede contar Rumiaya su historia?
10. En tu opinión, ¿qué visión tenían de la naturaleza *(nature)* los nativos del Cotopaxi?

C. Suciopungo.   Escribe la forma del imperfecto o del pretérito del verbo en esta breve historia.

La planicie _____ (1. ser) hermosa, pero _____ (2. estar) llena de basura. Los viajeros que _____ (3. pasar) por allí no _____ (4. preocuparse) ni de la ecología ni de las plantas y animales que _____ (5. vivir) en ella. Un día, el rey de aquel país _____ (6. prohibir) tirar papeles y restos de comida en la planicie porque él _____ (7. querer) conservarla limpia. Desde ese día, el rey _____ (8. empezar) a castigar personalmente a todos los infractores (*offenders*) hasta que Suciopungo _____ (9. convertirse) en Limpiopungo.

D. Mis deseos son órdenes.   El rey tiene muchas órdenes para los habitantes de su reino. Elige el infinitivo apropiado de la lista de abajo para completar las ideas.

enseñar   tirar   obedecer   cuidar   limpiar   tener   castigar

1. Es importante _____ la planicie sucia y no _____ basura en ella.
2. El rey quiere _____ el reino más limpio del mundo.
3. Para los habitantes es necesario _____ las órdenes del rey siempre.
4. El rey va a _____ a los infractores.
5. Los padres y los profesores deben _____ buenas costumbres a los niños.
6. Todos nosotros tenemos que _____ la naturaleza.

E. Fantasía y realidad.   Trabajen en parejas. Una persona de cada pareja hace una lista de los eventos que le parecen ser verdaderos en la historia de Rumiaya; la otra persona hace una lista de los eventos que le parecen ser de fantasía. Discutan las razones de cada uno/a para clasificar los eventos como fantasía o realidad.

F. Mi propia leyenda.   Escribe en español una corta leyenda de dos párrafos sobre un tema de tu región, del campo o de la ciudad. Incluye elementos de la realidad y de la fantasía.

Lección 7B   Vamos al campo

Describing the Countryside

■ **El paisaje y la naturaleza** *(Landscape and nature)*

el volcán
el nevado
las montañas
el altiplano
el río
la llanura/la planicie

MÁS PALABRAS Y EXPRESIONES

COGNADOS

el cañón   la costa   el océano   el puerto   el valle

SUSTANTIVOS

el arroyo *stream*	el lago *lake*
el bosque *forest*	el mar *sea*
el campo *countryside*	la piedra *stone*
la catarata, cascada, el salto *waterfall*	la selva *jungle*
la colina *hill*	la selva tropical *rain forest*
la isla *island*	

A. Asociaciones. ¿Cuáles de las siguientes actividades se relacionan con cada lugar?

Actividades: nadar, tomar el sol, cazar *(to hunt)*, pescar, acampar, explorar, esquiar, hacer excursión *(to hike)*, buscar conchas, bucear, sacar fotografías, observar animales, buscar plantas medicinales, dormir al aire libre

1. el mar	3. las montañas	5. la selva tropical	7. el bosque
2. la costa	4. el campo	6. el lago	

B. Tu estado o región. Describe para un/a compañero/a cómo es el paisaje del estado o de la región de dónde eres tú.

> **Modelo** *Soy de Vermont. Hay muchas montañas muy bellas en Vermont, como el Mt. Mansfield y Camel's Hump. Son parte de las famosas Montañas Verdes. También hay un lago grande e importante...*

C. De vacaciones. Elige uno de estos lugares para tus vacaciones o elige otro lugar que te guste. Explica por qué prefieres ese lugar, qué hay para ver y qué actividades se pueden hacer allí.

Costa Rica	Bolivia	Colombia
Puerto Rico	España	Ecuador
México	Chile	¿...?

ESTRUCTURA 7B.1

Making Unequal Comparisons of People and Things

> **A** Comparisons of inequality

El auto rojo va **más** rápido **que** el auto azul.
El auto azul va **menos** rápido **que** el auto rojo.

El edificio es **más** alto **que** la casa.
La casa es **menos** alta **que** el edificio.

El muchacho tiene **más** dinero **que** la muchacha.
La muchacha tiene **menos** dinero **que** el muchacho.

Spanish uses this structure to compare adjectives *(age, size, appearance, and other characteristics of people and things)*, adverbs *(how people do things)*, and nouns *(people and things themselves)* that are different.

Which of the pictures above compares nouns? Adjectives? Adverbs?

Making unequal comparisons
más (*more*)/**menos** (*less*) + (adjective/adverb/noun) + **que** (*than*)

Comparing Adjectives	La playa es **más** divertida **que** el campo.	*The beach is more fun than the countryside.*
	Los bosques son **menos** interesantes **que** las selvas tropicales.	*Forests are less interesting than rain forests.*
Comparing Adverbs	Los niños duermen **más** tranquilamente **que** sus padres.	*The children sleep more peacefully than their parents.*
	Hoy Federico se viste **menos** formalmente **que** ayer.	*Today, Federico is dressed less formally than yesterday.*
Comparing Nouns	Tengo **más** libros **que** Miguel.	*I have more books than Miguel.*
	Hoy, tengo **menos** tiempo **que** ayer.	*Today I have less time than yesterday.*

When comparing people using pronouns, use the subject pronouns.

Tú sabes muchas **más** cosas **que yo**.	*You know a lot more things than I do.*
Ellos tienen **menos** dinero **que nosotros**.	*They have less money than we do.*

When a number is mentioned in the comparison, the equivalent of *than* is **de**.

más / menos + de + number

Hay **más de tres** kilómetros hasta el centro.	*There are more than three km to downtown.*
La cena me costó **menos de diez** dólares.	*Dinner cost me less than ten dollars.*

When comparing verbs, use this structure:

Comparing verbs
verb + **más** / **menos** + **que**

Tú trabajas **más que** yo.	*You work more than I do.*
Mi compañera estudia **menos que** yo.	*My roommate studies less than I do.*

Some comparisons have an irregular form:

Adjective		Irregular comparative form	
bueno/a buenos/as	*good*	mejor/es	*better*
malo/a malos/as	*bad*	peor/es	*worse*
joven/jóvenes	*young*	menor/es	*younger*
viejo/a viejos/as	*old*	mayor/es	*older*

Adverb		Irregular comparative form	
bien	*well*	mejor	*better*
mal	*bad, ill*	peor	*worse*
mucho	*a lot*	más	*more*
poco	*a little*	menos	*less*

B Possesive pronouns

When making comparisons, it is common to avoid redundancy by using possessive pronouns.

	mío/a míos/as	*mine*
	tuyo/a tuyos/as	*yours*
el/la los/las	suyo/a suyos/as	*yours, his, hers*
	nuestro/a nuestros/as	*ours*
	vuestro/a vuestros/as	*yours*
	suyo/a suyos/as	*yours, theirs*

These possessive pronouns agree in gender and number with the noun they refer to.

Mi carro es más económico que **tu carro.**   *My car is more economical than* ***your car.***

Mi carro es más económico que **el tuyo.**   *My car is more economical than* ***yours.***

Nuestra universidad es mejor que **su universidad.**   *Our university is better than* ***their university.***

Nuestra universidad es mejor que **la suya.**   *Our university is better than* ***theirs.***

◆ ACTIVIDADES

A. ¡Vamos a comparar!   Compara a las siguientes personas y cosas. Sigue el modelo. Utiliza los verbos **ser, estar** y **tener.** Trabaja con un/a compañero/a.

Modelo   Nueva York / Boston (grande)
Nueva York es más grande que Boston.

1. Guatemala / Argentina (pequeña)
2. metro / autobús (rápido)
3. la computadora / la máquina de escribir (eficiente)
4. mi casa / tu casa (lejos de la universidad)
5. una pequeña tienda de ropa / un almacén (atención personal)
6. una rosa roja / una rosa amarilla (bonita)
7. yo / tú (alto/a)
8. los estadounidenses / los europeos (vacaciones)

B. ¿Más o menos? Reescribe las oraciones haciendo comparaciones con **más/menos que.** Sigue el modelo.

MODELO El perfume *Amor* cuesta sesenta dólares. El perfume *Flor* cuesta ochenta dólares.
El perfume Flor *cuesta más que el perfume* Amor.

1. En la universidad, Sonia tiene seis cursos. Abraham tiene ocho.
2. El coche *Divino* cuesta sesenta mil dólares. El coche *Elegante* cuesta setenta mil.
3. La casa de Eduardo tiene tres dormitorios. La casa de Pilar tiene cinco.
4. En la familia de Anita hay nueve personas. En la familia de Carlos hay siete.
5. Para llegar al trabajo, Alberto viaja treinta y seis kilómetros. Fidel viaja veinte.
6. La tortuga avanza lentamente. La liebre *(hare)* avanza rápidamente.

C. Más comparaciones. Describe a las personas en la tabla. Luego haz comparaciones de estas personas con las de un/a compañero/a. Sigue el modelo.

MODELO

Estudiante A: Mi primo tiene 23 años.	*My cousin is 23 years old.*
Estudiante B: Mi primo tiene 16 años.	*My cousin is 16 years old.*
Estudiante A: Entonces mi primo es mayor que el tuyo.	*Therefore my cousin is older than yours.*
Estudiante B: Mi primo es menor que el tuyo.	*My cousin is younger than yours.*

	Edad	Personalidad	Posesiones
primo/a favorito/a			
un/a amigo/a			
madre o padre			

C Superlatives

To form the superlative, English adds *-est* to the adjective (*the cleanest, the newest*) or uses expressions such as *the most* or *the least* with the adjective (*the most convenient, the least expensive*). In Spanish, superlatives are formed as follows:

Superlative
el / la / los / las (+ noun) + **más /menos** + adjective (+ **de**...)
el / la / los / las + **mejor(es) / peor(es)** (+ noun) (+ **de**...)
el / la / los / las (+ noun) + **mayor(es) / menor(es)** (+ **de**...)

Antonio Banderas es **el actor más famoso de** España.	*Antonio Banderas is the most famous actor of Spain.*
Ellas son **las más elegantes del** grupo.	*They are the most elegant of the group.*
¿Cuál es **la mejor película de** este año?	*Which is the best movie of the year?*
Ésta es **la peor hora del** día.	*This is the worst time of the day.*
Yo soy **la hermana mayor de** todos.	*I am the oldest sister of all the siblings.*

The superlative uses the preposition **de** to express *in* or *of.*

Note that the irregular forms **mejor/es** and **peor/es** usually appear before the noun while **mayor/es** and **menor/es** usually appear after the noun.

⟨⟩ACTIVIDADES

A. ¿Quién es mejor?   Completa el texto con el superlativo. Usa **mayor, más** o **menos + de**. Usa artículo si es necesario. Sigue el modelo.

MODELO   Mi clase era la _____ grande _____ colegio.
Mi clase era la *más* grande *del* colegio.

1. Hace poco, estuvimos en la ciudad _____ grande _____ mundo: La Ciudad de México.
2. Mis dos hermanos son menores que yo. Yo soy la _____ _____ familia.
3. La selva del Amazonas es la _____ importante _____ tierra.
4. La Librería Paz es magnífica, es la librería _____ completa _____ ciudad.
5. ¿Es el inglés el idioma _____ popular _____ países occidentales?
6. Las cataratas del Niágara son las _____ grandes _____ mundo, pero no son las _____ altas. El Salto Ángel, en Venezuela, es el _____ alto.

B. En mi opinión...   Contesta las preguntas usando la forma apropiada del superlativo.

1. ¿Cuál es el almacén más caro de tu región? ¿Qué vende?
2. ¿Cuál es el mejor coche de los Estados Unidos? ¿Por qué?
3. ¿Cuál fue la peor película que viste el año pasado? ¿En qué aspecto?
4. ¿Cuál es la música más popular de hoy? ¿Qué características tiene?
5. ¿Cuál es la peor hora del día en tu ciudad? ¿Por qué?
6. ¿Cuál es la región geográfica más popular de tu estado? ¿Por qué?

CULTURA

México y Venezuela

Maravillas de la naturaleza

El Salto Ángel

Las aguas del Salto Ángel, en el estado de Bolívar en Venezuela, caen desde 979 metros y producen un espectáculo impresionante. Ésta es la cascada más alta del mundo. Un piloto norteamericano, Jimmy Angel, la descubrió en 1935 cuando volaba sobre territorio venezolano. En segundo lugar en el mundo están las cataratas de Yosémite, en California, con 739 metros de caída. El Salto Cuquenán, también en Venezuela, tiene 671 metros de caída y está en tercer lugar. En comparación, las cataratas del Niágara, las más famosas del mundo, tienen una caída de solamente 61 metros.

El Salto Ángel, Venezuela.

El Salto de Colima

El Salto de Colima es una cascada espectacular de México, al norte de Manzanillo. Tiene casi treinta y cinco metros de altura. Para llegar allí, tienes que viajar por sinuosos caminos montañosos de las selvas tropicales, y cruzar varias veces el río Minantitlán-Marabasco que forma el salto. Las vistas son muy dramáticas. En la región hay pueblos muy interesantes y pintorescos.

 DISCUSIÓN EN GRUPOS

1. Describan las cascadas importantes del mundo mencionadas aquí. ¿En qué país está cada una?
2. ¿Por qué tiene el Salto Ángel ese nombre?
3. Comparen las características del Salto de Colima con las del Salto Ángel.
4. ¿Hay cascadas en la región de ustedes? ¿Qué otro tipo de fenómeno natural interesante, como cañones, ríos grandes, lagos u otra cosa, hay? ¿Qué características tiene/n?

El Salto de Colima, México.

POR INTERNET

Usa la palabra clave "cascada" para buscar información en español sobre algunos de estos bellos fenómenos naturales. Mira páginas de tres países diferentes. Apunta el nombre de cada cascada y el estado/provincia y país donde se encuentra (por ejemplo, la cascada de Segade en Galicia, España). Completa las siguientes oraciones con las direcciones electrónicas apropiadas.

Hay fotografías a colores de (*nombre de la cascada*) en...

Se presenta información para turistas sobre (*nombre de la cascada*) en...

La cascada más bella/remota/(in)significante de mi búsqueda se describe en...

De los sitios que visitaste, selecciona tu cascada favorita y compárala con las otras cascadas mencionadas en el artículo anterior.

VOCABULARIO 7B.2
Asking For and Giving Directions

■ ¿Dónde está? *(Where is it?)*

Perdone la molestia, pero ¿nos puede decir dónde está el museo?

Sí, señores, sigan derecho por tres cuadras, pasen por la catedral y doblen a la izquierda. El museo está a tres cuadras a la derecha.

MÁS PALABRAS Y EXPRESIONES

SUSTANTIVOS

la dirección *address*
la cuadra, manzana *street block*

la esquina, intersección *corner*
el semáforo *stoplight*

VERBOS

acelerar *to accelerate*
bajar (por) *to go down (a street)*
cruzar *to cross*
dar la vuelta *to turn around*
doblar (a) *to turn*
estacionar *to park*

parar *to stop*
pasar (por) *to pass (by)*
seguir derecho, recto *to go straight*
subir (por) *to go up (a street)*
tener cuidado *to be careful*

OTRAS EXPRESIONES

a la derecha / izquierda, a (la) mano derecha / izquierda *on the right / left (hand side)*
¿Cómo se llega a...? *How does one get to...?*
despacio *slowly*

hasta *until*
¿Me puede decir dónde está/n...? *Can you tell me where . . . is/are?*
medio/a *(adj.)* *half*

Note: Be sure to review your formal commands in *Capítulo 6,* pages 249–250.

⒪ACTIVIDADES

A. ¿Dónde están ustedes? Tú y tu amigo están de vacaciones y piden instrucciones de cómo se llega de un lugar al otro. Mientras escuchas las instrucciones, sigue el mapa para determinar hasta dónde llegan Uds.

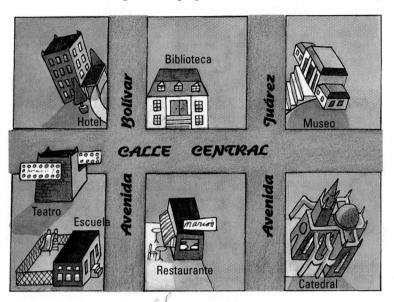

1. ¿Dónde están Uds.? *el museo*
2. ¿Dónde están Uds.? *el teatro*
3. ¿Dónde están Uds.? *la escuela*
4. ¿Dónde están Uds.? *la catedral*

B. ¿Cómo se llega a...? En parejas, practiquen las instrucciones sobre cómo llegar a los lugares ilustrados en el mapa de la actividad anterior. Mientras una persona da instrucciones, la otra las sigue en el mapa. Usen mandatos formales (**Ud.**).

¿Cómo se llega...

1. del museo al teatro?
2. del hotel al restaurante?
3. de la catedral al hotel?
4. de la escuela a la catedral?
5. de la biblioteca al museo?

C. ¿Dónde está? Una persona importante visita la universidad y necesita saber cómo llegar a estos lugares desde la clase de español. Trabajen en parejas y usen mandatos formales (**Ud.**).

1. la cafetería
2. el edificio de la administración *registrar*
3. el gimnasio
4. la biblioteca
5. la librería
6. la Facultad de Ciencias Naturales
7. la Facultad de Artes
8. la cancha de fútbol americano
9. el centro estudiantil

ESTRUCTURA 7B.2

Making Equal Comparisons of People and Things

■ Comparisons of equality

El muchacho es **tan alto como** la muchacha. La muchacha es **tan alta como** el muchacho.

La alumna canta **tan mal como** el alumno. El alumno canta **tan mal como** la alumna.

La niña tiene **tantos juguetes** *(toys)* **como** el niño. El niño tiene **tantos juguetes como** la niña.

Spanish uses the following structures to compare adjectives *(age, size, appearance, and other characteristics of people and things)*, adverbs *(how people do things)*, nouns *(people and things themselves)*, and verbs *(actions)* that are the same.

Comparing equal adjectives and adverbs
tan + adjective/adverb+ **como** = *as* + adjective/adverb + *as*

Miranda es **tan entusiasta como** Ina.   *Miranda is as enthusiastic as Ina.*
Clara toca la guitarra **tan bien como** Lisa.   *Clara plays the guitar as well as Lisa.*
Hernando corre **tan rápidamente como** Ana.   *Hernando runs as fast as Ana.*

Comparing equal people and things (*nouns*)
tanto/a/os/as + noun + **como** = *as much/many* + noun + *as*

Notice that **tanto** agrees in number and gender with the noun that follows.

Necesito **tanto sueño como** tú.   *I require as much sleep as you do.*
Teo tiene **tantas camisetas como** Samuel.   *Teo has as many T-shirts as Samuel.*

Comparing equal actions (*verbs*)
verb + **tanto como** = *as much as*

Enrique lee **tanto como** Luisa.   *Enrique reads as much as Luisa.*

◖◗ACTIVIDADES

A. ¿Quiénes son? ¿Qué es? Trabajen en parejas. Adivinen las personalidades o los eventos siguientes.

1. Es un actor tan famoso como Johnny Depp y tan guapo como él. Fue estrella de las películas *El matrix* y *Dulce noviembre*. Gana tanto dinero como Arnold Schwarzenegger, pero es menor que él. ¿Quién es?
2. Más de tres mil personas de ochenta y dos países murieron en este desastre. La destrucción de estos dos edificios fue el peor acto de terrorismo en territorio estadounidense. ¿Qué fue y en dónde?
3. Es uno de los mejores jugadores de béisbol de todas las épocas, especialmente en jonrones *(home runs)*. Es de una isla caribeña tan bonita como Puerto Rico. ¿Quién es?
4. Son dos hermanas fuertes y elegantes. La menor tiene tanto talento como la mayor. Además de ser atletas, diseñan la ropa deportiva. Ganaron el campeonato de tenis doble de Wimbledon. ¿Quiénes son?
5. No es tan famosa como el "Ratón Miguelito", pero es más bonita que el "Pato Donald". Tiene siete amigos muy pequeños que viven en el bosque. ¿Quién es?
6. En 2001, este fenómeno fue uno de los peores desastres naturales del nuevo siglo. Causando miles de muertes y muchísima destrucción en los países de la India y El Salvador. ¿Qué fue?
7. Muchas películas se basan en los libros de este famoso y controversial autor. Vive en uno de los estados más pequeños de Nueva Inglaterra y escribe novelas de misterio y terror. Hizo un experimento con las nuevas tecnologías publicando una obra literaria por Internet. ¿Quién es?
8. Es una de las actrices más altas y más versátiles de los Estados Unidos. Sus papeles incluyen el de una estudiante de medicina, una mujer que sufrió abusos, una madre activista, una prostituta y una mesera de pizzería. Gana más de veinte millones de dólares por película. ¿Quién es?

B. Comprensión. Trabaja con un/a compañero/a. Creen comparaciones con las siguientes oraciones. Sigan el modelo.

MODELO Nancy es muy inteligente. Su hermano Federico también es muy inteligente.
Federico es tan inteligente como Nancy.

1. La casa de Antonio tiene siete cuartos. La casa de Guadalupe también tiene siete cuartos.
2. El museo de la ciudad es nuevo. El parque central también es nuevo.
3. Carlos siempre acelera su coche en las autopistas. Rubén también acelera en las autopistas.
4. Jorge maneja rápidamente. Alicia también maneja rápidamente.
5. La Librería Cervantes tiene muchos libros. La Librería Cortázar también tiene muchos libros.
6. A Mercedes y a Luis les gusta dar paseos por la ciudad. A nosotros también.

C. ¿Qué piensas tú?   Lee las oraciones siguientes y di si estás de acuerdo o no. Si no estás de acuerdo, modifica la oración. Compara tus opiniones con las de tu compañero/a.

1. El dinero es menos importante que el amor.
2. Hoy en día los hombres tienen tanta ropa elegante como las mujeres.
3. Los estudiantes universitarios trabajan más que los profesores de la universidad.
4. En los Estados Unidos, el béisbol es tan importante como el fútbol americano.
5. La comida tailandesa es mejor que la comida italiana.
6. Es más fácil hablar con los amigos que con los padres.
7. Jugar al baloncesto es menos difícil que jugar al volibol.
8. En California hay tan buenas universidades como en Massachusetts.

D. Adivinanzas.   Escribe dos descripciones como las de la **Actividad A**, de una personalidad o un evento famoso/a, y tráelas a la clase. Léelas para ver si la clase puede adivinar quién o qué es.

ESTRUCTURA   7B.3
Talking about Abstract Ideas

Lo + adjective

Lo mejor y lo peor

The best part

the most horrible part
the worst part of all

CLAUDIA: Fui al cine y vi *Como agua para chocolate,* de Laura Esquivel. Me encantó.
ISABEL: Yo también la vi. **Lo mejor**° fue cuando Tita cocinó esa cena maravillosa para Pedro.
CLAUDIA: Tienes razón y **lo horrible**° fue cuando se murió Roberto.
ISABEL: Bueno, sí, pero **lo peor de todo**° ocurrió con la muerte de Pedro y Tita.

You can use **lo** + *the masculine singular of the adjective* to form a noun expression. In this case, the expression does not refer to any one noun but rather describes abstract qualities or general characteristics.

lo bueno	*the good thing/aspect/part*
lo increíble	*the incredible thing/aspect/part*
lo difícil	*the difficult thing/aspect/part*
lo romántico	*the romantic thing/aspect/part*

Lo is also used in the expression **lo que** as a subject in sentences such as **Lo que más me gusta es ir de compras** (*What I like the most is to go shopping*).

—¿Qué es **lo que** menos te gusta de los viajes?

—**Lo que** menos me gusta es esperar en los aeropuertos.

—*What do you like the least about traveling?*

—*What I like the least is to wait at the airports.*

⟨⟩ACTIVIDADES

A. Entrevista. Haz las siguientes preguntas sobre diferentes aspectos de la vida a tus compañeros/as. Escribe lo que te dicen.

1. ¿Qué es lo bueno de viajar a otros países?
2. ¿Qué es lo importante de la libertad?
3. ¿Qué es lo interesante de la vida académica?
4. ¿Qué es lo mejor de la adolescencia?
5. ¿Qué es lo triste de la sociedad hoy en día?
6. ¿Qué es lo terrible del racismo?
7. ¿Qué es lo motivante en tu vida?
8. ¿?

B. Los opuestos. Indica lo positivo y lo negativo de estas cosas.

1. tu cuarto
2. la televisión
3. las cuatro estaciones del año
4. las ciudades grandes
5. el campo
6. la playa
7. un apartamento
8. las películas contemporáneas
9. el trabajo
10. tu escuela
11. la red Internet
12. tu personalidad

C. Lo que más importa. Adriana y Felipe hablan sobre la historia de las Américas. Con un/a compañero/a lean el diálogo y conversen sobre las cosas más importantes que ellos dicen. Después añadan lo que saben Uds. de la historia de las Américas.

ADRIANA: Sí. Lo que no sabe mucha gente es que la historia del continente de las Américas no empieza con Cristóbal Colón en 1492, sino que empieza siglos antes. Cuando por fin, el primer rey maya escribe su nombre en piedra, esa historia se empieza a registrar.

FELIPE: Es fascinante, ¿no? Estamos empezando el tercer milenio y todavía no sabemos lo que sabían los mayas en los siglos antes de Cristo. Es difícil de comprender.

Preparémonos

A. En el último episodio... Repasa las escenas del *Videodrama 7A*. Elige al personaje que corresponde a cada descripción. Trabaja con una pareja.

1. Mandó un paquete a Quito.
2. Aparece en un sueño de Adriana.
3. Espía a don Gustavo ya Adriana y Felipe.
4. Cuentan la historia de su secuestro en Puerto Rico.
5. Llama a don Gustavo desde Costa Rica.

a. Nayeli
b. Adriana y Felipe
c. el Sr. Covarrubias
d. don Gustavo
e. Miguel

Answers: 1. c; 2. a; 3. e; 4. b; 5. a

B. Somos detectives. En parejas, hablen sobre la foto de Adriana y Felipe. *¿Dónde están, qué hacen y qué es la línea amarilla que está entre ellos? ¿Qué creen ustedes que Felipe le dice a Adriana y cuál es la respuesta de ella? Mientras tanto, ¿dónde están los jaguares gemelos?*

Resumen del video

Adriana and Felipe have lunch at La Choza Restaurant with don Gustavo, who warns them not to trust anyone. Adriana recounts the complex history of the jaguar twins. On the road to Otavalo, she and Felipe spend time as tourists at Mitad del Mundo, a park on the equator, while the taxi driver changes a flat tire.

Miremos y escuchemos

C. Videoacción. Mientras Adriana y Felipe buscan el jaguar, visitan diferentes lugares. Escribe las respuestas a las siguientes preguntas: ¿Dónde están Felipe y Adriana y con quién? ¿Qué hacen? ¿Qué observan?

Videonota cultural

El nombre del Ecuador. En el siglo dieciocho, un grupo de científicos franceses midieron la circunferencia de la tierra cerca de Quito, en el meridiano cero. Las medidas demostraron que la tierra no es una esfera perfecta porque es más ancha en el Ecuador que entre el Polo Sur y el Polo Norte. Los especialistas usaron en su informe "las tierras del Ecuador" para referirse al sitio de la medida. Desde entonces, el nombre del **Ecuador** se volvió popular y después se adoptó como nombre oficial del país.

Comentemos

D. Comprensión. En grupos, contesten las siguientes preguntas.

1. ¿Cómo se llama el restaurante donde comen Adriana y Felipe?
2. ¿Qué piensa don Gustavo de los dos jóvenes?
3. ¿De qué están hechos los jaguares gemelos, según Adriana?
4. ¿Quién era Pacal y cuál es su relación con los jaguares?
5. ¿Cómo salieron los jaguares gemelos de la tumba de Pacal?
6. ¿Cómo y cuándo entra Nayeli en la historia de los jaguares?
7. ¿Con qué está mirando y escuchando Gafasnegras su conversación?
8. ¿Dónde estudió Nayeli arqueología?
9. ¿Dónde está el códice maya más completo?
10. ¿Qué les dijo Nayeli sobre el jaguar a las autoridades en Dresden?
11. ¿Cuándo y dónde descubrió Nayeli el jaguar Hun-Ahau?
12. ¿Cómo se conocieron Nayeli y doña Carmen?
13. ¿Por qué tiene Nayeli que reunir los jaguares gemelos? ¿Cuándo?
14. ¿Qué cosa extraordinaria siente Adriana en la Mitad del Mundo?
15. ¿Cuáles eran los tres mundos de los mayas?
16. ¿Qué beben Adriana y Felipe en la estación de gasolina?

E. Fotos del paraíso. Imagínate que vas a sacar fotos de las vistas más extraordinarias de este episodio. Describe dos de ellas. ¿Qué elementos de la naturaleza hay en las fotos?

F. Mis preferencias musicales. Describe la música en este episodio. ¿Es lírica, hipnótica, romántica, seria, nostálgica? ¿Te gusta? ¿Por qué?

G. Turistas en el paraíso. Adriana compara Ecuador y la Mitad del Mundo con el paraíso. Resume toda la escena en que ella y Felipe se tocan los dedos entre los dos hemisferios del mundo. ¿Qué dicen los dos jóvenes sobre el Ecuador, los dos hemisferios y los dos jaguares? En tu opinión, ¿cómo se sienten los dos sobre su misión de recuperar Yax-Balam y sobre su relación personal?

H. Yo creo que... El 31 de agosto es muy importante en esta historia de los jaguares gemelos. En parejas, repasen las razones sobre su importancia. Después, discutan cuáles son las fechas más importantes en sus vidas personales y expliquen por qué.

I. En mi opinión. Adriana reflexiona y dice, "La vida es extraña, ¿no? A veces las coincidencias no parecen coincidencias". ¿Estás de acuerdo o no? Trabajen en grupos y den ejemplos concretos de la opinión de cada uno/a de ustedes.

Países andinos

LECTURA

Prelectura

In this chapter, Adriana and Felipe are in Otavalo, Ecuador, a very well-known town in the Andes, north of Quito. Most of its inhabitants belong to the Otavalo ethnic group. In this reading, you will learn some geographical facts about five Andean countries: Bolivia, Colombia, Ecuador, Perú, and Venezuela.

A. Datos geográficos. Antes de leer, trabajen en grupos para repasar sus conocimientos sobre la geografía del mundo hispano. Si es necesario, consulten los mapas del libro.

1. Los países hispanos están en diferentes continentes. ¿Cuáles son estos continentes? (No olviden que hay 500.000 hispanohablantes en Guinea Ecuatorial.)
2. ¿Con qué mares u océanos limitan estos continentes?
3. ¿Cuáles son las capitales de estos cinco países: Bolivia, Colombia, el Ecuador, el Perú y Venezuela?
4. Uno de estos cinco países no tiene costas. ¿Cuál es?

El norte andino

Bolivia

Bolivia perdió su costa en una guerra° el siglo pasado y no tiene salida al mar. La cordillera° de los Andes forma en este país algunas de las cumbres° más altas de América; entre estas montañas está el altiplano, donde se encuentra el famoso lago Titicaca y La Paz, la capital más alta del mundo (3.627 m). El altiplano se caracteriza por sus vientos helados°, su gran altitud y sus volcanes. En estas zonas montañosas viven las llamas, las alpacas y las vicuñas. Bolivia tiene siete y medio millones de habitantes y sus idiomas oficiales son el español, el quechua, el aimará y el tupiguaraní.

Botes de totora en el lago Titicaca, Bolivia.

war
mountain range

summits, tops

freezing

Colombia

Los Andes dividen el país en la región occidental° donde está Bogotá, la capital, y en la región oriental° donde están los Llanos° Orientales, en el

western
eastern / Plains

límite° con Venezuela. El país limita con el Océano Atlántico al norte y el Pacífico al occidente. Al sur, en el límite con el Perú y Brasil, está la selva° amazónica. Los variados climas del país permiten cultivar° muchos productos como el café, el banano y una gran cantidad de frutas; el país tiene además, una de las mayores variedades de aves° del mundo y el majestuoso° cóndor vive en sus montañas. Tiene casi cuarenta millones de habitantes y su idioma oficial es el español.

border

jungle

grow

birds
majestic

Cordillera de los Andes, Bogotá, Colombia.

Ecuador

El Ecuador tiene casi doce millones de habitantes. Hay bellos nevados° y volcanes activos como el Sangay, el Pichincha y el Cotopaxi. Las islas Galápagos, en el Océano Pacífico, pertenecen° al Ecuador y son famosas por su extraordinaria fauna. Los viajes de Darwin a estas islas influyeron° en sus teorías sobre la evolución de las especies. El grado de latitud cero cruza el país por el norte y le da su nombre a esta república andina. El español es el idioma oficial, pero también se hablan el quechua y otros idiomas amerindios°.

snow-capped mountains

belong

influenced

Native American

Parque Mitad del Mundo con el grado cero, Ecuador.

Perú

Perú tiene veinticuatro millones de habitantes y su capital es Lima. En la sierra° peruana están Cuzco, la antigua capital del reino incaico°, y la misteriosa ciudad de Machu Picchu. El río Amazonas nace en la sierra peruana con el nombre de Marañón. Este gran río es el habitat de las temibles° pirañas, de los hermosos delfines rosados y de las grandes anacondas. El Perú comparte la gran herencia° cultural incaica con Bolivia, el Ecuador, el sur de Colombia, y el norte de la Argentina y Chile. Los idiomas oficiales son el español, el quechua y el aimará.

mountain range / Incan

fearsome

heritage

Turistas en Machu Picchu, Perú.

Venezuela

Las sierras más importantes de Venezuela son Mérida y Perijá. Hay también montañas muy altas, como el pico° Bolívar, de 5.007 metros de altura°. Lleva este nombre en honor al libertador Simón Bolívar, quien nació en Caracas, la capital. La zona del lago Maracaibo, al noroeste, es caliente, húmeda y muy rica en petróleo. Al oeste, está la zona ganadera° de los Llanos que limita con Colombia. En el sureste, las altas montañas y las mesetas° forman hermosas cataratas, como el Salto Ángel, la más alta del mundo (979 m). Venezuela tiene casi veintidós millones de habitantes y su idioma oficial es el español. ■

peak
height

cattle breeding

plains

El centro de Caracas, Venezuela.

Postlectura

B. Geografía andina. Trabajen en grupos y contesten las siguientes preguntas sobre la lectura.

1. Di una característica de cada una de las capitales de los cinco países mencionados.
2. ¿Dónde están el lago Maracaibo y el lago Titicaca?
3. Compara el clima de las regiones del lago Maracaibo y el del lago Titicaca.
4. ¿Cuáles son las cataratas más altas del mundo? ¿Dónde están?
5. ¿Cuál es la capital más alta del mundo?
6. Menciona algunos idiomas que se hablan en Suramérica, además del español.
7. Clasifica los países de mayor a menor según el número de habitantes.
8. ¿Dónde están los volcanes Sangay y Pichincha?
9. ¿Qué otro nombre tiene el río Amazonas?
10. ¿Por qué es famosa la ciudad de Cuzco?
11. ¿Qué hombre famoso nació en Caracas?

C. ¿Es esto verdad? Trabajen en grupos. Las siguientes oraciones describen algo sobre un país. Señalen cuáles oraciones son verdaderas y cuáles son falsas. Expliquen la razón.

1. Las playas de Bolivia son unas de las más famosas en Suramérica.
2. En la zona de Maracaibo, en el altiplano venezolano, hay gran cantidad de lagartos.
3. Los viajes de Darwin a las islas Galápagos influyeron mucho en sus teorías sobre la evolución de las especies.
4. El río Amazonas nace en las montañas peruanas.
5. La misteriosa ciudad de Machu Picchu fue la capital del reino incaico.

D. A jugar. Trabajen en grupos de cuatro personas. Cada grupo escribe cuatro oraciones falsas o verdaderas sobre los países estudiados. Los otros grupos tienen un minuto para contestar si la oración es verdadera o es falsa y por qué.

Hablemos

A. Contrastes. Lee la lectura de la *Lección 7B* (páginas 300–301) y haz una comparación entre dos de esos países. Trabajen en parejas y preséntenle sus observaciones a la clase.

B. ¡Se escaparon! Luis, el programador de computadoras, descubre que Adriana, Felipe y Nayeli no murieron en la explosión. Él habla con su primo de cómo se escaparon. Con un/a compañero/a, inventen una conversación entre ellos.

Investiguemos por Internet

INTERNET STRATEGY: Refining Your Internet Searches

For best results in finding the information you want on the Internet, type text in these formats when conducting a search for documents, images, audio, or video on most search engines:

simón bolívar
Finds documents that contain **either** *simón* or *bolívar* or any capitalized variant (Símon, BOLIVAR, etc.).

Simón Bolívar
Finds documents that have either *Simón* or *Bolívar,* but no capitalized variants. When you use a **capitalized word**, most search engines assume you are only interested in an exact match.

+simón+bolívar
Finds only documents that contain **both words**. Be sure there is no space between the plus sign and the word.

+simón bolívar
All documents found must contain *simón* or any capitalized variant. Documents that contain *bolívar* are ranked higher in the list than documents that do not contain *bolívar*.

"Simón Bolívar"
Finds documents that have the two words capitalized and also right next to each other. Placing **quotation marks** around any series of words turns them into a phrase and tells the search engine that you are only interested in documents that have words in this specific order.

Cibervocabulario

delimitar la búsqueda *to refine the search*

C. Un país hispano. Usa Internet para encontrar información sobre uno de los cinco países suramericanos mencionados en este capítulo: Bolivia, Colombia, Ecuador, Perú o Venezuela. Organiza una presentación para la clase con la información que tienes. Si encuentras imágenes interesantes, inclúyelas en tu presentación. Antes de empezar, prepara una lista de seis datos (*facts*) que deseas investigar, por ejemplo, población (*population*), área geográfica, moneda (*currency*), bandera (*flag*), ciudades principales, sitios turísticos, gobierno (*government*), etc. Usa las palabras de tu lista para delimitar tu búsqueda. Por ejemplo, si escoges **Bolivia**, y quieres saber más sobre el número de personas que viven allí, escribe **+Bolivia+población** o **"población de Bolivia"** en la caja de texto (*search box*).

Escribamos

 WRITING STRATEGY: Paraphrasing

One good way to check your comprehension of something you have heard, seen, or read, is to paraphrase. When you paraphrase, you put information and ideas in your own words. This is a good way to practice new language structures and reinforce new vocabulary without quoting a source directly.

Workshop

(Examples taken from the first reading of this chapter, pages 282–283.)

Original: Limpiopungo es una planicie junto al Cotopaxi, el gran volcán nevado del Ecuador.

Paraphrase: Limpiopungo es un lugar en Ecuador que está al lado de un volcán que se llama Cotopaxi.

Original: Junto a este hermoso lago hay una piedra que parece un vigía.

Paraphrase: Una piedra grande está cuidando el lago.

Strategy in action

For additional practice with the strategy of paraphrasing, turn to *Escribamos* in your Activities Manual.

D. Limpiopungo.   En tus propias palabras, escribe un resumen de dos párrafos de la leyenda de Limpiopungo.

E. El sueño de Adriana.   Vuelve a ver el video donde Nayeli aparece en el sueño de Adriana. Escribe un resumen del sueño con tus propias palabras.

CAPÍTULO 8

COMMUNICATION GOALS

- Expressing wishes, requests, needs, and desires
- Expressing emotions and subjective feelings
- Expressing doubt or certainty
- Talking about people and things

Mujer Kuna vendiendo molas en un mercado panameño.

	Lección 8A Salud y bienestar	Lección 8B El mercado
Vocabulario	The human body • Doctor's office • Health and exercise	Money • Jewelry • Merchandise • Marketplace
Estructura	Present subjunctive	Present subjunctive • Definite article
Cultura	Alimentos y remedios naturales	El cacao, una moneda valiosa
Lectura	La salud, la medicina y tú	Los países del Cono Sur: Argentina, Chile, Paraguay, Uruguay
Videodrama ¿Qué plan secreto tiene Zulaya?	Adriana is ill and seeks the help of a curandera. • Gafasnegras continues her pursuit of the jaguar.	Adriana and Felipe meet Zulaya and leave Otavalo in a desperate rush. • Gafasnegras is deceived.

■ **En la clase de anatomía** *(In Anatomy class)*

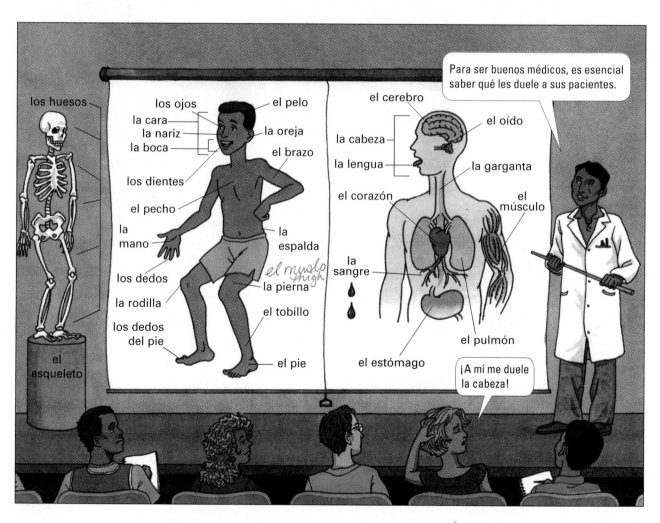

⟨⟩ACTIVIDADES

A. ¿Qué les duele?   Identifica las partes del cuerpo que les duelen a estas personas. Sigue el modelo.

> **MODELO**   A ella le duele el brazo.   *Her arm hurts.*

MODEL.

1.

2.

3.

4.

5.

6.

B. Asociaciones.   ¿Qué partes del cuerpo asocias con estas actividades?

1. jugar al volibol
2. escuchar música
3. comer
4. tocar la guitarra
5. pensar
6. nadar en la playa
7. leer una novela
8. maquillarse
9. saludar a un/a amigo/a
10. patear

C. Acciones reflexivas.   Escribe oraciones completas con las palabras de cada columna. Utiliza cada uno de los sujetos y verbos por lo menos una vez. En parejas, intercambien las frases y comparen las oraciones.

A	B	C
Yo	lavarse	las manos
Tú	cepillarse	el pelo
Los niños	peinarse	los dientes
Nosotras	maquillarse	el cuerpo
Tu mejor amiga	afeitarse	la cara
Mi hermano y yo		las piernas

VOCABULARIO   8A.2

Making an Appointment with a Doctor

Una cita° con la médica

appointment

RECEPCIONISTA: Buenos días. Oficina de la doctora Medina.

SR. JARAMILLO: Buenos días. Habla el Sr. Jaramillo.

RECEPCIONISTA: ¿En qué le puedo ayudar, Sr. Jaramillo?

twisted

SR. JARAMILLO: Mi hija Claudia **se torció**° el tobillo y es necesario llevarla a la doctora Medina hoy.

RECEPCIONISTA: ¿Su hija puede caminar?

broken

SR. JARAMILLO: No, no puede. Parece que tiene el tobillo **fracturado**°.

RECEPCIONISTA: Entonces es mejor llevarla a **la sala de emergencia** inmediatamente para tomarle una **radiografía**.

SR. JARAMILLO: ¿Y la doctora Medina no puede atenderla?

RECEPCIONISTA: No, lo siento. La doctora Medina está ahora en el hospital atendiendo a otros **pacientes**. Al llegar al hospital, llame Ud. a la doctora Medina. Ella puede atender a Claudia allí.

SR. JARAMILLO: Muchas gracias, señorita.

RECEPCIONISTA: No hay de qué, con mucho gusto.

MÁS PALABRAS Y EXPRESIONES

COGNADOS

el antibiótico	grave	la operación
la aspirina	la infección	reducir
curar	la inflamación (inflamado/a)	el síntoma
el examen físico	la inyección	
la fractura	la medicina	

SUSTANTIVOS

el bienestar *well-being*
el consultorio médico
  doctor's office
el/la curandero/a *healer*
la enfermedad *illness*
el jarabe *syrup*

la píldora, pastilla *pill*
la presión (sanguínea)
  blood pressure
la prueba, el análisis *test,
  exam*
la receta *prescription*

el remedio *remedy*
el soroche *altitude
  sickness*
la vacuna *vaccine*
la venda *bandage*
el yeso *cast*

VERBOS

aliviarse *to get better*
cuidarse *to take care of
  oneself*
dañar *to harm*
doler (ue) *to hurt*
enfermarse *to get sick*
estornudar *to sneeze*

evitar *to avoid*
hacer una cita *to make an
  appointment*
mejorar *to get better*
respirar *to breathe*
romper(se) (el brazo)
  to break (one's arm)

sangrar *to bleed*
ser alérgico/a a...,
  tener alergia a...
  to be allergic to . . .
toser *to cough*
vendar *to bandage*
vomitar *to vomit*

Expresiones con *estar*		**Expresiones con *tener***	
estar embarazada	*to be pregnant*	tener apetito	*to have an appetite*
estar mareado/a	*to be dizzy*	tener buena/mala	*to be in good/bad*
estar resfriado/a	*to have a cold*	salud	*health*
		tener catarro, resfrío	*to have a cold*
		tener dolor	*to have pain*
		tener escalofríos	*to shiver, have a chill*
		tener fiebre	*to have a fever*
		tener gripe	*to have the flu*
		tener náuseas	*to be nauseous*
		tener tos	*to have a cough*

🗿 Vocabulario en acción

En este diálogo, del Videodrama 8A, Adriana llega a la casa de doña Remedios, una curandera del pueblo, para pedirle su ayuda.

Hombre: ¡Doña Remedios, doña Remedios!
Doña Remedios: ¿Sí?
Hombre: Esta joven no se siente tan bien y pensé que usted la podría° ayudar.
Doña Remedios: Claro que sí, ¡entren!
Felipe: Buenas. Mi amiga está un poco enferma. Está un poco mareada y no tiene apetito. ¿Usted cree que la pueda ayudar?
Adriana: Doña Remedios, por favor, tengo náuseas, ojalá me pueda ayudar.
Doña Remedios: Sí, hija, siéntate.

°*would be able to*

ACTIVIDADES

A. En la sala de emergencia. Escucha la conversación entre Claudia y la doctora Medina y contesta las preguntas.

1. ¿Cómo sigue Claudia?
2. ¿Cuál es la buena noticia que tiene la doctora? ¿Y la mala?
3. ¿Cuándo es el próximo partido de fútbol?
4. ¿Por cuánto tiempo tiene Claudia que llevar una venda en el tobillo?
5. ¿Qué más tiene que hacer Claudia para mejorarse?
6. ¿Cuándo es el campeonato?
7. ¿Puede jugar Claudia en el campeonato?
8. ¿Qué necesita hacer Claudia para no tener problemas con el tobillo?

B. Recomendaciones médicas. ¿Qué recomienda un/a médico/a en estas circunstancias? Trabajen en parejas e inventen recomendaciones para estos síntomas. Sigan el modelo.

MODELO PACIENTE: Me duele la garganta.
MÉDICO/A: *Debes (Necesitas) tomar té caliente.*

1. No tengo mucho apetito.
2. Me torcí el brazo.
3. Tengo fiebre y náuseas.
4. Me duele el estómago.
5. Estoy mareado/a y tengo dolor de cabeza.
6. Tengo catarro y no puedo respirar.
7. Me duele la cabeza.
8. Fui a bailar anoche y me torcí el pie.
9. ¿...?

C. En el consultorio del médico. En parejas, hagan el papel de médico/a y paciente. Discutan los síntomas y las recomendaciones para mejorarse.

D. Remedios caseros *(Home remedies).* Haz una lista de cinco remedios caseros que conoces para curar dolores o enfermedades, por ejemplo: **sopa de pollo para un catarro**. Con una pareja comparen sus listas y hablen de los beneficios de estos remedios tradicionales en comparación con las medicinas modernas.

ESTRUCTURA 8A.1

The Present Subjunctive

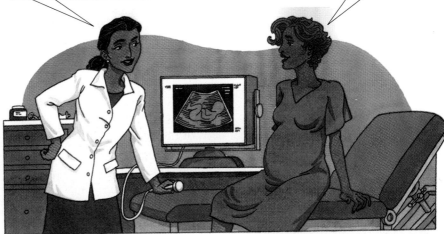

> Es un bebé sano y fuerte. Le recomiendo a usted que **coma** alimentos nutritivos, que **haga** ejercicio y que no **fume**.

> ¡Claro, doctora, una mujer embarazada no puede fumar! Quiero que mi hijo **tenga** buena salud.

Look at the verbs in boldface. What infinitives do they come from? Notice that these verbs are identical to the formal (**Ud.**) commands that you learned in *Capítulo 7*. Compare the sentence structure here with the sentence structures you have learned so far. How is it different? How many subjects do you find in each sentence? These sentences are examples of the present subjunctive.

What is the present subjunctive?

The term "subjunctive" refers to a mood, not to a tense. Up to now you have primarily been using verbs in the indicative *mood*. The indicative mood expresses actions that are definite, clear, and which state factual events and outcomes. The subjunctive is a mood that expresses:

- wishes, requests, needs, and desires
- emotions and subjective feelings
- doubt and uncertainty

Not only does the subjunctive express these moods, it appears within a particular sentence structure. It is the meaning of the verb or verb phrase in the main clause that triggers the use of the subjunctive in the dependent clause.

Main clause (*indicative*)	+ que +	dependent clause (*subjunctive*)
Quiero *I want*	que	me ayudes un poco. *you to help me a little.*
Deseamos *We want*	que	tu operación sea un éxito. *your operation to be a success.*
Te recomiendo *I recommend (to you)*	que *that*	llames a la médica inmediatamente. *you call the doctor immediately.*
Es muy importante *It is very important*	que *that*	no fumes nunca. *you never smoke.*

Also, notice in the examples above that the subject of the main clause is different from the subject of the second clause. The way we express this in English *sometimes* parallels the Spanish structure, but not always.

If the subject doesn't change, the sentence uses an infinitive structure.

| Quiero **ayudarte** un poco. | *I want to help you a little.* |
| Es importante no **fumar**. | *It is important not to smoke.* |

The present subjunctive of regular verbs

To form the present subjunctive, follow the same rule that you used to form the formal commands.

Verb	1. Start with the present indicative of the **yo** form.	2. Drop the –o.	3. Add the opposite endings.
comprar	compro	compr-	compre
beber	bebo	beb-	beba
escribir	escribo	escrib-	escriba

Present subjunctive of –ar, –er, –ir verbs			
Subject pronouns	comprar	beber	escribir
yo	compre	beba	escriba
tú	compres	bebas	escribas
Ud., él/ella	compre	beba	escriba
nosotros/as	compremos	bebamos	escribamos
vosotros/as	compréis	bebáis	escribáis
Uds., ellos/as	compren	beban	escriban

Irregular *yo* verbs

As with the formal commands, if the **yo** form of the verb is irregular, then the subjunctive form will also be irregular. (See *Capítulo 2*, page 74, for a complete list.)

	Verb	yo form	Present subjunctive
–go verbs	decir	digo	diga
	salir	salgo	salga
–zco verbs	traducir	traduzco	traduzca
	conducir	conduzco	conduzca
other	ver	veo	vea

Verbs with spelling changes

Verbs that have spelling changes in the command form will also have a spelling change in the present subjunctive. (See *Capítulo 7*, page 250, for a complete list.)

	Verb	**yo** form	Present subjunctive
–gar	pagar	pago	pa**gue**
	llegar	llego	lle**gue**
–car	buscar	busco	bus**que**
	sacar	saco	sa**que**
–zar	cruzar	cruzo	cru**ce**
	analizar	analizo	anali**ce**

In addition to these spelling changes, there are some additional kinds of verbs that have a spelling change in the **yo** form. This spelling change carries over to the present subjunctive forms.

	Verb	**yo** form	Present subjunctive
–ger	escoger *(to choose)*	esco**jo**	esco**ja**
	recoger *(to pick up, gather)*	reco**jo**	reco**ja**
–guar	averiguar *(to find out)*	averi**guo**	averi**güe**

⟨⟩ACTIVIDADES

A. Consejos del médico. Escoge un verbo lógico (subjuntivo o infinitivo) para completar los consejos que un médico le da a un paciente.

1. Es necesario que tú _____ dos aspirinas dos veces al día.
   a. tomes   **b.** tomen   **c.** tomas
2. Quiero que tú me _____ mañana.
   a. llamar   **b.** llames   **c.** llamas
3. Es importante que te _____.
   a. cuidas   **b.** cuides   **c.** cuido
4. Voy a jubilarme *(to retire)* en junio. Es necesario que yo _____ otro médico.
   a. buscas   **b.** busco   **c.** busque
5. Es necesario _____ muchas frutas cada día.
   a. comes   **b.** comas   **c.** comer
6. Es urgente que los jóvenes _____ de fumar.
   a. dejen   **b.** dejar   **c.** dejan
7. Quiero que _____ la lengua y que _____ "Aaaaaaa".
   a. sacar / decir   **b.** saco / digo   **c.** saques / digas
8. Es importante _____ una cita en dos semanas.
   a. hacer   **b.** hagas   **c.** hacen

B. ¿Qué necesitas hacer? Algunas personas quieren que hagas muchas cosas para salir bien en la universidad.

Modelo Mi profesora de español quiere   *My Spanish professor wants*
que yo haga la tarea.   *me to do the homework.*

1. Mi profesor/a de español quiere que yo...
   a. _____ (escuchar atentamente en la clase).
   b. _____ (asistir a la clase).
   c. _____ (no llegar tarde).
   d. _____ (leer las lecciones).
   e. _____ (no traducir todo al inglés).
2. Mis padres quieren que yo...
   a. _____ (sacar buenas notas).
   b. _____ (escoger una buena profesión).
   c. _____ (llamarlos cada semana).
   d. _____ (no gastar mucho dinero en las fiestas).
   e. _____ (no conducir mi auto muy rápido).

C. Mi compañero/a es muy estricto/a. Haz una lista de cuatro cosas que tu compañero/a de cuarto quiere que hagas.

Mi compañero/a de cuarto quiere que yo...
1. _____   3. _____   2. _____   4. _____

ESTRUCTURA   8A.2

Expressing Wishes, Requests, Needs, and Desires

A The present subjunctive

Centro de vacunación

Look at the illustration and find the phrases that are in the subjunctive. Underline the expression in the main clause that triggers the use of the subjunctive in the dependent clause. What do these expressions have in common? Why do you think that the subjunctive is needed in each case?

B Expressing wishes, requests, needs, and desires

The following verbs and impersonal expresions are used to express wishes, requests, needs, and desires. When they appear in the main clause, as in the sentence structures presented in the drawing, they trigger the use of the subjunctive in the dependent clause.

Verbs		Impersonal expressions	
aconsejar	*to advise*	es esencial	*it's essential*
desear	*to want*	es importante	*it's important*
esperar	*to hope*	es necesario	*it's necessary*
mandar	*to order*	es preciso	*it's necessary*
necesitar	*to need*	es preferible	*it's preferable*
pedir (i)	*to request, ask for*	es urgente	*it's urgent*
preferir (ie)	*to prefer*		
querer (ie)	*to want*		
recomendar (ie)	*to recommend*		
rogar (ue)	*to beg, plead*		
sugerir (ie)	*to suggest*		

While the verbs have an explicit subject *(Yo necesito que...)*, impersonal expressions do not have an explicit subject *(Es necesario que...)*. Impersonal expressions are often used to soften a request.

Prefiero que Uds. no **fumen** en mi casa.	*I prefer that you don't smoke in my house.*
Es importante que **estudies.**	*It's important that you study.*

Some verbs in the main clause are often accompanied by an indirect object pronoun. This indirect object pronoun agrees with the subject of the second verb.

Les sugerimos a Uds. que **regresen** mañana.	*We suggest that you return tomorrow.*
Los médicos nos piden que **hagamos** ejercicios todos los días.	*Doctors ask us to do exercises every day.*

When there is only one subject, use the **infinitive** after a conjugated verb or after an impersonal expression.

Queremos **regresar** mañana.	*We want to return tomorrow.*
Es importante **estudiar.**	*It's important to study.*

C Ojalá

In addition to these verbs and expressions, the word **ojalá** is used to express hope. The origin of this word is the Arabic expression *God (Allah) willing*. Unlike the verbs and expressions above, **ojalá** does not change form and the use of **que** is optional. **Ojalá** may also stand alone as an interjection that means "I/We/Let's hope so."

—¡**Ojalá** (que) te **mejores** pronto!	*—I hope that you get well soon!*
—¿Van a descubrir una cura para el cáncer?	*—Are they going to discover a cure for cancer?*
—¡**Ojalá**!	*—Let's hope so!*

⟨⟩ACTIVIDADES

A. Salud y bienestar. Completa estas oraciones sobre preferencias y consejos sobre salud con el subjuntivo de los verbos en paréntesis.

1. Doctor, este niño tiene una fractura grave. Por favor, quiero que usted lo _____ (examinar) de inmediato.
2. Señora, necesito que Ud. me _____ (explicar) muy bien los síntomas que tiene el bebé.
3. Doctora Medina, yo prefiero que usted me _____ (decir) la verdad sobre mi enfermedad.
4. Ricardo, es muy importante que tú _____ (cuidarse) y que _____ (aliviarse) muy pronto.
5. Mi hija siempre le ruega al pediatra que no le _____ (poner) inyecciones.
6. Le sugerimos a usted que _____ (tomarse) la presión sanguínea cada año.
7. Es necesario que todos nosotros _____ (tener) cuidado con las alergias.
8. Si usted se siente mal y le duele todo, yo le sugiero que _____ (consultar) a un médico.

B. Amistad. Tus buenos amigos son las personas que te ayudan cuando lo necesitas. Conversa con tu compañero/a sobre esas posibles situaciones difíciles. Sigue el modelo.

MODELO Si te sientes solo/a, ¿quieres que alguien te acompañe?
Sí, quiero que alguien me acompañe. or
No, no quiero que nadie me acompañe.

1. Si tienes dificultades económicas, ¿les pides a tus amigos que te presten dinero?
2. Si estás enfermo/a, ¿quieres que yo te compre los remedios?
3. Si te tuerces el tobillo, ¿prefieres que el médico te ponga una venda?
4. Si no tienes con quién salir a pasear, ¿quieres que yo salga contigo?
5. Si te rompes el brazo y no puedes cocinar, ¿le pides a tu compañero/a que haga tu cena?
6. Si tienes un virus y no vas a la escuela, ¿quieres que el/la profesor/a te explique la lección?
7. Si tienes que estudiar para un examen difícil, ¿quieres que tus amigos te visiten?
8. Si es tu cumpleaños, ¿deseas que tus padres te manden dinero o un regalo?

C. Consejos. Algunas personas piden consejos en las situaciones siguientes. Trabaja con un/a compañero/a en esta actividad con los verbos **aconsejar, recomendar** y **sugerir.** Usa el subjuntivo en la frase dependiente.

MODELO —Quiero comer esta noche en un restaurante elegante, pero tengo que pagar las cuentas del mes y no tengo mucho dinero. ¿Qué me aconsejas?
—*Te aconsejo que pagues las cuentas primero y que comas en McDonald's.*

1. Tengo dos invitaciones: una para asistir a un concierto con mis amigos y otra para salir a cenar con mi familia. ¿Qué me aconsejas tú que haga yo?
2. Pablo quiere romper (*to break up*) con su novia. Ella lo quiere mucho, pero Pablo está enamorado de otra muchacha. ¿Qué le sugieres a él que haga?

3. Mi compañera de cuarto escucha música toda la noche y yo no puedo estudiar. ¿Qué me aconsejas que yo le diga?

4. Había tres amigos en mi cuarto y desapareció mi reloj de oro. ¿Debo preguntarles si alguno de ellos tiene mi reloj o no debo hacerlo? ¿Qué me aconsejas que haga?

5. Toda mi ropa está sucia y mañana tengo una entrevista para un trabajo. ¿Qué es necesario que yo haga?

6. Nuestros primos están aquí de visita. ¿Adónde nos recomiendas que los llevemos?

7. La semana que viene es el cumpleaños de mi tía, una señora mayor. ¿Qué me sugieres que le regale a ella?

8. Acabo de conseguir un buen trabajo en el Banco Central. ¿Qué marca de coche recomiendas que me compre?

9. Nos ganamos la lotería y queremos visitar un país hispano. ¿Qué país nos aconsejas que visitemos y qué recomiendas que veamos?

10. A Ina le duele la cabeza. ¿Qué le recomiendas que haga?

D. Adriana tiene soroche. En el mercado de Otavalo, parece que Adriana sufre del mal de las alturas, el soroche, y se siente muy mal. Lee el texto.

FELIPE: ¡Adriana, Adriana!

HOMBRE: ¿Está bien su amiga?

FELIPE: No, en realidad, no.

ADRIANA: Tuve un sueño... estaba soñando... ¿Dónde estoy? ¿Qué pasa? ¿Dónde estamos?

FELIPE: Adriana, tranquilízate (*calm down*). Soy yo, Felipe. Todo está bien. Te quedaste dormida, es todo, nada más. No hay por qué alarmarte.

HOMBRE: No, no, no se alarmen. Probablemente es el soroche. Esto es muy común entre los turistas.

FELIPE: ¿Quién es usted?

HOMBRE: Soy curandero. Mire, ¿por qué no llevamos a su amiga a ver a doña Remedios? Es la curandera del pueblo y ella sabe cómo curar todos los males.

Ahora, completa las oraciones sobre lo que quieren Adriana, Felipe y el hombre del mercado. Usa el subjuntivo del verbo en paréntesis.

1. ADRIANA: Felipe, quiero que tú me ___digas___ (decir) dónde estoy y qué pasa.

2. FELIPE: Adriana, por favor, te pido que ___te tranquilices___ (tranquilizarse).

3. FELIPE: Adriana, te ruego que me ___creas___ (creer). Todo está bien, no pasa nada.

4. HOMBRE: Por favor, les pido a ustedes que no ___se alarmen___ (alarmarse); el soroche es muy común entre los turistas.

5. FELIPE: Le ruego que nos ___diga___ (decir) quién es usted.

6. HOMBRE: Recomiendo que ___llevemos___ (llevar, nosotros) a su amiga a ver a doña Remedios.

7. HOMBRE: Es importante que doña Remedios ___hable___ (hablar) con su amiga.

8. HOMBRE: Deseo que ustedes me ___crean___ (creer): doña Remedios sabe curar todos los males.

E. Tengo que contarte algo.   Escribe una lista de diez consejos para amigos/as, profesores/as, parientes y personas profesionales sobre uno de estos temas. Compara tu lista con la lista de un/a compañero/a de clase. Seleccionen cinco consejos de las dos listas y preséntenlos a la clase.

a. la buena salud
b. los compañeros/as de cuarto
c. vacaciones de verano

d. deportes y ejercicio
e. la vida universitaria

CULTURA

Remedios naturales de Latinoamérica

Alimentos y remedios naturales

La buena salud y la buena nutrición son importantes para el bienestar diario. Los habitantes nativos de América tienen muchos recursos naturales para obtener las dos cosas. Entre los productos de la tierra, conocemos bien el maíz, las papas y los cereales, la quinoa y el amaranto*. Muchas plantas medicinales se usan para fabricar medicinas o cosméticos o también como modelos para sintetizarlos químicamente. Por ejemplo, el aloe o penca sávila y los bálsamos de Perú y Tolú para cremas; la yerba mate, el guaraná y la cafeína para bebidas; la quinina para medicinas y bebidas; la enzima papaína de la papaya para ablandar las carnes; el girasol rojo, la valeriana** y el tilo

Vendedora de hierbas y alimentos en el mercado de Sonora, México.

en la medicina alternativa, y la capsaicina de los chiles para cremas contra la artritis.

DISCUSIÓN EN GRUPOS

1. Hagan una lista de los alimentos y remedios naturales mencionados en la lectura que Uds. conocen o usan personalmente.

2. ¿Es necesario que los médicos modernos sepan algo sobre la medicina alternativa o "natural"? ¿Por qué?

3. Mencionen dos productos medicinales, industriales o cosméticos que conocen en forma natural o sintética.

POR INTERNET

Usa un buscador de Internet para encontrar información en español sobre la salud y el bienestar. Empieza tu búsqueda con la frase clave **"Remedios caseros"**. Lee por lo menos dos páginas y escoge tu remedio casero favorito. Con la información que encontraste sobre ese remedio, completa estas oraciones.

1. Un remedio casero muy interesante es... para curar o mejorar...

2. Encontré este remedio en (*dirección de la página web*). Los ingredientes necesarios para este remedio son... Los ingredientes... se obtienen fácilmente en... pero no estoy seguro/a dónde comprar...

Compara tu remedio favorito con un/a compañero/a de clase. Discute con tu pareja cuál de los dos remedios prefiere cada uno/a de ustedes personalmente. ¿Por qué?

---

*La quinoa** and **el amaranto** are both kinds of grains.
El girasol rojo (*echinacea*) is a Peruvian sunflower used to promote wellness and **la valeriana** is a flowering plant used as a sedative.

VOCABULARIO 8A.3
Talking About Health and Exercise

Buena idea para el estrés

Más de 150 estudios psicológicos afirman que el **ejercicio** es un **antídoto** para el **estrés**. Tres sesiones a la semana, de 20 o 30 minutos, no sólo le calman la **tensión nerviosa**, sino que la **mantienen en forma°**. Una tanda° de ejercicios vigorosos, según los expertos, aumenta las ondas alfa° de **relajación**, emitidas por el cerebro. Además, reduce la tensión muscular y aviva° el ritmo del corazón. "Usted se siente relajado/a, pero muy despierto/a. Esto hace que pueda resolver mejor sus problemas", dice David Holmes, psicólogo de la Universidad de Kansas (Estados Unidos).

stay in shape / set

alpha waves

intensifies

Perfil de un adicto, por Adriana Giannini

Se puede ser **adicto** a una infinidad de sustancias y situaciones. Existen adictos a las compras compulsivas, al juego, al tabaco, al alcohol, al sexo, a las drogas, al trabajo, a la pareja equivocada°...

La **adicción** es el deseo compulsivo por obtener algo sin dilaciones°, como lo es la **dependencia** al **consumo** de ciertas sustancias (alcohol, tabaco), aceptadas y estimuladas socialmente, y otras **drogas ilícitas,** como cocaína, heroína, LSD. La marihuana es ilícita en Argentina, no así en otros países.

wrong

delays

⟨⟩ACTIVIDADES

A. Preguntas personales. Contesta las preguntas con una pareja.

1. ¿Qué cosas causan el estrés?
2. ¿Qué hace la gente para reducir el estrés en su vida?
3. ¿Qué síntomas tienes cuando sientes mucho estrés?
4. ¿Qué tipo de ejercicio haces? ¿Cuántas veces por semana?
5. ¿Qué es un adicto?
6. ¿Cuáles son algunas de las adicciones que el artículo menciona?
7. ¿Crees que es posible ser adicto/a a las compras? ¿al trabajo? ¿a la comida? ¿a Internet? Explica tu opinión.
8. ¿Cuáles son algunas de las características de un adicto?
9. ¿Qué soluciones hay para las personas con adicciones?
10. ¿Son el estrés y la adicción problemas más graves en ciertos países que en otros? ¿En cuáles? Explica.

B. Un plan para una vida sana.   Haz una lista de cinco cosas que te causan estrés. Después, en parejas, hagan un plan para aliviar el estrés en sus vidas. Preséntenle el plan a la clase.

C. Un adicto a la tele.   Un/a amigo/a tuyo/a es adicto/a a la televisión. Haz una lista de cinco sugerencias que él/ella puede hacer para acabar con su adicción. Usa expresiones como las siguientes. **Ojo:** ¡Es necesario que uses el presente del subjuntivo después de estas expresiones!

Es importante que...
Ojalá que...
Espero que...
Te aconsejo que...

ESTRUCTURA   8A.3

Expressing Emotions and Subjective Feelings

A More uses of the present subjunctive

Salud eterna

ESTER: Estoy contenta de que **podamos** venir con frecuencia a este gimnasio. Es importante que **pensemos** en nuestra salud.

It doesn't surprise me

ADÁN: Tienes razón. No me sorprende° que los médicos **digan** que el ejercicio es un antídoto contra el estrés.

ESTER: Me alegro de que **estés** de acuerdo.

I regret

ADÁN: Lamento° que nuestros hijos Pepe y Marina no **puedan** venir con frecuencia. A veces, me

it worries me

preocupa° que Pepe no **quiera** practicar ningún deporte y que Marina **sea** tan sedentaria.

ESTER: Ojalá no **tengan** problemas de salud en el futuro.

ADÁN: Espero que pronto **se den** cuenta de que necesitan el ejercicio.

ESTER: Espero que **oigan** nuestros consejos.

Look at the verbs in the subjunctive. What infinitives do they come from? Underline the expression in the main clause that requires the use of the subjunctive in the dependent clause. What do these expressions have in common? Why do you think that the subjunctive is needed in each case?

The following verbs and impersonal expressions express emotions and subjective feelings. When they appear in the main clause of the structures presented above, they trigger the use of the subjunctive in the dependent clause.

Verbs		Impersonal expressions	
alegrarse (de)	*to be happy*	es bueno	*it's good*
enojarse	*to be angry*	es extraño	*it's strange*
estar contento/a de	*to be happy*	es malo	*it's bad*
gustarle (a alguien)	*to like*	es mejor	*it's better*
lamentar	*to lament, regret*	es peor	*it's worse*
molestar	*to bother*	es ridículo	*it's ridiculous*
preocupar(se)	*to worry*	es terrible	*it's terrible*
sentir (ie)	*to be sorry, regret*	es una lástima	*it's a shame*
sorprender	*to surprise*		
temer	*to fear, be afraid of*		
tener miedo (de)	*to be afraid of*		

Lamento que Marta y Luis no **hagan** ejercicio.	*I regret that Marta and Luis don't exercise.*
Es bueno que te **mantengas** en forma.	*It's good that you keep yourself in shape.*

Remember to use the **infinitive** after the conjugated verb or the impersonal expression when there is only one subject.

Lamento no **tener** un trabajo.	*I regret not having a job.*
Es bueno **mantenernos** en forma.	*It's good to keep ourselves in shape.*

B The present subjunctive of stem-changing verbs

Verbs that end in –**ar** and –**er** have the same stem changes in the present subjunctive as in the present indicative.

pensar (e → ie)		probar (o → ue)	
piense	pensemos	pruebe	probemos
pienses	penséis	pruebes	probéis
piense	piensen	pruebe	prueben

perder (e → ie)		volver (o → ue)	
pierda	perdamos	vuelva	volvamos
pierdas	perdáis	vuelvas	volváis
pierda	pierdan	vuelva	vuelvan

Verbs that end in –**ir** and have a stem change from **e → ie** or **o → ue** in the present indicative, will change from **e → i** and **o → u** in the **nosotros** and **vosotros** forms of the present subjunctive. The other forms maintain the same stem-change patterns in the present subjunctive as in the present indicative.

mentir (e → ie)		dormir (o → ue)	
mienta	*mintamos*	duerma	*durmamos*
mientas	*mintáis*	duermas	*durmáis*
mienta	mientan	duerma	duerman

C Irregular verbs

There are six irregular verbs in the present subjunctive.

Present subjunctive of irregular verbs					
dar	**estar**	**haber****	**ir**	**saber**	**ser**
dé*	esté	haya	vaya	sepa	sea
des	estés	hayas	vayas	sepas	seas
dé	esté	haya	vaya	sepa	sea
demos	estemos	hayamos	vayamos	sepamos	seamos
deis	estéis	hayáis	vayáis	sepáis	seáis
den	estén	hayan	vayan	sepan	sean

*Note that **dé** in the subjunctive carries an accent to distinguish it from the preposition **de**.
Just like in any other tense, **haber only has one form as an active verb in the present subjunctive: **haya** = *there is, there are*.

◀ACTIVIDADES

A. Comprensión.   Completa las siguientes ideas con la forma correcta del subjuntivo de los verbos en paréntesis.

1. No me gusta que mi compañero de cuarto _____ (dormir) todo el día.
2. Es muy bueno que tú _____ (mantenerse) en forma.
3. Siento mucho que Alejandro no _____ (ir) al gimnasio conmigo todos los días.
4. Estamos contentos de que mucha gente _____ (luchar) contra la drogadicción.
5. Ojalá _____ (haber) menos tráfico de drogas ilícitas en el futuro.
6. No me sorprende que el ejercicio _____ (ser) bueno para combatir el estrés.
7. ¡Me enoja que la gente me _____ (mentir)!
8. Me parece triste que la gente no _____ (dar) más dinero para combatir las drogas.

B. Episodios de la vida.   Varias personas expresan sus emociones sobre los siguientes episodios de la vida. Reemplaza los verbos entre paréntesis con la forma correcta del presente de indicativo o de subjuntivo según el contexto. Sigue el modelo.

MODELO   Yo _____ (esperar) que Paco _____ (comer) menos grasa.
Yo espero que Paco coma menos grasa.

1. Es bueno que Adán _____ (ser) tan saludable.
2. Mauro _____ (lamentar) que tú todavía _____ (fumar) cigarros.
3. Ojalá que la doctora me _____ (enseñar) buena nutrición.
4. No nos _____ (sorprender) que Teresa y Javier _____ (pensar) hacer un crucero por el Caribe.
5. Nosotros _____ (sentir) mucho que tu amigo _____ (tener) fiebre.
6. El profesor Ramírez _____ (alegrarse) de que sus estudiantes _____ (saber) mucho español al finalizar el curso.

C. Sueños y esperanzas.   Algunas personas quieren ser ricas. Otras esperan comprar un carro elegante. ¿Qué deseas hacer tú? Escribe una lista de cinco cosas que deseas hacer. Después conversa con un/a compañero/a sobre las esperanzas de cada uno/a siguiendo el modelo.

> **Modelo**   —Quiero viajar alrededor del mundo.
> —*Es bueno que quieras viajar alrededor del mundo.*
>
> —Voy a casarme con Ben Affleck.
> —*Es ridículo que te vayas a casar con Ben Affleck.*

Expresiones útiles

alegrarse (de)	es bueno
enojarse	es extraño
estar contento/a de	es ridículo
lamentar	es terrible
sorprender	es una lástima

D. Nayeli le aconseja a Adriana.   Cuando Adriana está en el mercado, se siente mal y le parece que está soñando con Nayeli. En ese sueño, Nayeli le da algunos consejos. Lee el texto.

Nayeli: (*en un sueño*) Las soluciones están dentro de tu corazón, pero es importante que te permitas escucharlas.

El intelecto te puede engañar (*deceive*). No todo lo de valor es producto de la razón.

No repitas mis errores; la historia es tu maestra. Los mayas lo sabían: él que no sabe su historia no puede forjar su destino. La voz dentro de tu corazón tiene las soluciones. ¡Escucha, escucha!

No pierdas tu camino. La verdad, la justicia y el honor son tus guías. El jaguar Yax-Balam va a ser tu guía. Adriana, tu corazón, tu corazón va a ser tu guía.

Ahora, completa las oraciones con el presente del subjuntivo de los verbos en paréntesis.

1. Nayeli dice que es importante que Adriana _____ (escuchar) su corazón.
2. Nayeli tiene miedo de que el intelecto _____ (engañar) a Adriana.
3. Nayeli no quiere que Adriana _____ (repetir) sus mismos errores.
4. Nayeli espera que la historia _____ (ser) la maestra de Adriana.
5. Según Nayeli, es esencial que la gente _____ (conocer) la historia para construir su futuro.
6. Según Nayeli, es importante que Adriana no _____ (perder) su camino.
7. Nayeli le recomienda a Adriana que el jaguar, la justicia y el honor _____ (ser) sus guías.

E. Reacciones. Primero, lee la declaración de la columna izquierda. Luego, escribe la forma correcta del subjuntivo en las oraciones de la columna derecha. ¿Con cuál reacción estás de acuerdo? Discute las razones con tu compañero/a.

Declaración	Reacciones: ¿Por qué?
1. El costo de la educación universitaria es demasiado alto.	a. Es mejor que los estudiantes _____ (trabajar) antes de ir a la universidad. b. Me molesta que no _____ (haber) educación gratis para todos.
2. Muchos estadounidenses piensan seguir una dieta balanceada.	a. Me alegro de que la gente _____ (estar) consciente de la buena nutrición. b. No me gusta que la gente _____ (hablar) tanto de la dieta.
3. Beber mucho alcohol es un problema serio en la sociedad.	a. Es extraño que algunas personas _____ (exagerar) el problema del alcohol. b. Temo que la gente _____ (beber) mucho alcohol.
4. Tener una mente sana en un cuerpo sano es una buena filosofía.	a. Estoy contento/a de que _____ (haber) más énfasis en lo que comemos todos los días. b. Es ridículo que nosotros _____ (preocuparse) tanto de la salud. Es mejor que nosotros _____ (vivir) día a día.
5. Un coche es una necesidad esencial de la vida.	a. Es bueno que el coche nos _____ (hacer) la vida más fácil. b. Es absurdo que la gente _____ (gastar) tanto tiempo viajando en coche y que no _____ (usar) el transporte público.

VIDEODRAMA 8A *¿Qué plan secreto tiene Zulaya?*

Preparémonos

A. En el último episodio... Trabajen en parejas. Repasen las escenas del *Videodrama 7B* y elijan al personaje que corresponde a cada descripción.

1. El taxi en que viajan tiene una llanta pinchada.
2. Adriana y Felipe comen con él en el restaurante.
3. Mientras Adriana habla, escucha toda la conversación electrónicamente.
4. Pasan tiempo en el parque de la Mitad del Mundo.
5. Describe la complicada historia de los jaguares gemelos.

    a. la curandera
    b. Felipe
    c. don Gustavo
    d. Gafasnegras
    e. Adriana

Answers: 1. b, e; 2. c; 3. d; 4. b, e; 5. e.

B. Somos detectives. En grupos de tres, hablen sobre este episodio, contestando las siguientes preguntas: ¿Con quién y de qué habla Gafasnegras? ¿Dónde están Adriana y Felipe? ¿Saben ellos dónde están Nayeli y el jaguar robado?

Resumen del video

In her shop in Otavalo, Zulaya talks with Mario, who works for an organization that recovers stolen archaeological artifacts. She confides that she has Yax-Balam and intends to return it to Mexico. When Adriana suffers from altitude sickness, Felipe takes her to see the curandera doña Remedios who advises Adriana to trust her heart and not her intellect. The healer also says that the jaguar twin can be found at sunrise.

Miremos y escuchemos

C. Mis observaciones. Mientras miras el episodio, escribe el nombre del personaje (o personajes) asociado/s con las siguientes actividades.

1. Tiene(n) a Yax-Balam en las manos. _____
2. Habla(n) con Zulaya en su tienda. _____
3. Camina(n) por el mercado en Otavalo. _____
4. Se siente(n) mal y tiene(n) un sueño. _____
5. Un pájaro blanco vuela enfrente de su cara. _____
6. Despierta(n) a Adriana. _____
7. Habla(n) con Felipe y Adriana sobre el soroche. _____
8. Va(n) a la casa de la curandera. _____
9. Habla(n) en quechua y cura(n) a Adriana. _____
10. Pregunta(n) por Zulaya. _____

Comentemos

D. Comprensión.   Contesta estas preguntas. Trabajen en grupos.

1. Describe a Zulaya. ¿Qué tiene en las manos?
2. ¿Con quién habla Zulaya en la tienda? ¿Sobre qué?
3. ¿Qué pone Zulaya en dos bolsas idénticas mientras habla con Mario?
4. ¿Cómo se siente Adriana? ¿Qué tiene?
5. Cuando está dormida, Adriana tiene un sueño en que Nayeli le dice que el jaguar va a ser su guía en la vida. También le describe otras tres guías de la vida. Una es la verdad. ¿Cuáles son las otras dos?
6. Cuando se despierta Adriana, ¿adónde van ella y Felipe?
7. ¿Quién es doña Remedios? ¿Qué tiene dentro y fuera de la casa?
8. Según doña Remedios, ¿por qué está enferma Adriana?
9. ¿Cuándo se despierta el jaguar, según doña Remedios?
10. ¿Qué dice ella sobre simplificar la vida? ¿Por qué?
11. ¿Qué les pregunta Gafasnegras a los vendedores del mercado?

E. Comparaciones.   Compara la cura que le hace doña Remedios a Adriana con el tipo de tratamiento que recibes tú cuando estás enfermo/a.

F. Somos artistas.   En grupos de cuatro, creen un cartel de las vistas y voces del mercado de Otavalo. Describan los detalles de cuatro escenas: el panorama del mercado de Otavalo; unos objetos típicos; una tienda de ropa y objetos; la gente que está en el mercado. Después, comparen su interpretación artística con otros grupos.

G. Filosofía de la vida.   En este episodio, Adriana sueña que Nayeli le habla. La madrina le dice, "El que no sabe su historia no puede forjar (*forge*) su destino". Trabaja con un/a compañero/a para discutir esta idea con respecto a la historia de los jaguares y con respecto al pasado y al futuro de tu vida.

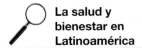

La salud y
bienestar en
Latinoamérica

LECTURA

Prelectura

The readings that follow describe various health and wellness issues for people of different ages. They were published in several contemporary magazines in Spanish, including *Vanidades, GeoMundo* and *Newsweek en español.*

Una doctora le da consejos a su paciente.

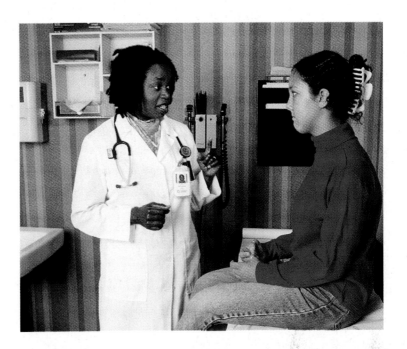

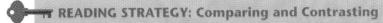

🔑 READING STRATEGY: Comparing and Contrasting

The six short articles presented in this reading section are different in many respects, but also have similarities. Before reading them, do the activities that follow below. In these pre-reading activities, you will be comparing and contrasting medical conditions. This will prepare you for the reading content and will enable you to compare the ideas, solutions or advice presented in the six articles.

A. Cognados y condiciones. En parejas, pronuncien e indiquen lo que significa cada uno de los siguientes cognados.

infecciones	eliminar	resultados	antiobióticos
artritis	alergia	cortisona	estafilococos
congénito	detectar	prevenir	ántrax

B. Opinión. Di si cada condición médica de la tabla te preocupa mucho o poco.

Condición	Me preocupa mucho	Me preocupa poco
Alergias		
Alzheimer		
Ántrax		
Infecciones		
Artritis		
Engordar		
Hipertensión		

C. Todo es relativo. Compara y contrasta los síntomas y las características de tres de las condiciones médicas de la tabla arriba. Trabaja con un/a compañero/a.

D. Muy seria. Discute con tu compañero/a cuál de las siete condiciones es más o menos seria. Sigue el modelo.

> **MODELO** *Yo creo que la artritis es menos / más (tan) seria que (como) la hipertensión. ¿Qué crees tú?*

La salud, la medicina y tú

A. Previniendo infecciones

Los estafilococos° han causado° muertes° infantiles. Hay muchas maneras de prevenir las infecciones en general: *bacteria / have caused / deaths*

Lavarse es la mejor manera de combatir infecciones. Los niños deben de lavarse las manos antes de las comidas, y si es posible antes de comer cualquier cosa, y después de usar el baño.

Desinfectarse todas las heridas y cortaduras°, pues es por donde pueden entrar los microbios al organismo. *cuts*

No tocar ningún tipo de insecto, conocido o desconocido, y mucho menos escarbar° en la tierra buscándolos. Mantenerse alejados° de animales pequeños cuyos dueños° no sean perfectamente conocidos. *dig* / *far away / owners*

Vigilar° cualquier infección. Si observas que el lugar infectado empeora°, o si no está visible, si notas que tu niño tiene una fiebre alta, llévalo inmediatamente a su médico. Si el estado del niño no mejora en 2 o 3 días, es el momento de comenzar a administrarle antibióticos. *Watch / worsens*

B. Impacto de las alergias en los niños

- La rinitis alérgica° puede afectar hasta un 42 por ciento de los niños que se encuentran en la edad escolar°. — *nasal allergies / school*
- En un día típico, más de 10.000 niños faltan a° la escuela debido a problemas por las alergias estacionales°. — *miss / seasonal*
- Alergias en la familia es un factor muy importante para predecir° alergias en los niños. Por lo general, el riesgo° de que un niño desarrolle alergias estacionales aumenta cuando uno de los padres tiene una condición alérgica, y es todavía más grande cuando ambos° padres sufren de alergias. — *predict / risk / both*

C. Contra la artritis, piquetes de abejas°: método tradicional que cura

bee stings

La artritis a veces ataca a personas de mediana° edad, y los dolores que sufren son aliviados° mediante° un método tradicional. La curación consiste en obligar a una abeja a picar° al enfermo en el área afectada. Los pacientes que han recibido° el tratamiento aseguran° que, aunque al principio° el dolor del piquete es muy fuerte, con el tiempo este dolor se reduce.

middle / relieved / by means of / to sting / have received / assure / at first

D. Más cerca de la vacuna contra el Alzheimer

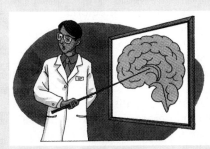

Los científicos° anunciaron la semana pasada los resultados preliminares de estudios de una vacuna que podría ayudar a tratar o prevenir el mal° de Alzheimer.
Una de las principales características del Alzheimer son los depósitos de una proteína llamada **beta-amiloide** en el cerebro. No se sabe si estos depósitos son la causa de la pérdida° de memoria y demencia, pero algunos investigadores creen que eliminarlas podría reducir los síntomas.

scientists / disease / loss

E. Pequeños corazoncitos°

Little hearts

La medicina y la tecnología hacen posible milagros° para alargar° la vida, y para hacer posible la de bebés por nacer°. Hoy se pueden detectar enfermedades congénitas del corazón en bebés que todavía están en el vientre°, gracias al ultrasonido° de frecuencia más elevada, que permite ver claramente la

miracles / lengthen / unborn / womb / ultrasound exam

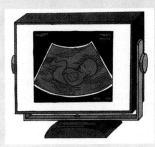

anatomía del pequeño corazón. Este nuevo recurso es crucial, ya que el uno por ciento de los bebés nace con problemas del corazón.

F. ¿Engorda° su medicamento°?

Make you gain weight / medicine

Las personas que engordan sin tener motivo deben fijarse° si están tomando medicamentos que tienen este efecto secundario. Algunos antihistamínicos y varios medicamentos para la hipertensión, y ciertos contraceptivos orales y cortisonas pueden hacerle retener los líquidos y aumentar el apetito. Ciertos medicamentos engordan. Para contrarrestar° este efecto, usted puede hacer más ejercicio y reducir las calorías que ingiere°, pero no rebaje° la dosis ni deje de tomar el medicamento por sí sola. Consulte el problema con su médico. ■

notice

counteract

ingest / lower

Postlectura

E. ¿Verdadero o falso? Trabajen en parejas y discutan si las oraciones siguientes son falsas o verdaderas según las lecturas. Corrijan las oraciones falsas.

1. Más de mil estudiantes faltan a la escuela cada día a causa de las alergias.
2. El uno por ciento de los bebés nace con problemas del corazón.
3. Lavarse las manos es una buena manera de evitar infecciones.
4. Es mejor jugar con animales desconocidos.
5. El piquete de una abeja puede reducir los dolores de la artritis.
6. Los pacientes que tienen mal de Alzheimer pierden la memoria.
7. Las alergias pueden pasar de padres a hijos.
8. La tecnología no es buena para detectar enfermedades infantiles.
9. Ciertos medicamentos para la hipertensión engordan.
10. Hay una nueva vacuna que puede reducir los síntomas del mal de Alzheimer.

F. Recomendaciones. Imagínate que tú eres especialista en salud y bienestar. Trabaja con una pareja y dale a tu compañero/a algunas recomendaciones para mantener a toda la familia sana. Cuidado con los verbos reflexivos. Sigue el modelo.

> **MODELO** es bueno / hacer ejercicio todos los días
> *Es bueno que tú hagas ejercicios todos los días.*

1. es preciso / lavarse las manos antes de comer
2. es importante / desinfectarse las heridas
3. es necesario / no tocar los insectos para no infectarse
4. es mejor / no retener los líquidos
5. es preferible / hacer ejercicio todos los días
6. es bueno / llevar a tu niño con una fiebre alta al médico
7. es crucial / consultar a un/a médico/a si tienes un problema serio

VOCABULARIO   8B.1

Talking About Money

A **En la casa de cambio** *(At the Money Exchange)*

—Buenas tardes. ¿En qué le puedo servir?

to exchange / traveler's checks —Buenas tardes. Quisiera **cambiar**° unos **cheques de viajero**° en dólares por
cash **moneda en efectivo**°. ¿A cuánto está el cambio hoy?

—El dólar está a nueve pesos.

—Bueno, a ver... ¿Me puede usted cambiar un cheque de cuarenta dólares, por favor?

Endorse it —Claro que sí, con mucho gusto. **Endóselo**° aquí, por favor.

—Ya está, aquí lo tiene.   *endosar*

—Gracias. ¿Desea usted algo más?

—Sí, necesito un **cheque certificado** de ciento cincuenta dólares.

—¿Cómo lo quiere pagar?   *el balance*

credit card —Con **tarjeta de crédito**°.

Check them —Muy bien. Aquí tiene usted su dinero en efectivo y su cheque certificado.
Revíselos° por favor, antes de salir.   *revisar*

—A ver... Bien, parece que todo está en orden. Muchas gracias. Adiós.

—Adiós. Que esté usted muy bien.

MÁS PALABRAS Y EXPRESIONES

SUSTANTIVOS

el billete *bill (money)*	la firma *signature*
la caja *cash register*	el gasto *expense*
la caja fuerte *safe*	el préstamo *loan*
el/la cajero/a *cashier*	el presupuesto *budget*
la cuenta corriente *checking account*	el promedio *average*
la cuenta de ahorros *savings account*	la tasa de cambio *exchange rate*

Cajero automático (debit card)

la matrícula=tuition
hipoteca = mortgage

VERBOS

ahorrar *to save*
depositar (dinero) *to deposit (money)*
firmar *to sign*

pedir prestado *to borrow*
prestar *to lend*
sacar / retirar (dinero) *to withdraw
(money)*

B Tasas de cambio

Las tasas de cambio varían de día en día y es importante averiguar las tasas antes de viajar. Estas tasas reflejan el cambio por dólar el **23 de febrero de 2001.**

Busca las tasas vigentes *(current)* en uno de los sitios de Internet que tienen programas de **conversión de divisas** *(foreign currency converters)* o **conversión monetaria** *(currency converter).* Dos de estos sitios son **The Full Universal Currency Converter:** *http://www.xe.com/ucc/full.shtml* y el sitio **Bloomberg.com:** *http://www.bloomberg.com/markets/currency.html.* Si estos sitios no funcionan, busca otro sitio similar con tu navegador favorito.

País	Moneda nacional	Tasa de cambio por dólar
Argentina	peso (ARS)	0,995
Bolivia	boliviano (BOB)	6,410
Chile	peso (CLP)	568,040
Colombia	peso (COP)	2.173,500*
Costa Rica	colón (CRC)	317,600
Cuba	peso (CUP)	21,000
Ecuador	dólar americano (USD) / sucre (ESC)	1,000 / [24.875,000*]
El Salvador	colón (SVC)	8,750
España	euro (EUR) / peseta (ESP)	1,088 / [181,053]
Guatemala	quetzal (GTQ)	7,650
Honduras	lempira (HNL)	15,130
México	peso (MXP)	9,687
Nicaragua	córdoba (NIO)	12,710
Panamá	balboa (PAB)	1,000
Paraguay	guaraní (PYG)	3.681,500*
Perú	nuevo sol (PEN)	3,433
La República Dominicana	peso (DOP)	16,950
Uruguay	peso (UYP)	12,550
Venezuela	bolívar (VEB)	703,250

*Note: **Remember** that Spanish uses a comma where English uses a decimal point, and vice versa.

☼ACTIVIDADES

A. ¿Cómo cambiaron las tasas? Usa Internet para averiguar las tasas de cambio más recientes. Compara las tasas más recientes con las de arriba. ¿En qué países notan un aumento en el valor de su moneda? ¿En qué países notan una reducción del valor de su moneda? ¿Qué significan estos cambios? ¿Qué otros cambios notas?

B. ¿Cuánto es? Tienes dólares de los Estados Unidos y quieres cambiarlos por moneda de otro país. Calcula cuánto dinero vas a recibir en ese país.

MODELO *Si tienes 150 dólares y quieres comprar colones salvadoreños, lo calculas así:*
150 dólares × 8,750 colones = 1.312,500 colones salvadoreños

1. 24 dólares = _____ euros
2. 777 dólares = _____ bolívares venezolanos
3. 1.000 dólares = _____ pesos mexicanos
4. 300 dólares = _____ quetzales guatemaltecos
5. 550 dólares = _____ colones salvadoreños
6. 250 dólares = _____ pesos chilenos
7. 79 dólares = _____ córdobas nicaragüenses
8. 50 dólares = _____ lempiras hondureños
9. 125 dólares = _____ guaranís paraguayos

C. El presupuesto. Haz un presupuesto mensual para las siguientes categorías de gastos. Si no tienes estos gastos ahora, calcula cuánto gastan tus padres.

Alquiler / Hipoteca	Entretenimiento
Bebidas	Servicios: agua, luz, teléfono
Comida	Transporte
Ropa	Misceláneos

D. El promedio mensual. Compara tus gastos con los gastos de tres o cuatro compañeros/as. En grupos calculen el promedio mensual para cada persona y para todo el grupo. Presenten los promedios a la clase.

E. En el banco. Estás en el banco y tienes que abrir una cuenta de ahorros y comprar un cheque certificado. Crea una conversación entre el/la dependiente del banco y tú. Trabaja con una pareja.

ESTRUCTURA   8B.1
Expressing Doubt or Certainty

▪ Contrasting the indicative and the subjunctive
Sueños, dinero y moto

Mamá, ¿crees que yo **pueda** ahorrar para comprarme una motocicleta?

Claro, estoy segura de que **vas a** tener el dinero suficiente.

Es posible que **tenga** que esperar un poco, ¿no?

¡Es obvio que **tienes** que esperar!

Notice which highlighted verbs, in the conversation above, are in the subjunctive and which are not. Underline the expressions in the main clauses that require the use of the subjunctive in the dependent clause. What do these expressions have in common? Why do you think that the subjunctive is needed in each case? Find the dependent clauses that use the indicative and look at their corresponding main verbs. What do these expressions have in common?

When the *main* verb expresses doubt, uncertainty, or denial, the *dependent* verb must be in the **subjunctive**.

Main clause expressing doubt, uncertainty, denial, disbelief	+ **que** +	dependent clause (what is doubted, denied, uncertain, not believed)
indicative		*subjunctive*

No creemos	**que**	tu presupuesto **sea** suficiente.
We don't believe	*that*	*your budget is sufficient.*
Es imposible	**que**	hoy **estén** cerrados los bancos.
It's impossible	*that*	*the banks are closed today.*
Dudo	**que**	**podamos** pagar con tarjeta de crédito.
I doubt	*that*	*we are able to pay with a credit card.*

When the *main* verb expresses certainty, the **indicative** is used.

Creemos	**que**	el banco **va** a prestarte el dinero.
We believe	*that*	*the bank is going to lend you the money.*

Estoy seguro de	**que**	hoy **están** cerrados los bancos.
I am sure	*that*	*the banks are closed today.*

No hay duda de	**que**	**podemos** pagar con tarjeta de crédito.
There is no doubt	*that*	*we are able to pay with a credit card.*

Common verbs and expressions of doubt, uncertainty, denial, and disbelief

dudar	*to doubt*	no es evidente	*it's not evident*
es imposible	*it's impossible*	no es seguro	*it's not sure*
es posible	*it's possible*	no es verdad	*it's not true*
es probable	*it's probable*	no está claro	*it isn't clear*
negar (ie)	*to deny*	no estar seguro/a	*to be unsure*
no creer	*to not believe*	no pensar (ie)	*to not think*
no es cierto	*it's not certain*	puede ser	*it can be*
		quizás/tal vez	*perhaps, maybe*

Common verbs and expressions of certainty

creer	*to think, to believe*	estar seguro/a	*to be sure*
es cierto	*it's certain, true*	no dudar	*to not doubt*
es evidente	*it's evident*	no hay duda (de)	*there's no doubt*
es obvio	*it's obvious*	no negar (ie)	*to not deny*
es seguro	*it's sure*	no puede ser	*it cannot be*
es verdad	*it's true*	opinar	*to have an opinion*
está claro	*it's clear*	pensar (ie)	*to think (opinion)*

When **creer**, **opinar**, and **pensar** are used to ask a question, the subjunctive is often used when the speaker is very uncertain about what the answer will be.

> —¿Crees que yo **esté** en bancarrota?　　—*Do you think that I may be broke?*

When **quizás** or **tal vez** precedes a verb and implies doubt, the subjunctive is generally used. Note that the word **que** is omitted.

> ¿Ves mucha televisión? ¡Quizás 　　*Do you watch a lot of TV? Perhaps you*
> **seas** teleadicto! 　　　　　　　*are a TV-addict!*

◖◗ ACTIVIDADES

A. ¿Es verdad?　　Tú no estás de acuerdo con tu amigo/a sobre sus opiniones. Usa expresiones verbales como **no es verdad, niego que, dudo que, no creo que**, para expresar las opiniones contrarias. Sigue el modelo.

MODELO　　Costa Rica es más grande que Perú.
　　　　　　No es verdad que Costa Rica sea más grande que Perú.

1. Las aspirinas curan la tos y el dolor de garganta.
2. Hay estudiantes con mucho dinero.
3. Las inyecciones no duelen.
4. Cualquier persona puede abrir una cuenta corriente.
5. Es muy fácil ahorrar dinero.
6. Todos podemos tener tarjeta de crédito.
7. Tú pagas todos tus gastos de matrícula, libros, casa y comida.
8. El dólar norteamericano es una moneda fuerte.

B. Momentos de la vida.   Completa los diálogos con el subjuntivo o el indicativo según el contexto.

Ernesto y Amanda están en un restaurante de comida rápida.

ERNESTO: No creo que nosotros _____ (1. deber) comer un almuerzo con mucha grasa, pero dudo que tú _____ (2. seguir) mis consejos. Recuerda, nunca es demasiado pronto para pensar en la nutrición.

AMANDA: No niego que las papas fritas _____ (3. ser) malas para la salud y es cierto que la ensalada _____ (4. contribuir) a la buena nutrición; pero, es imposible que la gente _____ (5. comer) solamente ensaladas y verduras. Es muy aburrido.

ERNESTO: Es verdad que nosotros _____ (6. deber) tener una dieta balanceada. Vamos a pedir ensalada y hamburguesas, ¿de acuerdo?

Gregorio y Adelita, dos novios, se declaran su amor y amistad.

GREGORIO: Adelita, es verdad que tú me _____ (7. querer), ¿no?

ADELITA: Corazón, es cierto que te _____ (8. adorar) y es verdad que _____ (9. querer) vivir el resto de mi vida contigo.

GREGORIO: Estoy seguro de que nosotros _____ (10. ir) a ser muy felices.

ADELITA: Creo que tú y yo nos _____ (11. respetar) mucho.

Sami está en la oficina de la doctora Colón, una psicóloga excelente.

SAMI: Es verdad que yo no _____ (12. sentirse) muy bien. Estoy triste.

DRA. COLÓN: Todos tenemos momentos bajos en la vida. Sami, no niego que _____ (13. estar, tú) deprimido. Es importante que _____ (14. hablar, tú) de tus problemas.

C. Hechos ciertos.   Adriana y Felipe andan mirando cosas en el mercado de Otavalo y de pronto, ven algo que les interesa mucho. Lee el texto.

FELIPE: ¡Qué bueno que ya te sientas mejor!

ADRIANA: Sí, descansé mucho en casa de doña Remedios, dormí un poco y el té que me dio parece que me curó completamente.

FELIPE: Y rápidamente también.

ADRIANA: ¡Mira, qué bonito! Es el amanecer.

FELIPE: Mmm, ¿quieres entrar?

ADRIANA: ¡Hola!

ZULAYA: Buenas tardes, señorita, ¿busca algo en especial?

ADRIANA: No, en realidad, no. Me llamó la atención el tejido (*weaving*) del amanecer y queríamos verlo.

Ahora elige la respuesta correcta, según el contexto. Discute tus respuestas con tu compañero/a.

1. Felipe cree que...
   a. Adriana se sienta mejor.
   b. Adriana se siente mejor.
2. Es obvio que el té de doña Remedios...
   a. puede curar todos los males.
   b. pueda curar todos los males.
3. Felipe no está seguro de que...
   a. el tejido sea bonito.
   b. el tejido es bonito.
4. Zulaya opina que Adriana...
   a. quiera comprar algo especial.
   b. quiere comprar algo especial.
5. No es seguro que Adriana...
   a. piensa comprar algo.
   b. piense comprar algo.
6. Está claro que a Adriana...
   a. le gusta el tejido del amanecer.
   b. le guste el tejido del amanecer.

D. Verdades y dudas. Escríbele un correo electrónico a tu prima, contándole las cosas que sabes y las dudas que tengas. Incluye diez ideas sobre la vida académica, social, familiar y profesional, utilizando las expresiones de duda, negación y certeza (*certainty*).

CULTURA

La historia del cacao

El cacao, una moneda valiosa

El cacao es una planta muy valiosa, originaria de los bosques húmedos de América. Su fruta es el ingrediente básico del chocolate. El árbol de cacao es de tamaño mediano, aunque puede alcanzar alturas hasta de 20 metros. Hoy día es cultivado en la zona comprendida entre los 20 grados de latitud norte y los 20 grados de latitud sur; es decir, en México, Centroamérica y el norte de Suramérica, especialmente Colombia.

Un señor cortando frutas de cacao en México.

Antes de la llegada de los españoles al Nuevo Mundo, los mayas y los aztecas usaban los granos de cacao como moneda para pagar impuestos y comprar alimentos o productos de lujo. Este intercambio fue muy importante para crear un comercio activo que ayudó al desarrollo de la agricultura, las artes y la arquitectura de estas civilizaciones.

Unos jóvenes españoles tomando churros con chocolate.

Como alimento, los reyes aztecas consumían el cacao sin azúcar y lo llamaban **xocoatl**. Lo que nosotros actualmente llamamos chocolate es en realidad una mezcla: pasta de cacao, leche, azúcar y vainilla.

 DISCUSIÓN EN GRUPOS

1. Según la lectura, ¿dónde se cultiva el cacao hoy en día?

2. ¿Qué grupos usaban los granos de cacao como moneda?

3. ¿Qué pagaban los mayas y los aztecas con los granos de cacao? ¿Qué compraban? ¿Por qué fue importante el intercambio de productos?

4. ¿Cómo consumían los reyes aztecas el cacao? ¿Qué productos que contienen cacao consumen ustedes regularmente? ¿Cuál es el producto preferido?

5. ¿Les gusta intercambiar productos entre ustedes? Por ejemplo, ¿discos compactos, ropa, equipo de deportes?

www Internet

POR INTERNET

Usa Internet para buscar información sobre la historia del cacao. Empieza tu búsqueda con la frase clave la **"historia del chocolate"**. Es importante que limites tu búsqueda a sitios en español. Lee dos de las páginas encontradas por tu buscador, y completa las siguientes frases para compartir en clase.

1. Hay información sobre la historia del chocolate/cacao en (*direcciones de los dos sitios que visitaste*).

2. Los grupos o individuos que mantienen estos sitios incluyen (*nombres de personas, compañías o instituciones*).

3. Me gustó más el (*primero, segundo, tercero*) de estos sitios porque...

4. Otro hecho interesante y nuevo para mí es (que)...

Comparte esta información con un/a compañero/a de clase.

VOCABULARIO 8B.2
Shopping in a Marketplace

■ Los mercados y el arte del regateo

De compras en el mercado al aire libre en Otavalo.

el pulgero =
flea market
(una pulga = flea)
regatear – to barter

bartering / buyer
crafts
to barter

street vendors / jewelry /
weavings / folk art /
discount

El **regateo**° es el arte de negociar un precio más bajo cuando un **comprador**° quiere comprar algo. En los mercados de **artesanías**° y en las tiendas pequeñas de España y América Latina todavía es usual **regatear**° por el precio. En los mercados de las ciudades pequeñas, como Otavalo, y cuando se compran productos de **vendedores ambulantes**°, como **joyas**°, ropa, **tejidos**° y **artesanías**°. También es costumbre pedir **rebaja**° en el precio.

Estas son algunas de las cosas que venden en los mercados.

Joyas

oro = gold

925 – silver mark

necklace

un collar de plata
con un pendiente de
turquesa

silver

unos aretes
de piedra
stone

earrings

ring

un anillo
de esmeralda

una pulsera
de cobre
copper

bracelet

un prendedor
de oro
brooch

Artesanías

small rug

un tapete
de lana
wool

un recipiente
de barro
clay

un juguete
de madera
wood

toy

un plato de Talavera
plate
blue + white tile (from Talavera in Mexico)

un tapiz
de algodón
textile

una
máscara
de jaguar

ACTIVIDADES

A. Un regateo. Escucha la conversación de un regateo entre una turista y un vendedor en un mercado hispano y contesta las preguntas.

1. ¿Qué busca la turista? ¿Para quién? *hermano menor, plata pulsar turquesa*
2. ¿Cuánto cuestan las joyas originalmente? *cinco dólares americanos*
3. ¿Cuánto dinero ofrece la turista después? *diez dólares por pulsar turquesa*
4. ¿Cómo contesta el vendedor? *no trece*
5. ¿Qué decide hacer la turista?
6. ¿Cómo responde el vendedor?
7. ¿Cuál es el último precio que paga la turista? *Doce dólares*
8. ¿Cuánto dinero ahorra en el regateo? ¿Fue una ganga? *tres dólares*

B. Comprando regalos. Estás de vacaciones y tienes que comprar regalos para las personas de la lista. Describe los regalos que vas a comprar para cada una de ellas y por qué.

1. tu hermano/a
2. tu mejor amigo
3. tu mejor amiga
4. tu novio/a
5. tu madre
6. tu padre
7. una prima de quince años
8. un niño de diez años

C. Regateando. Estás en el mercado comprando regalos, pero todos los vendedores te dan precios diferentes. Crea una conversación con un/a vendedor/a. Tú regateas para obtener el mejor precio. Trabaja en parejas.

ESTRUCTURA 8B.2
Talking About People and Things

■ Selected uses of the definite article

Look at the uses of the definite article in the postcard. When is it used? When is it omitted?

El volcán Chimborazo en las montañas de los Andes en el Ecuador.

Queridísimo Teo:

*Ya estoy en **el** Ecuador. **Las** montañas son magníficas y **los** nevados son hermosos. Sigo **la** misma rutina todos **los** días: A **las** seis de **la** mañana me levanto, me lavo **el** pelo con champú de hierbas naturales, me pongo **el** suéter de lana, desayuno y voy **al** trabajo. Estoy muy contenta trabajando con **el** doctor Curihual, **el** famoso arqueólogo.*

*¡Uso **el** español todos **los** días!*

*Te quiero con todo **el** corazón.*

Abrazos y besitos de tu novia,

Carolina

The definite article is used:

With parts of the body:

Me torcí **el** tobillo.	*I sprained my ankle.*
Me lavo **el** pelo con champú de hierbas naturales.	*I wash my hair with herbal shampoo.*

With clothing and other personal articles:

Elena se puso **el** reloj de plata y perlas.	*Elena put on her silver and pearl watch.*
Las muchachas se pusieron **el** traje de baño.	*The girls put on their bathing suits.*

Before abstract nouns and nouns used in a general sense:

El dinero es esencial en **la** vida.	*Money is essential in life.*
No me gusta **el** café.	*I do not like coffee.*

With the time of day, days of the week, and to indicate *on*:

Son **las** nueve de la noche.	*It's nine P.M.*
Los Burgos salen **el** domingo.	*The Burgos are leaving on Sunday.*

When referring to or talking about people who have titles, except for **don/doña***:

La doctora Orozco es de Texas.	*Doctor Orozco is from Texas.*
Doña Delia es encantadora.	*Doña Delia is charming.*
El presidente tiene muchas responsabilidades.	*The President has many responsibilities.*

With the names of languages, except when they follow **de, en**, or forms of **hablar**. It's generally omitted after **practicar, estudiar, aprender, enseñar, leer,** and **entender.**

—Para el año 2050, **el** español va a ser la lengua extranjera más hablada de los Estados Unidos.	—*By the year 2050, Spanish will be the most widely spoken world language in the United States.*
—¿Sabes hablar italiano?	—*Do you know how to speak Italian?*
—Solamente sé hablar japonés y francés.	—*I know only how to speak Japanese and French.*
—Mi profesora de italiano es muy buena. Debes estudiar con ella.	—*My Italian professor is very good. You should study with her.*

With certain countries or states**:

la Argentina	**la** India
el Brasil	**el** Japón
el Canadá	**el** Paraguay
el Ecuador	**el** Perú
los Estados Unidos	**la** República Dominicana
la Florida	**el** Uruguay

---

*Do not use a definite article when addressing someone directly: **Doctor Orozco, ¿de dónde es usted?**

**In daily life, the use of the article varies with many of these countries.

ACTIVIDADES

A. ¿Cómo se dice?   Escribe la forma correcta del artículo, si es necesario.

1. ¿Qué champú usas cuando te lavas _____ pelo? ¿Y qué jabón usas cuando te lavas _____ cara?
2. En el accidente, ¿te rompiste _____ brazo izquierdo o _____ rodilla derecha?
3. _____ japonés es una lengua muy bonita; también me encanta _____ español.
4. _____ amor y _____ verdad son cosas importantes en la vida. _____ dinero es menos importante.
5. Sandra se probó _____ camiseta nueva y _____ pantalones de lana.
6. ___El___ profesor Márquez enseña más clases que ___la___ profesora Benítez.
7. Debes lavarte _____ dientes después de cada comida.
8. Fuimos al cine _____ viernes a _____ diez de la noche.
9. Yo no estudio _____ inglés; me gustan más _____ español y _____ francés.
10. ___La___ amistad es un elemento necesario en la vida.

B. Preguntas personales.   Contesta las preguntas.

1. ¿Qué es más importante para ti: el dinero, la amistad, la salud o el amor? ¿Por qué?
2. ¿Qué deporte te gusta más: el fútbol, la natación o el tenis? ¿Por qué?
3. ¿Qué haces los fines de semana? ¿Practicas deportes? ¿Estudias español? ¿Sales con tus amigos?
4. ¿A qué hora te levantas los sábados? ¿los lunes? ¿durante las vacaciones del verano?
5. ¿Qué país te parece más interesante: la Argentina, el Ecuador o la República Dominicana? ¿Por qué?

C. Composición.   Escribe un párrafo sobre tus preferencias personales en joyas, ropa y diversiones. Presta atención especial al uso de los artículos. Después, pregunta a un/a compañero/a cuáles son sus preferencias personales. Usa los artículos cuando sea necesario.

VIDEODRAMA 8B ¿Qué plan secreto tiene Zulaya?

Preparémonos

A. En el último episodio... Trabajen en parejas. Repasen las escenas del *Videodrama 8A* y elijan al personaje que corresponde a cada descripción.

1. Lleva a Adriana a una curandera.
2. No se siente bien.
3. Habla con su amigo Mario.
4. Le dice a Adriana que su intelecto y su corazón están en lucha.
5. Está buscando a Zulaya.

a. Adriana
b. Felipe
c. Zulaya
d. Gafasnegras
e. Doña Remedios

Answers: 1. b; 2. a; 3. c; 4. e; 5. d

B. Somos detectives. En grupos de tres, hablen sobre las siguientes preguntas: ¿Por qué parece Gafasnegras tan feliz? ¿Ya tiene ella Yax-Balam? ¿Dónde están Adriana y Felipe? Al final, expresen sus opiniones sobre lo que piensan que va a pasar.

Resumen del video

Adriana and Felipe are strolling through Otavalo and spot a tapestry with a beautiful sunrise. Remembering what doña Remedios told her, Adriana convinces Felipe to enter the store which just happens to belong to Zulaya. As they browse, Adriana is surprised to see a copy of Nayeli's book on the counter. Zulaya asks Adriana what she knows about the jaguar twins and Adriana recounts their history and the important role that they play in their lives. Felipe spots danger outside and tells Adriana that they must leave. Zulaya gives them an embroidered bag and escorts them out the side door. Gafasnegras enters the store brusquely. Zulaya gives her an identical bag, and hurries her out of the store. Moments later, Adriana, Felipe, and Gafasnegras open their bags to discover what is inside.

Miremos y escuchemos

C. Mis observaciones. Mientras miras el episodio, escribe tus observaciones sobre Adriana. ¿Qué objetos o cosas le afectan más en este episodio y le hacen reflexionar sobre los jaguares? ¿Con quién está cuando ve estas cosas y cómo actúa? ¿Qué revelan sus acciones y reacciones sobre su personalidad?

Videonota cultural

Los tejidos. En muchas regiones andinas de América Latina, se usa la lana de las llamas y alpacas para tejer ropa y alfombras que después se venden en los mercados. Para teñir la lana de diferentes colores se usan tintes naturales extraídos de varios tipos de plantas. La tradición del tejido pasa de generación en generación en varias comunidades indígenas del Ecuador.

Comentemos

D. Comprensión. En grupos, contesten las siguientes preguntas.

1. ¿Dónde están Felipe y Adriana? ¿Cómo están? *Otavalo, Ecuador* *estan buenos*
2. ¿Cómo se siente Adriana? ¿Qué le dio doña Remedios para curarla?
3. ¿Qué están mirando Adriana y Felipe? Descríbelo.
4. ¿De quién es la tienda? ¿Qué ropa lleva esta persona? ¿Qué dice Adriana que quiere ver? *lleva la ropa indígena* *nada de particular*
5. ¿Qué libro ve Adriana en la tienda? ¿Es una coincidencia? ¿Qué le fascina a Zulaya? *A ve el libro que Nayli escribió. no, no es una coincidencia*
6. ¿Cómo termina el libro y cuál es la fecha importante para reunir a los dos gemelos en México? ¿Por qué?
7. ¿Qué les da Zulaya a Adriana y Felipe? *les da una bolsa.*
8. ¿Por cuál puerta salen Adriana y Felipe? ¿Por qué?
9. ¿Ve Gafasnegras a Adriana y Felipe? ¿Qué le da Zulaya a Gafasnegras? ¿Qué esconde Zulaya? *no* *una bolsa*
10. ¿Por qué están corriendo Adriana y Felipe? ¿Qué hay dentro del paquete que tiene Adriana? *Yax Balam*
11. ¿De qué está segura Adriana? ¿Qué siente Adriana al tocar el jaguar? ¿Qué hacen Adriana y Felipe con Yax-Balam? ¿Les trae Yax-Balam buena o mala suerte? ¿Se ríe mucho o poco Adriana?
12. ¿Qué encuentra Gafasnegras en su paquete? ¿Dónde está ella? ¿Qué dice sobre la suerte en ese momento? *una piedra* *En su coche*

E. El plan secreto de Zulaya. Resume el plan secreto de Zulaya para devolver a Yax-Balam a México. ¿Con quién habla Zulaya? ¿Qué hace con el jaguar para protegerlo? ¿Qué características personales tiene Zulaya? ¿Qué opinión tienes de ella?

F. Puedo sentir la magia. En este episodio, Adriana siente la magia del jaguar. ¿Qué objeto, libro, tejido o cosa que tú conozcas te da la sensación de magia? ¿Qué es? ¿Cómo es? Por ejemplo, algo de una persona muy especial, de un lugar romántico, de tu familia, de un/a amigo/a, de un viaje inolvidable, una foto especial. Conversen en parejas.

G. Filosofía de la vida. ¿A qué se refiere Gafasnegras al final del episodio cuando dice "El que ríe de último, ¡ríe mejor!" ¿Crees que tiene razón? Explica tus ideas. Habla con un/a compañero/a.

El Cono Sur

LECTURA

Prelectura

In this chapter, you will read about Argentina, Chile, Paraguay, and Uruguay. These four countries are usually called the **Cono Sur,** the Southern Cone, because of their location.

A. Tanto como. Crea comparaciones basándote en los datos que se describen a continuación.

MODELO En América del Sur y América del Norte hay grandes cordilleras.
Tanto en América del Sur como en América del Norte hay grandes cordilleras.

1. En América del Norte hay volcanes y en América Central también.
2. Colombia y Venezuela tienen costas en el mar Caribe.
3. En Chile y la Argentina hay montañas altísimas.
4. En el Uruguay y el Paraguay hay estaciones de invierno y de verano.
5. Buenos Aires y Bogotá son ciudades muy grandes.
6. Chile y la Argentina están en el Cono Sur.

Los países del Cono Sur

Argentina

La Argentina tiene casi 36 millones de habitantes. Casi 8 millones viven en Buenos Aires, la capital, que está situada en la cuenca° del gran río de la Plata. El Aconcagua es la montaña más alta del hemisferio (6.959 m) y en sus valles se cultivan uvas° y se fabrica vino de gran

Buenos Aires al atardecer.

calidad. En las llanuras de las Pampas se cultivan cereales y se cría ganado° para la exportación de carne de excelente calidad. El **churrasco°** argentino es conocido en todo el mundo. La meseta° de la Patagonia, de clima seco y ventoso°, desciende hacia la costa, donde hay importantes reservas de petróleo. Argentina comparte con Bolivia y Paraguay la región subtropical del Chaco. Con Chile comparte la Isla Grande, en la Tierra del Fuego. La Argentina considera propias las Islas Malvinas°. El idioma oficial del país es el español, pero también se hablan el arauaco, el guaraní y el quechua.

basin

grapes

cattle / Argentinian beef dish (barbecue) / plain
windy

Falkland Islands

Chile

La República de Chile tiene 15 millones de habitantes; 5 millones viven en su capital, Santiago. El país es una estrecha faja° de tierra en el suroeste de América del Sur, entre el Océano Pacífico y los Andes, donde las montañas llegan a más de 6 mil metros de altura. Al norte está el Atacama, uno de los desiertos más secos del mundo. El país tiene muchas islas, entre ellas, la extraordinaria Isla de Pascua, donde se encuentran enormes cabezas de piedra. Chile produce gran cantidad de pescado, frutas y vinos; es un importante exportador de cobre, y tiene extensas reservas de petróleo y salitre°. Puerto Montt en Chile y Mendoza en la Argentina son dos importantes sitios para deportes de invierno. El español es el idioma oficial del país y se hablan también mapuche, quechua y aimará.

narrow strip

salt residue

Santiago, la capital de Chile.

Paraguay

En la República del Paraguay hay 5 millones de habitantes. De ellos, más de un millón viven en el área metropolitana de la capital, Asunción; el resto de la población vive en los fértiles valles del Oriente. El país no es montañoso ni tiene costas, pero sus ríos Paraná y Paraguay le dan salida al mar. Al occidente está la fértil llanura del Chaco que comparte con Argentina. Los lagos paraguayos son famosos por su belleza, en especial el lago Ypacaraí, un gran atractivo turístico. Paraguay es el mayor exportador de energía eléctrica en América Latina y posee la central hidroeléctrica más potente del mundo en la represa° de Itaipú. Es también un gran productor de soya y de algodón. Sus productos de cuero° son de excelente calidad. El español y el guaraní son sus idiomas oficiales.

Plaza de los Héroes, Asunción, Paraguay.

dam
leather

Uruguay

En la República del Uruguay viven más de 3 millones de personas y casi la mitad de ellas residen en Montevideo, la capital. Uruguay es un país pequeño y sólo Surinam es menor que él. No hay montañas, solamente existen las cuchillas, que son ondulaciones° entre 200 y 500 metros de altura. Su clima es templado y sus playas tienen un gran atractivo

rolling hills

turístico durante el verano, en especial el balneario° de Punta del Este. El estuario° del río de la Plata y el litoral° atlántico son las zonas geográficas más importantes del país. Uruguay es un país casi solamente de inmigrantes. La hermosa ciudad de Colonia Sacramento, representa la herencia arquitectónica de origen español y portugués. El país produce textiles de alta calidad, lanas, cueros y cereales. El idioma oficial del país es el español. ■

resort, spa
estuary / coast

Plaza Artigas, Montevideo, Uruguay.

Postlectura

B. ¿Verdadero o falso? Trabajen en grupos. Las siguientes oraciones describen algo sobre un país. Señalen cuáles oraciones son verdaderas y cuáles son falsas. Expliquen la razón.

1. En la Patagonia hay hermosas playas turísticas.
2. Paraguay no tiene problemas de energía eléctrica.
3. Argentina tiene tantos habitantes como Chile.
4. El río Paraná le da salida al mar a Uruguay.
5. El quechua se habla tanto en Argentina como en Chile.
6. Argentina y Paraguay comparten la región del Chaco.
7. Uruguay es un país tan grande como Chile.
8. La montaña más alta de Suramérica está en Venezuela.
9. En Puerto Montt se puede esquiar en julio y agosto.

C. Geografía del Cono Sur. Trabajen en grupos y contesten las siguientes preguntas sobre la lectura.

1. Da una característica de cada una de las capitales de los cuatro países mencionados.
2. ¿Dónde está el lago Ypacaraí?
3. Compara el clima de las regiones del Chaco y de las Pampas.
4. ¿Cuál es la cumbre más alta del hemisferio?
5. ¿Cuál es la capital más grande del Cono Sur?
6. ¿Cuáles son los idiomas oficiales de Paraguay?
7. ¿Qué es el Atacama? ¿Dónde está?
8. Según Argentina, ¿a qué país pertenecen las Islas Malvinas?
9. ¿Sabes qué otro nombre tienen las Islas Malvinas? ¿Por qué?

D. Comparemos. Escribe datos importantes sobre los países del Cono Sur. Menciona capital, lengua oficial, montañas, valles, población y productos importantes.

E. Mis regiones favoritas. Trabajen en grupos de dos o tres personas. Comparen dos regiones de los Estados Unidos y preséntenle la comparación a la clase.

Hablemos

A. Consejos. Tu mejor amigo/a asiste a otra universidad y tiene muchos problemas allí. Te llama por teléfono para pedirte consejos. En parejas, hagan el papel de los amigos.

B. Medicina tradicional y moderna. En parejas, hagan el papel de un/a médico/a moderno/a y la curandera del video. Discutan el mejor tratamiento para curar a Adriana de una gripe muy fuerte con fiebre y tos.

Investiguemos por Internet

INTERNET STRATEGY: Formulating a Query

In addition to using strategies such as quotation marks, caps, and the + sign, (See "Refining your Internet Searches," page 303), some English language browsers allow you to phrase an Internet search as a question. For example: Where can I find a map of Argentina? Who is Pablo Neruda? Where can I find information on drug addiction? Remember to choose Spanish in the language box in order to receive a list of sites in that language only.

C. Problemas contemporáneos. Usa las estrategias que sabes para formular una búsqueda en Internet sobre la **drogadicción** o sobre el **alcoholismo**. Después de mirar 3 páginas, escoge la que más te guste, y escribe un párrafo con la información que contiene. En clase, comparte tu párrafo con un/a compañero/a que tenga una página diferente a la tuya. ¿Cuáles son las semejanzas (*similarities*) o diferencias entre las dos páginas? Preparen una presentación de las conclusiones para la clase. Usen la estrategia de la sección *Escribamos* para preparar la presentación.

Cibervocabulario

la consulta	*query*
formular una consulta /una búsqueda	*to formulate a query*

Escribamos

WRITING STRATEGY: Using Visual Organizers (Venn Diagrams)

One way to organize your ideas visually when comparing or contrasting two or more items is by creating a Venn Diagram. Begin by listing the things that are unique to the items in the outer rings of the circle. Then list the things that the items have in common in the center, where the circles overlap. Below is a sample of a Venn Diagram that has been done to compare a shopping center (**Tienda B**) with an Hispanic market place (**Tienda A**).

Workshop

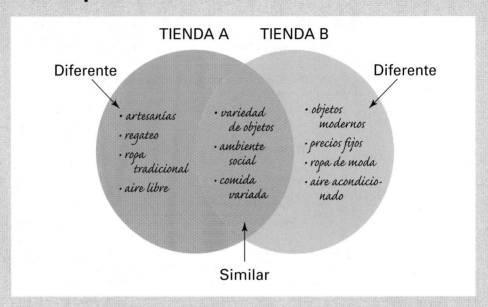

TIENDA A   TIENDA B

Diferente   Diferente

- artesanías
- regateo
- ropa
  tradicional
- aire libre

- variedad
  de objetos
- ambiente
  social
- comida
  variada

- objetos
  modernos
- precios fijos
- ropa de moda
- aire acondicio-
  nado

Similar

Strategy in action

For additional practice with the strategy of using visual organizers, turn to *Escribamos* in your Activities Manual.

D. Combatiendo el estrés.   Compara diferentes métodos para combatir el estrés. Después escribe un cartel para el centro de salud de tu universidad.

E. Personajes.   Haz una comparación entre Zulaya y Gafasnegras usando un diagrama de Venn. Después escribe una composición comparando a las dos personas.

El Parque Nacional Braulio Carrillo de Costa Rica tiene una catarata impresionante.

	Lección 9A La cocina sana	Lección 9B El medio ambiente
Vocabulario	Healthy foods • Nutrition • Kitchen items • Setting the table • Cooking	Animals • The environment
Estructura	Present subjunctive with adjective clauses • Familiar (**tú**) commands	Present subjunctive with adverbial clauses • Present perfect tenses
Cultura	Utensilios tradicionales	El Yunque, esplendor ecológico de Puerto Rico
Lectura	Comidas ideales	Ecología en Centroamérica
Videodrama *¿Tiene Armando la solución?*	Felipe and Adriana, happily reunite with Nayeli in Costa Rica. • They meet doña Carmen, Nayeli's beloved godmother. • The jaguar twins are reunited.	Adriana confesses some misgivings and doubts to Felipe about doña Carmen. • At doña Carmen's ranch, a social evening ends unexpectedly.

Lección 9A La cocina sana

VOCABULARIO 9A.1
Talking About Healthy Foods and Nutrition

A La pirámide de la alimentación *(The Food Pyramid)*

to keep ourselves / healthy
shows
foods
quantity / upper

Mantener una **dieta** balanceada es importante para **conservarnos°** **sanos°**. La pirámide de la alimentación nos **muestra°** los productos recomendados en cada grupo de **alimentos°**. En la base de la pirámide están los alimentos que debemos **consumir** en mayor **cantidad°** y en la parte **superior°** están los alimentos que solamente debemos consumir en cantidades mínimas.

mostrar (ue)
to show

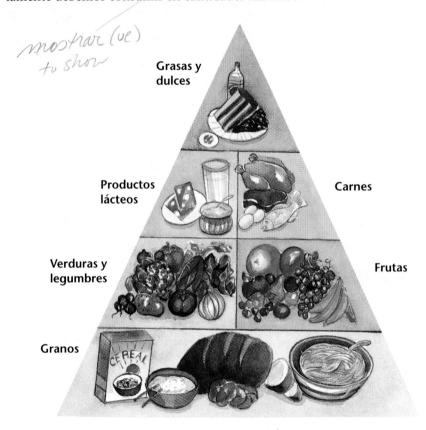

Grasas y dulces

Productos lácteos

Carnes

Verduras y legumbres

Frutas

Granos

B Las porciones

-er

level
maintains

mantener

pregnant / nutritious

El número recomendado de **porciones** depende de cuántas **calorías** necesite la persona **diariamente**. Las calorías **dependen**, a su vez, del **nivel°** de actividad que **mantenga°** la persona, de su edad, de su sexo y de sus circunstancias. Por ejemplo, una persona muy **sedentaria** necesita menos calorías que una persona **activa**, las personas jóvenes consumen, por lo general, más calorías que las personas ancianas y las mujeres **embarazadas°** deben mantener una dieta **nutritiva°** con mucho calcio. Las personas que sufren de alergias o de alguna insuficiencia **física** pueden necesitar dietas especiales.

◑ACTIVIDADES

A. Categorías. Trabajen en parejas. Pongan las comidas del dibujo en el grupo de alimentos que les corresponde en la pirámide. Algunas comidas pueden pertenecer a más de un grupo.

B. ¿Comes una dieta balanceada? Haz una lista de lo que comiste ayer. Compárala con la de una pareja. Hablen de lo que necesitan hacer para mantener una dieta balanceada.

C. Encuesta. Hazles una encuesta a tres compañeros/as sobre sus hábitos alimenticios (*eating habits*). Después, clasifica cada uno de estos alimentos en el sitio que le corresponde en la pirámide. Haz un resumen de la información que conseguiste y preséntaselo a la clase.

1. ¿Qué bebes cuando tienes sed? ¿Cuál es tu bebida favorita?
2. ¿Bebes alcohol? ¿Cuántas veces por semana? ¿Cuándo?
3. ¿Cuál es la fruta que más te gusta? ¿Cuál es la fruta que menos te gusta? ¿Por qué?
4. ¿Cuál es la verdura que más te gusta? ¿Cuál es la verdura que menos te gusta? ¿Por qué?
5. ¿Cuál es tu comida favorita? ¿Por qué?
6. ¿Cuál es la comida que menos te gusta? ¿Por qué?
7. ¿Cuántos vasos de agua tomas al día?
8. ¿Qué comes cuando tienes hambre entre las comidas?

D. Planeando el menú.   Tienes que planear la comida de una semana para la cafetería de tu universidad. Planea un menú balanceado para todos los días.

Menú diario				
lunes	martes	miércoles	jueves	viernes

E. Para todas las edades.   ¿Cómo cambiarías (*would you change*) el menú de la actividad anterior para niños de siete a nueve años? ¿Para personas mayores? ¿Para personas con problemas cardíacos?

ESTRUCTURA   9A.1
Talking about the Unknown

■ The subjunctive with adjective clauses

Dilema

Mi mamá siempre prepara alimentos que **son** nutritivos y buenos para mí.

¡Prefiero ir a un restaurante que **sirva** hamburguesas, papas fritas, refrescos y helado!

When the subordinate clause refers to an indefinite, non-existent, or unknown person or thing, the subjunctive mood is used.

Necesitamos a alguien que **sepa** preparar comida mexicana.	*We need someone who knows how to prepare Mexican food.*
No hay nadie que **tenga** el cuerpo perfecto.	*There is not anyone who has a perfect body.*

When talking about a specific or existent person or thing, the indicative mood is used.

Yo sigo la dieta *Buena Salud,* que **me gusta** mucho.

I'm following the Good Health *diet, which I like a lot.*

Necesito al cardiólogo que **atiende** pacientes a domicilio. Se llama el Dr. Hidalgo.

I need the cardiologist who makes home visits. His name is Dr. Hidalgo.

⬦ACTIVIDADES

A. Gustos y preferencias. Completa las preguntas con el presente del subjuntivo de los verbos entre paréntesis. Luego, contesta las preguntas con un/a compañero/a.

1. ¿Quieres una dieta que _____ (contener) comidas deliciosas?
2. ¿Prefieres alimentos que no _necesiten_ (necesitar) mucha preparación?
3. ¿Buscas verduras que no _tengan_ (tener) residuos tóxicos?
4. ¿Necesitas una dieta que _sea_ (ser) baja en grasas?
5. ¿Buscas restaurantes que _sirvan_ (servir) platos económicos y nutritivos?
6. ¿Sólo comes platos que te _gusten_ (gustar) mucho?

B. Cambios necesarios. A veces hay cosas que queremos cambiar en nuestras vidas. Usa el verbo **tener** o **conocer** para explicar lo que tienes y verbos como **querer, necesitar** y **buscar** para explicar lo que necesitas. Trabaja con un/a compañero/a. Sigan el modelo.

MODELO un/a profesora
Tengo una profesora que enseña español pero necesito una profesora que enseñe portugués.

1. un/a profesor/a
2. un/a dentista
3. un restaurante
4. una computadora
5. un/a médico/a
6. una película
7. una dieta
8. un/a presidente/a
9. un coche

C. Un/a compañero/a ideal. Necesitas buscar un/a compañero/a de cuarto. ¿Cuáles son las cualidades más importantes? ¿Cuáles son las cualidades menos importantes? Pon estas cualidades en orden de importancia. Luego, trabaja con una pareja para hablar de las tres cosas más importantes y las tres cosas menos importantes. Sigue el modelo.

MODELO —*Busco un/a compañero/a que me trate bien.*
—*No quiero un/a compañero/a que fume.*

_____ (no) limpiar su cuarto
_____ (no) fumar
_____ (no) tocar la música a todas horas
_____ ser cortés
_____ pagar las cuentas a tiempo

_____ tener computadora
_____ tratarme bien
_____ (no) estudiar mucho
_____ (no) hacer mucho ruido
_____ (no) tener mascotas

D. Un apartamento ideal. Necesitas buscar un apartamento nuevo. Decides escribir un anuncio clasificado en el periódico. Escribe un anuncio que describa tu apartamento ideal. Comienza tu anuncio con esta frase: "Se busca apartamento que..."

E. Un sueño posible. Acabas de ganar la lotería y tienes muchísimo dinero. ¿Qué quieres de la vida? Escribe un párrafo sobre tus preferencias y tus sueños.

VOCABULARIO 9A.2
Talking about the Kitchen and Setting the Table

■ La cocina

1. el congelador	9. la cafetera
2. el/la refrigerador/a	10. el lavaplatos
3. el gabinete	11. el procesador de comidas
4. la batidora	12. el microondas, micro
5. la tostadora	13. el/la sartén
6. la licuadora	14. la estufa
7. el fregadero	15. el horno
8. la olla	

Pepito pone la mesa

el cuchillo
la copa
el vaso
la taza
el platillo
la sal
la pimienta
la cuchara
la servilleta
el tenedor
la cucharita
el plato

el mantel
tablecloth

⟨⟩ACTIVIDADES

A. El lugar perfecto. Identifica dónde se ponen estas cosas.

1. El pan se pone en _____ .
2. La sopa de pollo se prepara en _____ .
3. La comida se calienta rápidamente en _____ .
4. Los platos sucios se ponen en _____ .
5. El café se prepara en _____ .
6. Los platos se guardan en _____ .
7. La comida se cocina en _____ .
8. El helado se guarda en _____ .

B. ¿Para qué se usa? ¿Qué comidas se pueden preparar con estos utensilios?

1. el asador
2. el horno
3. el microondas
4. la batidora
5. el procesador de comida
6. el/la sartén
7. la olla
8. la licuadora

C. ¡Ay, Pepito! Pepito necesita tu ayuda para poner las mesas en el restaurante de sus padres. En la tabla que sigue, escribe las cosas que debe poner en la mesa y el sitio de cada una.

a la izquierda	en el centro	a la derecha	delante de / detrás de

D. Te toca a ti. Con la información que le diste a Pepito en la **Actividad C**, dibuja (*draw*) cómo debe quedar la mesa modelo en el restaurante. Escribe el nombre de cada cosa. Trabaja con un/a compañero/a.

VOCABULARIO   9A.3
Cooking Favorite Foods

■ El pozole

El pozole es una sopa tradicional de México. La palabra pozole viene del idioma náhuatl y quiere decir "espuma" (*foam, froth*). Este plato se prepara con un maíz grande y suave que en inglés se llama "hominy". El maíz se cocina hasta que se abre como una flor y forma "espuma". Hay muchas variaciones del pozole y cada región tiene su **receta** (*recipe*) distinta. Aquí está la receta del pozole que prepara una señora de Saltillo, México.

El pozole mexicano.

INGREDIENTES	
2 **cucharaditas**° de aceite de oliva°	*teaspoonfuls / olive oil*
1 **taza**° de cebolla **picada**°	*cup / chopped onion*
4 dientes de ajo° (picados)	*cloves of garlic*
6 tazas de agua	
1 **cucharada**° de orégano seco°	*tablespoonful / dry*
2 cucharadas de comino° molido°	*cumin / ground*
1 chile poblano*, **asado**°, pelado°, sin semillas° y picado	*roasted / peeled / seeds*
1 chile serrano*, picado y sin semillas	
3/4 de **libra**° de carne de puerco cocida y deshebrada°	*pound* *shredded*
1 pollo, **cortado**°	*cut*
2 libras de maíz° escurrido°	*corn (hominy) / drained*
ADEREZO°	***Dressing***
1 taza de lechuga o repollo° rallado°	*cabbage / grated*
1 taza de rábanos° en **rebanadas**°	*radishes / slices*
1 aguacate en rebanadas	
1 cebolla picada	
12 **tostadas fritas**°	*fried corn tortillas*
orégano	
trozos° de limón fresco°	*pieces / fresh*
PROCEDIMIENTO°	***Procedure***
En una olla grande, **caliente**° el aceite y **fría**° la cebolla hasta que esté **blanda**°.	*heat, sauté* *soft*
Añada° el pollo y **fríalo**°.	*Add / fry it*
Añada 6 tazas de agua, el orégano, el comino y los chiles.	
Cocine° por cuarenta y cinco minutos a fuego lento° sin dejarlo **hervir**°.	*Cook / low* *boil*
Añada el puerco y el maíz y **mézclelos**° bien.	*mix them*
Cocine por media hora.	
Sírvalo caliente con los aderezos.	
Tiempo de preparación, hora y media	

* These types of peppers are specific to Mexican cooking and can often be found in grocery stores or specialty stores.

ACTIVIDADES

A. La cocina española. Escucha la receta para preparar una tortilla española. Completa la tarjeta de la receta con la información que falta.

Tortilla española

Tortilla española

Ingredientes
* 2 libras de _papas_
* 5 o 6 _huevos_
* 2 _cebollas_ medianas
* 1 _taza_ de aceite de oliva
* un poco de _sal_

Tortilla española

Preparación
La preparación de la tortilla es fácil. Primero, corte las _papas_ en rebanadas finas. En una _sartén_ ponga el aceite y cuando esté caliente, añada las papas, la cebolla y la sal. Mientras tanto, bata los huevos en un _plato_ hondo. Cuando las papas y la cebolla estén _blandas_, añádalas a los huevos batidos. Ponga un poco de aceite en la sartén, y cuando esté _caliente_, ponga a freír la mezcla de huevos, papas y cebollas. Cuando esté bien _cocida_ (cooked), déle la vuelta para _freírla_ por el otro lado.

B. Preguntas. Contesta las preguntas.

1. ¿Conoces el pozole? ¿Conoces otra sopa mexicana o una sopa de otro país?
2. ¿Qué ingredientes del pozole conoces? ¿Cuáles son nuevos para ti?
3. ¿Sabes cocinar? ¿Te gusta? ¿Por qué?
4. ¿Quién cocina en tu casa? ¿Cocina bien esa persona?
5. ¿Cuál es tu receta favorita?
6. ¿Cuáles son los platos tradicionales de tu región o país?

C. El gran cocinero. Tu hermano menor te pregunta cómo preparar las siguientes cosas. Dile qué ingredientes tiene cada comida y cómo se hace.

1. huevos fritos
2. hamburguesas
3. ensalada
4. omelette
5. sandwich de jamón y queso

D. Tu receta favorita. Escoge tu receta favorita entre las que se preparan regularmente en tu casa, y preséntasela a la clase.

ESTRUCTURA 9A.2
Making Requests and Giving Orders

A Familiar *tú* commands

Huevo frito al gusto

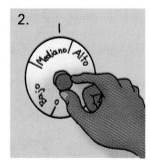

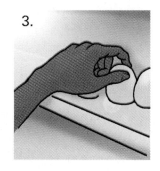

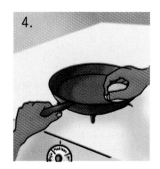

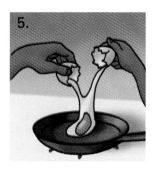

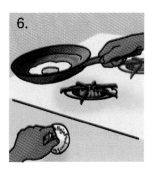

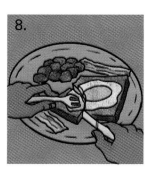

Put	1. **Pon°** a calentar la sartén con un poco de aceite.
Don't put	2. No le **pongas°** una temperatura muy alta.
Take out	3. **Saca°** el huevo del refrigerador.
Take it / break it	4. **Tómalo°** y **pártelo°** en dos.
Let it	5. **Déjalo°** caer con cuidado en la sartén.
Wait / Turn off / take off	6. **Espera°** unos minutos hasta que esté listo. **Apaga°** la estufa y **quita°** la sartén del fuego.
Put it / put on it	7. **Ponlo°** sobre una rebanada de pan y **échale°** sal y pimienta al gusto.
Eat it / bacon	8. **Cómetelo°** con tocino° y papas.

In *Capítulo 6*, you learned the formation and uses of the formal **Ud./Uds.** commands. Look at the **tú** commands in these instructions. Do you recognize some of the forms? Which forms are new? Where are the pronouns placed in the affirmative and the negative commands?

B The *tú* affirmative commands

To form the *affirmative familiar* command for **tú**, use the third person singular of the present tense. All verbs with irregular third person singular forms will have an irregular command. Review the formation of the present tense on pages 44, 73, and 104.

Verb	tú affirmative command	Verb	tú affirmative command
tú affirmative commands			
cantar	canta	entender (ie)	entiende
beber	bebe	pedir (i)	pide
escribir	escribe	oír	oye
recordar (ue)	recuerda	leer	lee

The following verbs have irregular forms for the **tú** affirmative commands:

Verb	tú affirmative command	Verb	tú affirmative command
tú affirmative irregular commands			
decir	di	salir	sal
hacer	haz	ser	sé
ir	ve	tener	ten
poner	pon	venir	ven

Direct and indirect object pronouns and reflexive pronouns are attached to the end of affirmative commands. In this case, written accents may be needed if the stress falls on the third or fourth syllable from the end of the word.

¡**Danos** la receta, por favor!	*Give us the recipe, please!*
¡**Dánosla**, por favor!	*Give it to us, please!*
¡**Lávate** las manos antes de comer!	*Wash your hands before eating!*

C The *tú* negative commands

The *negative familiar* commands for **tú** are the same as the present subjunctive forms of **tú**, which you learned in *Capítulo 8*. Review these forms on page 312.

Verb	tú negative command	Verb	tú negative command
tú negative commands			
cantar	no cantes	oír	no oigas
beber	no bebas	ir	no vayas
escribir	no escribas	ser	no seas
recordar (ue)	no recuerdes	poner	no pongas
entender (ie)	no entiendas	conducir	no conduzcas
pedir (i)	no pidas	ver	no veas

Direct, indirect objects, and reflexive pronouns precede the verb in all negative commands.

No **nos** sirvas la cena todavía.   *Don't serve us dinner yet.*
No **nos la** sirvas todavía.   *Don't serve it to us yet.*
No **te** vayas para la escuela sin   *Don't leave for school without eating*
    desayunar.   *breakfast.*

The subject pronoun **tú** is only used for emphasis. It follows the command form.

Cocina tú, Marina, hoy te toca a ti.   *You cook, Marina, it's your turn today.*

◊ACTIVIDADES

A. **¡Los próximos cincuenta años!**   Dale consejos a otro/a amigo/a de tu misma edad para tener una vida sana. Sigue el modelo.

    MODELO _____ (comer) mucho pescado.
                 Come mucho pescado.

1. *no comas* (no comer) mucha carne roja.
2. *Cambia* (cambiar) la rutina.
3. *Sale* (salir) de casa y *camina* (caminar) todos los días.
4. *Haz* (hacer) ejercicios en el gimnasio con un/a amigo/a.
5. *Escucha* (escuchar) música y *lee* (leer) revistas en tu sillón favorito.
6. *Come* (comer) ensalada y *no bebas* (no beber) mucho alcohol.
7. *lee* (leer) el periódico en el patio.
8. *Prepara* (preparar) una bebida de frutas en el procesador.

B. **Instrucciones.**   Imagina que acabas de comprar un horno microondas. Haz una lista de instrucciones para usarlo ordenando los verbos de la lista y usando el mandato informal (**tú**).

esperar el tiempo necesario   poner la comida en el horno
abrir la puerta otra vez   cerrar la puerta
poner el control en nivel I, II o III   seleccionar el tiempo
sacar la comida   abrir la puerta

C. Por favor, Nayeli.   En este episodio, Nayeli le cuenta a doña Carmen sus sospechas sobre Armando. Doña Carmen piensa que toda la historia es una tontería (*foolishness*). Imagina que eres doña Carmen y le dices a Nayeli qué debe hacer. Completa el diálogo con mandatos informales (**tú**).

1. No, Nayeli, no *creas* (creer) en esas cosas.
2. Nayeli, no *me digas* (decirme) nada hoy. *Cuéntame* (Contarme) todo mañana.
3. Por favor, no *piense* (pensar) tonterías.
4. Nayeli, *duerme* (dormir) un rato y *descansa* (descansar).
5. Por favor, *controla* (controlar) tu imaginación.
6. Nayeli, *descansa* (descansar), *lee* (leer), *haz* (hacer) lo que quieras, pero por favor, no *inventes* (inventar) villanos.

D. **Oye, amigo/a.**   Escribe diez consejos para pasarlo bien en la casa, en la escuela y en tu grupo social. Léeselos a tus compañeros/as de clase y compara las ideas.

CULTURA

Latinoamérica y España

Utensilios tradicionales

La olla de barro

En muchos países hispanos, los frijoles, los garbanzos y las sopas de varios tipos se hacían y se servían tradicionalmente en ollas de barro. Todavía se hace así en muchas partes.

Una olla de barro.

La piedra de moler

La piedra de moler es un mortero grande que se usa para triturar los alimentos antes de preparar las comidas. Esta piedra existe en muchas versiones en diferentes países de América y se usa para triturar el maíz, las hierbas u otros alimentos. En México existen dos tipos de morteros: el **molcajete** para las salsas y las hierbas y el **metate** para el maíz.

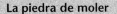

Preparando el chocolate con un molinillo.

El molinillo

Para batir bien el chocolate se usa en muchas partes un palito de madera con una bolita dentada en un extremo. En México se llama **molinillo**, en Colombia se llama **bolinillo**.

La paila

La paila puede ser de muchas formas y materiales. La paila mexicana se llama **comal**; es un disco grande y plano, de barro o de metal. La **paellera** española es una paila grande y poco honda, muy práctica para cocinar y servir la paella.

Una paella española.

DISCUSIÓN EN GRUPOS

1. ¿Se usan las ollas de barro en la región de ustedes, por ejemplo en la cocina, en el jardín o como adorno?

2. ¿Existe en sus familias o en su región un plato tradicional que requiera utensilios especiales para prepararlo o para servirlo? ¿Cómo es ese utensilio?

3. La barbacoa es muy popular en los Estados Unidos. ¿Qué tipo de utensilios usan ustedes en su región para la barbacoa? ¿Se usa gas o carbón?

4. ¿Qué utensilio de cocina se usa modernamente en vez de la piedra de moler?

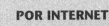

Internet

POR INTERNET

Usa Internet para buscar algunas recetas de la cocina hispana / latina. Primero, escoge dos de estas categorías: carne, pollo, vegetales, ensalada, postre o bebida. Si tienes un ingrediente favorito, como el limón, el tomate, la leche, el chocolate, etc., puedes incluirlo en tu búsqueda también.

Formula tu búsqueda (**+receta+postre+chocolate**, o **+receta+pollo+chile**) y limítate a sitios en español. Imprime dos de las recetas que encuentres, y completa las siguientes frases:

1. Encontré recetas para... y... en (*direcciones de las páginas*).

2. Unos ingredientes muy conocidos que se mencionan en estas recetas son...

3. Los utensilios que se necesitan para la preparación de estas recetas son...

4. Parece que la receta para... es la más fácil de las dos porque...

5. La receta para... es más complicada porque...

VIDEODRAMA 9A   ¿Tiene Armando la solución?

Preparémonos

A. En el último episodio...   Trabajen en parejas. Repasen las escenas del *Videodrama 8B* y elijan al personaje que corresponde a cada descripción.

1. Está leyendo el libro de Nayeli.
2. Descubren que Yax-Balam está en su bolsa.
3. Miran un tapete con una aurora en la tienda de Zulaya.
4. Le cuenta a Zulaya la historia de los jaguares robados.
5. Descubre que Yax-Balam no está en la bolsa que le dio Zulaya.

a. Gafasnegras
b. Adriana
c. Zulaya
d. Felipe

Answers: 1. c; 2. b, d; 3. b, d; 4. b; 5. a.

B. Somos detectives.   En parejas, hablen sobre la conversación entre Adriana y Felipe. ¿Por qué parece Adriana tan seria?

Resumen del video

Nayeli goes to Costa Rica to tell her godmother, doña Carmen, her suspicion that Armando has robbed the jaguar twin. Armando is furious when Zulaya tells him on the phone that she has given the package from Seville to Gafasnegras. Meanwhile, Adriana and Felipe go to doña Carmen's ranch, where they present Yax-Balam to Nayeli.

Miremos y escuchemos

C. Observaciones.   Mientras miras y escuchas a los personajes de este episodio, describe las acciones, reacciones y actitudes de ellos. Escribe tus observaciones.

Nayeli   doña Carmen   Armando   Zulaya   Adriana   Felipe

Comentemos

D. Comprensión. En grupos, contesten las preguntas.

1. ¿Adónde llega Nayeli? ¿Cómo se siente Nayeli al llegar allí? ¿Qué ve Nayeli en el mueble?
2. ¿De qué está cansada Nayeli?
3. ¿Dónde y cuándo conoció Nayeli a Armando? Según Nayeli, ¿qué les hizo Armando a Adriana y Felipe, y de qué acusó a Nayeli?
4. ¿Cómo reacciona doña Carmen con lo que le dice Nayeli?
5. ¿Dónde está Armando? ¿Qué le dice Armando a Zulaya y qué le contesta ella? ¿Qué comenta Zulaya sobre el dinero?
6. ¿Cómo llegan Adriana y Felipe a la finca? ¿Qué llevan allí?
7. ¿Quiénes más están en la sala de doña Carmen? ¿Qué están haciendo allí?
8. ¿Cómo reacciona Nayeli al ver a Felipe, Adriana y Yax-Balam?
9. ¿A quién le da Yax-Balam Adriana? ¿Qué pone Nayeli en el mueble de la sala y con quién? ¿Qué dice Adriana en ese momento?
10. ¿Qué comenta Nayeli sobre México?
11. ¿Qué cosa le da un muchacho a Nayeli? ¿Dónde la pone?
12. ¿Qué sucede al final de la escena?

E. ¡Juntos otra vez! ¿Cómo son los jaguares gemelos? Descríbelos.

F. Nosotros sabemos algo... Inventa una conversación entre los dos pintores. ¿Qué dicen sobre los jaguares gemelos? Trabajen en parejas.

G. El dilema de Armando. Resume la conversación entre Zulaya y Armando.

H. Nuestra opinión. En grupos de tres, expliquen el significado de lo que Felipe le dice a Adriana. Luego, intercambien las respuestas con otro grupo y compárenlas.

"Te lo mereces todo, Adriana, la felicidad, el triunfo, todo. Si no fuera por ti (*if it weren't for you*), quién sabe dónde estarían (*would be*) los jaguares. ¡Con tu tenacidad y tu valentía, vas a salvar a todo México!"

 **La comida hispana**

LECTURA

Prelectura

This reading describes six important products in a healthy diet and was published by the magazine *Vanidades Continental* in its section on health and nutrition.

> **⚷ READING STRATEGY: Defining Audience and Purpose**
>
> When you read an article, you should be able to define the target audience and determine the intended purpose of the reading. You should ask if the reading is targeted for you and your university peers, for your parents, for younger readers or for readers in particular professional fields.
>   Also important to determine is the intended purpose of the reading. For example, is the purpose of the article to inform, to convince, to entertain, to react, to refute, or to emote? Defining your audience and purpose will help you read with greater focus, to think more critically, and to express your thoughts and feelings with clarity.

 A. Mis observaciones. Trabajen en parejas. Con tu compañero/a, decidan a qué grupo de alimentos (cereal, fruta, verdura/legumbre, producto lácteo, grasa/dulce o carne) pertenecen estos productos.

1. arroz _____
2. bróculi _____
3. huevos _____
4. yogur _____
5. plátano _____
6. chocolate _____

 B. Salud y preferencias. Discute con tu compañero/a si los seis productos mencionados en la **Actividad A** son saludables o no y por qué. Luego, indica cuál(es) prefieres comer tú y cuándo (para el desayuno / el almuerzo / la cena).

Comidas ideales

Estos seis alimentos básicos son como el A B C de la nutrición. No sólo revitalizan, sino que contienen vitaminas y minerales esenciales para el organismo. Inclúyalos a menudo en su alimentación diaria... ¡y su cuerpo y su mente, se lo agradecerán°!

will thank you

Arroz

¿Por qué comerlo? Porque es un carbohidrato complejo que posee los ocho aminoácidos esenciales y sólo contiene 90 calorías por cada media taza°.

cup

¿Comida fácil? Sí. Hierva° una taza de agua y agregue° media taza de arroz. Baje a fuego lento. Cocine 20 minutos. ¡Y ya está!

Boil / add

¿Versátil? Puede hacer mil combinaciones con arroz: paellas, arroz con
pollo, etc. Con él no se aburrirá°.
¿Poderes mágicos? ¡Es nada menos que
el alimento básico del 50% de la
población mundial!

you will not get bored

Huevos

¿Por qué comerlos? Porque contienen
un promedio de 6 gramos de proteína,
con sólo 75 calorías y 5 gramos de grasa.
En cuanto al colesterol, los huevos
tienen 22 por ciento menos colesterol
de lo que se creía.
¿Comida fácil? ¿Qué no puede hacerse
con ellos?

El plátano, una comida ideal.

¿Versátil? Ya sea pasados por agua, en tortillas, revoltillos° o hervidos, se
adaptan a todo lo que quiera.
¿Poderes mágicos? Los humildes° huevos, cargados de proteínas, pro-
porcionan° energía y ayudan a mantener en forma los músculos.

scrambled

humble
provide

Bróculi

¿Por qué comerlo? Porque una taza es rica en vitaminas A y C, contiene
3 gramos de proteínas y sólo 28 calorías.
¿Comida fácil? Sin duda. Si quiere, cómalo crudo°, pero si lo prefiere
cocinado, póngalo unos 2 ó 3 minutos en el microondas, o hágalo al
vapor° y agréguele limón.
¿Versátil? Por supuesto. Combínelo con arroz, con queso derretido°,
pollo... ¡y hasta con yerbas aromáticas!
¿Poderes mágicos? Contiene elementos que pueden ofrecer protección
contra el cáncer.

raw

steam it
melted

Yogur

¿Por qué comerlo? Porque una taza de yogur tiene 100 calorías, y pro-
porciona° más de la mitad del calcio requerido diariamente.
¿Comida fácil? Se compra ya hecho°, y se ingiere a cualquier hora. ¡Muy
sabroso con frutas naturales!
¿Versátil? Sí. Puede usarlo como sustituto de aceites y grasas en muchos
platos.
¿Poderes mágicos? Los bacilos° vivos del yogur protegen contra infecciones y la lactosa ayuda a hacer buenas digestiones.

supplies
ready made

type of bacteria

Plátano

¿Por qué comerlo? Porque con sólo 100 calorías es rico en fibra y potasio. También por su alto nivel de carbohidratos.
¿Comida fácil? La más fácil (y una de las menos costosas). Cómalo
como la naturaleza lo hizo o, si quiere, puede cocinarlo.
¿Versátil? Los caribeños saben hasta qué punto°. Comen los plátanos
fritos, asados, hervidos, horneados°.

degree
baked

¿Poderes mágicos? Tienen aminoácidos que brindan° energía y dan buen humor.

provide

Chocolate

¿Por qué comerlo? Una barra chica de chocolate puede contener riboflavina, hierro, calcio y proteínas. ¿En cuanto a calorías? 220.
¿Comida fácil? Sin duda.
¿Versátil? Se convierte en ricos dulces y postres. Para evitar las calorías, puede optar por cacao y mezclarlo con leche descremada°.

skim

¿Poderes mágicos? El chocolate contiene una mezcla de cafeína y magnesio, parecida a la de ciertos calmantes, que relaja los nervios y da energías. ■

Postlectura

C. ¿Verdadero o falso? Después de leer la lectura, trabajen en parejas y decidan si las oraciones son verdaderas (**V**) o falsas (**F**). Corrijan las oraciones falsas.

1. Comer plátano da buen humor.
2. El yogur contiene bacilos vivos.
3. Consumir chocolate pone nerviosa a la gente.
4. Los huevos contienen más colesterol de lo que se creía.
5. El chocolate contiene proteínas.
6. Los huevos mantienen los músculos en forma.
7. El bróculi protege contra el cáncer.
8. El yogur no tiene mucho calcio.
9. Casi nadie come arroz en el mundo.
10. El plátano es un alimento muy versátil.

D. ¿Qué es? Contesta las preguntas sobre la lectura.

1. ¿Quién te va a agradecer que comas estos seis alimentos básicos?
2. ¿Es necesario comer estos alimentos diariamente?
3. ¿Cuál de estos alimentos contiene mucha fibra?
4. Según tu opinión, ¿son los seis alimentos comidas fáciles? ¿Cuál es la más fácil?
5. ¿Son realmente mágicos los poderes de estos alimentos?

E. ¿Quiénes son los lectores? Determina quiénes van a ser los lectores de esta lectura y por qué. Puedes indicar más de una categoría:

los niños, los jóvenes, los estudiantes universitarios, los adultos de la tercera edad, modelos, hombres/mujeres de negocios, los padres de familia, atletas, médicas/os, actores/actrices.

F. Propósitos. ¿Cuáles son los propósitos de esta lectura sobre la nutrición?

1. _____ Hablar de las consecuencias de no comer bien.
2. _____ Darnos nuevas recetas nutritivas.
3. _____ Convencernos de los beneficios de la buena alimentación.
4. _____ Entretenernos con datos curiosos.
5. _____ Informarnos sobre algunos alimentos nutritivos.

G. ¿Qué consumes? Contesta las preguntas y compara tus respuestas con las de un/a compañero/a.

1. ¿Incluyes diariamente cantidades mínimas de grasas en las comidas?
2. ¿Consumes un mínimo de dos raciones de leche, yogur o queso por día?
3. ¿Comes diariamente dos o tres porciones de carne, pollo, pescado o huevos?
4. ¿Comes entre dos y cuatro porciones de frutas al día?
5. ¿Usas mucha mantequilla en las comidas diarias?
6. ¿Bebes mucha agua diariamente? ¿Cúantos vasos bebes?
7. ¿Abusas del azúcar y los dulces en tu dieta diaria?

H. Mis alimentos básicos. Según tus gustos y las tradiciones de tu familia, elige tres alimentos básicos que sean importantes para consumir a menudo en la alimentación diaria. Describe por qué es importante consumir el producto, si es una comida fácil y versátil, y si tiene poderes mágicos. Preséntale tu descripción a la clase.

I. La salud y tú. En grupos, escriban e ilustren con imágenes un folleto sobre la salud y la nutrición. Primero, decidan quiénes van a ser sus lectores/as y el propósito del folleto. Después, decidan qué forma va a tener el folleto. Puede ser un anuncio sobre un producto o un plato nutritivo, una lista de consejos, un resumen sobre una noticia, la descripción de un programa de ejercicios, etc. Finalmente, elijan las ilustraciones y presenten el proyecto a la clase.

Nuestro proyecto es para...	Nuestro proyecto tiene la forma de...
estudiantes universitarios/as adultos de 30–40 / 40–50 / 50–60 años niños entre las edades de 5–9 años adolescentes de 14–18 hombres y mujeres de negocios atletas universitarios/as mayores de 65 años actores/actrices padres de familia	un panfleto médico un programa de una agencia de dietas un anuncio para uno de los productos de la lectura consejos de cómo combatir el estrés en la vida universitaria un resumen con imágenes de un artículo sobre la nutrición

VOCABULARIO 9B.1

Talking About Animals

■ Los animales del mundo

LOS MAMÍFEROS

la ardilla

la ballena

el león

el armadillo

el burro

la llama

el lobo

el mono

el caballo

la cabra

el delfín

el elefante

el cerdo

el oso

la rata

el jaguar

la jirafa

la oveja

el ratón

el tigre

el zorro

LOS PÁJAROS

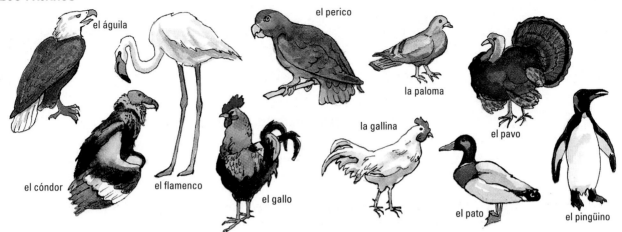

el águila

el perico

la paloma

el cóndor

el flamenco

el gallo

la gallina

el pavo

el pato

el pingüino

LOS REPTILES

la anaconda

el lagarto, la lagartija

el caimán

la culebra (víbora, serpiente)

la iguana

Vocabulario en acción

En este diálogo, del Videodrama 9B, Adriana y Felipe hablan de la gran diversidad biológica que existe en Costa Rica.

[1]*butterflies*
[2]*there must be*

Felipe: La gran diversidad biológica que existe en este país es extraordinaria. Con una sola caminata se puede comprobar.
Adriana: ¡Mira la cantidad de **mariposas**[1]! ¿Sabías que el cinco por ciento de las especies de mariposas conocidas en el mundo se encuentran en Costa Rica?
Felipe: No, no lo sabía. ¡Mm, y los pájaros, cuántas especies de pájaros no habrá[2]! ¡Qué colores más vibrantes! ¿Por qué la gente no se viste así? Parecemos muy conservadores en comparación.

⟨⟩ACTIVIDADES

A. ¿Dónde viven?   Di qué animales viven en estos lugares.

1. el campo
2. el desierto
3. la finca (*farm*)
4. el apartamento

5. el mar
6. las montañas
7. la ciudad
8. la selva tropical

B. Asociaciones.   ¿Qué animales se asocian con estas características?

1. lento/a
2. inteligente
3. perezoso/a

4. rápido/a
5. estúpido/a
6. hermoso/a

7. elegante
8. sucio/a
9. peligroso/a

C. Ponlos en su grupo.   Pon los animales en categorías. Agrúpalos por color, tamaño, características, etcétera. Trabaja con una pareja.

D. Animales en peligro.   Trabajen en grupos. Hagan una lista de animales que están en peligro de extinción. Expliquen por qué están en peligro y qué se puede hacer para protegerlos.

CULTURA

Puerto Rico

El Yunque*, esplendor ecológico

El Yunque, con 11.200 hectáreas, es una de las más extraordinarias selvas tropicales del Caribe. Está bajo la administración de los Estados Unidos; tiene más de 240 es-

El coquí

pecies de árboles y recibe un promedio de 305 cm de lluvia al año. Hay dos impresionantes cascadas y cientos de diferentes especies de animales, las que incluyen la boa puertorriqueña, el papagayo y el coquí. Esta gran riqueza ecológica permite a los ecólogos estudiar plantas y animales, algunos de ellos en peligro de extinción.

*Rainforest and National Park in Puerto Rico.

⟨⟩ DISCUSIÓN EN GRUPOS

1. ¿Qué bosques importantes hay en tu país o en tu estado?
2. ¿Cómo es el clima en esos bosques?
3. ¿Qué tipo de plantas existen allí? ¿Qué tipo de animales hay? ¿Cuál es el animal más típico del área? ¿Cómo es?
4. En tu área, ¿hay animales en peligro de extinción?
5. ¿Cuánta lluvia cae en El Yunque al año? ¿Te parece mucha o poca?

POR INTERNET

Busca información en Internet sobre las selvas tropicales de Costa Rica. Entre los más importantes están los espectaculares parques de **Braulio Carrillo, Monteverde, Pax Natura** y **Valle Escondido.** Limita tu búsqueda a páginas en español. Después de leer la página que más te guste, imagina una conversación entre tú y una persona que trabaja de guía para visitantes en ese sitio. Escribe por lo menos seis preguntas interesantes para el/la guía, y contéstalas usando la información en la página que escogiste.

ESTRUCTURA 9B.1
Expressing Pending Actions

■ Indicative and subjunctive in adverbial clauses

Rafael: hoy, mañana y siempre

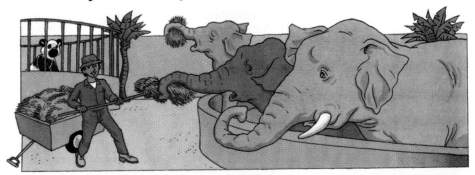

To express the sequence of what Rafael is doing, you can use adverbial conjunctions of time such as **cuando** (*when*) and **tan pronto como** (*as soon as*) to introduce the dependent clause. When the main clause refers to the future or is a command, the dependent verb must be in the subjunctive. The dependent verb is in the indicative if the action is habitual or in the past with no reference to a future action.

Present indicative: reports *present habitual* actions.

Cuando Rafael **llega** al zoológico, alimenta a los animales.	*When Rafael arrives at the zoo, he feeds the animals.*
Tan pronto como alimenta a los animales, le abre las puertas al público.	*As soon as he feeds the animals, he opens the doors to the public.*

Imperfect: reports *past habitual* actions.

Cuando Rafael **llegaba** al zoológico, alimentaba a los animales.	*When Rafael arrived at the zoo, he used to feed the animals.*
Tan pronto como alimentaba a los animales, le abría las puertas al público.	*As soon as he fed the animals, he used to open the doors to the public.*

Preterite: reports *specific past* actions.

Cuando Rafael **llegó** al zoológico, alimentó a los animales.	*When Rafael arrived at the zoo, he fed the animals.*
Tan pronto como alimentó a los animales, le abrió las puertas al público.	*As soon as he fed the animals, he opened the doors to the public.*

Present subjunctive: indicates a *future* action.

Cuando Rafael **llegue** al zoológico, va a alimentar a los animales.	*When Rafael arrives at the zoo, he will feed the animals.*
Tan pronto como alimente a los animales, va a abrirle las puertas al público.	*As soon as he feeds the animals, he will open the doors to the public.*

Conjunctions followed by subjunctive or indicative			
a pesar de que	*even though*	después (de) que	*after*
aunque	*even when / though, although, even if*	en cuanto	*as soon as*
		hasta que	*until*
cuando	*when*	tan pronto como	*as soon as*

antes de que *before*

Other adverbial conjunctions such as **aunque** and **a pesar de que** are used in the same way; the dependent clause requires the indicative when the condition is concrete and known. When it is a conjecture, the subjunctive must be used.

Rafael siempre va al trabajo **aunque se siente** enfermo.	*Rafael always goes to work even when he feels ill.*
Rafael va al trabajo **aunque se sienta** enfermo.	*Rafael goes to work even if he feels ill.*

The dependent clause may also follow the main clause:

Los empleados trabajan **hasta que sale** el público del zoológico.	*The employees work until all visitors leave the zoo.*
Los empleados no pueden salir **hasta que salga** todo el mundo del zoológico.	*The employees can't leave until everyone leaves the zoo.*

◖◗ACTIVIDADES

A. Veterinarias.   Lorena y Sami trabajan como veterinarias en una clínica de animales. Completa la descripción de algunas de sus actividades, según el contexto, con el indicativo o subjuntivo de los verbos en paréntesis.

1. LORENA: Tenemos que preparar los alimentos de las lagartijas enfermas antes de que _lleguen_ (llegar) los pacientes de hoy.
2. SAMI: Sí, especialmente hay que tener todo listo cuando don Gonzalo _____ (venir) a recoger la iguana.
3. LORENA: Sami, ¿hiciste tú el registro en cuanto tú _pret._ (recibir) el cóndor enfermo? *pret*
4. SAMI: Por supuesto, yo hice el registro tan pronto como el señor del zoológico nos _____ (traer) el cóndor.

5. LORENA: ¿Piensas salir temprano hoy, después de que _____ (hacer, nosotras) la última operación del día?

6. SAMI: No, Lorena, yo pienso quedarme en la clínica hasta que _____ (terminar, yo) _____ de escribir todos los informes para el archivo.

B. En el zoológico. En parejas, determinen si lo que sucede en el zoológico son situaciones habituales (indicativo) o futuras (subjuntivo). Seleccionen la posibilidad correcta.

1. Cada jueves, Roberto trabaja en la taquilla del zoológico hasta que...
   a. sale del trabajo.   **b.** salga del trabajo.
2. Katie siempre ayuda a alimentar a las iguanas tan pronto como...
   a. tenga tiempo.   **b.** tiene tiempo.
3. Isabel va a cuidar a los monos después de que...
   a. tome un curso de   **b.** toma un curso de
   especialización.   especialización.
4. Los caimanes van a estar en un lago especial del zoológico cuando...
   a. son adultos.   **b.** sean adultos.
5. Los pericos hablan todo el día hasta que el público...
   a. se va.   **b.** se vaya.
6. Roberto trabaja día y noche aunque...
   a. no le pagan horas extras.   **b.** no le paguen horas extras.

C. Ayer y mañana. Escríbele un correo electrónico a tu amigo/a, describiéndole lo que tú ya hiciste y lo que van a hacer tú y tus compañeros de apartamento. Sigue el modelo.

MODELO   El verano pasado, tan pronto como tuve el dinero, alquilé una cabaña en la playa con mis amigos.
El mes que viene, tan pronto como... *tenga dinero, voy a alquilar otra cabaña en la playa con mis amigos.*

1. Anoche cuando llegué a casa, me preparé una bebida de frutas en mi batidora.
   Mañana, cuando...

2. En cuanto recibimos nuestros salarios el mes pasado, pagamos la cuenta de teléfono, pero no pagamos la cuenta de la electricidad.
   Este mes, en cuanto...

3. Ayer no cenamos hasta que todos llegaron de la universidad.
   Hoy, tampoco vamos a cenar hasta que...

4. Yayo se duchó esta mañana tan pronto como se levantó.
   Mañana, Yayo también va a ducharse tan pronto como...

5. El año pasado, cuando recibí dinero de mi abuela, me compré ropa nueva.
   Esta semana, cuando...

VOCABULARIO 9B.2
Discussing Environmental Issues

Advice

unequal

It isn't about / fight
remaining species / Being aware
environment / The only thing

behavior

own

you won't produce / garbage
discarded

avoids

save (rescue)
save (collect)

sheet of paper / sides

lightbulb
typewriter

burning / fuel
resources

scarce

Consejos° ecológicos

A muchos nos preocupa **el deterioro del planeta** y las **consecuencias** de nuestras desiguales° relaciones con la **naturaleza**. Pero gran parte de la gente considera que no puede hacer nada o que los problemas son tan grandes que se escapan de sus manos. Nada más falso.

Existen innumerables cosas que podemos hacer día a día para ayudar a **conservar el planeta** y llevar una **existencia** más **armoniosa** con la naturaleza. No se trata de° una lucha° a muerte entre tecnología y naturaleza, entre el hombre y las demás **especies**°. Tomando consciencia° de nuestra **responsabilidad ecológica**, podemos aprender a coexistir adecuadamente con el medio ambiente°. Lo único° que se requiere en muchas ocasiones es una pequeña modificación en nuestro **comportamiento**°. No debemos dejar de hacer o usar las cosas que nos gustan o nos son cómodas. Tan sólo debemos hacerlas de una manera más ecológica.

Usa tu propia° taza...
Lleva un vaso o taza a la oficina y úsalo para beber agua o café. Así no **producirás**° **basura**° cada vez que tengas sed. Piensa en el montón de vasos **desechados**° que acumulas al año y la cantidad de basura que se evita° si tú y tus compañeros de trabajo usan su propia taza.

¿Quieres salvar° el mundo?
Empieza por **ahorrar**° papel. El papel es producido de fibra vegetal procesada que se obtiene **explotando** los bosques del mundo. Toda hoja° tiene dos caras°. **Reusándolas** y escribiendo o imprimiendo en su reverso, reduces tu **consumo** de papel. Al reducir tu consumo, reduces la presión sobre los bosques y la cantidad de basura.

¡Apágalo!
Apaga un bombillo° o la computadora, impresora, **máquina de escribir**° o cualquier otro aparato eléctrico que no estés usando. La **energía** consumida por estos equipos se produce quemando° **combustible**° caro, que **contamina** el medio ambiente o explotando nuestros **recursos**° hidroeléctricos naturales limitados y cada vez más **escasos**°.

⊕ACTIVIDADES

A. Noticias ecológicas. Escucha las noticias que hablan del problema de la extinción de especies y contesta las preguntas.

1. ¿Cuántas especies en peligro de extinción hay en el mundo?
2. ¿Cuáles son las causas de este problema?
3. Nombra tres especies de animales en peligro de extinción.
4. ¿Qué pasa cuando se extingue una especie?
5. ¿Por qué nos afecta a nosotros?

B. ¿Verdadero o falso?   Di si las oraciones son verdaderas (**V**) o falsas (**F**). Si son falsas, corrígelas según la lectura. Trabaja con una pareja.

1. Una sola persona no puede hacer nada para resolver los problemas ecológicos.
2. Se puede vivir en armonía con la naturaleza.
3. Debemos modificar nuestras vidas modernas por completo.
4. La tecnología no puede coexistir con una naturaleza limpia.
5. Debemos usar muchas tazas de plástico.
6. Debemos ahorrar papel.
7. No es necesario que apaguemos los aparatos eléctricos cuando no se usan.
8. Nuestros recursos hidroeléctricos son ilimitados.
9. Los combustibles no contaminan ni el aire ni el agua.
10. Todo el mundo tiene responsabilidades ecológicas.

C. ¿Qué más podemos hacer?   Haz una lista de cinco cosas que se pueden hacer para ayudar a conservar el planeta.

D. A escribir.   ¿Cuál es el problema ecológico que más te preocupa? ¿Por qué? ¿Cómo se puede resolver?

ESTRUCTURA 9B.2
Talking about the Recent Past

■ Present perfect indicative

Mario ha tenido un buen día

have you done
I have had / have worked / have gone

I haven't had dinner

TOMÁS: ¿Qué **has hecho**° hoy, Mario?
MARIO: **He tenido**° un día muy bueno. **He trabajado**° en mi proyecto sobre el medio ambiente, **he ido**° a la tienda de comestibles y ahora estoy preparando la cena.
TOMÁS: Oye, pues yo **no he cenado**° todavía...

They have told me / it has been

MARIO: Entonces ven a cenar conmigo.

TOMÁS: Mil gracias. Además, quiero que me cuentes sobre tu proyecto de reciclaje. **Me han dicho°** que **ha sido°** el mejor de este año.

MARIO: Por supuesto, nos vemos más tarde. Hasta luego.

The present perfect tense has two parts: the present indicative of the helping verb **haber** and the past participle of the main verb. The past participle of regular verbs is formed by adding –ado to the verbal stem of –ar verbs and –ido to –er and –ir verbs.

			hablar add **–ado**	querer add **–ido**	venir add **–ido**
	haber	**+**			
yo	**he**		hablado	querido	venido
tú	**has**		hablado	querido	venido
Ud./él/ella	**ha**		hablado	querido	venido
nosotros/as	**hemos**		hablado	querido	venido
vosotros/as	**habéis**		hablado	querido	venido
Uds./ellos/as	**han**		hablado	querido	venido

Table title: The present perfect indicative

No word can ever come between the auxiliary verb **haber** and the past participle. Direct and indirect object pronouns and reflexive pronouns come before the conjugated form of **haber**.

—¿Has usado tazas desechables? —*Have you used disposable cups?*
—Sí, las **he usado** mucho. —*Yes, I have used them a lot.*

—¿Te **has duchado** con duchas que economizan agua? —*Have you taken showers with water-saving shower heads?*
—Sí, siempre lo **he hecho.** —*Yes, I have always done that.*

Several verbs have irregular past participles:

Infinitive	Past participle	
abrir	**abierto**	*opened*
cubrir	**cubierto**	*covered*
decir	**dicho**	*said, told*
descubrir	**descubierto**	*discovered*
escribir	**escrito**	*written*
hacer	**hecho**	*made, done*
morir	**muerto**	*died*
poner	**puesto**	*put, placed*
resolver	**resuelto**	*resolved*
romper	**roto**	*broken, torn*
ver	**visto**	*seen*
volver	**vuelto**	*returned*

Table title: Irregular past participles

You must write an accent over the **i** of the **–ido** ending for those **–er** and **–ir** verbs whose stems end in **a**, **e**, or **o**.

Infinitive	Stem	Past participle	
creer	cre-	creído	*believed*
leer	le-	leído	*read*
oír	o-	oído	*heard*
traer	tra-	traído	*brought*

⟨⟩ACTIVIDADES

A. ¿Sueño o realidad?   ¿Es posible salvar el planeta? En la clase de ciencias, los estudiantes hablan de lo que se ha hecho para proteger el planeta. Completa las frases y discútelas con un/a compañero/a de clase.

> **MODELO** (descubrir, nosotros) nuevas maneras de conservar energía
> *Nosotros hemos descubierto nuevas maneras de conservar energía.*

Este año...

1. (producir, las compañías de coches) menos coches
2. (limpiar, el gobierno) los ríos y los océanos
3. (examinar, nosotros) la cuestión de los desperdicios nucleares
4. (publicar, los pueblos) guías para conservar el uso del agua
5. (eliminar, los restaurantes de comida rápida) casi todos los productos hechos de plástico

B. Parque Nacional Salvaelplaneta.   Antonio Bello ha ido al Zoológico Bellafauna, en el Parque Nacional Salvaelplaneta. Utiliza una expresión de la columna A y una expresión de la columna B para relatar qué ha hecho Antonio. Haz todos los cambios necesarios. Sigue el modelo.

> **MODELO** A ver   B tortugas
> *Antonio ha visto tortugas.*

A	B
1. admirar	a. águila/s
2. caminar entre	b. árbol/es
3. comprar tarjetas postales de	c. cocodrilo/s
4. dar de comer a (*feed*)	d. cóndor
5. jugar con	e. elefante/s
6. leer un librito sobre	f. iguana/s
7. mirar un documental sobre	g. jirafa/s
8. observar	h. mono/s
9. sacar fotografías de	i. pingüino/s
10. tocar	j. serpiente/s
11. ver	k. mariposa/s

C. Diversidad biológica. En Costa Rica, Felipe y Adriana conversan sobre la flora y la fauna del país. Lee el diálogo y después haz la actividad.

FELIPE: La gran diversidad biológica que existe en este país es extraordinaria. Con una sola caminata se puede comprobar.

ADRIANA: Parece de mentiras, ¿no? Es como un paraíso de novela.

FELIPE: Pero no lo es. Es real y ¡lo estamos disfrutando!

ADRIANA: ¡Mira la cantidad de mariposas! ¿Sabías que el cinco por ciento de las especies de mariposas conocidas en el mundo se encuentran en Costa Rica?

FELIPE: No, no lo sabía. ¡Mm, y los pájaros, cuántas especies de pájaros no habrá°! ¡Qué colores más vibrantes! ¿Por qué la gente no se viste así? Parecemos muy conservadores en comparación.

there must be

¿Qué dicen Adriana y Felipe? Completa estas afirmaciones con el presente perfecto. Después discute las ideas con un/a compañero/a.

1. Felipe opina que Costa Rica siempre _____ (ser) un país con mucha diversidad biológica.
2. Felipe dice que él _____ (comprobar) este hecho con una sola caminata.
3. Costa Rica le _____ (parecer) a Adriana como un paraíso de novela.
4. Felipe dice que la diversidad es real y que ellos la _____ (disfrutar) mucho.
5. Adriana dice que ella _____ (ver) muchas mariposas. *butterfly*
6. Felipe dice que él nunca _____ (entender) por qué la gente no se viste con ropa de muchos colores, como los de los pájaros.

D. Ciudadanos responsables. Escribe una composición de dos párrafos. En el primer párrafo, describe lo que hiciste el año pasado para proteger o mejorar el medio ambiente (pretérito). En el segundo párrafo describe lo que has hecho y continúas haciendo este semestre por la misma causa (presente perfecto).

ESTRUCTURA 9B.3

Expressing Feelings about the Past

▪ Present perfect subjunctive

Un planeta en peligro

LILIA: Es terrible que **hayamos contaminado** el aire con tantos productos químicos.

INÉS: Y a mí no me gusta que las grandes compañías **hayan producido** tantos coches.

LILIA: A mí tampoco. Es triste que el gobierno no **haya aprobado** leyes más estrictas para proteger el medio ambiente.

INÉS: Estoy de acuerdo.

waste / soiled   **LILIA:** También es una lástima que los desperdicios° nucleares **hayan ensuciado°** los ríos.

INÉS: Tenemos que seguir luchando por la naturaleza.

In *Capítulo 8,* you learned that main verbs expressing current wishes, emotions, and similar feelings may require the use of the present subjunctive in the dependent clause. When the meaning of the dependent clause refers to the recent past, the *present perfect subjunctive* must be used. Note that the main verb is in the present because it reports a present emotion.

The present perfect subjunctive (*El presente perfecto del subjuntivo*)				
	haber +	**hablar** add **–ado**	**querer** add **–ido**	**venir** add **–ido**
yo	**haya**	hablado	querido	venido
tú	**hayas**	hablado	querido	venido
Ud./él/ella	**haya**	hablado	querido	venido
nosotros/as	**hayamos**	hablado	querido	venido
vosotros/as	**hayáis**	hablado	querido	venido
Uds./ellos/as	**hayan**	hablado	querido	venido

⬤ACTIVIDADES

A. La contaminación. Un grupo de amigos expresan sus opiniones sobre la contaminación. Completa cada frase con la forma correcta del presente perfecto del subjuntivo. Sigue el modelo.

> **MODELO** Es bueno que las autoridades _____ (limpiar) el agua contaminada en las ciudades.
> *Es bueno que las autoridades hayan limpiado el agua contaminada en las ciudades.*

1. No es verdad que todos los países _____ (solucionar) los problemas de la contaminación del medio ambiente.
2. Es una lástima que los coches _____ (ser) la causa de la contaminación del aire.
3. Temo que el número de águilas _____ (reducirse) este año.
4. Ojalá que no _____ (morirse) muchas ballenas este año en las aguas contaminadas.
5. Es bueno que el gobierno de los Estados Unidos _____ (darse cuenta) de la urgencia de proteger los animales.
6. Estoy contento que los jóvenes _____ (utilizar) menos agua en la ducha.
7. Es bueno que los parques nacionales _____ (preservar) las flores y los bosques en peligro de extinción.
8. Me alegro que recientemente los ecólogos _____ (preocuparse) por los animales marinos como el delfín y la ballena.

B. (No) Estoy de acuerdo. En parejas, determinen si están o no están de acuerdo con las opiniones expresadas en la actividad anterior. Expliquen por qué.

C. Opiniones. Nayeli y sus estudiantes cenan en casa de doña Carmen. Durante la cena, Adriana y Felipe exponen sus opiniones sobre varios hechos. Felipe no quiere que Adriana hable de los objetos precolombinos con doña Carmen. Él trata de cambiar de tema, pero ella insiste. Lee el diálogo y después haz la actividad.

> ADRIANA: Es interesante que haya objetos precolombinos en Costa Rica.
> DOÑA CARMEN: Sí, hay bastantes, como en casi toda América.
> FELIPE: Lo que me interesa a mí es que en Costa Rica no haya ejército. Imagínense, ¿no?, en un mundo como éste, siempre listo para meterse en guerras.
> ADRIANA: La verdad es que se han encontrado muchas piezas precolombinas en Costa Rica.
> FELIPE: La realidad es que en este siglo, ¿cómo puede un país funcionar sin ejército? Yo no me lo explico.
> DOÑA CARMEN: Yo se lo voy a explicar.

ADRIANA: Sabemos todos muy bien que había ladrones precolombinos, que robaban las tumbas de los mayas y traían las piezas aquí. Sólo así se pueden explicar los jeroglíficos mayas en las piezas que se encuentran en este país.

DOÑA CARMEN: Muy interesante, Adriana. Veo que tus estudios de arqueología te han servido bien.

Ahora, completa las opiniones de Adriana, Felipe y doña Carmen sobre algunas cosas que han ocurrido en la historia del país. Usa el perfecto de subjuntivo.

1. A Adriana le parece interesante que los arqueólogos _____ (encontrar) muchas piezas precolombinas en Costa Rica.
2. Felipe se asombra de que en Costa Rica nunca _____ (tener) ejército.
3. A Felipe le parece triste que este mundo siempre _____ (estar) listo para meterse en guerras.
4. Felipe no se explica cómo es posible que Costa Rica siempre _____ (funcionar) tan bien sin ejército.
5. Es posible que alguien _____ (robar) las tumbas de los mayas.
6. A doña Carmen no le sorprende que Adriana _____ (aprender) mucho sobre arqueología durante sus estudios.

D. Soy director/a. Imagínate que tú eres el/la director/a de la Oficina de Protección del Medio Ambiente de tu país. Escribe un reportaje de dos párrafos cortos sobre los problemas más urgentes que hemos tenido (párrafo uno) y las soluciones para esos problemas (párrafo dos).

Preparémonos

A. En el último episodio... Trabajen en parejas. Repasen las escenas del *Videodrama 9A* y elijan al personaje que corresponde a cada descripción.

1. Llevan a Yax-Balam a Costa Rica.
2. Está furioso con Zulaya.
3. Va a la casa de su madrina.
4. Le da un paquete a Gafasnegras.
5. Le dice a Nayeli que lo está imaginando todo.

a. Nayeli
b. Adriana y Felipe
c. Zulaya
d. Doña Carmen
e. Armando

Answers: 1. b; 2. e; 3. a; 4. c; 5. d.

B. Somos detectives. En parejas, hablen sobre la foto de este pájaro. ¿Qué sabe este hermoso animal sobre la desaparición de los jaguares gemelos? ¿Qué creen ustedes que puede decir este pájaro sobre el próximo episodio?

Resumen del video

Adriana and Felipe take a walk through a park near doña Carmen's ranch in Costa Rica. Adriana reveals that her intuition tells her not to trust doña Carmen, but Felipe is not convinced. Meanwhile, the house painters whisper to one another suspiciously. Adriana tells Nayeli of her misgivings, and at dinner, the electricity suddenly goes out.

Miremos y escuchemos

C. Mis observaciones. Mientras miras, escribe descripciones de la flora y la fauna que observes en Costa Rica. ¿De qué colores y formas son?

Comentemos

D. Comprensión. Contesta las preguntas.

1. ¿Con qué compara Adriana la gran diversidad biológica de Costa Rica? ¿Qué dice Adriana sobre las mariposas de Costa Rica?
2. ¿Qué comparación hace Felipe entre los pájaros de Costa Rica y la gente?
3. ¿Sabe Adriana por qué se siente incómoda en presencia de doña Carmen?
4. ¿Qué relación hay entre doña Carmen y Nayeli?
5. ¿Qué opina Felipe de la imaginación de Adriana? ¿Qué quiere hacer ella?
6. ¿Qué están haciendo los pintores en la casa de doña Carmen?
7. ¿Cómo reacciona Nayeli cuando Adriana le cuenta sus sospechas sobre doña Carmen? ¿Tiene pruebas?
8. Según Adriana, ¿cómo se explican los jeroglíficos mayas en las piezas que se encuentran en Costa Rica? ¿Qué pasa al final de esta escena?

E. ¿Y tú qué piensas? Imagínate que en este episodio el pájaro azul y anaranjado puede hablar. ¿Qué dice sobre doña Carmen? ¿Es ella una persona de confianza?

F. ¿Qué animal eres? Adriana compara a Felipe con un perro fiel. Él la compara a ella con un zorro astuto. ¿Con qué animal se identifica cada uno/a de ustedes? Explica las razones describiendo las características de estos dos animales. Trabaja con una pareja.

G. En nuestra opinión. En grupos de tres, discutan las opiniones de Adriana y Felipe. Cuando terminen, intercambien y comparen las respuestas con otro grupo.

ADRIANA: "...es urgente que conservemos la riqueza natural de los bosques."
FELIPE: "¿En este siglo cómo puede un país funcionar sin ejército?"

Costa Rica,
Guatemala,
Panamá

LECTURA

Prelectura

A. Datos geográficos.   Antes de leer, trabajen en parejas para repasar sus conocimientos sobre Centroamérica. Contesten las preguntas. Si es necesario, consulten los mapas del libro.

1. ¿Cuántos países de habla española hay en Centroamérica? ¿Cuáles son?
2. ¿Cómo se llaman las personas de cada país? Usa adjetivos de nacionalidad.
3. Nombra las capitales de las naciones centroamericanas.
4. Describe dónde está cada país geográficamente.

Ecología en Centroamérica

Costa Rica

La variedad ecológica de Costa Rica es muy grande, debido a su posición central en el istmo centroamericano. Tiene zonas tropicales, valles, montañas, bosques y costas con playas mágnifi-

Un jaguar costarricense.

cas. Muchos científicos van allí para estudiar el variado y rico sistema ecológico. Aunque su territorio tiene solamente 51.100 km^2 de superficie, el veintisiete por ciento del país consiste en parques nacionales y reservas biológicas de plantas y animales. Con relación a su territorio, ningún otro país del mundo tiene tantas áreas protegidas contra la explotación de sus recursos.

Guatemala

El pájaro más famoso de Guatemala es el quetzal. Su imagen está en la bandera° de Guatemala y en la moneda del país: "el quetzal". El quetzal es un hermoso pájaro de brillantes colores. El pájaro macho° es verde, rojo y blanco, con cola° azul. Su cuerpo es de unos cuarenta centímetros, pero la cola puede medir hasta casi un metro. Para los mayas el quetzal significaba la libertad y la riqueza°. El área de Tikal, donde están las grandes e impresionantes ruinas de la civilización maya, es un lugar maravilloso para ver animales y pájaros de la selva.

flag

male / tail

wealth

Un quetzal con su elegante cola larga.

Panamá

Panamá tiene una gran variedad de culturas, entre ellas se encuentra la cultura kuna. Las mujeres se visten con "molas", blusas llamativas de diseños geométricos de fuertes colores como el rojo vivo, el verde y el negro. Los dibujos a veces representan los animales típicos de la región como los lagartos y los armadillos. Las mujeres kunas aprenden desde muy jóvenes a diseñar sus propias molas y las lucen con mucho orgullo°. Actualmente, las molas son muy apreciadas como objetos artesanales panameños. ■

Mola panameña.

pride

Postlectura

B. Comprensión.   Contesta las preguntas con un/a compañero/a.

1. ¿Dónde está Costa Rica?
2. Describe los diferentes elementos de la naturaleza costarricense.
3. ¿Cuál es el tamaño de Costa Rica?
4. ¿Qué áreas de Costa Rica están bajo la protección del gobierno?
5. ¿Cómo se llama el pájaro más famoso de Guatemala?
6. ¿En qué objetos está la imagen de este pájaro? ¿Qué colores tiene el pájaro macho?
7. ¿Qué simbolizaba este pájaro para los mayas?
8. ¿Qué hay en Tikal?
9. ¿Cómo se llama la blusa especial que llevan las mujeres kunas?
10. ¿Cómo son las molas? ¿Cuáles son los colores más populares en las molas?

C. Símbolos.   Describe los símbolos (animales, pájaros, flores, insectos) de tu estado, región o país. ¿Cómo son? ¿Qué simbolizan? ¿En dónde aparecen? ¿En banderas, en edificios, en arte, en la ropa?

D. Ropa ecológica.   Trabajen en parejas. Creen un diseño para una camiseta que tenga un mensaje ecológico. Descríbanlo (forma, flora, fauna, colores, palabras). Después de diseñarlo y dibujarlo, preséntenlo a la clase.

EN RESUMEN

Hablemos

A. Un plan ecológico. Trabajen en grupos de tres o cuatro. Imaginen que son miembros de una organización ecológica de la universidad. Hagan una lista de algunos problemas ecológicos de la universidad y discutan un plan para resolverlos.

B. Cocineros en cocina. Tu eres un/a gran cocinero/a de un programa de cocina en la televisión. Con una pareja, elijan un plato que les guste y preséntenle la receta a la clase.

Investiguemos por Internet

INTERNET STRATEGY: Searching for Images

The Internet is an important broadcasting medium. Many international organizations use it to inform and educate people about global problems that can affect the quality of life in our communities and on our planet. In this chapter, you will be searching for images to illustrate a project. Some search engines recommend using specific key words to conduct an image search, for example: **galapagos:image** or **+galapagos+photographs**. Other engines offer an image-only option that will limit your search automatically to graphics as they appear on a variety of sites. These may include photographs, drawings, maps, digital copies of paintings, cartoons, etc. Refer to your browser's "help" or "tips" section for ways to search for images.

Cibervocabulario

imagen digital   *digital image*
indexar   *to index*

C. Una excursión internética. En Internet, explora la flora y fauna de Costa Rica, Guatemala o Panamá. Escribe una descripción de uno de los sitios; incluye las imágenes y los sonidos que observes y léela a un/a compañero/a. Si es posible, muéstrale el sitio mientras lo describes; si no hay una computadora disponible, dale la dirección de la página para que él o ella pueda mirarla en otro momento.

D. Las riquezas de nuestro mundo. Trabajen en grupos para completar una de estas actividades:

1. Hagan un breve reportaje oral sobre una ciudad hispana nombrada por las Naciones Unidas como parte del Patrimonio Cultural de la Humanidad. Presenten el reportaje a la clase, si es posible con imágenes. Hay una lista de estas ciudades en **http://www.unesco.org**.
2. Hagan una breve descripción oral sobre un animal o planta que esté en peligro de extinción. Presenten la descripción a la clase, si es posible, con imágenes.

Escribamos

 WRITING STRATEGY: Creating a Point of View

An important consideration when writing is to think about who is telling the story. By determining with whose voice the story is told, you can create different ways to view your topic.

Workshop

Through whose eyes is this problem being explained in this letter to the magazine *Cristina*?

Fobia a la cocina

Hace tres años que tengo una novia maravillosa. Tenemos planes de casarnos pero tengo miedo de que nuestro matrimonio fracase porque ella me ha confesado que no le gusta la cocina y que no sabe ni freír un huevo. A mí me encanta comer y estoy acostumbrado a la buena sazón de mi madre. Yo la amo profundamente y no quiero que por esto nuestra relación termine. ¿Qué puedo hacer?

How would the letter be different if it were written by his girlfriend? His mother?

Strategy in action

For additional practice with the strategy of creating a point of view, turn to *Escribamos* in your Activities Manual.

E. Querida Cristina.   Lee otra vez *Fobia a la cocina,* la carta que escribió un señor a la revista *Cristina* para pedir consejos. Contéstale la carta al señor y dale tres consejos para resolver su problema. Toma el punto de vista de una de las personas mencionadas en la estrategia.

F. Según Zulaya.   Escribe la historia del jaguar en Ecuador desde el punto de vista de Zulaya. Incluye su decisión de dárselo a Adriana y darle la piedra a Gafasnegras.

CAPÍTULO 10

COMMUNICATION GOALS

- Indicating subjective emotions and attitudes in the past
- Linking actions
- Describing actions in the remote past
- Clarifying and specifying references to persons and things
- Asking questions
- Expressing opposing opinions

FABRICA DE CARRETAS JOAQUIN CHAVERRI DESDE 1903

La carreta: arte popular costarricense.

	Lección 10A Tradiciones y celebraciones	Lección 10B Las artes
Vocabulario	Holidays • Celebrations • Traditions • Beliefs	The Arts • Crafts • Folk art
Estructura	Imperfect subjunctive • Subjunctive with adverbial clauses • Past perfect tenses	Relative pronouns • Interrogatives: **qué** and **cuál** • **pero, sino,** and **sino que**
Cultura	El carnaval	El muralismo
Lectura	Fiestas centroamericanas	Arte y artesanía
Videodrama *¿Qué pasa con doña Carmen?*	In the wake of a catastrophe, accusations fly. • Adriana and Nayeli have a falling out.	Nayeli, Adriana, and Felipe overhear a telephone message confirming Adriana's suspicions. They make peace and split up to continue their quest.

Lección 10A Tradiciones y celebraciones

A Días festivos y celebraciones

events / are celebrated
parades
fireworks

tend to

resolutions

costumes

Los **hechos°** **históricos o religiosos** y otras fechas significativas **se festejan°** de muchas maneras como por ejemplo, con **desfiles°**, **festivales**, bailes, **conciertos, exhibiciones públicas, fuegos artificiales°** y **ceremonias o ritos** especiales. En muchos de estos eventos, la gente lleva a veces los trajes **folclóricos** del país.

Las celebraciones familiares **suelen°** incluir la preparación de comidas especiales y algunas veces, música y bailes. El fin del año se celebra no solamente con fiestas y fuegos artificiales sino que la gente también hace **propósitos°** para el nuevo año.

En las fiestas populares como los carnavales, la gente lleva a veces máscaras y **disfraces°**. Cuando se celebran fechas históricas o eventos oficiales importantes, se ponen con frecuencia placas o alguna **obra de arte** como **estatuas** y **murales** para conmemorar el hecho.

Dos fiestas importantes del mundo hispano son Semana Santa y el Día de los Muertos.

Semana Santa

Palm Sunday

Easter Sunday

brotherhoods

floats

La Semana Santa es una celebración católica que comienza el Domingo de Ramos° y termina el Domingo de Resurrección°. Las tradiciones de la Semana Santa comenzaron en el siglo XVI cuando la Iglesia Católica intentó presentar la vida de Jesucristo de una manera popular. En los países hispanos hay ceremonias y ritos religiosos durante esa semana. Las celebraciones más famosas tienen lugar en Sevilla, España. Las Cofradías° llevan una procesión por las calles estrechas con pasos° que representan la muerte y la resurrección de Jesucristo. Miles de turistas visitan Sevilla durante Semana Santa para ver las impresionantes procesiones.

Procesión de Semana Santa, Sevilla, España.

Un grabado de "La Catrina" por el famoso artista, José Guadalupe Posada.

Una ofrenda para el Día de los Muertos que incluye pan de muertos, calaveras de azúcar, papel picado y las flores típicas, los cempasúchiles.

El Día de los Muertos en México

Dearly Departed

making fun of / living skulls

offerings

enjoyed

Para los mexicanos, el Día de los Muertos o Día de los Fieles Difuntos° representa algo más que la veneración de sus muertos. En México, a diferencia de otros países, la gente se pasa el día **burlándose**°, jugando y **conviviendo**° con la **muerte.** Se **celebra** con expresiones muy originales como las **calaveras**° de azúcar, el pan de muertos, calaveras de papel maché que se burlan de la muerte, y las tradicionales **ofrendas**°, las cuales se preparan con respeto por los familiares para recordar a los que se han ido. Los alimentos, flores y objetos personales del difunto son parte esencial del altar y según la creencia, los fieles difuntos regresan este día para gozar lo que más **disfrutaban**° cuando estaban vivos. Esta fiesta se celebra entre el 31 de octubre y el 2 de noviembre.

B Algunos días de fiesta

ENERO
1 Día de Año Nuevo
6 Día de los Reyes Magos

FEBRERO
14 Día de San Valentín
Carnaval (Semana anterior al
Miércoles de Ceniza—*Ash Wednesday*)

MARZO
Semana Santa (Fecha variable)
Domingo de Pascua (Fecha variable)

ABRIL
1 Día de los Inocentes (EE.UU., Europa)

MAYO
1 Día del Trabajo (Países hispanos)
5 Día de la Batalla de Puebla (México)

JULIO
4 Día de la Independencia (EE.UU.)

OCTUBRE
12 Día de la Raza
31 Día de las brujas

NOVIEMBRE
1 Fiesta de Todos los Santos
2 Día de los Muertos
Día de Acción de Gracias (Fecha variable)

DICIEMBRE
Hanukkah (Fecha variable)
25 Navidad
26 Kwanzaa
28 Día de los Inocentes (Países hispanos)
31 Nochevieja
Ramadán (Países islámicos/fecha variable)

◗ ACTIVIDADES

A. Antes de escuchar. Antes de escuchar la presentación en **Actividad B**, discute estas preguntas con una pareja.

1. ¿Celebras el año nuevo? ¿Cómo lo celebras? ¿Con quién?
2. ¿Existen en tu ciudad o estado ceremonias o rituales para recibir el año nuevo?
3. ¿Es útil hacer propósitos de año nuevo? ¿Por qué?
4. ¿Cuáles son algunos propósitos que has hecho? ¿Pudiste cumplirlos?

B. La Nochevieja. Escucha la presentación de cómo se celebra la Nochevieja en algunos países hispanos y contesta las preguntas.

1. ¿Cuándo celebramos la Nochevieja?
2. ¿Cuáles son algunos propósitos que solemos hacer?
3. ¿Qué ritual especial hay en España?
4. ¿Qué hacen para celebrar la Nochevieja en Colombia?

C. Asociaciones. ¿Qué fiestas asocias con estas cosas?

1. el verano
2. un árbol verde con decoraciones y luces
3. un picnic
4. un corazón rojo
5. el otoño
6. la primavera
7. el invierno
8. un desfile
9. un regalo
10. un disfraz

D. El Día de los Inocentes. ¿Le has hecho bromas a alguien el Día de los Inocentes? ¿A quién? ¿Qué broma le hiciste y cómo reaccionó la persona? ¿Alguien te ha hecho bromas a ti? ¿Quién? Describe las bromas y cómo reaccionaste tú.

E. Fiestas importantes. Haz una lista de las fiestas que celebras durante el año. Incluye fiestas familiares (cumpleaños y aniversarios), fiestas universitarias (la graduación) o fiestas nacionales y regionales. Compara tu lista con la lista de un/a compañero/a y conversen sobre cómo se celebran las fiestas que han seleccionado.

F. El Día de la Independencia. Describe qué hacías para celebrar el Día de la Independencia cuando eras niño/a. Compáralo con lo que haces ahora.

ESTRUCTURA 10A.1
Indicating Subjective Emotions and Attitudes in the Past

A The imperfect subjunctive

Día de la Independencia

Yo quería que **pasáramos** juntos el 4 de julio.

Lo sé, él quería que **solucionaras** un problema de la compañía y yo mismo te aconsejé que lo **hicieras**.

Sí, pero mi jefe me pidió que **viniera** a Madrid.

El problema ya está **solucionado** y regreso mañana. ¡Feliz 4 de julio para todos!

The highlighted words are in the imperfect subjunctive. To form the imperfect subjunctive of both regular and irregular verbs, eliminate the **–ron** of the *third person plural* of the *preterite* tense (festeja-/tuvie-/pidie-) and add the endings shown below. (To review the forms of the preterite, see pgs. 167, 186, and 192.)

All verbs that are irregular in the preterite are also irregular in the imperfect subjunctive.

| | **Imperfect Subjunctive** | | |
	festejar	**tener**	**pedir**
yo	festej**ara**	tuvi**era**	pidi**era**
tú	festej**aras**	tuvi**eras**	pidi**eras**
Ud./él/ella	festej**ara**	tuvi**era**	pidi**era**
nosotros/as	festej**áramos**	tuvi**éramos**	pidi**éramos**
vosotros/as	festej**arais**	tuvi**erais**	pidi**erais**
Uds./ellos/as	festej**aran**	tuvi**eran**	pidi**eran**

Hubiera (*there was, there were*) is the imperfect subjunctive of **haber**. Like **hay** (*there is, there are*), there is only one form as an active verb.

Fue excelente que **hubiera** tanta gente en la celebración del 4 de julio.

It was excellent that there were so many people at the 4th of July celebration.

Me encantó que **hubiera** tantos platos diferentes en la cena del Día de Acción de Gracias.

It made me happy that there were so many different dishes for the Thanksgiving dinner.

Alternative endings for the imperfect subjunctive are **–se, –ses, –se, –semos, –seis, –sen** added to the third person plural of the preterite after eliminating the indicative ending **–ron.**

B Uses of the imperfect subjunctive

The imperfect subjunctive is used in the dependent clause when the main verb is in the past and its meaning requires the subjunctive. Review the use of the present subjunctive on pages 314, 320, and 352.

Expressing wishes, requests, needs, and desires in the past

Quería que todos **celebráramos** el Carnaval.

I wanted us all to celebrate Carnival.

Expressing subjective feelings in the past

Rafa **se alegró** de que todos **participaran** en el festival.

Rafa was happy that everyone participated in the festival.

Expressing doubt in the past

Todos **dudábamos** que **pudieras** celebrar la Semana Santa con nosotros.

We doubted that you could celebrate Holy Week with us.

Talking about the unknown—subjunctive in adjective clauses

Estábamos buscando un concierto de música que no **fuera** muy caro.

We were looking for a music concert that was not very expensive.

Subjunctive in adverbial clauses*

Fuimos a la celebración **antes de que** Paco **llegara.**

We went to the celebration before Paco arrived.

◆ACTIVIDADES

A. Boda a la vista.   Completa este párrafo sobre el Día de San Valentín usando el imperfecto de subjuntivo.

En el día del amor y la amistad, el Día de San Valentín, me encantaba que mis amigos me _____ (1. enviar) tarjetas y regalos. Una vez, recibí una tarjeta de Héctor, en la que me pedía que _____ (2. salir, yo) con él. En mi respuesta, le dije que yo prefería que _____ (3. venir, él) a mi casa para que mis padres lo _____ (4. conocer). Ese día, antes de que _____ (5. salir, nosotros) a cenar, mis padres nos pidieron que _____ (6. regresar, nosotros) temprano y así lo hicimos. Desde entonces, estamos juntos y ya Héctor me pidió que _____ (7. casarse, yo) con él. Yo le sugerí que _____ (8. esperar, nosotros) un poco, pero creo que nos vamos a casar pronto.

---

*See page 399 later on in this chapter for a list of adverbial clauses that always use the subjunctive.

B. Mis opiniones.   Elige una frase de la columna A y complétala con una frase de la columna B de una manera lógica. Tienes que cambiar el verbo que está entre paréntesis en la columna B al imperfecto de subjuntivo. Después, compara tus oraciones con las de un/a compañero/a.

A	B
1. No nos gustó que	**a.** algunas personas no (celebrar) los días de fiesta.
2. Fue una lástima que	**b.** la gente (fumar) en los restaurantes.
3. Me pareció mal que	**c.** tú no (querer) regalarme algo el Día de los Reyes Magos.
4. Dudé que	**d.** no (haber) más gente en el Carnaval.
5. Me alegré de que	**e.** Pedro me (enviar) una tarjeta para el Día de San Valentín.
	f. no (haber) casas embrujadas (*haunted*) el Día de las brujas.

C. En la finca de doña Carmen.   Hubo una falla eléctrica y se fue la luz (*the lights went out*). Felipe y Adriana hacen conjeturas sobre la causa del incidente, mientras Nayeli trata de buscar una explicación lógica. Lee el diálogo y después haz la actividad.

ADRIANA: ¿No les parece coincidencia que ella haya desaparecido precisamente en estos momentos?

FELIPE: No, que se cortara la luz no me parece nada irregular; es normal. Adriana, fuera o dentro de la ciudad, a menudo ocurre ese tipo de falla eléctrica. Deberíamos estar° contentos de que no pasara nada grave.   *We should have been*

ADRIANA: Bueno, si ustedes no están preocupados, yo tampoco debo alarmarme. De todas maneras, me inquieta que doña Carmen haya desaparecido.

NAYELI: Adriana, por favor, no empieces con tus indirectas. Mi madrina está haciendo lo que haría cualquiera°: está tratando de solucionar el problema. No hay por qué alterarnos.   *what anyone would do*

Ahora, imagina que Adriana, Felipe y Nayeli comentan sus experiencias sobre lo que sucedió. Completa las frases con el imperfecto de subjuntivo.

1. ADRIANA: No me pareció que el incidente _____ (ser) una coincidencia.
2. FELIPE: Yo no creía que _____ (haber) problemas o irregularidades.
3. FELIPE: Era normal que ese tipo de fallas _____ (pasar).
4. ADRIANA: Era preciso que nadie _____ (alarmarse) ni (preocuparse) _____ .
5. NAYELI: Yo le rogué a Adriana que no _____ (empezar) con sus indirectas.
6. NAYELI: Yo les pedí a Felipe y a Adriana que _____ (creer) que mi madrina estaba tratando de solucionar el problema.
7. NAYELI: Yo les pedí a Adriana y Felipe que por favor, no _____ (alterarse, ellos).

D. ¿Padres estrictos? Cuando eras pequeño/a, tus padres te pedían que hicieras muchas cosas. Haz una lista de las cosas que tus padres te pedían que hicieras con más frecuencia. Utiliza algunos de estos verbos en el pasado para comenzar tus frases. Después, pregúntale a tu compañero/a qué le pedían sus padres.

MODELO *Mis padres me pedían que me acostara temprano.*

querer	preferir	ser importante	sugerir
pedir	insistir	decir	rogar

CULTURA

Latinoamérica

El carnaval

El Carnaval tiene su origen en las fiestas que se han celebrado por siglos, en las regiones católicas europeas durante los cuatro días anteriores a la Cuaresma. Estas

Desfile de carnaval en Lima, Perú.

fiestas no tienen actualmente carácter religioso, sino que son celebraciones, con bailes, música, comidas deliciosas, disfraces y frecuentemente, con desfiles por las calles. El Carnaval termina el martes, víspera de la Cuaresma, la cual comienza el Miércoles de Ceniza. El Carnaval se celebra de diferentes maneras en algunas ciudades y pueblos de los países hispanos, pero tienen una cosa en común: es una época de fiestas populares.

DISCUSIÓN EN GRUPOS

1. ¿Dónde se celebra el Carnaval en los Estados Unidos?

2. Donde ustedes viven, ¿se celebran fiestas para recordar un evento histórico o en honor de una persona famosa? ¿Hay comidas especiales y desfiles por las calles?

3. ¿Cómo se celebran los cumpleaños y los aniversarios de boda en la familia de cada uno/a de ustedes?

Internet

POR INTERNET

Usa Internet para encontrar información sobre fiestas y celebraciones patrióticas en Latinoamérica. Empieza tu búsqueda con el nombre de un país en particular (**México, Costa Rica, Perú, Uruguay**) y una de estas palabras claves:

Palabras claves fiestas patrióticas; fiestas nacionales; día de la independencia.

Cuando encuentres una página informativa en español, estúdiala y escribe un breve resumen de lo que dice. Comparte tu párrafo con un/a compañero/a de clase que tenga la página de un país diferente al tuyo. Comparen y describan las diferencias y semejanzas más importantes entre estos dos países.

VOCABULARIO 10A.2

Talking about Traditions and Beliefs

■ Tradiciones y creencias

developed
evil

placate the gods

dispel

En todas las culturas se han desarrollado° ritos y ceremonias para **prevenir catástrofes** y **males°**, para pedir favores especiales y para **conmemorar** eventos importantes. Muchas ceremonias antiguas estaban relacionadas con el deseo de **aplacar a los dioses°** para que ellos protegieran a la población, a los animales y los alimentos. También podían celebrarse para **alejar°** a **los malos espíritus** que causaban enfermedades y males.

La adoración al sol

crops
power
births

Los incas **adoraban** al dios Sol o Inti, que controlaba los **fenómenos** de la naturaleza, como la lluvia y las **cosechas°**. Además creían que él tenía **poder°** sobre los ritmos de la vida como **los nacimientos°**, las enfermedades y la muerte. Para los aztecas, el dios Sol también era **poderoso** y le ofrecían **sacrificios.**

Easter Bunny

El conejito de Pascua°

lack

En las épocas precristianas, se celebraba la renovación de la naturaleza al llegar la primavera. En esas celebraciones se pedía **la fertilidad** de la tierra y de los animales para que no faltaran° alimentos en el invierno. Los huevos y los conejitos de Pascua son antiguos **símbolos** de fertilidad.

◆ACTIVIDADES

A. Preguntas. Contesta las preguntas según la lectura y tus experiencias propias.

1. ¿Por qué se desarrollaron ritos en las culturas antiguas?
2. ¿Con qué se relacionaban muchas ceremonias religiosas?
3. ¿Por qué adoraban los incas el sol? ¿Y los aztecas?
4. ¿Qué significaba antes el conejito de Pascua? ¿Qué significa para ti?
5. ¿Qué creencias conocen para llamar la buena suerte? ¿Y qué creencias conocen para alejar la mala suerte?
6. ¿Existe la buena suerte? ¿Existe la mala suerte? ¿Es necesaria la suerte para tener éxito?

B. Las supersticiones. ¿Qué significan estas supersticiones y tradiciones? Discútelas con una pareja.

soplar las velas de un
pastel de cumpleaños

el gato negro

tirar monedas en la fuente

el número 13

el trébol

la herradura

un espejo roto

una escalera

C. Talismanes y amuletos. El talismán o amuleto es un objeto que se lleva en el cuerpo como seguridad personal contra los malos espíritus y también para traer buena suerte a la persona que lo lleva. ¿Crees que los talismanes o amuletos traen la buena suerte? ¿Sueles llevar un talismán? ¿Cuáles son algunos de los talismanes más populares? Haz una lista de los talismanes que conoces y para qué se usan. Trabajen en grupos.

ESTRUCTURA 10A.2

Linking Actions

Subjunctive with adverbial clauses

El altar de mi abuelito

Tenemos que adornar el altar **para que quede** bonito.

Va a estar listo pronto, **con tal de que** todos **trabajemos** juntos.

Antes de que muriera, al abuelito le gustaban estos dulces.

You have already learned that some adverbial conjunctions can take the indicative or the subjunctive (pg. 372). Other adverbial conjunctions are always followed by the subjunctive regardless of the tense.

Conjunctions always followed by the subjunctive	
a fin de que	*in order that*
a menos que	*unless*
antes de que	*before*
con tal de que	*provided that*
en caso de que	*in case*
para que	*so that*
sin que	*without*

If the verb in the main clause is in the present then the present subjunctive is used in the dependent clause. If the verb in the main clause is in the preterite or imperfect, then the imperfect subjunctive is used in the dependent clause.

Tus exámenes no van a salir bien **a menos que** estudies.	*Your exams won't have good results unless you study.*
Los incas adoraban al sol **para que** los **protegiera.**	*The Incas worshiped the sun, so that it would protect them.*
Machu Picchu existió por **siglos sin que nadie** lo **supiera.**	*Machu Picchu existed for centuries without anyone knowing about it.*

The adverbial expression **como si** *(as if, as though)* is always followed by the imperfect subjunctive:

Mis amigos me hicieron bromas **como si** hoy **fuera** el Día de los Inocentes.	*My friends played tricks on me as if today were April Fool's Day.*

When there is no change of subject, the adverbial conjunctions above (except for **a menos que**) can be followed by an infinitive after the preposition: **antes *de* salir**, ***para* escuchar**, ***sin* terminar**, and so on. In these cases "**que**" is omitted. The sentence may begin with either clause.

Antes de ir al Carnaval, tenemos que buscar la dirección.	*Before going to the Carnival, we have to look for the address.*
Tenemos que buscar la dirección **antes de ir** al Carnaval.	*We have to look for the address before going to the Carnival.*

⟨⟩ACTIVIDADES

A. Nochevieja. Juan Carlos y Beatriz están haciendo una paella para la cena de Nochevieja. Completa el diálogo con la forma correcta del presente o del imperfecto de subjuntivo.

1. Mira, Juan, estos ingredientes son para que tú _____ (hacer) la paella.
2. Está bien, Beatriz, la voy a hacer con tal de que tú me _____ (ayudar).
3. Mira, te escribí la receta con letras grandes en caso de que tú no _____ (poder) leerla en el libro de cocina.
4. Todo tiene que estar listo antes de que _____ (llegar) los invitados.
5. Van a llegar temprano, a menos que _____ (ocurrir) algo inesperado.

B. Así son las cosas.   Elige una oración de la columna A y complétala de una manera lógica con una oración de la columna B. Compara tus oraciones con las de un/a compañero/a.

A	**B**
1. Te compré el estéreo	a. antes de que te envíen los libros.
2. Llegamos a tiempo	b. en caso de que el avión llegara antes de la hora.
3. Les voy a decir la verdad	c. a menos que nos ganemos la lotería.
4. Debes preguntar el precio	d. sin que tuviéramos que preguntar la dirección.
5. No podemos comprar ese auto	e. a fin de que me explicaras el problema.
6. Te llamé	f. para que escucharas tu música favorita.
7. Fuimos más temprano al aeropuerto	g. con tal de que no se la cuenten a nadie.

C. Sorpresa desagradable.   Doña Carmen y sus invitados descubren que alguien se ha robado los jaguares y hacen conjeturas sobre quién lo hizo. Lee el diálogo y después haz la actividad con un/a compañero/a.

DOÑA CARMEN:	¡Qué horror! ¿Qué es eso?
NAYELI:	Esto fue Armando, tuvo que ser Armando, pero ¿cómo supo que estábamos aquí? ¿Cómo pudo robárselos bajo nuestras propias narices?
ADRIANA:	¡No puede ser, después de todo lo que hemos pasado para recuperar los jaguares!
DOÑA CARMEN:	No se preocupen. Tengo videocámaras, todo está vigilado. El autor de este crimen no podrá° escapar.
ADRIANA:	¿Funcionan las videocámaras sin electricidad?
FELIPE:	Adriana, no digas nada hasta que no sepas la verdad.

will not be able to

Ahora, completa las oraciones con el presente, el imperfecto de subjuntivo o el infinitivo de los verbos entre paréntesis.

1. Nadie pudo robarse los jaguares a menos que _____ (saber) que estaban allí.
2. Antes de que alguien _____ (robar) los jaguares, hubo una falla eléctrica en la finca.
3. Hemos pasado por muchas dificultades a fin de _____ (recuperar) los jaguares.
4. Hay videocámaras y todo está vigilado para que el ladrón no _____ (escaparse).
5. Las videocámaras necesitan electricidad para _____ (funcionar).
6. Adriana no debe decir nada a menos que _____ (saber) la verdad.

D. Condiciones. Trabaja con un/a compañero/a y completa estas oraciones con tus propias ideas.

1. Yo siempre les ayudo a mis amigos con tal de que ellos...
2. Es bueno ahorrar dinero en caso de que...
3. Es terrible tener problemas sin que alguien te...
4. No puedo salir de vacaciones a menos que...
5. Llamé a mis padres para que ellos...
6. Ayer gasté mucho dinero, como si yo...

ESTRUCTURA 10A.3
Describing Actions in the Remote Past

■ **Past perfect indicative and past perfect subjunctive**

Gerónimo   Maricarmen   Josefina

El desfile

had participated
had organized

MARICARMEN: ¡Yo nunca **había participado**° en un festival de trajes típicos!
GERÓNIMO: Fue magnífico que **hubieras organizado**° todo tan bien, Josefina.
JOSEFINA: Gracias. Mira, la primera chica del desfile lleva un Ojo de Dios en la mano.

had included

GERÓNIMO: Sí, la vi pasar. Fue magnífico que **hubieras incluido**° artesanías también.

The past perfect indicative tense (or pluperfect indicative) is a compound formed with the imperfect tense of the auxiliary verb **haber** in combination with the **past participle** of the main verb that indicates the action.

The past perfect subjunctive (or pluperfect subjunctive) is a compound tense formed with the imperfect subjunctive of the auxiliary verb **haber** + the **past participle** of the verb.

Past perfect forms				
	Indicative	Subjunctive	+	Past participle
yo	había	hubiera		hablado
tú	habías	hubieras		comido
Ud., él/ella	había	hubiera		salido
nosotros/as	habíamos	hubiéramos		ido
vosotros/as	habíais	hubierais		oído
Uds., ellos/as	habían	hubieran		hecho

In Spanish, no word can come between **haber** and the **past participle** in all compound forms (see present perfect indicative, pg. 375; present perfect subjunctive, pg. 379). Direct and indirect object pronouns, as well as reflexive pronouns, always come before the conjugated form of **haber.**

Cuando llegué a la galería, ya el público **se había ido.**
When I arrived in the gallery, all visitors had left.

No me gustó que el coleccionista no lo **hubiera comprado.**
I was not happy that the art collector had not bought it.

The past perfect indicative

Like the present perfect tense, the *past perfect (el pluscuamperfecto) indicative* is used to talk about an action or event that happened before another past action or event.

Cuando yo tenía veinte años, ya **había pintado** algunas acuarelas.
When I was twenty, I had already painted a few watercolors.

The past perfect subjunctive

As with the present perfect subjunctive, the *past perfect (el pluscuamperfecto) subjunctive* appears in the subordinate clause when the idea in the main clause expresses wishes or needs, emotions or doubt (see summary on pg. 394). The action expressed by the past perfect subjunctive must have occurred before the one described by the main verb.

Me alegró mucho que me **hubieras invitado** a la exposición.
It made me happy that you had invited me to the exhibition.

◑ACTIVIDADES

A. ¿Qué había pasado antes? Francisco llegó muy tarde a la fiesta de celebración del cuatro de julio. Utiliza el pluscuamperfecto de indicativo para relatar qué había pasado antes de que llegara Francisco. Sigue el modelo.

MODELO   La celebración (empezar) a las nueve.
La celebración había empezado a las nueve.

1. La banda (tocar) por tres horas.
2. Algunas parejas (bailar) mucho.

3. Muchos invitados (comer) aperitivos y (beber) cerveza y vino.
4. Un grupo musical (cantar) canciones nacionales típicas.
5. Todos nosotros (divertirse) muchísimo.
6. La comida (terminarse).

B. Las distintas épocas de mi vida. Indica cinco actividades que ya habías hecho antes de matricularte en la universidad. También anota las diferentes edades: cuando tenías tres, seis, nueve, doce, quince o dieciséis años, por ejemplo. Utiliza el pluscuamperfecto de indicativo y sigue el modelo.

MODELO *un año / caminar*
Cuando yo tenía un año, ya había aprendido a caminar.

C. Las preferencias de la familia. Con una pareja, conversa sobre las siguientes actividades que hiciste en el pasado. Describe si le gustaron o no a tu familia. Sigue el modelo. Emplea el pluscuamperfecto de subjuntivo y el vocabulario de este capítulo.

MODELO tocar la trompeta en la fiesta de graduación
A mi familia le gustó que yo hubiera tocado la trompeta en la fiesta de graduación.

1. ir a las exposiciones de arte
2. llegar tarde el fin de semana pasado
3. pintar con mis amigos un mural para nuestra ciudad
4. conducir el auto principal en el desfile del 1° de mayo
5. divertirse hasta el amanecer para celebrar el Año Nuevo
6. participar en el coro que cantó para el presidente del país

D. Mis memorias. Imagínate que tienes noventa y cinco años y estás escribiendo tus memorias. Allí dices que te arrepientes de haber hecho diez cosas en tu vida. Usa **ojalá** y el pluscuamperfecto de subjuntivo para describirlas. Explica también por qué te arrepientes de ellas. Sigue el modelo.

MODELO *Ojalá que yo no hubiera roto el antiguo plato de cerámica de mi mamá cuando era niño/a.*

VIDEODRAMA 10A ¿Qué pasa con doña Carmen?

Preparémonos

A. En el último episodio... Trabajen en parejas. Repasen las escenas del *Videodrama 9B* y elijan al personaje que corresponde a cada descripción.

1. Admiran la flora y la fauna de Costa Rica.
2. Se portan *(behave)* sospechosamente.
3. Le habla de doña Carmen a Nayeli.
4. Describe los artefactos robados.
5. Caminan cerca de la hacienda de doña Carmen.

a. Gafasnegras
b. Zulaya
c. los pintores
d. Felipe
e. Adriana

Answers: 1. d, e; 2. c; 3. e; 4. e; 5. d, e.

B. Somos detectives. En parejas, hablen sobre la conversación entre doña Carmen y Nayeli. ¿Dónde están los jaguares gemelos? ¿Qué están pensando Adriana y Felipe?

Resumen del video

When the lights come back on, Adriana and Felipe notice that doña Carmen has left the dining room. Adriana shares her growing suspicions about doña Carmen with Nayeli. They all discover that the jaguar twins are now both missing.

Miremos y escuchemos

C. Mis observaciones. Mientras miras y escuchas el episodio, indica si estas frases son verdaderas (**V**) o falsas (**F**). Corrige las frases falsas.

1. En la finca se corta la luz.
2. Adriana no se altera cuando se corta la luz.
3. Las fallas eléctricas son normales en esta zona de Costa Rica.
4. Cuando se corta la luz, doña Carmen permanece en la habitación.
5. Felipe va a examinar el generador.
6. La casa de doña Carmen es vieja.
7. Los jaguares gemelos desaparecen.
8. Según Nayeli, Zulaya se robó los jaguares.
9. Nayeli trata de calmarlos a todos.
10. La casa de doña Carmen está vigilada con videocámaras.

Comentemos

D. Comprensión. Trabajando en grupos, contesten las preguntas.

1. ¿Quiénes están en el comedor en esta escena?
2. ¿Qué pasa con la luz? ¿Cómo reacciona Adriana?
3. ¿Quién no está en el comedor?
4. ¿Están Felipe y Nayeli preocupados por la falla eléctrica?
5. ¿Quién sale de la casa de doña Carmen? ¿Dónde estuvo doña Carmen? ¿Cuántas veces por mes se corta la electricidad?
6. ¿Qué descubren al pasar a la sala? Según Nayeli, ¿quién se robó los jaguares gemelos?
7. ¿Qué usa doña Carmen para vigilar la finca?
8. Al final de este episodio, ¿cómo reaccionan Adriana y Nayeli?

E. La ahijada. Describe la actitud de Nayeli hacia doña Carmen en este episodio. ¿Todavía tiene confianza en su madrina? ¿Por qué? ¿Cómo se siente ella al empezar y al terminar el episodio? Explica.

F. Robo. Trabajen en parejas. ¿Para dónde creen que va el ladrón de los jaguares gemelos? ¿Qué deja en el mueble en lugar de los gemelos? ¿Para quién trabaja?

G. Nuestra opinión. En grupos de tres, analicen el significado de estos comentarios. ¿Quiénes los dicen? Digan si están de acuerdo o no, dando ejemplos del video y de la vida. Luego, intercambien las respuestas con otro grupo y compárenlas.

1. "Los ladrones son muy ingeniosos."
2. "No digas nada hasta que no sepas la verdad. Es muy fácil sacar conclusiones erróneas."

Honduras,
Nicaragua,
El Salvador

LECTURA

Prelectura

 READING STRATEGY: Taking Notes in a Chart

When reading a passage with many facts, it is helpful to keep track of the who, what, when, where, and why of the reading. To prepare yourself for the reading on festivals, create a chart like the following and fill in the specified information, in your own words, as you read about three Central American countries. The countries are already filled in for you.

País	Población	Gobierno / Economía	Geografía / Clima	Festival/ Celebración	Otros datos
Honduras					
Nicaragua					
El Salvador					

Fiestas centroamericanas

Honduras, Nicaragua y El Salvador son tres países de Centroamérica que tienen unas características en común y algunos aspectos diferentes.

Honduras

La república de Honduras es muy montañosa; tiene una historia de inestabilidad con muchos cambios de gobierno y guerras°. Económicamente, es el país más pobre de Centroamérica.

Honduras es el páis de mayor población en Centroamérica. Durante dos semanas de enero, se celebra en Cedro, un pueblo al norte de Tegucigalpa, la capital

wars

El festival de la Virgen de la Concepción en Tegucigalpa, Honduras.

hondureña, el festival del Señor del Buen Fin. Durante esta fiesta se sirven comidas tradicionales y se celebran ceremonias religiosas. Como en muchos países hispanos, el ocho de diciembre se celebra el día de la Virgen de la Concepción y las festividades se prolongan durante una semana.

Un desfile en el Festival de Santo Domingo, Nicaragua.

Nicaragua

En área, Nicaragua es el país más grande de Centroamérica. Tiene una historia de muchas guerras y poca paz°. En el centro del país hay montañas y tiene costas tanto en el Atlántico como en el Pacífico. Managua, la capital y la ciudad más grande, sufrió gran destrucción en el terremoto de 1972 y en la Revolución de 1978–1979. En agosto, hay festivales en honor al santo patrón de Nicaragua, Santo Domingo. Estos festivales se celebran con ceremonias religiosas, corridas de toros°, carreras de caballos° y peleas de gallos°.

peace

bullfights / horse races / cock fights

El Salvador

El Salvador es la república más pequeña y más densamente poblada de Centroamérica. Ha sufrido muchas guerras y catástrofes naturales. Es el único país de Centroamérica sin acceso al mar Caribe, pero su geografía es variada y sus numerosos volcanes producen una tierra excelente para el cultivo del café. Tiene también más de doscientas variedades de orquídeas. En El Salvador se celebran muchos festivales tanto religiosos como populares como la fiesta de El Salvador, en la que hay desfiles de carrozas° decorativas por las calles. El doce de diciembre es la celebración del Día del Indio, en el que hay desfiles muy coloridos en honor a la Virgen de Guadalupe. ■

Un festival en El Salvador.

floats

Postlectura

A. Comprensión. Trabajen en grupos y contesten las preguntas sobre la lectura.

1. ¿Cómo es Honduras geográficamente?
2. ¿Cuál es la capital de Honduras?
3. ¿Qué flores hay en El Salvador? ¿Por qué se puede cultivar mucho café?
4. ¿Tiene El Salvador playas en el mar Caribe?
5. ¿Cuál es la capital salvadoreña?
6. ¿Cuál es el país de más población en Centroamérica?
7. ¿Qué desastre natural sufrió Managua?
8. Menciona un festival de cada país.

B. Mis datos. Compara la información que has puesto en tu tabla en la página 406 con la información de otro/a compañero/a.

C. Otros países de Centroamérica. Trabajen en grupos y repasen algunas de las características de las otras repúblicas centroamericanas que aprendiste en el capítulo 9: Panamá, Costa Rica y Guatemala. Usen una tabla para escribir y comparar los datos.

D. Festivales y festividades. Trabajen en grupos de dos o tres personas. Cada estudiante describe una celebración, un festival, día de fiesta, carnaval o ceremonia religiosa especial de su estado, región o país. Incluyan detalles sobre diferentes aspectos de la celebración.

Lección 10B   Las artes

VOCABULARIO   10B.1
Talking about Art and Artists

A **El estudio de arte** *(The Art Studio)*

la pintura
(Painting)

el pintor
el pincel
la paleta
el retrato
el cuadro
el marco

la escultura
(Sculpture)

la madera
la escultora
el bronce
el mármol

la cerámica
(Ceramic)

la ceramista
la vasija
la arcilla (el barro)

el dibujo
(Drawing)

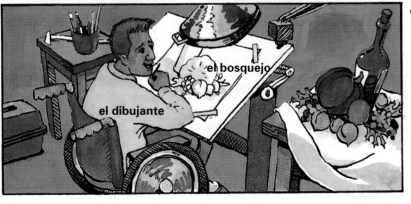

el bosquejo
el dibujante

MÁS PALABRAS Y EXPRESIONES

COGNADOS

el arte* clásico, contemporáneo,   el detalle
   moderno, abstracto   la figura
el/la artista   la forma
la composición   la ilustración
el contraste   el/la modelo

SUSTANTIVOS

el autorretrato *self-portrait*   la exposición *art exhibit*

VERBOS

colgar (ue) *to hang*   dibujar *to draw*
construir *to construct, build*   pintar *to paint*
crear *to create*

EXPRESIONES DIVERSAS

claro/a *light*   en color/es *(in) color*
en blanco y negro *black and white*   oscuro/a *dark*

*Note that in Spanish **el arte** is masculine when singular, but the plural form, **las artes**, is feminine.

B Movimientos artísticos

Most artistic periods are described in English with the suffix *–ism*. The corresponding Spanish term ends in **–ismo.** For example:

     modernism = **modernismo**   *impressionism* = **impresionismo**

An artist who belongs to a particular school of painting is referred to in English with the suffix *–ist.* The corresponding Spanish term ends in **–ista.** Note that the ending is the same whether the artist is male or female.

     modernist = **el/la modernista**   *impressionist* = **el/la impresionista**

What do you think the Spanish terms for the following might be?

cubism, cubist, realism, realist, surrealism, surrealist, expressionism, expressionist, romanticism, romanticist, muralism, muralist

⟨⟩ACTIVIDADES

A. Preguntas personales.   Contesta las preguntas.

1. ¿Qué tipo de arte te gusta más? ¿Por qué?
2. ¿Quién es tu artista favorito/a? ¿De dónde es? ¿Qué tipo de obras crea?
3. ¿Te gusta ir a museos? ¿Por qué sí o por qué no?
4. ¿Conoces a algunos artistas hispanos? ¿Cuáles? ¿De dónde son? Describe sus obras.

B. Arte moderno. ¿Qué piensas de estas obras artísticas? En grupos, contesten las preguntas y describan cada cuadro.

Xul Solar

1. ¿Qué colores usa el artista?
2. ¿Cuáles son las formas dominantes del cuadro?
3. ¿Qué símbolos reconocen? ¿Qué relación tienen con el tema del cuadro?
4. Según su opinión, ¿tiene el artista una visión positiva del mundo? ¿Por qué?

"Patria B", Xul Solar

Frida Kahlo

1. ¿Es el cuadro serio o divertido? ¿Qué elementos expresan esa emoción?
2. ¿Qué diferencia hay entre las dos Fridas del cuadro?
3. ¿Qué elementos en común tienen las dos Fridas?
4. ¿Por qué creen que los corazones son visibles?
5. ¿Qué les dice este autorretrato de Frida Kahlo sobre ella?

"Las dos Fridas", Frida Kahlo (1939)

Marisol

1. ¿Cómo es la familia? ¿Parece rica, pobre, feliz o infeliz? ¿Cómo lo saben?
2. Describan a cada miembro de esta familia. ¿Dónde está el padre?
3. ¿Por qué creen que la artista usa la escultura para expresar este motivo?
4. Describan los colores.

Marisol (Marisol Escobar), "The Family" (1962). Painted wood and other materials in three sections, overall, 6'10⅝" x 65½" x 15½" (209.8 x 166.3 x 39.3 cm). The Museum of Modern Art, New York. Advisory Committee Fund. Photograph © 1998 The Museum of Modern Art, New York.

C. Preséntala. En una revista o libro de arte, escoge una foto de una obra de arte que te guste. Tráela a la clase y descríbesela.

ESTRUCTURA 10B.1

Clarifying and Specifying References to Persons and Things

◼ Relative pronouns

IRENE: Hola Elena. Te presento a Roberto.

ROBERTO: Mucho gusto, Elena.

ELENA: Encantada. ¿Eres el periodista **con quien** hablé ayer?

ROBERTO: Sí, soy yo. Gracias por darme esta entrevista.

ELENA: Con mucho gusto. Me dice Irene que eres el único periodista **que** sabe de arte.

ROBERTO: ¡Irene es **la que** más sabe! Ella dice que los cuadros **que** exhibes hoy son excelentes.

ELENA: Gracias, Roberto.

ROBERTO: ¿Cuál es la técnica que usas actualmente?

ELENA: Ahora pinto principalmente al óleo, pero **lo que** más quiero es experimentar con otras técnicas.

ROBERTO: ¿Como cuáles?

ELENA: La acuarela y la fotografía son **las que** más me interesan.

ROBERTO: Entonces me tienes que invitar a tu próxima exposición.

ELENA: ¡Por supuesto!

Relative pronouns combine two sentences that have a noun or pronoun in common. The main relative pronouns in English are *that, which,* and *who/whom,* all of which are sometimes omitted. In Spanish, they must be used.

Que refers to things as well as people (*that, which, who*).

Compré un pequeño cuadro **que** quiero regalarte.	*I bought a small painting that (which) I want to give you.*
Tengo un primo **que** es escultor.	*I have a cousin who is a sculptor.*

(**El / la / los / las**) **que** can be used with **ser** to refer to people or things (*the one(s) who/that, those who/that*). Note that these phrases can be reversed to precede **ser.** This structure is often used to refer to an item that was previously mentioned.

Esta pintura es **la que** quiero comprar.	*This painting is the one that I want to buy.*
Mi hermano Juan es **el que** estudió en España el año pasado.	*My brother Juan is the one who studied in Spain last year.*
Me gusta esta pintura, pero no la voy a comprar. **La que*** voy a comprar es aquélla.	*I like this painting, but I'm not going to buy it. The one that I am going to buy is that one over there.*

*Notice that **la que** refers to **la "pintura" que.**

Lo que refers to an idea or a previous situation (*what, that which*).

A mi papá no le gustó **lo que** le pintó el artista.	*My dad did not like what the artist painted for him.*
Lo que queremos es un cuadro de un artista nacional.	*What we want is a painting by a national artist.*

Quien/quienes refers only to people (*who/whom*) and is used after prepositions and the personal **a.**

Maricarmen Hernández es la médica **a quien** consulto cuando me siento enfermo.	*Maricarmen Hernandez is the doctor whom I consult when I feel sick.*
Éste es el artista **con quien** hablé sobre el arte latinoamericano.	*This is the artist with whom I talked about Latin American art*

◖⟩ ACTIVIDADES

A. José y Josefina. José y Josefina están planeando sus actividades este fin de semana. Completa su conversación con el pronombre relativo que corresponda. Usa **que, quien, lo que** o (**el/la/los/las**) **que.**

JOSEFINA: ¿Qué quieres hacer hoy?

JOSÉ: Me gustaría ver la exhibición de Fernando Botero (1)_____ se presenta en el museo de arte.

JOSEFINA: Pues no sé. (2)_____ realmente quiero hacer es ir al cine. ¿Qué tal si vamos al cine hoy y al museo mañana?

JOSÉ: Pero, es que ya compré las entradas para el museo.

JOSEFINA: A ver... ¿son éstas (3)_____ compraste?

JOSÉ: Sí, ésas son.

JOSEFINA: Pues, la persona (4)_____ te las vendió se equivocó. Las entradas eran para ayer.

JOSÉ: Entonces la chica con (5)_____ hablé se equivocó. Mañana las cambio y hoy podemos ir al cine. ¿Cuál es la película (6)_____ quieres ver?

JOSEFINA: (7)_____ quiero ver es la nueva película de Pedro Almodóvar.

JOSÉ: Es el director español a (8)_____ más admiro.

B. Comprensión.   Conecta lógicamente las ideas en las dos oraciones con el pronombre relativo **que**.

> **Modelo**   Laura es una buena artista. Sabe mucho sobre pintura al óleo.
> *Laura es una buena artista que sabe mucho sobre pintura al óleo.*

1. Diana tiene un dibujo. El dibujo es nuevo.
2. Me regalaron una escultura. La escultura es de bronce.
3. Voy al museo mañana. El museo está cerca de mi casa.
4. ¿Dónde está la arcilla? Compré la arcilla ayer.
5. Le regalé un cuadro a Yolanda. Pinté el cuadro en junio.
6. Tengo un bosquejo. El bosquejo representa una naturaleza muerta.
7. Alicia es una artista guatemalteca. Ella enseña arte a los niños.
8. En la exposición, hay autorretratos de Frida Kahlo. Sus autorretratos son interesantes.

CULTURA

Arte latinoamericano

El muralismo

El muralismo fue un movimiento de renovación en el arte latinoamericano a principios del siglo XX. Apareció en México y se extendió por casi todos los países hispanos, en especial, en los que hay un alto porcentaje de población indígena, como Bolivia y Ecuador. Los murales tienen generalmente grandes dimensiones y sus motivos centrales representan eventos históricos o elementos de la identidad nacional. Uno de los objetivos más importantes del muralismo fue la educación política de los ciudadanos.

Los principales muralistas mexicanos fueron Diego Rivera, David Alfaro Siqueiros y José Clemente Orozco. En el Ecuador, se ha destacado Osvaldo Guayasamín; en Bolivia, Miguel Alandia Pantoja, y en Colombia, Pedro Nel Gómez.

DISCUSIÓN EN GRUPOS

1. ¿Hay decoraciones especiales en edificios, parques o casas en su ciudad? Descríbanlas.

2. ¿Qué murales hay en la región de ustedes? ¿Conocen murales en otros estados? ¿Cómo son y qué representan?

3. ¿Son las pinturas de las cavernas expresiones artísticas de nuestros antepasados? ¿Son los grafitis una expresión artística?

POR INTERNET

Busca información sobre el muralismo mexicano en Internet. Empieza tu búsqueda con el nombre de uno de estos grandes muralistas: **Diego Rivera, José Clemente Orozco** o **David Alfaro Siqueiros.** Cuando encuentres su obra, elige el mural que más te guste y escribe un corto reportaje para la clase. Incluye el título, las dimensiones, la localización y el tema principal de la obra (la sociedad, la política, la industria, la religión, la educación, la naturaleza, la historia humana o nacional). ¿En qué año se completó? Comenta el contenido del mural, las formas y los colores. Habla un poco de tu reacción personal a la obra. Completa tu reportaje con alguna de las imágenes que has encontrado sobre la obra.

"El Mercado de Tenochtitlán", de Diego Rivera.

VOCABULARIO 10B.2
Talking about Crafts and Folk Art

■ Objetos artesanales

ALEBRIJES

En Oaxaca se hacen **artesanías** como estas figuritas de madera **pintadas a mano**. Son muy populares entre los **coleccionistas**, y además se consideran como talismanes de la buena suerte. Hay alebrijes en forma de unicornios, jirafas, iguanas, jaguares, armadillos, etcétera.

Alebrijes en forma de jaguar, Oaxaca, México.

OJO DE DIOS

Muchos símbolos indígenas fueron destruidos durante la colonización española de América, pero el Ojo de Dios **ha permanecido**° desde entonces porque tiene forma de **cruz**°. En muchas partes se usa como talismán porque se cree que trae buena suerte.

has remained
cross

RÉPLICAS PRECOLOMBINAS

En Colombia **se fabrican**° actualmente **réplicas** de objetos precolombinos **de oro**. Estas **piezas** se usan como joyas, como decoración en las casas o como **adornos** de bolsos o cinturones.

are made

EL DAMASQUINADO

En la ciudad española de Toledo, **hábiles**° **artesanos** trabajan con la técnica del damasquinado, es decir, la decoración de metales preciosos. Allí se fabrican hermosos objetos como el que vemos en la foto, con adornos **dorados**° de diseños de influencia árabe.

skilled

golden

Chica mexicana con un "Ojo de Dios" en la mano.

Una máscara precolombina, Museo del Oro, Bogotá.

Artesano toledano.

◎ACTIVIDADES

A. Clasificación de los objetos artesanales. Trabaja con un/a compañero/a y construye una tabla para clasificar los cuatro objetos artesanales descritos (*described*) arriba.

	Alebrijes	Ojo de Dios	Réplicas precolombinas	Damasquinado
origen				
material				
uso				
colores				

B. Las arpilleras. En algunos países de Suramérica, las mujeres forman grupos económicos y a veces políticos para hacer unos tapices que se llaman arpilleras. Escucha el texto y escribe (**P**) si la descripción pertenece a las arpilleras del Perú y (**C**) si pertenece a las de Chile.

Una arpillera peruana.

Una arpillera chilena.

1. _____ expresión social
2. _____ la vida diaria
3. _____ bodas y celebraciones
4. _____ la historia del país
5. _____ dictadura militar
6. _____ historia de la artista

C. Interpretación. Compara las escenas de las dos arpilleras en la **Actividad B.** ¿Qué o quiénes están en la escena? ¿Qué hacen?

D. Artesanías personales. Diseña un objeto artesanal que represente la historia de tus antepasados. Puede ser real o imaginario. Dibújalo y describe su historia incluyendo qué es, para qué se usa y con qué material se hace.

ESTRUCTURA   10B.2
Asking Questions

■ Differentiating between *qué* and *cuál*

ROSA: ¿**Cuál de** todas las pinturas te gusta más en esta sala?
LUIS: No sé **cuál** es mi favorita. ¿**Cuál** te gusta más a ti?
ROSA: Me gusta mucho ésta, pero ¿**qué** significan los diseños?
LUIS: Parecen diseños precolombinos. ¿**Qué** representan los colores?
ROSA: Pues el verde representa la esperanza o tal vez la naturaleza.

In Spanish, the equivalents of the English interrogatives *what* and *which* are expressed by **qué** and **cuál(es)**, depending on the context.

Uses of *qué* (*what*)

Use **qué** as the subject of the verb **ser** to request a definition or an identification. Use **qué** as the subject of other verbs to mean *what*.

—¿**Qué** es el cubismo?	—*What is cubism?*
—¿**Qué** es eso?	—*What is that?*
—Es un autorretrato.	—*It is a self-portrait.*
—¿**Qué** piensas del arte de Frida Kahlo?	—*What do you think of Frida Kahlo's art?*

Qué (*What*) is used directly in front of nouns.

¿**Qué** día es hoy?   *What day is today?*

Uses of *cuál* (*which, what*)

Use **cuál** / **cuáles (de)** (*which*) as the interrogative to ask for a choice among a selection of several possibilities.

¿**Cuál** prefieres, esta pintura o ésa?	*Which do you prefer, this painting or that one?*
¿**Cuáles de** esos dibujos te gustan?	*Which of those drawings do you like?*

Cuál (*What*) is used before the verb **ser** when requesting information. Here, a choice is not explicit, but merely implied.

¿**Cuál** es la dirección del museo?	*What is the museum's address?*
¿**Cuál** es tu número de teléfono?	*What is your phone number?*

⏵ACTIVIDADES

A. Arquitectura. En parejas, lean el diálogo y complétenlo con las formas correctas de **qué / cuál(es)** según el caso.

PROFESORA: ¿(1)_____ es una de las catedrales más importantes del mundo hispano moderno? ¿(2)_____ características tiene?

ESTUDIANTE 1: La catedral que diseñó el arquitecto Antonio Gaudí en Barcelona es muy famosa. Es muy grande y moderna. ¿(3)_____ piensa Ud. de ella?

PROFESORA: Pienso que Gaudí fue un innovador. ¿(4)_____ son otras de las obras artísticas de Gaudí y en (5)_____ año las diseñó?

ESTUDIANTE 2: Gaudí diseñó otros edificios y parques muy hermosos, también. Creo que lo hizo después de que diseñó la catedral de Barcelona.

B. Preguntas. Trabaja con un/a compañero/a y creen las preguntas para estas respuestas. Sigue el modelo.

MODELO Le di un libro a Roberto.
¿Qué le diste a Roberto?

1. El museo que más me gusta es el Museo del Prado.
2. En mi mochila tengo mis libros y mis papeles.
3. Una madrina es una mujer que promete apoyar a su ahijado o ahijada.
4. Mi dirección es Calle 3, número 556.
5. Prefiero estos dibujos, ésos no me gustan.
6. El muralismo fue un movimiento artístico.

C. Entrevista. Entrevista a un/a compañero/a sobre esta información: cuáles son sus pasatiempos favoritos, qué prefiere hacer los fines de semana, qué materias estudia, cuáles de sus amigos estudian lo mismo, cuáles de sus materias son fáciles y cuáles son difíciles, y qué piensa estudiar el próximo año.

ESTRUCTURA 10B.3
Expressing Opposing Opinions

■ *Pero, sino,* and *sino que*

Objetos frágiles

ONEKA: A mi hermano y a mi cuñada les encantan los platos de cerámica, **pero** son muy delicados para llevar en el avión.

CASANDRA: Yo no voy a comprar objetos frágiles, **sino** tejidos. Es mejor porque los tejidos se pueden llevar sin problemas.

ONEKA: Tienes razón, **pero** estas vasijas son perfectas para mi nueva cocina.

CASANDRA: Se me ocurre una idea fantástica: compras los platos y las vasijas, **pero** no las llevas en la mano, **sino que** las mandas por correo.

In Spanish, *but* is expressed as **sino** or **pero.** Use **sino** or **sino que** to mean *rather* or *on the contrary* when the first element in a sentence is negative and the second element contradicts it. **Sino** connects nouns or phrases while **sino que** connects clauses. In most other instances **pero** is used to express *but.*

No me gusta el café, **sino** el chocolate.	*I do not like coffee, rather I prefer chocolate.*
Traté de llamarlo, **pero** no estaba en casa.	*I tried to call him, but he was not at home.*

⟨⟩ACTIVIDADES

A. Arte y artesanías. Completa estas oraciones sobre lo que hacen algunas personas con **pero, sino** o **sino que** según el caso.

1. Quiero comprar ese cuadro, _____ no tengo suficiente dinero.
2. No me gustan los pintores del siglo pasado, _____ los pintores modernos.
3. Aprendí a hacer cerámicas hace mucho tiempo, _____ no soy ceramista profesional.
4. Pintamos muchos cuadros, _____ ganamos poco dinero.
5. Esa tienda no vende artesanías del Perú, _____ del Uruguay.
6. Creo que esos tapices no los compré en Quito, _____ en Lima.
7. Estamos decorando la casa. Hoy compramos dos pinturas de Venezuela, pero no las colgamos en la sala, _____ las instalamos en el comedor.

B. ¿Quién es el culpable? Doña Carmen acusa a Armando de no ser leal, mientras él trata de convencerla de su lealtad. Lee el diálogo y después haz la actividad.

DOÑA CARMEN: Tú me ibas a engañar, ¿no es verdad?
ARMANDO: No, señora, no diga eso, no es verdad.
DOÑA CARMEN: Ahora lo entiendo todo. Tú me ibas a engañar a mí. Mariluz se dio cuenta, y decidió engañarte a ti.
ARMANDO: No, no, no fue así, señora, créame.
DOÑA CARMEN: Entonces, ¿por qué tiene Mariluz los valiosos objetos y tú y yo nos quedamos sin nada?
ARMANDO: Señora, no se preocupe. Yo lo arreglaré° *I will fix* todo.
DOÑA CARMEN: Armando, te engañó tu propia asistente, ¿cómo crees que te voy a tener confianza? Voy a buscar a otro más competente que tú.

Completa estas oraciones con **sino** o **pero**, según el sentido.

1. Según Armando, no era él quien iba a engañar a doña Carmen, _____ Mariluz.
2. Armando: "Doña Carmen, usted dice que yo la iba a engañar, _____ le aseguro que eso no es verdad."
3. Doña Carmen: "Tú me ibas a engañar, _____ Mariluz se dio cuenta y te engañó a ti."
4. Doña Carmen: "¡Ahora no tenemos los valiosos objetos nosotros, _____ Mariluz!"
5. Armando: "Doña Carmen, usted está alterada, _____ no se preocupe. Yo lo voy a arreglar todo."
6. Doña Carmen: "Ya no quiero trabajar contigo, _____ con otro más competente que tú."

C. No estoy de acuerdo. Usando el vocabulario de este capítulo y el diálogo anterior como modelo, escribe un diálogo con opiniones opuestas usando **sino** y **pero**.

Preparémonos

A. En el último episodio...   Trabajen en parejas. Repasen las ideas de las escenas del *Videodrama 10A* y elijan al personaje que corresponde a cada descripción.

1. Sospecha mucho más de doña Carmen.
2. Dice que la casa tiene videocámaras.
3. Dice que es importante ver si los jaguares están seguros.
4. Notan que doña Carmen no está en el cuarto.
5. Desaparecen.

a. los jaguares
b. Adriana
c. Nayeli
d. doña Carmen
e. Felipe

Answers: 1. b; 2. d; 3. b; 4. e; 5. a, d.

B. Somos detectives.   En parejas, hablen sobre la foto de Nayeli y Adriana. ¿Qué están diciendo sobre doña Carmen, Gafasnegras y Armando?

Resumen del video
While doña Carmen is at a neighbor's house, Adriana, Felipe and Nayeli hear a telephone message to her from Armando who reveals that his assistant, Gafasnegras, has stolen the jaguar twins. Adriana and Felipe decide to go to San Antonio to look for Gafasnegras while Nayeli goes to Mexico in search of Armando. Later Armando and doña Carmen fight bitterly on the phone.

Miremos y escuchemos

C. Mis observaciones.   Mientras miras y escuchas el episodio, escribe las reacciones y emociones que Nayeli tiene durante este episodio. ¿Qué pasa y cómo se siente Nayeli hacia doña Carmen, Adriana, Armando y Felipe?

Comentemos

D. Comprensión.   Contesta las preguntas. Trabajen en grupos.

1. ¿A quién le pregunta Adriana en dónde están los jaguares gemelos?
2. ¿Quién quiere llamar a la policía?
3. ¿Con quiénes quiere hablar primero doña Carmen?
4. ¿En qué están todos de acuerdo?
5. ¿Quién deja un mensaje telefónico en el contestador automático de doña Carmen?
6. ¿Cuál es el "problema gordo" de esa persona?
7. ¿Quiénes escuchan el mensaje primero?
8. ¿Quién es Mariluz Gorrostiaga? ¿Qué hizo ella? ¿Dónde está?
9. ¿Cómo reacciona Nayeli cuando escucha el mensaje telefónico?
10. ¿Qué plan tiene Nayeli para recuperar los gemelos?
11. ¿A quién llama doña Carmen?
12. Al final del episodio, ¿tiene doña Carmen confianza en Armando? ¿Por qué?

E. El camino del jaguar.   ¿Crees tú que los héroes gemelos van a llegar a México en buenas condiciones y antes del treinta y uno de agosto? Trabaja con una pareja.

F. El engaño.   Nayeli habla sobre el engaño y la traición. ¿Quién/es engaña/n a quién/es? ¿Cómo? ¿Cuál es el resultado? ¿Por qué?

G. ¿Quién es Armando?   ¿Qué interés tiene Armando en los héroes gemelos? ¿Es lógico tener confianza en él o tener sospechas de él? Explica.

H. Nuestra opinión...   En grupos de tres, identifiquen a los personajes que dicen estas frases. Luego, digan si están de acuerdo o no y por qué. Finalmente, intercambien y comparen las respuestas con otro grupo.

1. "...es importante que no actuemos sin pensar."
2. "El futuro de México depende de nosotros."
3. "No confíes en nadie, confía sólo en tu intuición."

El arte
hispanoamericano

LECTURA

Prelectura

A. El arte. El museo principal de su ciudad va a hacer una exposición de los cuadros preferidos de varias personas de la comunidad. Trabajen en grupos y pregúntenles a sus compañeros/as qué cuadro/s le prestarían (*would lend*) al museo.

Arte y artesanía

Con el encuentro de América, Europa y África, la estética hispano-americana adquirió° una identidad multifacética. Desde el siglo XV hasta fines del siglo XVIII, la herencia° española influyó en el desarrollo del arte, la arquitectura y las artesanías en los países hispanos. Posterior-mente, las culturas autóctonas°, la presencia de culturas africanas, y las características geográficas e históricas de cada país, enriquecieron° y le dieron identidad propia a las expresiones artísticas locales.

A finales del siglo XIX y a principios del siglo XX, con la indepen-dencia y formación de las nuevas repúblicas americanas, se intensificó el cultivo de las artes nacionales en los diferentes países. En la pintura, la escultura y la música, aparecieron movimientos artísticos con sello° na-cionalista, como lo fue el muralismo mexicano.

acquired
heritage

native
enriched

hallmark

"Composición con pájaro". Este cuadro del pintor mexicano José Obregón es una obra de arte de estilo abstracto.

"Albañil". Este cuadro del pintor mexicano Diego Rivera es una obra artística muy expresiva.

"La granja". En este cuadro, César López, un pintor folclórico colombiano, expresa su visión de una escena en el campo.

bloomed
increased

En este momento, florecieron° también las artesanías nacionales y aumentó° su aprecio como expresión de la identidad nacional y de las culturas regionales. Cada región tiene actualmente artesanías típicas como muebles de madera, tapetes, exquisitas miniaturas, telas, ropa, hamacas e infinidad de hermosos objetos que expresan el espíritu nacional y regional de sus gentes. ▪

Postlectura

B. ¡Impresiones artísticas!   Describe cada obra de arte de esta lectura contestando las preguntas. Trabaja con una pareja.

1. Compara los colores predominantes en las obras de Obregón y de Rivera.
2. Identifica a los animales en "La granja".
3. Describe las diferentes partes de "La granja". ¿Qué pasa en esta escena? ¿Qué personas aparecen en la pintura?
4. ¿Qué temas observas tú en las tres obras de arte?
5. ¿Qué adjetivos son apropiados para describir cada obra?

C. ¿Verdadero o falso?   Determina cuáles de estas afirmaciones son verdaderas (**V**) y cuáles son falsas (**F**), según lo que dice la lectura. Corrige las falsas.

1. La estética hispanoamericana tiene una identidad multifacética.
2. Las artesanías representan la identidad nacional.
3. El muralismo fue un movimiento artístico español.
4. Cada país tiene su propia identidad artística.
5. Las nuevas repúblicas americanas lograron su independencia a finales del siglo XV.
6. Después de la independencia, cada región desarrolló su identidad nacional con sus artesanías.
7. El arte hispanoamericano también tiene influencia de culturas africanas.
8. En algunas regiones, las hamacas son también artesanías.

D. A escribir.   Escribe un contraste de dos de las obras de arte de la lectura. Incluye temas, estilo, colores e impresión que producen en el/la observador/a.

Hablemos

A. Planeando una fiesta. En grupos de tres, planeen una gran fiesta para su universidad. Hagan una lista de lo que tienen que hacer para organizar un desfile, un baile y una exposición de arte. Usen algunas de estas frases en sus listas:

Es importante que...	...antes de que...
Es bueno que...	...tan pronto como...
Quiero/Queremos que...	...con tal de que...

B. A San Antonio. Adriana y Felipe hacen un plan mientras viajan a San Antonio para recuperar el jaguar. Discute con un/a compañero/a cuatro cosas importantes que deben hacer ellos. ¿Adónde deben ir? ¿Con quién deben hablar?

Investiguemos por Internet

INTERNET STRATEGY: Using Bookmarks

As you have learned, Internet guides provide a vast amount of information classified by theme. However, classifications may be different from one Internet guide to another. When you are looking for information in several Web sites and you would like to compare them, you may want to use bookmarks to access the sites easily. You may also use the list that your browser keeps of recently visited sites. This list is accessible from the upper menu in your browser.

Cibervocabulario

el separador (indicador, sitio favorito)   *bookmark*

C. ¡Carnaval! Busca información sobre tres celebraciones diferentes de **carnaval** en el mundo hispano. Presenta un reportaje a la clase en el cual mencionas dónde y cuándo ocurre cada carnaval, y las razones por las cuales se celebra. ¿Tienen los carnavales nombres distintos? Si hay fotos de la fiesta, elige por lo menos una foto y descríbesela a la clase. Menciona también si la gente se disfraza y si hay desfiles o bailes especiales en los carnavales que describes.

Escribamos

WRITING STRATEGY: Summarizing

A summary is a concise version of something that you have read or seen that contains only the most important information and leaves out much of the detail. Once you have identified the main idea and supporting details, you can connect these ideas in paragraph form. Unlike paraphrasing, the intent of a summary is to condense the material and present it in a straightforward way.

Workshop

Review the following strategies to prepare for writing a summary:

Providing Supporting Details (*Capítulo 3*)
Making Notes in the Margin (*Capítulo 4*)
Paraphrasing (*Capítulo 7*)

Strategy in action

For additional practice with the strategy of summarizing, turn to *Escribamos* in your Activities Manual.

D. Resumen.   Escribe un resumen de una de las lecturas de este capítulo. Compara tu composición con la de un/a compañero/a.

E. ¿Qué pasó en Costa Rica?   Escribe un resumen de los cuatro episodios del video filmados en Costa Rica. Compara tu composición con la de un/a compañero/a.

CAPÍTULO 11

COMMUNICATION GOALS

- Expressing the future and possible conditions
- Expressing and discussing what you would do in certain situations
- Speculating about the past and expressing hypothetical actions/ situations

El Paseo del Río, San Antonio, Texas.

	Lección 11A La sociedad	Lección 11B La pantalla grande
Vocabulario	Contemporary society • Societal issues	Movies • Television and media
Estructura	Future tense • *Si*-clauses (present)	Conditional tense • *Si*-clauses (past)
Cultura	El SIDA sigue matando	El cine hispano
Lectura	Miedos de ayer y de hoy	Ídolos mexicanos
Videodrama *¿Qué quiere el señor Guzmán?*	Adriana and Felipe are hot on the trail of Gafasnegras. • An antique dealer has important clues about the jaguar twins.	Adriana comes face to face with the ring-fingered man. • A plan is set to trap Gafasnegras.

VOCABULARIO 11A.1

Talking about Contemporary Society

■ Jóvenes de hoy

Movimiento de niños por la paz, Bogotá, Colombia.

La juventud de hoy es una generación preocupada por su futuro. Para ellos, la **incertidumbre**° está presente como nunca antes, pero la muerte no está entre sus **angustias**° principales. Sin embargo, el **SIDA**° y las drogas sí están entre sus preocupaciones. Además, estos jóvenes modernos tienen consciencia social y han **aumentado**° sus demandas de educación, **empleo**°, servicios de salud, espacios de expresión cultural y representación política.

Antes de casarse, los jóvenes del país piensan en estudiar y **obtener** un empleo, pero en México, el trabajo se ha **convertido en**° un sueño más difícil de **alcanzar**° que el amor.

Diversos estudios indican que, en la población joven, la crisis ha propiciado° un aumento en el número de suicidios, **actos delictivos**°, **consumo**° de drogas y alcohol, **embarazos**° no deseados y enfermedades psicológicas.

uncertainty
worries / AIDS

increased / employment

turned into
to reach
has led to
delinquent acts / consumption
pregnancies

MÁS PALABRAS Y EXPRESIONES

COGNADOS

la adicción	la delincuencia	la solución
el/la adolescente	la depresión	el terrorismo
el beneficio	la drogadicción	el/la terrorista
el crimen	el/la policía	el tráfico de drogas
la cura	el programa social	

SUSTANTIVOS

las armas *weapons*

el asesinato *assassination, murder*

el/la asesino/a *murderer*

la cárcel, prisión *prison*

el consejo *advice*

el desempleo *unemployment*

la guerra *war*

el lío *problem*

el logro *achievement*

el/la niñero/a *nanny, baby-sitter*

la pobreza *poverty*

el robo *robbery*

el seguro médico *health insurance*

la terapia *therapy*

el/la trabajador/a social *social worker*

VERBOS

amenazar *to threaten*

arrestar *to arrest*

asesinar *to assassinate, murder*

encarcelar *to imprison*

estar desesperado/a *to be desperate*

fracasar *to fail*

lograr *to achieve; to obtain*

matar *to kill*

tener remedio *to have a solution*

triunfar *to succeed*

 ## Vocabulario en acción

En este diálogo, del Videodrama 11A, Adriana y Felipe buscan pistas en los anuncios del periódico para encontrar a Gafasnegras.

Felipe: ¡Adriana, mira!
Adriana: ¿Qué?
Felipe: Este anuncio.
Adriana: ¿Éste? "Para los que sufren de la drogadicción".
Felipe: No, no, ése no; éste, el que dice "Arte precolombino".

◍ ACTIVIDADES

A. ¿Verdadero o falso?   Di si estas frases son verdaderas (**V**) o falsas (**F**) según la lectura. Si son falsas, corrígelas.

1. Los jóvenes de México están preocupados por el futuro.
2. La muerte está entre sus angustias principales.
3. La educación es importante para los jóvenes mexicanos.
4. Los jóvenes piensan obtener un empleo después de casarse.
5. Es difícil encontrar empleo.
6. El consumo de drogas ha aumentado.

B. Querida Catalina.   Una joven le escribe a Catalina, una psicóloga que da consejos en el Internet, para pedirle su ayuda. Escucha su correo electrónico y contesta las preguntas. Después de contestarlas, trabaja en parejas para darle consejos a Laura.

1. Laura tiene _____ años.
   a. veinte   **b.** treinta   **c.** trece
2. Ella está _____.
   a. casada   **b.** separada   **c.** divorciada
3. Ella trabaja en una tienda de _____.
   a. zapatos   **b.** discos   **c.** ropa
4. Su trabajo _____.
   a. paga mal   **b.** tiene beneficios sociales   **c.** paga bien
5. Mientras trabaja, su _____ cuida a su hija.
   a. tía   **b.** madre   **c.** vecina
6. Laura quiere _____.
   a. quedarse en casa   **b.** cambiar de trabajo   **c.** estudiar

C. Titulares.   Eres reportero/a para el periódico de tu pueblo. Escribe oraciones completas para presentar los artículos que tienen estos titulares.

Modelo   tráfico de drogas
Los Estados Unidos anuncian un nuevo plan para eliminar el tráfico de drogas.

1. el consumo de alcohol
2. el terrorismo
3. la pobreza
4. el SIDA
5. los actos delictivos
6. las enfermedades psicológicas
7. el desempleo
8. el asesinato

D. Soluciones.   En grupos, creen soluciones posibles para tres de los problemas sociales mencionados en la **Actividad C**. La lista siguiente tiene algunas soluciones posibles.

contratar más policías   aumentar los impuestos sobre el alcohol
crear más trabajos   aumentar el sueldo mínimo

E. A escribir.   Escribe una composición de dos párrafos sobre uno de los problemas sociales y ofrece algunas soluciones. Organiza tu composición según el modelo.

Modelo   Problema
  1. *Causas*
  2. *Soluciones*

ESTRUCTURA 11A.1
Expressing the Future

■ **The future tense**

Haré un buen trabajo

I will start
Will you study / will you do
I will become / I will help

you will be very successful

SONIA: Tío Efraín, el año entrante **empezaré°** mi especialización.
EFRAÍN: ¿**Estudiarás°** para ser psicóloga o **harás°** algo diferente?
SONIA: Algo diferente, tío Efraín. **Seré°** trabajadora social y les **ayudaré°** a los jóvenes que tengan problemas con drogas y alcohol.
EFRAÍN: Te felicito, Sonia. Estoy seguro de que **tendrás** mucho éxito°.

Most verbs in Spanish are regular in the future. The infinitive is the stem for these verbs, which share the same endings.

Future tense of regular verbs				
Infinitive	Subject	Stem	Ending	Future tense
trabajar	yo	trabajar-	é	trabajaré
creer	tú	creer-	ás	creerás
escribir	Ud., él/ella	escribir-	á	escribirá
sentir	nosotros/as	sentir-	emos	sentiremos
dar	vosotros/as	dar-	éis	daréis
ir	Uds., ellos/as	ir-	án	irán

Note: All endings carry written accents except the **nosotros/as** form.

There are very few verbs that are irregular in the future. The following verbs have irregular stems, but the endings are the same as for regular verbs.

Future tense of irregular verbs		
Infinitive	Stem	Future tense
decir	dir-	yo diré
hacer	har-	tú harás
poder	podr-	Ud. podrá
poner	pondr-	él pondrá
querer	querr-	ella querrá
saber	sabr-	nosotros/as sabremos
salir	saldr-	vosotros/as saldréis
tener	tendr-	Uds. tendrán
venir	vendr-	ellos/as vendrán

Habrá (*there will be*) is the future of **haber**. Like **hay** (*there is, there are*), there is only one form as an active verb.

Habrá una conferencia sobre los jóvenes en América Latina.
There will be a talk about youth in Latin America.
Habrá muchos participantes.
There will be many attendees.

The English equivalent of the future tense is *will* or *shall* plus a *verb:*

Mañana **haré** la encuesta.   *I will/shall do the survey tomorrow.*

In addition to the future tense, you have already learned the two other ways of expressing the future in Spanish: **ir a** + infinitive or using the present indicative.

Mañana **voy a hacer** la encuesta.   *I am going to do the survey tomorrow.*
Mañana **hago** la encuesta.   *I'll do the survey tomorrow.*

In Spanish, the future tense describes a future action and is **not** used to express will or intention like in English. In these cases, Spanish uses the verb **querer.**

—¿**Quieres** ayudarme, por favor?   —*Will you help me, please?*
—Por supuesto.   —*Of course.*

The future may be used to express *probability* or *to wonder* about a present situation or action. The equivalent in English can be *probably, I/we wonder, it must be* and so on.

LUISA: Luzmila no ha llegado. ¿Qué hora **será**?
Luzmila hasn't arrived. I wonder what time it is.
GUILLERMO: No lo sé. **Serán** las tres de la tarde.
I don't know. It's probably around three P.M.
LUISA: ¿Dónde **estará** Luzmila?
Where can Luzmila be?

◖⟩ACTIVIDADES

A. Nuestras preocupaciones.   Completa estas preguntas con el futuro de los verbos entre paréntesis. Después, discute con tu compañero/a si estas cosas ocurrirán cuando ustedes sean mayores.

1. ¿Cuál _____ (ser) el porcentaje de suicidios entre los ancianos?
2. ¿_____ (Haber) buena atención médica para los mayores?
3. ¿_____ (Pagar, nosotros) mucho por nuestro seguro médico?
4. ¿_____ (Eliminar) el gobierno la pobreza en que viven muchos ancianos?
5. ¿Dónde _____ (vivir, nosotros)? ¿ _____ (Vender) nuestra casa?
6. ¿_____ (Viajar, nosotros) para conocer nuevos lugares?
7. ¿_____ (Sufrir, nosotros) de alguna enfermedad grave?
8. ¿Nuestros hijos _____ (querer) cuidarnos cuando lo necesitemos?

B. ¿Qué será será?   Tú y tus compañeros de estudio hablan sobre lo que harán en el futuro. Pon en futuro, en la forma de **tú**, los verbos que están entre paréntesis. Cuando termines, hazles una encuesta a tres compañeros/as.

Modelo   ¿En qué región _____ (vivir)?
¿En qué región vivirás?

1. ¿_____ (Hacer) una maestría o un doctorado antes de empezar a trabajar?

2. ¿Qué profesión _____ (tener)? ¿_____ (Ganar) más o menos de cien mil dólares al año?
3. ¿_____ (Preocuparse) por los problemas sociales y económicos de los jóvenes?
4. ¿_____ (Usar) transporte público para llegar al trabajo? ¿Qué marca de coche _____ (preferir)?
5. ¿_____ (Alquilar) o _____ (comprar) tu apartamento o casa?
6. ¿_____ (Fumar) o no? ¿_____ (Consumir) alcohol o no?
7. ¿Cuántas semanas de vacaciones _____ (tomar)? ¿Adónde _____ (viajar) y con quién?
8. ¿_____ (Casarse) antes de cumplir los treinta años? ¿ _____ (Querer) tener hijos? ¿Por qué sí or por qué no?

C. ¿Dónde estará? Margarita y Enrique están esperando a su amiga Reyes, que ya está atrasada (*late*) para el almuerzo. Con un/a compañero/a, creen una conversación entre ellos sobre las posibles razones.

D. ¿Qué opinas tú? Muchas cosas pueden suceder en nuestra sociedad durante los próximos diez años. Discute estas afirmaciones con un/a compañero/a y explica si estás de acuerdo o no, y por qué.

1. El número de suicidios entre los jóvenes aumentará.
2. La gente tendrá más educación.
3. Habrá menos casos de SIDA en el país.
4. Los jóvenes conseguirán trabajo muy fácilmente.
5. El gobierno prohibirá la venta de cigarrillos en todo el país.
6. Habrá más contaminación en las ciudades.
7. La pobreza y el hambre disminuirán en todo el mundo.
8. Descubrirán nuevas medicinas para curar las enfermedades mentales.

E. Predicciones. Escribe una composición sobre la situación de uno de estos problemas sociales en el año 2020: (a) el consumo de alcohol y drogas, (b) la cura definitiva del SIDA, del cáncer o de otra enfermedad, (c) el costo de la educación universitaria, (d) la delincuencia en el país o (e) la contaminación ambiental.

CULTURA

Problemas globales

El SIDA sigue matando.

Conocido como la peste del siglo XX, el SIDA (síndrome de inmunodeficiencia adquirida) se detectó por primera vez en 1981. El virus que causa la enfermedad se llama virus de inmunodeficiencia humana (VIH) y fue identificado en 1986. Desde entonces, muchos enfermos dedican su tiempo a informarnos sobre cómo es vivir con esta enfermedad. Éste es el testimonio de Laura:

"Cuando termino de hablar, la gente se asombra, nadie cree que yo sea VIH positiva, me imaginan flaca, llena de manchas... Creo que después de contarles mi vida no ven a Laura-VIH, sino a Laura, y eso depende de la manera de dar el testimonio. Yo no lo doy para inspirar lástima sino para decirles que uno puede vivir con el virus. En una conferencia me encontré con un amigo de la infancia. Nos dio un susto tremendo. Se me acercó y me preguntó qué hacía allí y le dije que hacía parte de la conferencia. Cuando me tocó hablar fue horrible.

Lo primero que dije es que había alguien entre el público que me conocía, que posiblemente se iba a asombrar por lo que iba a contar, pero que no me iba a callar, que esperaba que tomara conciencia y que recordara los viejos tiempos.

Cuando acabé mi historia este amigo estaba llorando y yo también. Se me acercó, me abrazó y me dijo que podía contar con él hoy, mañana y siempre. Me dio gracias porque estaba dando mi vida por la de ellos, para que se protegieran... A través del VIH me di cuenta de que tengo amigos, aunque conozco a gente seropositiva que ha sido muy rechazada."

DISCUSIÓN EN GRUPOS

1. ¿Qué razones tiene Laura para dar su testimonio?
2. ¿Crees que tener SIDA o VIH es un estigma? ¿Por qué?
3. ¿Conoces a alguien que sea rechazado por tener una enfermedad o un problema físico?
4. ¿Crees que una persona que tenga SIDA debe contárselo a su jefe? ¿A sus familiares? ¿A sus amigos? ¿Por qué?

Internet

POR INTERNET

Usa Internet para buscar información en español sobre el **SIDA** u otra enfermedad grave como el **cáncer**, la **diabetes**, la **hepatitis** o la **tuberculosis.** Consulta por lo menos dos sitios diferentes. Después, completa este informe con la información que encuentres.

1. Busqué información sobre (*nombre de la enfermedad*).
2. La primera página que leí, (*nombre del sitio*), me pareció muy buena/mala porque...
3. El país de origen de esta página es..., y la organización/el individuo que la creó/mantiene es...
4. La página (*nombre del segundo sitio*) es muy diferente de la primera porque (*un mínimo de tres razones*).

VOCABULARIO 11A.2
Reacting to Societal Issues

Una encuesta nacional

En México, se les hizo una encuesta a quinientos jóvenes entre los trece y los veinticuatro años de edad sobre los problemas a los que ellos se **enfrentan**. Aquí hay algunas de sus respuestas.

AUTOESTIMA

¿Te sientes con capacidad para resolver todos tus problemas?

Frecuencia	Edad		Promedio
	13 a 17 años	18 a 24 años	
Siempre	22%	35%	29%
Casi° siempre	47%	53%	50%
A veces°	29%	12%	20%
Casi nunca	2%	–	1%

Almost
Sometimes

¿Te gusta tu aspecto físico?

Frecuencia	Sexo		Promedio
	Hombres	Mujeres	Hombres y mujeres
Mucho	25%	25%	25%
Algo	62%	53%	57,5%
Poco	8%	11%	9,5%
Nada	5%	11%	8%

ADICCIONES

¿Acostumbras tomar alcohol?

	Sexo		Promedio
	Hombres	Mujeres	Hombres y mujeres
Sí	55%	35%	45%
No	45%	65%	55%

¿Conoces directamente a alguien que tenga problemas con...?

	Sí	No
su forma de beber	68%	32%
el consumo de drogas	63%	37%

(>)ACTIVIDADES

A. Opiniones. Contesta las preguntas de la encuesta. En grupos, recojan la información y calculen el porcentaje de respuestas en la clase. Comparen sus opiniones con las de los jóvenes mexicanos.

B. El futuro. Aunque hay muchos problemas sociales, también hay muchas cosas buenas. Haz una lista de diez objetos representativos de lo positivo de nuestra época que tú pondrías (*you would put*) en una cápsula del tiempo para abrir en el futuro.

Para considerar: eventos importantes, música, comida, tecnología, vestido, cosas personales y comunicaciones.

C. En grupos. Trabajen en grupos de tres. Comparen sus listas personales de la **Actividad B** y elijan diez objetos de sus listas. Preséntenle su lista a la clase y expliquen por qué escogieron finalmente esos diez objetos.

ESTRUCTURA 11A.2
Expressing Possible Conditions

Si clauses using the present tense

La ecología es asunto de todos

ETEL: **Si terminas** tu libro de historia, **vamos** al cine esta noche para ver *El Amazonas está en peligro*.

GLORIA: ¡Qué buena idea! **Invitaré** a mi novio, **si no te importa.** Su especialización es la ecología.

ETEL: Muy bien. **Si tienes** el periódico allí, **mira** el horario de las películas, por favor.

GLORIA: Con mucho gusto. **Si termina** temprano, **tendremos** tiempo para ir a la exposición sobre bosques tropicales.

When expressing conditions for something that is very likely to happen, Spanish uses a dependent *if*-clause with a verb in the present. The main clause contains the resulting action or situation that will occur, if the condition stated in the *if*-clause is fulfilled. The main verb can be in the present, the future, or it can be a command.

Si tengo el dinero, te lo **presto.**	*If I have the money, I'll lend it to you.*
Si cuidamos el medio ambiente, no **habrá** contaminación.	*If we take care of the environment, there will not be pollution.*
Si quieres conservarte sano, **¡no fumes!**	*If you want to be healthy, don't smoke!*

Sentences can begin with either the main clause or the *if*-clause.

Si le ayudas a la gente, te **sentirás** bien contigo mismo/a.	*If you help people, you will feel good about yourself.*
Te **sentirás** bien contigo mismo/a **si** le ayudas a la gente.	*You will feel good about yourself if you help people.*

Note: The present subjunctive can never be used in a **si** clause.

⬡ACTIVIDADES

A. Condiciones. Escoge una frase de cada una de las dos columnas para expresar una condición (columna A) con un resultado (columna B). Combina las frases de tal manera que la oración sea lógica. Puedes empezar tu oración con la frase de la columna A o de la columna B.

A	**B**
1. si tengo tiempo hoy	a. puede aumentar el crimen
2. si salimos muy temprano	b. yo tampoco los llamo a ellos
3. si hay crisis económica	c. voy a estudiar toda la noche
4. si a las 8 a.m. estoy durmiendo	d. debes estudiar mucho
5. si hay muchos autos en la ciudad	e. iré al cine
6. si quieres obtener buenas notas	f. ¡despiértame, por favor!
7. si mis amigos no me llaman	g. habrá mucha contaminación
8. si tengo examen mañana	h. no perderemos el tren

B. Ése es el resultado. Estás en un grupo de personas que comentan diferentes temas. ¿Qué dicen? Completa las oraciones con el presente o el futuro, según sea necesario.

1. Si hoy _____ (ver, yo) una película de horror, no _____ (dormir) bien esta noche.
2. Si la población _____ (aumentar), _____ (haber) necesidad de más recursos.
3. _____ (Cambiar, nosotros) la compañía de cable si los precios _____ (aumentar).
4. Si _____ (participar, nosotros) en el programa sobre el SIDA, nosotros le _____ (ayudar) a mucha gente.
5. Mi padre _____ (recibir) una pensión si _____ (perder) su trabajo.
6. Si a todos nosotros nos _____ (gustar) los burritos, _____ (almorzar) en el cafecito mexicano.

C. Si esto sucede... Tú y tus compañeros/as hablan sobre lo que van a hacer cuando sucedan ciertos eventos. Trabaja con un/a compañero/a y explica qué haces o qué vas a hacer en estas situaciones.

1. Si estoy deprimido/a...
2. Si hay una epidemia de SIDA en mi ciudad...
3. Si no tengo dinero para mi educación...
4. Si mi novio/a no me quiere...
5. Si mi mejor amigo/a se enoja...
6. Si hay gente que necesita mi ayuda...
7. Si mi prima tiene bulimia...
8. Si alguien me insulta...

VIDEODRAMA 11A ¿Qué quiere el señor Guzmán?

Preparémonos

A. En el último episodio... Trabajen en parejas. Repasen las escenas del *Videodrama 10B* y elijan al personaje que corresponde a cada descripción.

1. Habla con los vecinos y con los pintores.
2. Deja un mensaje telefónico para doña Carmen.
3. Escuchan el mensaje para doña Carmen.
4. Quiere llamar a la policía.
5. Llama a Armando.

    a. Armando
    b. Adriana
    c. doña Carmen
    d. Nayeli
    e. Felipe

Answers: 1. c; 2. a; 3. b, d, e; 4. b; 5. c.

B. Somos detectives. En parejas, hablen sobre lo que Adriana y Felipe están haciendo y expliquen las posibles razones.

Resumen del video

In Adriana's apartment, she and Felipe call antique dealers regarding the whereabouts of the jaguar twins and Gafasnegras. The latter just happens to be at a dealer's shop in San Antonio trying to sell the twins. Adriana finds out from the antique dealer that a Sr. Raúl Guzmán is posing as an art collector, but is really an agent of the Mexican government.

Miremos y escuchemos

C. Mis observaciones. Mientras miras el video, escribe tres características o emociones que muestren estos personajes. Usa los adjetivos de la lista.

contento/a	alterado/a	determinado/a	listo/a
triste	patriótico/a	sincero/a	nervioso/a
preocupado/a	frustrado/a	deprimido/a	fiel
cariñoso/a	sorprendido/a	arrogante	fuerte

1. Adriana
2. Felipe
3. Gafasnegras
4. Raúl
5. el dueño del anticuario

Comentemos

D. Comprensión.   Contesta las preguntas.

1. ¿Dónde están Adriana y Felipe? ¿A quién buscan ellos en este episodio?
2. ¿Cómo saben los anticuarios de San Antonio algo sobre los jaguares gemelos?
3. ¿Qué buscan Adriana y Felipe en la guía telefónica?
4. ¿Cuántos teléfonos hay en el apartamento de Adriana? ¿Dónde?
5. ¿Por qué va Gafasnegras a *ese* anticuario en San Antonio?
6. ¿Qué le dice el dueño del anticuario a Gafasnegras sobre los gemelos?
7. ¿Qué le pide Gafasnegras al dueño?
8. ¿Estará el coleccionista en su oficina hoy? ¿Por qué?
9. Después de que sale Gafasnegras del anticuario, ¿a quién llama el dueño? ¿Qué le dice?
10. Al leer el periódico, ¿qué anuncio ve Felipe? ¿Qué deciden hacer él y Adriana?
11. ¿Con quién se encuentra Adriana enfrente de su apartamento? ¿Qué le muestra?
12. ¿Qué le cuenta Adriana al dueño del anticuario? ¿Qué le aconseja él a ella?
13. ¿Cómo calma el anticuario a Adriana?

E. Imagínense.   Trabajen en grupos. Pónganse en el lugar de Adriana y Felipe. ¿Qué harán ustedes para encontrar a los héroes gemelos y devolverlos a México? ¿Cómo? ¿Adónde irán?

F. La gran trampa.   Imagina que estás trabajando para Raúl y el anticuario. Inventa un anuncio de periódico para engañar a Gafasnegras y hacerle caer en una trampa para que no se quede con los gemelos. Trabaja con un/a compañero/a y léele el anuncio a la clase.

G. ¿Cómo desaparecieron?   Escribe un corto resumen sobre la desaparición de los gemelos, desde la perspectiva del anticuario.

El mundo hispano

LECTURA

Prelectura

In this reading, the author talks about many things that have frightened people throughout the ages. He thinks that fright itself is probably the most human—and animal—of feelings and compares how people in the 21st century have different things to worry about than they did in the Middle Ages, a thousand years ago.

🔑 READING STRATEGY: Distinguishing Facts from Opinions

Informational texts contain descriptions of facts, situations, or events. News and historical descriptions are informational texts. These texts are not necessarily impartial and the writer may seek to influence readers in a certain way by using strategies such as giving examples that support his or her ideas, using quotes, introducing doubt, or making strong assertions. In order to read this type of text, the reader needs to distinguish facts from opinions and become familiar with the devices used by writers to influence their readers.

A. Le tengo miedo al futuro. Trabaja con un/a compañero/a e identifiquen los problemas sociales que aparecen en este arte. Luego, discutan las tres cosas que debe temer más su comunidad o su país en los próximos cinco años.

B. Los miedos de mis abuelos. Escoge de la lista de abajo, según tu opinión, tres cosas que les daban miedo a tus abuelos. Cuando termines, discute con un/a compañero/a qué cosas les dan miedo a las personas modernas también. Pongan sus ideas en orden de importancia y compárenlas. Pueden usar las palabras de la lista o añadir otras ideas.

las enfermedades	el terrorismo	la falta de trabajo
el hambre	la violencia	la guerra
los terremotos	la discriminación	la política
la soledad	los problemas económicos	las drogas

¡Miedos de ayer y hoy!

Si no le temes a Dios, ¡témele a la peste°! Si no le tienes miedo a la bomba atómica, ¡témele al SIDA! Los miedos de ayer y de hoy son una muestra° de que esas sensaciones también tienen historia y están sometidas° a procesos culturales, religiosos y políticos.

Ahora, en este milenio, podemos preguntarnos cuáles son los miedos más característicos del hombre contemporáneo. Y ayudados, por ejemplo, por el historiador francés Georges Duby, comparemos algunas de las angustias° del año dos mil con las del año mil.

Tal vez lo más humano (y también lo más animal) es el miedo. El más antiguo de los miedos es, quizás, el miedo a lo desconocido° y de él nacen múltiples terrores. Sin embargo, ha habido otras cosas peores aguardando° al hombre.

El hombre de hoy está lleno de inquietudes° y preguntas y, la mayoría de las veces, sus miedos difieren de los de hace mil años, aunque se pueden encontrar similitudes entre unos y otros, como el miedo a la miseria°, a las catástrofes naturales y a las enfermedades. A pesar de los avances tecnológicos y los descubrimientos científicos, el hombre contemporáneo está sometido° a nuevos desamparos°.

Tal vez los miedos de hoy son más agudos° que los del medioevo, como el miedo a la desaparición de la raza humana, a la destrucción de la naturaleza, a una catástrofe nuclear, a una nueva guerra mundial.

Con todo, el miedo puede ser una especie de estimulador de búsquedas espirituales y de vuelos imaginativos. Por lo demás, a la persona que tiene miedo, todavía no se le ha acabado el mundo. ■

plague

sample
bound

anxieties

the unknown

awaiting
worries

poverty

is subjected to / troubles
acute

Postlectura

C. Comprensión. Trabajen en grupos y contesten las preguntas sobre la lectura.

1. ¿Qué épocas compara el autor del texto?
2. ¿Cuál es el miedo más humano de todos?
3. ¿Qué miedos tenía la gente a partir del año mil?
4. Según el autor, ¿de qué condiciones tiene miedo el hombre moderno?
5. Cuando el autor dice que los miedos de hoy son más agudos que los del pasado, ¿qué ejemplos da?

D. Estrategias. Trabaja con un/a compañero/a. Busquen frases del texto para ilustrar estas estrategias que usa el autor.

1. dar ejemplos   2. mencionar a expertos   3. comparar épocas

E. Opinión. Trabaja con un/a compañero/a. Analicen esta frase del autor y discutan por qué contiene un pensamiento positivo sobre el miedo.

"A la persona que tiene miedo, todavía no se le ha acabado el mundo."

F. Mi interpretación. Resume, con tus propias palabras, el tema de la lectura. Expone brevemente cuál es la idea principal del autor del texto.

Lección 11B   La pantalla grande

El cine de Pedro Almodóvar

Pedro Almodóvar Caballero es un famoso **director** del cine español. Comenzó a **dirigir**° películas en 1980 con su primera película *Pepi, Luci, Bom y otras chicas del montón*. En 1985 con la película *Matador* se dio a conocer a un público más amplio° y al año siguiente con *La ley del deseo* inicia una nueva etapa más moderada. En 1987 con *Mujeres al borde de un ataque de nervios* consigue que su **fama** se extienda a Europa e incluso llegue a América. Consiguió ser **nominado** a los Óscar con la película *Mujeres al borde de un ataque de nervios* en la **categoría** de mejor película **extranjera**°, pero no obtuvo el **galardón**°.

direct
wider
foreign / honor

Pedro Almodóvar durante la producción de *Flor de mi secreto.*

Sus películas son una miscelánea de **géneros**° que van desde la **comedia** hasta el más profundo **dramatismo**. Es uno de los directores más **taquilleros**° del cine español.

genres
good for the box-office

Su trabajo *Todo sobre mi madre* se ha confirmado como una de sus mejores películas por su solidez y la emoción que destila°; de hecho ganó su primer Óscar en el año 2000.

exudes

Reseña° de *Todo sobre mi madre*

Review

Todo sobre mi madre cuenta la historia de Manuela, que tendrá que enfrentarse al pasado y los recuerdos tras la muerte de su hijo. Este **suceso**° marcará su vida y la hará volver a Barcelona en busca del padre de su hijo muerto. En su

event

Cecilia Roth en la película *Todo sobre mi madre.*

búsqueda se irá encontrando a personajes que en tiempos anteriores la habían ayudado y que ahora le darán nuevas razones para seguir viviendo.

Todo sobre mi madre es una historia bien contada, emocional; en definitiva, la verdadera **obra maestra**° de este director hasta el momento. Quizás ésta sea la película más seria, o más sólida, del **genial**° director Pedro Almodóvar.

masterpiece

brilliant

MÁS PALABRAS Y EXPRESIONES

COGNADOS

el actor	de horror	la nominación
la actriz	de misterio	romántico/a
cómico/a	la escena	la secuencia
criticar	filmar	la sinopsis
de acción	el filme	
de ciencia-ficción	la narración	

SUSTANTIVOS

el acontecimiento *event*
la actuación *acting*
el argumento *plot*
la cartelera *listing*
la crítica *review*
el guión *script*
el largometraje *feature film*

la pantalla *screen*
el papel *role*
el personaje (principal, secundario) *(main, secondary) character*
el/la protagonista *main character*
la reseña *review*
la trama *plot*

VERBOS

estrenar *to premiere*
hacer el papel *to play a role*
juzgar *to judge*
presentar (pasar) una película *to show a movie*

reseñar *to review*
rodar (ue) *to shoot (a film)*
suceder *to occur*
tratar de *to deal with, treat*

EXPRESIONES DIVERSAS

de amor *love*   de suspenso *thriller*   de vaqueros *western*

⟨⟩ACTIVIDADES

A. ¿Qué película describe?   Escucha las sinopsis de seis películas. Escribe en la lista de los títulos la letra correspondiente a cada descripción.

_____ *E.T.*	_____ *Titanic*
_____ *El Grinch*	_____ *El proyecto de la bruja de Blair*
_____ *La tormenta perfecta*	_____ *Stuart Little*

B. Preguntas personales.   Trabaja con un/a compañero/a y contesten las preguntas.

1. ¿Te gusta ir al cine? ¿Por qué?
2. ¿Qué tipo de películas te gustan? ¿De amor? ¿Cómicas? ¿De horror? ¿...?
3. ¿Quién es tu actor favorito? ¿Por qué? ¿Cómo es?
4. ¿Quién es tu actriz favorita? ¿Por qué? ¿Cómo es?
5. ¿Cuál es tu película favorita? Describe su tema y menciona quiénes actúan en ella.
6. ¿Cómo seleccionas una película cuando quieres ir al cine? ¿Lees las reseñas? ¿Escuchas las opiniones de amigos? ¿Ves los anuncios comerciales en la televisión?

C. Las películas de hoy. Escoge una de las películas que está en la cartelera esta semana y haz un resumen o una reseña de ella. Preséntale tu trabajo a la clase.

ESTRUCTURA 11B.1
Expressing What You Would Do

■ The conditional tense

Planes

Would you like

I would prefer

I would love

CARLOS: Necesito un cambio. **¿Te gustaría°** ir al cine, mi amor?

IRENE: No, gracias, querido. **Preferiría°** mirar una película italiana en la televisión.

CARLOS: ¡Qué buena idea! **Me encantaría°** practicar mi italiano. Nos quedaremos en casa.

Most verbs in Spanish are regular in the conditional. The infinitive is the stem for these verbs, which share the same endings.

Conditional tense of regular verbs				
Infinitive	Subject	Stem	Ending	Conditional tense
trabajar	yo	trabajar-	ía	trabajaría
creer	tú	creer-	ías	creerías
escribir	Ud., él/ella	escribir-	ía	escribiría
preferir	nosotros/as	preferir-	íamos	preferiríamos
dar	vosotros/as	dar-	íais	daríais
ir	Uds., ellos/as	ir-	ían	irían

Note: All endings carry a written accent.

Irregular verbs in the conditional tense share the same irregular stems that you have learned for the future (page 431). Conditional tense endings for irregular verbs are the same as those for regular verbs.

Conditional tense of irregular verbs		
Infinitive	Stem	Conditional tense
decir	dir-	yo diría
hacer	har-	tú harías
poder	podr-	Ud. podría
poner	pondr-	él pondría
querer	querr-	ella querría
saber	sabr-	nosotros/as sabríamos
salir	saldr-	vosotros/as saldríais
tener	tendr-	Uds. tendrían
venir	vendr-	ellos/as vendrían

Habría (*there would be*) is the conditional form of **haber.** Like **hay** (*there is, there are*), there is only one form as an active verb.

> Pensé que **habría** soluciones para este problema.
> *I thought that there would be solutions for this problem.*

The English equivalent of the conditional tense is *would* or *could* plus a *verb.*

> —Pensé que **vendrías** hoy.
> —*I thought that you would come today.*
> —No, te dije que no **tendría** tiempo.
> —*No, I told you that I wouldn't have time.*

The conditional can be used to show politeness or to soften a command.

> —¿**Podrías** ayudarme?
> —*Could you help me?*
> —Me **gustaría,** pero no puedo hoy.
> —*I would like to, but I can't today.*

The conditional may be used to express *probability* when there is doubt or questioning about a past situation or action. The equivalent in English can be *probably, I/we wonder* plus the past tense.

> —Catalina no vino a nuestra fiesta anoche. ¿Qué le **pasaría**?
> —*Catalina didn't come to our party last night. I wonder what happened to her.*
> —Me imagino que **estudiaría** para su examen de cálculo.
> —*I imagine that she was probably studying for her calculus exam.*

◖◗ACTIVIDADES

A. Soy crítico/a de cine.   Tú sueñas con ser crítico/a de cine. Explica qué harías en ese caso. Trabaja con un/a compañero/a.

1. _____ (Leer) el guión original antes de ver la película.
2. _____ (Juzgar) la interpretación de los actores y las actrices.
3. _____ (Evaluar) los efectos especiales que haya usado el director.
4. _____ (Analizar) los temas de la película.
5. _____ (Determinar) los mensajes de la película para el público.
6. _____ (Calificar) la dirección de la película.
7. _____ (Escribir) una reseña para la prensa y la televisión.
8. _____ (Presentar) la reseña en el noticiero de televisión.

B. Posibles reacciones. ¿Qué harías o dirías tú en estas situaciones? Usa diferentes verbos en el condicional para cada situación.

Modelo al ganar la lotería
Yo compraría una nueva casa para mis padres y empezaría una emisora de televisión en español.

1. al recibir una llamada telefónica de un productor de cine para darte un contrato
2. al saber que tu mejor amigo/a es la nueva estrella en la telenovela *Las horas de nuestras vidas*
3. al aceptar un trabajo como reportero/a para la revista de adolescentes *Tele-para-ti*
4. al conocer a Nomar Garcíaparra
5. al conseguir cuatro entradas como televidentes para un programa de MTV
6. al ver mucha violencia en la televisión durante una semana
7. al convertirte en director/a de un programa de noticias en la televisión
8. al ir a Hollywood por una semana con todos los gastos pagados

 C. ¿Qué le pasaría? Roberta llega a la oficina tarde y parece muy cansada. Luz y Rafael conversan de lo que le pasaría a Roberta anoche. Crea una conversación entre ellos que discuta las posibilidades. Trabaja con un/a compañero/a.

D. Soy reportero/a. Haz una lista de preguntas para entrevistar a un/a artista de cine que acaba de terminar una película de mucho éxito. Usa el condicional de los verbos de la lista para crear preguntas sobre su vida profesional, social y personal.

Modelo *¿En qué tipos de películas actuaría Ud.?*
¿Cómo manejaría Ud. una carrera y una familia?

casarse	comprar	vivir	hacer	dirigir
vestirse	ganar	viajar	tener	ayudar

CULTURA

El mundo hispano

El cine hispano

Argentina y México se consideran como las dos potencias del cine latinoamericano. Argentina abrió su primera sala de cine en 1900 y ya en 1922 empezó a producir sus propias películas. Los motivos principales de esas producciones eran los musicales, el cine de humor y los melodramas. En México se empezaron a producir películas propias en 1910 y desde entonces, el cine mexicano y sus estrellas han sido enormemente populares en el mundo hispano. Desde los años 80, España se ha unido a estos dos países como uno de los más importantes productores de cine de habla hispana. En los Estados Unidos la presencia de los artistas hispanos es cada vez mayor.

Cuatro grandes actrices y buenas amigas, Salma Hayek, Cecilia Roth, Marisa Paredes y Penélope Cruz.

DISCUSIÓN EN GRUPOS

1. ¿Qué países se consideran las dos potencias del cine latinoamericano? ¿Cuándo empezaron a producir sus propias películas?

2. ¿Desde cuándo ha sido España uno de los productores más importantes de cine de habla hispana?

3. ¿Cuál es la película más popular del momento en la región de ustedes?

4. Hagan una pequeña encuesta entre los/las compañeros/as sobre cuáles son los tipos de películas preferidas: por ejemplo, películas de humor, de horror, de acción, de aventura, de amor.

5. ¿Cuáles son las dos actrices y los dos actores estadounidenses más famosos hoy en día en las películas de misterio, de amor y en las cómicas? Describan dos características de cada uno/a de ellos/as.

POR INTERNET

Además de Pedro Almodóvar, hay muchos otros distinguidos directores y directoras de cine que trabajan (o han trabajado) en español. Usa Internet para buscar información sobre uno/a de ellos/as. Algunas sugerencias: Luis Buñuel, María Luisa Bemberg, Gregorio Nava, Alfonso Arau, María Novaro, Richard Rodríguez, Pilar Miró, Carlos Saura, Tomás Gutiérrez Alea.

Con un/a compañero/a, prepara un reportaje oral para la clase sobre la persona seleccionada. ¿De qué país es? ¿Cuándo nació/murió? ¿Cómo se llaman algunas de sus películas, y de qué se tratan? ¿Ha recibido galardones?

VOCABULARIO 11B.2
Discussing Television and the Media

■ La televisión

Programa	Hora	Canal	Formato	Contenido
Como la vida	10:30	Antena 3	Magazines	Espacio en que cada día escuchamos los testimonios de sus invitados, gente que en un sentido u otro ha experimentado personalmente un problema propuesto como tema del programa.
Saber vivir	11:20	TVE 1	Magazines	Programa sobre salud, cocina, tráfico, medio ambiente y calidad de vida. Contará, entre otras cosas, con la presencia de especialistas según el tema del día, la participación del público, la vivencia de algún personaje famoso que contará sus experiencias e inquietudes sobre su salud personal.
El juego del euromillón	14:00	Telecinco	Concursos	Concurso que nos enseña a familiarizarnos con el euro.
Saber y ganar	15:15	La 2	Concursos	Se trata de un concurso diario que tiene como objetivo la divulgación de información cultural. Participan tres concursantes que luchan entre sí en diferentes pruebas.
¿Quieres ser millonario?	19:15	Telecinco	Concursos	Concurso de cultura general, en el que diez concursantes van eliminándose hasta que queda sólo uno.

MÁS PALABRAS Y EXPRESIONES

COGNADOS

el/la anunciador/a
la columna
el/la comentador/a

la crónica
el documental
emitir, transmitir

televisar
la televisión (cadena) de cable

SUSTANTIVOS

la cadena *channel*
la emisora *broadcasting station*
el/la locutor/a *announcer*
las noticias *news*
el noticiero *news program*
el ocio *free time*

el/la periodista *journalist*
la prensa *press*
el/la presentador/a *host*
el/la reportero/a *reporter*
la telenovela *soap opera*
el/la televidente *TV viewer*

⊙ACTIVIDADES

A. ¿En qué programa está? Menciona los programas de televisión de la lista anterior de programación que corresponda a estas ocasiones.

1. Quieres aprender del euro.
2. Te gusta cocinar.
3. Te interesa saber de la cultura.
4. Tienes ganas de mejorar tu salud.
5. Estás triste y quieres ver algo emocionante.
6. Te gustan las preguntas sobre cultural general.
7. Te interesa la psicología de los humanos.

B. Adictos a la tele. Lee el artículo y contesta las preguntas que siguen. Trabaja con una pareja y presenta tus respuestas a la clase.

Adictos a la tele

Los niños argentinos ven un promedio de cuatro horas de televisión por día —según investigaciones de la Fundación Televisión Educativa— y estos datos son elevados y preocupantes, ya que, según los investigadores, el sesenta por ciento de los programas audiovisuales producidos por los Estados Unidos, y que se ven en todo el mundo, tienen un contenido violento.

1. ¿Crees que los niños argentinos ven más televisión o menos que los niños de los Estados Unidos?
2. ¿Te parece problemático que los niños vean tanta televisión?
3. ¿Crees que el contenido violento produzca una sociedad violenta?
4. ¿Cuántas horas pasas viendo la televisión diariamente?
5. ¿Cuáles son tus tres programas favoritos? ¿Por qué?

C. A escribir. Mira tu programa favorito de televisión y escribe un breve resumen en español.

ESTRUCTURA 11B.2

Expressing Hypothetical Actions and Situations

■ *Si* clauses

¿Qué harías...?

If I won / I would buy
If I had / I would travel

CARMELITA: **Si yo ganara°** la lotería, **compraría°** mi propio estudio de televisión.
JUANCHO: **Si tuviera°** dos millones de dólares, **viajaría°** por todo el mundo mirando obras de arte.

When expressing hypothetical or contrary-to-fact situations in the past, **si**-clauses are always followed by the imperfect subjunctive. Sentences can begin with either the main clause or the *if*-clause.

Si **tuviera** suficiente dinero, **compraría** una casa.	*If I had enough money, I'd buy a house.*
Compraría una casa si **tuviera** suficiente dinero.	*I'd buy a house if I had enough money.*

⟨⟩ACTIVIDADES

A. Suposiciones. Cambia los verbos del presente a las formas del pasado para formar situaciones hipotéticas.

> **Modelo** Si Luz tiene tiempo, va al cine.
> *Si Luz tuviera tiempo, iría al cine.*

1. Si hacemos ejercicios y comemos bien, estaremos en buena forma.
2. Si tengo tiempo, reciclo mis cajas de cartón para ayudar a proteger el medio ambiente.
3. Si Elena y Patricia visitan Perú, conocerán a Machu Picchu.
4. Si fumo muchos cigarrillos, moriré joven.
5. Si hay escasez de agua, mi familia se baña solamente tres o cuatro veces a la semana.
6. Si se prohiben los programas violentos, habrá menos crímenes.

B. ¿Qué harías?   Contesta las preguntas creando oraciones hipotéticas. Trabaja con un/a compañero/a. Preséntenle las respuestas a la clase.

1. ¿Qué harías si tuvieras un accidente en el coche de tus padres?
2. ¿Cómo reaccionarías si te ofrecieran un trabajo en una planta nuclear?
3. Si conocieras al presidente de los Estados Unidos, ¿qué le dirías?
4. ¿Qué harías si no estudiaras en la universidad?
5. ¿Adónde viajarías si tuvieras un año libre y el dinero no fuera un obstáculo?
6. Si tus padres te dieran un teléfono celular, ¿cómo lo utilizarías?
7. Si tu primo de dieciocho años tuviera SIDA, ¿qué le dirías?
8. ¿Qué harías si fueras presidente/a de tu universidad?

C. Momento culminante.   Raúl se acerca y Gafasnegras amenaza con tirar los jaguares al río. Raúl le dice que no lo intente. Lee el diálogo.

RAÚL: Ni lo intentes.
GAFASNEGRAS: ¿Acaso crees que me importa lo que tú pienses?
RAÚL: Buenas tardes, señora Gorrostiaga.
GAFASNEGRAS: Mira, te puedo ofrecer una suma atractiva si me dejas...
RAÚL: Ni lo pienses. El dinero no me importa.
GAFASNEGRAS: El dinero no te importa porque eres un pobre idealista, pero si fueras más listo, aceptarías mi oferta.
RAÚL: ¡Jm!
GAFASNEGRAS: Todavía no se ha dicho la última palabra.
RAÚL: No se te ocurra hacer nada.
GAFASNEGRAS: Si se trata de una guerra de nervios, fácilmente te la gano.
RAÚL: No me desafíes (*challenge*), Mariluz, eso sería un gran error de tu parte.

Completa estas oraciones hipotéticas con el imperfecto de subjuntivo o el condicional de los verbos entre paréntesis.

1. Si me _____ (importar) lo que tú pienses, no _____ (tirar, yo) los gemelos al río.
2. Si me _____ (dejar), te _____ (ofrecer, yo) una suma atractiva.
3. Si tú no _____ (ser) un pobre idealista, te _____ (importar) el dinero.
4. Si tú no _____ (ser) tan tonto, _____ (aceptar, tú) mi oferta.
5. Si esta situación _____ (tratarse) de una guerra de nervios, fácilmente te la _____ (ganar, yo).
6. Si tú me _____ (desafiar), eso _____ (ser) un gran error de tu parte.

D. A escribir.   ¿Qué harías si pudieras hacer tu propia película? Escribe un párrafo de diez oraciones para completar esta idea. Describe el tema, a quién contratarías, dónde filmarías, para qué público sería la película, cuánto costaría.

Modelo   *Si yo fuera director/a, haría una película de suspenso. La película sería sobre...*
Yo contrataría a...

Preparémonos

A. En el último episodio... Trabajen en parejas. Repasen las escenas del *Videodrama 11A* y elijan al personaje que corresponde a cada descripción.

1. Está en la tienda del anticuario, tratando de venderle los jaguares.
2. Habla con el anticuario sobre Gafasnegras.
3. Llaman al anticuario.
4. Llama a Raúl.
5. Dice que Raúl tiene todo bajo control.

a. Adriana
b. Felipe
c. Raúl
d. El anticuario
e. Gafasnegras

Answers: 1. e; 2. a; 3. a, b; 4. d; 5. d.

B. Somos detectives. En parejas, hablen sobre esta foto de Adriana y Felipe. ¿Qué papel podría tener la pelota de fútbol en este episodio?

Resumen del video
Adriana meets Raúl on the Riverwalk in San Antonio where she realizes that he is the mysterious man with the strange ring. He explains that he is a friend of Nayeli and shares her mission of recovering lost Mexican artifacts. He has arranged to meet Gafasnegras at a restaurant named Las Canarias and asks Adriana and Felipe to wear microphones in order to help trap her.

Miremos y escuchemos

C. Observaciones. Mientras Nayeli va a México, otros eventos ocurren en San Antonio en un restaurante del Paseo del Río y en un puente. Escribe quién/es participa/n, qué hace/n y ve/n en cada lugar.

Comentemos

D. Comprensión. En grupos, contesten las preguntas.

1. Describe el lugar donde se encuentran Adriana y Raúl.
2. ¿Para qué organización trabaja Raúl? ¿En qué capacidad? ¿Quién la fundó? ¿Cómo reacciona Adriana al ver el anillo de Raúl? ¿De qué color es la piedra?
3. ¿Cómo se llama Gafasnegras realmente?
4. ¿Por qué no quiere Raúl pedirles ayuda a las autoridades?
5. ¿Aproximadamente cuántas personas hay en el barco que pasa?
6. ¿Qué tiene en la mano el chico de la camisa azul? ¿Cuántos años tiene, crees tú? ¿Qué tiempo hace?
7. Felipe y Adriana están en dos lados del puente esperando a Gafasnegras. ¿Dónde está Raúl? ¿Qué aparato usan los tres?
8. ¿Qué hace Felipe cuando Gafasnegras trata de tirar la bolsa con los gemelos al río? ¿Qué se le cae a ella?
9. ¿Qué le ofrece Gafasnegras a Raúl? ¿Acepta él? ¿Dónde la pone Raúl a Gafasnegras?
10. ¿Cuál es el objeto que Adriana recoge del suelo y le da a Raúl?

E. ¡Felipe el futbolista! ¿Qué tiene que ver la pelota de fútbol con Gafasnegras y los jaguares gemelos? ¿Qué tipo de ¡¡¡GOL!!! marca Felipe en esta escena? ¿Cómo se siente él?

F. En nuestra opinión. En grupos, conversen sobre la relación que tienen las dos afirmaciones siguientes con la historia de los jaguares. ¿Quién las dice y qué revelan sobre la personalidad de cada personaje? ¿Qué relevancia tienen estas afirmaciones en la vida de cada uno/a de ustedes?

"El dinero no me importa."
"El fin justifica los medios."

El cine mexicano

LECTURA

Prelectura

This reading focuses on two of the most famous Mexican singers and actors of the last century. They are still in the limelight, more than four decades after their deaths. They have become legends, not only in Mexico, but in the entire Hispanic world, where their films and songs are as popular now as when they were alive.

A. Ídolo popular. Elige un/a artista de cine o televisión o un/a cantante que te guste mucho. Basándote en tus conocimientos sobre esa persona, elige las frases que más te gusten para expresar tu opinión sobre él/ella. Haz frases completas siguiendo el modelo.

> **Modelo** Es un ídolo en todo el mundo hispano.
> *Andy García es un ídolo en todo el mundo hispano.*

Es un ídolo en todo el mundo.   Tiene un estilo especial.
Es completamente original.   Le gusta a todo el mundo.
No hay nadie igual.   Ya es una leyenda.
Me gusta su manera de actuar/cantar.   Es incomparable.
Sus interpretaciones son de alta   Es el/la artista más popular del
  calidad.   momento.
Me encanta, es mi artista favorito/a.   No hay nadie como él/ella.

B. Artistas famosos. Llena los espacios en blanco con una palabra de la lista.

ídolos   popularidad   inolvidables
olvidar   discos   imaginación

1. Los _____ de los dos artistas mexicanos continúan teniendo mucha popularidad.
2. Ambos artistas siguen siendo _____ del cine y de la música.
3. El pueblo mexicano nunca podrá _____ a estos artistas.
4. Tienen tanta _____ como los artistas modernos.
5. Ellos supieron interpretar la _____ popular mexicana.
6. Estos artistas son dos figuras de _____ estilos.

C. Mejor que nadie. Trabaja con un/a compañero/a y comenta quiénes son los/las dos artistas de cine más famosos/as de este año. ¿Hay un/a hispano/a? ¿Qué premios ha ganado esta persona? ¿Qué películas conocidas ha hecho? ¿Creen ustedes que estos/as artistas pasarán a la historia del cine y que el público los/las recordará aún después de su muerte? ¿Por qué?

Ídolos mexicanos

Aunque hace casi 50 años que ambos murieron, Jorge Negrete y Pedro Infante siguen siendo ídolos del cine y de la música, y gozan de tanta aceptación en el público como muchos actores del presente e incluso más; sus filmes y discos continúan teniendo la misma popularidad de su época. Las figuras de estos dos actores se han convertido en símbolos immortales; el pueblo nunca podrá olvidarlos porque representan lo más genuino y mejor de ellos.

Completamente originales, cada uno en su estilo, ellos supieron representar al pueblo mexicano con simpatía y arte, llevando este mensaje a todos los rincones° del mundo donde se entendía el idioma español. Como ídolos de la época moderna, las figuras de estos dos astros° están rodeadas° no sólo de la admiración por su oficio de cantantes y actores, sino por las leyendas de sus propias vidas. Todavía la historia de las dos esposas en el funeral de Pedro sigue causando tanto interés como el cuento del famoso collar que Jorge le regaló a María Félix y que, a su muerte, se convirtió en objeto de controversia.

corners
stars
surrounded

Pedro Infante.

María Félix y Jorge Negrete.

Pero por encima de todos estos dimes y diretes°, por encima de la leyenda que envuelve° a quienes supieron dar rienda suelta° a la imaginación popular, está la calidad de las interpretaciones° que ellos nos dejaron en sus discos y películas. ■

gossip
envelops / give free reign
performances

Postlectura

D. Comprensión.   Contesta las preguntas sobre la lectura.

1. ¿Cómo se llaman los dos artistas mexicanos de los que habla el texto?
2. ¿Qué hacían estos dos artistas?
3. ¿Cuántos años hace que murieron?
4. ¿Se venden todavía los discos que ellos grabaron hace muchos años?
5. ¿Por qué siguen siendo populares?
6. ¿Qué dicen las leyendas sobre un collar? ¿Quién se lo regaló a quién?
7. ¿De qué esposas habla la gente todavía?
8. ¿Por qué el pueblo mexicano nunca podrá olvidarlos?

E. Un punto de vista.   Después de leer la lectura, describe con tus propias palabras en español cuál es la opinión del autor sobre estos dos artistas.

F. Si yo fuera...   Estás soñando despierto/a con la fama y la riqueza que tendrías si fueras famoso/a. Crea frases para expresar tus sueños. Sigue el modelo.

> **Modelo**   mis canciones (ser) originales / mis discos (venderse) por todo el mundo
> *Si mis canciones fueran originales, mis discos se venderían por todo el mundo.*

1. yo (ser) artista de calidad / (ser) un ídolo popular
2. yo (poder) tocar la guitarra / (ser) el/la mejor guitarrista del mundo
3. yo (tener) una voz hermosa / (poder) dar conciertos con Santana, Celia Cruz y Ricky Martin
4. yo (cantar) canciones de calidad / mis discos (venderse) en todo el mundo
5. yo (ganar) un Óscar / los directores de cine (pagarme) sumas astronómicas
6. yo (lograr) fama y fortuna / todo el mundo (saber) mi nombre

G. ¡Es indispensable!   La tecnología moderna ha revolucionado el cine, la fotografía, la música y el arte. Si tu fueras un/a músico/a, ¿qué tipo de tecnología usarías o no usarías?

Vocabulario útil: computadora, micrófono, amplificador, teclado u otros instrumentos electrónicos, etcétera.

H. Ésta es mi historia.   Basándote en los datos de la lectura, crea una historia sobre ti, como artista de cine o de televisión, tal como la contaría alguien cincuenta años después de tu muerte. Usa el pretérito y el imperfecto.

Hablemos

A. Crítico/a de televisión. Trabajen en parejas y escriban una reseña de un programa de televisión para el periódico de la escuela. Preséntenle su reseña a la clase.

B. En la tele. En grupos de tres o cuatro, organicen un programa de opinión con algunos de los personajes del video. Escojan un/a presentador/a y definan un papel para cada uno/a de los miembros del grupo. El tema del programa es: Los robos de objetos arqueológicos y cómo prevenirlos.

Investiguemos por Internet

INTERNET STRATEGY: Searching for Related Words

Sometimes you may want to search for information using variations of the same keyword. Imagine that you are looking for information about film and you are not sure whether you should use **cine, cines,** or **cinematografía** as your keyword. In this case, you may formulate your query by replacing the parts of the words that are different with a symbol, such as an asterisk. This is called a wild card. In this way, by writing **cine*,** you will be looking for the three words at the same time and your search engine will display all documents containing **cine, cines,** or **cinematografía.** In addition to the vocabulary in this chapter, you may want to access the topics **entretenimiento** and **ocio** in Internet Guides in Spanish, or use them as keywords. Refine your search by using several keywords as you have learned before by adding **cine*, telenovela, película,** and so on, to these words. Work with your partners to create concrete and useful queries! Refer to your search engine's "help" mode or to Houghton Mifflin's Web site for more ideas.

Cibervocabulario

el asterisco	*asterisk*
el comodín	*wild card*

C. Cartelera de televisión o de cine. Trabajen en grupos y seleccionen una de estas actividades. Presenten sus resultados a la clase. Incluyan las palabras claves que usaron, dónde encontraron la información, y expliquen cómo llegaron a los sitios que consultaron.

Busquen información por Internet sobre:

1. Un programa de televisión en español que se da actualmente en Estados Unidos o en un país de habla hispana. Expliquen el tipo de programa que es (telenovela, noticias, etcétera), quienes colaboran (actores, presentadores, etcétera), y de qué se trata.
2. Una película interesante en español. Mencionen el título, el año y los nombres del/de la director/a y otros personajes importantes. ¿Cuál es la trama de esta película?
3. Las películas en cualquier idioma que se dan en el área de ustedes esta semana. Creen un horario en español para un amigo que los/las visita de México y a quien le encanta ir al cine.

Escribamos

WRITING STRATEGY: Narrowing a Topic

The secret of writing a compelling paragraph is to choose a topic that is focused. If the topic is very broad, there is too much information to cover adequately. It may be necessary to narrow your topic several times before it is focused enough for a clear, concise paragraph.

Workshop

Here is an example of a topic that has been narrowed down several times.

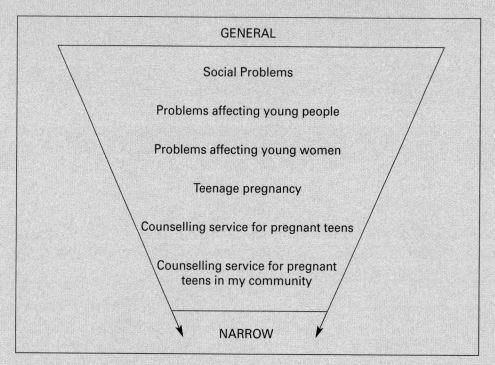

GENERAL

Social Problems

Problems affecting young people

Problems affecting young women

Teenage pregnancy

Counselling service for pregnant teens

Counselling service for pregnant teens in my community

NARROW

Strategy in action

For additional practice with the strategy of narrowing a topic, turn to *Escribamos* in your Activities Manual.

D. Problemas del futuro.   Si no resolvemos los problemas sociales de hoy, habrá muchos problemas en el futuro. Escoge un tema y escribe tus predicciones de lo que pasará.

E. ¿Qué pasará?   Predice lo que le pasará a tu personaje favorito del video *Caminos del jaguar* dentro de diez años.

La Pirámide de la Luna, Teotihuacán, México.

	Lección 12A **Culturas precolombinas**	**Lección 12B** **Los hispanos en los Estados Unidos**
Vocabulario	Aztecs • Mayas • Incas	Hispanics in the United States
Estructura	Passive voice	Time expressions with **hace**
Cultura	Artes y ciencias	Semblanzas latinas
Lectura	Ecos del pasado: Héroes mayas	Premios a los distinguidos hispanos
Videodrama *¿Qué es I.L.E.Y.A.N.?*	The villains get what they deserve and peace is restored.	The heroes are rewarded and the full story of Adriana, Felipe, and Nayeli's adventures are reported to the media.

■ Tres grandes civilizaciones: los aztecas, los mayas y los incas

developed

Tres civilizaciones muy **desarrolladas°** antes de la **exploración** y la **conquista** españolas, fueron la azteca, la maya y la inca.

Los aztecas

La cultura azteca se componía de varios grupos del valle central de México, los que llegaron a formar el gran imperio azteca desde el siglo XIV hasta la llegada de Hernán Cortés en 1519 y la muerte de su emperador, Moctezuma. Los aztecas pertenecían al grupo **étnico** y **lingüístico** de los *nahuas* y tenían una organización social y política compleja, necesaria para gobernar un gran imperio. Sus prácticas religiosas se basaban en un calendario de ceremonias y sacrificios celebrados por los sacerdotes. Los aztecas construyeron grandes templos y la capital de su imperio, Teotihuacán, tenía más de trece kilómetros cuadrados de área y entre cuatrocientos y quinientos mil habitantes a principios del

defeated

siglo XV. Cortés **venció°** a Moctezuma, el emperador azteca, y en las ruinas de

founded

Tenochtitlán, **fundó°** la Ciudad de México.

Para los aztecas, el dios Quetzalcóatl era el creador de la humanidad y su protector.

Conocemos la historia azteca a través de las investigaciones arqueológicas y de las crónicas españolas, escritas por misioneros españoles y por cronistas aztecas en español o en náhuatl, usando el alfabeto latino. Los libros sagrados o códices se guardaban en los templos y la mayoría fueron destruidos durante la colonia española. Sin embargo, algunos de ellos sobrevivieron, como el Códice Borbónico que describe los días del calendario y sus ceremonias, lo mismo que el Códice Borgia.

in addition to / performing
skillful / weavers

Los **descendientes** de los nahuas, **además de°** **desempeñar°** oficios y profesiones modernas, cultivan la tierra y son **hábiles°** **tejedores°** de lana y algodón.

Los mayas

height

La gran civilización maya es una de las más importantes culturas prehispánicas del continente americano. Tuvo su **apogeo°** entre los años 200 y 900 después de Cristo, cuando construyeron grandes ciudades como Chichén Iztá, Uxmal, Itza-

imposing

mal y Moyapán, además de **imponentes°** **templos** y **pirámides,** muchos de los cuales podemos apreciar hoy en día. A partir del siglo X y hasta que llegaron los españoles a la región, en el siglo XVI, la cultura maya fue **de-cayendo°** poco a poco.

declining

Durante su época de esplendor, los mayas extendieron su **imperio** por lo que hoy conocemos como Centroamérica y parte de Yucatán y Mérida, en México. La cultura de este pueblo **se destacó°** por la creación y el uso de la **escritura° jeroglífica**, la que nos ha llegado en los hermosos libros o **códices** que se conservan en las bibliotecas de Dresden, París, Madrid y la Ciudad de México. Además de tener profundos conocimientos de astronomía, los mayas fueron también matemáticos, usaban el cero y un sistema numérico basado en múltiplos de veinte.

stood out

writing

El universo maya tiene tres niveles cósmicos: el cielo, *Caan*; la tierra, *Cab*, y el inframundo, *Xibalbá*.

Los incas

En el sur, el imperio de los incas **se distinguió°** por su admirable organización, arquitectura, orfebrería y textiles. Los incas construyeron imponentes ciudades de piedra y tenían una red de más de veinte mil kilómetros de caminos que comunicaban a los 12 millones de habitantes del imperio. Entre las ciudades de piedra están Cuzco, la antigua capital del imperio incaico, y Machu Picchu, las **ruinas** de una ciudad que permaneció **perdida°** por muchos **siglos°**. Cuzco fue fundada en el año 1100 y es la ciudad que lleva más tiempo **habitada°** en Suramérica.

was distinguished

lost / centuries

inhabited

La majestuosa ciudad de Machu Picchu.

El imperio inca duró hasta 1527, cuando el explorador y conquistador español Francisco Pizarro venció a Atahualpa, el emperador, en la batalla de Cajamarca. **Sin embargo°**, hubo muchas rebeliones y el último emperador, Túpac Amaru, fue ejecutado° en 1572.

Nevertheless
executed

Los descendientes de los incas siguen hablando su idioma nativo, el quechua, y participan activamente en las sociedades a las que **pertenecen°** en Bolivia, el Ecuador, el Perú, al sur de Colombia, y al norte de Chile y de la Argentina.

belong

⟨⟩ACTIVIDADES

A. Comprensión. Contesta las preguntas según esta lectura.

1. ¿Quiénes fueron Hernán Cortés? ¿Moctezuma? ¿Francisco Pizarro? ¿Atahualpa? ¿Túpac Amaru?
2. ¿Cuándo venció Cortés a los aztecas? ¿Qué hizo después?
3. ¿Cuáles son algunos lugares importantes del mundo maya?
4. ¿Cuándo comenzó a decaer el mundo maya?
5. ¿Cuándo venció Pizarro a los incas? ¿Dónde?
6. Menciona algunos de los logros de los aztecas, los mayas y los incas.
7. ¿Para qué construyeron caminos los incas?
8. ¿Cuántas personas vivían en el imperio inca?
9. ¿Por qué es importante la ciudad de Cuzco?
10. ¿Qué idioma hablan los descendientes de los incas?

B. Las artesanías del mundo maya. Escucha la descripción de las artesanías y escribe tres frases que describan cada artículo.

_____   _____

_____   _____

_____   _____

C. Azteca, maya o inca. Trabajen en parejas. Comenten si las cosas de esta lista están relacionadas con los aztecas, los mayas, los incas, o con más de una de estas culturas.

1. caminos
2. ciudades de piedra
3. Chichén Itzá
4. la astronomía
5. códices

6. Tenochtitlán
7. el uso de la escritura
8. Xibalbá
9. pirámides
10. matemáticas

D. Ciudades perdidas. ¿Cómo fue posible que la ciudad de Machu Picchu hubiera estado perdida por tantos siglos? ¿Por qué nadie la había encontrado antes? Trabaja con un/a compañero/a y menciona cuatro razones que expliquen este hecho.

CULTURA

Latinoamérica

Artes y ciencias

La expresión artística de las culturas amerindias tomó infinidad de formas, tanto en la fabricación de objetos de uso diario como en la de objetos ornamentales y en el desarrollo de la ciencia.

Orfebres

Los orfebres son las personas que fabrican objetos de oro. La elaboración de delicados objetos de oro fue un arte practicado por varios grupos amerindios de México, Colombia, Costa Rica, Panamá, el Ecuador y el Perú.

Alfareros

Los alfareros son las personas que fabrican objetos de cerámica. Las hermosas obras de cerámica de la cultura mochica demuestran la habilidad de sus alfareros.

Astrónomos

Los conocimientos que tenía la cultura azteca sobre el movimiento de los astros permitió que ellos elaboraran un sofisticado calendario para contar los días del año. El calendario ilustra también la habilidad de los artesanos aztecas para elaborar complejas figuras de piedra.

Artesanos

Desde los tiempos precolombinos, la labor manual se ha mantenido en muchas regiones de América Latina. Entre los objetos de madera, barro, cerámica o paja, cuentan las máscaras, las cestas (*baskets*), los tejidos y los accesorios. Un ejemplo es el sombrero que vemos aquí.

DISCUSIÓN EN GRUPOS

1. ¿Qué culturas amerindias fabricaban objetos de oro?

2. ¿Qué es un alfarero? ¿En qué cultura fueron notables esos artesanos?

3. ¿Qué ilustra el calendario azteca?

4. ¿Qué objetos son representativos de la labor manual de los artesanos?

5. Entre los objetos hechos a mano en tu región, ¿cuáles son los más populares y los más costosos? ¿Quiénes los fabrican? ¿Son parte de alguna tradición?

6. De la ciudad donde estudian ustedes, ¿qué conservarían ustedes para las próximas generaciones: una plaza, un parque, un vecindario, un edificio?

POR INTERNET

Usa Internet para buscar información en español sobre **artesanía, alfarería** u **orfebrería**. Mira dos páginas diferentes, y completa el siguiente párrafo con la información que has recogido.

Yo investigué páginas sobre (*artesanía, alfarería, orfebrería*). La primera página, con la dirección de..., se llama (*título de la página*), y presenta información sobre... Lo más interesante de esta página es/son...

La segunda página que visité se llama (*título*) y se encuentra en (*dirección*). Esta página es similar a / diferente de la primera en cuanto a (*un mínimo de tres puntos de comparación*).

ESTRUCTURA 12A.1
Stressing the Object and Not the Subject

Passive voice

Las casas de las civilizaciones antiguas

designed

Las casas aztecas **fueron diseñadas**° con un patio interior, una cocina y un pequeño altar para los dioses.

Las casas incas **fueron construidas** de adobe o piedra, pero la mayoría de las casas aztecas y mayas **fueron hechas** de adobe.

done

Los trabajos domésticos **eran realizados**° por las mujeres aztecas, incas y mayas.

You have already learned two forms to stress the action while letting the subject remain unknown or undefined. (*Capítulo 6*, p. 256.).

Se construyó una pirámide.	*A pyramid was built.*
Se construyeron pirámides.	*Pyramids were built.*
Construyeron pirámides.	*They built pyramids.*

In addition to these forms, you can also use the passive voice. In Spanish, the passive voice is formed with the verb **ser** + past participle.

En el siglo XVI muchas ciudades **fueron construidas** en Latinoamérica.	*In the sixteenth century, many cities were built in Latin America.*
El significado de los astros **era interpretado** por los sacerdotes mayas.	*The meaning of the stars was interpreted by the Mayan priests.*

To indicate who did the action, use the preposition **por.**

—¿**Por** quién fue fundada Cuzco?	—*By whom was Cuzco founded?*
—La ciudad de Cuzco fue fundada **por** los incas en el siglo XI.	—*The city of Cuzco was founded by the Incas in the eleventh century.*

In Spanish, the past participle must agree in gender and in number with the subject of the sentence.

Las pirámides de Chichén Itzá fueron **construidas** por el pueblo tolteca.	*The Chichén Itzá pyramids were built by the Toltecs.*

| El libro original del *Popol Vuh* fue **escrito** por los maya quichés de Guatemala. | *The original* Popol Vuh *was written by the Maya Quiché of Guatemala.* |

The verb **ser** may be used in any tense according to the context.

Las pirámides aztecas **han sido** visitadas por millones de turistas.	*The Aztec pyramids have been visited by millions of tourists.*
En la época de los incas, las ciudades siempre **eran construidas** de piedra.	*In the times of the Incas, the cities were always built of stone.*
Era posible que Machu Picchu **hubiera sido construida** como ciudad sagrada.	*It was possible that Machu Picchu had been built as a sacred city.*

()ACTIVIDADES

A. Huellas del pasado. Completa cada frase en el pasado con la voz pasiva usando el pretérito del verbo **ser.**

1. El calendario azteca _____ (crear) hace muchos siglos.
2. Las herramientas _____ (fabricar) de piedra y hueso.
3. El quetzal _____ (respetar) como un ave sagrada.
4. La astronomía _____ (estudiar) por los mayas.
5. Machu Picchu _____ (construir) por los incas.
6. La escritura _____ (representar) por jeroglíficos.

B. Historia. Paquita está estudiando en el Perú y le escribe a su familia sobre algunas características de las culturas precolombinas. Reconstruye lo que ella escribió siguiendo el modelo.

Modelo Los nazcas *fabricaron* hermosos tejidos.
Hermosos tejidos fueron fabricados por los nazcas.

1. Los aztecas *usaron* el chocolate como bebida sagrada.
2. Los aztecas *realizaron* sacrificios humanos.
3. Diferentes grupos indígenas *practicaron* el juego de pelota.
4. Los artesanos *usaron* el oro y otros metales en objetos decorativos y religiosos.
5. Los mayas *estudiaron* la astronomía.
6. Los aztecas *conquistaron* grandes territorios.

C. Todo será investigado. Transforma las siguientes oraciones activas en oraciones pasivas en el tiempo presente. Sigue el modelo.

Modelo El policía y sus compañeros aclaran la verdad.
La verdad es aclarada por el policía y sus compañeros.

1. Doña Carmen comprueba la falsedad de los cargos.
2. El agente de policía lleva a doña Carmen a la comisaría.
3. Doña Carmen y su abogado aclaran todo el problema.
4. El mejor abogado defiende a doña Carmen.
5. La policía acusa a doña Carmen del robo de los jaguares gemelos.

Preparémonos

 A. En el último episodio... Trabajen en parejas y elijan al personaje que corresponde a cada descripción.

1. Estableció una organización llamada I.L.E.Y.A.N.
2. Va a reunirse con Gafasnegras a las cuatro.
3. Se reúne con Raúl Guzmán en un café en el Paseo del Río en San Antonio.
4. Trata de escaparse de Raúl, pero no puede.
5. Le dice a Adriana que es amigo de Nayeli.

a. Felipe
b. Adriana
c. Raúl
d. Nayeli
e. Gafasnegras

Answers: 1. d; 2. c; 3. b; 4. e; 5. c

 B. Somos detectives. En parejas, hablen sobre el futuro de Yax-Balam y Hun-Ahau. ¿Terminarán juntos? ¿Dónde? ¿Qué les va a pasar?

Resumen del video

Raúl forces Gafasnegras into a car headed for the police station. Meanwhile, in various parts of the Hispanic world, her accomplices are all arrested: the cousins, Armando, Miguel, doña Carmen, and the painters. Felipe celebrates victoriously with Adriana who rewards him with a special gift valued by the Mayans. What do you think this gift could be?

Miremos y escuchemos

C. Mis observaciones. Mientras miras el video, escribe los nombres de las personas arrestadas, en qué país, y cómo reaccionan.

Comentemos

D. Comprensión. Contesta las siguientes preguntas.

1. ¿Adónde lleva Raúl a Gafasnegras? ¿Qué sucede allí?
2. ¿Qué les pasa a los primos ladrones? ¿Cuál de ellos es casado?
3. ¿Qué reconoce el primo casado? ¿Qué siente el primo Luis y qué pregunta sobre la vida en la cárcel?
4. ¿Qué le dice Armando de Landa al detective?
5. ¿Admite doña Carmen que ella es culpable de robar los jaguares?
6. ¿Por qué están preocupados los pintores de la casa de doña Carmen?
7. ¿Qué flor le da Felipe a Adriana? ¿Cómo llama Adriana a Felipe y él a ella?
8. Al hablar del bien y del mal, ¿qué dice Felipe del bien? ¿A qué deporte puede referirse su comentario?
9. ¿Qué regalo le ofrece Adriana a Felipe? ¿Qué le dice sobre los mayas y el chocolate? ¿Qué dice Felipe sobre el chocolate y Adriana? ¿Se lo comen?
10. ¿Cómo se sienten los dos al final de la escena?

 E. Los ciclos de la vida. Raúl reflexiona y dice, "Todo tiene un fin. Todo cumple un ciclo: la vida, la muerte, el bien y el mal, es inevitable". En grupos, discutan cuál es el fin del ciclo con respecto a la historia de los jaguares.

 F. ¿Y usted, doña Carmen? Inventa un diálogo entre Nayeli y doña Carmen antes de que la policía la arreste. ¿Qué le pregunta la ahijada y cómo le responde la madrina sobre los jaguares gemelos y sobre la relación personal entre las dos mujeres? Trabaja con un/a compañero/a.

 G. En nuestra opinión. Trabajen en grupos. Identifiquen a los personajes que dicen estas afirmaciones. Comenten si están de acuerdo o no con cada una de ellas y por qué.

1. "No hay nada que yo no pueda hacer si me lo propongo."
2. "En este mundo sólo cuentan los hechos."
3. "Las apariencias engañan."
4. "El dinero todo lo arregla."
5. "No todo se puede comprar."

Los mayas

LECTURA

Prelectura

The second part of the *Popol Vuh,* the sacred book of the Mayas, narrates how the Mayan Hero Twins overpowered the frightening Lords of the Mayan underworld, Xibalbá, a parallel world beneath ours, full of plants, animals, and people. The version of the *Popol Vuh* that we know today is a Spanish translation of an old Quiché Maya book done by the Jesuit Francisco Jiménez. Side-by-side with the Spanish text, the translator included a transcript of the original Maya Quiché language, which probably was an interpretation of a lost Mayan codex. The classical Mayan names of the Hero Twins, Hun-Ahau and Yax-Balam, are transcribed in the *Popol Vuh* as Hunahpú and Ixbalamqué.

 READING STRATEGY: Using a Genealogical Chart with Notes

When you are reading a narration which describes many different family members, it is useful to develop a family genealogy as you work through the text. As you make your tree for the reading, jot down, in parentheses, a trait of each character.

 A. Un árbol genealógico. Haz un árbol genealógico de tres generaciones de tu familia o de otra familia inventada. Al lado de cada miembro familiar, escribe una característica o acción especial de esa persona entre paréntesis. Luego, describe a esa familia a un/a compañero/a, usando el árbol genealógico y tus apuntes.

Ecos del pasado: Héroes mayas

El *Popol Vuh*, el libro sagrado de los mayas, cuenta la historia de Hunahpú° y de Ixbalamqué°, los grandes Héroes Gemelos que vencieron° a los malvados Señores° de Xibalbá: Hun-Camé° y Vucub-Camé°.

El padre de Hunahpú e Ixbalamqué era otro famoso gemelo maya: Hun-Hunahpú. Éste y su hermano Vucub-Hunahpú eran los mejores jugadores de pelota de la tierra y los Señores de Xibalbá los invitaron para jugar con ellos en Xibalbá. Cuando llegaron allí,

Lord One / Little Jaguar defeated / evil lords, gods / Death One / Death Seven

los Señores de Xibalbá los mataron porque los gemelos no pudieron cumplir con las pruebas imposibles que les habían puesto. Los Señores de Xibalbá enterraron° a Vucub-Hunahpú en la plaza de juego de pelota y colgaron° la cabeza de Hun-Hunahpú en un árbol de calabazas°.

    Un día, Ixquic, una princesa de Xibalbá, se acercó al árbol para coger° una calabaza. En ese momento, la cabeza de Hun-Hunahpú le escupió° en la palma de la mano y ella quedó embarazada con los Héroes Gemelos. Al poco tiempo, Ixquic tuvo que escapar de Xibalbá porque los Señores iban a matarla y se refugió en casa de Ixmucané, la madre de Hun-Hunahpú y Vucub-Hunahpú. Allí nacieron los Héroes Gemelos. Cuando crecieron, llegaron a ser los mejores jugadores de pelota, tal como lo habían sido su padre y su tío.

    Los Señores de Xibalbá, Hun-Camé y Vucub-Camé, se dieron cuenta de que los Héroes Gemelos jugaban tan bien como su padre y su tío y, enfurecidos, decidieron invitarlos a Xibalbá con la intención de matarlos a ellos también.

    Al llegar a Xibalbá, Hunahpú e Ixbalamqué descubrieron los trucos° de los Señores de Xibalbá con la ayuda de varios animales. De esa manera tuvieron éxito en todas las pruebas en las que su padre y su tío habían fracasado°: se fumaron un cigarro sin fuego, quemaron una antorcha° sin gastarla°; sobrevivieron en la casa de la oscuridad°, en la casa del frío, en la casa de las navajas°, y en la casa de los murciélagos°. Por último, pudieron vencer° la misma muerte, destruyeron a los Señores de Xibalbá y se convirtieron en dioses auténticos. Desde entonces, brillan como astros en el firmamento°. ■

buried
hung / pumpkin tree

to pick
spat

tricks

failed
torch / using it up / darkness
knives / bats
defeat

sky

Postlectura

B. La familia de los Héroes.   Haz un árbol geneológico de la familia de los Héroes Gemelos. Escribe entre paréntesis una o dos características o acciones de ellos y su familia. Trabaja con un/a compañero/a.

C. Personajes y eventos.   Usa tus apuntes para contestar las preguntas.

1. ¿Qué lugar era Xibalbá y quién vivía allí?
2. ¿Quiénes eran Hun-Hunahpú y Vucub-Hunahpú? ¿Y Hun-Camé y Vucub-Camé?
3. ¿Qué significan las palabras "Hun" y "Vucub", según la lectura?
4. ¿Por qué se enojaron los Señores de Xibalbá con los Héroes Gemelos?
5. ¿Cómo se llamaba la abuela de los Héroes Gemelos? ¿A quién recibió ella en su casa?
6. ¿Quién era Ixquic y por qué tuvo que huir de Xibalbá?
7. ¿Qué les gustaba hacer a los Héroes Gemelos?
8. ¿Qué cosas imposibles pudieron hacer con éxito los Héroes Gemelos?
9. ¿En qué se convirtieron los Héroes Gemelos después de vencer a los dioses de Xibalbá?

D. Inventa un mito.   Ahora que las figuras de los gemelos están juntas en el museo en México, pueden tener más aventuras. Inventa otro mito de los Héroes Gemelos en el tiempo contemporáneo.

VOCABULARIO 12B.1

Talking about the Hispanic Population in the United States

■ La población hispana de los EE.UU. es de 31,3 millones

growth
figures

majority
has

increase

county

populated

La **población** hispana de Estados Unidos llegó a 31,3 millones de personas, lo cual significa un **crecimiento°** de 38,8% en el período de julio de 1990 a julio de 1999, según las más recientes **cifras°** de la Oficina estadounidense del Censo.

La **mayoría°** de los hispanos que puebla el territorio norteamericano se encuentra en el estado de California, región que **cuenta con°** 10,4 millones de personas de ese origen.

Pequeños estados y ciudades estadounidenses experimentaron, sin embargo, el mayor crecimiento porcentual de la población hispana, como fue el caso del estado de Arkansas, donde el **aumento°** de los latinos fue de 170,3% para llegar a un total de 53.729 personas.

La ciudad de Doraville, en el **condado°** de Gwinnett, estado de Georgia, tuvo una explosión **demográfica** hispana sin precedentes, con 215,6% para un total de 26.731 personas.

Las nuevas cifras de la Oficina del Censo mantienen también a Estados Unidos como el quinto país de habla española del mundo, después de México, Colombia, Argentina y España.

Además de California, los estados de Texas, Nueva York y Florida son los más **poblados°** por personas de origen hispano.

⟨⟩ACTIVIDADES

A. Comprensión. Contesta las preguntas con la información de esta lectura.

1. ¿Cuántos hispanos viven en los EE.UU.?
2. ¿En qué estado vive la mayoría de los hispanos?
3. ¿En qué estados aumentó mucho el número de hispanos?
4. ¿Cuáles son los cinco países con mayor número de personas de habla española?
5. ¿Cuáles son los cuatro estados con una población grande de hispanos? Discute con la clase los grupos que predominan en estos estados y por qué.

B. La comunidad hispana. Un periodista le hace preguntas al editor de *Contacto Magazine* acerca de la comunidad hispana en los Estados Unidos. Esta entrevista tiene muchos datos importantes. Escúchala e identifica a qué se refieren estos datos. Escribe la letra de la cifra que corresponda al lado del porcentaje.

1. 38,4% _____
2. 55,8% _____
3. 70% _____
4. 74% _____
5. 76,1% _____
6. 91,5% _____

a. los hispanos que son ciudadanos de los EE.UU.
b. los hispanos que hablan español en su hogar y hablan inglés también.
c. los hispanos que nacieron en los EE.UU.
d. los hispanos que hablan inglés muy bien.
e. el aumento en el número de compañías que son propiedad de hispanos.
f. los hispanos que nacieron en el extranjero.

C. La influencia hispana. Completa el cuadro con los conocimientos que tienes sobre los hispanos de los Estados Unidos. Escribe qué influencia han tenido los grupos hispanos, según su país de origen, en el inglés, la comida y la música de este país. Añade otras categorías a tu gusto.

Grupo	Lengua	Comida	Música	Deportes

ESTRUCTURA 12B.1

Stating Periods of Time

■ Time expressions with **hace**

¿Cuánto tiempo **hace que estudias** español?

¿Y cuánto hace **que presentaste** tu primer examen?

Hace seis semanas **que estudio** español.

Hace tres semanas **que presenté** mi primer examen.

To express for how long you have *been doing* something, use this expression with the verb **hacer** and the present indicative:

> **hace** + expression of time + **que** + present tense

—¿Cuánto tiempo **hace que vives** en esta ciudad?
—*How long have you lived in this city?*

—**Hace** dos años **que vivo** aquí.
—*I have lived here for two years.*

To express how long *ago* you did something, use the same expression with the verb in the preterite:

> **hace** + expression of time + **que** + preterite tense

—¿Cuánto tiempo **hace que** alguien **descubrió** Machu Picchu?
—**Hace muchos años que** un arqueólogo **descubrió** Machu Picchu.

—*How long ago was Machu Picchu discovered?*
—*An archaeologist discovered Machu Picchu many years ago.*

ACTIVIDADES

A. Experiencia profesional. Eres la persona encargada de contratar personal como guías para los turistas hispanos que visitan tu región. Sigue el modelo para preguntarles sobre su experiencia. Trabaja con un/a compañero/a.

> **MODELO** hablar español / tres años
> —¿*Cuánto tiempo hace que usted habla español?*
> —*Hace tres años que hablo español.*

1. trabajar en el sector turístico / algunos años
2. saber hacer reservaciones por Internet / poco
3. preparar guías turísticas / algún tiempo
4. atender a turistas con necesidades especiales / medio año
5. administrar hoteles / dos años
6. conducir autobuses turísticos / seis meses

B. Falta de tiempo. Has estado trabajando muchísimo últimamente y no has tenido tiempo para hacer muchas de tus actividades favoritas. Conversa con un/a compañero/a sobre cuánto tiempo hace que hiciste estas actividades por última vez.

> **MODELO** ir a la discoteca / dos semanas
> —¿*Cuánto tiempo hace que fuiste a la discoteca por última vez?*
> —*Hace dos semanas que fui a la discoteca por última vez.*

1. ver televisión / un mes
2. visitar a tus amigos / una semana
3. tener un día libre / dos meses
4. ir al cine / mucho tiempo
5. comer en un restaurante / quince días
6. tener vacaciones / un año

C. Recuerdos. Una persona de tu comunidad acaba de cumplir cien años y tu periódico estudiantil te ha pedido que le hagas una entrevista. Usando el pronombre de respeto **usted**, pregúntale sobre temas interesantes para los lectores del periódico.

> **MODELO** terminar la escuela secundaria (82 años)
> —¿*Cuánto tiempo hace que terminó usted la escuela secundaria?*
> —*Hace ochenta y dos años que terminé la escuela secundaria.*

1. casarse (muchísimo tiempo)
2. ir a la biblioteca (una semana)
3. hacer esquí acuático (30 años)
4. estudiar piano (80 años)
5. ir al médico (dos días)
6. jugar al tenis (algunos años)

CULTURA

El mundo hispano

Semblanzas latinas

Penélope Cruz. La actriz española Penélope Cruz nació en Madrid, en 1974. Tiene talento en muchos campos: baila ballet y danza española. De niña, quería ser modelo. Aunque lleva ropa de diseñadores muy famosos, "Pe", como la llaman sus amigos, está más cómoda en jeans y una camiseta; no fuma ni bebe. Es una joven actriz de fama internacional.

La actriz española, Penélope Cruz.

Ella actuó en la película del director español Pedro Almodóvar, *Todo sobre mi madre* que ganó el Oscar para la mejor película extranjera de fin de siglo. Ella ha dicho lo siguiente sobre su vida, "Yo sólo busco la felicidad y que me quieran; y por supuesto, hacer bien mi trabajo".

Eduardo Verástegui. El actor mexicano Eduardo Verástegui es del pueblo de Xicontén-catl. Nació en 1974. Dejó sus estudios en la Escuela de Derecho para realizar su

El actor mexicano Eduardo Verástegui.

sueño de hacerse actor. Ha tenido muchísimo éxito en varias telenovelas hispanas, como *Alma rebelde, María Isabel* y *Soñadoras*. Tiene un apartamento en Miami donde le gusta correr patines, ir a la playa, visitar galerías de arte y hacer ejercicios en el gimnasio. Él ha dicho de su inmensa popularidad, "Siempre quise ser artista, pero no imaginé que llegaría a ser lo que soy hoy".

Lauren y Lorraine Vélez. Lauren y Lorraine Vélez son hermanas gemelas puertorriqueñas. Su mamá fue cantante en Puerto Rico. Cuando era niña, Lorraine quería ser bailarina. Ella vivió y trabajó en Londres por ocho años. Regresó a Nueva York para actuar y bailar en el musical *Rent* en Broadway. También es cantante. Lauren es

Lauren Vélez, actriz puertorriqueña.

estrella de televisión del programa "Oz" en Nueva York. Dice, "Lo que más me gusta es que estableces unas relaciones muy estrechas con tus compañeros de trabajo". A veces, la gente neoyorquina las confunde. Sin embargo, las dos son muy unidas como hermanas, además de talentosas y divertidas.

CULTURA

El mundo hispano

El actor cubano Andy García hace el papel de Arturo Sandoval.

Andy García. Andrés Arturo García Méndez nació en Cuba el 12 de abril de 1956 y llegó a los Estados Unidos con sus padres en 1961. Ha participado en muchas películas de éxito y es muy buen actor. Andy tiene tres hijas y se considera muy cubano. Para desempeñar el papel del músico cubano Arturo Sandoval, Andy aprendió a tocar la trompeta muy bien.

www Internet

👥 DISCUSIÓN EN GRUPOS

1. ¿Qué diferencias y semejanzas hay entre estos cuatro artistas hispanos?

2. ¿Han visto la actuación de alguno/a de ellos? ¿Cuándo?

3. ¿Conoce alguno de ustedes la biografía de otro/a artista hispano/a? Si conocen a otros artistas hispanos, hablen sobre el/la artista más conocido/a del momento.

POR INTERNET

Usa Internet para encontrar información sobre otros actores de televisión o de cine en Latinoamérica o en España. Usa las palabras claves **actor, actriz** o **estrella**, y limita tu búsqueda a sitios en español. Es recomendable que también limites tu búsqueda con los adjetivos que quieras, por ejemplo, +**actor**, +**argentino**, +**televisión** o +**del cine**. Prepara un breve reportaje sobre el actor o la actriz que escojas, y compártelo con un/a compañero/a, o con la clase. Incluye su país de origen, el año en que nació/murió, los nombres de los programas o las películas en que ha aparecido, y cualquier otro detalle interesante (pasatiempos, premios, otras actividades) que mencionen los sitios que consultes.

D. Encuesta. En grupos, hagan una encuesta sobre cuánto tiempo hace que hicieron las actividades siguientes. También inventen otras preguntas para cada tema. Presenten un resumen a la clase.

Tema	Posibles preguntas
1. Salud	¿Cuánto tiempo hace que haces ejercicio regularmente? ¿Cuánto tiempo hace que fumas? o ¿Cuánto hace que dejaste de fumar?
2. Estudio	¿Cuánto tiempo hace que preparas tus tareas diariamente? ¿Cuánto tiempo hace que usaste Internet para hacer tus tareas?
3. Medios de comunicación	¿Cuánto tiempo hace que viste un noticiero de televisión? ¿Cuánto tiempo hace que escuchaste radio? ¿Cuánto tiempo hace que lees las noticias en Internet?

Preparémonos

A. En el último episodio... Trabajen en parejas. Repasen las escenas del *Videodrama 12A* y elijan al personaje que corresponde a cada descripción.

1. Lleva a Gafasnegras a un coche de la policía.
2. Le da chocolates a Felipe.
3. Se felicitan por un trabajo bien hecho.
4. Son arrestados en varios países hispanos.
5. Celebran juntos el retorno de los gemelos a México.

a. Adriana
b. Felipe y Adriana
c. los criminales
d. Raúl

Answers: 1. d; 2. a; 3. b; 4. c; 5. b.

B. Somos detectives. En parejas, hablen sobre esta foto de Adriana y Felipe. ¿Dónde están, qué acaban de decir, y qué harán en el futuro?

Resumen del video

An official of the Mexican government thanks Nayeli, Adriana, and Felipe for their noble actions of returning the hero twins to their homeland. Armando is revealed to be the real criminal as the jaguar twins are reunited in Pacal's tomb on August 31, thus protecting Mexico. Raúl gives a white rose to Nayeli as they reflect on everything that has happened and begin planning their next project.

Miremos y escuchemos

C. Mis observaciones. Mientras miras el video, describe y analiza lo que pasa en este episodio entre Nayeli y Adriana, entre Adriana y Felipe, entre Raúl y Nayeli, y entre los jaguares gemelos.

Comentemos

D. Comprensión. En grupos, contesten las siguientes preguntas sobre el episodio.

1. ¿Dónde están Nayeli, Felipe y Adriana? ¿Qué tiempo hace? ¿Quién presenta a Nayeli? ¿Qué dice? ¿Qué tiene Adriana en las manos?
2. ¿Cuál era el sueño de Nayeli, Adriana y Felipe? ¿ De qué fue acusada Nayeli y por qué? En realidad, ¿quién era el criminal y cuál era su plan?
3. ¿Cómo explica Nayeli su papel en el descubrimiento de los gemelos? ¿Qué dice Adriana sobre los antepasados? ¿De qué más habla?
4. ¿Qué soñaba conseguir Adriana?
5. ¿Qué significa I.L.E.Y.A.N.? ¿Y al revés?
6. ¿Qué le da Raúl a Nayeli? ¿Qué simboliza? ¿Cómo reacciona ella?
7. ¿De qué es la foto que Raúl le muestra a Nayeli? ¿Qué pasa entre ellos?
8. ¿Cómo se llama el periódico? ¿Quién lo lee? ¿Qué dicen los titulares?

E. Una flor y chocolates. Analiza la relación entre Adriana y Felipe. En tu opinión, ¿qué siente Felipe por Adriana y ella por él? ¿Cómo han cambiado desde el principio de la historia? ¿Van a estar juntos en cinco años? Explica. ¿Por qué son dos de "los buenos" de *Caminos del jaguar*? Trabajen en grupos.

F. Abuelita, ¿qué piensas tú? Nayeli tiene otro sueño en el que Abuelita le habla brevemente sobre lo que ha pasado los últimos dos episodios. Escribe lo que le dice.

G. La gran cuestión. Adriana pregunta, "¿Cómo es posible integrar la paz y la alegría a la vida?" Contéstale, con referencia a tu escuela, tu país y al mundo.

H. Nuestra misión sigue. Describe las acciones y la conversación entre Raúl y Nayeli al final. Imagina su próximo proyecto y su futura relación personal. ¿Qué les va a pasar?

I. Desde el corazón... Trabajen en parejas. Cada uno de ustedes elige el papel de uno de los héroes gemelos, Yax-Balam o Hun-Ahau. Después, creen un diálogo sobre Adriana, Felipe y Nayeli y sus aventuras. Luego, representen el diálogo para otra pareja.

Hispanos en EE.UU.

LECTURA

Prelectura

The talents of the ever increasing number of Hispanics in the fields of the arts, entertainment, education, law, sports, civil rights, and news media are being recognized nationally. This reading describes three different awards and their Hispanic winners: the Premios Heritage Awards, The *Nota Más Alta* Awards, and the National Academy of Television Arts and Sciences *Emmy* Awards.

A. Hispanos famosos.   Con un/a compañero/a, hagan una lista de hispanos famosos en las áreas de música, cine, deportes, literatura, noticias y política.

Música	Cine	Deportes	Literatura	Noticias	Política

Premios a los distinguidos hispanos

Los Premios Heritage 2000

La Fundación Premios a la Herencia° Hispana ha reconocido durante casi dos décadas el logro° hispano en los Estados Unidos. En 2000, entregó los Premios Heritage, en la ciudad de Washington D.C., a cinco hispanos distinguidos en distintos campos: a Oscar Hijuelos (Literatura), Dolores Huerta (Liderazgo°), Anthony Quinn (Artes), Cruz Reinoso (Educación) y Sammy Sosa (Deportes).

Dolores Huerta, activista chicana.

La ceremonia de entrega° se presentó por primera vez en horario estelar° en la cadena NBC. El escritor neoyorquino Oscar Hijuelos es el primer hispano nacido en Estados Unidos en ganar también el premio Pulitzer en ficción por su obra literaria *The Mambo Kings Play Songs of*

Heritage

achievement

Leadership

presentation
prime time

Love. Dolores Huerta es una activista chicana que ha luchado por la igualdad de los trabajadores agrícolas. Actor en más de 300 películas durante sesenta años, Anthony Quinn era de familia mexicana de California. Murió en el año 2001. Cruz Reinoso, profesor de derecho° y experto nacional en el área legal es defensor° de los derechos° civiles.

Law
defender / rights

El dominicano Sammy Sosa no es solamente un beisbolista fenomenal, sino una persona dedicada a la educación de los niños en la República Dominicana y en los Estados Unidos. Entre las estrellas que hacían las presentaciones figuraban° el actor español Antonio Banderas, el cantante puertorriqueño Elvis Crespo y la actriz Raquel Welch.

were prominent

Los Premios La Nota Más Alta 2000

Los principales locutores° de Estados Unidos, junto con° los editores de *People* en español, votaron por las canciones, los videos y los artistas que dejaron una huella° durante el año 2000. Los artistas que han hecho reír, llorar, amar y cantar al público son reconocidos por los DJs más populares del país con los premios llamados "la nota más alta". Había tres premios en cada categoría. Los siguientes ganaron el primer lugar:

DJs / together with

have left a mark

El regreso° del año
   Carlos Santana—*Supernatural*
El mejor concierto
   Ricky Martin
La mejor canción para hacer el amor
   "Dormir contigo" de Luis Miguel—*Amarte es un placer*
La mejor canción para pedir perdón
   "Perdóname" de Pepe Aguilar—*Por una mujer bonita*
La mejor canción para meditar
   "Mira lo que has hecho en mí" de Jaci Velásquez—*Llegar a ti*
La mejor canción para chiquillos°
   "Ritmo total" de Enrique Iglesias—*Enrique*
El mejor dúo
   "Corazón espinado" de Carlos Santana y Maná—*Supernatural*
El mejor tema° de telenovela
   "Que seas muy feliz" de Vicente Fernández—*La mentira*
La mejor canción para festejar°
   "Livin' la vida loca" de Ricky Martin—*Ricky Martin*
El mejor debut en inglés
   Marc Anthony—*Marc Anthony*
El mejor debut en español
   Jaci Velásquez—*Llegar a ti*
La canción más poética
   "Loco" de Alejandro Fernández—*Mi verdad*
El mejor tema instrumental
   "Let's Stay Together" de Arturo Sandoval—*Americana*

comeback

Ricky Martin, cantante puertorriqueño.

niños

theme song

party

La mejor canción con acordeón
    "Yo sé que te acordarás°" de Banda El Recodo—*Lo mejor de mi vida*   *you will remember*
La mejor canción para casarse
    "Quisiera" de Alejandro Fernández—*Entre tus brazos*
La mejor banda sonora
    Gloria Estefan—*Music of My Heart*
El mejor video musical
    "Siempre en la cima°" de Ricky Martin—*Ricky Martin*   *top*

Los Premios *Emmy*

Grupo de Univisión con el premio Emmy.

Por primera vez en la historia de la televisión en Estados Unidos un noticiero en español, **Univisión**, gana el cotizado° premio Emmy. La Academia Nacional de la Televisión otorgó° en una ceremonia en Nueva York dos premios Emmy a Univisión, uno en la categoría de programa de noticias y el segundo en reportaje continuo en un noticiero. Los dos premios tenían que ver con la tragedia y destrucción del Huracán Mitch en Centroamérica. María Elena Salinas, María Antonieta Collins, Jorge Ramos, Rafael Tejero y Ángel Matos forman el equipo noticiero de los ganadores.

coveted

awarded

¡Bravo por todos los ganadores! ■

Postlectura

B. Comprensión. En grupos, contesten las siguientes preguntas sobre la lectura.

1. ¿Cómo se titulan las tres diferentes categorías de premios de la lectura?
2. ¿Cuáles son los campos de los premios Heritage? ¿Quién ganó en cada categoría?
3. Describe un hecho de cada ganador de los premios Heritage.
4. ¿Qué son los premios "La nota más alta"? ¿Quiénes seleccionan a los ganadores?
5. Según la lectura, ¿qué reacciones producen estos artistas ganadores en el público?
6. ¿Qué artista ganó más premios "nota alta" y en qué categorías?
7. Univisión ganó dos premios Emmy en 1999. ¿Qué importancia tiene?

C. Categorías.   En voz alta, lean las categorías de premios "La nota más alta". ¿A qué artistas hispanos de estas categorías conoces? ¿Cuáles son las tres canciones o álbumes que te parecen más importantes? ¿Las tres más divertidas? ¿Las tres más románticas? Comenten sus selecciones con una pareja.

D. Artistas / grupos concretos.   Si tú y un/a compañero/a tuvieran que nombrar a ganadores que cantan en inglés para cada categoría correspondiente a los Premios La Nota Más Alta, ¿a qué artista/s, grupo/s, cancion/es o álbum/es nombrarían? Preséntenle las comparaciones a la clase.

E. Nuevos premios.   Eres editor/a para una revista contemporánea en español. Inventa cinco categorías más de premios para dar a los hispanos distinguidos en diferentes campos. Escribe una descripción corta de cada premio. Compara tus ideas con un/a compañero/a.

F. Soy presentador/a.   Los jueces te eligieron para presentar el premio a uno/a de los distinguidos hispanos mencionados en la lectura. Puedes escoger el ganador. ¿Quién es? Busca en Internet información sobre este ganador. Escribe una presentación interesante de esa persona. Léesela a la clase.

Hablemos

A. Historia personal. Hazle una entrevista a una persona hispanohablante o a alguien que tenga aquí un pariente de otro país. Averigua la historia de su familia y pregúntale sobre su experiencia en los Estados Unidos. Preséntale la historia de esa persona a la clase.

B. Predicciones. ¿Qué les pasará a los personajes de la historia de *Caminos del jaguar*? En grupos, escojan a dos personajes del video. Describan cómo será su vida en cinco años. ¿Qué harán? ¿Por qué? ¿Tendrán otras aventuras? Preséntenle sus ideas a la clase.

Investiguemos por Internet

🔑 INTERNET STRATEGY: Using Synonyms and Word Combinations

You have learned ways of specifying and limiting your search to obtain better results when looking for information. To increase your chances of finding the information you need, you may also wish to formulate searches using synonyms (**civilización, pueblo+maya**) as keywords, or keywords that are logical subsets of one another (**South America, Perú, Incas, Machu Picchu**). If your browser lacks a language box where you can choose Spanish only, this type of search allows you to combine words in both Spanish and English in order to find sites in both languages (**Aztecs, aztecas, pyramids, pirámides**).

Along with a list of sites and pages that match your initial query, many browsers will offer strings of synonyms or subsets related to the keyword(s) you have used. This valuable information can serve as a point of departure for wider or more precise searches, and often suggests words or topics you may not have thought of as useful.

C. Civilizaciones, pueblos y culturas. Trabajen en grupos. En la tabla siguiente hay una lista de nombres. La tarea del grupo es buscar a qué se refiere cada uno de ellos. ¿Es ése el nombre de un sitio, de un edificio, de una cultura o de otra cosa? Pueden iniciar la búsqueda usando cada nombre como palabra clave. Recuerden seguir las instrucciones del buscador, por ejemplo, si es necesario usar comillas (*quotation marks*) cuando la palabra clave tiene más de una palabra ("Monte Albán"). Cuando encuentren a qué se refiere cada uno de los nombres, elijan uno de los temas para investigar más a fondo y presentárselo a la clase.

Palabra(s) clave(s)	Palabra relacionada 1	Palabra relacionada 2	Palabra relacionada 3
1. La Sagrada Familia	Barcelona	catedral	Gaudí
2. Altamira	España	cueva	pinturas prehistóricas
3. Chichén Itzá	México	ciudad	maya
4. Monte Albán	México		
5. Nazca	Perú		
6. Sacsahuamán	Perú		
7. San Agustín	Colombia		
8. Tairona	Colombia		
9. Tiahuanaco	Bolivia		
10. Tikal	Guatemala		

Escribamos

WRITING STRATEGY: Editing Your Own Work

An important, yet often overlooked, step in writing is to edit your own work. It is important to focus on content and organization as well as on form. Use this self editing checklist as a guide to editing your own writing. It can also be used as a guideline for peer editing.

Workshop

A. Focus on content: Ask yourself these questions:
- ☐ Is the topic interesting?
- ☐ Is the main idea clearly expressed?
- ☐ Does the supporting detail enhance the main idea?
- ☐ Is the order of sentences and ideas logical and easy to follow?
- ☐ Does the conclusion summarize my ideas?

B. Focus on form: Check the following:
- ☐ gender of nouns
- ☐ subject/verb agreement
- ☐ noun/adjective agreement
- ☐ word order within the entire sentence
- ☐ word order within each phrase
- ☐ new vocabulary
- ☐ influences of English idioms on Spanish
- ☐ spelling and capitalization
- ☐ punctuation
- ☐ use of accents

After editing your work, remember to focus on appearance. If the composition is handwritten, be sure that it is legible and that you write on every other line. If it is computer-generated, be sure to print it out double-spaced.

Strategy in action

For additional practice with the strategy of editing your own work, turn to *Escribamos* in your Activities Manual.

D. País y lengua.   Escribe una composición con razones a favor o en contra de tener un país monolingüe, bilingüe o multilingüe.

E. La siguiente misión de I.L.E.Y.A.N.   Al final del video, Raúl habla con Nayeli de otra misión para recuperar objetos arqueológicos perdidos. Inventa su siguiente aventura y escribe lo que pasará con Nayeli y Raúl.

Appendix A: Verb Charts

REGULAR VERBS
Simple tenses

Infinitive	Past participle / Present participle	Indicative					Subjunctive	
		Present	Imperfect	Preterite	Future	Conditional	Present	Imperfect*
cantar *to sing*	cantado cantando	canto cantas canta cantamos cantáis cantan	cantaba cantabas cantaba cantábamos cantabais cantaban	canté cantaste cantó cantamos cantasteis cantaron	cantaré cantarás cantará cantaremos cantaréis cantarán	cantaría cantarías cantaría cantaríamos cantaríais cantarían	cante cantes cante cantemos cantéis canten	cantara cantaras cantara cantáramos cantarais cantaran
correr *to run*	corrido corriendo	corro corres corre corremos corréis corren	corría corrías corría corríamos corríais corrían	corrí corriste corrió corrimos corristeis corrieron	correré correrás correrá correremos correréis correrán	correría correrías correría correríamos correríais correrían	corra corras corra corramos corráis corran	corriera corrieras corriera corriéramos corrierais corrieran
subir *to go up,* *to climb up*	subido subiendo	subo subes sube subimos subís suben	subía subías subía subíamos subíais subían	subí subiste subió subimos subisteis subieron	subiré subirás subirá subiremos subiréis subirán	subiría subirías subiría subiríamos subiríais subirían	suba subas suba subamos subáis suban	subiera subieras subiera subiéramos subierais subieran

*In addition to this form, another one is less frequently used for all regular and irregular verbs: cantase, cantases, cantase, cantásemos, cantaseis, cantasen; corriese, corrieses, corriese, corriésemos, corrieseis, corriesen; viviese, vivieses, viviese, viviésemos, vivieseis, viviesen.

Commands

Person	Affirmative	Negative	Affirmative	Negative	Affirmative	Negative
tú	canta	no cantes	corre	no corras	sube	no subas
usted	cante	no cante	corra	no corra	suba	no suba
ustedes	canten	no canten	corran	no corran	suban	no suban
nosotros	cantemos	no cantemos	corramos	no corramos	subamos	no subamos
vosotros	cantad	no cantéis	corred	no corráis	subid	no subáis

Stem-changing verbs: *-ar* and *-er groups*

Type of change in the verb stem	Subject	Indicative — Present	Subjunctive — Present	Commands — Affirmative	Commands — Negative	Other *-ar* and *-er* stem-changing verbs
-ar verbs e > ie *pensar to think*	yo tú él/ella, Ud. nosotros/as vosotros/as ellos/as, Uds.	pienso piensas piensa pensamos pensáis piensan	piense pienses piense pensemos penséis piensen	— piensa piense pensemos pensad piensen	— no pienses no piense no pensemos no penséis no piensen	atravesar *to go through, to cross;* cerrar *to close;* despertarse *to wake up;* empezar *to start;* negar *to deny;* sentarse *to sit down.* nevar *to snow* is only conjugated in the third person singular.
-ar verbs o > ue *contar to count, to tell*	yo tú él/ella, Ud. nosotros/as vosotros/as ellos/as, Uds.	cuento cuentas cuenta contamos contáis cuentan	cuente cuentes cuente contemos contéis cuenten	— cuenta cuente contemos contad cuenten	— no cuentes no cuente no contemos no contéis no cuenten	acordarse *to remember;* acostar(se) *to go to bed;* almorzar *to have lunch;* colgar *to hang;* costar *to cost;* demostrar *to demonstrate, to show;* encontrar *to find;* mostrar *to show;* probar *to prove, to taste;* recordar *to remember.*
-er verbs e > ie *entender to understand*	yo tú él/ella, Ud. nosotros/as vosotros/as ellos/as, Uds.	entiendo entiendes entiende entendemos entendéis entienden	entienda entiendas entienda entendamos entendáis entiendan	— entiende entienda entendamos entended entiendan	— no entiendas no entienda no entendamos no entendáis no entiendan	encender *to light, to turn on;* extender *to stretch;* perder *to lose.*
-er verbs o > ue *volver to return*	yo tú él/ella, Ud. nosotros/as vosotros/as ellos/as, Uds.	vuelvo vuelves vuelve volvemos volvéis vuelven	vuelva vuelvas vuelva volvamos volváis vuelvan	— vuelve vuelva volvamos volved vuelvan	— no vuelvas no vuelva no volvamos no volváis no vuelvan	mover *to move;* torcer *to twist.* llover *to rain* is only conjugated in the third person singular.

Stem-changing verbs: -ir verbs

Group I

Type of change in the verb stem	Subject	Indicative		Subjunctive		Commands	
		Present	Preterite	Present	Imperfect	Affirmative	Negative
-ir verbs e > ie or i Infinitive: sentir *to feel* Present participle: sintiendo	yo tú él/ella, Ud. nosotros/as vosotros/as ellos/as, Uds.	siento sientes siente sentimos sentís sienten	sentí sentiste sintió sentimos sentisteis sintieron	sienta sientas sienta sintamos sintáis sientan	sintiera sintieras sintiera sintiéramos sintierais sintieran	— siente sienta sintamos sentid sientan	— no sientas no sienta no sintamos no sintáis no sientan
-ir verbs o > ue or u Infinitive: dormir *to sleep* Present participle: durmiendo	yo tú él/ella, Ud. nosotros/as vosotros/as ellos/as, Uds.	duermo duermes duerme dormimos dormís duermen	dormí dormiste durmió dormimos dormisteis durmieron	duerma duermas duerma durmamos durmáis duerman	durmiera durmieras durmiera durmiéramos durmierais durmieran	— duerme duerma durmamos dormid duerman	— no duermas no duerma no durmamos no durmáis no duerman

Other similar verbs: advertir *to warn;* arrepentirse *to repent;* consentir *to consent, to pamper;* convertir(se) *to turn into;* divertir(se) *to amuse (oneself);* herir *to hurt, to wound;* mentir *to lie;* morir *to die;* preferir *to prefer;* referir *to refer;* sugerir *to suggest.*

Group II

Type of change in the verb stem	Subject	Indicative		Subjunctive		Commands	
		Present	Preterite	Present	Imperfect	Affirmative	Negative
-ir verbs e > i Infinitive: pedir *to ask for, to request* Present participle: pidiendo	yo tú él/ella, Ud. nosotros/as vosotros/as ellos/as, Uds.	pido pides pide pedimos pedís piden	pedí pediste pidió pedimos pedisteis pidieron	pida pidas pida pidamos pidáis pidan	pidiera pidieras pidiera pidiéramos pedierais pidieran	— pide pida pidamos pedid pidan	— no pidas no pida no pidamos no pidáis no pidan

Other similar verbs: competir *to compete;* despedir(se) *to say good-bye;* elegir *to choose;* impedir *to prevent;* perseguir *to chase;* repetir *to repeat;* seguir *to follow;* servir *to serve;* vestir(se) *to dress, to get dressed.*

Verbs with spelling changes

	Verb type	Ending	Change	Verbs with similar spelling changes
1	buscar *to look for*	-car	• Preterite: yo busqué • Present subjunctive: busque, busques, busque, busquemos, busquéis, busquen	comunicar, explicar, indicar, sacar, pescar
2	conocer *to know*	-cer or -cir	• Present indicative: conozco, conoces, conoce, and so on • Present subjunctive: conozca, conozcas, conozca, conozcamos, conozcáis, conozcan	nacer, obedecer, ofrecer, parecer, pertenecer, reconocer, conducir, traducir
3	vencer *to win*	-cer or -cir	• Present indicative: venzo, vences, vence, and so on • Present subjunctive: venza, venzas, venza, venzamos, venzáis, venzan	convencer, torcer *to twist*
4	leer *to read*	-eer	• Preterite: leyó, leyeron • Imperfect subjunctive: leyera, leyeras, leyera, leyéramos, leyerais, leyeran • Present participle: leyendo	creer, poseer *to own*
5	llegar *to arrive*	-gar	• Preterite: llegué • Present subjunctive: llegue, llegues, llegue, lleguemos, lleguéis, lleguen	colgar, navegar, negar, pagar, rogar, jugar
6	coger *to take*	-ger or -gir	• Present indicative: cojo • Present subjunctive: coja, cojas, coja, cojamos, cojáis, cojan	escoger, proteger, recoge, corregir, dirigir, elegir, exigir
7	seguir *to follow*	-guir	• Present indicative: sigo • Present subjunctive: siga, sigas, siga, sigamos, sigáis, sigan	conseguir, distinguir, perseguir
8	huir *to flee*	-uir	• Present indicative: huyo, huyes, huye, huimos, huís, huyen • Preterite: huí, huiste, huyó, huimos, huisteis, huyeron • Present subjunctive: huya, huyas, huya, huyamos, huyáis, huyan • Imperfect subjunctive: huyera, huyeras, huyera, huyéramos, huyerais, huyeran • Present participle: huyendo • Commands: huye tú, huya usted, huyan ustedes, huid vosotros, huyamos nosotros; no huyas tú, no huya usted, no huyan ustedes, no huyamos nosotros, no huyáis vosotros	concluir, contribuir, construir, destruir, disminuir, distribuir, excluir, influir, instruir, restituir, substituir
9	abrazar *to embrace*	-zar	• Preterite: abracé, abrazaste, abrazó, and so on • Present subjunctive: abrace, abraces, abrace, abracemos, abracéis, abracen	alcanzar, almorzar, comenzar, empezar, gozar, rezar

Verbs that need a written accent

	Verb type	Ending	Change	Verbs with similar spelling changes
1	sonreír *to smile*	-eír	See p. 497 for a complete conjugation of these verbs.	freír
2	enviar *to send*	-iar	• Present indicative: envío, envías, envía, enviamos, enviáis, envían • Present subjunctive: envíe, envíes, envíe, enviemos, enviéis, envíen	ampliar, criar, desviar, enfriar, guiar, variar
3	continuar *to continue*	-uar	• Present indicative: continúo, continúas, continúa, continuamos, continuáis, continúan • Present subjunctive: continúe, continúes, continúe, continuemos, continuéis, continúen	acentuar, efectuar, exceptuar, graduar, habituar, insinuar, situar

Compound tenses

Indicative					Subjunctive	
Present perfect	**Past perfect**	**Preterite perfect**	**Future perfect**	**Conditional perfect**	**Present perfect**	**Past perfect**
he	había	hube	habré	habría	haya	hubiera
has	habías	hubiste	habrás	habrías	hayas	hubieras
ha cantado	había cantado	hubo cantado	habrá cantado	habría cantado	haya cantado	hubiera cantado
hemos corrido	habíamos corrido	hubimos corrido	habremos corrido	habríamos corrido	hayamos corrido	hubiéramos corrido
habéis vivido	habíais vivido	hubisteis vivido	habréis vivido	habríais vivido	hayáis vivido	hubierais vivido
han	habían	hubieron	habrán	habrían	hayan	hubieran

Irregular verbs: Compound tenses

All irregular verbs follow the same formation pattern as the regular verbs with **haber**, in all tenses. The only thing that changes is the form of the past participle of each verb. See the chart below and the individual charts of irregular verbs for these forms. In Spanish, no word can come between **haber** and the past participle.

Common irregular past participles

Infinitive	Past participle		Infinitive	Past participle	
abrir	**abierto**	*opened*	morir	**muerto**	*died*
caer	caído	*fallen*	oír	oído	*heard*
creer	creído	*belived*	poner	**puesto**	*put, placed*
cubrir	**cubierto**	*covered*	resolver	**resuelto**	*resolved*
decir	**dicho**	*said, told*	romper	**roto**	*broken, torn*
descubrir	**descubierto**	*discovered*	(son)reír	(son)reído	*(smiled) laughed*
escribir	**escrito**	*written*	traer	traído	*brought*
hacer	**hecho**	*made, done*	ver	**visto**	*seen*
leer	leído	*read*	volver	**vuelto**	*returned*

REFLEXIVE VERBS

Regular and irregular reflexive verbs: Position of the reflexive pronouns in the simple tenses

Example 1: *lavarse*

Infinitive	Present participle	Reflexive pronouns	Indicative					Subjunctive	
			Present	Imperfect	Preterite	Future	Conditional	Present	Imperfect
lavarse *to wash oneself*	lavándome lavándote lavándose lavándonos lavándoos lavándose	me te se nos os se	lavo lavas lava lavamos laváis lavan	lavaba lavabas lavaba lavábamos lavabais lavaban	lavé lavaste lavó lavamos lavasteis lavaron	lavaré lavarás lavará lavaremos lavaréis lavarán	lavaría lavarías lavaría lavaríamos lavaríais lavarían	lave laves lave lavemos lavéis laven	lavara lavaras lavara laváramos lavarais lavaran

Example 2: *ponerse*

Infinitive	Present participle	Reflexive pronouns	Indicative					Subjunctive	
			Present	Imperfect	Preterite	Future	Conditional	Present	Imperfect
ponerse *to put on, get (sad, happy, etc.)*	poniéndome poniéndote poniéndose poniéndonos poniéndoos poniéndose	me te se nos os se	pongo pones pone ponemos ponéis ponen	ponía ponías ponía poníamos poníais ponían	puse pusiste puso pusimos pusisteis pusieron	pondré pondrás pondrá pondremos pondréis pondrán	pondría pondrías pondría pondríamos pondríais pondrían	ponga pongas ponga pongamos pongáis pongan	pusiera pusieras pusiera pusiéramos pusierais pusieran

Example 3: *vestirse*

Infinitive	Present participle	Reflexive pronouns	Indicative					Subjunctive	
			Present	Imperfect	Preterite	Future	Conditional	Present	Imperfect
vestirse *to get dressed*	vistiéndome vistiéndote vistiéndose vistiéndonos vistiéndoos vistiéndose	me te se nos os se	visto vistes viste vestimos vestís visten	vestía vestías vestía vestíamos vestíais vestían	vestí vestiste vistió vestimos vestisteis vistieron	vestiré vestirás vestirá vestiremos vestiréis vestirán	vestiría vestirías vestiría vestiríamos vestiríais vestirían	vista vistas vista vistamos vistáis vistan	vistiera vistieras vistiera vistiéramos vistierais vistieran

Regular and irregular reflexive verbs: Position of the reflexive pronouns with commands

Person	Affirmative	Negative	Affirmative	Negative	Affirmative	Negative
tú	lávate	no te laves	ponte	no te pongas	vístete	no te vistas
usted	lávese	no se lave	póngase	no se ponga	vístase	no se vista
ustedes	lávense	no se laven	pónganse	no se pongan	vístanse	no se vistan
nosotros	lavémonos	no nos lavemos	pongámonos	no nos pongamos	vistámonos	no nos vistamos
vosotros	lavaos	no os lavéis	poneos	no os pongáis	vestíos	no os vistáis

Regular and irregular reflexive verbs: Position of the reflexive pronouns in compound tenses*

Reflexive Pronoun	Indicative					Subjunctive		
	Present Perfect	Past Perfect	Preterite Perfect	Future Perfect	Conditional Perfect	Present Perfect	Past Perfect	
me	he	había	hube	habré	habría	haya	hubiera	
te	has	habías	hubiste	habrás	habrías	hayas	hubieras	lavado
se	ha	había	hubo	habrá	habría	haya	hubiera	puesto
nos	hemos	habíamos	hubimos	habremos	habríamos	hayamos	hubiéramos	vestido
os	habéis	habíais	hubisteis	habréis	habríais	hayáis	hubiérais	
se	han	habían	hubieron	habrán	habrían	hayan	hubieran	

(participles: lavado / puesto / vestido apply to each column)

*The sequence of these three elements—the reflexive pronoun, the auxiliary verb **haber**, and the present perfect form—is invariable and no other words can come in between.

Regular and irregular reflexive verbs: Position of the reflexive pronouns with conjugated verb + infinitive**

Reflexive Pronoun	Indicative					Subjunctive		
	Present	Imperfect	Preterite	Future	Conditional	Present	Imperfect	
me	voy a	iba a	fui a	iré a	iría a	vaya a	fuera a	
te	vas a	ibas a	fuiste a	irás a	irías a	vayas a	fueras a	lavar
se	va a	iba a	fue a	irá a	iría a	vaya a	fuera a	poner
nos	vamos a	íbamos a	fuimos a	iremos a	iríamos a	vayamos a	fuéramos a	vestir
os	vais a	ibais a	fuisteis a	iréis a	iríais a	vayáis a	fuerais a	
se	van a	iban a	fueron a	irán a	irían a	vayan a	fueran a	

(infinitives: lavar / poner / vestir apply to each column)

The reflexive pronoun can also be placed after the infinitive: voy a lavarme**, voy a poner**me**, voy a vestir**me**, and so on. Use the same structure for the present and the past progressive: **me** estoy lavando / estoy lavándo**me**; **me** estaba lavando / estaba lavándo**me**.

IRREGULAR VERBS

Andar, caber, caer

Infinitive	Past participle / Present participle	Indicative Present	Indicative Imperfect	Indicative Preterite	Indicative Future	Indicative Conditional	Subjunctive Present	Subjunctive Imperfect
andar *to walk; to go*	andado andando	ando andas anda andamos andáis andan	andaba andabas andaba andábamos andabais andaban	anduve anduviste anduvo anduvimos anduvisteis anduvieron	andaré andarás andará andaremos andaréis andarán	andaría andarías andaría andaríamos andaríais andarían	ande andes ande andemos andéis anden	anduviera anduvieras anduviera anduviéramos anduvierais anduvieran
caber *to fit; to have enough space*	cabido cabiendo	quepo cabes cabe cabemos cabéis caben	cabía cabías cabía cabíamos cabíais cabían	cupe cupiste cupo cupimos cupisteis cupieron	cabré cabrás cabrá cabremos cabréis cabrán	cabría cabrías cabría cabríamos cabríais cabrían	quepa quepas quepa quepamos quepáis quepan	cupiera cupieras cupiera cupiéramos cupierais cupieran
caer *to fall*	caído cayendo	caigo caes cae caemos caéis caen	caía caías caía caíamos caíais caían	caí caíste cayó caímos caísteis cayeron	caeré caerás caerá caeremos caeréis caerán	caería caerías caería caeríamos caeríais caerían	caiga caigas caiga caigamos caigáis caigan	cayera cayeras cayera cayéramos cayerais cayeran

Commands

Person	andar Affirmative	andar Negative	caber Affirmative	caber Negative	caer Affirmative	caer Negative
tú	anda	no andes	cabe	no quepas	cae	no caigas
usted	ande	no ande	quepa	no quepa	caiga	no caiga
ustedes	anden	no anden	quepan	no quepan	caigan	no caigan
nosotros	andemos	no andemos	quepamos	no quepamos	caigamos	no caigamos
vosotros	andad	no andéis	cabed	no quepáis	caed	no caigáis

Dar, decir, estar

Infinitive	Past participle / Present participle	Indicative: Present	Imperfect	Preterite	Future	Conditional	Subjunctive: Present	Imperfect
dar *to give*	dado / dando	doy	daba	di	daré	daría	dé	diera
		das	dabas	diste	darás	darías	des	dieras
		da	daba	dio	dará	daría	dé	diera
		damos	dábamos	dimos	daremos	daríamos	demos	diéramos
		dais	dabais	disteis	daréis	daríais	deis	dierais
		dan	daban	dieron	darán	darían	den	dieran
decir *to say, tell*	dicho / diciendo	digo	decía	dije	diré	diría	diga	dijera
		dices	decías	dijiste	dirás	dirías	digas	dijeras
		dice	decía	dijo	dirá	diría	diga	dijera
		decimos	decíamos	dijimos	diremos	diríamos	digamos	dijéramos
		decís	decíais	dijisteis	diréis	diríais	digáis	dijerais
		dicen	decían	dijeron	dirán	dirían	digan	dijeran
estar *to be*	estado / estando	estoy	estaba	estuve	estaré	estaría	esté	estuviera
		estás	estabas	estuviste	estarás	estarías	estés	estuvieras
		está	estaba	estuvo	estará	estaría	esté	estuviera
		estamos	estábamos	estuvimos	estaremos	estaríamos	estemos	estuviéramos
		estáis	estabais	estuvisteis	estaréis	estaríais	estéis	estuvierais
		están	estaban	estuvieron	estarán	estarían	estén	estuvieran

Commands

Person	dar: Affirmative	Negative	decir: Affirmative	Negative	estar: Affirmative	Negative
tú	da	no des	di	no digas	está	no estés
usted	dé	no dé	diga	no diga	esté	no esté
ustedes	den	no den	digan	no digan	estén	no estén
nosotros	demos	no demos	digamos	no digamos	estemos	no estemos
vosotros	dad	no deis	decid	no digáis	estad	no estéis

Haber, hacer, ir*

Infinitive	Past participle / Present participle	Indicative					Subjunctive	
		Present	Imperfect	Preterite	Future	Conditional	Present	Imperfect
haber* *to have*	habido / habiendo	he has ha hemos habéis han	había habías había habíamos habíais habían	hube hubiste hubo hubimos hubisteis hubieron	habré habrás habrá habremos habréis habrán	habría habrías habría habríamos habríais habrían	haya hayas haya hayamos hayáis hayan	hubiera hubieras hubiera hubiéramos hubierais hubieran
hacer *to do*	hecho / haciendo	hago haces hace hacemos hacéis hacen	hacía hacías hacía hacíamos hacíais hacían	hice hiciste hizo hicimos hicisteis hicieron	haré harás hará haremos haréis harán	haría harías haría haríamos haríais harían	haga hagas haga hagamos hagáis hagan	hiciera hicieras hiciera hiciéramos hicierais hicieran
ir *to go*	ido / yendo	voy vas va vamos vais van	iba ibas iba íbamos ibais iban	fui fuiste fue fuimos fuisteis fueron	iré irás irá iremos iréis irán	iría irías iría iríamos iríais irían	vaya vayas vaya vayamos vayáis vayan	fuera fueras fuera fuéramos fuerais fueran

Commands

Person	hacer		ir	
	Affirmative	Negative	Affirmative	Negative
tú	haz	no hagas	ve	no vayas
usted	haga	no haga	vaya	no vaya
ustedes	hagan	no hagan	vayan	no vayan
nosotros	hagamos	no hagamos	vamos	no vayamos
vosotros	haced	no hagáis	id	no vayáis

Note: The imperative of **haber** is not used.
*__Haber__ also has an impersonal form **hay**. This form is used to express "There is, There are."

Jugar, oír, oler

Infinitive	Past participle / Present participle	Indicative					Subjunctive	
		Present	Imperfect	Preterite	Future	Conditional	Present	Imperfect
jugar *to play*	jugado / jugando	juego juegas juega jugamos jugáis juegan	jugaba jugabas jugaba jugábamos jugabais jugaban	jugué jugaste jugó jugamos jugasteis jugaron	jugaré jugarás jugará jugaremos jugaréis jugarán	jugaría jugarías jugaría jugaríamos jugaríais jugarían	juegue juegues juegue juguemos juguéis jueguen	jugara jugaras jugara jugáramos jugarais jugaran
oír *to hear, to listen*	oído / oyendo	oigo oyes oye oímos oís oyen	oía oías oía oíamos oíais oían	oí oíste oyó oímos oísteis oyeron	oiré oirás oirá oiremos oiréis oirán	oiría oirías oiría oiríamos oiríais oirían	oiga oigas oiga oigamos oigáis oigan	oyera oyeras oyera oyéramos oyerais oyeran
oler *to smell*	olido / oliendo	huelo hueles huele olemos oléis huelen	olía olías olía olíamos olíais olían	olí oliste olió olimos olisteis olieron	oleré olerás olerá oleremos oleréis olerán	olería olerías olería oleríamos oleríais olerían	huela huelas huela olamos oláis huelan	oliera olieras oliera oliéramos olierais olieran

Commands

jugar

Person	Affirmative	Negative
tú	juega	no juegues
usted	juegue	no juegue
ustedes	jueguen	no jueguen
nosotros	juguemos	no juguemos
vosotros	jugad	no juguéis

oír

Affirmative	Negative
oye	no oigas
oiga	no oiga
oigan	no oigan
oigamos	no oigamos
oíd	no oigáis

oler

Affirmative	Negative
huele	no huelas
huela	no huela
huelan	no huelan
olamos	no olamos
oled	no oláis

Poder, poner, querer

Infinitive	Past participle / Present participle	Indicative					Subjunctive	
		Present	Imperfect	Preterite	Future	Conditional	Present	Imperfect
poder *to be able to, can*	podido pudiendo	puedo puedes puede podemos podéis pueden	podía podías podía podíamos podíais podían	pude pudiste pudo pudimos pudisteis pudieron	podré podrás podrá podremos podréis podrán	podría podrías podría podríamos podríais podrían	pueda puedas pueda podamos podáis puedan	pudiera pudieras pudiera pudiéramos pudierais pudieran
poner* *to put*	puesto poniendo	pongo pones pone ponemos ponéis ponen	ponía ponías ponía poníamos poníais ponían	puse pusiste puso pusimos pusisteis pusieron	pondré pondrás pondrá pondremos pondréis pondrán	pondría pondrías pondría pondríamos pondríais pondrían	ponga pongas ponga pongamos pongáis pongan	pusiera pusieras pusiera pusiéramos pusierais pusieran
querer *to want, wish; to love*	querido queriendo	quiero quieres quiere queremos queréis quieren	quería querías quería queríamos queríais querían	quise quisiste quiso quisimos quisisteis quisieron	querré querrás querrá querremos querréis querrán	querría querrías querría querríamos querríais querrían	quiera quieras quiera queramos queráis quieran	quisiera quisieras quisiera quisiéramos quisierais quisieran

Commands

Person	poner		querer	
	Affirmative	Negative	Affirmative	Negative
tú	pon	no pongas	quiere	no quieras
usted	ponga	no ponga	quiera	no quiera
ustedes	pongan	no pongan	quieran	no quieran
nosotros	pongamos	no pongamos	queramos	no queramos
vosotros	poned	no pongáis	quered	no queráis

*Similar verbs to poner: **imponer, suponer.**
Note: The imperative of **poder** is used very infrequently.

Saber, salir, ser

Infinitive	Past participle / Present participle	Indicative					Subjunctive	
		Present	Imperfect	Preterite	Future	Conditional	Present	Imperfect
saber *to know*	sabido sabiendo	sé sabes sabe sabemos sabéis saben	sabía sabías sabía sabíamos sabíais sabían	supe supiste supo supimos supisteis supieron	sabré sabrás sabrá sabremos sabréis sabrán	sabría sabrías sabría sabríamos sabríais sabrían	sepa sepas sepa sepamos sepáis sepan	supiera supieras supiera supiéramos supierais supieran
salir *to go out, to leave*	salido saliendo	salgo sales sale salimos salís salen	salía salías salía salíamos salíais salían	salí saliste salió salimos salisteis salieron	saldré saldrás saldrá saldremos saldréis saldrán	saldría saldrías saldría saldríamos saldríais saldrían	salga salgas salga salgamos salgáis salgan	saliera salieras saliera saliéramos salierais salieran
ser *to be*	sido siendo	soy eres es somos sois son	era eras era éramos erais eran	fui fuiste fue fuimos fuisteis fueron	seré serás será seremos seréis serán	sería serías sería seríamos seríais serían	sea seas sea seamos seáis sean	fuera fueras fuera fuéramos fuerais fueran

Commands

Person	saber		salir		ser	
	Affirmative	Negative	Affirmative	Negative	Affirmative	Negative
tú	sabe	no sepas	sal	no salgas	sé	no seas
usted	sepa	no sepa	salga	no salga	sea	no sea
ustedes	sepan	no sepan	salgan	no salgan	sean	no sean
nosotros	sepamos	no sepamos	salgamos	no salgamos	seamos	no seamos
vosotros	sabed	no sepáis	salid	no salgáis	sed	no seáis

Sonreír, tener*, traer

Infinitive	Past participle / Present participle	Indicative: Present	Imperfect	Preterite	Future	Conditional	Subjunctive: Present	Imperfect
sonreír *to smile*	sonreído sonriendo	sonrío sonríes sonríe sonreímos sonreís sonríen	sonreía sonreías sonreía sonreíamos sonreíais sonreían	sonreí sonreíste sonrió sonreímos sonreísteis sonrieron	sonreiré sonreirás sonreirá sonreiremos sonreiréis sonreirán	sonreiría sonreirías sonreiría sonreiríamos sonreiríais sonreirían	sonría sonrías sonría sonriamos sonriáis sonrían	sonriera sonrieras sonriera sonriéramos sonrierais sonrieran
tener* *to have*	tenido teniendo	tengo tienes tiene tenemos tenéis tienen	tenía tenías tenía teníamos teníais tenían	tuve tuviste tuvo tuvimos tuvisteis tuvieron	tendré tendrás tendrá tendremos tendréis tendrán	tendría tendrías tendría tendríamos tendríais tendrían	tenga tengas tenga tengamos tengáis tengan	tuviera tuvieras tuviera tuviéramos tuvierais tuvieran
traer *to bring*	traído trayendo	traigo traes trae traemos traéis traen	traía traías traía traíamos traíais traían	traje trajiste trajo trajimos trajisteis trajeron	traeré traerás traerá traeremos traeréis traerán	traería traerías traería traeríamos traeríais traerían	traiga traigas traiga traigamos traigáis traigan	trajera trajeras trajera trajéramos trajerais trajeran

Commands

Person	sonreír Affirmative	sonreír Negative	tener Affirmative	tener Negative	traer Affirmative	traer Negative
tú	sonríe	no sonrías	ten	no tengas	trae	no traigas
usted	sonría	no sonría	tenga	no tenga	traiga	no traiga
ustedes	sonrían	no sonrían	tengan	no tengan	traigan	no traigan
nosotros	sonriamos	no sonriamos	tengamos	no tengamos	traigamos	no traigamos
vosotros	sonreíd	no sonriáis	tened	no tengáis	traed	no traigáis

*Many verbs ending in -tener are conjugated like this verb: contener, detener, entretener(se), mantener, obtener, retener. Similar verbs to tener: entretener(se), detener, obtener. See reflexive verb conjugation on page 489.

Valer, venir*, ver

Infinitive	Past participle / Present participle	Indicative					Subjunctive	
		Present	**Imperfect**	**Preterite**	**Future**	**Conditional**	**Present**	**Imperfect**
valer *to be worth*	valido / valiendo	valgo / vales / vale / valemos / valéis / valen	valía / valías / valía / valíamos / valíais / valían	valí / valiste / valió / valimos / valisteis / valieron	valdré / valdrás / valdrá / valdremos / valdréis / valdrán	valdría / valdrías / valdría / valdríamos / valdríais / valdrían	valga / valgas / valga / valgamos / valgáis / valgan	valiera / valieras / valiera / valiéramos / valierais / valieran
venir* *to come*	venido / viniendo	vengo / vienes / viene / venimos / venís / vienen	venía / venías / venía / veníamos / veníais / venían	vine / viniste / vino / vinimos / vinisteis / vinieron	vendré / vendrás / vendrá / vendremos / vendréis / vendrán	vendría / vendrías / vendría / vendríamos / vendríais / vendrían	venga / vengas / venga / vengamos / vengáis / vengan	viniera / vinieras / viniera / viniéramos / vinierais / vinieran
ver *to see*	visto / viendo	veo / ves / ve / vemos / veis / ven	veía / veías / veía / veíamos / veíais / veían	vi / viste / vio / vimos / visteis / vieron	veré / verás / verá / veremos / veréis / verán	vería / verías / vería / veríamos / veríais / verían	vea / veas / vea / veamos / veáis / vean	viera / vieras / viera / viéramos / vierais / vieran

Commands

Person	valer		venir		ver	
	Affirmative	**Negative**	**Affirmative**	**Negative**	**Affirmative**	**Negative**
tú	vale	no valgas	ven	no vengas	ve	no veas
usted	valga	no valga	venga	no vengas	vea	no vea
ustedes	valgan	no valgan	vengan	no vengan	vean	no vean
nosotros	valgamos	no valgamos	vengamos	no vengamos	veamos	no veamos
vosotros	valed	no valgáis	venid	no vengáis	ved	no veáis

*Similar verb to venir: prevenir

Appendix B: Prefixes and Suffixes

PREFIXES

Prefix	Meaning and use	Example	English
ante-	*before*	antenoche, antepasado	*last night, ancestor*
des-	*lack of a quality*	desatento/a, desafortunado/a	*inattentive, unfortunate*
en-/em-	*used to form verbs*	envejecer, emparejar	*to get old, to pair/to match*
ex-	*previous; used with professions or roles*	el expresidente, el exmarido	*ex-president, ex-husband*
in-/im-	*lack of*	inconveniente, imperfecto/a	*inconvenient, imperfect*
infra-	*below a standard*	infrahumano/a	*subhuman*
mega-	*large, 1,000*	el megáfono, el megavatio	*megaphone, megawatt*
micro-	*small, 1/100*	el microondas, el microgramo	*microwave, microgram*
multi-	*many*	multicolor, multimedia	*multicolor, multimedia*
post-/pos-	*after*	posponer, postoperatorio, el postgrado	*postpone, postoperative, postgraduate*
pre-	*before*	predecir, el precontrato	*to predict, pre-contract*
super-	*high degree of a quality*	superbuen/a, el superhombre	*extra good, superman*
ultra-	*beyond, more than*	ultramoderno/a	*ultramodern*
vice-	*second*	el vicepresidente	*vice president*

SUFFIXES

Suffix	Meaning and use	Example	English
-a/-o	*most common feminine and masculine endings of nouns and adjectives*	el secretario, la secretaria	*male secretary, female secretary*
-able	*able to; used in adjectives*	adorable, criticable, pasable	*adorable, criticizable, passable*
-ado, -ido	*past participle endings*	he hablado, he comido	*I have spoken, I have eaten*
-ado/a, -ido/a	*ending of the past participle used as adjective*	está cansado/a, está vencido/a	*he/she is tired; he/she is defeated*
-ancia	*feminine noun ending*	la ambulancia, la importancia	*ambulance, importance*
-ano/a	*most common ending of adjectives of nationality*	cubano/a, colombiano/a, venezolano/a	*Cuban, Colombian, Venezuelan*
-ante	*ending of adjectives formed from verbs*	abundante, fascinante, interesante	*abundant, fascinating, interesting*
-ario	*collection*	el diario, el cuestionario, el diccionario, el horario, el vocabulario	*diary, questionnaire, dictionary, schedule, vocabulary*
-ción	*feminine noun ending*	la canción, la estación, la opción, la situación	*song, station, option, situation*
-dad	*feminine noun ending*	la ciudad, la vanidad	*city, vanity*
-eño/a	*ending of some adjectives of nationality*	madrileño/a, panameño/a	*from Madrid, from Panama*

Suffix	Meaning and use	Example	English
-ense	*ending of some adjectives of nationality*	costarricense, estadounidense	*from Costa Rica, from the United States*
-ería	*shop, store*	la cafetería, la lechería, la joyería, la panadería	*cafeteria, milk store, jewelry store, bakery*
-ísimo/a	*extremely; used with adjectives*	buenísimo/a, riquísimo/a	*extremely/very, very good/delicious*
-ista	*feminine or masculine ending; describes profession, skill or a specific quality*	el/la capitalista, el/la lingüista, el/la optimista, el/la dentista	*capitalist, linguist, optimist, dentist*
-ito/a	*diminutive ending*	Pedrito, Juanita, la casita, amarillito	*little Pedro, little Juana, little house, yellowish (a little yellow)*
-mente	*ending of some adverbs*	actualmente, claramente	*presently, clearly*
-or/a	*person or thing that does something; used with professions, machines and so on*	el/la autor/a, el/la editor/a, el/la computador/a, el detector	*author, publisher, computer, detector*
-s, -es	*plural ending of nouns and adjectives*	los secretarios, las secretarias, fáciles	*secretaries, easy*
-tad	*feminine noun ending*	la libertad, la voluntad	*freedom, will*

Appendix C: Classroom Expressions

Mandatos plurales (ustedes)	Mandatos singulares (usted)	Mandatos singulares (tú)	Commands
Abran el libro.	Abra el libro.	Abre el libro.	Open your book(s).
Aprendan el vocabulario.	Aprenda el vocabulario.	Aprende el vocabulario.	Learn the vocabulary.
Cierren el libro.	Cierre el libro.	Cierra el libro.	Close your book(s).
Escriban la tarea.	Escriba la tarea.	Escribe la tarea.	Write the homework.
Escuchen.	Escuche.	Escucha.	Listen.
Estudien la lección.	Estudie la lección.	Estudia la lección.	Study the lesson.
Hagan el ejercicio.	Haga el ejercicio.	Haz el ejercicio.	Do the exercise.
Lean la lectura.	Lea la lectura.	Lee la lectura.	Read the passage.
Levanten la mano.	Levante la mano.	Levanta la mano.	Raise your hand(s).
Repasen la gramática.	Repase la gramática.	Repasa la gramática.	Review the grammar.
Repitan.	Repita.	Repite.	Repeat.
Siéntense.	Siéntese.	Siéntate.	Sit down.
Sigan.	Siga.	Sigue.	Continue.
Tomen asiento.	Tome asiento.	Toma asiento.	Have a seat.
Vayan a la pizarra.	Vaya a la pizarra.	Ve a la pizarra.	Go to the board.

Spanish-English Vocabulary

This vocabulary includes most of the active vocabulary presented in the chapters. (Some exceptions are many numbers, some names of cities and countries, and some obvious cognates.) The list also includes many receptive words found throughout the chapters. The definitions are limited to the context in which the words are used in this book. Active words are followed by a number that indicates the chapter in which the word appears as an active item; the abbreviation P refers to the Capítulo preliminar.

The following abbreviations are used:

adj.	adjective	*Lat. Am.*	Latin American
adv.	adverb	*m.*	masculine
f.	feminine	*Mex.*	Mexican
inf.	infinitive	*pl.*	plural

A

a to, for, 4; ~ **bordo** on board, 4; ~/**de dónde** to/from where, 1; ~ **fin de cuentas** all in all; ~ **fin de que** in order that, 10; ~ **la derecha/izquierda** on the right/left , 7; ~ **(la) mano derecha/izquierda** on the right /left hand side, 7; ~ **menos que** unless, 10; ~ **menudo** often; ¿ ~ **nombre de quién?** in whose name?, 5; ~ **partir de** starting from, 12; ~ **pesar de que** even though, 9; ~ **pie** on foot, 3; ~ **sus órdenes** at your service, 3, 4; ~ **través de** through; ~ **un precio más bajo** at a lower price, 7; ~ **veces** sometimes, 11

ablandar to tenderize
abogado/a (*m., f.*) lawyer, 5
abrazar to embrace
abrazo (*m.*) hug
abrigado/a warm
abrigo (*m.*) coat, 2, 7
abril (*m.*) April, 1
abrir to open, 1, 6
abrocharse (el cinturón) to buckle up (seatbelt), 6
absurdo/a absurd
abuelo/a (*m., f.*) grandfather/grandmother, 5
aburrirse to get bored
acabar to finish, 1; to end; ~ **(de)** to have just (done something), 1

acaso: por si acaso just in case, 4
acceder a Internet to access the Internet, 6
acceso (*m.*) access
accesorio (*m.*) accessory
aceite de oliva (*m.*) olive oil, 3
aceituna (*f.*) olive
acelerador (*m.*) accelerator, 6
acelerar to accelerate, 6, 7
acento (*m.*) accent
acera (*f.*) sidewalk
acercar to approach
aclarar to clear up
aconsejar to advise, 8
acontecimiento (*m.*) event, 11
acordeón (*m.*) accordion
acostarse (ue) to go to bed, to lie down, 3
actividad (*f.*) activity, 1
activo/a active, 9
acto (*m.*) **delectivo** delinquent act, 11
actor (*m.*) actor, 11
actriz (*f.*) actor (female), 11
actuación (*f.*) acting, 11
actualmente today, currently
actuar to act
acusación (*f.*) accusation
acusar to accuse
adelanto (*m.*) advance
adelgazar to lose weight
además de in addition to, 12; besides
adicción (*f.*) addiction, 8, 11
adicionar to add
adicto (*m., f.*) addict; follower, 8

adjetivo (*m.*) adjective
admirar to admire
adolescente (*m., f.*) adolescent, 11
adorar to adore, 10
adorno (*m.*) adornment, 10
aerolínea (*f.*) airline, 4
aeropuerto (*m.*) airport, 3
afeitarse to shave, 3
aficionado/a (*m., f.*) fan, 6
afortunadamente fortunately, 4
africanoamericano/a African-American, P
afrocaribeño/a Afro-Caribbean
afrontar to face, confront
agenda (*f.*) memorandum book
agente (*m., f.*) agent, 4; ~ **de viajes** travel agent, 5
agosto (*m.*) August, 1
agradable pleasant, 1
agradecer (zc) to thank, 4
agregar to add
agua (el) (*f.*) water, 3
aguacero (*m.*) downpour, 2
aguardar to await
agudo/a acute
águila (el) (*f.*) eagle, 9
ahí there; over there, 3
ahijado/a (*m., f.*) godson/god-daughter
ahora (mismo) (right) now, 3; **desde** ~ from now on
ahorrar to save, 8, 9
airbag (*m.*) airbag, 6
aire (*m.*) air; ~ **acondicionado** air conditioner, 6; **al** ~ **libre** outdoor

al (a + el) to the; ~ (+ *inf.*) upon (*doing something*), 8
alargar to lengthen
alarmar to alarm
alberca (*f.*) swimming pool, 2
alcanzar to reach, catch up with, 3, 11
alcoba (*f.*) bedroom, 1
alegrarse (de) to be happy, 8
alegre happy, 2
alejado/a far away, remote
alejar to dispel, 10
alejarse (de) to put distance (between), 4
alemán (*m.*) German language, 1
alemán/ana German, P
alergia (*f.*) allergy; **tener ~ a** to be allergic to, 8
alerto/a alert
alfarero (*m.*) potter
alfombra (*f.*) rug, 2; carpet; **aspirar la ~** to vacuum (the rug), 2
algo something, anything, 3
algodón (*m.*) cotton, 7
alguien someone, somebody, 3
algún, alguno/a some, any, 3
alimento (*m.*) food, 9
aliviado/a relieved
aliviarse to get better, 8
allá there; over there, 3
allí there; over there, 3
alma (el) (*f.*) soul
almacén (*m.*) department store, 7
almacenar to store, 6
almorzar (ue) to have lunch, 3
almuerzo (*m.*) lunch, 3
aló hello
alojamiento (*m.*) lodging, 4
alquilar (videos, un coche) to rent (videos, a car), 1, 4
alquiler (*m.*) rent, 2
alterado/a upset
altibajo (*m.*) high and low
altiplano (*m.*) high plateau, 7
altitud (*f.*) height, altitude
alto/a tall, 1
altura (*f.*) height
alumno/a (*m., f.*) student, 1
amable friendly, 1
amado/a beloved
amanecer (zc) to dawn
amaranto (*m.*) amaranth
amarillo/a yellow, 1
amazónico/a Amazonian
amenazar to threaten, 11

amerindio/a (*m., f.*) Native American
amigo/a (*m., f.*) friend
aminoácido (*m.*) amino acid
amistoso/a friendly
amplio/a spacious, 2
anaconda (*f.*) anaconda, 9
analfabeto/a illiterate
analizar to analyze, 8
anaranjado/a orange, 1
anatomía (*f.*) anatomy, 1
ancho/a wide
andante errant
andar to walk, to go, 5
andén (*m.*) train platform, 4
andino/a Andean
angustia (*f.*) worry, 11; anxiety
anillo (*m.*) ring, 8
animación (*f.*) animation
animado/a animated
animador/a (*m., f.*) entertainer
anonimato (*m.*) anonymity
anotar to jot down
ansioso/a anxious
anteojos (de sol) (*m. pl.*) (sun)glasses
anterior previous
antes de before, 4; **~ que** before, 10
antibiótico (*m.*) antibiotic, 8
anticuario (*m.*) antique store/dealer
antídoto (*m.*) antidote, 8
antihistamínico/a antihistaminic
antipático/a unfriendly, 1
antorcha (*f.*) torch
antropología (*f.*) anthropology, 1
anunciador/a (*m., f.*) announcer, 11
anuncio (*m.*) announcement
añadir to add, 9
apagar ◦ to turn off, to shut off, 6, 9
aparato (*m.*) apparatus, 6
aparcamiento (*m.*) parking, 5
aparecer (zc) to appear, 6
apariencia (*f.*) appearance
aperitivo (*m.*) appetizer, 3
apetito (*m.*) appetite; **tener ~** to have an appetite, 8
aplacar to please, 10
aplicación (*f.*) application, 6
apogeo (*m.*) height (*of fame, power*), 12
aportar to bring, 12
aprender to learn, 1
apuesta (*f.*) bet

apuntar to point at (with the cursor), 6
apurarse to hurry
aquel/aquella (*adj.*) that (over there), 3
aquellos/as those (over there), 3
aquí here, 3
árabe (*adj.*) Arabic
arauaco/a (*m., f.*) Arawak Indian
archivar to save, to file, 6
archivo (*m.*) computer file, 6
archivos MIDI (*m.*) MIDI archives (digital music)
arcilla (*f.*) clay, 10
ardilla (*f.*) squirrel, 9
arena (*f.*) sand
arete (*m.*) earring, 8
argentino/a Argentine
argumento (*m.*) plot, 11
armadillo (*m.*) armadillo, 9
armario (*m.*) closet, wardrobe, 2
arma (*f.*) weapon, 11
armonía (*f.*) harmony
armonioso/a harmonious, 9
aromático/a aromatic
arqueología (*f.*) archaeology, 1
arqueológico/a archaeological, 12
arqueólogo/a (*m., f.*) archaeologist, 5
arquitecto/a (*m., f.*) architect, 5
arrancar to start, 6
arrasar to destroy
arrepentirse (ie) to repent
arrestar to arrest, 11
arrogante arrogant
arroyo (*m.*) stream, 7
arte (*m.*) **(las artes)** (*f. pl.*) art (the arts), 1; **~ abstracto** abstract art, 10; **~ clásico** classic art, 10; **~ contemporáneo** contemporary art, 10; **~ moderno** modern art, 10
artesanía (*f.*) craft, 10
artesanías (*f. pl.*) folk art, 8
artesano/a (*m., f.*) artisan, 10
artista (*m., f.*) artist, 5, 10
artritis (*f.*) arthritis
asado/a roasted, broiled, 9
ascensor (*m.*) elevator, 5
asesinar to assassinate, murder, 11
asesinato (*m.*) assassination, murder, 11
asesino/a (*m., f.*) murderer, 11
así like this
asiento (*m.*) seat, 4, 6
asistente (*m., f.*) attendant

asistir a to attend
asno (*m.*) donkey
asociación (*f.*) association
asombrarse to be astonished
aspecto (*m.*) aspect, appearance
aspiradora (*f.*) vacuum cleaner, 2
aspirar (la alfombra) to vacuum (the rug), 2
aspirina (*f.*) aspirin, 8
asterisco (*m.*) asterisk
astro (*m.*) star
astrónomo/a (*m., f.*) astronomer, 12
ataque (*m.*) attack
atender (ie) to tend to; to wait on, to take care of, 5, 6
atleta (*m., f.*) athlete, 4
atractivo/a attractive, 1
atrapar to trap
atrasado/a delayed; **estar ~** to be late, arrive late, 4
atreverse to dare
audífonos (*m. pl.*) headphones, 6
audio digital (*m.*) digital audio
aumentar to increase, 11
aumento (*m.*) increase, 12
aunque even when, though, although, even if, 9
auténtico/a authentic
auto(móvil) (*m.*) car, automobile, 3, 6
autobús (*m.*) bus, 3
autóctono/a indigenous, 12
autoestima (*f.*) self-esteem
autor/a (*m., f.*) author
autoridad (*f.*) authority
autorretrato (*m.*) self-portrait, 10
avanzado/a advanced
avaricia (*f.*) avarice
ave (el) (*f.*) bird
aventura (*f.*) adventure
averiguar to find out, 4, 8
avión (*m.*) plane, 3
avisar to advise, to warn, 4
ayuda (*f.*) help, 6
azúcar (*m., f.*) sugar
azul blue, 1
azulejo (*m.*) tile

B

bacilo (*m.*) bacillus
bacteria (*f.*) bacteria
bahía (*f.*) bay
bailar to dance, 1, 6; **~ en una discoteca (un club)** to dance in a

disco, club, 5
bailarín/ina (*m., f.*) dancer, 6
bajar (por) to go down (a street), 7
bajar de peso to lose weight
bajar(se) (del tren) to get off (the train), 4
bajo (*m.*) bass, 6
bajo under, 4
bajo/a short, 1
balada (*f.*) ballad, 6
balcón (*m.*) balcony, 2
ballena (*f.*) whale, 9
balneario (*m.*) resort, spa
balón (*m.*) beach ball, 5; ball, 6
baloncesto (*m.*) basketball, 6
banana (*f.*) banana, 3
banano (*m.*) banana
bancario/a banking, financial
bandera (*f.*) flag
bañarse to take a bath, 3
bañera (*f.*) bathtub, 2
baño (*m.*) bathroom
barato/a inexpensive, 2
barco (*m.*) boat, 3
barrer (el piso) to sweep (the floor), 2
barrio (*m.*) neighborhood
barro (*m.*) clay, 8
barroco/a Baroque
básquetbol (*m.*) basketball, 6
bastante enough
basura (*f.*) garbage, 9
basurero (*m.*) wastebasket, 1
bate (*m.*) bat, 6
batería (*f.*) battery, 6; drum set, 6
batidora (*f.*) mixer, 9
batir to beat
baúl (*m.*) trunk, 6
bautizo (*m.*) baptism
bebé (*m., f.*) baby, 5
beber to drink, 1
bebida (*f.*) drink, 3
béisbol (*m.*) baseball, 6
beisbolista (*m., f.*) baseball player
bello/a beautiful, 4, 5
beneficio (*m.*) benefit, 11
besar to kiss
beso (*m.*) kiss
biblioteca (*f.*) library, 3
bicicleta (*f.*) bicycle, 3
bienestar (*m.*) well-being, 8
bienvenida (*f.*) welcome
billete (*m.*) bill (money), 8; ticket, 4

biología (*f.*) biology, 1
bisabuelo/a (*m., f.*) great grandfather/great grandmother, 5
bistec (*m.*) steak, 3
bizcocho (*m.*) cake, 3
blanco/a white, 1
blando/a tender, 9
blusa (*f.*) blouse, 7
boca (*f.*) mouth, 8
boda (*f.*) wedding
boleto (*m.*) ticket, passage, 4
bolígrafo (*m.*) pen, 1
bolinillo (*m.*) wooden whisk (*Colombia*)
boliviano/a Bolivian
bolsa (*f.*) purse, 7; **~ de aire** airbag, 6
bombero/a (*m., f.*) fire fighter, 4
bombillo (*m.*) lightbulb, 9
bongó (*m.*) bongo, 6
bonito/a pretty, lovely, 1
borracho/a drunk
borrador (*m.*) eraser, 1
borrar to erase
bosque (*m.*) forest, 7, 9
bosquejo (*m.*) sketch, 10
bota (*f.*) boot, 2, 7
botón (*m.*) button, 6
botones (*m.*) bellhop, 5
boutique (*f.*) boutique, 7
boxeo (*m.*) boxing, 6
brasileño/a Brazilian
bravo/a brave; furious; violent, fierce
brazo (*m.*) arm, 8
brillante sparkling
brindar to provide
brisa (*f.*) breeze, 2
bróculi (*m.*) broccoli
bronce (*m.*) bronze, 10
bronceador solar (*m.*) sunscreen, suntan lotion, 5
broncearse to get a tan, 5
bucear to go skindiving, snorkeling, 5
bueno/a good, 1; **es ~** it's good, 8
bufanda (*f.*) scarf, 2
burlarse de to make fun of, 10; to laugh at
buró (*m.*) desk
burro (*m.*) donkey, 9
buscador Internet (*m.*) search engine
buscar to look for, 1; **~ conchas** to search for shells, 5

búsqueda (*f.*)   search
buzón (*m.*)   mailbox, 5

C

caballería (*f.*)   chivalry
caballero (*m.*)   knight
caballo (*m.*)   horse, 9; **carrera de caballos** (*f.*)   horse race
cabeza (*f.*)   head, 8
cabra (*f.*)   goat, 9
cacao (*m.*)   chocolate
cada   each
cadena (*f.*)   channel, 11
cadera (*f.*)   hip
caer   to fall, 3, 6; ~ **bien/mal**   to like/dislike (a person), 4
café (*m.*)   (color) brown, 1; café, coffee, 3
cafeína (*f.*)   caffeine
cafetera (*f.*)   coffee pot, 9
cafetería (*f.*)   cafeteria
caída (*f.*)   drop, fall
caimán (*m.*)   alligator, cayman
caja (*f.*)   cash register, 7, 8; ~ **fuerte** safe, 8
cajero/a (*m., f.*)   cashier, 8; ~ **automático** (*m.*)   ATM
calabaza (*f.*)   pumpkin
calcetín (*m.*)   sock, 7
calculadora (*f.*)   calculator, 1
calendario (*m.*)   calendar, 1
calentar (ie)   to heat, 9
caliente   hot (temperature), 3
caliza (*f.*)   limestone
callarse   to be quiet
calle (*f.*)   street, 3
calmado/a   calm
calmante (*m.*)   sedative
calmarse   to grow calm
caloría (*f.*)   calorie, 9
cama (*f.*)   bed, 1; **hacer la ~**   to make the bed, 2
camarero/a (*m., f.*)   waiter, waitress, 3
camarón (*m.*)   shrimp (*Lat. Am.*), 3
cambiar   to exchange, 8
cambio de dinero (moneda) (*m.*)   money exchange, 5
caminar   to walk, 1
caminata (*f.*)   walking, 6
camino (*m.*)   road, path
camión (*m.*)   truck, 3, 6; bus (*Mex.*), 6
camioneta (*f.*)   truck, 3; minivan, 6
camisa (*f.*)   shirt, 7

camiseta (*f.*)   T-shirt, 7
campanario (*m.*)   bell tower
campo (*m.*)   countryside, 7; field
canadiense (*m., f.*)   Canadian
canario (*m.*)   canary, 5
cancha (*f.*)   court, field, 6
canela (*f.*)   cinnamon
cansado/a   tired
cantante (*m., f.*)   singer, 6
cantar   to sing, 1, 6
cantidad (*f.*)   quantity, 9
cañón (*m.*)   canyon, 7
capaz   capable
capilla (*f.*)   chapel
caqui   (color) khaki, 1
cara (*f.*)   face, 3, 8; **de ~**   face on
carácter (*m.*)   character; temper
carbohidrato (*m.*)   carbohydrate
cárcel (*f.*)   prison, 11
cargo (*m.*)   charge
caribeño/a   from the Caribbean
carnaval (*m.*)   carnival
carne (*f.*)   meat, 3, 9; ~ **de res/vaca** beef
caro/a   expensive, 2
carpeta (*f.*)   folder, 1
carpintero/a (*m., f.*)   carpenter, 5
carrera de caballos (*f.*)   horse race
carro (*m.*)   car, automobile, 3, 6
carroza (*f.*)   parade float
carta (*f.*)   menu, 3
cartel (*m.*)   poster, 1
cartelera (*f.*)   listing, 11
cartero/a (*m., f.*)   mail carrier, 5
casa (*f.*) **(particular)**   (private) house/home, 2, 4
casado/a   married, 5
casarse (con)   to get married (to), 5
cascada (*f.*)   waterfall, 7
casco (*m.*)   helmet, 6
casi   almost, 11
caso (*m.*)   case, event
castillo (*m.*)   castle
castillos en el aire (*m. pl.*)   castles in the air
casualidad (*f.*)   chance; **por ~**   by chance
catalán/ana   Catalan
catarata (*f.*)   waterfall, 7
catarro (*m.*)   cold; **tener ~**   to have a cold, 8
catástrofe (*f.*)   catastrophe, 10
catedral (*f.*)   cathedral
categoría (*f.*)   category, 11
catorce   fourteen, 1
caucho (*m.*)   rubber

causa (*f.*)   cause
causar   to cause
CD ROM (*m.*)   CD ROM, 6
cebolla (*f.*)   onion, 3
celebración (*f.*)   celebration, 10
celebrar   to celebrate, 10
celebridad (*f.*)   fame; celebrity
cena (*f.*)   dinner, 3
cenar   to have dinner, 3
centenar (*m.*)   one hundred
centro comercial (*m.*)   shopping center, 3
cepillarse   to brush, 3
cerámica (*f.*)   ceramics, 10
ceramista (*m., f.*)   potter, 10
cerca de   close to, 9
cerdo (*m.*)   pig, 9
cereal (*m.*)   cereal, grain
cerebro (*m.*)   brain, 8
ceremonia (*f.*)   ceremony, 10
ceremonial   ceremonial
cero   zero, 1
cerrar (ie)   to close, 3, 6
cerveza (*f.*)   beer, 3
cesta (*f.*)   basket
chamán (*m.*)   shaman
chaqueta (*f.*)   jacket, 2, 7
cheque certificado (*m.*)   certified check, 8
cheque de viajero (*m.*)   traveler's check, 5, 8
chico/a (*m., f.*)   boy/girl, 5
chileno/a   Chilean
chino (*m.*)   Chinese language, 1
chino/a   Chinese
chiquillo/a (*m., f.*)   child
chocar   to collide, 6
chocolate (*m.*)   chocolate, 3
chofer (*Lat. Am.*), **chófer** (*Spain*) (*m.*)   driver, chauffeur, 3, 6
choque (*m.*)   crash, 6
chuleta de cerdo (*f.*)   pork chop, 3
churrasco (*m.*)   Argentinian beef dish
cibernauta (*m., f.*)   Internet surfer
ciclismo (*m.*)   cycling, 6
ciclo (*m.*)   cycle
cielo (*m.*)   sky, 2
cien(to)   one hundred, 1
ciencias (médicas, políticas) (*f. pl.*)   medical science, political science, 1
cierto/a   certain, true, 8; **es ~**   it's certain, true, 8
cifra (*f.*)   figure (numerical), 12
cima (*f.*)   top

cinco five, 1

cincuenta fifty, 1

cine (*m.*) movie theater, 3

cintura (*f.*) waist

cinturón (*m.*) belt, 7; ~ **de seguri-dad** seat belt, 6

circunferencia (*f.*) circumference

circunstancia (*f.*) circumstance

cita (*f.*) appointment, 8; **hacer una** ~ to make an appointment, 8

ciudad (*f.*) city, 3

clarificación (*f.*) clarification

clarinete (*m.*) clarinet, 6

claro/a light, 10; ¡~ **que sí!** of course!, 7

clase (*f.*) class, 1

claxon (*m.*) horn, 6

cliente (*m., f.*) customer, 7

clima (*m.*) climate, 2

clóset (*m.*) closet, 2

cobre (*m.*) copper, 8

coche (*m.*) car, automobile, 3, 6

cocina (*f.*) kitchen, 2; cooking, cuisine

cocinar to cook, 2, 9

cocinero/a (*m., f.*) cook, chef, 5

códice (*m.*) codex, 12

coger to pick

cognado falso (*m.*) false cognate

coincidencia (*f.*) coincidence

cola (*f.*) tail

coleccionar to collect

coleccionista (*m., f.*) collector, 10

colega (*m., f.*) colleague, coworker

colegio mayor (*m.*) dormitory

colgar (ue) to hang (up), 6, 10

colina (*f.*) hill, 7

collar (*m.*) necklace, 8

colombiano/a Colombian

colonización (*f.*) colonization

colorido (*m.*) coloring

columna (*f.*) column, 11

comal (*m.*) large pan (*Mex.*)

combustible (*m.*) fuel, 9

comedia (*f.*) comedy, 11

comedor (*m.*) dining room, 2

comentador/a (*m., f.*) commenta-tor, 11

comenzar (ie) to start, begin, 3

comer to eat, 1

comercio (*m.*) trade

cómico/a funny, comic, 1, 11

comida (*f.*) food, meal, 3

comité (*m.*) committee

¿cómo? how?, 1; **¿~ se llega a... ?** how does one get to . . . ?, 7

cómoda (*f.*) chest of drawers, 2

comodidad (*f.*) comfort

cómodo/a comfortable, 5

compacto/a compact, 6

compañero/a (de clase/de cuarto) (*m., f.*) classmate, roommate, 1

compañía (*f.*) company

comparación (*f.*) comparison

competente competent

complejidad (*f.*) complexity

complejo/a complex

completamente completely

completo/a complete, 2

complicado/a complicated

cómplice (*m., f.*) accomplice

comportamiento (*m.*) behavior, 9

composición (*f.*) composition, 10

comprador/a (*m., f.*) buyer, 8

comprar to buy, 1

comprender to understand, 1

computador(a) (*m., f.*) computer, 1; ~ **portátil** laptop computer

común common

comunicación (*f.*) communication

con with, 4; ~ **desayuno** with breakfast, 5; ~ **media pensión** with two meals, 5; ~ **mucha gra-cia** with a flourish; ~ **tal de que** provided that, 10; ~ **vista al mar** with an ocean view, 5

concebir (i) to conceive

conceder to grant

concentrarse to concentrate

concernir (ie) to concern, 3

concierto (*m.*) concert, 10

conclusión (*f.*) conclusion

concurso (*m.*) game show, 11

cóndor (*m.*) condor, 9

conducir (zc) to drive, 2, 3, 6

conductor/a (*m., f.*) driver, 6

conejo (*m.*) rabbit, 5

conexión (*f.*) connection

confianza (*f.*) confidence

confidencial confidential

confirmación (*f.*) confirmation, 4

congelador (*m.*) freezer, 9

congénito/a congenital

congresista (*m., f.*) congressman/congresswoman

congreso (*m.*) conference

conjunto (*m.*) band, 6

conmemorar to commemorate, 10

conocer (zc) to know (a person), to be familiar with, 2

conocido/a known

conquista (*f.*) conquest, 12

consciencia (*f.*) conscience

consecuencia (*f.*) consequence, 9

conseguir (i) to get, to obtain, 3

consejero/a (*m., f.*) counselor, 5

consejo (*m.*) advice, 9, 11

conserje (*m., f.*) concierge, 5

conservar to preserve, 9

conservarse to take care of one-self, 9

considerar to consider

constante constant

constructor/a (*m., f.*) builder, 12

construir to construct, build, 4, 10

consulta (*f.*) query

consultar to consult

consultorio médico (*m.*) doctor's office, 8

consumir to consume, to eat, 9

consumo (*m.*) consumption, 8, 9, 11

contador/a (*m., f.*) accountant, 5

contaminación (*f.*) pollution, contamination, 9

contaminar to pollute, contami-nate, 9

contar (ue) to count, to tell, 3, 4; ~ **con** to count on, to have, 12

contemporáneo/a contemporary

contento/a happy, 2; **estar** ~ to be happy, 8

contestar to answer, 4, 6

contraceptivo (*m.*) contraceptive

contrario: al contrario on the contrary

contrarrestar to counteract

contraseña (*f.*) password, 6

contraste (*m.*) contrast, 10

control (*m.*) control; ~ **remoto** remote control, 6

controlar to control

controversia (*f.*) controversy

convincente convincing

convencer (z) to convince

conveniente convenient

convento (*m.*) convent

conversación (*f.*) conversation

conversar to talk, chat

convertirse (ie, i) en to turn into, 11; to become, 12

convivir to live with, 10

copa (*f.*) wine glass, 9

copiar to copy, 6

coquí (*m.*) small tree frog (*Puerto Rico*)

corazón (*m.*) heart, 8

cordillera (*f.*) mountain range

coreano/a   Korean, P
correo (*m.*)   post office, 3; ~ electrónico (*m.*)   e-mail, 6
correr   to run, 1; ~ **patines**   to
   roller blade
corresponder   to match
corrida de toros (*f.*)   bullfight
cortado/a   cut, 9
cortadura (*f.*)   cut, incision
cortisona (*f.*)   cortisone
corto/a   short, 1
cosa (*f.*)   thing; ~ **muy seria**   very
   serious thing
cosméticos (*m. pl.*)   cosmetics
costa (*f.*)   coast, 7
costar (ue)   to cost, 3
costarricense (*m., f.*)   Costa Rican, P
costumbre (*f.*)   custom
cotizado/a   popular
creación (*f.*)   creation
crear   to create, 10
crecimiento (*m.*)   growth, 12
crédito (*m.*)   credit
creer   to believe, 1
criado/a (*m., f.*)   servant, maid, 5
crimen (*m.*)   crime, 11
criminal (*m., f.*)   criminal
cristalino/a   crystalline, clear
cristiano/a   Christian
crítica (*f.*)   criticism, 11
criticar   to criticize, 11
crónica (*f.*)   chronicle, 11
crudo/a   raw
cruz (*f.*)   cross, 10
cruzar   to cross, 7
cuaderno (*m.*)   notebook, 1
cuadra (*f.*)   street block, 7
cuadro (*m.*)   painting, 10
¿cuál(es)?   which?, what?, 1
cuando   when, 5
¿cuándo?   when?, 1
¿cuánto/a?   how much?, 1; ¿a ~ está
   la temperatura?   what is the temperature?, 2; ¿~ cuesta(n)?   how
   much (does it/do they) cost?, 5, 7
¿cuántos/as?   how many?, 1
cuarenta   forty, 1
Cuaresma (*f.*)   Lent
cuarto (*m.*)   room, 1; bedroom;
   ~ de baño   bathroom, 2
cuarto/a   fourth, 4
cuatro   four, 1
cuatrocientos   four hundred, 3
cubano/a   Cuban
cubanoamericano/a   Cuban
   American

cubeta (*f.*)   bucket
cuchara (*f.*)   tablespoon, 9
cucharada (*f.*)   tablespoonful, 9
cucharadita (*f.*)   teaspoonful, 9
cucharita (*f.*)   teaspoon, 9
cuchillo (*m.*)   knife, 9
cuenca (*f.*)   river basin
cuenta (*f.*)   check, bill, 3; ~ **corriente**   checking account, 8; ~ **de
   ahorros**   savings account, 8; **la
   ~, por favor**   the check, please,
   3
cuerda (*f.*)   chord, string, 6
cuerdo/a   sane
cuero (*m.*)   leather
cuerpo (*m.*)   body
cuestión (*f.*)   question
cuidado (*m.*)   care; **tener ~**   to be
   careful, 7
cuidar   to watch, to take care of, 4
cuidarse   to take care of oneself, 8
culebra (*f.*)   snake, 9
culparse   to blame oneself
cultivar   to grow
cumbre (*f.*)   summit, top
cuna (*f.*)   crib
cuñado/a (*m., f.*)   brother-/sister-
   in-law, 5
cura (*f.*)   cure, 11
curandero/a (*m., f.*)   healer, 8
curar   to cure
curiosidad (*f.*)   curiosity

D

danza (*f.*)   dance
dañar   to injure; to damage, 6; to
   harm, 8
dar   to give, 2; ~ **la vuelta**   to turn
   around, 7; ~ **un paseo**   to take a
   walk, 1; ~ **rienda suelta**   to give
   free rein
de   from, of, 4; ~ **acción**   action
   (movie/novel), 11; ~ **amor**   love
   (*adj.*), 11; ~ **ciencia ficción**   science fiction (movie/novel), 11;
   ~ **cuadros**   plaid, 7; ~ **dónde**
   from where, 1; ~ **horror**   horror
   (movie/novel), 11; ~ **ida**   one-
   way, 4; ~ **ida y vuelta**   round
   trip, 4; ~ **manga larga/corta**
   long/short sleeved, 7; ~ **misterio**
   mystery (movie/novel), 11; ~
   puntos   polka-dotted, 7; ~ **rayas**
   striped, 7; ~ **suspenso**   thriller
   (*adj.*), 11; ~ **todos modos**   any-

how, 4; ~ **vaqueros**   western
   (*adj.*), 11; ~ **veras**   really
debajo de   beneath, 4
deber + *inf.*   should, 2
debido a   because of
decaer   to decline, 12
decidir   to decide, 1
décimo/a   tenth, 4
decir (i)   to say, tell, 3
decisión (*f.*)   decision
dedo (*m.*)   finger, 8; ~ **del pie**   toe,
   8
defensor/a (*m., f.*)   defender
déficit (*m.*)   deficit
dejar   to leave (behind), 3; ~ **una
   huella**   to stand out
delante de   in front of, 4
delfín (*m.*)   dolphin, 9
delgado/a   thin, 1
delicioso/a   delicious
delincuencia (*f.*)   delinquency, 11
demencia (*f.*)   madness
demográfico/a   demographic, 12
demostrar (ue)   to show
densamente   densely
dentado/a   serrated
dentista (*m., f.*)   dentist, 5
dentro de   inside of, 4
departamento (*m.*)   apartment
dependencia (*f.*)   dependence, 8
depender   to depend, 9
dependiente (*m., f.*)   store clerk, 7
deportista (*m., f.*)   athlete, sports
   enthusiast, 6
deportivo (*m.*)   sports utility vehicle, 6
depositar (dinero)   to deposit
   (money), 8
depresión (*f.*)   depression, 11
derecho (*m.*)   law; right; (*adv.*)
   straight, 4
derecho/a   right, 4
desafortunadamente   unfortunately
desagradable   unpleasant, 1
desamparado/a   helpless
desamparo (*m.*)   trouble, helpless-
   ness
desaparecer (zc)   to disappear, 12
desaparición (*f.*)   disappearance
desarrollar   to develop, 12
desarrollo (*m.*)   development, 12
desastre (*m.*)   disaster
desatar   to untie
desayunar   to have breakfast, 3
desayuno (*m.*)   breakfast, 3
descansar   to rest, 4

descendiente (*m., f.*) descendant, 12

desconocido/a unknown; **lo ~** the unknown

descremado/a skim (milk)

describir to describe, 1

descripción (*f.*) description

desde from, since, 4; **~ ahora** from now on; **~ pequeñita** since childhood

desear to wish for, 1

desechado/a discarded, 9

desembarque (*m.*) unloading, 4

desempeñar to perform, 6, 12; to carry out; to play

desempleo (*m.*) unemployment, 11

desesperación (*f.*) desperation

desesperado/a desperate; **estar ~** to be desperate, 11

desfile (*m.*) parade, 10

desgracia (*f.*) misfortune

desgraciadamente unfortunately, 4

deshacer to get rid of

desigualdad (*f.*) inequality

desinfectarse to become disinfected

deslumbrar to dazzle

despacio slowly, 7

despedida (*f.*) farewell, 4

despedirse (**i, i**) to say good-bye, 5

despertarse (**ie**) to wake up, 3

después later, afterwards, 3; **~ de** after, 4; **~ (de) que** after, 9

destacarse to stand out, 12

destino (*m.*) destiny

detalle (*m.*) detail, 10

deterioro (*m.*) deterioration, 9

detonador (*m.*) detonator

detonar to detonate (a bomb)

detrás de behind, 4

devolver (**ue**) to return (something), 7

día (*m.*) day

diámetro (*m.*) diameter

diariamente (*adv.*) daily, 9

diario/a (*adj.*) daily

dibujante (*m., f.*) sketcher, 10

dibujar to draw, 10

dibujo (*m.*) drawing, 10

diccionario (*m.*) dictionary

diciembre (*m.*) December, 1

dictadura (*f.*) dictatorship

diecinueve nineteen, 1

dieciocho eighteen, 1

dieciséis sixteen, 1

diecisiete seventeen, 1

diente (*m.*) tooth, 3, 8

dieta (*f.*) diet, 9

diez ten, 1

difícil difficult, 1

dimes y diretes (*m. pl.*) gossip

dinero en efectivo (*m.*) cash, 5

dios/a (*m., f.*) god/goddess, 10

dirección (*f.*) address, 3, 7

director/a (*m., f.*) director, 11

directorio (*m.*) directory, 6; **~ Internet** Internet guide

dirigir to direct, 11

disco (*m.*) record, 7; **~ compacto** compact disc, 6; **~ duro** hard drive, 6

discoteca (*f.*) club, discotheque, 5

diseñador/a (*m., f.*) designer

diseñar to design

disfraz (*m.*) costume, 10

disfrazar(se) to dress up in costume, 10

disfrutar to enjoy, 10

disponible available, 6

distinguido/a distinguished

distinguirse to be distinguished, 12

diversidad biológica (*f.*) biological diversity

divertido/a enjoyable

divertirse (**ie, i**) to have a good time, enjoy oneself, 3

divorciado/a divorced, 5

doblar (**a**) to turn, 7

doble double, 5

doce twelve, 1

doctorado (*m.*) Ph.D.

documental (*m.*) documentary, 11

documento (*m.*) document, 6

doler (**ue**) to hurt, 8

dolor (*m.*) pain; **tener ~** to have pain, 8

domingo (*m.*) Sunday, 1

dominicano/a Dominican

dominó (*m.*) dominoes

doncella (*f.*) damsel

donde where

¿dónde? where?; **a/de ~** to/from where, 1; **¿me puede decir ~ está...?** can you tell where . . . is?, 7; **¿~ puedo cambiar el dinero?** where can I exchange money?, 5

dorado/a golden, 10

dormir (**ue**) to sleep, 3

dormirse (**ue**) to fall asleep, 3

dormitorio (*m.*) bedroom, 1, 2

dos two, 1

doscientos two hundred, 3

dramatismo (*m.*) drama, 11

droga (*f.*) drug, 8

drogadicción (*f.*) drug addiction, 11

ducha (*f.*) shower, 2

ducharse to take a shower, 3

duda (*f.*) doubt; **no cabe ~** there is no doubt

dudar to doubt, 8

dueño/a (*m., f.*) owner, 2

dulce sweet, 3

durante during, 4

E

echar to add, 9

ecológico/a ecological, 9

ecología (*f.*) ecology, 9

economía (*f.*) economics, economy, 1

económico/a economical, 4

ecosistema (*m.*) ecosystem

ecuador (*m.*) equator

ecuatoriano/a Ecuadorian

edificio (*m.*) building, 3

EE.UU. U.S. (United States)

efectos (*m. pl.*) effects; **~ de sonido** sound effects; **~ especiales** special effects (F/X)

eficiente efficient

egoísta egotistic

ejercicio (*m.*) exercise; **hacer ~** to exercise, 1

ejército (*m.*) army, 8

el the, 1

elaboración (*f.*) manufacture

electricidad (*f.*) electricity

electricista (*m., f.*) electrician, 5

elefante (*m.*) elephant, 9

elegante elegant

elegir (**i, i**) to choose

embarazada pregnant, 9; **estar ~** to be pregnant, 8

embarazo (*m.*) pregnancy, 11

embarque (*m.*) loading, 4

embelesado/a spellbound

emblema (*f.*) emblem

emisora (*f.*) broadcasting station, 11

emitir to transmit (a TV, radio program), 11

empacar to pack, 1

empeorar to worsen

empezar (**ie**) to begin, 3

empinado/a steep

empleado/a (*m., f.*) employee, 4

empleo (*m.*)   employment, 11
empresa (*f.*)   business, company
en   in, on, at, 1, 3, 4; by, on (means of transportation), 3; ~ **blanco y negro**   black and white, 10; ~ **caso de que**   in case, 10; ~ **color/es**   (in) color, 10; ~ **cuanto** as soon as, 9; ~ **guardia**   on guard; ~ **línea**   on line, 6; ~ **oferta**   on sale, 7; ¿~ **qué le(s) puedo servir?**   how can I help you?, 4, 5, 7; ~ **realidad**   actually; ~ **seguida**   right away, 5; ~ **vez de**   instead of, 8
enamorado/a   in love, 2, 5
enamorarse (de)   to fall in love (with), 5
encantador/a   charming
encantar   to delight, like very much, 4
encarcelar   to imprison, 11
encender (ie)   to turn on, 6
encima de   on top of, 4
encontrar (ue)   to find, 3
encontrarse (ue) (con)   to meet (with) someone, 4
encuentro (*m.*)   encounter, 12
endosar   to endorse, 8
energía (*f.*)   energy, 9
enero   January, 1
enfermarse   to get sick, 8
enfermedad (*f.*)   illness, 8
enfermero/a (*m., f.*)   nurse, 5
enfermo/a   sick
enfocar   to focus
enfrentar   to confront, 11
enfrente de   in front of, facing, 4
enfurecido/a   infuriated
engañar   to betray, deceive
engordar   to gain weight
enlace (*m.*)   link (Internet)
enojado/a   angry, mad
enojarse   to be angry, 8
enorme   enormous, huge
enriquecer (zc)   to enrich
ensalada (*f.*)   salad, 3
enseguida (*alt.*) **en seguida**   right away, 4
entender (ie)   to understand, 3
enterrar (ie)   to bury
entonces   then, at that time, 3
entrada (*f.*)   entrée, 3
entrar   to enter, 6
entre   between, among, 4
entrega (*f.*)   presentation
entregar   to award, to hand in

entremés (*m.*)   appetizer, 3
entrenar   to train, 6
entretenimiento (*m.*)   entertainment, 6
entusiasmado/a   enthusiastic
enviar   to send, 4, 6
envidioso/a   envious, 1
envolver (ue)   to envelop, wrap
enzima (*f.*)   enzyme
época (*f.*)   epoch
equilibrio (*m.*)   balance
equipo (*m.*)   team, equipment, 6
equivocado/a   mistaken
error (*m.*)   mistake
escalera (*f.*)   staircase, 2
escalofríos (*m. pl.*)   shivers; **tener ~** to shiver, have a chill, 8
escapar   to escape
escaparate (*m.*)   shop window, 7
escape (*m.*)   escape
escarbar   to dig
escaso/a   scarce, 9
escena (*f.*)   scene, 11
esclavo/a (*m., f.*)   slave
escoba (*f.*)   broom, 2
escoger   to choose, 8
escolar   scholastic
escribir   to write, 1
escritor/a (*m., f.*)   writer
escritorio (*m.*)   desk, 1
escritura (*f.*)   writing, 12
escuchar   to listen, 1
escudero (*m.*)   squire
escultor/a (*m., f.*)   sculptor, 5, 10
escultura (*f.*)   sculpture, 10
escupir   to spit
ese/a (*adj.*)   that, 3
esencial   essential, 8; **es ~**   it's essential, 8
esfera (*f.*)   sphere
esmeralda (*f.*)   emerald, 8
esos/as (*adj.*)   those, 3
espalda (*f.*)   back, 8
español (*m.*)   Spanish language, 1
español/a   Spanish
espantoso/a   frightening, 4
especialidad (*f.*)   specialty
especialista (*m., f.*)   specialist
especialización (*f.*)   major (academic), 1
especializar   to specialize
especie (*f.*)   species, 9
espectacular   spectacular
espectador/a (*m., f.*)   spectator, 6
espejo (*m.*)   mirror, 2; ~ **retrovisor** rearview mirror, 6

esperanza (*f.*)   hope
esperar   to hope, 8
espiritualidad (*f.*)   spirituality
esposo/a (*m., f.*)   husband/wife, 5
esqueleto (*m.*)   skeleton, 8
esquí (*m.*)   ski, skiing, 6; **hacer ~ acuático**   to water ski, 5
esquiador/a (*m., f.*)   skier
esquiar   to ski, 6
esquina (*f.*)   corner, 7
estación (*f.*)   station; ~ **de ferrocarril/tren**   train station, 3
estacionalidad (*f.*)   seasonable nature
estacionamiento (*m.*)   parking, 5
estacionar   to park, 7
estadía (*f.*)   stay
estadio (*m.*)   stadium, 3
estadística (*f.*)   statistics
estado (*m.*)   state; ~ **libre asociado** free associated state
estadounidense   from the U.S.A.
estafilococo (*m.*)   staphylococcus
estante (*m.*)   bookshelf, 1
estar   to be, 2; ~ **a dieta**   to be on a diet; ~ **a punto de** (+ *inf.*)   to be about to (do something), 5; ~ **a punto de**   to be on the verge of, 4; ~ **a tiempo**   to be/arrive on time, 4; ~ **atrasado/a**   to be late/arrive late, 4; ~ **cerca/lejos** to be close/far away, 3; ~ **contento/a (de)**   to be happy, 8; ~ **de acuerdo**   to agree, 4; ~ **de moda**   to be in style, 7; ~ **de vacaciones**   to be/to go on vacation, 4; ~ **desesperado/a**   to be desperate, 11; ~ **embarazada**   to be pregnant, 8; ~ **listo**   to be ready, 2; ~ **manchado/a**   to be stained, 7; ~ **mareado/a**   to be dizzy, 8; ~ **muerto/a de hambre** to be starving, famished, 3; ~ **resfriado/a**   to have a cold, 8; ~ **roto/a**   to be ripped, 7; ~ **seguro/a**   to be sure, 8; ~ **sucio/a** to be dirty, 7
estatua (*f.*)   statue, 10
este (*m.*)   east, 2
este/a (*adj.*)   this, 3
estelar   stellar
estético/a   artistic, aesthetic
estimulador/a   stimulating
estómago (*m.*)   stomach, 8
estornudar   to sneeze, 8
estos/as (*adj.*)   these, 3

estrecho/a   tight, small, 7; close
estrella (*f.*)   star
estrenar   to premiere, 11
estrés (*m.*)   stress, 8
estuario (*m.*)   estuary
estuco (*m.*)   stucco
estudiar   to study, 1
estufa (*f.*)   stove, 2, 9
eterno/a   eternal
étnico/a   ethnic, 12
evidente   evident, 8
evitar   to avoid, 8
evolución (*f.*)   evolution
exactamente   exactly
exagerado/a   exaggerated
examen (*m.*)   exam; ~ **físico**
   physical exam, 8
examinar   to examine
excavación (*f.*)   excavation
excepcional   exceptional, 1
excursión (*f.*)   tour, 4
excusado (*m.*)   toilet
exhibición (*f.*)   exhibit, exhibition,
   10
exhibir   to exhibit
existencia (*f.*)   existence, 9
existir   to exist
éxito (*m.*)   success; **tener ~**   to be
   successful, 6
exitoso/a   successful
experiencia (*f.*)   experience
experto/a   expert
explicación (*f.*)   explanation
explicar   to explain, 4
exploración (*f.*)   exploration, 12
explosivo/a   explosive
explotación (*f.*)   exploitation
explotar   to exploit, 9
exposición (*f.*)   art exhibit, 10
expresión idiomática (*f.*)   idiomatic expression
expuesto/a   exposed; on display
exquisito/a   delicious
extinción (*f.*)   extinction
extraído/a   extracted
extranjero/a (*m., f.*)   foreigner, 3;
   (*adj.*) foreign, 11
extraño/a   strange, 8; **es ~**   it's
   strange, 8
extraordinario/a   extraordinary
extremo/a   extreme

F

fábrica (*f.*)   factory
fabricación (*f.*)   manufacture

fabricar   to make, 10
fabuloso/a   fabulous
fácil   easy, 1
facultad (*f.*)   School (in a university), 1
faja (*f.*)   strip
falda (*f.*)   skirt, 7
falso/a   false
falso amigo (*m.*)   false cognate
faltar   to lack, need; to be left (to
   do), 4
fama (*f.*)   fame, 11; reputation
fanático/a (*m., f.*)   fan (sports)
fantasía (*f.*)   fantasy
fantasma (*m.*)   ghost
farmacéutico/a (*m., f.*)   pharmacist, 5
farmacia (*f.*)   pharmacy, 7
fascinado/a   fascinated, 2
fascinante   fascinating, 1
fascinar   to fascinate, 4
fauna (*f.*)   animal life
favor (*m.*)   favor
favorito/a   favorite
fax (*m.*)   fax, 6
febrero   February, 1
felicidad (*f.*)   happiness
fenomenal   phenomenal
fenómeno (*m.*)   phenomenon, 10
feo/a   ugly, 1
ferrocarril (*m.*)   train, 3
fértil   fertile
fertilidad (*f.*)   fertility, 10
festejar   to have a party, 10
festival (*m.*)   festival, 10
fibra (*f.*)   fiber
ficha (*f.*)   piece
fiebre (*f.*)   fever
figura (*f.*)   figure, 10
figurar   to be prominent
fijarse   to notice
fila (*f.*)   line
filmar   to film, 11
filme (*m.*)   film, movie, 11
filosofía (*f.*)   philosophy, 1
filósofo (*m.*)   philosopher
fin de semana (*m.*)   weekend
final   final, last
finalmente   finally, 5
financiar   to finance
firma (*f.*)   signature, 8
firmamento (*m.*)   sky
firmar   to sign, 8
física (*f.*)   physics, 1
físico/a   physical, 9
fisiología (*f.*)   physiology, 1

flaco/a   thin
flamenco (*m.*)   flamingo, 9
flauta (*f.*)   flute, 6
flexible   flexible
flojo/a   lazy, 1; loose fitting, 7
flora (*f.*)   flora
florecer (zc)   to bloom
florería (*f.*)   flower shop, 7
folclórico/a   folkloric, 10
folleto (*m.*)   brochure, 4
fondo (*m.*)   bottom
forma (*f.*)   form, 10
formulario (*m.*)   form
fosforescente   phosphorescent
(foto)grafía (*f.*)   photograph
fotógrafo/a (*m., f.*)   photographer, 5
fracasar   to fail, 11
fracaso (*m.*)   failure
fractura (*f.*)   fracture, 8
fracturado/a   fractured, 8
frágil   fragile
francés (*m.*)   French language, 1
francés/esa   French, P
fregadero (*m.*)   sink, 9
freír (i)   to fry, 9
frenar   to brake, 6
freno (*m.*)   brake, 6
fresa (*f.*)   strawberry, 3
fresco/a   fresh, 9
frito/a   fried, toasted, 9
fruta (*f.*)   fruit, 3, 9
fuegos artificiales (*m. pl.*)   fireworks, 10
fuera de   outside of, 4
fuerte (una comida)   heavy (food),
   3; hard, strong
fuerza (*f.*)   strength
fumar   to smoke; **no ~**   no
   smoking, 4
función (*f.*)   function, 6
funcionar   to function
fundar   to found, 12
fútbol (*m.*)   football (soccer), 6;
   ~ **americano**   football, 6

G

gabinete (*m.*)   cabinet, 9; closet
gafas de sol/negras (*f. pl.*)   sunglasses, 2, 5
galardón (*m.*)   honor, 11
galaxia (*f.*)   galaxy
gallego/a   Galician
gallina (*f.*)   hen, 9
gallo (*m.*)   rooster, 9
gamba (*f.*)   shrimp (*Spain*), 3

ganadero/a cattle breeding
ganado (*m.*) cattle
ganar to win, 6; to earn
ganga (*f.*) deal, sale, 7
garbanzo (*m.*) chick pea
garganta (*f.*) throat, 8
gaseosa (*f.*) soft drink
gasolina (*f.*) gasoline, 6
gastar to spend, 7; to use up
gasto (*m.*) expense, 8
gastronomía (*f.*) gastronomy
gato/a (*m., f.*) cat, 5
gemelo/a (*m., f.*) twin, P
generador/a generating
generalmente generally
género (*m.*) genre, 11
generoso/a generous
genial brilliant, 11
genuino/a genuine
geométrico/a geometric
gerente (*m., f.*) manager, 5
gigante gigantic, huge
gimnasia (*f.*) gymnastics, 6
gimnasio (*m.*) gymnasium, 6
girasol (*m.*) sunflower
gloria (*f.*) glory; delight
golf (*m.*) golf, 6
golpe (*m.*) hit
gordo/a fat, 1
gorra (*f.*) cap, 2, 7
gótico/a Gothic
gozar (de) to enjoy, 4, 5
grabadora (*f.*) tape recorder (player), 6
grabar to tape, 6
grado (centígrado/Celsio/Fahrenheit) (*m.*) degree (centigrade/Celsius/Fahrenheit), 2
gráfico (*m.*) graph, diagram
gramo (*m.*) gram
grande big, large, older, 1; loose, 7
grano (*m.*) bean; grain, 9; **al ~** to the point
grasa (*f.*) fat, 9
gratis free, 7
grave grave, serious, 8
gripe (*f.*) flu; **tener ~** to have the flu, 8
gris gray, 1
gritar to scream, to yell, 6
grueso/a heavy
grupo (*m.*) group, 6; **~ cultural** cultural group, 12
guagua (*f.*) bus (*Caribbean*)
guante (*m.*) glove, mitt, 2, 6, 7

guapo/a handsome, attractive, 1
guardar to save, 6
guardia (*m., f.*) police officer
guatemalteco/a Guatemalan
guerra (*f.*) war, 11
guía (*m., f.*) tour guide, 4; (*f.*) guidebook, 4
guía Internet (*f.*) Internet guide
guineo (*m.*) banana (*Puerto Rico*)
guión (*m.*) script, 11
guitarra (*f.*) guitar, 6
gustar to like; **me/te gusta(n)** I/you like, 1; **me gustaría (pedir)...** I would like (to order) . . . , 3

H

haber (*auxiliary verb*) to have, 5
hábil skillful, 10, 12
habilidad (*f.*) ability
habitación (*f.*) room, 1, 5
habitante (*m., f.*) inhabitant
habitar to inhabit, 12
hablar to speak, 4; **~ con amigos** to speak with friends, 1
hace; ~ buen/mal tiempo it's good/bad/weather, 2; **~ calor** it's hot, 2; **~ fresco** it's cool, 2; **~ frío** it's cold, 2; **~ sol** it's sunny, 2; **~ viento** it's windy, 2
hacer to do, to make, 2; **~ castillos de arena** to make sand castles, 5; **~ clic** to click (with the mouse), to push a button, 6; **~ cola** to wait in line, 4; **~ ejercicio** to exercise, 1; **~ el papel** to play a role, 11; **~ esquí acuático** to water ski, 5; **~ planes** to make plans; **~ platos** to make dishes (food); **~ surfing** to surf, 5; **~ una cita** to make an appointment, 8; **~ una llamada de larga distancia/por cobrar** to make a long distance/collect phone call, 5
hacerse to become, 5
hacia toward, 4
hamaca (*f.*) hammock
hambre (el) (*f.*) hunger; **estar muerto/a de ~** to be starving, famished, 3; **tener ~** to be hungry, 3
hamburguesa (*f.*) hamburger, 3
hasta until, 4, 7; **~ que** until, 9
hay there is, there are, 1

hecho (*m.*) event, 10
helado (*m.*) ice cream, 3
helado/a freezing
helicóptero (*m.*) helicopter
herencia (*f.*) heritage
herida (*f.*) wound, 8
hermanastro/a (*m., f.*) stepbrother/stepsister, 5
hermano/a (*m., f.*) brother/sister, 5
hermoso/a pretty, lovely
héroe/heroína (*m., f.*) hero
heroico/a heroic
hervir (ie, i) to boil, 9
hidroeléctrico/a hydroelectric
hijastro/a (*m., f.*) stepson/stepdaughter, 5
hipoteca (*f.*) mortgage
historia (*f.*) history, 1; story
historiador/a (*m., f.*) historian
histórico/a historic, 10
hockey (*m.*) hockey, 6
hombre (*m.*) man, 1; **~ de negocios** businessman, 5
homenaje (*m.*) homage
hondo/a deep
hondureño/a Honduran, P
honesto/a honest
honor (*m.*) honor
honorable honorable
hora (*f.*) hour; **¿qué ~ es?** what time is it?, 1
horario (*m.*) schedule, 4; **~ estelar** prime time
horneado/a baked
horno (*m.*) oven, 9
horrible horrible
hospital (*m.*) hospital, 3
hospitalidad (*f.*) hospitality
hotel (*m.*) hotel, 3
hoy en día today; nowadays
hueso (*m.*) bone, 8
huésped (*m., f.*) guest, 5
huevo (*m.*) egg, 3
huir to flee, 4
humanidad (*f.*) humanity
humanidades (*f. pl.*) humanities
húmedo/a humid, 2
humilde humble
hundir to sink
huracán (*m.*) hurricane, 2

I

icono (*m.*) icon, 6
idea (*f.*) idea

idealista idealistic
idioma (*m.*) language, 1
ídolo (*m.*) idol
iglesia (*f.*) church, 3
iguana (*f.*) iguana, 9
ilegal illegal
ilegalmente illegally
ilícito/a illicit, 8
ilusión (*f.*) illusion; **¡qué ~!** how exciting!
ilustración (*f.*) illustration, 10
imagen digital (*f.*) digital image
imaginación (*f.*) imagination
imaginar to imagine
imaginario/a imaginary
impaciente impatient
imperecedero/a immortal
imperio (*m.*) empire, 12
impermeable (*m.*) raincoat, 2, 7
impersonal impersonal
impertinente impertinent
implicar to implicate
imponente imposing, 12
impopular unpopular
importancia (*f.*) importance
importante important, 8; **es ~** it's important, 8
importar to matter, be of concern, 4
imposible impossible, 8; **(no) es ~** it's (not) impossible, 8
impresionante impressive
impresora (*f.*) printer, 1, 6
imprimir to print, 6
improbable unlikely
impuesto (*m.*) tax
inalámbrico/a cordless, 6
inauguración (*f.*) inauguration
incaico/a Incan
incertidumbre (*f.*) uncertainty, 11
incluso/a included
inconveniente inconvenient
incorporar to incorporate
increíble incredible
independiente independent
indexar to index
indicador (*m.*) bookmark (Internet)
indígena indigenous
inestabilidad (*f.*) instability
inestable unstable
inexperto/a inexperienced
infantil infantile
infección (*f.*) infection, 8
infinidad (*f.*) infinity
inflamación (*f.*) inflammation, 8

inflamado/a inflamed, 8
inflexible inflexible
influir to influence
información (*f.*) information
informal informal
ingeniería (*f.*) engineering, 1
ingeniero/a (*m., f.*) engineer, 5
ingenioso/a clever
ingerir (ie, i) to ingest
inglés (*m.*) English language, 1
inglés/esa English, P
ingrediente (*m.*) ingredient
ingresar to enter
iniciar to begin, 6
inocente innocent, unsuspecting
inodoro (*m.*) toilet, 2
inolvidable unforgettable
inquietud (*f.*) worry
inquilino/a (*m., f.*) tenant, 2
insistir to insist
insoportable unbearable
inspirar to inspire
instigar to instigate
instrucción (*f.*) instruction
integrar to integrate; to form
intelecto (*m.*) intellect
inteligencia (*f.*) intelligence
inteligente intelligent, 1
intensificar to intensify
interactivo/a interactive
interesante interesting
interesar to interest, be of interest, 4
interior (*m.*) interior
intermediario/a intermediary
internauta (*m., f.*) Internet surfer
Internet (*m.*) network, Internet, 6; **acceder a ~** to access the Internet, 6; **buscador ~** (*m.*) search engine
interpretación (*f.*) performance
interrupción (*f.*) interruption
intersección (*f.*) corner, 7
interurbano/a intercity
íntimo/a intimate
intolerante intolerant
intuición (*f.*) intuition
invención (*f.*) invention
inventar to invent
investigación (*f.*) research, 12
investigar to research, 1
invierno (*m.*) winter, 2
invisible invisible
invitar to invite
involucrado/a involved
inyección (*f.*) injection, 8

ir to go, 2; **~ con destino a** to leave/depart with destination to, 4; **~ de compras** to go shopping, 7; **~ de pesca** to go fishing, 5
irreal unreal
irregular irregular, abnormal
irreprochable untouchable
irse to go away, leave, 3; **~ de vacaciones** to be/to go on vacation, 4
isla (*f.*) island, 4, 7
islámico/a Muslim
istmo (*m.*) isthmus
italiano (*m.*) Italian language, 1
italiano/a Italian
itinerario (*m.*) itinerary, 4
izquierdo/a left, 4

J

jaguar (*m.*) jaguar, 9
jai alai (*m.*) jai alai, 6
jamás never, 3
japonés (*m.*) Japanese language, 1
japonés/esa Japanese
jarabe (*m.*) syrup, 8
jardín (*m.*) garden, 2
jardinero/a (*m., f.*) gardener, 5
jefe/a (*m., f.*) boss, 5
jeroglífico (*m.*) hieroglyphic, 12
jirafa (*f.*) giraffe, 9
joven young, 1
joyas (*f. pl.*) jewelry, 8
joyería (*f.*) jewelry store, 7
judío/a Jewish
jueves (*m.*) Thursday, 1
jugador/a (*m., f.*) player, 6
jugar (ue) a to play (sports, games), 1, 3, 6
jugo (*m.*) juice, 3
juguete (*m.*) toy, 8
julio (*m.*) July, 1
junio (*m.*) June, 1
junto a next to
juntos/as together
justificar to justify

K

kilómetro (*m.*) kilometer, 2

L

la the, 1
lactosa (*f.*) lactose

lado (*m.*) side; **al ~ de** next to, 4
ladrillo (*m.*) brick
ladrón/ona (*m., f.*) thief
lagartija (*f.*) lizard, 9
lagarto (*m.*) lizard, 9
lago (*m.*) lake, 7
lamentar to lament, regret, be sorry, 8
lámpara (*f.*) lamp, 1
lana (*f.*) wool, 7
langosta (*f.*) lobster, 3
lápiz (*m.*) pencil, 1
largo (*m.*) length
largo/a long, 1
largometraje (*m.*) feature film, 11
lástima (*f.*) shame, 8; **es una ~** it's a shame, 8
lavabo (*m.*) bathroom sink, 2
lavamanos (*m.*) bathroom sink, 2
lavandería (*f.*) laundromat, 7
lavaplatos (*m.*) dishwasher, 9
lavar (la ropa/los platos) to wash (clothes/dishes), 1, 2
lavar(se) to wash (oneself), 3
lección (*f.*) lesson, 1
leche (*f.*) milk, 3
lechuga (*f.*) lettuce, 3
leer to read, 1
legumbre (*f.*) vegetable, 3; legume, 9
lejos de far from, 4
lengua (*f.*) tongue, 8
lento/a slow, 1
león (*m.*) lion, 9
letra (del alfabeto) (*f.*) letter (of alphabet); lyrics, 6
levantarse to get up, 3
leyenda (*f.*) legend
libertador/a (*m., f.*) liberator
libra (*f.*) pound, 9
libre free (independent, unencumbered), 4
libremente freely
librería (*f.*) bookstore, 3, 7
libro (*m.*) book, 1
licencia de manejar (*f.*) driver's license, 6
licuadora (*f.*) blender, 9
liderazgo (*m.*) leadership
liga (*f.*) league
ligero/a light, 3
limitar to border
límite (*m.*) border

limosina (*f.*) limousine, 4
limpiaparabrisas (*m. pl.*) windshield wipers, 6
lindo/a pretty, lovely, 5
lingüística (*f.*) linguistics, 1
lingüístico/a linguistic, 12
lío (*m.*) problem, mess, 11
listo/a smart, clever, 1; **estar ~** to be ready, 4
literatura (*f.*) literature, 1
litoral (*m.*) coast
llama (*f.*) llama, 9
llamar to call, 1
llano (*m.*) plain
llanta (*f.*) tire, 6; **~ pinchada** flat tire, 6
llanura (*f.*) plain, 7
llave (*f.*) key, 5
llegada (*f.*) arrival, 5
llegar to arrive, 1; **~ a tiempo** to be/arrive on time, 4; **~ atrasado/a** to be late/arrive late, 4
llevar to bring, 1; to wear, 7; **me (la/lo/las/los) llevo** I'll take (it/them), 7
llover (ue) to rain, 3
llovizna it's drizzling, 2
llueve it's raining, 2
lluvia (*f.*) rain, 2
lobo (*m.*) wolf, 9
loco: ¡ni locos! you're nuts! (*colloquial*)
locutor/a (*m., f.*) announcer, 11; DJ
lógico/a logical
lograr to achieve; to obtain, 11
logro (*m.*) achievement, 11
lotería (*f.*) lottery
luchar to fight
lucir (zc) to exhibit
luego later, then, next, 3
lugar (*m.*) place
lujo (*m.*) luxury
lujoso/a (de lujo) luxurious, 5
luminarias (*f. pl.*) lights
luna (*f.*) moon
lunes (*m.*) Monday, 1
luz (*f.*) light, 6

M

macho male
madera (*f.*) wood, 8, 10
madrastra (*f.*) stepmother, 5
madre (*f.*) mother, 1, 5
madrina (*f.*) godmother

maestro/a teacher
magia (*f.*) magic
mágico/a magic
magnesio (*m.*) magnesium
magnitud (*f.*) magnitude
majestuoso/a majestic
mal (*m.*) evil, 10; disease; **~ espíritu** (*m.*) bad spirit, 10
maldito/a bad, wicked
maleta (*f.*) suitcase, 5
maletero (*m., f.*) porter, 4; (*m.*) trunk, 6
mallorquín/ina Mallorcan
malo/a bad, 1; **es ~** it's bad, 8
malvado/a evil
mamá (*f.*) mother, mom, 5
mamífero (*m.*) mammal, 9
mancha (*f.*) stain, 7
manchado/a stained; **estar ~** to be stained, 8
mandar to send, 1, 4, 6
mando a distancia (*m.*) remote control, 6
manejar to drive, 3, 6
mano (*f.*) hand, 8
manteca de maní (*f.*) peanut butter
mantener(se) to maintain, 9; **~ en forma** to stay in shape, 8
manuscrito antiguo (*m.*) codex
manzana (*f.*) apple, 3; street block, 7
mañana (*f.*) morning; **por/de la ~** in the morning, 1
mapa (*m.*) map, 1
maquillarse to put on makeup, 3
mar (*m.*) ocean, sea, 7
maravilla (*f.*) wonder
maravilloso/a wonderful
marchar to progress, work out
marco (*m.*) frame, 10
mareado/a dizzy; **estar ~** to be dizzy, 8
mariposa (*f.*) butterfly, 9
marisco (*m.*) shellfish, 3
mármol (*m.*) marble, 10
marrón brown
martes (*m.*) Tuesday, 1
mártir (*m., f.*) martyr
marzo (*m.*) March, 1
más more; **~ pronto** sooner, 4
máscara (*f.*) mask, 8
matar to kill, 11
matemáticas (*f.*) mathematics, 1

materia (*f.*) academic subject, 1

mayo (*m.*) May, 1

mayor older, 1, 7; greater

mayoría (*f.*) majority, 12

mediano/a medium

mediante by means of

medias (*f.*) stocking, sock, 7

medicamento (*m.*) medicine

medicina (*f.*) medicine, 8

médico/a (*m., f.*) doctor, 5

medio/a (*adj.*) half, 7; average

medir (i) to measure

meditar to contemplate

medioevo (*m.*) Middle Ages

mejor better, 7

mejorar(se) to (get) better, 8

melancolía (*f.*) sadness

melodrama (*m.*) melodrama

mencionar to mention

menor younger, 5, 7

mensaje (*m.*) message, 6

mentira (*f.*) lie

menú (*m.*) menu, 3

mercado (*m.*) market

mercancía (*f.*) merchandise

merecer (zc) to deserve

meridiano (*m.*) meridian

mes (*m.*) month

mesa (*f.*) table, 1

mesero/a (*m., f.*) waiter/waitress

meseta (*f.*) plain

mesita (*f.*) coffee table, 2; ~ **de noche** night stand, 2

meta (*f.*) goal

metate (*m.*) stone used for grinding seeds

meteorólogo/a (*m., f.*) meteorologist, 2

metro (*m.*) subway, 3

metropolitano/a metropolitan

mexicano/a Mexican, P

mexicanoamericano/a Mexican American, P

mezcla (*f.*) mix

mezclar to mix, 9

mezquita (*f.*) mosque

mi(s) my, 2

microbio (*m.*) microbe

micrófono (*m.*) microphone

microondas (micro) (*m.*) microwave, 9

microscópico/a microscopic

miedo (*f.*) fear; **tener ~** to be afraid, 8

mientras (que) while, 4

miércoles (*m.*) Wednesday, 1; ~ **de Ceniza** Ash Wednesday

mil (*m.*) one thousand, 3

milagro (*m.*) miracle

milenio (*m.*) millennium

millas (por hora) (*f.*) miles (per hour), 2

millón (*m.*) one million, 3

mini bar (*m.*) minibar, 5

mínimo least; **en lo más ~** in the very least

mira: ¡~ cómo eres! come on, give it up! (*colloquial*)

mirada (*f.*) glance

mirar to look at, 1

miseria (*f.*) poverty

misión (*f.*) mission

mismo/a same

misterio (*m.*) mystery

misterioso/a mysterious

mitad (*f.*) half

mítico/a mythical

mochila (*f.*) backpack, bookbag, 1

modelo (*m., f.*) model, 10

módem (*m.*) modem, 6

moderno/a modern, 2

molcajete (*m.*) mortar on a tripod

molestar to bother, annoy, 4

molinillo (*m.*) wooden whisk (*Mex.*)

molino de viento (*m.*) windmill

momento (*m.*) moment, 3; **en este ~** at this moment, 3

(moneda en) efectivo (*f.*) cash, 8

mono (*m.*) monkey, 9

monopatín (*m.*) skateboard

montaña (*f.*) mountain, 7

montar to go, ride; ~ **a caballo** to go horseback riding, 5; ~ **en bicicleta** to go bicycling, 5

morado/a purple, 1

moreno/a dark-skinned, dark-haired, 1

morir (ue) to die, 3

morirse (ue) de hambre to die from hunger

mortero (*m.*) mortar

mostrador (*m.*) display case, 7

mostrar (ue) to show, 9

moto(cicleta) (*f.*) motorcycle, 3

motor (*m.*) motor, 6; ~ **de búsqueda** search engine

mover (ue) to move, 6

muchacho/a (*m., f.*) child, youngster

mucho (*adv.*) a lot, very much, 1

muerte (*f.*) death, 10

muestra (*f.*) sample

mujer (*f.*) woman; ~ **de negocios** businesswoman, 5

multimedia (*f.*) multimedia, 6

mural (*m.*) mural, 10

muralismo (*m.*) muralism

murciélago (*m.*) bat

músculo (*m.*) muscle, 8

museo (*m.*) museum, 3

música (*f.*) music, 1; ~ **salsa** salsa music, 6

músico/a (*m., f.*) musician, 5

musulmán/ana Muslim

muy very, 1

N

nacer (zc) to be born, 5

nacimiento (*m.*) birth, 10

nada nothing, 3

nadar to swim, 5

nadie no one, nobody, 3

naranja (*f.*) orange, 3

nariz (*f.*) nose, 8

narración (*f.*) narration, 11

natación (*f.*) swimming, 6

naturaleza (*f.*) nature, 9

náuseas (*f. pl.*) nausea; **tener ~** to be nauseous, 8

navaja (*f.*) knife

navegador (*m.*) browser (Internet)

navegar to travel by boat; ~ **en velero** to go sailing, 5; ~ **por Internet** to surf the Web, 1

necesario/a necessary, 8

necesitar to need, 1

negar (ie) to deny, 8

negativo/a negative

negro/a black, 1

neoyorquino/a (*m., f.*) New Yorker

nervio (*m.*) nerve; **¡qué nervios!** how frightening!

nervioso/a nervous, 2

nevado/a snow-capped, 7

nevar (ie) to snow, 3

nevera (*f.*) refrigerator

nexo (*m.*) link (Internet)

(ni) ... ni (neither) . . . nor, 3; ~ **idea** haven't got a clue, 4; ~ **siquiera** not even

nicaragüense (*m., f.*) Nicaraguan, P

nieto/a (*m., f.*) grandson/grand-daughter, 5
nieva it's snowing, 2
nieve (*f.*) snow, 2
nilón (*m.*) nylon
ningún, ninguno/a none, not any, 3
niñero/a (*m., f.*) nanny, baby-sitter, 11
niño/a (*m., f.*) little boy/girl (child), 5
noche (*f.*) night; **por/de la ~** in the evening/night, 1
noctámbulo (*m.*) night owl
nocturno/a nocturnal, 4
nominación (*f.*) nomination, 11
nominar to nominate, 11
noreste (*m.*) northeast
noroeste (*m.*) northwest
norte (*m.*) north, 2
nota (*f.*) note
noticias (*f. pl.*) news, 11
noticiero (*m.*) news program, 11
novecientos nine hundred, 3
novela (*f.*) novel, 5
noveno/a ninth, 4
noventa ninety, 1
noviembre (*m.*) November, 1
novio/a (*m., f.*) boyfriend/girl-friend; newlywed; fiancé/fiancée, 5
nube (*f.*) cloud, 2
nublado/a cloudy, 2; **está (parcialmente) ~** it's (partly) cloudy, 2
nuera (*f.*) daughter-in-law, 5
nuestro/a(s) our, 2
nueve nine, 1
nuevo/a new, 1
número (*m.*) number
nunca never, 3
nutritivo/a nutritious, 9

O

(o)... o (either) . . . or, 3
objeto (*m.*) object; **~ de arte** art object
obligación (*f.*) obligation
obra de arte (*f.*) work of art, 10; **~ maestra** masterpiece, 11
observar to observe
obtener to get, obtain, 11
obvio/a obvious, 8
occidental western
océano (*m.*) ocean, sea, 7

ochenta eighty, 1
ocho eight, 1
ochocientos eight hundred, 3
ocio (*m.*) free time, 11
octavo/a eighth, 4
octubre (*m.*) October, 1
ocurrir to occur to, 6
oeste (*m.*) west, 2
ofender to offend
oferta (*f.*) offer
oficina (*f.*) office, 1; **~ de correos** post office
ofrecer (zc) to offer, 4
ofrenda (*f.*) offering, 10
oído (*m.*) inner ear, 8
oír to hear, 3
ojalá I hope, 8
ojo (*m.*) eye, 8
olimpíadas (*f. pl.*) Olympics
olla (*f.*) pot, 9; **~ de barro** clay pot
olvidar to forget, 6; **olvídalo** forget it
omnipresente omnipresent
once eleven, 1
ondulación (*f.*) rolling hill
ónice (*m.*) onyx
opción (*f.*) option
operación (*f.*) operation, 8
opinar to have an opinion, 8
opinión to have an opinion, 8
oportunidad (*f.*) opportunity
oprimir to click (with the mouse); to push a button, 6
optimista optimistic, 1
ordenador (*m.*) computer (*Spain*), 6
ordenar (el cuarto) to clean (the room), 2
oreja (*f.*) ear, 8
orfebre (*m.*) jeweler
organismo (*m.*) organism
organizado/a organized, 1
oriental eastern
original original
originario/a originating
orilla (*f.*) edge; shore
oro (*m.*) gold, 8; (*adj.*) **de ~** gold, 10
orquídea (*f.*) orchid
oscuridad (*f.*) darkness
oscuro/a dark, 10
oso (*m.*) bear, 9
OTAN (*f.*) NATO (North Atlantic Treaty Organization)
otoño (*m.*) autumn, fall, 2
otorgar to grant, give

oveja (*f.*) sheep, 9
¡Oye! Hey!, Listen!, 4

P

paciente (*m., f.*) patient, 8
padrastro (*m.*) stepfather, 5
padre (*m.*) father, 1, 5
padrino (*m.*) godfather
paella (*f.*) rice with seafood, meat, chicken
paellera (*f.*) large pan (*Spain*)
pagar to pay, 4
página (*f.*) page; **~ inicial/principal** (*f.*) home page (Web)
páginas amarillas/blancas (*f. pl.*) yellow/white pages
paila (*f.*) large pan
paja (*f.*) straw
pájaro (*m.*) bird, 9
palabra clave (*f.*) keyword
paleta (*f.*) palette (in art), 10
pálido/a pale
palito (*m.*) small stick
palo (*m.*) club (used to play sports), 6
paloma (*f.*) dove; pigeon, 9
pan (*m.*) bread, 3
panameño/a Panamanian
panorámico/a panoramic
pantalla (*f.*) screen, 11; **~ táctil** touch screen, 6
pantalones (*m. pl.*) pants, 7; **~ cortos** shorts, 2
papa (*f.*) potato (*Lat. Am.*), 3
papá (*m.*) father, dad, 5
papagayo (*m.*) parrot
papel (*m.*) paper, 1; role, 11
papelería (*f.*) stationery store, 7
paquete (*m.*) package; package tour, 4
par (*m.*) pair, 7
para for, to, in order to, 4; **~ que** so that, 10
parabrisas (*m.*) windshield, 6
parada de autobús (*f.*) bus stop, 3
paraguas (*m.*) umbrella, 2
paraguayo/a Paraguayan
paraíso (*m.*) paradise
paralizado/a paralyzed
parar to stop, 6, 7
parecer (zc) to seem, appear to be, 4
pared (*f.*) wall, 1
pareja (*f.*) couple
pariente (*m., f.*) family member, relative, 5

parlante (*m., f.*) speaker, 6
parte (*f.*) part
particular special
partido (*m.*) game, 6
partir to crack, divide, 9
pasaje (*m.*) ticket
pasajero/a (*m., f.*) passenger, 4
pasaporte (*m.*) passport, 4
pasar to happen, to pass, 1; ~ **la aspiradora por (la alfombra)** to vacuum (the rug); ~ **por** to pass by, 7; ~ **una película** to show a movie, 11
pasatiempo (*m.*) pastime
pasearse to stroll, take a walk, 5
paso (*m.*) step
pastar to graze
pastel (*m.*) cake, 3
pastilla (*f.*) pill, 8
pastor/a (*m., f.*) shepherd
patata (*f.*) potato (*Spain*), 3
patear to kick, 6
patín (*m.*) skate, 6
patinaje (sobre hielo) (*m.*) (ice) skating, roller blading, 6
pato (*m.*) duck, 9
pavo (*m.*) turkey, 9
paz (*f.*) peace
pecho (*m.*) chest, 8
pedido (*m.*) order, 3
pedir (i, i) to ask for, to request, 3, 4; ~ **prestado** to borrow, 8
pegajoso/a catchy
peinarse to comb one's hair, 3
pelea de gallos (*f.*) cock fight
película (*f.*) movie
pelirrojo/a red-head, 1
pelo (*m.*) hair, 3; ~ **castaño** light brown hair
pelota (*f.*) ball, 6
peluquero/a (*m., f.*) hair stylist, 5
pendiente (*m.*) pendant, earring, 8
pensar (ie) to think, 3; ~ (+ *inf.*) to plan, to intend, 3
pensión (*f.*) boarding house
peor worse, 7, 8
pepino (*m.*) cucumber, 3
pequeño/a small, 1; tight, 7
pera (*f.*) pear, 3
percusión (*f.*) percussion
perder (ie) to lose, 3, 6
pérdida (*f.*) loss, 12
perdido/a lost, 12
perdón (*m.*) pardon
perdonar to pardon

perezoso/a lazy, 1
perfumería (*f.*) perfume store, 7
perico (*m.*) parrot, 9
periódico (*m.*) newspaper
periodista (*m., f.*) journalist, 5, 11
perla (*f.*) pearl
permanecer (zc) to remain, 10
pero but, 1
perro/a (*m., f.*) dog, 5
perseguir (i, i) to follow, pursue, 3
persistente persistent
persona (*f.*) persona
personaje (principal/secundario) (*m.*) (main/secondary) character, 11
personal private
personalidad (*f.*) personality
pertenecer (zc) to belong, 12
peruano/a Peruvian
pesado/a heavy
pescado (*m.*) fish (*caught*), 3
pescar to go fishing, 5
pesimista pessimistic, 1
peste (*f.*) plague
petróleo (*m.*) petroleum
pez (*m.*) fish (*alive*)
piano (*m.*) piano, 6
picado/a chopped, 9
picante hot (spicy), 3
picar to sting
picnic (*m.*) picnic, 5
pico (*m.*) peak
pie (*m.*) foot, 8
piedad (*f.*) mercy
piedra (*f.*) stone, 7, 8; ~ **de moler** grinding stone
pierna (*f.*) leg, 8
pieza (*f.*) piece, 10
pila (*f.*) battery, 6
píldora (*f.*) pill, 8
pimienta (*f.*) (black) pepper, 3, 9
pimiento verde (*m.*) green pepper, 3
piña (*f.*) pineapple, 3
pincel (*m.*) brush, 10
pingüino (*m.*) penguin, 9
pintado/a a mano hand-painted, 10
pintar to paint, 1, 10
pintor/a (*m., f.*) painter, 5, 10
pintura (*f.*) painting, 10
piquete de abeja (*m.*) bee sting
pirámide (*f.*) pyramid, 12
piraña (*f.*) piranha
piscina (*f.*) swimming pool, 2

piso (*m.*) floor; apartment (*Spain*), 2, 5
pista (*f.*) ice rink, running track, 6
pitar to beep the horn, 6
pito (*m.*) horn, 6
pizarra (*f.*) blackboard, chalkboard, 1
placa (*f.*) plate, 6; plaque, 10
planchar (la ropa) to iron (clothes), 2
planeta (*m.*) planet, 9
planicie (*f.*) plain, 7
planta baja (*f.*) ground floor
plata (*f.*) silver, 8
plátano (*m.*) banana, 3; plantain
platillo (*m.*) small plate, saucer, 9
plato (*m.*) plate, 9
playa (*f.*) beach
plaza (*f.*) plaza, place; seat, 3, 4
plomero/a (*m., f.*) plumber, 5
pluma (*f.*) pen, 1
pluvial pluvial, rain
población (*f.*) population, 12
poblado/a populated, 12
poblar (ue) to inhabit, 12
pobreza (*f.*) poverty, 11
poco (*m.*) little, small amount; ~ **a** ~ little by little; **un** ~ a little, 1, 2
poder (*m.*) power, 10
poder (ue) to be able to, 3
poderoso/a powerful
policía (*f.*) police force, 11; (*m., f.*) police officer, 5, 11
poliéster (*m.*) polyester
político/a political
pollo (*m.*) chicken, 3
poner to put, 2; ~ **la mesa** to set the table
ponerse (la ropa) to put on (one's clothes), 3
por for, by means of, 3, 4; ~ **ciento** (*m.*) percentage, 2; ~ **fin** finally, 3; ~ **la mañana/tarde/noche** in the morning/afternoon/evening, 1; ¿~ **qué?** why?, 1; ~ **si acaso** just in case, 4; ~ **supuesto** of course, 5; ~ **último** finally, 5
porcentaje (*m.*) percentage
porción (*f.*) portion, 9
porque because, 1
portátil portable, 6; **computadora** ~ laptop computer, 6
portero (*m.*) doorman, 3
portugués (*m.*) Portuguese language, 1

portugués/esa   Portuguese, P
posibilidad (*f.*)   possibility
posible   possible, 8
posteriormente   later
postre (*m.*)   dessert, 3
potasio (*m.*)   potassium
potencia (*f.*)   power
práctica (*f.*)   practice
practicar   to practice, 1, 6; ~ deportes   to play sports, 1
precio (*m.*)   price
precioso/a   precious, pretty
precisamente   exactly; necessarily
preciso/a   necessary, 8
precursor/a (*m., f.*)   precursor
predecible   predictable
predecir   to predict
predicción (*f.*)   prediction
preferible   preferable, 8
preferir (ie, i)   to prefer, 3
preguntar   to ask a question, 4
prenda (*f.*)   garment
prendedor (*m.*)   brooch, 8
prender   to turn on, 6
prensa (*f.*)   press, 11
preocupado/a   worried
preocupar(se)   to worry, 3, 4
preparado/a   prepared, 3
preparar   to prepare
presencia (*f.*)   presence
presentador/a (*m., f.*)   host, 11
presentar   to introduce; ~ una
   película   to show a movie, 11
presente   present, current
presentimiento (*m.*)   premonition
presidente (presidenta) (*m., f.*)
   president, 5
presión sanguínea (*f.*)   blood pressure, 8
presionar   to click (with the
   mouse); to push a button, 6
préstamo (*m.*)   loan, 8
prestar   to lend, 8
prestigio (*m.*)   prestige
presupuesto (*m.*)   budget, 8
prevenir   to prevent, 10
primavera (*f.*)   spring, 2
primer/o/a   first, 1, 3, 4; ~ clase
   first class, 4; ~ que todo   first of
   all, 5
primo/a (*m., f.*)   cousin, 5
principal   main, principal
principio (*m.*)   beginning
prisa (*f.*)   haste, hurry; tener ~   to
   be in a hurry, 2
prisión (*f.*)   prison, 11

prisionero/a (*m., f.*)   prisoner
privado/a   private, 2
probabilidad (*f.*)   probability, 2
probable   probable, 8
probar (ue)   to try, taste, 3
probar(se) (ue)   to try on, 7
problema (*m.*)   problem
procesador de comidas (*m.*)   food
   processor, 9
producir (zc)   to produce, 2, 6, 9
producto lácteo (*m.*)   dairy product, 9
productor/a (*m., f.*)   producer
profesional   professional
profesor/a (*m., f.*)   professor, 1, 5
profesorado (*m.*)   faculty, 1
programa (*m.*)   program, 6; ~ social   social program, 11
programador/a de computadoras
   (*m., f.*)   computer programmer, 5
prohibir   to prohibit
prolongar   to prolong
promedio (*m.*)   average, 2, 8
promesa (*f.*)   promise
pronóstico del tiempo (*m.*)
   weather forecast, 2
pronto   soon; más ~   sooner, 4
propina (*f.*)   tip, 3
propio/a   own
proporcionar   to provide, supply
propósito (*m.*)   resolution; purpose, 10
prosperidad (*f.*)   prosperity
protagonista (*m., f.*)   main character, 11
protector solar (*m.*)   sunscreen,
   suntan lotion, 5
protegerse   to protect oneself, 5
proteína (*f.*)   protein
provincia (*f.*)   province
provocar   to provoke
proyecto (*m.*)   project
prueba (*f.*)   test, exam, 8
psicología (*f.*)   psychology, 1
psicólogo/a (*m., f.*)   psychologist, 5
publicar   to publish
público/a   public, 10
pueblo (*m.*)   town, people, 12
puede ser   it can be, 8
puerta (*f.*)   door, 6
puerto (*m.*)   port, 7
puertorriqueño/a   Puerto Rican, P
pulmón (*m.*)   lung, 8
pulsar   to click (with the mouse);
   to push a button, 6
pulsera (*f.*)   bracelet, 8

punto (*m.*)   degree; dot
puntual   punctual
pupitre (*m.*)   writing desk, 1

Q

¿qué?   what?, 1; ¿~ desean
   comer/beber?   what do you
   want to eat/drink?, 3; ¡~ disfruten
   de su estadía!   enjoy your stay!,
   5; ¡~ gusto!   what a pleasure!, 4;
   ¿~ nos recomienda?   what do
   you recommend?, 3; ¡~ susto!
   what a scare!, 4; ¡~ tengan un
   buen viaje!   have a good trip!, 4
quebrar (ie)   to break
quedar   to be located, 3; to remain,
   to be left over, 6
quedar(le) (a alguien)   to fit
   (someone), 7
quedarse   to stay, 3
quejarse (de)   to complain (about),
   4
quemarse   to get a sunburn, 5
querer (ie)   to want, to love, 3
queso (*m.*)   cheese, 3
¿quién(es)?   who?, whom?, 1
química (*f.*)   chemistry, 1
químico/a (*m., f.*)   chemist
quince   fifteen, 1
quinientos   five hundred, 3
quinina (*f.*)   quinine
quinoa (*f.*)   quinoa
quinto/a   fifth, 4
quitar   to remove, 9; ~ el polvo
   to dust
quitarse (la ropa)   to take off
   (one's clothes), 3
quizás   perhaps, 8

R

radiación (*f.*)   radiation
radio (*m., f.*)   radio, 1, 6
radiografía (*f.*)   X-ray, 8
radiotelescopio (*m.*)   radiotelescope
rana (*f.*)   frog
rápido/a   fast, 1
raqueta (*f.*)   racquet, 6
raro/a   rare, strange
rata (*f.*)   rat, 9
rato: un rato   a while
ratón (*m.*)   mouse, 6, 9
rayón (*m.*)   rayon
raza (*f.*)   ethnic group, 12

razón (*f.*)   reason; **tener** ~   to be right, 2
real   royal
realidad (*f.*)   reality; ~ **virtual**   virtual reality, 6; **en** ~   really
realmente   really
rebaja (*f.*)   discount, 8
rebajar   to lower
rebanada (*f.*)   slice, 9
rebanado/a   sliced, 9
recámara (*f.*)   bedroom, 1
recepción (*f.*)   reception, 5
recepcionista (*m., f.*)   receptionist, 5
receta (*f.*)   prescription, 8; recipe, 9
rechazar   to reject
recibir   to receive, 1, 6
recibo (*m.*)   receipt, 7
recipiente (*m.*)   container, 8
recobrar   to recover
recoger   to pick up, get, 4; to gather, 8
recomendar (ie)   to recommend, 3
récord (*m.*)   (sport) record
recordar (ue)   to remember, 3
recorrer   to travel across, to tour, 4
recreo (*m.*)   recreation, 4
recto/a   straight
recuperación (*f.*)   recovery
recuperar   to recuperate, recover
recurso (*m.*)   resource, 9
red (*f.*)   network, Internet, 6
reducir (zc)   to reduce, 8
refresco (*m.*)   soft drink, 3
refrigerador/a (*m., f.*)   refrigerator, 9
regadera (*f.*)   water-sprinkler
regalar   to give (gifts), 4
regatear   to barter, 8
regateo (*m.*)   bargaining, 8
régimen (*m.*)   diet
registrarse   to examine
regresar   to return, 4
regreso (*m.*)   comeback
reír (i)   to laugh, 5
relajación (*f.*)   relaxation, 8
religioso/a   religious, 10
reliquia (*f.*)   relic
reloj (*m.*)   watch, clock, 1
remedio (*m.*)   remedy, 8; **tener** ~   to have a solution, 11
renacentista (*adj.*)   Renaissance
renovación (*f.*)   renovation
renta (*f.*)   rent, 2
repetir (i)   to repeat, 3
réplica (*f.*)   replica, 10

reportaje (*m.*)   article, report
reportero/a (*m., f.*)   reporter, 11
represa (*f.*)   dam
representante (*m., f.*)   representative
reproducción (*f.*)   copy
reptil (*m.*)   reptile, 9
requerir (ie, i)   to require
reseña (*f.*)   review (movie), 11
reserva (*f.*)   reservation
reservación (*f.*)   reservation, 4, 5
reservar   to reserve, 5
resfriado (*m.*)   cold; **estar** ~   to have a cold, 8
residencia (*f.*)   dormitory, 1; ~ **estudiantil**   student residence
resistente   resistent
respetado/a   respected
respiración (*f.*)   breathing
respirar   to breathe, 8
responsabilidad (*f.*)   responsibility, 9
respuesta (*f.*)   answer
restaurán (*m.*)   restaurant
restaurante (*m.*)   restaurant, 3
retirar dinero   to withdraw money, 8
retrato (*m.*)   portrait, 10
retrete (*m.*)   toilet
reunirse (con)   to meet (with) someone, 4
reusar   to reuse, 9
revisar   to check, to look over, 8
revitalizar   to revitalize
rico/a   rich, delicious, 3
ridículo/a   ridiculous, 8; **es** ~   it's ridiculous, 8
riesgo (*m.*)   risk
rincón (*m.*)   corner
rinitis alérgica (*f.*)   nasal allergies
río (*m.*)   river, 7
riqueza (*f.*)   wealth
ritmo (*m.*)   rhythm, 6
rito (*m.*)   rite, 10
robo (*m.*)   robbery, 11
rodeado/a   surrounded
rodilla (*f.*)   knee, 8
rogar (ue)   to beg, 8
rojo/a   red, 1
romance (*m.*)   romance
romántico/a   romantic, 1, 11
romper(se) (el brazo)   to break (one's arm), 6, 8
ropa (*f.*)   clothes, clothing, 7; ~ **interior**   underwear, 7
ropero (*m.*)   closet, wardrobe, 2

rosa (*f.*)   rose, 1
rosado/a   pink, 1
roto/a   broken; **estar** ~   to be ripped, 8
rubio/a   light-skinned, blonde, 1
rueda (*f.*)   wheel, 6
ruina (*f.*)   ruin, 12
ruleta (*f.*)   roulette
ruso (*m.*)   Russian language
ruso/a   Russian, P
ruta (*f.*)   route, 3

S

sábado (*m.*)   Saturday, 1
saber   to know, 2
sabroso/a   delicious, tasty, 3
sacar   to take (away), to take out; ~ **dinero**   to withdraw money, 8; ~ **el polvo de (los muebles)** (*Spain*)   to dust (the furniture), 2; ~ **la basura**   to take out the garbage, 2
saco (*m.*)   blazer, 7
sacrificio (*m.*)   sacrifice, 10
sacudir (los muebles)   to dust (the furniture), 2
sal (*f.*)   salt, 3, 9
sala (*f.*)   living room, 2; ~ **de clase**   classroom, 1; ~ **de emergencia**   emergency room, 8; ~ **de estar**   family room
salida (*f.*)   departure, 4
salir   to leave, 2; to go out; ~ **con destino a**   to leave/depart with destination to, 4
salitre (*m.*)   salt residue
salón (*m.*)   living room; ~ **de conferencias**   conference room, 5
salto (*m.*)   waterfall, 7
salvadoreño/a   Salvadoran
salvar   to save
sandalias (*f. pl.*)   sandals, 5, 7
sangrar   to bleed, 8
sangre (*f.*)   blood, 8
sanitario (*m.*)   toilet
sano/a   healthy, 9
sartén (*m., f.*)   frying pan, 9
saxofón (*m.*)   saxophone, 6
secador/a de pelo (*m., f.*)   hair dryer, 2
secar (la ropa/los platos)   to dry (clothes/dishes), 2
secarse   to dry off, 3
seco/a   dry, 2
secretario/a (*m., f.*)   secretary, 5
secreto (*m.*)   secret

secuencia (*f.*) sequence, order, 11
secuestrar to kidnap
secuestro (*m.*) kidnapping
seda (*f.*) silk, 7
sedentario/a sedentary, 9
seguida: en seguida immediately
seguir (i) to follow, to continue, 3; ~ derecho (recto) to go straight, 7
según according to, 4
segundo/a second, 4; ~ clase second class, 4
seguro/a sure, 2, 8; es ~ it's sure, 8; estar ~ to be sure, 8
seguro médico (*m.*) medical insurance, 11
seis six, 1
seiscientos six hundred, 3
sello (*m.*) hallmark
selva (*f.*) jungle, 7; ~ tropical rainforest, 7
semáforo (*m.*) stoplight, 7
semblanza (*f.*) profile
semejante similar
semejanza (*f.*) similarity
senador (*m.*) senator
sencillo/a single (bed or room), 5; simple
sensación (*f.*) sensation
sensacional sensational
sensual sensual
sentarse (ie) to sit down, 3
sentido (*m.*) sense; tener ~ to make sense, 2
sentimental sentimental
sentir (ie, i) to be sorry, lament, regret, 8
sentirse (ie, i) to feel, 3
separado/a separated, 5
separador (*m.*) bookmark (Internet)
separar to separate
septiembre (*m.*) September, 1
séptimo/a seventh, 4
ser to be, 1; ~ alérgico/a a to be allergic to, 8
serio/a serious, 1
seropositivo/a HIV positive
serpiente (*f.*) snake, 9
servicio (*m.*) service, 3
servilleta (*f.*) napkin, 9
servir (i) to serve, 3, 4
sesenta sixty, 1
setecientos seven hundred, 3
setenta seventy, 1
sexto/a sixth, 4

si if
sí yes; di que ~ say yes
SIDA (*m.*) AIDS, 11
siempre always, 3
siento: lo siento I'm sorry, 4, 5
siete seven, 1
siglo (*m.*) century, 12
significativo/a significant
silla (*f.*) chair, 1
sillón (*m.*) armchair, 2
simbólico/a symbolic
símbolo (*m.*) symbol, 10
similitud (*f.*) similarity
simpatía (*f.*) affection
simpático/a nice, friendly, 1
sin without, 4; ~ embargo nevertheless, 12; ~ que without, 10
sinagoga (*f.*) synagogue
sinceridad (*f.*) sincerity
sincero/a sincere
sino but, rather
sinopsis (*f.*) synopsis, summary, 11
sintético/a synthetic
sintetizar to synthesize
síntoma (*m.*) symptom, 8
sinuoso/a winding
sistema (*m.*) system
sitio (*m.*) site; ~ favorito bookmark (Internet); ~ web Web site
situación (*f.*) situation
sobre about, over, on top of, 4
sobrenatural supernatural
sobrepasar to exceed
sobrevivir to survive
sobrino/a (*m., f.*) nephew/niece, 5
sociología (*f.*) sociology, 1
socorrista (*m., f.*) lifeguard
sofá (*m.*) sofa
sofisticado/a sophisticated
soja (*f.*) soy
sol (*m.*) sun; tomar el ~ to sunbathe, 5
soler (ue) to be accustomed to, 10
solicitado/a popular
sólo (*adv.*) only
soltero/a single, 5
solución (*f.*) solution, 11
solucionar to solve
sombrero (*m.*) hat, 2, 7
sombrilla (*f.*) (sun) umbrella, 5
someter to subdue
sometido/a bound
sonido digital (*m.*) digital sound
sonreír (i) to smile, 5
soñar (ue) (con) to dream (about), 3

sopa (*f.*) soup, 3
soportar to support, to endure
soroche (*m.*) altitude sickness, 8
sorprendente surprising
sorprender to surprise, 8
su(s) your, his, her (their), 2
subasta (*f.*) auction
subir to climb, 1; ~ de peso to gain weight; ~ (por) to go up (a street), 7
subir(se) (al tren) to board (the train), 4
suceder to occur, 11; to happen
suceso (*m.*) event, 12
sucio/a dirty; estar ~ to be dirty, 8
sudadera (*f.*) sweat suit, 7
suegro/a (*m., f.*) father-/mother-in-law, 5
suelo (*m.*) ground
sueño (*m.*) dream
suéter (*m.*) sweater, 2
sufrir to suffer
sugerencia (*f.*) suggestion
sugerir (ie) to suggest, 1
sujeto (*m.*) subject (*grammar*)
sumar to add
superastro (*m.*) superstar
superficie (*f.*) surface
sur (*m.*) south, 2
sureste (*m.*) southeast
suroeste (*m.*) southwest
sustantivo (*m.*) noun
sustituto (*m.*) substitute
susto (*m.*) scare

T

taberna (*f.*) tavern
tal vez perhaps, 8
talavera (*f.*) ceramic tile, 8
talentoso/a talented
talla (*f.*) size, 7
tamaño (*m.*) size
también also, too, 1, 3
tambor (*m.*) drum, 6
tampoco neither, either, 3
tan pronto como as soon as, 9
tanque de gasolina (*m.*) gas tank, 6
tapas (*f. pl.*) appetizers (*Spain*), 3
tapete (*m.*) rug, small carpet, tapestry, 8
tapiz (*m.*) tapestry, 8
taquillero/a good for the box-office, 11

tardar en llegar to take a long time to arrive, 4

tarde (*f.*) afternoon; **por/de la ~** in the afternoon, 1

tarjeta de crédito/débito (*f.*) credit/debit card, 5, 8

tasa de cambio (*f.*) exchange rate, 8

taxi (*m.*) taxi, 3

taza (*f.*) cup, 9

té (*m.*) tea, 3

teatro (*m.*) theater, 1

teclado (*m.*) keyboard, 6

tejedor/a (*m., f.*) weaver, 12

tejer to weave

tejido (*m.*) weaving, 8

teléfono (*m.*) telephone, 1

telenovela (*f.*) soap opera, 11

televidente (*m., f.*) T.V. viewer, 11

televisar to televise, 11

televisión (*f.*) television, 1; **~ (cadena) de cable** cable TV, 11

tema (*m.*) theme

temer to fear, be afraid of, 8

temible fearsome

temperatura (mínima/máxima/promedio) (*f.*) (low/high/average) temperature, 2

templado/a temperate

templo (*m.*) temple, 12

tenacidad (*f.*) tenacity

tenedor (*m.*) fork, 9

tener to have, 2; **~ alergia a** to be allergic to, 8; **~ apetito** to have an appetite, 8; **~ buena/mala salud** to be in good/bad health, 8; **~ catarro/resfrío** to have a cold, 8; **~ celos** to be jealous; **~ cuidado** to be careful, 7; **~ dolor** to have pain, 8; **~ escalofríos** to shiver, have a chill, 8; **~ éxito** to be successful, 6; **~ fiebre** to have a fever, 8; **~ ganas de** to want to, have a mind to, 2; **~ gripe** to have the flu, 8; **~ hambre** to be hungry, 3; **~ miedo (de)** to be afraid of, 8; **~ náuseas** to be nauseous, 8; **~ prisa** to be in a hurry, 2; **~ que** to have to, 2; **~ razón** to be right, 2; **~ remedio** to have a solution, 11; **~ sentido** to make sense, 2; **~ tos** to have a cough, 8

tenis (*m.*) tennis, 6

tensión nerviosa (*f.*) nervous tension, 8

teñir (i) to dye

teoría (*f.*) theory

terapia (*f.*) therapy, 11

tercer/o/a third, 4

terminar to finish, 1

terraza (*f.*) terrace, 2

terremoto (*m.*) earthquake

terrestre earthly

terrible terrible, 8; **es ~** it's terrible, 8

testigo (*m., f.*) witness

testimonio (*m.*) evidence

textil (*m.*) textile

tiempo (*m.*) time

tienda (*f.*) store, 3

tierra (*f.*) Earth; land

tigre (*m.*) tiger, 9

tímido/a timid, shy, 1

tina (*f.*) bathtub, 2

tinte (*m.*) dye

tintorería (*f.*) dry cleaners, 7

tío/a (*m., f.*) uncle/aunt, 5

típico/a typical

tiquete (*m.*) ticket, passage, 4

titanio (*m.*) titanium

titular (*m.*) headline

tiza (*f.*) chalk, 1

toalla (*f.*) towel, 5

tobillo (*m.*) ankle, 8

tocar (un instrumento) to play (an instrument), 1, 6

tocarse to be one's turn

todavía still

todo everything, 3; **~ el mundo** everybody, everyone, 3

todo/a all

todos los días every day, 3

tomar to take; to drink; **~ apuntes** to take notes, 1, 2; **~ el sol** to sunbathe, 5

tomate (*m.*) tomato, 3

toque (*m.*) touch

torcerse (ue) to twist, 8

tormenta (*f.*) thunderstorm, 2

tornado (*m.*) tornado, 2

torre (*f.*) tower

torta (*f.*) cake

tortuga (*f.*) turtle, 5

toser to cough, 8

tostada (*f.*) fried corn tortilla, 9

tostadora (*f.*) toaster, 9

tour (*m.*) tour, 4

trabajador/a (*m., f.*) worker, 5; **~ social** social worker, 11

trabajador/a hard working, 1

trabajar to work, 1

trabajo social (*m.*) social work, 1

tradición (*f.*) tradition, 10

tradicional traditional

traducir (zc) to translate, 2

traer to bring, 2

tráfico de drogas (*m.*) drug trafficking, 11

traicionar to betray

traje (*m.*) suit, 7; **~ de baño** bathing suit, 2

trama (*f.*) plot, 11

trampa (*f.*) trap

tranquilidad (*f.*) tranquility

tranquilizarse to calm down

tranquilo/a calm

transferencia (*f.*) transference

transición (*f.*) transition

transmitir to transmit (TV, radio program), 11

transporte (*m.*) transportation, 4; **~ público** public transportation

traslado (*m.*) transfer, 4

tratar de to deal with, treat, 11; to try

trazar to design

trece thirteen, 1

treinta thirty, 1

tren (*m.*) train, 3

tres three, 1

trescientos three hundred, 3

triste sad

tristeza (*f.*) sadness

triturar to grind

triunfar to succeed, 11

triunfo (*m.*) triumph

trombón (*m.*) trombone, 6

trompeta (*f.*) trumpet, 6

tronada (*f.*) thunderstorm, 2

trópico/a tropical

truco (*m.*) trick

tu(s) your, 2

tumba (*f.*) tomb

turismo (*m.*) tourism

turista (*m., f.*) tourist, 3

turquesa (*f.*) turquoise, 8

U

ubicado/a located

un/a(os/as) a, an (some), 1

una que otra one here and there

único/a only

uniforme (*m.*) uniform, 6

unir to unite, 12

universidad (*f.*)   university, 1
universo (*m.*)   universe
uno   one, 1
urgente   urgent, 4
uruguayo/a   Uruguayan
usar   to use, 1
usuario/a   user
utensilio (*m.*)   utensil, tool
uva (*f.*)   grape, 3

V

vacaciones (*f. pl.*)   vacation, 4; **es-tar de ~**   to be/go on vacation, 4
vacante   vacant
vacuna (*f.*)   vaccine, 8
vagón (*m.*)   car (on a train), 4
vainilla (*f.*)   vanilla, 3
valentía (*f.*)   bravery
valer: (no) valer la pena   (not) to be worth it, 4
valiente   brave
valioso/a   valuable
valle (*m.*)   valley, 7
vámonos   let's go, 4
vamos   come on
vapor: al vapor (*adj.*)   steamed
variado/a   varied
variar   to vary
variedad (*f.*)   variety
varios/as   various, several
vasco/a   Basque
vasija (*f.*)   pot, container, 10
vaso (*m.*)   glass, 9
veces (*f. pl.*)   times (occasions); **a ~** sometimes, 11
vecino/a (*m., f.*)   neighbor, 5
vegetal (*m.*)   vegetable
vehículo (*m.*)   vehicle
veinte   twenty, 1
veleta (*f.*)   weather vane
velocidad (*f.*)   speed
vena (*f.*)   vein
vencer   to defeat, conquer, 12
venda (*f.*)   bandage, 8
vendar   to bandage, 8
vendedor/a (*m., f.*)   salesperson, 5; **~ ambulante**   street vendor, 8

vender   to sell, 4
venezolano/a   Venezuelan
venir   to come, 2
ventana (*f.*)   window, 1
ventoso/a   windy
ver   to see, 2
verano (*m.*)   summer, 2
verbo (*m.*)   verb
verdad (*f.*)   truth; **es ~**   it's true, 8
verde   green, 1
verdura (*f.*)   vegetable, legume, 9
versátil   versatile
vestido (*m.*)   dress, 7
vestigio (*m.*)   remnant
vestirse (i, i)   to get dressed, 3
veterinario/a (*m., f.*)   veterinarian, 5
vez (*f.*)   time, occasion; **alguna ~** sometime; **de ~ en cuando** from time to time
viajar   to travel, 1
viaje (*m.*)   trip, 3; **¡buen/feliz ~!** have a nice trip!, 4
viajero/a (*m., f.*)   traveler, 4
víbora (*f.*)   snake, 9
vibración (*f.*)   vibration
vibrante   vibrating
víctima (*f.*)   victim
video digital (*m.*)   digital video, movies
videocámara (*f.*)   video camera
videoconferencia (*f.*)   video-conference
videograbadora (*f.*)   video recorder (player), 6
vidrio (*m.*)   glass
viejo/a   old, 1
vientre (*m.*)   womb
viernes (*m.*)   Friday, 1
vigía (*m.*)   watchman
vigilante nocturno (*m.*)   night watchman
vigilar   to watch
VIH (*m.*)   HIV
vino (tinto/blanco) (*m.*)   (red/white) wine, 3
violeta (*f.*)   violet
violín (*m.*)   violin, 6

visita (*f.*)   visit
visitar   to visit, 1
víspera (*f.*)   day before
vista (*f.*)   view
vitalidad (*f.*)   vitality
viveza (*f.*)   vividness
vivir   to live, 1; **~ para trabajar** to live for work
volante (*m.*)   steering wheel, 6
volar (ue)   to fly, 4
volcán (*m.*)   volcano, 7
volibol (*m.*)   volleyball
volver (ue)   to return, 3; **~ la es-palda**   to turn against/one's back
volverse (ue)   to become
vomitar   to vomit, 8
voz (*f.*)   voice
vuelo (*m.*)   flight, 4
vuestro/a(s)   your (*informal, Spain*), 2

Y

y   and, 1
ya   now, already, yet, 5; **~ hecho** ready made
yacimiento (*m.*)   deposit
yerba (*f.*)   grass; maté
yerno (*m.*)   son-in-law, 5
yeso (*m.*)   cast, 8
yogur (*m.*)   yogurt

Z

zamarros (*m. pl.*)   chaps covering pants
zanahoria (*f.*)   carrot, 3
zapatería (*f.*)   shoe store, 7
zapato de tacón alto/de tenis (*m.*) high-heeled/tennis shoe, 7
zócalo (*m.*)   plaza (*Mex.*)
zorro (*m.*)   fox, 9
zumo (*m.*)   juice (*Spain*), 3

English-Spanish Vocabulary

A

a, an un/a(os/as), 1; **~ lot** mucho (*adv.*), 1; **~ while** un rato
ability habilidad (*f.*)
abnormal irregular
about sobre, 4
abstract abstracto/a
absurd absurdo/a
academic subject materia (*f.*), 1
accelerate acelerar, 6, 7
accelerator acelerador, 6
accent acento (*m.*)
acceptable aceptable; **not ~** deficiente
access acceso (*m.*); **~ the Internet** acceder a Internet, 6
accessory accesorio (*m.*)
accomplice cómplice (*m., f.*)
accomplish alcanzar, 11
accomplishment logro (*m.*)
according to según, 4
accordion acordeón (*m.*)
account cuenta (*f.*); **checking ~** cuenta corriente; **savings ~** cuenta de ahorros
accountant contador/a (*m., f.*), 5
accusation acusación (*f.*)
accuse acusar
achieve lograr, 11
achievement logro (*m.*)
acquire adquirir (ie), 6
across from enfrente de, 4
act hecho (*m.*); actuar
acting actuación (*f.*), 11
action de acción (*adj.*), 11
active activo/a, 9
activity actividad (*f.*), 1
actor actor/actriz (*m., f.*), 11
actually en realidad
acute agudo/a
add echar, añadir, 9; sumar, adicionar; agregar
addict adicto/a (*m., f.*), 8
addiction adicción (*f.*), 8, 11
address dirección (*f.*), 3, 7
adequately adecuadamente
adjective adjetivo (*m.*)

admire admirar
adolescence adolescencia (*f.*)
adolescent adolescente (*m., f.*), 11
adore adorar, 10
adornment adorno (*m.*), 10
adult adulto/a (*m., f.*)
adulthood madurez (*f.*), edad adulta (*f.*)
advance adelanto (*m.*)
advanced avanzado/a
advantage ventaja (*f.*)
adventure aventura (*f.*)
advice consejo (*m.*), 9, 11
advise avisar, 4; aconsejar, 8
affair asunto (*m.*)
affection cariño (*m.*), simpatía (*f.*)
afraid asustado/a; **to be ~ (of)** tener miedo (de)
African American africanoamericano/a, P
Afro-Caribbean afrocaribeño/a
after después de, 4; después (de) que, 9
afternoon tarde (*f.*); **in the ~** por/de la tarde, 1
afterwards después, 3
against contra
age edad (*f.*)
agent agente (*m., f.*), 4
ago hace + *time* + que + *preterite*
agree estar de acuerdo, 4
AIDS SIDA (*m.*), 11
air aire (*m.*); **~ conditioning** aire acondicionado, 6
airbag airbag (*m.*), bolsa de aire (*f.*), 6
airline aerolínea (*f.*), 4
airport aeropuerto (*m.*), 3
alarm alarmar
alert alerto/a
all todo/a; **~ in ~** a fin de cuentas
allergic alérgico/a
allergy alergia (*f.*)
alleviate aliviar
alligator caimán (*m.*), 9
almost casi, 11
alone solo/a

already ya, 5
also también, 1, 3
although aunque, 9
altitude sickness soroche (*m.*), 8
always siempre, 3
amaranth amaranto (*m.*)
Amazonian amazónico/a
amino acid aminoácido (*m.*)
among entre, 4
amuse (someone) divertir (ie) (a alguien)
anaconda anaconda (*f.*), 9
analyze analizar, 8
anatomy anatomía (*f.*), 1
ancestor antepasado (*m.*), 12
and y, 1
Andean andino/a
angry enojado/a
animal life fauna (*f.*)
animated animado/a
animation animación (*f.*)
ankle tobillo (*m.*), 8
announce anunciar
announcement anuncio (*m.*)
announcer anunciador/a (*m., f.*), locutor/a (*m., f.*), 11
annoy molestar, 4
anonymity anonimato (*m.*)
answer contestar, 4, 6; respuesta (*f.*)
answering machine contestador automático (*m.*)
anthropology antropología (*f.*), 1
antibiotic antibiótico (*m.*), 8
antidote antídoto (*m.*), 8
antihistaminic antihistamínico/a
antique store/dealer anticuario (*m.*)
anxiety angustia (*f.*)
anxious ansioso/a
any algún, alguno/a, 3
anyhow de todos modos, 4
anything algo, 3
apartment piso (*m.*) (*Spain*), 2, 5; departamento (*m.*)
apparatus aparato (*m.*), 6
appear aparecer (zc), 6; **~ to be** parecer (zc), 4
appearance apariencia (*f.*), aspecto (*m.*)

appetite   apetito (*m.*)

appetizer   entremés (*m.*), aperitivo (*m.*), tapas (*f. pl.*) (*Spain*), 3

apple   manzana (*f.*), 3

application   aplicación (*f.*), 6

appointment   cita (*f.*), 8; **to make an ~**   hacer una cita, 8

approach   acercar

April   abril (*m.*), 1

Arabic   árabe (*m., f.*)

Arawak Indian   arauaco/a (*m., f.*)

archaeological   arqueológico/a, 12

archaeologist   arqueólogo/a (*m., f.*), 5

archaeology   arqueología (*f.*), 1

architect   arquitecto/a (*m., f.*), 5

archive (*document collection*)   archivo (*m.*)

Argentine   argentino/a

arm   brazo (*m.*), 8

armadillo   armadillo (*m.*), 9

armchair   sillón (*m.*), 2

army   ejército (*m.*), 8

aromatic   aromático/a

around   por

arranged   arreglado/a

arrest   arrestar, 11

arrival   llegada (*f.*), 5

arrive   llegar, 1; **~ on time**   llegar a tiempo, 4; **~ late**   llegar atrasado/a, 4

arrogant   arrogante

art (the arts)   arte (*m.*) (las artes) (*f. pl.*), 1; **abstract ~**   arte abstracto, 10; **~ exhibit**   exposición (*f.*), 10; **classic ~**   arte clásico, 10; **contemporary ~**   arte contemporáneo, 10; **modern ~**   arte moderno, 10

arthritis   artritis (*f.*)

article   reportaje (*m.*)

artisan   artesano/a (*m., f.*), 10

artist   artista (*m., f.*), 5, 10

artistic   estético/a

as   como; **~ soon ~**   en cuanto, tan pronto como, 9

Ash Wednesday   Miércoles de Ceniza

ask (*a question*)   preguntar, 4; **~ for**   pedir (i, i), 3, 4

aspect   aspecto (*m.*)

aspirin   aspirina (*f.*), 8

assassinate   asesinar, 11

assassination   asesinato (*m.*), 11

association   asociación (*f.*)

assure   asegurar

asterisk   asterisco (*m.*)

astonished   asombrado/a; **to be ~**   asombrarse

astronomer   astrónomo/a (*m., f.*), 12

at   en, 1, 3, 4; **~ a lower price**   a un precio más bajo, 7; **~ that time**   entonces, 3; **~ your service**   a sus órdenes, 3, 4

athlete   atleta (*m., f.*), 4; deportista (*m., f.*), 6

ATM   cajero automático (*m.*)

atmosphere   ambiente (*m.*)

attack   ataque (*m.*)

attend   asistir a

attendant   asistente (*m., f.*)

attract   atraer; **~ attention**   llamar la atención

attractive   atractivo/a, guapo/a, 1

auction   subasta (*f.*)

August   agosto (*m.*), 1

aunt   tía (*f.*), 5

authentic   auténtico/a

author   autor/a (*m., f.*)

authority   autoridad (*f.*)

automobile   carro (*m.*), coche (*m.*), auto(móvil) (*m.*), 3, 6

autumn   otoño (*m.*), 2

available   disponible, 6

avarice   avaricia (*f.*)

average   promedio (*m.*), 2, 8; medio/a

avoid   evitar, 8

await   aguardar

award   premio (*m.*)

B

baby   bebé (*m., f.*), 5

baby-sitter   niñero/a (*m., f.*), 11

bacillus   bacilo (*m.*)

back   espalda (*f.*), 8

backpack   mochila (*f.*), 1

bacteria   bacteria (*f.*)

bad   maldito/a; malo/a, 1; **~ spirit**   mal espíritu (*m.*), 10; **~ luck**   mala suerte (*f.*)

bag   bolsa (*f.*)

bake   hornear

baked   horneado/a

balance   equilibrio (*m.*)

balcony   balcón (*m.*), 2

ball   balón (*m.*), pelota (*f.*), 6

ballad   balada (*f.*), 6

banana   plátano (*m.*), banana (*m.*), 3; banano (*m.*); guineo (*m.*) (*Puerto Rico*)

band   conjunto (*m.*), 6

bandage   vendar, 8; venda (*f.*), 8

bank   banco (*m.*)

banking   bancario/a

baptism   bautizo (*m.*)

bargaining   regateo (*m.*), 8

bark   ladrar

Baroque   barroco/a

barter   regatear, 8

baseball   béisbol (*m.*), 6; **~ player**   beisbolista (*m., f.*)

basement   sótano (*m.*)

basket   cesta (*f.*)

basketball   baloncesto (*m.*), básquetbol (*m.*), 6

Basque   vasco/a

bass   bajo (*m.*), 6

bat   murciélago (*m.*); (*sports*) bate (*m.*), 6

bathing suit   traje de baño (*m.*)

bathroom   (cuarto de) baño (*m.*), 2; **~ sink**   lavabo (*m.*), lavamanos (*m.*), 2

bathtub   tina (*f.*), bañera (*f.*), 2

battery   pila (*f.*), batería (*f.*), 6

bay   bahía (*f.*)

be   ser, 1; estar, 2; **~ able to**   poder (ue), 3; **~ about to** (*do something*)   estar a punto de (+ *inf.*), 5; **~ accustomed to**   soler (ue), 10; **~ afraid**   tener miedo, temer, 8; **~ allergic to**   tener alergia a, ser alérgico/a a, 8; **~ angry**   enojarse, 8; **~ astonished**   asombrarse; **~ born**   nacer (zc), 5; **~ careful**   tener cuidado, 7; **~ close/far away**   estar cerca/lejos, 3; **~ desperate**   estar desesperado/a, 11; **~ dirty**   estar sucio/a, 7; **~ distinguished**   distinguirse, 12; **~ dizzy**   estar mareado/a, 8; **~ familiar with**   conocer (zc), 2; **~ happy**   estar contento/a (de), alegrarse (de), 8; **~ hungry**   tener hambre, 3; **~ in a hurry**   tener prisa, 2; **~ in good/bad health**   tener buena/mala salud, 8; **~ in style**   estar de moda, 7; **~ jealous**   tener celos; **~ late**   estar atrasado, 4; **~ left** (*to do*)   faltar, 4; **~ left over**   quedar, 6; **~ located**   quedar, 3; **~ nauseous**   tener náuseas, 8; **~ of concern**   importar, 4; **~ on a diet**   estar a dieta;

~ **on the verge of** estar a punto de, 4; ~ **one's turn** tocarse; ~ **pregnant** estar embarazada, 8; ~ **prominent** figurar; ~ **quiet** callarse; ~ **ready** estar listo/a, 4; ~ **right** tener razón, 2; ~ **ripped,** estar roto/a, 7; ~ **sorry** sentir (ie, i), lamentar, 8; ~ **stained** estar manchado/a, 7; ~ **starving, famished** estar muerto/a de hambre, 3; ~ **successful** tener éxito, 6; ~ **sure** estar seguro/a, 8; ~ **worth it** valer la pena, 4; ~ **on time** estar a tiempo, 4; ~ **on vacation** estar de vacaciones, 4

beach playa (*f.*); ~ **ball** balón (*m.*), 5

bean grano (*m.*), 9; frijol (*m.*)

bear oso (*m.*), 9

beat batir

beautiful bello/a, 4, 5

beauty belleza (*f.*)

because porque, 1; ~ **of** debido a

become convertirse (ie, i) en, 12; hacerse, 5; volverse (ue); ~ **disinfected** desinfectarse

bed cama (*f.*), 1

bedroom recámara (*f.*), alcoba (*f.*), 1; dormitorio (*m.*), 1, 2; cuarto (*m.*)

bee sting piquete de abeja (*m.*)

beef carne de res/vaca (*f.*); ~ **dish** (*Argentinian*) churrasco (*m.*)

beep the horn pitar, 6

beer cerveza (*f.*), 3

before antes de, 4; antes de que, 10

beg rogar (ue), 8

begin comenzar (ie), empezar (ie), 3; iniciar, 6

beginning principio (*m.*)

behavior comportamiento (*m.*), 9

behind detrás de, 4

believe creer, 1

bell tower campanario (*m.*)

bellhop botones (*m.*), 5

belong pertenecer (zc), 12

beloved amado/a

belt cinturón (*m.*), 7; **seat** ~ cinturón de seguridad, 6

beneath debajo de, 4

benefit beneficio (*m.*), 11

beside al lado de, 4

besides además de

bet apuesta (*f.*)

betray traicionar, engañar

better mejor; **it's** ~ es mejor, 8

between entre, 4

bicycle bicicleta (*f.*), 3

big grande, 1

bike bici (*f.*)

biking ciclismo (*m.*)

bill cuenta (*f.*), 3; (*money*) billete (*m.*), 8

biological diversity diversidad biológica (*f.*)

biology biología (*f.*), 1

bird pájaro (*m.*), 9; ave (el) (*f.*)

birth nacimiento (*m.*), 10

birthday cumpleaños (*m.*)

bitter amargo/a

black negro/a, 1; ~ **and white** en blanco y negro, 10

blackboard pizarra (*f.*), 1

blame oneself culparse

blazer saco (*m.*), 7

bleed sangrar, 8

blender licuadora (*f.*), 9

block manzana (*f.*), cuadra (*f.*), 7

blonde rubio/a, 1

blood sangre (*f.*), 8; ~ **pressure** presión sanguínea (*f.*), 8

bloom florecer (zc)

blouse blusa (*f.*), 7

blue azul, 1

board (the train) subir(se) (al tren), 4

boarding house pensión (*f.*)

boat barco (*m.*), 3

body cuerpo (*m.*)

boil hervir (ie, i), 9

Bolivian boliviano/a

bone hueso (*m.*), 8

bongo bongó (*m.*), 6

book libro (*m.*), 1

bookbag mochila (*f.*), 1

bookmark (*Internet*) indicador (*m.*); separador (*m.*); sitio favorito (*m.*)

bookshelf estante (*m.*), 1

bookstore librería (*f.*), 3, 7

boot bota (*f.*), 2, 7

border limitar; límite (*m.*)

bored aburrido/a

borrow pedir (i, i) prestado, 8

boss jefe/a (*m.*, *f.*), 5

both ambos/as

bother molestar, 4

bottom fondo (*m.*)

bound sometido/a

boutique boutique (*f.*), 7

boxing boxeo (*m.*), 6

boy chico (*m.*), niño (*m.*), muchacho (*m.*), 5

boyfriend novio (*m.*), 5

bracelet pulsera (*f.*), 8

brain cerebro (*m.*), 8

brake frenar; freno (*m.*), 6

brave valiente, bravo/a

bravery valentía (*f.*)

Brazilian brasileño/a

bread pan (*m.*), 3

break quebrar (ie), descomponerse; ~ **(one's arm)** romper(se) (el brazo), 6, 8; ~ **up with** romper(se)

breakfast desayuno (*m.*), 3; **to have** ~ desayunar; **with** ~ con desayuno

breathe respirar, 8

breathing respiración (*f.*)

breeze brisa (*f.*), 2

brick ladrillo (*m.*)

bridge puente (*m.*), 11

briefcase maletín (*m.*), 1

brilliant genial, 11

bring llevar, 1; traer, 2; aportar, 12

broadcasting station emisora (*f.*), 11

broccoli bróculi (*m.*)

brochure folleto (*m.*), 4

broiled asado/a, 9

broiler asador (*m.*)

broken roto/a

bronze bronce (*m.*), 10

brooch prendedor (*m.*), 8

broom escoba (*f.*), 2

brother hermano (*m.*), 5

brother-in-law cuñado (*m.*), 5

brought traído/a

brown marrón; café, 1; **light** ~ **hair** pelo castaño (*m.*)

browser (*Internet*) navegador (*m.*)

brush cepillarse, 3; cepillo (*m.*); (art) pincel (*m.*), 10

bucket cubeta (*f.*)

buckle up (seatbelt) abrocharse (el cinturón), 6

budget presupuesto (*m.*), 8

build construir, 10

builder constructor/a (*m.*, *f.*), 12

building edificio (*m.*), 3

bullfight corrida de toros (*f.*)

bureau aparador (*m.*)

burn quemar

bury enterrar (ie)

bus camión (*m.*) (*Mex.*), 6; autobús (*m.*), 3; guagua (*f.*) (*Caribbean*)

bus stop parada de autobús (*f.*), 3
business empresa (*f.*)
businessman/woman hombre/ mujer de negocios (*m.*, *f.*), 5
busy ocupado/a
but pero, 1; sino, 10
butter mantequilla (*f.*)
butterfly mariposa (*f.*), 9
button botón (*m.*), 6
buy comprar, 1
buyer comprador/a (*m.*, *f.*), 8
by, on (*means of transportation*) en, 3; ~ **means of** por, 3, 4; mediante

C

cabinet gabinete (*m.*), 9
cable TV televisión (cadena) de cable (*f.*), 11
café café (*m.*), 3
cafeteria cafetería (*f.*)
caffeine cafeína (*f.*)
cake pastel (*m.*), bizcocho (*m.*), 3; torta (*f.*)
calculator calculadora (*f.*), 1
calendar calendario (*m.*), 1
call llamar, 1
calm calmado/a, tranquilo/a; ~ **down** tranquilizarse
calorie caloría (*f.*), 9
camera cámara (*f.*)
campaign campaña (*f.*)
Canadian canadiense (*m.*, *f.*)
canary canario (*m.*), 5
candle vela (*f.*)
canyon cañón (*m.*), 7
cap gorra (*f.*), 2, 7
capable capaz
capsule cápsula (*f.*)
car carro (*m.*), coche (*m.*), auto(móvil) (*m.*), 3, 6; (*on a train*) vagón (*m.*), 4
carbohydrate carbohidrato (*m.*)
care cuidado (*m.*), **to take ~ of oneself** conservarse, 9
careful ciudadoso/a; **to be ~** tener cuidado
Caribbean caribeño/a (*adj.*)
carnival Carnaval (*m.*)
carpenter carpintero/a (*m.*, *f.*), 5
carpet alfombra (*f.*), tapete (*m.*), 8
carrot zanahoria (*f.*), 3
carry llevar, 1
carry out desempeñar
case caso (*m.*)

cash (dinero en) efectivo (*m.*), 5; (moneda en) efectivo (*f.*), 8; ~ **register** caja (*f.*), 7, 8
cashier cajero/a (*m.*, *f.*), 8
cast yeso (*m.*), 8
castle castillo (*m.*); **castles in the air** castillos en el aire
cat gato/a (*m.*, *f.*), 5
Catalan catalán/ana
catastrophe catástrofe (*f.*), 10
catch up with alcanzar, 3, 11
catchy pegajoso/a
category categoría (*f.*), 11
cathedral catedral (*f.*)
cattle ganado (*m.*); ~ **breeding** ganadero/a
cause causar; causa (*f.*)
cayman caimán
CD ROM CD ROM (*m.*), 6
celebrate celebrar, 10
celebration celebración (*f.*), 10
celebrity celebridad (*f.*)
century siglo (*m.*), 11
ceramic tile talavera (*f.*), 8
ceramics cerámica (*f.*), 10
cereal cereal (*m.*)
ceremonial ceremonial
ceremony ceremonia (*f.*), 10
certain cierto/a, 8
chair silla (*f.*), 1
chalk tiza (*f.*), 1
chalkboard pizarra (*f.*), 1
chance casualidad (*f.*); **by ~** por casualidad
change cambio (*m.*)
channel cadena (*f.*), 11
chapel capilla (*f.*)
chaps covering pants zamarros (*m. pl.*)
character carácter (*m.*); (**main/ secondary**) ~ personaje (principal/secundario) (*m.*), 11
charming encantador/a
chat conversar
chauffeur chofer (*m.*) (*Lat. Am.*), chófer (*Spain*), 6
check revisar, 8; cuenta (*f.*), 3; **certified ~** cheque certificado (*m.*), 8; **the ~, please** la cuenta, por favor, 3
checking account cuenta corriente (*f.*), 8
cheese queso (*m.*), 3
chef cocinero/a (*m.*, *f.*), 5
chemist químico/a (*m.*, *f.*)
chemistry química (*f.*), 1

chest pecho (*m.*), 8
chest of drawers cómoda (*f.*), 2
chick pea garbanzo (*m.*)
chicken pollo (*m.*), 3
child niño/a (*m.*, *f.*), 5; chiquillo/a (*m.*, *f.*); muchacho/a (*m.*, *f.*)
childhood niñez (*f.*)
Chilean chileno/a
Chinese chino/a
Chinese (*language*) chino (*m.*), 1
chivalry caballería (*f.*)
chocolate chocolate (*m.*), 3; cacao (*m.*)
choose escoger, 8; elegir (i, i)
chop picar
chopped picado/a, 9
chord cuerda (*f.*), 6
chore quehacer (*m.*)
Christian cristiano/a
Christmas Navidad (*f.*), 10; ~ **Eve** Nochebuena (*f.*), 10
chronicle crónica (*f.*), 11
church iglesia (*f.*), 3
cinnamon canela (*f.*)
circumference circunferencia (*f.*)
circumstance circunstancia (*f.*)
city ciudad (*f.*), 3
clarification clarificación (*f.*)
clarinet clarinete (*m.*), 6
class clase (*f.*), 1
classmate compañero/a (de clase) (*m.*, *f.*), 1
classroom sala de clase (*f.*), 1
clay barro (*m.*), 8; arcilla (*f.*), 10; ~ **pot** olla de barro (*f.*)
clean (the room) ordenar (el cuarto), 2
clear cristalino/a
clear up aclarar
clerk dependiente (*m.*, *f.*), 7
clever listo/a, 1; ingenioso/a
click (*with the mouse*) hacer clic, oprimir, presionar, pulsar, 6
climate clima (*m.*), 2
climb subir, 1
clock reloj (*m.*), 1
close estrecho/a, 7; ~ **to** cerca de, 9
close cerrar (ie), 3, 6
closed cerrado/a
closet clóset (*m.*), ropero (*m.*), armario (*m.*), 2; gabinete (*m.*)
clothes, clothing ropa (*f.*), 7
cloud nube (*f.*), 2
cloudy nublado/a, 2; **it's (partly) ~** está (parcialmente) nublado, 2

club discoteca (*f.*), 5; (*used to play sports*) palo (*m.*), 6

clue pista (*f.*); **I haven't got a ~** ni idea

coach class clase turística (*f.*)

coast costa (*f.*), 7; litoral (*m.*)

coat abrigo (*m.*), 2, 7

cock fight pelea de gallos (*f.*)

codex códice (*m.*), 12; manuscrito antiguo (*m.*)

coffee café (*m.*), 3; **~ pot** cafetera (*f.*), 9; **~ table** mesita (*f.*), 2

coincidence coincidencia (*f.*)

cold resfriado (*m.*), catarro (*m.*), 8; **it's ~** hace frío, 2; **to have a ~** estar resfriado/a, tener catarro, 8; **to be ~** tener frío, 3

colleague colega (*m., f.*)

collect coleccionar

collector coleccionista (*m., f.*), 10

collide chocar, 6

Colombian colombiano/a

colonization colonización (*f.*)

color color (*m.*), 1

coloring colorido (*m.*)

column columna (*f.*), 11

comb one's hair peinarse, 3

come venir, 2; **~ on** vamos; **~ on, give it up!** ¡mira cómo eres!; **~ a long way** recorrer mucho camino; **~ back** volver(ue); **~ near/close** avecinar, arrimarse

comeback regreso (*m.*)

comedy comedia (*f.*), 11

comfort consolar (ue); comodidad (*f.*)

comfortable cómodo/a, 5

comic cómico/a, 1, 11

commemorate conmemorar, 10

commentator comentador/a (*m., f.*), 11

committee comité (*m.*)

common común

communication comunicación (*f.*)

compact compacto/a, 6; **~ disc** disco compacto (*m.*), 6

company compañía (*f.*), empresa (*f.*)

comparison comparación (*f.*)

competent competente

complain (about) quejarse (de), 4

complete completo/a, 2

completely completamente

complex complejo/a

complexity complejidad (*f.*)

complicated complicado/a

compose componer

composition composición (*f.*), 10

computer computador(a) (*m., f.*), 1; ordenador (*m.*) (*Spain*), 6; **~ file** archivo (*m.*), 6; **~ program** programa (*m.*), 6; **~ programmer** programador/a de computadoras (*m., f.*), 5

conceive concebir (i)

concentrate concentrarse

concern concernir (ie), 3

concert concierto (*m.*), 10

concierge conserje (*m., f.*), 5

conclude concluir

conclusion conclusión (*f.*)

condor cóndor (*m.*), 9

conference congreso (*m.*); **~ room** salón de conferencias (*m.*), 5

confidence confianza (*f.*)

confidential confidencial

confirmation confirmación (*f.*), 4; **Here is my ~** Aquí tiene mi confirmación

confront enfrentar, 11; afrontar

congenital congénito/a

Congressman/woman congresista (*m., f.*)

conjugate conjugar

connection conexión (*f.*)

conquer vencer, 12

conquest conquista (*f.*), 12

conscience consciencia (*f.*)

consequence consecuencia (*f.*), 9

conserve conservar

consider considerar

constant constante

construct construir, 10

consult consultar

consume consumir, 9

consumption consumo (*m.*), 8, 9, 11

container recipiente (*m.*), 8; vasija (*f.*), 10

contaminate contaminar, 9

contamination contaminación (*f.*), 9

contemplate meditar

contemporary contemporáneo/a

content contento/a; contenido (*m.*)

contest concurso (*m.*)

continue seguir (i, i), 3

contraceptive contraceptivo (*m.*)

contrast contraste (*m.*), 10

control controlar; control (*m.*)

controversy controversia (*f.*)

convenient conveniente

convent convento (*m.*)

conversation conversación (*f.*)

convince convencer (z)

convincing convincente

cook cocinar, 2, 9; cocinero/a (*m., f.*), 5

cookie galleta (*f.*)

cooking cocina (*f.*), 2

cool enfriar; **it's ~** hace fresco

copper cobre (*m.*), 8

copy copiar, 6; reproducción (*f.*)

cordless inalámbrico/a, 6

corn maíz (*m.*); **~ on the cob** mazorca (*f.*), elote (*m.*) (*Mex.*)

corner esquina (*f.*), intersección (*f.*), 7; rincón (*m.*)

correct corregir (i)

cortisone cortisona (*f.*)

cosmetics cosméticos (*m. pl.*)

cost costar (ue), 3

Costa Rican costarricense (*m., f.*)

costume disfraz (*m.*), 10

cotton algodón (*m.*), 7

cough toser, 8

counsel aconsejar

counselor consejero/a (*m., f.*), 5

count contar (ue), 3, 4; **~ on** contar con, 12

counter mostrador (*m.*)

counteract contrarrestar

countryside campo (*m.*), 7

couple pareja (*f.*)

court cancha (*f.*), 6

courtship noviazgo (*m.*), 3

cousin primo/a (*m., f.*), 5

cover cubrir, tapar

cowboy/girl vaquero/a (*m., f.*); **~ boots** botas de vaquero (*f. pl.*)

coworker colega (*m., f.*)

crack partir, 9

craft artesanía (*f.*), 10

crash choque (*m.*), 6

create crear, 10

creation creación (*f.*)

credit crédito (*m.*); **~ card** tarjeta de crédito (*f.*), 5, 8

crib cuna (*f.*)

crime crimen (*m.*), 11

criminal criminal (*m., f.*)

criticism crítica (*f.*), 11

criticize criticar, 11

critique reseña (*f.*)

cross cruzar, 7; cruz (*f.*), 10

crystalline cristalino/a

Cuban cubano/a

Cuban American cubanoamericano/a

cucumber pepino (*m.*), 3
cuisine cocina (*f.*), 2
cup taza (*f.*), 9
cure curar; cura (*f.*), 11
curiosity curiosidad (*f.*)
current presente
currently en la actualidad, actualmente
custom costumbre (*f.*)
customer cliente (*m., f.*), 7
customs aduana (*f.*); ~ **agent** aduanero (*m.*)
cut cortado/a, 9; cortadura (*f.*)
cycle ciclo (*m.*)
cycling ciclismo (*m.*), 6

D

dad papá (*m.*), 5
daily diariamente (*adv.*), 9; diario/a (*adj.*)
dairy product producto lácteo (*m.*), 9
dam represa (*f.*)
damage dañar, 6
damsel doncella (*f.*)
dance bailar, 1, 6; ~ **in a disco (club)** bailar en una discoteca (un club), 5; danza (*f.*)
dancer bailarín/ina (*m., f.*), 6
danger peligro (*m.*); **to be in ~** estar en peligro
dare atreverse
dark oscuro/a, 10
dark-haired/dark-skinned moreno/a, 1
darkness oscuridad (*f.*)
date fecha (*f.*)
daughter hija (*f.*), 5
daughter-in-law nuera (*f.*), 5
dawn amanecer (zc)
day día (*m.*); ~ **before** víspera (*f.*)
dazzle deslumbrar
dead muerto/a; **to be ~** estar muerto/a
deal ganga (*f.*), 7; ~ **with** tratar de, 11
death muerte (*f.*), 10
debit card tarjeta de débito (*f.*), 5, 8
deceive engañar
December diciembre, 1
decide decidir, 1
decision decisión (*f.*)
decline decaer, 12
dedicate dedicarse
deed hecho (*m.*)

deep hondo/a
defeat vencer, 12
defender defensor/a (*m., f.*)
deficit déficit (*m.*)
degree punto (*m.*); ~ **(centigrade/ Celsius/Fahrenheit)** grado (centígrado/Celsio/Fahrenheit) (*m.*), 2
delayed atrasado/a
delicious rico/a, sabroso/a, 3; delicioso/a, exquisito/a
delight encantar, 4; gloria (*f.*)
delinquency delincuencia (*f.*), 11
delinquent act acto delectivo (*m.*), 11
deliver entregar
delivery (*childbirth*) parto (*m.*)
demographic demográfico/a, 12
densely densamente
dentist dentista (*m., f.*), 5
deny negar (ie), 8
depart with destination to ir con destino a, 4
department store almacén (*m.*), 7
departure salida (*f.*), 4
depend (on) depender (de)
dependence dependencia (*f.*), 8
deposit (money) depositar (dinero), 8; yacimiento (*m.*)
depression depresión (*f.*), 11
descendant descendiente (*m., f.*), 12
describe describir, 1
description descripción (*f.*)
deserve merecer (zc)
design diseñar, trazar
designer diseñador/a (*m., f.*)
desk escritorio (*m.*), 1; buró (*m.*)
desperate desesperado/a; **to be ~** estar desesperado/a, 11
desperation desesperación (*f.*)
dessert postre (*m.*), 3
destiny destino (*m.*)
destroy arrasar
detail detalle (*m.*), 10
deterioration deterioro (*m.*), 9
detonate (*a bomb*) detonar
detonator detonador (*m.*)
develop desarrollar, 12
development desarrollo (*m.*), 12
diagram gráfico (*m.*)
diameter diámetro (*m.*)
diamond diamante (*m.*)
dictatorship dictadura (*f.*)
dictionary diccionario (*m.*)
die morir (ue), 3; ~ **from hunger** morirse de hambre

diet dieta (*f.*), 9; régimen (*m.*)
difficult difícil, 1
dig escarbar
digital digital; ~ **audio** audio digital (*m.*); ~ **image** imagen digital (*f.*); ~ **sound** sonido digital (*m.*); ~ **video, movies** video digital (*m.*)
dining room comedor (*m.*), 2
dinner cena (*f.*), 3
direct dirigir, 11
director director/a (*m., f.*), 11
directory directorio (*m.*), 6
dirty sucio/a; **to be ~** estar sucio/a, 8
disappear desaparecer (zc), 12
disappearance desaparición (*f.*)
disaster desastre (*m.*)
discarded desechado/a, 9
discotheque discoteca (*f.*), 5
discount rebaja (*f.*), descuento (*m.*), ganga (*f.*), oferta (*f.*), 8
discover descubrir
disease mal (*m.*)
dish plato (*m.*)
dishwasher lavaplatos (*m.*), 9
dislike (*a person*) caer mal, 4
disorganized desorganizado/a
dispel alejar, 10
display case mostrador (*m.*), 7
distinguish distinguir
distinguished distinguido/a
disturbing disquietante
divide partir, 9
divorced divorciado/a, 5
dizzy mareado/a; **to be ~** estar mareado/a, 8
do hacer, 2; realizar
doctor doctor/a (*m., f.*), médico/a (*m., f.*), 5
doctor's office consultorio médico (*m.*), 8
document documento (*m.*), 6
documentary documental (*m.*), 11
dog perro/a (*m., f.*), 5
dolphin delfín (*m.*), 9
Dominican dominicano/a
dominoes dominó (*m.*)
donkey burro (*m.*), 9; asno (*m.*)
door puerta (*f.*), 6
doorman portero (*m.*), 3
dormitory residencia (*f.*), 1
dot punto (*m.*)
double doble, 5
doubt dudar, 8; **there is no ~** no cabe duda

dove paloma (*f.*), 9
downpour aguacero (*m.*), 2
drama dramatismo (*m.*), 11
draw dibujar, 10
drawer dibujante (*m., f.*), 10
drawing dibujo (*m.*), 10
dream (about) soñar (ue) (con), 3; sueño (*m.*)
dress vestido (*m.*), 7; **to ~** vestirse (i, i); **to ~ up in costume** disfrazar(se), 10
drink beber, 1; tomar; bebida (*f.*), 3
drive conducir, 2, 3, 6; manejar, 3, 6
driver conductor/a (*m., f.*), chofer (*m.*), 6
driver's license licencia de manejar (*f.*), 6
drizzle: it's drizzling llovizna, 2
drop caída (*f.*)
drug droga (*f.*), 8; **~ addiction** drogadicción (*f.*), 11; **~ trafficking** tráfico de drogas (*m.*), 11
drum tambor (*m.*), 6; **~ set** batería (*f.*), 6
drunk borracho/a
dry seco/a, 2; **~ cleaners** tintorería (*f.*), 7; **~ (clothes/dishes)** secar (la ropa/los platos), 2; **~ off** secarse, 3
duck pato (*m.*), 9
during durante, 4
dust quitar el polvo; **~ (the furniture)** sacudir (los muebles), 2; sacar el polvo de (los muebles) (*Spain*), 2
dye teñir (i); tinte (*m.*)

E

each cada
eagle águila (el) (*f.*), 9
ear oreja (*f.*), 8; **inner ~** oído (*m.*), 8
earn ganar
earring arete (*m.*), pendiente (*m.*), 8
Earth tierra (*f.*)
earthly terrestre
earthquake terremoto (*m.*)
easel caballete (*m.*)
easily hábilmente
east este (*m.*), 2
Easter Pascua (*f.*), 10; **~ bunny** conejito de Pascua (*m.*), 10
eastern oriental

easy fácil, 1
eat comer, 1; consumir, 9
ecological ecológico/a, 9
ecology ecología (*f.*), 9
economical económico/a, 4
economics economía (*f.*), 1
economy economía (*f.*), 1
ecosystem ecosistema (*m.*)
Ecuadorian ecuatoriano/a
edge orilla (*f.*)
editor editor/a (*m., f.*)
effects efectos (*m. pl.*)
efficient eficiente
effort esfuerzo (*m.*), 10
egg huevo (*m.*), 3
egotistic egoísta
eight ocho, 1
eight hundred ochocientos, 3
eighteen dieciocho, 1
eighth octavo/a, 4
eighty ochenta, 1
either tampoco, 3; **~ . . . or** o... o, 3
election elección (*f.*)
electric eléctrico/a
electrician electricista
electricity electricidad (*f.*)
elegant elegante
elephant elefante (*m.*), 9
elevator ascensor (*m.*), 5
eleven once, 1
e-mail correo electrónico (*m.*), 6
emblem emblema (*f.*)
embrace abrazar
embroidery bordado (*m.*)
emerald esmeralda (*f.*), 8
emergency room sala de emergencia (*f.*), 8
emit emitir
emotional emocional
empire imperio (*m.*), 12
employee empleado/a (*m., f.*), 4
employment empleo (*m.*), 11
empty vacío/a
enchant encantar
encounter encuentro (*m.*), 12
end acabar
endorse endosar, 8
endure soportar
energy energía (*f.*), 9
engineer ingeniero/a (*m., f.*), 5
engineering ingeniería (*f.*), 1
English inglés/esa; (*language*) inglés (*m.*), 1
enjoy gozar (de), 4, 5; disfrutar, 10; **~ oneself** divertirse (ie, i), 3;

~ your stay! ¡que disfruten de su estadía!, 5
enjoyable divertido/a
enormous enorme
enough bastante
enrich enriquecer (zc)
enter entrar, 6
entertainer animador/a (*m., f.*)
entertaining entretenido/a
entertainment entretenimiento (*m.*), 6
enthusiastic entusiasmado/a
entrée entrada (*f.*), 3
envelop envolver (ue)
envious envidioso/a, 1
environment medio ambiente (*m.*)
enzyme enzima (*f.*)
epoch época (*f.*)
equator ecuador (*m.*)
equipment equipo (*m.*), 6
erase borrar
eraser borrador (*m.*), 1
errant andante
escape escapar; escape (*m.*)
essay ensayo (*m.*)
essential esencial, 8; **it's ~** es esencial, 8
estuary estuario (*m.*)
eternal eterno/a
ethnic étnico/a, 12; **~ group** raza (*f.*), 12
evaluation evaluación (*f.*)
even: ~ if aunque, 9; **~ though** a pesar de que, 9; **~ when** aunque, 9
event hecho (*m.*), 10; acontecimiento (*m.*), 11; suceso (*m.*), 12; caso (*m.*)
every day todos los días, 3
everybody/everyone todo el mundo, 3
everything todo, 3
evidence testimonio (*m.*)
evident evidente, 8; **it's ~** es evidente, 8
evil mal (*m.*), 10; malvado/a, malo/a
evolution evolución (*f.*)
exactly precisamente, exactamente
exaggerated exagerado/a
exam prueba (*f.*), 8; examen (*m.*)
examine examinar, registrarse
excavation excavación (*f.*)
exceed sobrepasar
excellent excelente

exceptional excepcional, 1
exchange cambiar, 8; ~ **rate** tasa de cambio (*f.*), 8
excuse me con permiso
exercise ejercicio (*m.*); **to ~** hacer ejercicio, 1
exhibit exhibición (*f.*), 10; exhibir, lucir (zc)
exhibition exhibición (*f.*), 10
exist existir
existence existencia (*f.*), 9
expansion expansión (*f.*)
expense gasto (*m.*), 8
expensive caro/a, 2
experience experiencia (*f.*)
expert experto/a
explain explicar, 4
explanation explicación (*f.*)
exploit explotar, 9
exploitation explotación (*f.*)
exploration exploración (*f.*), 12
explosive explosivo/a
expose exponer
exposed expuesto/a
extinction extinción (*f.*)
extracted extraído/a
extraordinary extraordinario/a
extreme extremo/a
eye ojo (*m.*), 8

F

fabulous fabuloso/a
face afrontar; cara (*f.*), 3, 8; ~ **on** de cara
facing enfrente, 4
factory fábrica (*f.*)
faculty profesorado (*m.*), 1
fail fracasar, 11
failure fracaso (*m.*)
faith fe (*f.*)
faithful fiel
fake fingir
fall caer, 6; caída (*f.*); ~ **asleep** dormirse (ue), 3; ~ **in love (with)** enamorarse (de), 5
fall (*autumn*) otoño (*m.*), 2
false falso/a; ~ **cognate** cognado falso (*m.*); falso amigo (*m.*)
fame fama (*f.*), 11; celebridad (*f.*)
family familia (*f.*); ~ **member** pariente (*m., f.*), 5; ~ **room** sala de estar (*f.*)
fan (*sports*) aficionado/a (*m., f.*), 6; fanático/a (*m., f.*)
fantasy fantasía (*f.*)

far: ~ away alejado/a; ~ **from** lejos de, 4
farewell despedida (*f.*), 4
fascinate fascinar, 4
fascinated fascinado/a, 2
fascinating fascinante, 1
fast rápido/a, 1
fat gordo/a (*adj.*), 1; grasa (*f.*), 9;
father padre (*m.*), papá (*m.*), 1, 5
father-in-law suegro (*m.*), 5
fault culpa (*f.*); **it's not your ~** no es culpa tuya
favor favor (*m.*)
favorite favorito/a
fax fax (*m.*), 6
fear temer, 8; miedo (*f.*)
fearsome temible
feature film largometraje (*m.*), 11
February febrero, 1
feel sentirse (ie, i), 3; ~ **like (*doing something*)** tener ganas de
fertile fértil
fertility fertilidad (*f.*), 10
festival festival (*m.*), 10
fever fiebre (*f.*)
fiancé/fiancée novio/a (*m., f.*), 5
fiber fibra (*f.*)
field cancha (*f.*), 6; campo (*m.*)
fierce bravo/a
fifteen quince, 1
fifth quinto/a, 4
fifty cincuenta, 1
fight luchar
figure figura (*f.*), 10; (*numerical*) cifra (*f.*), 12
file archivar, 6
film filmar, 11; filme (*m.*), 11
final final
finally por fin, 3; por último, finalmente, 5
finance financiar
financial bancario/a
find encontrar (ue), 3; ~ **out** averiguar, 4, 8
finger dedo (*m.*), 8
finish terminar, acabar, 1
fire despedir(i); ~ **fighter** bombero/a (*m., f.*), 4
fireworks fuegos artificiales (*m. pl.*), 10
first primer/o/a, 1, 3, 4; ~ **class** primera clase, 4; ~ **of all** primero que todo, 5
fish (*caught*) pescado (*m.*), 3; (*alive*) pez; **to ~** pescar

fit (someone) quedar(le) (a alguien), 7
five cinco, 1
five hundred quinientos, 3
fix arreglar
flag bandera (*f.*)
flamingo flamenco (*m.*), 9
flee huir, 4
flexible flexible
flight vuelo (*m.*), 4
flight attendant aeromozo/a (*m., f.*)
floor piso (*m.*) (*Spain*), 2, 5
flora flora (*f.*)
flower flor (*f.*); ~ **shop** florería (*f.*), 7; ~ **vase** florero (*m.*)
flu gripe (*f.*); **to have the ~** tener gripe, 8
flute flauta (*f.*), 6
fly volar (ue), 4
focus enfocar
folder carpeta (*f.*), 1
folk art artesanías (*f. pl.*), 8
folklore folclor (*m.*), 10
folkloric folclórico/a, 10
follow perseguir (i, i), seguir (i), 3
follower adicto (*m., f.*), 8
food comida (*f.*), 3; alimento (*m.*), 9; ~ **pyramid** pirámide de la alimentación (*f.*); ~ **processor** procesador de comidas (*m.*), 9
foot pie (*m.*), 8; **on ~** a pie
football fútbol americano (*m.*), 6
for por, 3, 4; para, a, 4; ~ **example** por ejemplo
foreign extranjero/a, 11
foreigner extranjero/a (*m., f.*), 3
forest bosque (*m.*), 7, 9
forget olvidar, 6; ~ **it** olvídalo
forgive disculpar
fork tenedor (*m.*), 9
form forma (*f.*), 10; formulario (*m.*); integrar
formulate (a query) formular (una consulta/una búsqueda)
fortunately afortunadamente, 4
forty cuarenta, 1
found fundar, 12
four cuatro, 1
four hundred cuatrocientos, 3
fourteen catorce, 1
fourth cuarto/a, 4
fox zorro (*m.*), 9
fracture fractura (*f.*), 8
fractured fracturado/a, 8
fragile frágil
frame marco (*m.*), 10

free gratis, 7; (*independent, unencumbered*) libre, 4; ~ **associated state** estado libre asociado (*m.*); ~ **time** ocio (*m.*), 11

freely libremente

freezer congelador (*m.*), 9

freezing helado/a

French francés/esa; (*language*) francés (*m.*), 1

fresh fresco/a, 9

Friday viernes (*m.*), 1

fried frito/a, 9

friend amigo/a (*m., f.*)

friendly amable, simpático/a, 1; amistoso/a

frightening espantoso/a, 4

frog rana (*f.*)

from de, desde, 4; ~ **now on** desde ahora; ~ **time to time** de vez en cuando

frozen helado/a

fruit fruta (*f.*), 3, 9

fry freír (i), 9

frying pan sartén (*m., f.*), 9

fuel combustible (*m.*), 9

fulfill complir

function función (*f.*), 6; funcionar

funny cómico/a, 1, 11

furious bravo/a

G

gain weight engordar, subir de peso

galaxy galaxia (*f.*)

Galician gallego/a

game partido (*m.*), 6; juego (*m.*); ~ **show** concurso (*m.*), 11

garbage basura (*f.*), 9

garden jardín (*m.*), 2

gardener jardinero/a (*m., f.*), 5

garment prenda (*f.*)

gas/gasoline gasolina (*f.*), 6; ~ **pedal** acelerador (*m.*); ~ **tank** tanque de gasolina (*m.*)

gastronomy gastronomía (*f.*)

gather recoger, 8

generally generalmente

generating generador/a

generation generación (*f.*)

generous generoso/a

genre género (*m.*), 11

gentleman señor (*m.*)

genuine genuino/a

geometric geométrico/a

German alemán/ana; (*language*) alemán (*m.*), 1

get conseguir (i), 3; recoger, 4; obtener, 11; ~ **a sunburn** quemarse, 5; ~ **a tan** broncearse, 5; ~ **better** mejorarse, aliviarse, 8; ~ **bored** aburrirse; ~ **dressed** vestirse (i, i), 3; ~ **married (to)** casarse (con), 5; ~ **off (the train)** bajar(se) (del tren), 4; ~ **rid of** deshacer; ~ **sick** enfermarse, 8; ~ **up** levantarse, 3

ghost fantasma (*m.*)

gigantic gigante

giraffe jirafa (*f.*), 9

girl chica (*f.*), niña (*f.*), 5, muchacha (*f.*)

girlfriend novia (*f.*), 5

give dar, 2; (*gifts*) regalar, 4; otorgar; ~ **free rein** dar rienda suelta

glance mirada (*f.*)

glass (*drinking*) vaso (*m.*), 9; vidrio (*m.*)

glasses anteojos (*m. pl.*), gafas (*f. pl*), lentes (*m. pl.*)

glory gloria (*f.*)

glove guante (*m.*), 2, 6, 7; ~ **box** guantera, 6

go ir, 2; ~ **away** irse, 3; ~ **bicycling** en bicicleta, 5; ~ **down** (*a street*) bajar (por), 7; ~ **fishing** pescar, 5; ~ **horseback riding** a caballo, 5; ~ **on vacation** ir de vacaciones, 4; ~ **out** salir; ~ **sailing** navegar en velero, 5; ~ **shopping** ir de compras, 7; ~ **skindiving/snorkeling** bucear, 5; ~ **straight** seguir derecho (recto), 7; ~ **to bed** acostarse (ue), 3; ~ **up** (*a street*) subir (por), 7

goal meta (*f.*), (*sports*) gol (*m.*)

goat cabra (*f.*), 9

god/goddess dios/a (*m., f.*), 10

godfather padrino (*m.*)

godmother madrina (*f.*)

godson/goddaughter ahijado/a (*m., f.*)

gold oro (*m.*), 8; de oro (*adj.*), 10

golden dorado/a, 10

golf golf (*m.*), 6

good bueno/a, 1; **it's** ~ es bueno, 8; ~ **for the box office** taquillero/a, 11

gossip dimes y diretes (*m. pl.*); chismear

Gothic gótico/a

grace gracia (*f.*)

grain grano (*m.*), 9; cereal (*m.*)

gram gramo (*m.*)

grandfather/grandmother abuelo/a (*m., f.*), 5

grandson/granddaughter nieto/a (*m., f.*), 5

grant conceder, otorgar

grape uva (*f.*), 3

graph gráfico (*m.*)

grass yerba (*f.*)

grave grave, 8

gray gris, 1

graze pastar

great grandfather/great grandmother bisabuelo/a (*m., f.*), 5

greater mayor

greedy envidioso/a

green verde, 1

green pepper pimiento verde (*m.*), 3

grind triturar, moler (ue)

grinding stone piedra de moler (*f.*)

ground suelo (*m.*); ~ **floor** planta baja (*f.*)

group grupo (*m.*), 6; **cultural** ~ grupo cultural, 12

grow cultivar; ~ **calm** calmarse

growth crecimiento (*m.*), 12

Guatemalan guatemalteco/a

guess adivinar; suponer

guest huésped (*m., f.*), 5

guide guía (*m., f.*); ~ **book** guía (*f.*)

guilty culpable

guitar guitarra (*f.*), 6

gymnasium gimnasio (*m.*), 6

gymnastics gimnasia (*f.*), 6

H

hair pelo (*m.*), 3; ~ **dryer** secador/a de pelo (*m., f.*), 2; ~ **stylist** peluquero/a (*m., f.*), 5

half medio/a (*adj.*), 7; (*n.*) mitad (*f.*)

hallmark sello (*m.*)

Halloween Día de las Brujas (*m.*), 10

hallway pasillo (*m.*)

hamburger hamburguesa (*f.*), 3

hammock hamaca (*f.*)

hand mano (*f.*), 8; ~ **painted** pintado/a a mano, 10; **to ~ in** entregar

handsome guapo/a, 1

hang (*up*) colgar (ue), 6, 10

happen pasar, 1, suceder, 11

happiness felicidad (*f.*)

happy contento/a, alegre, 2; **be ~** estar contento/a, 8

hard fuerte; duro/a; ~ **drive** disco duro (*m.*), 6; ~ **working** trabajador/a, 1

harm dañar, 8

harmonious armonioso/a, 9

harmony armonía (*f.*)

hassle lío (*m.*)

haste prisa (*f.*)

hat sombrero (*m.*), 2, 7

have tener, 2; haber, 5; contar (ue) con, 12; ~ **a chill** tener escalofríos, 8; ~ **a cold** estar resfriado/a, 8; tener catarro/resfrío, 8; ~ **a cough** tener tos, 8; ~ **a fever** tener fiebre, 8; ~ **a good time** divertirse (ie, i), 3; ~ **a good trip!** ¡qué tengan un buen viaje!, 4; ~ **a mind to** tener ganas de, 2; ~ **pain** tener dolor, 8; ~ **a party** festejar, 10; ~ **a solution** tener remedio, 11; ~ **an appetite** tener apetito, 8; ~ **an opinion** opinar, 8; ~ **breakfast** desayunar, 3; ~ **dinner** cenar, 3; ~ **just (*done something*)** acabar, 1; ~ **lunch** almorzar (ue), 3; ~ **the flu** tener gripe, 8; ~ **to** tener que, 2

head cabeza (*f.*), 8; ~ **light** luces (*f. pl.*)

headline titular (*m.*)

headphones audífonos (*m. pl.*), 6

headrest apoyacabeza (*m.*)

healer curandero/a (*m., f.*), 8

health salud (*f.*)

healthy sano/a, 9

hear oír, 3

heart corazón (*m.*), 8

heat calentar (ie), 9; calefacción (*f.*)

heaven cielo (*m.*)

heavy grueso/a, pesado/a; (*food*) fuerte (una comida), 3

height (*of fame, power*) apogeo (*m.*), 12; altura (*f.*); altitud (*f.*)

helicopter helicóptero (*m.*)

hello aló

helmet casco (*m.*), 6

help ayudar; ayuda (*f.*), 6

helpless desamparado/a

hen gallina (*f.*), 9

her su(s), 2

here aquí, 3

heritage herencia (*f.*)

hero héroe/heroína (*m., f.*)

heroic heroico/a

Hey! ¡Oye!, 4

hide esconder

hieroglyphic jeroglífico (*m.*), 12

high and low altibajo (*m.*)

high plateau altiplano (*m.*), 7

high-heeled shoe zapato de tacón alto (*m.*), 7

hill colina (*f.*), 7

hip cadera (*f.*)

his su(s), 2

historian historiador/a (*m., f.*)

historic histórico/a, 10

history historia (*f.*), 1

hit golpe (*m.*); pegar, golpear

HIV VIH (*m.*); ~ **positive** seropositivo/a

hockey hockey (*m.*), 6

home casa (*f.*), 2, 4

home page (*Web*) página inicial/principal (*f.*)

hommage homenaje (*m.*)

Honduran hondureño/a

honest honesto/a

honor galardón (*m.*), 11; honor (*m.*)

honorable honorable

hope esperar, 8; esperanza (*f.*); **I ~** ojalá, 8

horn claxon (*m.*), pito (*m.*), 6

horrible horrible

horror de horror (*adj.*), 11

horse caballo (*m.*), 9; ~ **race** carrera de caballos (*f.*)

hospital hospital (*m.*), 3

hospitality hospitalidad (*f.*)

host presentador/a (*m., f.*), 11

hot (*spicy*) picante, 3; (*temperature*) caliente, 3; **to be ~** tener calor; **it's ~** hace calor

hotel hotel (*m.*), 3

house casa (*f.*), 2, 4

how? ¿cómo?, 1; ~ **can I help you?** ¿en qué le(s) puedo servir?, 4, 5, 7; ~ **does one get to . . . ?** ¿cómo se llega a... ?, 7; ~ **exciting!** ¡qué ilusión!; ~ **frightening!** ¡qué nervios!; ~ **many?** ¿cuántos/as?, 1; ~ **much?** ¿cuánto/a?, 1; ~ **much**

(does it/do they) cost? ¿cuánto cuesta(n)?, 5, 7

hug abrazar; abrazo (*m.*)

huge enorme, gigante

humanities humanidades (*f. pl.*)

humanity humanidad (*f.*)

humble humilde

humid húmedo/a, 2

hunger hambre (el) (*f.*)

hungry hambriento/a; **to be ~** tener hambre

hurricane huracán (*m.*), 2

hurry prisa (*f.*); apurarse; **to be in a ~** tener prisa, 2

hurt doler (ue), 8; herir (ie)

husband esposo (*m.*), 5

hydroelectric hidroeléctrico/a

hymn himno (*m.*), 10

I

ice heilo (*m.*); ~ **cream** helado (*m.*), 3; ~ **rink** pista (*f.*), 6; ~ **skating** patinaje sobre hielo (*m.*), 6

icon icono (*m.*), 6

idea idea (*f.*)

idealistic idealista

idiomatic expression expresión idiomática (*f.*)

idol ídolo (*m.*)

if si

iguana iguana (*f.*), 9

ill enfermo/a

illegal ilegal

illegally ilegalmente

illicit ilícito/a, 8

illiterate analfabeto/a

illness enfermedad (*f.*), 8

illusion ilusión (*f.*)

illustration ilustración (*f.*), 10

illustrator dibujante (*m., f.*)

imaginary imaginario/a

imagination imaginación (*f.*)

imagine imaginar

immediately en seguida

immigration inmigración (*f.*)

immortal imperecedero/a

impatient impaciente

imperfect imperfecto/a

impersonal impersonal

impertinent impertinente

implicate implicar

importance importancia (*f.*)

important importante, 8; **it's ~** es importante, 8

imposing imponente, 12
impossible imposible, 8
impressive impresionante
imprison encarcelar, 11
in en, 1, 3, 4; **~ addition to** además de, 12; **~ case** en caso de que, 10; **~ color** en color/es, 10; **~ front of** delante de, enfrente de, 4; **~ love** enamorado/a, 2, 5; **~ order that** a fin de que, 10; **~ order to** para, 4; **~ the morning/afternoon/evening** por la mañana/tarde/noche, 1; **~ the very least** en lo más mínimo; **~ whose name?** ¿a nombre de quién?, 5
inauguration inauguración (*f.*)
Incan incaico/a
inch pulguda (*f.*)
incision cortadura (*f.*)
included incluso/a
inconvenient inconveniente
incorporate incorporar
increase aumentar, 11; aumento (*m.*), 12
incredible increíble
independent independiente
index indexar
indigenous autóctono/a, 12; indígena
inequality desigualdad (*f.*)
inexpensive barato/a, 2
inexperienced inexperto/a
infantile infantil
infection infección (*f.*), 8
infinity infinidad (*f.*)
inflamed inflamado/a, 8
inflammation inflamación (*f.*), 8
inflexible inflexible
influence influir; influencia (*f.*)
informal informal
information información (*f.*)
infuriated enfurecido/a
ingest ingerir (ie, i)
ingredient ingrediente (*m.*)
inhabit habitar, poblar (ue), 12
inhabitant habitante (*m., f.*)
injection inyección (*f.*), 8
injure dañar, 6
innocent inocente
inside of dentro de, 4
insist insistir
inspire inspirar
instability inestabilidad (*f.*)
instead of en vez de, 8
instigate instigar

instruction instrucción (*f.*)
instrument instrumento (*m.*), 6
integrate integrar
intellect intelecto (*m.*)
intelligence inteligencia (*f.*)
intelligent inteligente, 1
intend to pensar (ie) (+ *inf.*), 3
intensify intensificar
interactive interactivo/a
intercity interurbano/a
interest interesar, 4
interesting interesante
interior interior (*m.*)
intermediary intermediario/a
international internacional
Internet red (*f.*), 6; **~ guide** directorio Internet (*m.*), guía Internet (*f.*); **~ surfer** cibernauta (*m., f.*), internauta (*m., f.*)
interruption interrupción (*f.*)
intersection intersección (*f.*)
intimate íntimo/a
intolerant intolerante
introduce presentar
introduction presentación (*f.*), P
introvert introvertido/a
intuition intuición (*f.*)
invent inventar
invention invención (*f.*)
investment inversión (*f.*)
invisible invisible
invite invitar
involve involucrar
involved involucrado/a
iron (clothes) planchar (la ropa), 2
irregular irregular
island isla (*f.*), 4, 7
isthmus istmo (*m.*)
Italian italiano/a; (*language*) italiano (*m.*), 1
itinerary itinerario (*m.*), 4

J

jacket chaqueta (*f.*), 2, 7
jaguar jaguar (*m.*), 9
jai alai jai alai (*m.*), 6
jail cárcel, prisión (*f.*)
January enero (*m.*), 1
Japanese japonés/esa; (*language*) japonés (*m.*), 1
jealous celoso/a; **to be ~** tener celos
jeweler orfebre (*m.*)

jewelry joyas (*f. pl.*), 8; **~ store** joyería (*f.*), 7
Jewish judío/a
joke broma (*f.*)
jot down anotar
journalist periodista (*m., f.*), 5, 11
joy alegría (*f.*), 12
juice jugo (*m.*), zumo (*m.*) (*Spain*), 3
July julio (*m.*), 1
June junio (*m.*), 1
jungle selva (*f.*), 7
just in case por si acaso, 4
justify justificar

K

karat quilate (*m.*)
keep away alejarse
kernel grano (*m.*)
key llave (*f.*), 5
keyboard teclado (*m.*), 6
keyword palabra clave (*f.*)
khaki (*color*) caqui , 1
kick patear, 6
kidnap secuestrar
kidnapping secuestro (*m.*)
kill matar, 11
kiln horno (*m.*), 10
kilometer kilómetro (*m.*), 2
king and queen reyes (*m. pl.*)
kiss besar; beso (*m.*)
kitchen cocina (*f.*), 2
knee rodilla (*f.*), 8
knife cuchillo (*m.*), 9; navaja (*f.*)
knight caballero (*m.*)
know saber, 2; (*a person*) conocer (zc), 2
known conocido/a
Korean coreano/a

L

label (*record*) sello (*m.*)
labor trabajo (*m.*); **~ day** Día del trabajo (*m.*), 10
laboratory laboratorio (*m.*)
lack faltar, 4
lactose lactosa (*f.*)
ladder escalera (*f.*)
lady señora (*f.*); **young ~** señorita (*f.*)
lake lago (*m.*), 7
lament lamentar, sentir (ie, i), 8
lamp lámpara (*f.*), 1
land tierra (*f.*)

landscape paisaje (*m.*), 10
language idioma (*m.*), 1
laptop computer computadora portátil (*f.*)
large grande, 1
last final
later después, luego, 3; posteriormente
laugh reír (i), 5; ~ **at** burlarse de
laundromat lavandería (*f.*), 7
law derecho (*m.*)
lawyer abogado/a (*m., f.*), 5
layover escala (*f.*)
lazy flojo/a, perezoso/a, 1
leadership liderazgo (*m.*)
league liga (*f.*)
learn aprender, 1; enterarse de
leather cuero (*m.*)
leave salir, 2; irse, 3; ~ (*behind*) dejar, 3; ~ **with destination to** salir con destino a, 4
left izquierdo/a, 4; **to the** ~ a la izquierda
leg pierna (*f.*), 8
legend leyenda (*f.*)
legume verdura (*f.*), 9
lend prestar, 8
length largo (*m.*)
lengthen alargar
lens lente (*m.*)
Lent Cuaresma (*f.*)
less menos
lesson lección (*f.*), 1
let's go vámonos, 4
letter (of the alphabet) letra (del alfabeto) (*f.*)
lettuce lechuga (*f.*), 3
level altura (*f.*); nivel (*m.*)
lever palanca (*f.*), 9
liar mentiroso/a
liberator libertador/a (*m., f.*)
liberty libertad (*f.*)
library biblioteca (*f.*), 3
license plate placa (*f.*)
lie mentira (*f.*); mentir (ie); ~ **down** acostarse (ue), 3
lifeguard socorrista (*m., f.*)
lift levantar
light (*weight*) ligero/a (*adj.*), 3; claro/a, 10; luz (*f.*), 6
lightbulb bombillo (*m.*), 9
lights luminarias (*f. pl.*)
light-skinned rubio/a, 1
like gustar; **I would** ~ **(to order)** . . . me gustaría (pedir)... , 3; ~ (*a person*) caer bien, 4;

~ **this** así; ~ **very much** encantar, 4
limestone caliza (*f.*)
limousine limosina (*f.*), 4
line fila (*f.*)
linguistic lingüístico/a, 12
linguistics lingüística (*f.*), 1
link (*Internet*) enlace (*m.*); nexo (*m.*)
lion león (*m.*), 9
listen escuchar, 1; ¡~! ¡Oye!, 4
listing cartelera (*f.*), 11
literature literatura (*f.*), 1
little poco (*m.*); **a** ~ un poco, 1, 2; ~ **by little** poco a poco
live vivir, 1; ~ **for work** vivir para trabajar; ~ **with** convivir, 10
living room sala (*f.*), 2; salón (*m.*)
lizard lagartija (*f.*), lagarto (*m.*), 9
llama llama (*f.*), 9
loading embarque (*m.*), 4
loan préstamo (*m.*), 8
lobster langosta (*f.*), 3
located ubicado/a
location ubicación (*f.*)
lodging alojamiento (*m.*), 4
logical lógico/a
long largo/a, 1; ~ **distance** mando a distancia (*m.*), 6; ~ **sleeved** de manga larga, 7
look: ~ **at** mirar, 1; ~ **for** buscar, 1; ~ **over** revisar, 8
loose grande, 7; ~ **fitting** flojo/a, 7
lord señor (*m.*)
lose perder (ie), 3, 6; ~ **weight** adelgazar, bajar de peso
loss pérdida (*f.*), 12
lost perdido/a, 12
lottery lotería (*f.*)
love querer (ie), 3; de amor (*adj.*), 11; **to be in** ~ estar enamorado/a; **to fall in** ~ enamorarse
lovely hermoso/a; lindo/a, 5; bonito/a, 1
lover amante (*m., f.*)
loving cariñoso/a
low bajo/a; ~-**healed shoes** zapatos de tacón bajo (*m. pl.*)
lower rebajar
loyal fiel
lunch almuerzo (*m.*), 3
lung pulmón (*m.*), 8
luxurious lujoso/a (de lujo), 5

luxury lujo (*m.*)
lyrics letra (*f.*), 6

M

mad enojado/a
made hecho/a; ~ **of gold** de oro, 10
madness demencia (*f.*)
magazine revista (*f.*)
magic magia (*f.*); mágico/a (*adj.*)
magnesium magnesio (*m.*)
magnitude magnitud (*f.*)
maid criado/a (*m., f.*), 5
mail correo (*m.*); **by** ~ por correo; ~ **a letter** poner una carta al correo; ~ **carrier** cartero/a (*m., f.*), 5
mailbox buzón (*m.*), 5
main principal; ~ **character** protagonista (*m., f.*), 11
maintain mantener, 9
majestic majestuoso/a
major (*academic*) especialización (*f.*), 1
majority mayoría (*f.*), 12
make hacer, 2; fabricar, 10; ~ **a long distance/collect phone call** hacer una llamada de larga distancia/por cobrar, 5; ~ **an appointment** hacer una cita, 8; ~ **dishes** (*food*) hacer platos; ~ **fun of** burlarse de, 10; ~ **plans** hacer planes; ~ **sand castles** hacer castillos de arena, 5; ~ **sense** tener sentido, 2; ~ **the bed** hacer la cama, 2
male macho
Mallorcan mallorquín/ina
mammal mamífero (*m.*), 9
man hombre (*m.*), 1
manager gerente (*m., f.*), 5
manufacture elaboración (*f.*); fabricación (*f.*); fabricar
map mapa (*m.*), 1
marble mármol (*m.*), 10
March marzo (*m.*), 1
market mercado (*m.*)
married casado/a, 5
martyr mártir (*m., f.*)
mask máscara (*f.*), 8
massage masaje (*m.*)
master's degree student estudiante de maestría (*m., f.*)
masterpiece obra maestra (*f.*), 11
match corresponder

maté yerba (*f.*)

mathematics matemáticas (*f. pl.*), 1

matter importar, 4

May mayo (*m.*), 1

maybe quizás, tal vez

meal comida (*f.*), 3

mean significar; cruel

means medio (*m.*); **by ~ of** a través de

measure medir (i)

measurement medida (*f.*)

meat carne (*f.*), 3, 9

mechanic mecánico (*m.*)

medical science ciencias médicas (*f. pl.*), 1

medicine medicina (*f.*), 8; medicamento (*m.*)

medium mediano/a

meet (with) someone encontrarse (ue) (con), reunirse (con), 4

melodrama melodrama (*m.*)

memorandum book agenda (*f.*)

mention mencionar

menu carta (*f.*), menú (*m.*), 3

merchandise mercancía (*f.*)

mercy piedad (*f.*)

meridian meridiano (*m.*)

mess lío (*m.*), 11

message mensaje (*m.*), 6

messenger mensajero/a (*m., f.*)

meteorologist meteorólogo/a (*m., f.*), 2

metropolitan metropolitano/a

Mexican mexicano/a

Mexican American mexicanoamericano/a

microbe microbio (*m.*)

microphone micrófono (*m.*)

microscopic microscópico/a

microwave microondas (micro) (*m.*), 9

Middle Ages medioevo (*m.*)

MIDI archives (*digital music*) archivos MIDI (*m.*)

midnight medianoche (*f.*)

miles (per hour) millas (por hora) (*f.*), 2

milk leche (*f.*), 3

millennium milenio (*m.*)

million millón (*m.*)

minibar (mini) bar (*m.*), 5

minivan camioneta (*f.*), 6

minority minoría (*f.*)

miracle milagro (*m.*)

mirror espejo (*m.*), 2

misfortune desgracia (*f.*)

miss señorita (*f.*)

mission misión (*f.*)

mistake error (*m.*)

mistaken equivocado/a

mistreat maltratar

mitt guante (*m.*), 2, 6, 7

mix mezclar, 9; mezcla (*f.*)

mixer batidora (*f.*), 9

model modelo (*m., f.*), 10

modem módem (*m.*), 6

modern moderno/a, 2

mom mamá (*f.*), 5

moment momento (*m.*), 3; **at this ~** en este momento, 3

Monday lunes (*m.*), 1

money dinero (*m.*); **~ exchange** cambio de dinero (moneda) (*m.*), 5

monkey mono (*m.*), 9

month mes (*m.*)

moon luna (*f.*)

more más

morning mañana (*f.*); **in the ~** por/de la mañana, 1

mortar mortero (*m.*); **~ on a tripod** molcajete (*m.*)

mortgage hipoteca (*f.*)

mosque mezquita (*f.*)

mother madre (*f.*), 1, 5; mamá (*f.*), 5

mother-in-law suegra (*f.*), 5

motor motor (*m.*), 6

motorcycle moto(cicleta) (*f.*), 3

mountain montaña (*f.*), 7; **~ range** cordillera (*f.*)

mouse ratón (*m.*), 6, 9

mouth boca (*f.*), 8

move mover (ue), 6

movie película (*f.*), 11; **~ theater** cine (*m.*), 3

Mr. señor (*m.*), P

Mrs. señora (*f.*), P

Ms. señorita (*f.*), P

much: very ~ mucho (*adv.*), 1

multimedia multimedia (*f.*), 6

mural mural (*m.*), 10

muralism muralismo (*m.*)

murder asesinar, 11; asesinato (*m.*), 11

murderer asesino/a (*m., f.*), 11

muscle músculo (*m.*), 8

museum museo (*m.*), 3

music música (*f.*), 1; **salsa ~** música salsa (*f.*), 6

musician músico/a (*m., f.*), 5

Muslim islámico/a, musulmán/ana

my mi(s), 2

mysterious misterioso/a

mystery misterio (*m.*); de misterio (*adj.*), 11

mythical mítico/a

N

name nombre (*m.*)

nanny niñero/a (*m., f.*), 11

napkin servilleta (*f.*), 9

narration narración (*f.*), 11

nasal allergies rinitis alérgica (*f.*)

national nacional

native autóctono/a

Native American amerindio/a (*m., f.*)

NATO (*North Atlantic Treaty Organization*) OTAN (*f.*)

natural natural; **~ sciences** ciencias naturales (*f. pl.*)

nature naturaleza (*f.*), 9

nausea náuseas (*f. pl.*)

near cerca de, 4

necessarily precisamente

necessary necesario/a, preciso/a, 8; **it's ~** es necesario/a, es preciso/a, 8

necklace collar (*m.*), 8

necktie corbata (*f.*)

need necesitar, 1; faltar, 4

negative negativo/a

neighbor vecino/a (*m., f.*), 5

neighborhood barrio (*m.*); vecindario (*m.*)

neither tampoco, 3; **~ (. . . nor)** ni (... ni), 3

nephew sobrino (*m.*), 5

nerve nervio (*m.*)

nervous nervioso/a, 2; **~ tension** tensión nerviosa (*f.*), 8

network Internet (*m.*), red (*f.*), 6

never jamás, nunca, 3

nevertheless sin embargo, 12

new nuevo/a, 1

New Yorker neoyorquino/a (*m., f.*)

newlywed novio/a (*m., f.*), 5

news noticias (*f. pl.*), 11; **~ program** noticiero (*m.*), 11

newspaper periódico (*m.*)

next próximo/a; luego, 3; **~ to** al lado de, 4; junto a

Nicaraguan nicaragüense (*m., f.*)

nice simpático/a; amable, 1

niece   sobrina (*f.*), 5
night   noche (*f.*); **in the ~**   por/de la noche, 1; **~ owl**   noctámbulo (*m.*); **~ stand**   mesita de noche (*f.*), 2; **~ watchman**   vigilante nocturno (*m.*)
nightly   nocturno/a, 4
nightmare   pesadilla (*f.*)
nine   nueve, 1
nine hundred   novecientos, 3
nineteen   diecinueve, 1
ninety   noventa, 1
ninth   noveno/a, 4
no   no
no one   nadie, 3
nobody   nadie, 3
noise   ruido (*m.*)
nominate   nominar, 11
nomination   nominación (*f.*), 11
none   ningún, ninguno/a, 3
nonetheless   sin embargo
noon   mediodía (*m.*)
north   norte (*m.*), 2
northeast   noreste (*m.*), 2
northwest   noroeste (*m.*), 2
nose   nariz (*f.*), 8
not any   ningún, ninguno/a, 3
not even   ni siquiera
note   nota (*f.*)
notebook   cuaderno (*m.*), 1
nothing   nada, 3
notice   fijarse en; aviso (*m.*)
noun   sustantivo (*m.*)
novel   novela (*f.*), 5
November   noviembre (*m.*), 1
now   ya, 5; ahora
nowadays   hoy en día
number   número (*m.*)
nurse   enfermero/a (*m., f.*), 5
nutritious   nutritivo/a, 9
nylon   nilón (*m.*)

O

object   objeto (*m.*)
objet d'art   objeto de arte (*m.*)
obligation   obligación (*f.*)
observe   observar
obtain   conseguir (i), 3; obtener, lograr, 11
obvious   obvio/a, 8; **it's ~**   es obvio/a, 8
occur   suceder, 11; **~ to**   ocurrir, 6
ocean   mar (*m.*), océano (*m.*), 7
October   octubre (*m.*), 1
of   de, 4; **~ course**   por supuesto, 5; ¡claro que sí!, 7
offend   ofender
offer   ofrecer (zc), 4; oferta (*f.*)
offering   ofrenda (*f.*), 10
office   oficina (*f.*), 1
often   a menudo
ok   regular, P; **~ ok**   está bien está bien
oil   aceite (*m.*); **olive ~**   aceite de oliva (*m.*); **~ paint**   pintura al óleo (*f.*), 10
old   viejo/a, 1
older   grande, mayor, 1
olive   aceituna (*f.*); **~ oil**   aceite de oliva (*m.*), 3
Olympics   olimpíadas (*f. pl.*)
omnipresent   omnipresente
on   en, 1, 3, 4; **~ board**   a bordo, 4; **~ foot**   a pie, 3; **~ guard**   en guardia; **~ line**   en línea, 6; **~ sale**   en oferta, 7; **~ the contrary**   al contrario; **~ the right/left**   a la derecha/izquierda, 7; **~ the right/left hand side**   a (la) mano derecha/izquierda, 7; **~ top of**   encima de, sobre, 4
one   uno, 1; **~ here and there**   una que otra
one hundred   cien(to), 1; centenar (*m.*)
one million   millón (*m.*), 3
one thousand   mil (*m.*), 3
one-way   de ida, 4
onion   cebolla (*f.*), 3
only   único/a; sólo (*adv.*)
onyx   ónice (*m.*)
open   abrir, 1, 6; abierto/a
operation   operación (*f.*), 8
opportunity   oportunidad (*f.*)
optimistic   optimista, 1
option   opción (*f.*)
orange   naranja (*f.*), 3; anaranjado/a (*adj.*), 1
orchid   orquídea (*f.*)
order   pedido (*m.*), 3; secuencia (*f.*), 11
organism   organismo (*m.*)
organized   organizado/a, 1
original   original
originating   originario/a
ought to   deber
ounce   onza (*f.*)
our   nuestro/a(s), 2
out of   fuera de; **~ their reach**   fuera de su alcance
outdoor   al aire libre

outside of   fuera de, 4
oven   horno (*m.*), 9
over   sobre, encima de, 4
owe   deber
own   propio/a
owner   dueño/a (*m., f.*), 2

P

pack   empacar, 1
package   paquete (*m.*); **~ tour**   paquete (*m.*), 4
page   página (*f.*)
pain   dolor (*m.*); **have ~**   tener dolor, 8
paint   pintar, 1, 10
painter   pintor/a (*m., f.*), 5, 10
painting   cuadro (*m.*), pintura (*f.*), 10
pair   par (*m.*), 7
pale   pálido/a
palette (in art)   paleta (*f.*), 10
pan (large)   comal (*m.*) (*Mex.*); paellera (*f.*) (*Spain*); paila (*f.*)
Panamanian   panameño/a
panoramic   panorámico/a
pants   pantalones (*m. pl.*), 7
paper   papel (*m.*), 1
parade   desfile (*m.*), 10; **~ float**   carroza (*f.*)
paradise   paraíso (*m.*)
Paraguayan   paraguayo/a
paralyzed   paralizado/a
pardon   perdonar; perdón (*m.*)
parents   padres (*m. pl.*)
park   estacionar, 7
parking   estacionamiento (*m.*), aparcamiento (*m.*), 5
parrot   papagayo (*m.*), perico (*m.*), 9
part   parte (*f.*)
participate   participar
participation   participación (*f.*)
party   fiesta (*f.*)
pass   pasar, 1; **~ by**   pasar por, 7
passage   tiquete (*m.*), boleto (*m.*), 4
passenger   pasajero/a (*m., f.*), 4
passport   pasaporte (*m.*), 4
password   contraseña (*f.*), 6
pasta   pasta (*f.*)
pastime   pasatiempo (*m.*)
patient   paciente (*m., f.*), 8
pay   pagar, 4
peace   paz (*f.*)
peak   pico (*m.*)
peanut butter   manteca de maní (*f.*); crema de cacahuate (*f.*)

pear pera (*f.*), 3
pearl perla (*f.*)
pen pluma (*f.*), bolígrafo (*m.*), 1
pencil lápiz (*m.*), 1
pendant pendiente (*m.*), 8
penguin pingüino (*m.*), 9
people pueblo (*m.*), 12
pepper (*black*) pimienta (*f.*), 3, 9; (*vegetable*) pimiento (*m.*)
percentage por ciento (*m.*), 2; porcentaje (*m.*)
percussion percusión (*f.*); ~ **instrument** maraca (*f.*)
perfect perfecto/a
perform desempeñar, 6, 12
performance interpretación (*f.*)
perfume perfume (*m.*)
perfume store perfumería (*f.*), 7
perhaps quizás, tal vez, 8
persistent persistente
person persona (*f.*)
personal personal
personality personalidad (*f.*)
Peruvian peruano/a
pessimistic pesimista, 1
petroleum petróleo (*m.*)
Ph.D. doctorado (*m.*)
pharmacist farmacéutico/a (*m., f.*), 5
pharmacy farmacia (*f.*), 7
phenomenal fenomenal
phenomenon fenómeno (*m.*), 10
philosopher filósofo (*m.*)
philosophy filosofía (*f.*), 1
phosphorescent fosforescente
photograph (foto)grafía (*f.*)
photographer fotógrafo/a (*m., f.*), 5
physical físico/a, 9; ~ **exam** examen físico (*m.*), 8
physics física (*f.*), 1
physiology fisiología (*f.*), 1
piano piano (*m.*), 6
pick coger; ~ **up** recoger, 4
picnic picnic (*m.*), 5
piece ficha (*f.*); pieza (*f.*), 10
pig cerdo (*m.*), 9
pigeon paloma (*f.*), 9
pill pastilla (*f.*), píldora (*f.*), 8
pillow almohada (*f.*)
pilot piloto/a (*m., f.*)
pineapple piña (*f.*), 3
pink rosado/a, 1
piranha piraña (*f.*)
pity lástima (*f.*)

place plaza (*f.*), 3, 4; lugar (*m.*)
plague peste (*f.*)
plaid de cuadros, 7
plain llanura (*f.*), planicie (*f.*), 7; llano (*m.*); meseta (*f.*)
plan pensar (ie) (+ *inf.*), 3; plan (*m.*)
plane avión (*m.*), 3
planet planeta (*m.*), 9
plant planta (*f.*), 1
plantain plátano (*m.*)
plaque placa (*f.*), 10
plate placa (*f.*), 6; plato (*m.*), 9
play desempeñar; (**an instrument**) tocar (un instrumento), 1, 6; (*sports, games*) jugar (ue) a, 1, 3, 6; ~ **a role** hacer el papel, 11; ~ **sports** practicar deportes, 1
player jugador/a (*m., f.*), 6
plaza zócalo (*m.*); plaza (*f.*), 3, 4
plead rogar (ue)
pleasant agradable, 1
please aplacar, 10; por favor, P
pleasure placer (*m.*); **the ~ is mine** el placer es mío
plot trama (*f.*), argumento (*m.*), 11
plumber plomero/a (*m., f.*), 5
pluvial pluvial
point at (*with the cursor*) apuntar, 6
police: ~ **force** policía (*f.*), 11; ~ **officer** guardia (*m., f.*); policía (*m., f.*), 5, 11
political político/a; ~ **science** ciencias políticas (*f. pl.*), 1
polka-dotted de puntos/lunares, 7
pollute contaminar, 9
pollution contaminación (*f.*), 9
polyester poliéster (*m.*)
popular cotizado/a, solicitado/a
populate poblar (ue)
populated poblado/a, 12
population población (*f.*), 12
pork chop chuleta de cerdo (*f.*), 3
port puerto (*m.*), 7
portable portátil, 6
porter maletero (*m., f.*), 4
portion porción (*f.*), 9
portrait retrato (*m.*), 10
Portuguese portugués/esa; (*language*) portugués (*m.*), 1
possibility posibilidad (*f.*)
possible posible, 8; **it's (not)** ~ (no) es posible, 8
post office correo (*m.*), 3; oficina de correos (*f.*)
poster cartel (*m.*), 1

pot olla (*f.*), 9; vasija (*f.*), 10
potassium potasio (*m.*)
potato patata (*f.*) (*Spain*), 3; papa (*f.*) (*Lat. Am.*), 3
potter ceramista (*m., f.*), 10; alfarero (*m.*)
pound libra (*f.*), 9
poverty pobreza (*f.*), 11; miseria (*f.*)
power poder (*m.*), 10; potencia (*f.*)
powerful poderoso/a
practice practicar, 1, 6; práctica (*f.*)
pray rezar, 10
precious precioso/a
precursor precursor/a (*m., f.*)
predict predecir
predictable predecible
prediction predicción (*f.*)
prefer preferir (ie, i), 3
preferable preferible, 8; **it's** ~ es preferible, 8
pregnancy embarazo (*m.*), 11
pregnant embarazada, 9; **be** ~ estar embarazada, 8
premiere estrenar, 11
premonition presentimiento (*m.*)
prepare preparar
prepared preparado/a, 3
prescription receta (*f.*), 8
presence presencia (*f.*)
present presente
presentation entrega (*f.*)
preserve conservar, 9
president presidente (presidenta) (*m., f.*), 5
press prensa (*f.*), 11
prestige prestigio (*m.*)
pretty bonito/a, 1; hermoso/a; lindo/a, 5; precioso/a
prevent prevenir, 10
previous anterior
price precio (*m.*)
prime time horario estelar
principal principal (*adj.*)
print imprimir, 6
printer impresora (*f.*), 1, 6
prison cárcel (*f.*), prisión (*f.*), 11
prisoner prisionero/a (*m., f.*)
private personal; privado/a, 2
probability probabilidad (*f.*), 2
probable probable; **it's (not)** ~ (no) es probable, 8
problem problema (*m.*); lío (*m.*), 11
produce producir (zc), 2, 6, 9
producer productor/a (*m., f.*)
professional profesional

professor profesor/a (*m., f.*), 1, 5
profile semblanza (*f.*)
profitable lucrativo/a
program programa (*m.*)
progress marchar
prohibit prohibir
project proyecto (*m.*)
prolong prolongar
promise promesa (*f.*)
proof prueba (*f.*)
prosperity prosperidad (*f.*)
protect (oneself) proteger(se), 5
protein proteína (*f.*)
prove comprobar (ue); probar (ue)
provide brindar, proporcionar
provided that con tal de que, 10
province provincia (*f.*)
provoke provocar
psychologist psicólogo/a (*m., f.*), 5
psychology psicología (*f.*), 1
public público/a, 10; ~ **transportation** transporte público (*m.*)
publish publicar
Puerto Rican puertorriqueño/a
pumpkin calabaza (*f.*)
punctual puntual
pupil alumno/a (*m., f.*)
purple morado/a, 1
purpose propósito (*m.*), 10
purse bolsa (*f.*), 7
pursue perseguir (i, i), 3
push (*a button*) oprimir, presionar, pulsar, 6; hacer clic
put poner, 2; ~ **distance (between)** alejarse (de), 4; ~ **on (one's) clothes** ponerse la ropa, 3; ~ **on makeup** maquillarse, 3
pyramid pirámide (*f.*), 12

Q

quantity cantidad (*f.*), 9
quarter (*hour*) cuarto (*m.*), 1
query consulta (*f.*)
question cuestión (*f.*)
quiet callado/a; **to be ~** callarse
quinine quinina (*f.*)
quinoa quinoa (*f.*)

R

rabbit conejo (*m.*), 5
race raza (*f.*)
racquet raqueta (*f.*), 6

radiation radiación (*f.*)
radio radio (*m., f.*), 1, 6
radiotelescope radiotelescopio (*m.*)
rain llover (ue), 3; lluvia (*f.*), 2; **it's raining** llueve, 2
raincoat impermeable (*m.*), 2, 7
rainforest selva tropical (*f.*), 7
rapidly rápidamente
rare raro/a
rat rata (*f.*), 9
rate of exchange tasa de cambio (*f.*)
rather sino, 10
raw crudo/a
rayon rayón (*m.*)
reach alcanzar, 3, 11
react reaccionar
read leer, 1
ready listo/a, 2; ~ **made** ya hecho
realistic realista
realize darse cuenta de, 7
really de veras, en realidad, realmente
rearview mirror espejo retrovisor (*m.*), 6
reason razón (*f.*)
receipt recibo (*m.*), 7
receive recibir, 1, 6
reception recepción (*f.*), 5
receptionist recepcionista (*m., f.*), 5
recipe receta (*f.*), 9
recommend recomendar (ie), 3
record disco (*m.*), 7; (*sport*) récord (*m.*)
recover recobrar, recuperar
recovery recuperación (*f.*)
recreation recreo (*m.*), 4
recuperate recuperar
red rojo/a, 1
red-head pelirrojo/a, 1
reduce reducir (zc), 8
reef arrecife (*m.*)
refrigerator nevera (*f.*); refrigerador/a (*m., f.*), 9
refuse no querer (ie)
regarding en cuanto a
registered matriculado/a
regret lamentar, sentir (ie, i), 8
reject rechazar
relative pariente (*m., f.*), 5
relaxation relajación (*f.*), 8
relic reliquia (*f.*)
relieved aliviado/a

religious religioso/a, 10
remain permanecer (zc), 10; quedar
remedy remedio (*m.*), 8
remember recordar (ue), 3
remnant vestigio (*m.*)
remote alejado/a; ~ **control** control remoto (*m.*), 6
remove quitar, 9
Renaissance renacentista (*adj.*)
renovation renovación (*f.*)
rent renta (*f.*), alquiler (*m.*), 2; ~ **(videos, a car)** alquilar (videos, un coche), 1, 4
repeat repetir (i, i), 3
repent arrepentirse (ie, i)
replace reemplazar
replica réplica (*f.*), 10
report reportaje (*m.*)
reporter reportero/a (*m., f.*), 11
representative representante (*m., f.*)
reptile reptil (*m.*), 9
reputation fama (*f.*)
request pedir (i, i), 3, 4
require requerir (ie, i)
research investigación (*f.*), 12; investigar, 1
reservation reservación (*f.*), 4, 5; reserva (*f.*)
reserve reservar, 5
resistant resistente
resolution propósito (*m.*), 10
resolve resolver (ue)
resort balneario (*m.*)
resource recurso (*m.*), 9
respect respetar
respected respetado/a
responsibility responsabilidad (*f.*), 9
rest descansar, 4
restaurant restaurante (*m.*), 3; restaurán (*m.*)
return volver (ue), 3; regresar, 4; (*something*) devolver (ue), 7
reuse reusar, 9
review reseña (*f.*), 11
revitalize revitalizar
rhythm ritmo (*m.*), 6
rice arroz (*m.*), 3
rice with seafood, meat, chicken paella (*f.*)
rich rico/a, 3
ride (*a car, a bicycle*) montar
ridiculous ridículo/a, 8; **it's ~** es ridículo, 8

right derecho (*m.*) derecho/a, 4; ~ **away** enseguida, 4; en seguida, 5; ~ **now** ahora mismo, 3
ring anillo (*m.*), 8; sonar (ue)
rink (*ice skating*) pista (*f.*)
ripped roto/a; **it's** ~ está roto/a
ripple ondear
risk riesgo (*m.*)
rite rito (*m.*), 10
river río (*m.*), 7; ~ **basin** cuenca (*f.*)
road camino (*m.*)
roasted asado/a, 9
robbery robo (*m.*), 11
role papel (*m.*), 11
roller blade correr patines
rollerblading patinaje (*m.*), 6
rolling hill ondulación (*f.*)
romance romance (*m.*)
romantic romántico/a, 1, 11
room cuarto (*m.*), 1; habitación (*f.*), 1, 5
roommate compañero/a (de cuarto) (*m., f.*), 1
rooster gallo (*m.*), 9
rose rosa (*f.*), 1
roulette ruleta (*f.*)
round trip de ida y vuelta, 4
route ruta (*f.*), 3
royal real
rubber caucho (*m.*)
rug alfombra (*f.*), 2; tapete (*m.*), 8
ruin ruina (*f.*), 12
rule regla (*f.*)
run correr, 1
running track pista (*f.*), 6
Russian ruso/a; (*language*) ruso (*m.*)

S

sacred sagrado/a
sacrifice sacrificio (*m.*), 10
sad triste
sadness melancolía (*f.*), tristeza (*f.*)
safe caja fuerte (*f.*), 8
salad ensalada (*f.*), 3
sale ganga (*f.*), oferta (*f.*), venta (*f.*), 7
salesperson vendedor/a (*m., f.*), 5
salsa music salsa (*f.*)
salt sal (*f.*), 3, 9; ~ **residue** salitre (*m.*)
Salvadoran salvadoreño/a
same mismo/a
sample muestra (*f.*)
sand arena (*f.*)

sandals sandalias (*f. pl.*), 5, 7
sane cuerdo/a
Saturday sábado (*m.*), 1
saucer platillo (*m.*), 9
save guardar, archivar, 6; ahorrar, 8, 9; salvar
savings account cuenta de ahorros (*f.*), 8
saxophone saxofón (*m.*), 6
say decir (i), 3; ~ **good-bye** despedirse (i, i), 5
scarce escaso/a, 9
scare susto (*m.*)
scarf bufanda (*f.*), 2
scene escena (*f.*), 11
schedule horario (*m.*), 4
scholastic escolar
School (*in a university*) facultad (*f.*), 1
science fiction de ciencia ficción (*adj.*), 11
scold regañar
scream gritar, 6
screen pantalla (*f.*), 11; **touch** ~ pantalla táctil (*f.*), 6
script guión (*m.*), 11
sculptor escultor/a (*m., f.*), 5, 10
sculpture escultura (*f.*), 10
sea mar (*m.*), océano (*m.*), 7
search búsqueda (*f.*); ~ **engine** buscador Internet (*m.*); motor de búsqueda (*m.*); ~ **for shells** buscar conchas, 5
season temporada (*f.*), estación (*f.*)
seasonable nature estacionalidad (*f.*)
seat plaza (*f.*), 3, 4; asiento (*m.*), 4, 6
seatbelt cinturón de seguridad (*m.*)
second segundo/a, 4; ~ **class** segunda clase, 4
secret secreto (*m.*)
secretary secretario/a (*m., f.*), 5
sedative calmante (*m.*)
sedentary sedentario/a, 9
see ver, 2
seem parecer (zc), 4
self-esteem autoestima (*f.*)
self-portrait autorretrato (*m.*), 10
sell vender, 4
senator senador (*m.*)
send enviar, 4, 6; mandar, 1, 4, 6
sensation sensación (*f.*)
sensational sensacional
sense sentido (*m.*); **to make** ~ tener sentido, 2

sensual sensual
sentimental sentimental
separate separar
separated separado/a, 5
September septiembre (*m.*), 1
sequence secuencia (*f.*), 11
serious serio/a, 1; grave, 8
serrated dentado/a
servant criado/a (*m., f.*), 5
serve servir (i), 3, 4
service servicio (*m.*), 3
set the table poner la mesa
seven siete, 1
seven hundred setecientos, 3
seventeen diecisiete, 1
seventh séptimo/a, 4
seventy setenta, 1
several varios/as
shack cabaña (*f.*)
shaman chamán (*m.*)
shame lástima (*f.*), 8; **it's a** ~ es una lástima, 8
shave afeitarse, 3
sheep oveja (*f.*), 9
sheet of paper hoja de papel (*f.*)
shell concha (*f.*)
shellfish marisco (*m.*), 3
shepherd pastor/a (*m., f.*)
ship barco (*m.*), 3
shirt camisa (*f.*), 7
shiver tener escalofríos, 8
shivers escalofríos (*m. pl.*)
shoe zapato (*m.*); ~ **store** zapatería (*f.*), 7
shop window escaparate (*m.*), 7
shopping center centro comercial (*m.*), 3
shore orilla (*f.*)
short corto/a, bajo/a, 1; ~ **sleeved** de manga corta, 7
shorts pantalones cortos (*m. pl.*), 2
should deber (+ *inf.*), 2
show mostrar (ue), 9; demostrar (ue); ~ **a movie** presentar una película, pasar una película, 11
shower ducha (*f.*), 2
shrimp camarón (*m.*) (*Lat. Am.*), gamba (*f.*) (*Spain*), 3
shut off apagar, 6, 9
shy tímido/a, 1
sick enfermo/a
side lado (*m.*)
sidewalk acera (*f.*)
sign firmar, 8
signature firma (*f.*), 8

significant significativo/a
silk seda (*f.*), 7
silver plata (*f.*), 8
similar semejante
similarity semejanza (*f.*), similitud (*f.*)
simple sencillo/a
since desde, 4; ~ **childhood** desde pequeñita
sincere sincero/a
sincerity sinceridad (*f.*)
sing cantar, 1, 6
singer cantante (*m., f.*), 6
single soltero/a, 5; ~ (*bed or room*) sencillo/a, 5
sink lavabo (*m.*), fregadero (*m.*), 9; hundir
sister hermana (*f.*), 5
sister-in-law cuñada (*f.*), 5
sit down sentarse (ie), 3
site sitio (*m.*); **Web** ~ sitio web
situation situación (*f.*)
six seis, 1
six hundred seiscientos, 3
sixteen dieciséis, 1
sixth sexto/a, 4
sixty sesenta, 1
size talla (*f.*), 7; tamaño (*m.*)
skate patín (*m.*); patinar, 6
skateboard monopatín (*m.*)
skeleton esqueleto (*m.*), 8
sketch bosquejo (*m.*), 10
sketcher dibujante (*m., f.*), 10
ski esquí (*m.*), esquiar, 6
skier esquiador/a (*m., f.*)
skiing esquí (*m.*), 6
skillful hábil, 10, 12
skim (*milk*) descremado/a
skirt falda (*f.*), 7
sky cielo (*m.*), 2; firmamento (*m.*)
slave esclavo/a (*m., f.*)
sleep dormir (ue), 3; **to fall asleep** dormirse (ue)
sleepy cansado/a; **to be** ~ tener sueño
slice rebanada (*f.*), 9
sliced rebanado/a, 9
slow lento/a, 1
slowly despacio, 7
small pequeño/a, 1; estrecho/a, 7; ~ **plate** platillo (*m.*), 9; ~ **stick** palito (*m.*)
smart listo/a, 1
smile sonreír (i), 5
smoke fumar; **no smoking** no fumar, 4

snake culebra (*f.*), serpiente (*f.*), víbora (*f.*), 9
sneeze estornudar, 8
snow nevar (ie), 3; nieve (*f.*), 2; **it's snowing** nieva, 2
snow-capped nevado/a, 7
so así; ~ **much** tanto/a; ~ **that** para que
soap jabón (*m.*)
soap opera telenovela (*f.*), 11
soccer fútbol (*m.*), 6
social program programa social (*m.*), 11
social work trabajo social (*m.*), 1
society sociedad (*f.*)
sociology sociología (*f.*), 1
sock calcetín (*m.*), media (*f.*), 7
sofa sofá (*m.*)
soft drink refresco (*m.*), 3; gaseosa (*f.*)
solar sunscreen bronceador (*m.*), 5
solution solución (*f.*), 11
solve solucionar
some un/a (unos/unas), 1; algún, alguno/a, 3
somebody alguien, 3
someone alguien, 3
something algo, 3
sometimes a veces, 11
son hijo (*m.*), 5
son-in-law yerno (*m.*), 5
soon pronto, 4
sooner más pronto, 4
sophisticated sofisticado/a
sorry: I'm sorry lo siento, 4, 5
soul alma (el) (*f.*)
sound sonido (*m.*); **to** ~ sonar (ue); ~ **card** tarjeta de sonido (*f.*); ~ **effects** efectos de sonido (*m. pl.*)
soup sopa (*f.*), 3
sour ácido/a
south sur (*m.*), 2
southeast sureste (*m.*)
southwest suroeste (*m.*)
soy soja (*f.*)
spa balneario (*m.*)
spacious amplio/a, 2
Spanish español/a; (*language*) español (*m.*), 1
sparkling brillante
speak hablar, 4; ~ **with friends** hablar con amigos, 1
speaker parlante (*m., f.*), 6
special particular; ~ **effects** (F/X) efectos especiales (*m. pl.*)

specialist especialista (*m., f.*)
specialize especializar
specialty especialidad (*f.*)
species especie (*f.*), 9
spectacular espectacular
spectator espectador/a (*m., f.*), 6
speed velocidad (*f.*)
spellbound embelesado/a
spend gastar, 7
sphere esfera (*f.*)
spirit espíritu (*m.*)
spirituality espiritualidad (*f.*)
spit escupir
spoon cuchara (*f.*)
sports enthusiast deportista (*m., f.*), 6
sports utility vehicle deportivo (*m.*), 6
spot mancha (*f.*)
spring primavera (*f.*), 2
square cuadrado/a; cuadro (*m.*)
squire escudero (*m.*)
squirrel ardilla (*f.*), 9
stable estable
stadium estadio (*m.*), 3
stain mancha (*f.*), 7
stained manchado/a; **to be** ~ estar manchado/a, 8
staircase escalera (*f.*), 2
stand out destacarse, 12; dejar una huella
staphylococcus estafilococo (*m.*)
star estrella (*f.*), astro (*m.*)
start comenzar (ie), 3; arrancar, 6
starting from a partir de, 12
state estado (*m.*)
station estación (*f.*)
stationery store papelería (*f.*), 7
statistics estadística (*f.*)
statue estatua (*f.*), 10
stay estadia (*f.*); **to** ~ quedarse, 3; ~ **in shape** mantener en forma, 8
steak bistec (*m.*), 3
steamed al vapor (*m.*)
steep empinado/a
steering wheel volante (*m.*), 6
stellar estelar
step paso (*m.*)
stepbrother/stepsister hermanastro/a (*m., f.*), 5
stepfather padrastro (*m.*), 5
stepmother madrastra (*f.*), 5
stepson/stepdaughter hijastro/a (*m., f.*), 5
still todavía
stimulating estimulador/a

sting   picar

stocking   media (*f.*), 7

stomach   estómago (*m.*), 8

stone   piedra (*f.*), 7, 8; (*for grinding seeds*) metate (*m.*)

stop   parar, 6, 7

stoplight   semáforo (*m.*), 7

store   tienda (*f.*), 3; ~ **clerk** dependiente (*m., f.*), 7; **to** ~ almacenar, 6

story   historia (*f.*); cuento (*m.*)

stove   estufa (*f.*), 2, 9

straight   recto/a

strange   raro/a; extraño/a, 8; **it's** ~ es extraño, 8

straw   paja (*f.*)

strawberry   fresa (*f.*), 3

stream   arroyo (*m.*), 7

street   calle (*f.*), 3; ~ **block** cuadra (*f.*), manzana (*f.*), 7; ~ **vendor** vendedor/a ambulante (*m., f.*), 8

strength   fuerza (*f.*)

stress   estrés (*m.*), 8

string   cuerda (*f.*), 6

strip   faja (*f.*)

striped   de rayas, 7

stroll   pasearse, 5

stucco   estuco (*m.*)

student   alumno/a (*m., f.*), estudiante (*m., f.*), 1; ~ **residence** residencia estudiantil (*f.*)

study   estudiar, 1

stupid   estúpido/a

subdue   someter

subject (*grammar*)   sujeto (*m.*); **academic** ~ materia (*f.*), 1

substitute   sustituto (*m.*)

subway   metro (*m.*), 3

succeed   triunfar, 11

success   éxito (*m.*)

successful   exitoso/a; **to be** ~ tener éxito, 6

suddenly   de repente

suffer   sufrir

sugar   azúcar (*m., f.*)

suggest   sugerir (ie), 1

suggestion   sugerencia (*f.*)

suicide   suicidio (*m.*), 11

suit   traje (*m.*), 7; **bathing** ~ traje de baño (*m.*), 2

suitcase   maleta (*f.*), 5

summary   sinopsis (*f.*), 11

summer   verano (*m.*), 2

summit   cumbre (*f.*)

sun   sol (*m.*); ~ **umbrella** sombrilla (*f.*), 5

sunbathe   tomar el sol, 5

Sunday   domingo (*m.*), 1

sunflower   girasol (*m.*)

sunglasses   gafas de sol/negras (*f. pl.*), 2, 5; anteojos de sol (*m. pl.*)

sunscreen   protector solar (*m.*), 5

suntan lotion   bronceador (*m.*), protector solar (*m.*), 5

supernatural   sobrenatural

superstar   superastro (*m.*)

supply   proporcionar

support (*strain, pressure*)   soportar; (*a spouse, child*) mantener; (*to aid*) apoyar

sure   seguro/a, 2, 8; **it's** ~ es seguro, 8; **to be** ~ estar seguro/a, 8

surf   hacer surfing, 5; ~ **the Web** navegar por Internet, 1

surface   superficie (*f.*)

surprise   sorprender, 8; sorpresa (*f.*)

surprising   sorprendente

surrounded   rodeado/a

survey   encuesta (*f.*)

survive   sobrevivir

swear   jurar

sweat suit   sudadera (*f.*), 7

sweater   suéter (*m.*), 2

sweep (the floor)   barrer (el piso), 2

sweet   dulce, 3

swim   nadar, 5

swimming   natación (*f.*), 6; ~ **pool** piscina (*f.*), alberca (*f.*), 2

symbol   símbolo (*m.*), 10

symbolic   simbólico/a

symptom   síntoma (*m.*), 8

synagogue   sinagoga (*f.*)

synopsis   sinopsis (*f.*), 11

synthesize   sintetizar

synthetic   sintético/a

syrup   jarabe (*m.*), 8

system   sistema (*m.*)

T

T-shirt   camiseta (*f.*), 7

table   mesa (*f.*), 1

tablespoon   cuchara (*f.*), 9

tablespoonful   cucharada (*f.*), 9

tail   cola (*f.*)

take   tomar; ~ **a bath** bañarse, 3; ~ **a long time to arrive** tardar en llegar, 4; ~ **a shower** ducharse, 3; ~ **a walk** dar un paseo, 1; pasearse, 5; ~ **away** sacar; ~ **care of** atender (ie), 5, 6; ~ **care of oneself** cuidarse, 8; ~ **notes** tomar apuntes, 1, 2; ~ **off (one's clothes)** quitarse (la ropa); ~ **out** sacar; ~ **out the garbage** sacar la basura, 2

talented   talentoso/a

talk   conversar, hablar, 1

tall   alto/a, 1

tape   grabar, 6; ~ **recorder (player)** grabadora; videograbadora (*f.*), 6

tapestry   tapete (*m.*), tapiz (*m.*), 8

taste   probar (ue), 3

tasty   sabroso/a, 3

tattoo   tatuaje (*m.*)

tavern   taberna (*f.*)

tax   impuesto (*m.*)

taxi   taxi (*m.*), 3

tea   té (*m.*), 3

teacher   maestro/a (*m., f.*)

team   equipo (*m.*), 6

tear   lágrima (*f.*); **to** ~ romper

teaspoon   cucharita (*f.*), 9

teaspoonful   cucharadita (*f.*), 9

technology   tecnología (*f.*)

telephone   teléfono (*m.*), 1

televise   televisar, 11

television   televisión (*f.*), 1

tell   decir (i), 3; contar (ue), 3, 4

temper   carácter (*m.*)

temperate   templado/a

temperature (low/high/average)   temperatura (mínima/máxima/promedio) (*f.*), 2

temple   templo (*m.*), 12

ten   diez, 1

tenacity   tenacidad (*f.*)

tenant   inquilino/a (*m., f.*), 2

tender   blando/a, 9

tenderize   ablandar

tennis   tenis (*m.*), 6; ~ **shoe** zapato de tenis (*m.*), 7

tenth   décimo/a, 4

terrace   terraza (*f.*), 2

terrible   terrible, 8; **it's** ~ es terrible, 8

territory   territorio (*m.*)

test   prueba (*f.*), 8; examen (*m.*)

textile   textil (*m.*)

texture   textura (*f.*)

than   que

thank   agradecer (zc), 4; ~ **you** gracias (*f. pl.*), P

that   ese/a (*adj.*), 3; (*over there*) aquel/aquella, 3

the   el, la, los, las, 1

theater   teatro (*m.*), 1

their   su(s), 2

theme tema (*m.*)
then luego, entonces, 3
theory teoría (*f.*)
therapy terapia (*f.*), 11
there is, there are hay, 1
there, over there ahí, allá, allí, 3
these estos/as (*adj.*), 3
thief ladrón/ona (*m., f.*)
thin delgado/a, 1; flaco/a
think pensar (ie), 3
third tercer/o/a, 4
thirsty sediento/a; **to be ~** tener sed
thirteen trece, 1
thirty treinta, 1
this este/a (*adj.*), 3
those esos/as (*adj.*), 3; (*over there*) aquellos/as, 3
thought pensamiento (*m.*)
thousand mil (*m.*)
threaten amenazar, 11
three tres, 1
three hundred trescientos, 3
thriller de suspenso (*adj.*), 11
throat garganta (*f.*), 8
through a través de, por
throw tirar
thunderstorm tormenta (*f.*), tronada (*f.*), 2
Thursday jueves (*m.*), 1
ticket pasaje (*m.*); tiquete (*m.*), boleto (*m.*), billete (*m.*), 4
tied atado/a
tiger tigre (*m.*), 9
tight estrecho/a, pequeño/a, 7
tile azulejo (*m.*)
time tiempo (*m.*); **to have a good ~** divertirse (ie, i), 5; **to be on ~** estar a tiempo, 5; **from ~ to ~** de vez en cuando; **What ~ is it?** ¿Qué hora es?
timid tímido/a, 1
tip propina (*f.*), 3
tire llanta (*f.*), 6; **flat ~** llanta pinchada, 6
tired cansado/a
titanium titanio (*m.*)
to a, para, 4; **~ the point** al grano
toasted frito/a, 9
toaster tostadora (*f.*), 9
today hoy, actualmente, hoy en día
toe dedo del pie (*m.*), 8
together juntos/as
toilet inodoro (*m.*), 2; excusado (*m.*), retrete (*m.*), sanitario (*m.*)
tolerant tolerante

tomato tomate (*m.*), 3
tomb tumba (*f.*)
tomorrow mañana
tongue lengua (*f.*), 8
too también, 1, 3; **~ bad** ¡Qué lástima! **~ much** demasiado/a
tool utensilio (*m.*)
tooth diente (*m.*), 3, 8
top cima (*f.*), cumbre (*f.*)
torch antorcha (*f.*)
tornado tornado (*m.*), 2
tortilla, fried corn tostada (*f.*), 9
touch toque (*m.*); tocar
tour recorrer, 4; excursión (*f.*), tour (*m.*), 4; **~ guide** guía (*m., f.*), 4
tourism turismo (*m.*)
tourist turista (*m., f.*), 3
toward hacia, 4
towel toalla (*f.*), 5
tower torre (*f.*)
town pueblo (*m.*), 12
toy juguete (*m.*), 8
track vía (*f.*); (*sports*) pista (*f.*)
trade comercio (*m.*)
tradition tradición (*f.*), 10
traditional tradicional
train entrenar, 6; ferrocarril (*m.*), tren (*m.*), 3; ferrocarrilero/a (*adj.*); **~ platform** andén (*m.*), 4; **~ station** estación de tren (*f.*), 3; estación de ferrocarril (*f.*)
traitor traidor/a (*m., f.*)
tranquility tranquilidad (*f.*)
transfer traslado (*m.*), 4
transference transferencia (*f.*)
transition transición (*f.*)
translate traducir (zc), 2
transmit (*a TV, radio program*) emitir, transmitir, 11
transparent transparente
transportation transporte (*m.*), 4
trap trampa (*f.*); atrapar
travel viajar, 1; **~ across** recorrer, 4; **~ by boat** navegar; **~ agent** agente de viajes (*m., f.*), 5
traveler viajero/a (*m., f.*), 4
traveler's check cheque de viajero (*m.*), 5, 8
treasure tesoro (*m.*)
treat tratar de, 11
tree árbol (*m.*); **palm ~** palmera (*f.*); **~ frog** coquí (*m.*) (*Puerto Rico*)
trick truco (*m.*)
trip viaje (*m.*), 3; **have a nice ~!** ¡buen/feliz viaje!, 4

triumph triunfo (*m.*)
trombone trombón (*m.*), 6
tropical trópico/a
trouble desamparo (*m.*); lío (*m.*)
truck camioneta (*f.*), 3; camión (*m.*), 3, 6
true cierto/a, 8; **it's ~** es cierto, 8; es verdad, 8
trumpet trompeta (*f.*), 6
trunk maletero (*m.*), baúl (*m.*), 6
trust confiar
truth verdad (*f.*)
try probar (ue), 3; tratar de, 11; **~ on** probar(se) (ue), 7
Tuesday martes (*m.*), 1
turkey pavo (*m.*), 9
turn doblar (a), 7; **~ against/one's back** volver (ue) la espalda; **~ around** dar la vuelta, 7; **~ into** convertirse (ie, i) en, 11; **~ off** apagar, 6, 9; **~ on** encender (ie), prender, 6
turquoise turquesa (*f.*), 8
turtle tortuga (*f.*), 5
twelve doce, 1
twenty veinte, 1
twin gemelo/a (*m., f.*), P
twist torcerse (ue), 8
two dos, 1
two hundred doscientos, 3
type escribir a máquina, escribir en la computadora
typical típico/a

U

UFO OVNI (*m.*)
U.S. (*United States*) EE.UU.
ugly feo/a, 1
umbrella paraguas (*m.*), 2
unbearable insoportable
uncertainty incertidumbre (*f.*), 11
uncle tío (*m.*), 5
uncomfortable incómodo/a
under bajo, 4
undergraduate estudiante de pregrado (*m., f.*)
underlined subrayado/a
underneath debajo de
understand comprender, 1; entender (ie), 3
underwear ropa interior (*f.*), 7
unemployment desempleo (*m.*), 11
unequal desigual
unfair injusto/a

unforgettable inolvidable
unforgiveable imperdonable
unfortunately desgraciadamente, 4; desafortunadamente
unfriendly antipático/a, 1
uniform uniforme (*m.*), 6
unite unir, 12
United States: from the ~ estadounidense
universe universo (*m.*)
university universidad (*f.*), 1
unknown desconocido/a; **the ~** lo desconocido
unless a menos que, 10
unlikely improbable
unloading desembarque (*m.*), 4
unpleasant desagradable, 1
unpopular impopular
unreal irreal
unstable inestable
unsure inseguro/a; **to be ~** no estar seguro/a
unsuspecting inocente
untie desatar
until hasta, 4, 7; hasta que, 9
untouchable irreprochable
up arriba de, 4
upon (*doing something*) al (+ *inf.*), 8
upset alterado/a
urgent urgente, 4; **it's ~** es urgente, 8
Uruguayan uruguayo/a
use usar, 1; **~ up** gastar
user usuario/a
utensil utensilio (*m.*)
utilize aprovechar

V

vacant vacante
vacation vacaciones (*f. pl.*), 4; **be/go on ~** estar de vacaciones, 4
vaccine vacuna (*f.*), 8
vacuum (the rug) aspirar (la alfombra), 2; pasar la aspiradora por (la alfombra); **~ cleaner** aspiradora (*f.*), 2
valley valle (*m.*), 7
valuable valioso/a
vanilla vainilla (*f.*), 3
varied variado/a
variety variedad (*f.*)
various varios/as
vary variar

vase florero (*m.*), vasija (*f.*)
vegetable legumbre (*f.*), 3; verdura (*f.*), 9; vegetal (*m.*)
vehicle vehículo (*m.*)
vein vena (*f.*)
Venezuelan venezolano/a
verb verbo (*m.*)
versatile versátil
very muy, 1; **~ serious thing** cosa muy seria (*f.*)
veterinarian veterinario/a (*m., f.*), 5
vibrating vibrante
vibration vibración (*f.*)
victim víctima (*f.*)
video video (*m.*); **~ camera;** videocámara (*f.*); **~ recorder (player)** videograbadora (*f.*), 6
videoconference videoconferencia (*f.*)
view vista (*f.*)
villain villano/a (*m., f.*)
violent bravo/a; violento/a
violin violín (*m.*), 6
virtual reality realidad virtual (*f.*), 6
visible visible
visit visitar, 1; visita (*f.*)
vitality vitalidad (*f.*)
vividness viveza (*f.*)
voice voz (*f.*)
volcano volcán (*m.*), 7
volleyball volibol (*m.*)
volume volumen (*m.*)
vomit vomitar, 8

W

wagon carreta (*f.*), 10
waist cintura (*f.*)
wait: ~ in line hacer cola, 4; **~ on** atender (ie), 5, 6
waiter, waitress camarero/a (*m., f.*), 3; mesero/a (*m., f.*)
waiting room sala de espera (*f.*)
wake up despertarse (ie), 3
walk caminar, 1; andar, 5
walking caminata (*f.*), 6
wall pared (*f.*), 1
wallet cartera (*f.*)
want querer (ie), 3; **~ to** tener ganas de, 2
war guerra (*f.*), 11
wardrobe ropero (*m.*), armario (*m.*), 2
warm abrigado/a
warn avisar, 4

wash (clothes/dishes) lavar (la ropa/los platos), 1, 2; **~ oneself** lavarse, 3
waste desperdicios (*m. pl.*); **~ basket** basurero (*m.*), 1
watch reloj (*m.*), 1; cuidar, 4; vigilar
watchman vigía (*m.*)
water agua (el) (*f.*), 3; **~ ski** hacer esquí acuático, 5
watercolor acuarela (*f.*)
waterfall cascada (*f.*), catarata (*f.*), salto (*m.*), 7
water-sprinkler regadera (*f.*)
way camino (*m.*); **by the ~** a propósito; **to be in the ~** estobar
wealth riqueza (*f.*)
weapon arma (*f.*), 11
wear llevar, 7
weather: it's good/bad ~ hace buen/mal tiempo, 2; **it's hot ~** hace calor, 2; **it's cool ~** hace fresco, 2; **it's cold ~** hace frío, 2; **it's sunny ~** hace sol, 2; **it's windy ~** hace viento, 2; **~ forecast** pronóstico del tiempo (*m.*), 2; **~ vane** veleta (*f.*)
weave tejer
weaver tejedor/a (*m., f.*), 12
weaving tejido (*m.*), 8
Web site sitio Web (*m.*)
wedding boda (*f.*)
Wednesday miércoles (*m.*), 1
weekend fin de semana (*m.*)
weight peso (*m.*), (*sports*) pesa (*f.*)
welcome bienvenida (*f.*); **you're ~!** ¡de nada! ¡no hay de qué!
well bien; pues
well-being bienestar (*m.*), 8
west oeste (*m.*), 2
western de vaqueros (*adj.*), 11
whale ballena (*f.*), 9
what? ¿qué?, ¿cuál(es)?, 1; **~ a pleasure!** ¡qué gusto!, 4; **~ a scare!** ¡qué susto!, 4; **~ do you want to eat/drink?** ¿qué desean comer/beber?, 3; **~ do you recommend?** ¿qué nos recomienda?, 3; **~ is the temperature?** ¿a cuánto está la temperatura?, 2; **~ time is it?** ¿qué hora es?, 1
wheel rueda (*f.*), 6
when cuando, 5
when? ¿cuándo?, 1
where? ¿dónde?; **Can you tell me**

~ . . . is? ¿Me puede decir dónde está...?, 7; ~ **can I exchange money?** ¿Dónde puedo cambiar el dinero?, 5; **to/from ~** a/de dónde, 1

which? ¿cuál(es)?, 1

while mientras (que), 4

white blanco/a, 1; ~ **pages** páginas blancas (*f. pl.*)

who?, whom? ¿quién(es)?, 1

why? ¿por qué?, 1

wicked maldito/a

wide ancho/a

wife esposa (*f.*), 5

will voluntad (*f.*), 10

win ganar, 6

winding sinuoso/a

windmill molino de viento (*m.*)

window ventana (*f.*), 1

windshield parabrisas (*m.*), 6; ~ **wipers** limpiaparabrisas (*m. pl.*), 6

windy ventoso/a; **it's (very) ~** hace (mucho) viento, 2

wine (red/white) vino (tinto/blanco) (*m.*), 3; ~ **glass** copa (*f.*), 9

winner ganador/a (*m., f.*)

winter invierno (*m.*), 2

wish for desear, 1

with con, 4; ~ **a flourish** con

mucha gracia; ~ **an ocean view** con vista al mar, 5; ~ **breakfast** con desayuno, 5; ~ **two meals** con media pensión, 5

withdraw money retirar dinero, sacar dinero, 8

without sin, 4; sin que, 10

witness testigo (*m., f.*)

wolf lobo (*m.*), 9

woman mujer (*f.*)

womb vientre (*m.*)

wonder maravilla (*f.*)

wonderful maravilloso/a

wood madera (*f.*), 8, 10

wooden whisk molinillo (*m.*) (*Mex.*); bolinillo (*m.*) (*Colombia*)

wool lana (*f.*), 7

work trabajar, 1; ~ **of art** obra de arte (*f.*), 10

worker trabajador/a (*m., f.*), 5; **social ~** trabajador/a social (*m., f.*), 11

worried preocupado/a

worry preocupar(se), 3, 4; inquietud (*f.*); angustia (*f.*), 11

worse peor, 8; **it's ~** es peor, 8

worsen empeorar

worth valor (*m.*); **it's not ~ it** no vale la pena; **to be ~** valer; **to be ~ while** valer la pena

wound herida (*f.*), 8

wrap envolver (ue)

wreck chocar

write escribir, 1

writer escritor/a (*m., f.*)

writing escritura (*f.*), 12; ~ **desk** pupitre (*m.*), 1

X

X-ray radiografía (*f.*), 8

Y

yell gritar, 6

yellow amarillo/a, 1; ~ **pages** páginas amarillas (*f. pl.*)

yes sí; **say ~** di que sí

yesterday ayer

yet ya, 5

yogurt yogur (*m.*)

you're nuts! ¡ni locos! (*colloquial*)

young joven, 1

younger menor, 5

your su(s), 2; tu(s), vuestro/a(s) (*informal, Spain*), 2

youth juventud (*f.*), 11

Z

zero cero, 1

Index

This index includes grammar topics and functions, as well as readings, cultural notes, vocabulary topics, and reading, writing, and Internet strategies. Readings are listed alphabetically under **Lecturas**; cultural notes are listed alphabetically under **Culturas**. Strategies are listed alphabetically under their corresponding headings (reading, writing, or Internet strategies).

a
 indirect-object pronoun +, redundant use of 148
 + noun or prepositional pronoun, to emphasize or clarify the recipient of an action 154
 personal 76
 + prepositional pronoun 148
abstract ideas 296–297
adjective clauses, present subjunctive with 352–354
adjectives 27–28
 comparing equal 294
 comparisons of inequality 286, 287
 descriptive 32–33
 of nationality 6–7, 10–11
 noun agreement with 27
 numbers as 103–104
 of personality 52
 placement of 89–90
 possessive 69–70
adverbial clauses 398
 indicative and subjunctive in 371–373
 subjunctive in 394–395, 398
adverbial conjunctions 371, 372
adverbial expressions of time 194–195, 214–215
adverbial phrases with participles 130
adverbs
 comparing equal 294
 ending in -**mente** 239
 unequal comparisons of 286, 287
affirmative expressions 110–111
alphabet, Spanish 12–13
animals 368–369
apartments 61
art and artists 409–410
articles
 definite 19–20, 339–340
 indefinite 19
audience and purpose, defining 364
Aztecs 460

background knowledge, tapping 282
Barcelona 178–179
beliefs and traditions 397–398
body, parts of the 306
bookmarks 425
brainstorming ideas 99

cars 253
certainty, expressing 334
cities, places in 101
clothes 272–273
clothing 88–89
cluster diagram 59
cognates 37
colors 18–19
commands (imperative)
 familiar **tú** commands 358–360
 formal **Ud./Uds.** commands 249–252
comparing and contrasting, as reading strategy 327
comparisons
 of equality 294–296
 of inequality 286–289
con 157
conditional tense 444–446
conjunctions
 adverbial 371, 372
 followed by subjunctive or indicative 372
conocer, uses of 76–77
consonants 13
contractions
 al 76
 del 70
cooking favorite foods 356–357
country domains, in Internet address 180
countryside 285–286
courtship 134
crafts and folk art 415
cuál
 differentiating between **qué** and 417
 uses of 418
Culturas
 Alimentos y remedios naturales 318
 Artes y ciencias 463
 El cacao, una moneda valiosa 337
 El carnaval 396
 La cerámica: adorno urbano y doméstico 66
 El cine hispano 447
 Clima, temperatura y Latinoamérica 87
 Don Quijote: Caballero andante 149

 Fibras y textiles 271
 Hispanics in the United States 8
 Hispanos en el mundo del trabajo 210
 Maravillas de la naturaleza 291
 El muralismo 414
 El observatorio de Arecibo 248
 Un pasatiempo del Caribe 191
 Las sabrosas tapas de Madrid 124
 Los sabrosos ritmos del Caribe 226
 Semblanzas latinas 473
 El SIDA sigue matando 434
 El sistema universitario en el mundo hispano 49
 El teléfono 26
 Los trenes y metros: Medios de transporte público 109
 Turistas y trabajadores 171
 Utensilios tradicionales 361
 El Yunque, esplendor ecológico 370

daily routines 112
dance and music 224–226
dar
 common expressions with 74
 preterite indicative of 169
de, phrases with 70–72
definite article 19–20, 339–340
demonstrative adjectives 123–124
demonstrative pronouns 124
descriptive adjectives 32–33
desires, expressing 314–318
dictionaries, using 198, 222
directions, asking for and giving 292–293
direct object pronouns 173–175
 in the same sentence indirect object pronouns 204–206
dislikes and likes, expressing 50–52
doubt, expressing 334–337
 in the past 394

editing your own work 482
emotions and subjective feelings, expressing 320–324
 about the past 379–381
 with **estar** 64
 with the imperfect subjunctive 394
entre 157

environmental issues 374
equality, comparisons of 294–296
estar
   expressing location and emotion
      with 63–64
   ser vs. 133–136
exercise 234–235, 319

family member 201–203
feelings. *See* emotions and subjective
   feelings, expressing
feminine nouns 20–22
films 442–443
folk art and crafts 415
food 120
   cooking 356–357
   healthy 350–352
   shopping for 127
freewriting 264
future tense 431–433

genealogical chart with notes 468
-**go** verbs 74
greetings 9
gustar 153
   expressing likes and dislikes with
      51–52
   gustar-like verbs 153–154

haber
   había 212
   habrá 432
   habría 445
   hay 16
   haya 322
   hubiera 393
   hubo 187
   in past perfect indicative tense 401
   in past perfect subjunctive 402
   in present perfect indicative tense
      376
   in present perfect subjunctive
      379–381
hace, time expressions with 471
health and exercise 319
healthy foods and nutrition 350–352
Hispanics in the United States 8, 470
holidays and celebrations 389–391
hotels 183–184
hypothetical actions and situations
   450–451

imperative (commands)
   familiar **tú** commands 358–360
   formal **Ud./Uds** commands 249–252
imperfect 211–214, 268–271
   narrating with the 214–215,
      227–229, 231
   and the preterite together 231–232
imperfect subjunctive 393–396
Incas 460, 461
indefinite articles 19

indicative mood 311. *See also* present
   tense (present indicative); preterite
   (preterite indicative)
indirect object pronouns 147–148
   in the same sentence with direct ob-
      ject pronouns 204–206
indirect speech 232–233
inequality, comparisons of 286–289
inquiring (questioning) 148
instructions, giving 249–252
Internet strategies
   bookmarks 425
   formulating a query 347
   identifying country domains 180
   keyword searches 141
   listening to music 263
   looking for personal homepages 221
   refining your Internet searches 303
   searching for images 386
   searching for related words 457
   searching for Spanish sites 98
   synonyms and word combinations
      481
   using Internet addresses 58
interrupted actions 231
introductions 9
ir
   preterite indicative of 169
   venir vs. 91–92
irregular past participles 376–377
irregular present participles 130
irregular verbs. *See also specific verbs*
   commands with 250
   conditional tense of 445
   future tense of 431–432
   in the imperfect 213
   preterite of 186–189
irregular **yo** verbs
   present subjunctive of 312, 313
   present tense 73–75

kitchen and setting the table 354–355

Lecturas
   Algunos deportes caribeños 242
   Arte y artesanía 423–424
   Comidas ideales 364–366
   La creación del hombre y la mujer
      219–220
   Ecología en Centroamérica
      384–385
   Ecos del pasado: Héroes mayas
      468–469
   La encantadora ciudad de Sevilla
      118–119
   España, país multifacético 161–162
   España abraza a los turistas
      178–179
   Fiestas centroamericanas 406–408
   Ídolos mexicanos 455
   Internet para ti y para mí 260–261
   ¡Miedos de ayer y hoy! 441

El norte andino 300–302
¡Oaxaca maravillosa! 96–97
Los países del Cono Sur 344–346
Premios a los distinguidos his-
   panos 477–479
Puebla: trazada por los ángeles
   80–81
El restaurante Plácido Domingo
   140
Rumiaya 282–283
La salud, la medicina y tú
   328–330
Titulares 39
Tres estudiantes universitarios 57
Tres perlas del Caribe 199
letters of the Spanish alphabet 12–13
likes and dislikes, expressing 50–52,
   153–155
llevar + present participle 130–131
lo + adjective 296
location, expressing 151–152
   with **estar** 63–64
lo que 413

masculine nouns 20–22
Mayas (Mayans) 2–3, 55, 460–461
money 331–333
music and dance 224–226

ñ, in Spanish dictionaries 198
narrowing a topic 458
nationalities 6–7, 10–11
   ser for 134
needs, expressing 314–318, 394
negation
   by adding **no** before the verb 30
   expressing 110–111
nosotros/nosotras 29
notes, taking 161
   in a chart 406
nouns
   adjective agreement with 27
   comparing equal people and things
      294
   masculine and feminine 20–22
   plural of 22
   unequal comparisons of 286, 287
numbers
   0 to 199 24–25
   200 to 2.000.000 102
   as adjectives 103–104
   ordinal 172
nutrition 350–352

obligations, expressing 85–87
ojalá 315–316
opinions
   distinguishing facts from 440
   expressing opposing 419–420
orders, giving 358–360. *See also*
   imperatives
ordinal numbers 172

para, uses of, vs. **por** 236–238
paraphrasing 304
participles
  adverbial phrases with 130
  irregular present 130
passive voice 464–465
pastimes 189–191
past participles, irregular 376–377
past perfect indicative 401, 402
past perfect subjunctive 401, 402
past progressive 277–279
past tense. *See* imperfect; preterite
pedir vs. **preguntar** 148
pending actions, expressing 371–373
pero 419–420
personality, adjectives of 52
physical conditions and obligations,
  expressing 85–87
plural of nouns 22
pointing out people, things, and places
  123
por, uses of, vs. **para** 236–238
possession, expressing 69–73
possessive adjectives 69–70
possessive pronouns, comparisons and
  288–289
prefixes 38
preguntar vs. **pedir** 148
prepositional pronouns 148
prepositions, establishing relationships
  through 156–158
present indicative. *See* present tense
present participles
  irregular 130
  llevar +, expressing ongoing actions
    with 130–132
  in the past progressive 278
  of regular verbs 129
  of stem-changing verbs 130
present perfect indicative 375–376
present perfect subjunctive 379–381
present progressive tense 129–131
present subjunctive 311–317, 320–322
  with adjective clauses 352–354
  with adverbial clauses 398–401
  for expressing emotions and subjec-
    tive feelings 320–324
  for expressing wishes, requests,
    needs, and desires 314–318
  indicative compared to 334–335
  of irregular verbs 322
  of irregular **yo** verbs 312
  of regular verbs 312
  of stem-changing verbs 321
  of verbs with spelling changes 313
present tense (present indicative)
  irregular **yo** verbs in the 73–75
  of regular verbs 44–46
  si clauses using 436–437
  of stem-changing verbs 104–106
preterite (preterite indicative)
  167–171, 268–271

and the imperfect together 231–232
indirect speech introduced by
  232–233
of **ir**, **ser**, and **dar** 169–170
of irregular verbs 186–189
narrating with the 194–195, 229–231
of regular verbs 167–168
of stem-changing **-ir** verbs 192
verbs that change meaning in the
  275–277
of verbs with spelling changes 168
professions 207–209
pronouns
  with commands 250
  demonstrative 124
  direct object 173–175
  indirect object 147–148
  possesive, comparisons and 288–289
  prepositional 148
  reflexive 112–115, 129
  relative 412–414
  subject 28–29
purpose, defining audience and 364

que (relative pronoun) 412
  el/la/los/las 413
qué (what) 417
  differentiating between **cuál** and
    417
questions, asking 148, 417–418
  as reading strategy 80
  and responding 46–47
quien/quienes 413

reading strategies
  asking questions 80
  comparing and contrasting 327
  defining audience and purpose 364
  dictionary use 198
  distinguishing facts from opinions
    440
  genealogical chart with notes 468
  identifying prefixes 38
  making notes in the margin 161
  recognizing cognates 37
  scanning 119
  skimming 118
  skimming for main ideas 242
  taking notes in a chart 406
  tapping background knowledge 282
redundancy, avoiding 204–206
reflexive pronouns 112–115, 129
reflexive verbs 112–115
  present progressive tense of 129–130
regular verbs
  present indicative of 44–46
  preterite indicative of 167–168
relative pronouns 412–414
requests, making 148, 249–252
  with familiar **tú** command 358–360
  with the imperfect subjunctive 394
  with present subjunctive 314–318

saber
  in the preterite 187
  uses of 76–77
salir, common expressions with 74
scanning 119
searching the Internet. *See* Internet
  strategies
seasons 88–89
se constructions, impersonal and passive 256–257
ser
  describing people and things with 28
  estar vs. 133–136
  preterite indicative of 169
  uses of 29–30
shopping 266–267
  for food 127
  in a marketplace 338
si clauses 436–437, 450
sino 419–420
sino que 419–420
skimming 118, 242
societal issues 435–436
sports and exercise 234–235
stem-changing verbs 130
  -ir verbs, preterite of 192–193
  present indicative of 104–106
stores and shopping 266–267
stress and written accents 13–14, 23
subject pronouns 28–29
subjunctive. *See also* present
  subjunctive
  definition of 311
  imperfect 393–396
  and indicative in adverbial clauses
    371–373
  past perfect 401, 402
  present perfect 379–381
  sentence structure for 311–312
superlatives 289–290
supporting details, providing 142

technology 244–248
telephone 26
television 448–449
temperatures 82–83
tener 72–73
  expressions with 85
  in the preterite 186
time
  adverbial expressions of 194–195,
    214–215
  expressing ongoing actions with pe-
    riods of 130–132
  stating periods of 471–472
  telling 48–49
time line 181
traditions and beliefs 397–398
transportation 107
travel 144
tú 29
tú commands 358–360

unequal comparisons 286–289
unknown, talking about the
     352–354, 394
unplanned and unintentional occur-
     rences 254–256
usted/ustedes (Ud./Uds.) 29
  formal commands with 249

vacations 164
venir
  ir vs. 91–92
  in the preterite 187
verbs. *See also* irregular verbs; regular
     verbs; stem-changing verbs; *and*
     specific tenses
  comparing 287
  comparing equal actions 294
  reflexive 112–115
  in Spanish dictionaries 198
  that change meaning in the preterite
     275–277
Videonotas culturales
  El Archivo General de Indias 177
  Atocha 160
  El Centro Ceremonial Indígena de
     Tibes 259
  Los códices mayas 94
  Cuauhtémoc 422
  Curanderos 326
  España y el uso de vosotros 138
  Los héroes gemelos 36
  El Instituto de Culturas Texanas
     439
  El maíz 405
  Los mayas de México 55
  El Museo Nacional de
     Antropología 476
  El nombre del Ecuador 298
  El padrino/La madrina 363
  Los parques nacionales 217
  Los parques nacionales de Costa
     Rica 383
  El Paseo del Río en San Antonio
     453

Quito, Ecuador 281
Los tejidos 343
Los terremotos en México 117
El turismo en el Caribe hispano
     197
La Universidad de las Américas 79
El Yunque 241
El Zócalo 467
visual organizers (Venn diagrams)
     347–348
vocabulary
  academic schedules 40
  animals 368–369
  apartment 61
  appointment with a doctor 308–309
  art and artists 409–410
  Aztecs, Mayas, and Incas 460–461
  cars 253
  clothes 272–273
  colors 18–19
  contemporary society 428–429
  cooking favorite foods 356–357
  counting from 0 to 199 24
  countryside 285–286
  environmental issues 374
  family members 201–202
  films 442–443
  food 120
  health and exercise 319
  healthy foods and nutrition 350–351
  Hispanic population in the United
     States 470
  holidays and celebrations 389–391
  hotels 183
  household furnishings and chores
     67
  kitchen and setting the table
     354–355
  large quantities 102
  likes and dislikes 50
  location 151–152
  money 331–332
  music and dance 224–225
  ordinal numbers 172

parts of the body 306
pastimes 189
places in a city 101
professions 207–208
seasons and appropriate clothing
     88–89
shopping for food 127
shopping in a marketplace 338
societal issues 435
sports and exercise 234–235
stores and shopping 266–267
technology 244–246
television and the media 448–449
things in a room 16
traditions and beliefs 397–398
transportation 107
travel 144
vacation 164
weather 82–83
vosotros/as 29, 138
vowels 12

weather 82–84
wedding 134
wishes, expressing 314–318, 394
writing strategies
  brainstorming ideas 99
  creating a cluster diagram 59
  creating a point of view 387
  creating a time line 181
  dictionary use 222
  editing your own work 482
  freewriting 264
  narrowing a topic 458
  paraphrasing 304
  providing supporting details 142
  using visual organizers (Venn dia-
     grams) 347–348

yo verbs, irregular
  present subjunctive of 312, 313
  present tense 73–75

-zco verbs 74

Permissions and Credits

The authors and editors thank the following authors, publishers, and others for granting permission to use excerpts from copyrighted material.

Text

Chapter 2: Page 95: Reprinted with permission.

Chapter 3: Page 140: "Placido Domingo restaurant," from *Cristina, la revista,* Año 7, November 1997, p. 18. Copyright © 1997 by Editorial Televisa. Reprinted by permission.

Chapter 4: Page 166: As appeared on http://adventours.hypermart.net; page 171: Excerpted from www.el-mundo.es.

Chapter 5: Page 184: Information from www.int.com.mx/hoteles/06es.html.

Chapter 6: Pages 244–245: Reprinted with permission from *Quo: El Saber Actual,* No. 58, julio 2000, pp. 186–187; page 260: Reprinted with permission from www.radiofusion.com; page 261: Reprinted from www.sportsya.com; page 261: Reprinted from www.westernetbank.com; page 261: Reprinted from www.jugamos.com; page 261: From www.mundolatino.com; page 261: Reprinted from www.uole.com.

Chapter 8: Page 328: From *Vanidades,* Año 40, No. 5. Copyright © by Editorial Televisa; page 329: Reprinted by permission of Editorial América, S. A. from "Contra La Arthritis, Piquetes de Abejas," as appeared in *GeoMundo,* Año 16, Núm. 9, p. 228; page 329: From *Newsweek En Español,* July 26, 2000. Copyright © 2000 Newsweek, Inc. All rights reserved. Reprinted by permission.

Chapter 9: Page 364: From *Vanidades,* Año 37, No. 5, p. 33. Copyright © 1997 by Editorial Televisa; page 374: Grupo Interconect © 1998.

Chapter 11: Page 434: "Un viejo amigo" by Alejandro Higuita Rivera from *El colombiano,* July 27, 1997. Adapted by permission of the author; page 441, From *El colombiano,* July 7, 1997. Adapted by permission of the author; page 442: Excerpted from www.todocine.com; page 455: "Ídolos Mexicanos," from *Vanidades continental,* Año 34, No. 21, p. 104. Copyright © by Editorial Televisa. Reprinted by permission.

Chapter 12: pages 462–463: Reprinted with permission from *Mundo Maya Magazine*; page 470: Adapted from www.contactomagazine.com/hispanos902.htm; pages 470–471: Adapted from www.contactomagazine.com/faqsraza915.htm.

Photos

p. 15: © Robert Frerck/Odyssey/Chicago; p. 26: © Beryl Goldberg; p. 57: t & b, © Robert Frerck/Odyssey/Chicago; m, © Beryl Goldberg; p. 60: © Beryl Goldberg; p. 66: © Suzanne Murphy-Larronde/DDB Stock Photo; p. 80: © Suzanne Murphy-Larronde/DDB Stock Photo; p. 81: both, © Robert Frerck/Odyssey/Chicago; p. 87: t, © Robert Frerck/Stone; b, © Gary Williams/Liaison Agency; p. 96: © Robert Frerck/Odyssey/Chicago; p. 97: t, © Beryl Goldberg; b, © Cliff Hollenbeck/Stone; p. 100: © Shaun Egan/Stone; p. 109: t, © David R. Frazier Photography; m, © Robert Frerck/Odyssey/Chicago; b, © Beryl Goldberg; p. 118: © Robert Frerck/Odyssey/Chicago; p. 119: t, © Beryl Goldberg; b & r, © Robert Frerck/Odyssey/Chicago; p. 124: © Stuart Cohen/The Image Works; p. 139: © Joe McNally/Sygma; p. 140: t, © Steve Azzara/Corbis Sygma; b, © Dennis Galante/Envision; p. 143: © Cris Haigh/Stone; p. 149: t, © Charles & Josette Lenars/Corbis; b, © Bettmann/Corbis; p. 162: r, © Beryl Goldberg; l, © Robert Frerck/Odyssey/Chicago; p. 171: © Beryl Goldberg; p. 178: t, © Stuart Westmorland/Danita Delimont, Agent; b, © Poegea/DDB Stock Photo; p. 179: t & b, © Robert Frerck/Odyssey/Chicago; l, © Eric Vandeville/Liaison Agency; p. 182: © Daniel Rivademar/Odyssey/Chicago; p. 191: © Ulrike Welsch; p. 199: t, © Ulrike Welsch; m, © Larry Luxner; b, © Robert Frerck/Odyssey/Chicago; p. 210: t, © Larry Luxner; m, © David Samuel Robbins/Corbis Sygma; b, © Axel Koster/Corbis Sygma; p. 223: © Jeremy Bembaron/Corbis Sygma; p. 224: tl & tml, © Staton R. Winter/Liaison Agency; tmr, © Wesley Bocxe/Liaison Agency; tr & bmr, © G. Lewis/Corbis Sygma; m & bl & bml & br, © Jack Vartoogian; p. 226: © Beryl Goldberg; p. 242: © Ulrike Welsch; p. 243: t, © Beryl Goldberg; m, © Tony Freeman/PhotoEdit; b, © Reuters NewMedia Inc./Corbis; p. 244: © Newsmakers/Liaison Agency/Getty Images; p. 248: © Robert Frerck/Odyssey/Chicago; p. 265: © Kevin Schafer/Stone; p. 271: © Ulrike Welsch; p. 273: © Robert Fried; p. 274: l, © 2002 PhotoDisc, Inc.; ml, © Bill Aron/PhotoEdit; mr, © Randi Anglin/The Image Works; r, © W. Hill, Jr./The Image Works; p. 283: © Hermine Dreyfuss; p. 291: t, © Kevin Schafer/Stone; b, © Susan Dearing; p. 300: © Robert Frerck/Odyssey/Chicago; p. 301: t, © Robert Frerck/Stone; m, © Ulrike Welsch; b, © Robert Fried; p. 302: © D. Donne Bryant/DDB Stock Photo; p. 305: © Suzanne L. Murphy/DDB Stock Photo; p. 318: © Robert Frerck/Odyssey/Chicago; p. 327: © Michael Newman/PhotoEdit; p. 337: t, © Robert Frerck/Odyssey/Chicago; b, © Beryl Goldberg; p. 338: © Robert Fried; p. 339: © Robert Fried; p. 344: © Robert Frerck/Odyssey/Chicago; p. 345: t, © Robert Frerck/Odyssey/Chicago; b, © Michael Moody/DDB Stock Photo; p. 346: © Daniel Rivademar/Odyssey/Chicago; p. 349: © Gary Braasch/Stone; p. 356: © Beryl Goldberg; p. 357: © Andre Baranowski/Envision; p. 361: tl, © Amy Reichman/Envision; tr & bl, © Robert Frerck/Odyssey/Chicago; p. 365: © Michael Newman/PhotoEdit; p. 370: ©

548